Rainer Gievers

Das Praxisbuch
Samsung Galaxy Tab 2
7.0 & 10.1

Für die Modelle
P3100 (3G), P3110 (Wi-Fi),
P5100 (3G) und P5110 (Wi-Fi)

Vorwort

Inzwischen ist das Android-Betriebssystem nicht nur auf den Handys häufig vertreten, sondern auch auf Tablets (es heißt wirklich »Tablet« und nicht »Tablett«, da der Begriff aus dem Englischen kommt). Gegenüber dem Apple iPad, von dem es nur wenige Gerätevarianten gibt, setzt Google in Zusammenarbeit mit den Geräteherstellern auf eine andere Strategie: Für fast jedes Anwendungsgebiet gibt es Modelle mit unterschiedlichen Leistungsdaten und Displayabmessungen. Dabei zeigen insbesondere die 10-Zoll-Tablets, was aktuell alles an technischen Leckerbissen möglich sind.

Wurde der im Jahr 2010 erschienene Urvater aller Galaxy-Tablets, das »Galaxy Tab P1000« noch belächelt, zeigen die Galaxy Tab 2 Modelle P3100, P3110, P5100 und P5110 durch schnelle Prozessoren und gute Softwareausstattung ganz neue Anwendungsbereiche im Beruf und im Privatbereich auf.

Leider ist die beim Galaxy Tab 2 mitgelieferte Dokumentation kaum der Rede wert, weshalb dieses Buch entstanden ist, das den Anwender von den ersten Schritten bis hin zur optimalen Nutzung der vorinstallierten Anwendungen unterstützt. Besonders berücksichtigt werden dabei die Google-Anwendungen, die sozialen Netzwerke und die Kommunikationsfunktionen. Wir geben darüber hinaus auch Tipps aus unserer eigenen, inzwischen über 30-jährigen Erfahrung mit Mobilrechnern, die Sie im Internet und anderen Büchern nicht finden werden.

Sollten Sie nach der Lektüre dieses Buchs trotzdem noch einige Fragen haben, können Sie sie im Diskussionsforum des Gicom Verlags (*www.das-praxisbuch.de*) loswerden. Falls Sie im Buch irgendwo einen Fehler entdecken, schicken Sie bitte eine E-Mail an *webmaster@das-praxisbuch.de*.

Noch einige wichtige Hinweis zum Schluss: Dieses Buch wurde anhand eines Galaxy Tab 2 P3100 mit 7 Zoll-Display und 3G geschrieben. Die Unterschiede zwischen der 7- und 10,1-Zoll-Version halten sich allerdings in Grenzen, wenn man von der höheren Bildschirmauflösung absieht. Die Modelle P3110 Wi-Fi und P5110 Wi-Fi unterstützen nur WLAN, weshalb Sie beispielsweise das Telefoniekapitel überlesen können.

Während dieses Buch entstand, stellte Samsung für die 7-Zoll-Tablets P3100 und P3110 bereits ein Betriebssystemupdate bereit. Dadurch können die Menübezeichnungen in diesem Buch von denen Ihres Geräts abweichen. Das Update dürfte in den nächsten Wochen auch für die 10,1-Zoll-Modelle erscheinen.

Rainer Gievers, im August 2012

Version 1.0: Startversion vom 31.08.2012

Hinweis

Die Informationen in diesem Buch wurden mit größter Sorgfalt erarbeitet und zusammengestellt. Dennoch können Fehler nicht vollständig ausgeschlossen werden. Verlag und Autor übernehmen daher keine juristische Verantwortung oder irgendeine Haftung für eventuell verbliebene Fehler oder deren Folgen.

Microsoft, Outlook, Windows, Windows NT, Windows XP, Windows 2000 und das Windows Logo sind entweder eingetragene Warenzeichen oder Warenzeichen der Microsoft Corporation, in den USA und/oder anderen Ländern. Alle anderen in diesem Buch erwähnten Warennamen und Bezeichnungen werden ohne Gewährleistung der freien Verwendbarkeit benutzt und sind möglicherweise eingetragene Warenzeichen.

»The Android robot logo is being reproduced from work created and shared by Google (*code.google.com/policies.html*) and used according to terms described in the Creative Commons 3.0 Attribution License (*creativecommons.org/licenses/by/3.0*).«

Produkfotos, Bildschirmabbildungen von Asus, Rainer Gievers.

ISBN 978-3-938036-57-0
Verlag: Gicom Rainer Gievers

Buchdruck: Gicom Druckservice (*www.gicom.com*)

Aufbau der Kapitel

- Damit Sie erkennen, welche Bildschirmkopie zu welchem Erläuterungstext gehört, sind die Texte mit Zahlen (❶,❷,❸) durchnummeriert.

- Webadressen, Menübezeichnungen und verwiesene Kapitel sind *kursiv* gesetzt.

- Verschachtelte Menüs werden durch »/« gekennzeichnet. Somit bedeutet zum Beispiel *Menü/Einstellungen*, dass Sie das *Menü* aktivieren und dort auf *Einstellungen* gehen.

- Auch Verzeichnis- und Dateinamen, sowie Webadressen sind in Kursivschrift gesetzt.

- Überlange Verzeichnisse oder Webadressen werden durch einen Pfeil getrennt. Übernehmen Sie sie ohne Leerzeichen. Beispiel: *www.microsoft.com/windows/⇨ windowsmedia/en/software/pocket/custom.asp*.

In den Rahmen sind weiterführende Infos zum jeweiligen Thema untergebracht.

1. Inhaltsverzeichnis

2. Erster Start

Es gibt wohl kaum etwas Frustrierenderes, als sich in ein neu gekauftes Gerät, sei es Kaffeevollautomat, Waschmaschine oder TV, einzuarbeiten. Beim Galaxy Tab 2 ist dies kaum anders. Erfreulicherweise konfiguriert das Tablet beim ersten Einschalten über einen Assistenten bereits einige wichtige Einstellungen, darunter Ihr Google-Konto und die Ermittlung Ihres Standorts.

Falls Sie bereits den Assistenten durchlaufen haben und schon Ihr Gerät nutzen, sollten Sie im Kapitel *3 Grundlagen der Bedienung* weiterlesen. Wo es in diesem Buch darauf ankommt, gehen wir auf die im Assistenten vorgenommenen Einstellungen nochmals ein. Sie verpassen also nichts!

Galaxy Tab 3G:

Wenn Sie Mobilfunkdatenverbindungen – aus welchen Gründen auch immer – vermeiden möchten, nutzen Sie das Tablet einfach ohne eingelegte SIM-Karte. Der Assistent geht dann über WLAN (ein WLAN-Zugangspunkt muss natürlich vorhanden sein) online.

Beachten Sie, dass der Assistent im Folgenden die Mobilfunk-Internetverbindung nutzt, um Daten von Google-Servern auszutauschen. Auch im Alltagsbetrieb wird das Tablet oft im Hintergrund aufs Internet zugreifen, weshalb Sie jetzt erst einmal prüfen sollten, ob Sie einen Handy-Vertrag mit Internetflatrate haben. Bei älteren Verträgen erfolgt die Abrechnung meist pro Megabyte, sodass schnell mehrere hundert Euro an Kosten auf der nächsten Monatsrechnung auftauchen. Meist kann man aber zu seinem Vertrag eine Flatrate für 5 bis 10 Euro pro Monat hinzubuchen. Fragen Sie gegebenenfalls bei Ihrem Handy-Anbieter oder in einem Handy-Shop nach.

Auf die Internetverbindungen geht auch Kapitel *7 Internet einrichten und nutzen* ein.

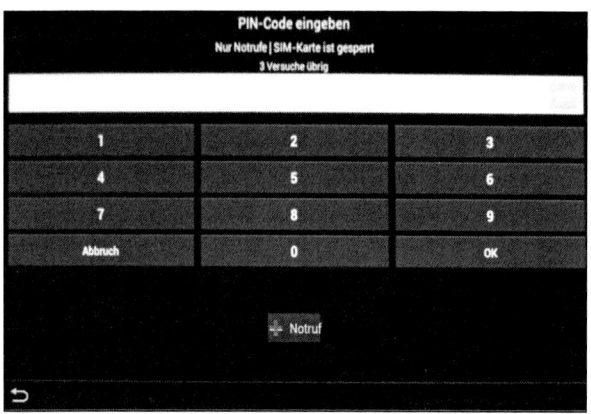 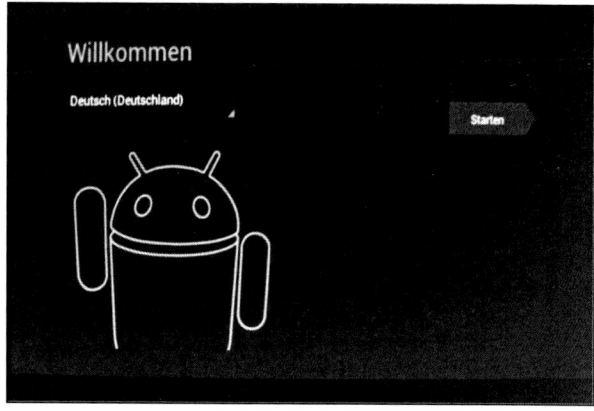

❶ Geben Sie zuerst die SIM-PIN ein, damit sich das Galaxy ins Netz einbuchen kann.

❷ Falls eine andere Sprache voreingestellt sein sollte, wählen Sie *Deutsch* im Menü aus und betätigen *Starten.*

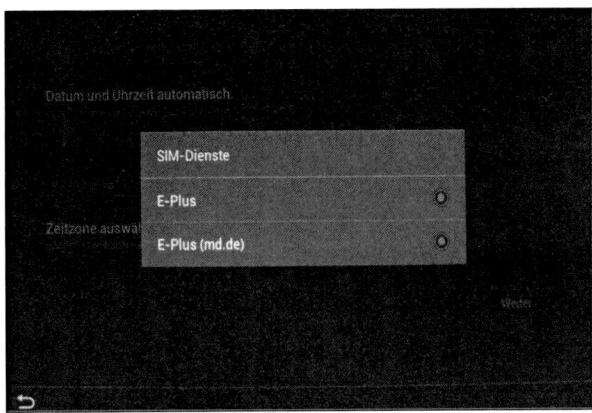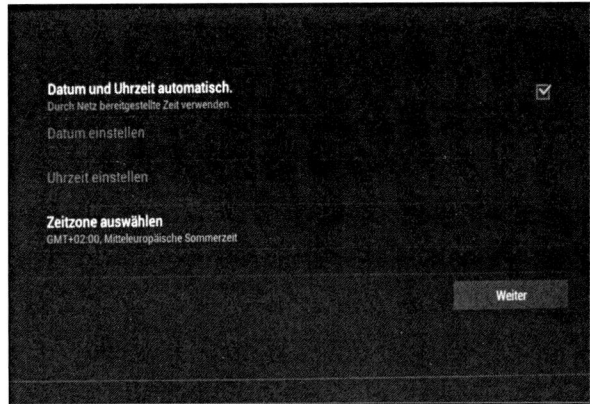

❶ Wählen Sie den Netzbetreiber, dessen SIM-Karte Sie nutzen, in der Liste aus. Bei Wiederver-käufern (beispielsweise Simyo, Base, usw.) müssen Sie dann gegebenenfalls den übergeordneten Netzbetreiber, im Beispiel *E-Plus* auswählen.

❷ Im *Datum und Uhrzeit*-Bildschirm aktivieren Sie *Datum und Uhrzeit automatisch* und schließen den Bildschirm mit *Weiter*. Die aktuellen Zeitdaten werden künftig automatisch von Zeit-Servern aus dem Internet abgerufen.

> Beachten Sie bitte, dass situationsabhängig bestimmte Aktionen, beziehungsweise Konfigurati-onsbildschirme früher oder später erscheinen. Beispielsweise kann es passieren, dass nach den Netzbetreibereinstellungen erst zu einem späteren Zeitpunkt gefragt wird.
>
> *E-Plus (md.de)* steht für den Wiederverkäufer Mobilcom-Debitel.
>
> **Galaxy Tab Wi-Fi:** Wir beschreiben in diesem Buch die 3G-Version des Galaxy Tab 2. Die Menüs, beziehungsweise Hinweise zum Mobilfunk können Sie einfach überlesen, wenn Sie die Wi-Fi-Version (nur WLAN-Unterstützung) des Tablets benutzen.

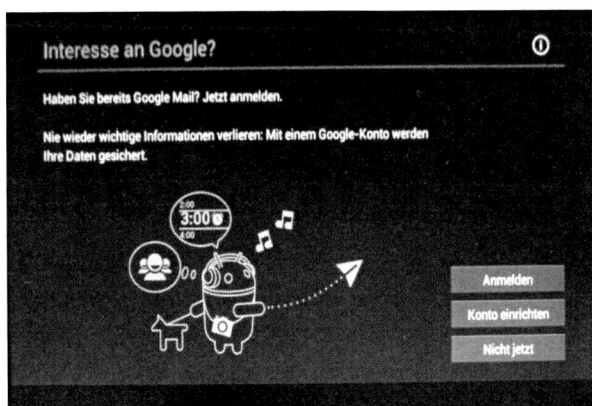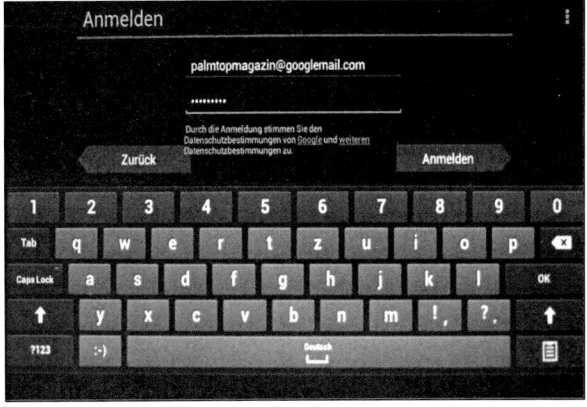

❶ Das Galaxy sichert Ihre auf dem Gerät angelegten Kontakte, Termine, Browser-Lesezeichen, Bilder, usw. im Internet. Die Daten werden dabei in Ihrem Google-Konto hinterlegt. Sie können sich nun bei Ihrem Google-Konto anmelden oder mit *Konto einrichten* ein Konto neu anlegen. Falls Sie *Nicht jetzt* betätigen, ist die Anmeldung auch später, wie im Kapitel *14.1 Das Google-Konto* beschrieben, möglich.

❷ Nach Betätigen von *Anmelden* geben Sie Ihren Google-Konto-Namen (Eingabe des Namens vor *@googlemail.com* reicht aus) und das Kennwort ein. Betätigen Sie *Anmelden*.

Um das Galaxy Tab (und andere Android-Geräte) sinnvoll zu nutzen, müssen Sie ein sogenanntes Google-Konto besitzen. Sie können dieses zwar direkt auf dem Gerät einrichten, einfacher geht es aber im PC-Webbrowser, wo Sie die Webadresse *mail.google.com/?hl=de* aufrufen. Nach der Registrierung besitzen Sie dann mit dem Google-Konto eine eigene, selbst gewählte E-Mail-Adresse im Format *abc@googlemail.com* und können auch zahlreiche weitere Google-Dienste, darunter zum Beispiel das soziale Netzwerk Google+, Google-Kalender und das Online-Office Text & Tabellen nutzen. Beachten Sie zum Google-Konto auch Kapitel *14.1 Das Google-Konto*.

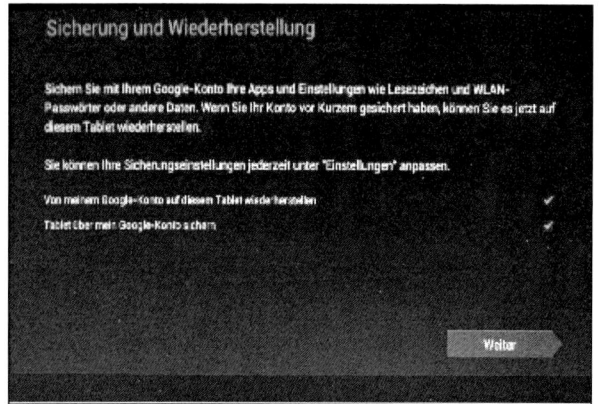 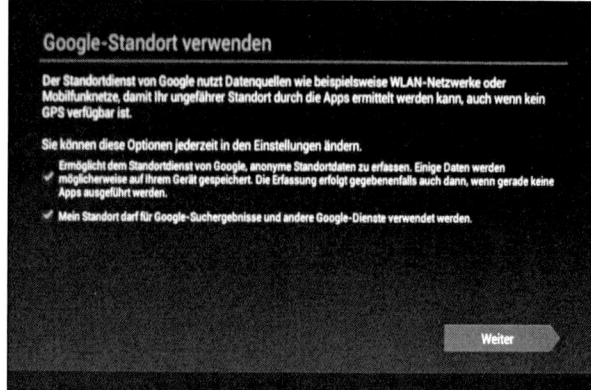

❶ Im *Sicherung und Wiederherstellung*-Bildschirm sollten Sie die beiden Abhakkästchen aktiviert lassen:

- *Von meinem Google-Konto auf diesem Tablet wiederherstellen*: Kontakte, Termine, Browser-Lesezeichen, usw. werden auf dem Tablet wiederhergestellt. Diese Option ist auch nützlich, wenn Sie beispielsweise von einem anderen Android-Handy oder Tablet auf das Galaxy Tab umgestiegen sind.

- *Tablet über mein Google-Konto sichern*: Falls Sie Tablet mal gegen ein anderes Android-Gerät (egal ob Handy oder Tablet) tauschen, werden dort Ihre Daten wieder hergestellt. Außerdem lassen sich Ihre auf dem Tablet angelegten Daten, zum Beispiel Kontakte, auch in den Google-Webanwendungen anzeigen und verwalten.

Betätigen Sie *Weiter*.

❷ Im nächsten Schritt konfigurieren Sie, wie das Gerät mit Standortdaten umgeht:

- *Ermöglicht dem Standortdienst von Google, anonyme Standortdaten zu erfassen. Einige Daten werden möglicherweise auf Ihrem Gerät gespeichert. Die Erfassung erfolgt gegebenenfalls auch dann, wenn gerade keine Apps ausgeführt werden*: Google sammelt anonym die vom Tablet ermittelten Standorte von Funknetzen, um die Genauigkeit bei der Positionsbestimmung zu erhöhen.

- *Mein Standort darf für Google-Suchergebnisse und andere Google-Dienste verwendet werden*: Wenn Sie eine Google-Websuche durchführen, zeigt Google die Ergebnisse optimiert für Ihren aktuellen Standort an (beispielsweise Restaurants in Ihrer Nähe). Auch die Kartenanwendung Google Maps ist darauf angewiesen, Ihre Position zu wissen, um vernünftig zu funktionieren.

Betätigen Sie *Weiter*.

Die beiden aufgeführten Standortparameter lassen sich auch jederzeit später ändern, wie Kapitel *29.5 GPS auf dem Galaxy Tab nutzen* zeigt.

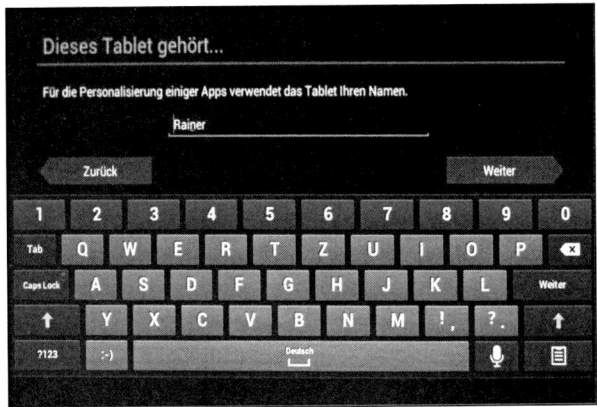 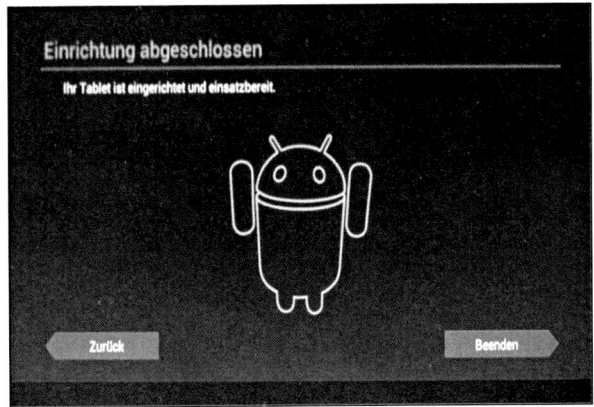

❶ Geben Ihren Vor- und Nachnamen ein. Betätigen Sie dann *Weiter*.

❷ Die Einrichtung ist damit durchgeführt und Sie schließen den Konfigurationsassistenten mit *Beenden*.

2.1 Besonderheiten beim Galaxy Tab Wi-Fi

Das Galaxy Tab Wi-Fi unterstützt nur WLAN, welches Sie im Einrichtungsassistenten statt dem Mobilfunk konfigurieren. Auch wenn Sie die 3G-Version des Tablets ohne eingelegte SIM-Karte starten, landen Sie in den WLAN-Konfiguration. Weil das Galaxy Tab, genauso wie alle anderen Android-Geräte auf einen permanenten Internetzugang angewiesen ist, kommen Sie an die Einrichtung von zumindest der WLAN-Verbindung nicht vorbei.

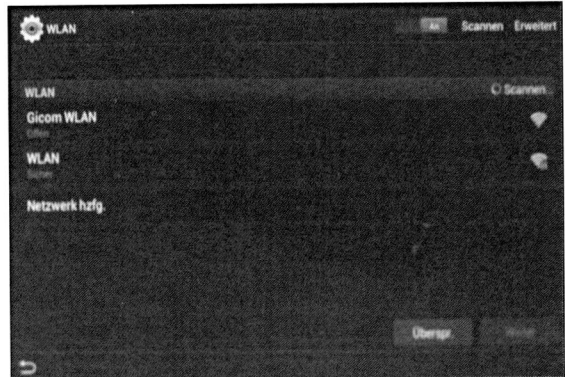 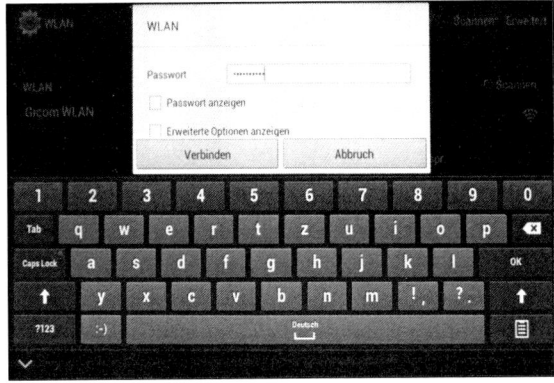

❶❷ Wenn sich das Tablet mit Ihrem WLAN verbinden will, listet es alle gefundenen WLAN-Zugangspunkte auf. Tippen Sie einen davon an und geben Sie Zugangsschlüssel ein. Bestätigen Sie *Verbinden* im Dialog und danach *Weiter*.

> Der WLAN-Schlüssel muss nur bei verschlüsselten WLANs eingegeben werden, bei sogenannten »offenen« WLANs erfolgt dagegen der Verbindungsaufbau ohne Rückfrage. Sofern Ihnen der WLAN-Schlüssel, den Sie bei der Einrichtung des WLAN-Routers vergeben haben, nicht mehr vorliegt, können Sie ihn in der Web-Benutzeroberfläche Ihres DSL-Routers anzeigen oder neu vergeben. Siehe dazu die mitgelieferte Anleitung Ihres Routers.

3. Grundlagen der Bedienung

Das Samsung Galaxy Tab bedient man ausschließlich über das Touchdisplay. Wenn Sie bereits ein Handy mit Touchdisplay genutzt haben, finden Sie viele Funktionen wieder.

Wenn Sie Ihr Gerät von einem Netzbetreiber erworben haben, werden einige Menüs und Tastenfunktionen von den Beschreibungen in diesem Buch abweichen. Auch spätere Updates des von Samsung entwickelten Betriebssystems können dazu führen, dass zusätzliche Funktionen oder Anwendungen verfügbar sind.

> Während dieses Buch entstand, hat Samsung ein Betriebssystem-Update veröffentlicht, das zahlreiche Menübezeichnungen ändert. Falls Sie bei den Bildschirmabbildungen größere Abweichungen zu Ihrem Gerät entdecken, dürfte dies daran liegen, dass Sie das Update noch nicht durchgeführt haben, auf das wir im Kapitel *3.15 Betriebssystemupdate* eingehen.

3.1 Bedienelemente des Samsung Galaxy

Zwar erfolgt die Bedienung des Tablets weitgehend über das Touchdisplay, einige Funktionen werden aber auch über Hardwaretasten ausgelöst. Die drei Tasten auf der Unterseite:

- ↰: Zurück: Zum vorherigen Bildschirm zurückkehren, beziehungsweise Menüs schließen.

- ⌂: Startseite: Schaltet wieder auf den Startbildschirm zurück.

- ⊡: Zuletzt genutzte Programme anzeigen.

- ⠿: Bildschirmkopie (»Screenshot«) erstellen, speichern und im Bildeditor öffnen. Sie können diese Taste auch mit einer anderen Funktion belegen, wie Kapitel *30.4.5 Schnellstart* zeigt.

- Lautstärke-Tasten (auf der rechten Geräteseite): Regulieren bei Telefongesprächen die Hörerlautstärke, ansonsten die Klingeltonlautstärke. Im MP3-Player und bei Videowiedergabe regulieren die Lautstärke-Tasten die Wiedergabelautstärke.

3.2 Der Standby-Bildschirm (Startbildschirm)

Der Standby-Bildschirm ist der Ausgangspunkt, von dem Sie alle weiteren Anwendungen aufrufen. Er erscheint automatisch nach dem Einschalten, sowie nach Betätigen der ⌂-Taste. Mehrere Schnellstartsymbole, zum Beispiel *Telefon* (Pfeil) dienen den Aufruf von häufiger benötigten Anwendungen.

❶❷ Betätigen Sie die ▦-Schaltleiste oben rechts (Pfeil) für das Hauptmenü, in dem Sie weitere Anwendungen finden.

3.3 Erste Schritte

Damit Sie Ihr neues Tablet besser kennenlernen, soll jetzt einmal die Abschaltzeit des Displays eingestellt werden.

 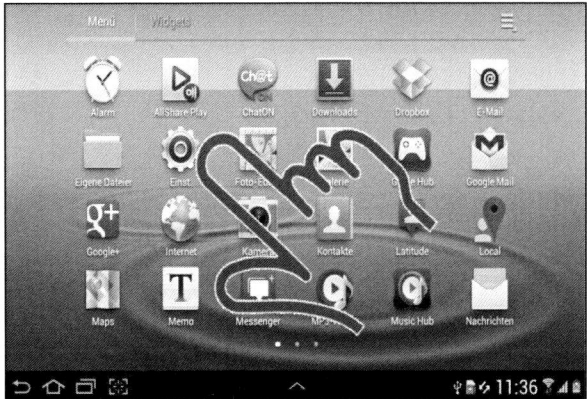

❶❷ Aktivieren Sie mit ▦ oben rechts das Hauptmenü und gehen Sie dort auf Einst (für die *Einstellungen*).

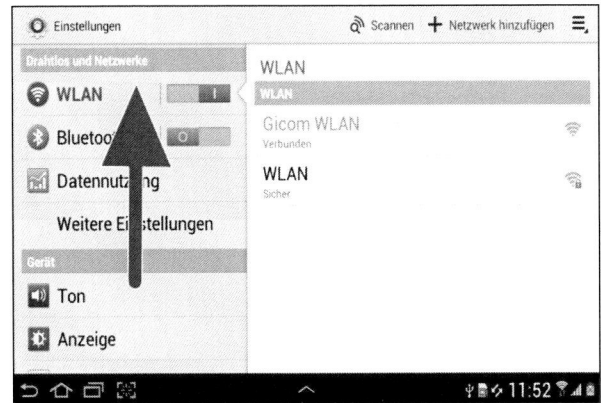 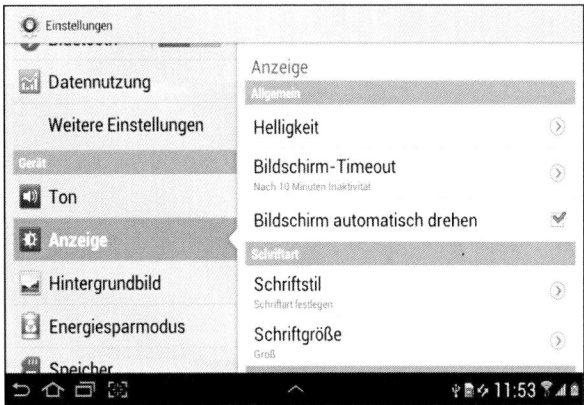

❶❷ Rollen Sie gegebenenfalls mit dem angedrückten Finger durch das Menü und rufen Sie *Anzeige* auf.

Ihr Galaxy Tab zeigt, je nachdem, welche Betriebssystemversion darauf läuft, eventuell ein abweichendes Menü an.

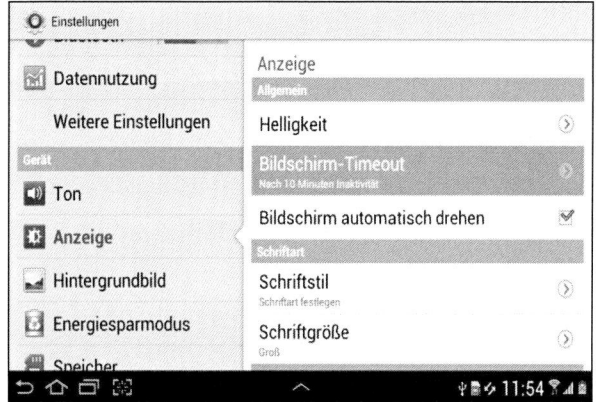 

❶ Tippen Sie nun auf *Bildschirm-Timeout*.

❷ Wählen Sie gewünschte Abschaltzeit aus. Sie befinden sich wieder im vorherigen Bildschirm, von dem Sie mit der ⌂-Taste zum Startbildschirm zurückkehren.

3.4 Displaysperre

Die Gerätesperre (Displaysperre), welche sich nach einiger Zeit der Nichtnutzung aktiviert, schaltet alle Tastenfunktionen aus. Dadurch lässt sich das Galaxy auch in einer Jackentasche transportieren, ohne dass man aus Versehen irgendeine Funktion auslöst.

Weil das Display zu den Komponenten eines Tablets zählt, die am meisten Strom verbrauchen, wird es ausgeschaltet, sobald sich die Gerätesperre aktiviert. Auf eingehende Anrufe und Benachrichtigungen macht das Tablet natürlich auch weiterhin aufmerksam: Geht ein Anruf ein, deaktiviert sich die Gerätesperre automatisch und das Display schaltet sich wieder ein.

Zum Aus-, beziehungsweise Einschalten des Displays betätigen Sie den Ein-Ausschalter auf der rechten Geräteseite.

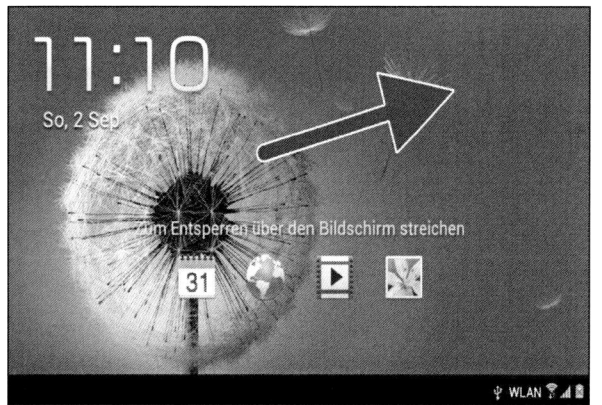 

❶ So deaktivieren Sie die Displaysperre: Tippen und Halten Sie den Finger auf den Bildschirm und ziehen Sie ihn in eine beliebige Richtung.

❷ Der Startbildschirm (»Standby-Bildschirm«) ist damit freigeschaltet.

Wie Sie die Zeitspanne bis zur Aktivierung der Displaysperre einstellen, erfahren Sie im Kapitel *25.1 Displaysperre*.

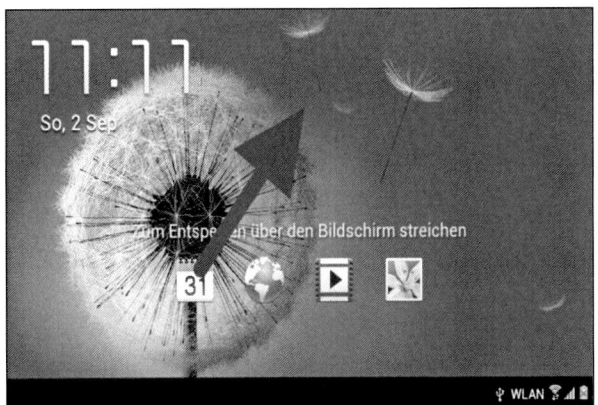 

❶ Auch der schnelle Programmaufruf funktioniert in der Displaysperre: Tippen und halten Sie den Finger auf eines der Schnellstartsymbole und ziehen Sie es in beliebige Richtung.

❷ Daraufhin startet die zugehörige Anwendung.

> Wie Sie die Schnellstartsymbole ändern zeigt Ihnen Kapitel 30.12.1.a Schnellzugriffe während Displaysperre einrichten.

3.5 Gestensteuerung

Die Gestensteuerung eine der großen Stärken des Samsung Galaxy. Deshalb dürften auch Anwender, die bereits mit einem Touchscreen-Handy gearbeitet haben, sich schnell zurechtfinden. Im Folgenden sollen die wichtigsten Gestenfunktionen einmal in der Praxis vorgestellt werden.

 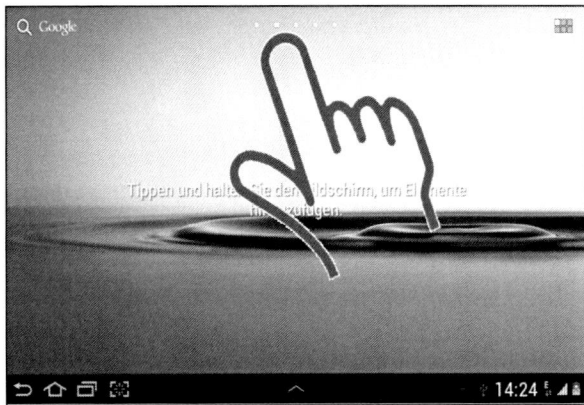

❶ Ein gutes Beispiel, wie Sie die Gestensteuerung einsetzen können, ist der Startbildschirm: Tippen und halten Sie den Finger auf dem Bildschirm und ziehen Sie ihn nach rechts oder links (sogenannte »Wischgeste«).

❷ Die nächste (noch leere) Bildschirmseite des Startbildschirms erscheint. Ein Indikator (Pfeil) zeigt am oberen Bildschirmrand an, auf welcher Seite Sie sich gerade befinden. Sie können einen der Punkte antippen, um zur entsprechenden Startseite zu blättern.

 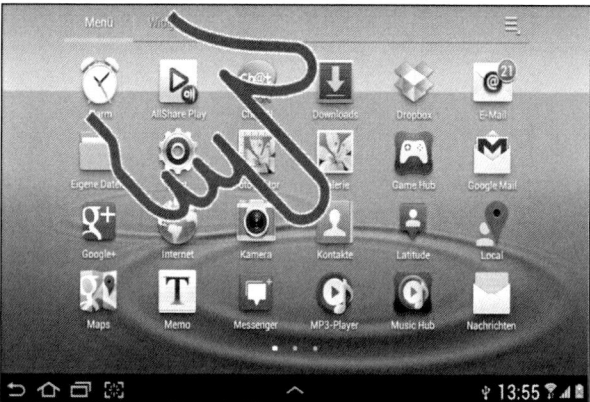

❶ Aktivieren Sie das Hauptmenü (Pfeil).

❷ Starten Sie das Telefonbuch über *Kontakte.*

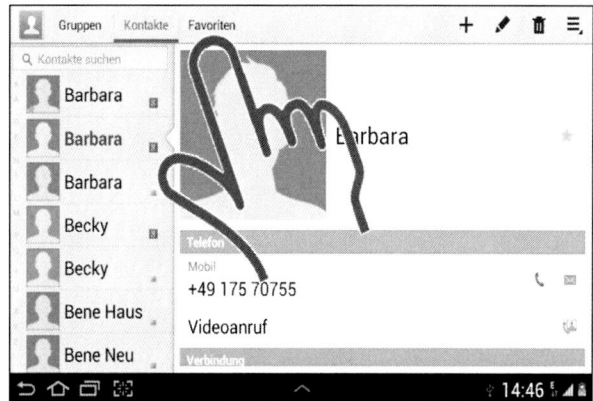 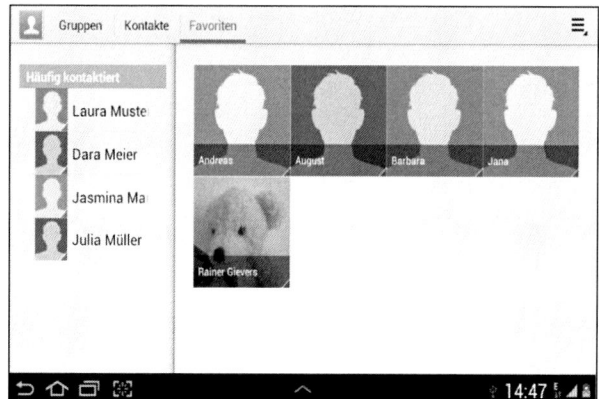

❶❷ Für Übersicht sorgen in vielen Programmen, darunter auch im Telefonbuch, sogenannte Register (Pfeil), welche Sie durch Antippen aktivieren.

Immer wenn, wie in diesem Fall, eine Liste größer als der Bildschirm ist, können Sie mit einer Geste durchrollen. Sie haben dabei sogar mehrere Möglichkeiten:

- Tippen und Halten Sie den Finger auf einer beliebigen Stelle des Bildschirms und ziehen Sie sofort den Finger langsam nach oben oder unten, je nachdem, wohin Sie in der Liste rollen möchten. Lassen Sie den Finger los, wenn Sie das gewünschte Listenelement gefunden haben.

- Wie zuvor, aber diesmal ziehen Sie mit Schwung in die gewünschte Richtung und lassen dann sofort wieder los. Die Liste rollt zunächst schnell und dann immer langsamer durch, bis sie stoppt.

3.6 Der Startbildschirm in der Praxis

Der Startbildschirm (»Standby-Bildschirm«) erscheint standardmäßig nach dem Einschalten. Auf dem Startbildschirm sind alle wichtigen Informationen, beispielsweise anstehende Termine, eingegangene SMS, usw. zusammengefasst, die man mit einem Fingerdruck aufrufen kann. Außerdem rufen Sie von hier aus Anwendungen auf.

❶❷ Anwendungen lassen sich als Schnellzugriff auf dem Startbildschirm anlegen, um sie schneller aufrufen. Auf dem Galaxy Tab sind bereits zahlreiche Schnellzugriffe vordefiniert (Pfeil). Tippen Sie einfach einen Schnellzugriff kurz an, um die entsprechende Anwendung zu starten. Im weiteren Verlauf dieses Buchs erfahren Sie, wie man Schnellzugriffe auf seine Lieblingsprogramme selber anlegt.

Mit der ⌂-Taste unterhalb des Displays schalten Sie, egal, in welcher Anwendung Sie sich gerade befinden, wieder auf den Startbildschirm zurück.

 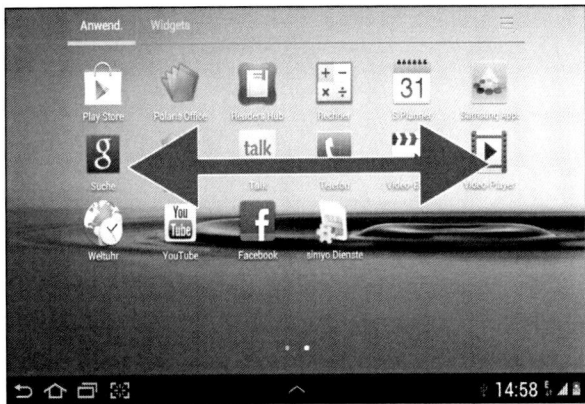

❶ Alle weniger häufig benötigten Programme finden Sie im Hauptmenü, das Sie durch Betätigen der ▦-Schaltleiste (Pfeil) aktivieren.

❷ Über eine »Wischgeste« (mit Finger tippen, halten und ziehen) nach links oder rechts blättern Sie in den Bildschirmen.

3.6.1 Erweiterter Startbildschirm

Wie bereits zuvor erwähnt, lässt sich der Startbildschirm zwischen mehreren Seiten umschalten. Insgesamt stehen dabei sieben Bildschirmseiten zur Verfügung.

❶❷ Tippen und Halten Sie den Finger an eine beliebige Stelle auf dem Bildschirm und ziehen Sie nach links oder rechts, um zwischen den Bildschirmseiten umzuschalten. In der der ersten Bildschirmseite sind bereits sogenannte »Widgets« vorhanden. Widgets sind in einem eigenen kleinen Fenster laufende Programme. Dazu später mehr.

Mehrere Seiten sind sogar noch leer. Dort lassen sich, wie auch auf den vorherigen Seiten, später eigene Widgets oder Programmverknüpfungen (»Schnellzugriffe«) anlegen.

3.7 Startbildschirm konfigurieren

Auf allen Bildschirmseiten des Startbildschirms lassen sich weitere Widgets und Verknüpfungen hinzufügen.

3.7.1 Schnellzugriffe anlegen und verwalten

 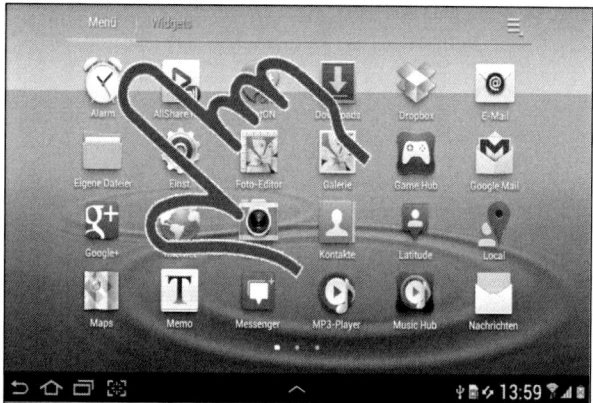

❶ So erstellen Sie einen Schnellzugriff im Startbildschirm: Wechseln Sie zuerst, wie im Kapitel *3.6.1 Erweiterter Startbildschirm* gezeigt, zu einer freien Bildschirmseite im Startbildschirm. Betätigen Sie dann die ▦-Schaltleiste (Pfeil) für das Hauptmenü.

❷ Tippen und Halten Sie nun den Finger für einige Sekunden über einer Anwendung, im Beispiel *Alarm*.

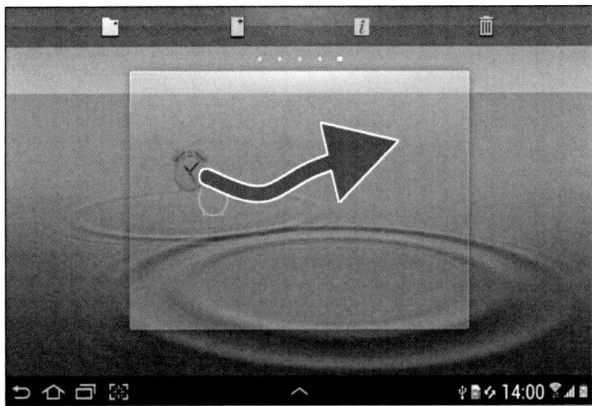 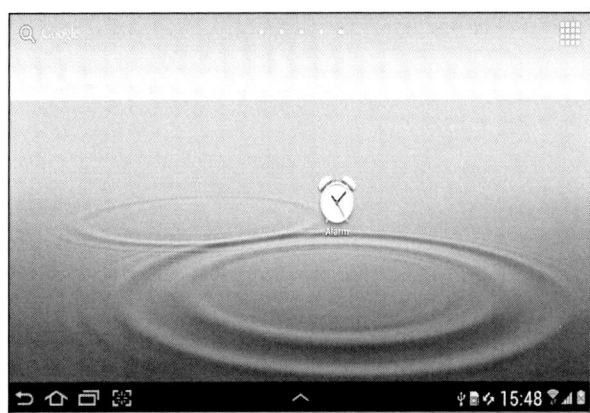

❶ Das Galaxy schaltet auf den Startbildschirm um. Lassen Sie aber den Finger noch nicht los, sondern bewegen Sie den Finger an die Position, an der der Schnellzugriff positioniert werden soll. Lassen Sie dann den Finger los.

❷ Das Tablet legt den Schnellzugriff an.

> Tipp: Rufen Sie einfach eine Startbildschirmseite auf, in der später die Verknüpfung landen soll. Dann folgen Sie den zuvor aufgeführten Anweisungen, also Aufruf des Hauptmenüs, tippen und halten auf einer Anwendung, usw. Die Anwendung landet nun im zuvor gewähltem Startbildschirm.
>
> Wenn auf der Startbildschirmseite kein Platz mehr ist, oder die Verknüpfung in einer anderen Startbildschirmseite landen soll, bewegen Sie das Verküpfungssymbol einfach mit angedrücktem Finger an den rechten oder linken Bildschirmrand, worauf das Tablet zur nächsten Seite wechselt.

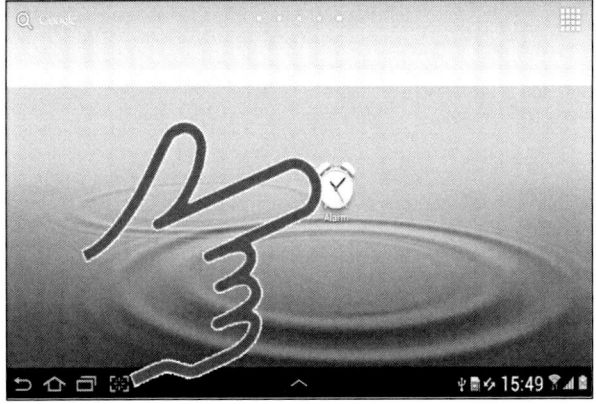 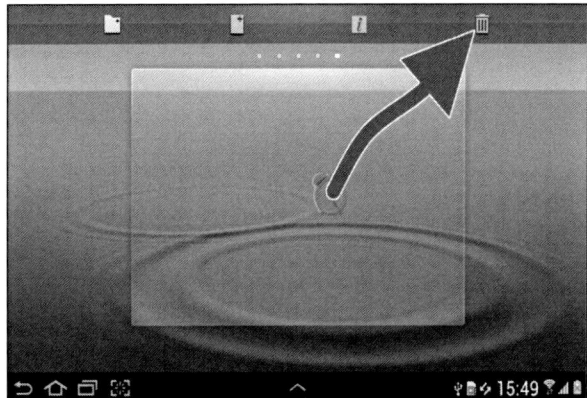

❶ Der Schnellzugriff lässt sich nun durch Antippen aufrufen.

❷ So löschen Sie eine Verknüpfung: Tippen und Halten Sie den Finger für einige Sekunden auf der Verknüpfung, bis sie hervorgehoben erscheint und ziehen Sie sie auf 🗑 (Papierkorb). Lassen Sie dann den Finger los.

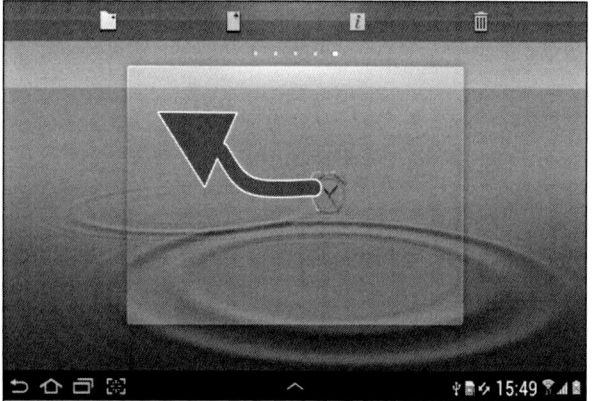

❶❷ Auch die Positionierung auf dem Startbildschirm lässt sich ändern: Tippen und halten Sie den Finger auf dem Element, ziehen Sie es an die gewünschte Position und lassen Sie es los.

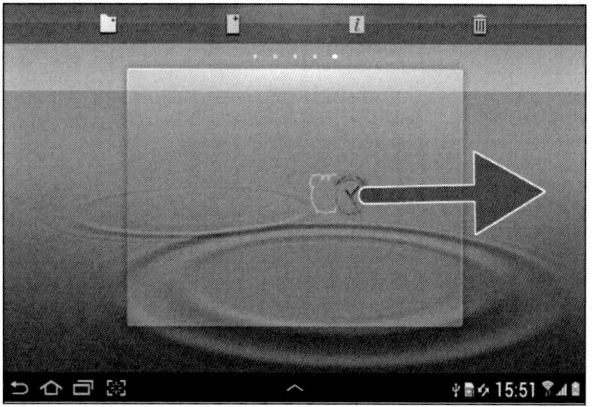
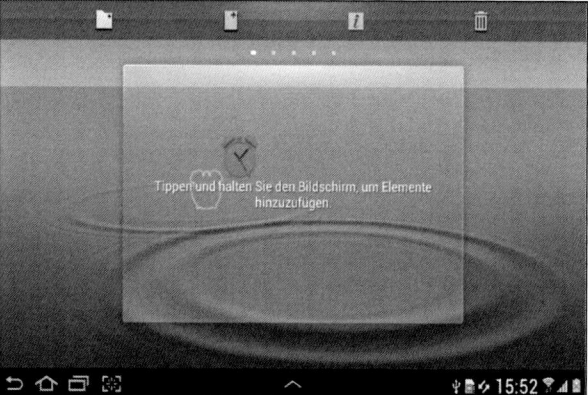

❶ Ein bereits vorhandenes Element lässt sich sehr einfach auf eine andere Bildschirmseite verschieben: Tippen und halten Sie es für einige Sekunden, bis es selektiert ist und ziehen es dann mit angedrücktem Finger bis zum Bildschirmrand.

❷ Daraufhin wechselt das Tablet die Bildschirmseite(n). Platzieren Sie das Element an der gewünschten Position und lassen Sie es los.

3.7.2 Widgets

Widgets sind Anwendungen, die in in einem kleinen Fenster auf dem Startbildschirm informationen anzeigen, beziehungsweise den Zugriff auf Daten oder Funktionen des Tablets ermöglichen.

Weitere nützliche Widgets können Sie über den Play Store, siehe Kapitel *27.1 Play Store*, herunterladen und installieren.

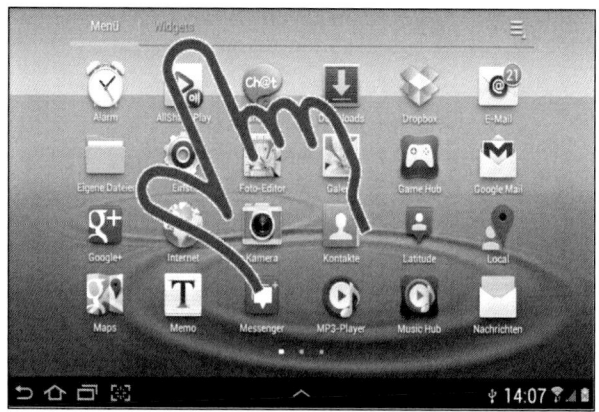

❶ Betätigen Sie die ⠿-Schaltleiste für das Hauptmenü.

❷ Hier aktivieren Sie das *Widgets*-Register.

❶ Im Startbildschirm sind bereits vier Widgets vorhanden: Wetter, Video-Hub, Game Hub und Music Hub (falls Sie noch kein Betriebssystemupdate durchgeführt haben, erscheinen hier eventuell andere Widgets). Meist sind direkt in den Widgets bereits viele wichtige Funktionen über Schaltleisten erreichbar, je nach Widget kann man aber über eine Schaltleiste oder einfach Tippen ins Fenster auch eine dahinter stehende Anwendung mit vollem Funktionsumfang aktivieren. Im Fall des Wetter-Widgets erscheint beispielsweise eine größere Wetterübersicht (❷).

3.7.2.a Widget hinzufügen

 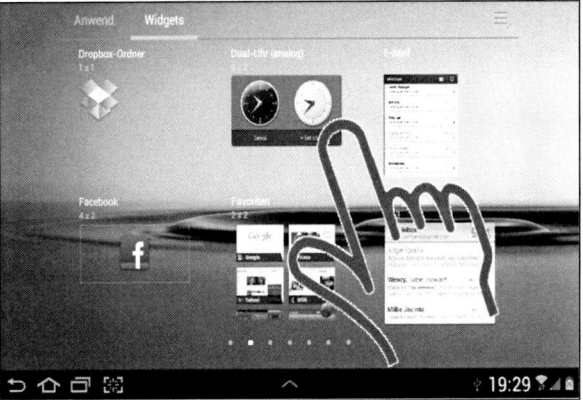

❶ Gehen Sie, wie bereits im vorherigen Kapitel erwähnt vor, das heißt, Sie wechseln im Startbildschirm zuerst auf eine freie Seite und rufen dann das Hauptmenü auf, worin Sie das *Widgets*-Register aktivieren.

❷ Tippen und halten Sie das Widget, worauf das Galaxy zum Startbildschirm wechselt. Lassen Sie das Widget an der gewünschten Position los.

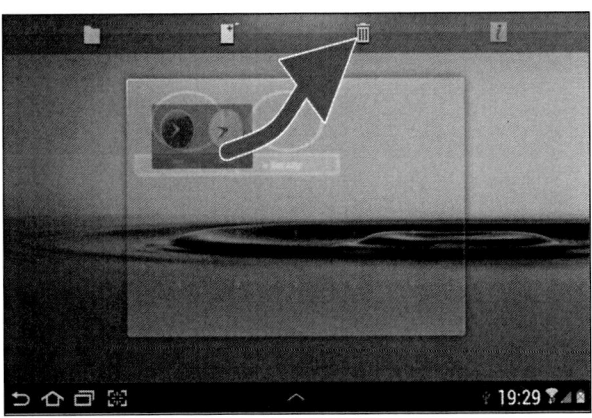

Wie bereits im Kapitel *3.7.1 Schnellzugriffe anlegen und verwalten* bei den Verknüpfungen beschrieben, lässt sich ein Widget durch Tippen und Halten mit dem Finger selektieren und dann auf dem Bildschirm an eine andere Position platzieren oder durch Ziehen auf 🗑 am oberen Bildschirmrand wieder vom Bildschirm löschen.

3.7.3 Ordner

Ordner sind unter anderem nützlich, wenn man sehr viele Anwendungen auf dem Galaxy installiert hat. Man legt dann einfach mehrere Ordner im Startbildschirm an, worin man die Schnellstarts auf seine Anwendungen verschiebt.

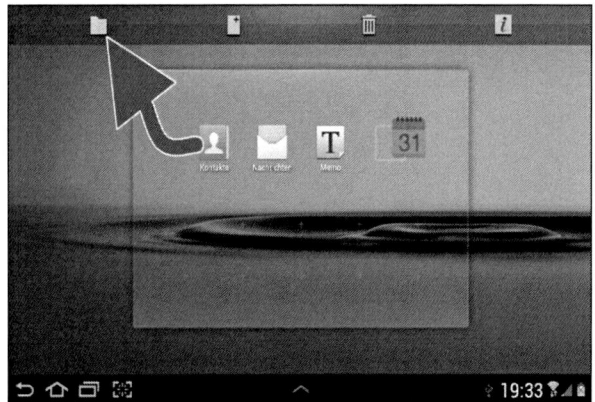 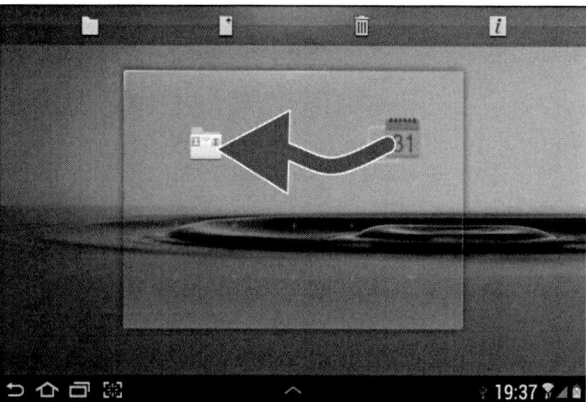

❶ Legen Sie zuerst, wie im Kapitel *3.7.1 Schnellzugriffe anlegen und verwalten* beschrieben, die Verknüpfungen im Startbildschirm an. Halten Sie dann den Finger auf eine Verknüpfung ange-drückt und ziehen Sie diese auf das ■-Symbol am oberen Bildschirmrand. Der Ordner ist damit er-stellt.

❷ Halten und ziehen Sie mit angedrücktem Finger eine weitere Schnellverknüpfung und ziehen Sie sie dann in den Ordner und lassen Sie den Finger los. Gehen Sie genauso mit den anderen Ver-knüpfungen vor.

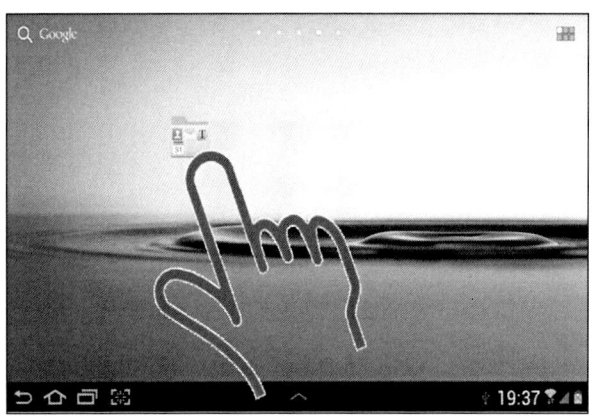 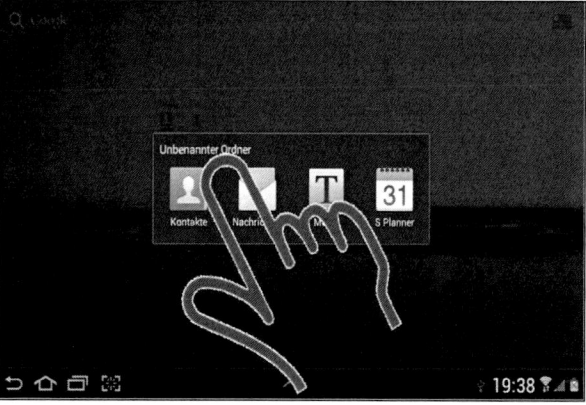

❶ Tippen Sie nun den Ordner an.

❷ Jetzt vergeben wir dem Ordner noch einen Namen, indem wir *Unbenannter Ordner* (Pfeil) an-tippen.

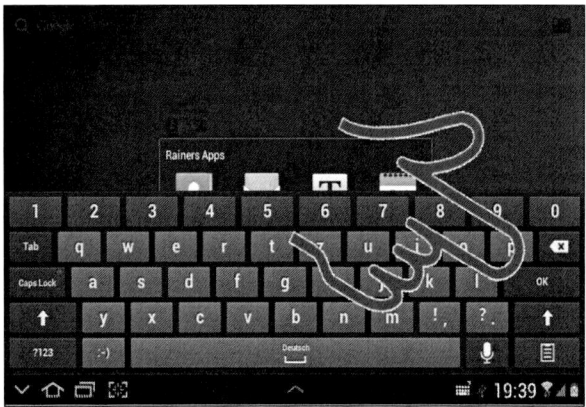 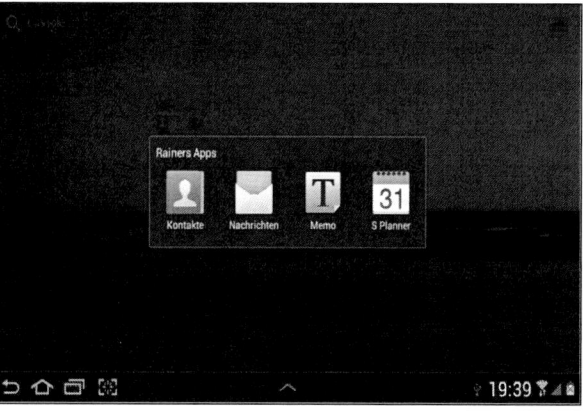

❶ Schließen Sie die Eingabe ab, indem Sie *OK* auf dem Tastenfeld betätigen.

❷ Der Ordner erscheint mit dem neuen Namen.

Einen geöffneten Ordner schließen Sie mit der ⤺-Taste.

Verschieben Sie den Ordner, indem Sie den Finger darauf tippen und halten und dann an die gewünschte Position ziehen. Ziehen Sie Ihn auf 🗑 am unteren Bildschirmrand, wenn Sie ihn nicht mehr benötigen.

3.7.4 Mini-Apps

Normalerweise kann beim Android-Betriebssystem immer nur ein Programm im Vordergrund aktiv sein. Die bereits vorgestellten Widgets, die in kleinen Fenstern im Startbildschirm ablaufen, stellen davon eine Ausnahme dar, sind allerdings auf den Startbildschirm beschränkt.

Dagegen stehen in der Mini-App-Leiste verschiedene kleine Programme zur Verfügung, die auch aktiv bleiben, wenn Sie gerade in einer anderen Anwendung arbeiten. Beispielsweise können Sie so in der Nachrichten-Anwendung eine SMS erstellen und gleichzeitig den Schnellzugriff-Rechner aktiv haben, um zwischendurch Berechnungen durchzuführen.

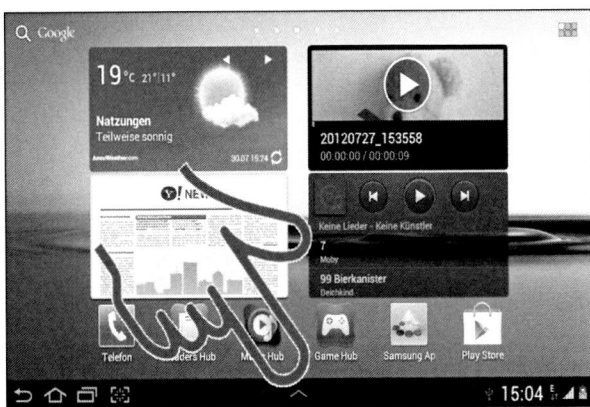 

❶ Betätigen Sie ⋀ (Pfeil) unten in der Systemleiste für die Mini-App-Leiste.

❷ ⋁ (Pfeil) deaktiviert die Mini-App-Leiste wieder.

Nur ein Teil der Mini-Apps ist direkt sichtbar, mit einer Wischgeste blättern Sie zu den restlichen.

❶ Rufen Sie jetzt eine oder mehrere Mini-Apps auf.

❷ Ziehen Sie mit dem Finger auf der Titelleiste eine Mini-App an eine andere Position. Die Schaltleiste ✕ schließt eine Mini-App.

Die Mini-Apps wechseln mit der ↖-Schaltleiste auf die zugehörige große Anwendung, welche zusätzliche Funktionen mitbringt:

- *Alarm*: Siehe Kapitel *26.3 Alarm*.

- *E-Mail*: Siehe Kapitel *10 Samsung E-Mail*.

- *MP3-Player*: Siehe Kapitel *19 MP3-Player*.

- *Nachrichten*: Siehe Kapitel *6 Nachrichten (SMS/MMS)*.

- *Rechner*: Siehe Kapitel *26.2 Rechner*.

- *S Planner*: Siehe Kapitel *16 Kalender (S Planner)*.

- *Task-Manager*: Siehe Kapitel *27.6 Programme im Hintergrund*.

- *Weltuhr*: Siehe Kapitel *26.4 Weltuhr*.

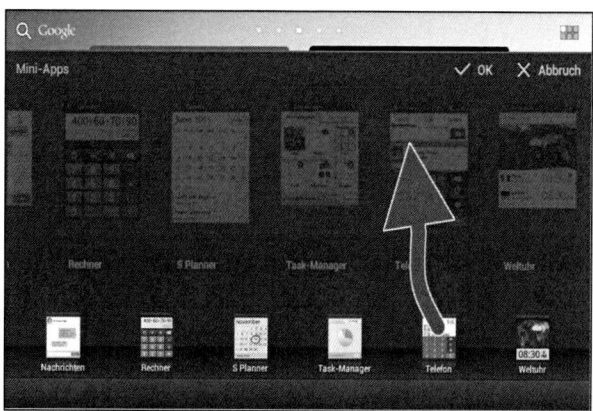

❶ Die Anordnung der Mini-Apps ändern Sie über *Bearbeiten* (Pfeil).

❷ Ziehen Sie die nicht benötigten Mini-Apps einfach mit dem angedrückten Finger in die Bildschirmmitte und lassen Sie dann los. Umgekehrt können Sie neue Mini-Apps wiederum in die Mini-Apps-Leiste ziehen.

3.7.5 Hintergrundbild

 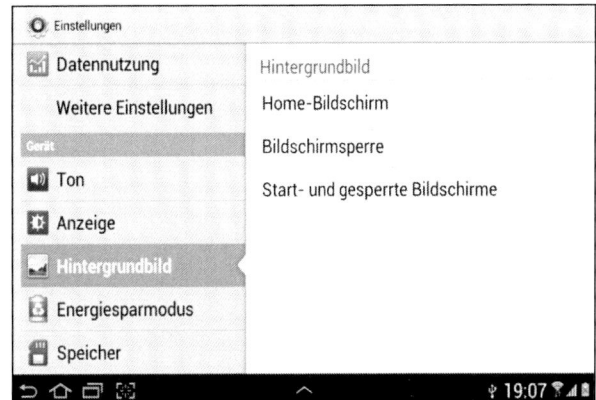

❶ Rufen Sie die *Einstellungen* über das Benachrichtigungsfeld auf und gehen Sie auf *Hintergrundbild.*

❷ Festlegen lässt sich das Hintergrundbild für:

- *Home-Bildschirm*: Der Startbildschirm.
- *Bildschirmsperre*: Die Displaysperre.
- *Start- und gesperrrte Bildschirme*: Startbildschirm und Displaysperre gleichzeitig.

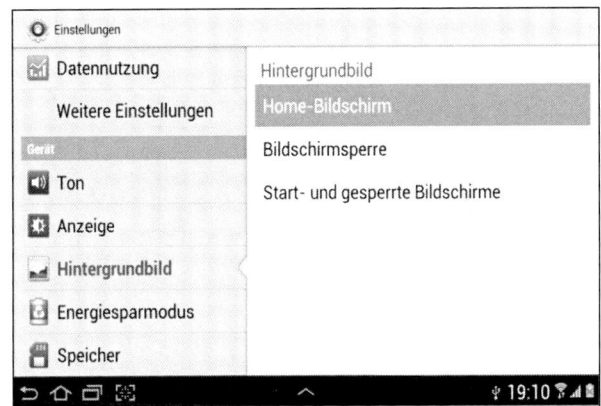 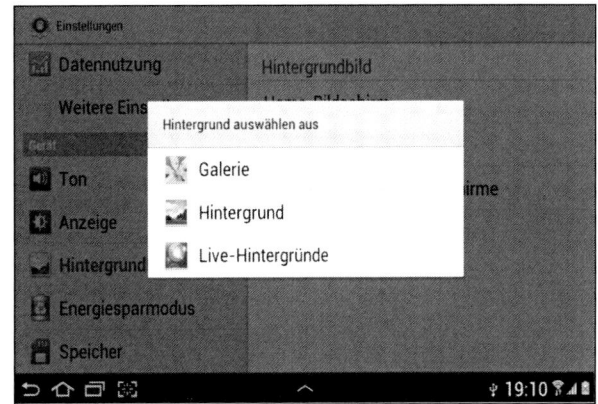

❶❷ Gehen Sie auf eines der Menüs.

Hier wählen Sie nun zwischen:

- *Galerie*: Von Ihnen selbst fotografierte oder auf das Galaxy kopierte Bilder.
- *Hintergrund*: Von Samsung vorinstallierte Hintergrundbilder.
- *Live-Hintergründe*: Animierte Hintergrundbilder.

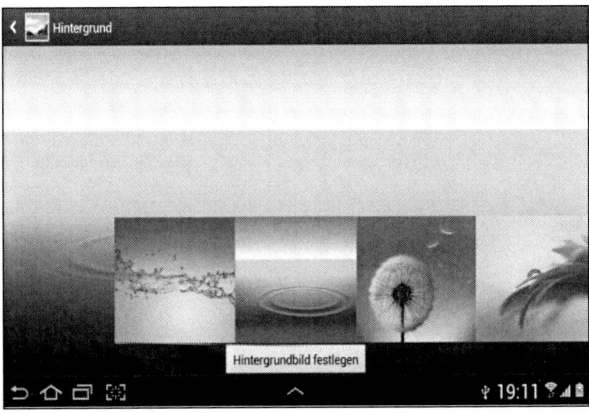

Sofern Sie *Hintergrund* auswählen, stehen mehrere von Samsung vordefinierte Bilder zur Verfügung, von denen Sie mit *Hintergrundbild festlegen* eines übernehmen.

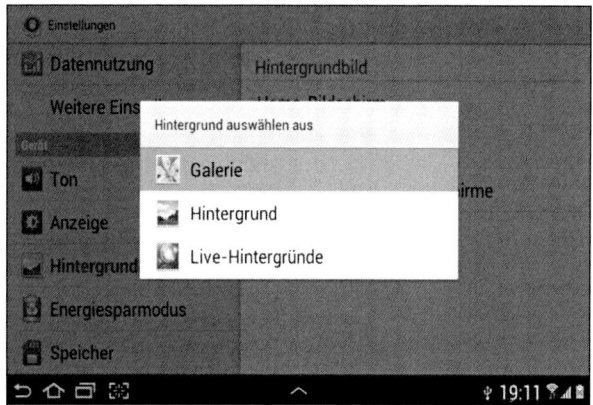 

❶ Wenn Sie dagegen auf *Galerie* gehen, wählen Sie eines der von Ihnen mit der Kamera erstellten Fotos aus.

❷ Tippen Sie zuerst ein Album an, danach das zu verwendende Foto.

❶ Sie müssen das Bild jetzt noch zuschneiden. Verschieben Sie mit dem Finger den blauen Rahmen auf den Bildbereich, der später in der Startseite erscheinen soll und übernehmen Sie ihn mit *Fertig*.

❷ Beispiel für ein Hintergrundbild im Startbildschirm.

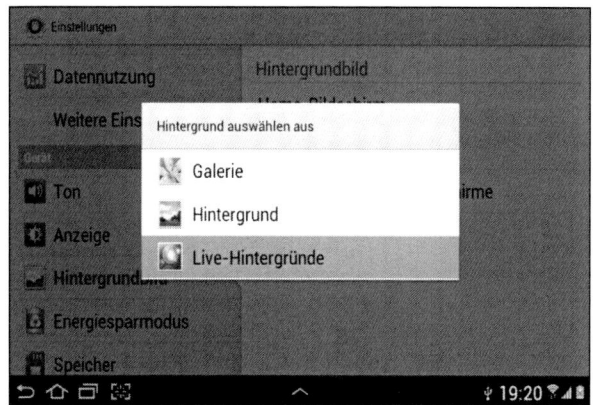 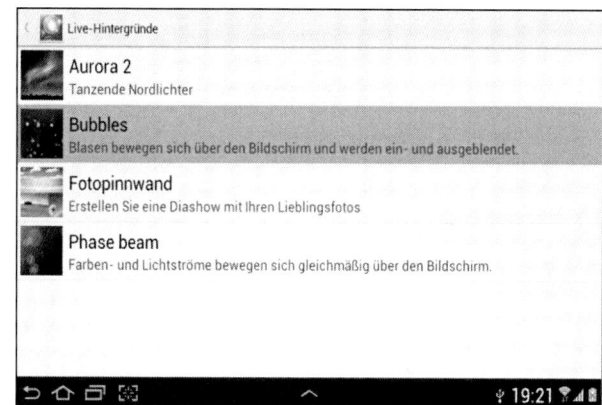

❶❷ Unter *Live-Hintergründe* sind mehrere animierte Hintergründe zu finden.

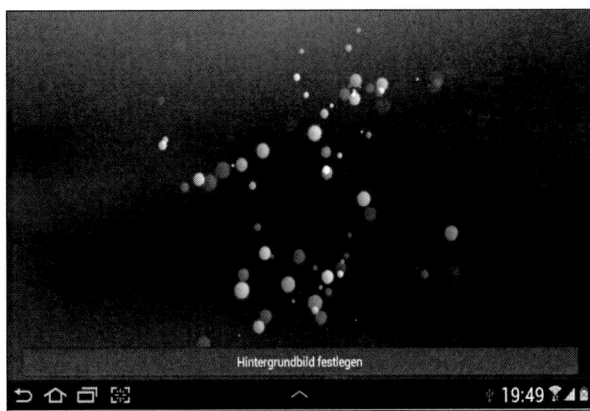 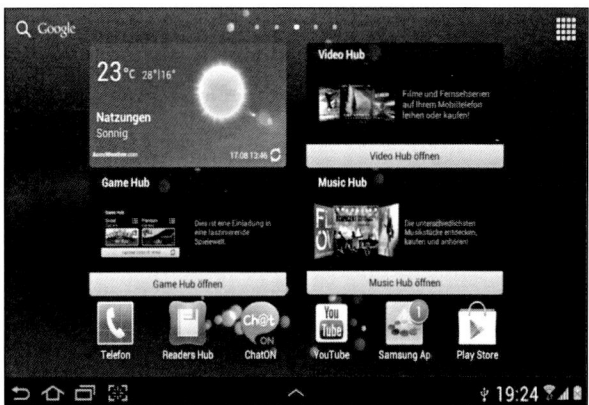

❶❷ Nach Auswahl des Hintergrunds bestätigen Sie dann mit *Hintergrundbild festlegen*.

3.7.5.a Startbildschirme verwalten

Nicht immer braucht man sieben umschaltbare Startbildschirme. Nicht benötigte Startbildschirme lassen sich deshalb entfernen.

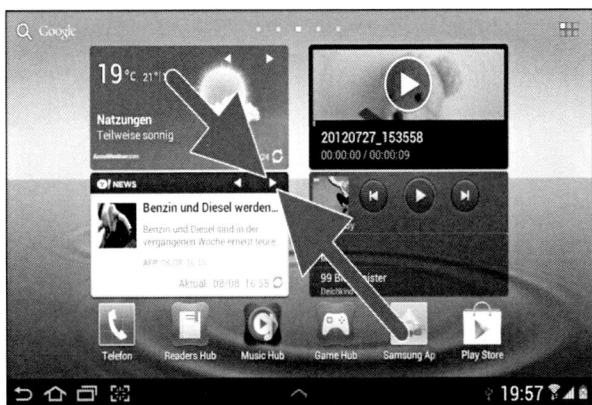 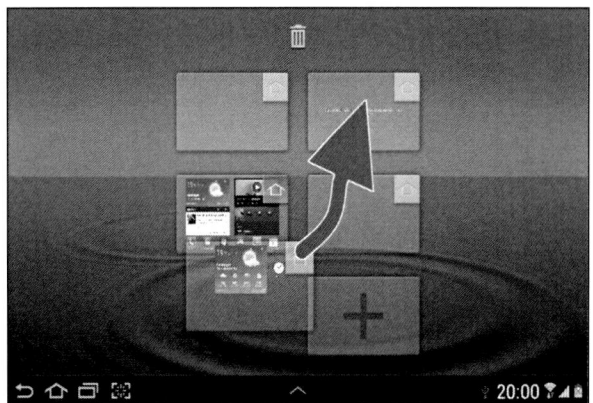

❶ Führen eine »Kneifgeste« durch, bei der Sie Sie zwei gleichzeitig auf dem Bildschirm angedrückte Finger, beispielsweise Zeigefinger und Daumen, zusammenziehen.

❷ Die Reihenfolge der Bildschirmseiten ändern Sie einfach, indem Sie den Finger auf eines der Vorschaubilder angedrückt halten und es an eine andere Position ziehen. Ziehen Sie dagegen ein Vorschaubild auf den Papierkorb, um es zu löschen. Es erfolgt dann eine Sicherheitsabfrage.

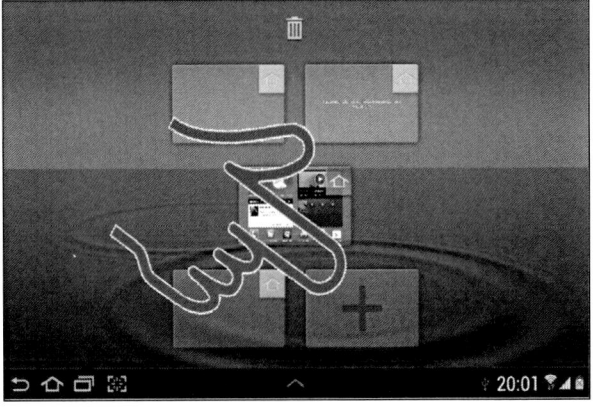

Einen neuen Bildschirm fügt die +-Schaltleiste (Pfeil) hinzu.

3.7.6 Titelleiste und Benachrichtigungsfeld

Wie bei fast allen Handys informieren auch beim Galaxy Tab Symbole in der Titelleiste über den aktuellen Telefonstatus, verpasste Anrufe, den Status von WLAN und Bluetooth, und vieles mehr.

❶ Beispiel für die Symbole in der Titelleiste:

- 📶: Internetverbindungen finden über WLAN statt (die gebogenen Balken zeigen die Senderstärke an).

- ⯆: Das Tablet ist über USB mit einem PC verbunden.

- 📶: Guter Mobilfunk-Empfang (die Balken zeigen die Senderstärke an).

- 🔋: Der Akku ist fast voll und wird gerade nicht aufgeladen.

❷ Bei besonderen Ereignissen, beispielsweise eingegangenen SMS, verpassten Anrufen oder anstehenden Terminen, erscheint ebenfalls ein entsprechendes Symbol (Pfeil). In unserem Beispiel handelt es sich um einen abgeschlossenen Download (✅) des Google Play Stores und einen verpassten Anruf (☎).

> In diesem Buch finden Sie, wo es sinnvoll ist, in den Kapiteln jeweils Hinweise darauf, welche Symbole in der Titelleiste erscheinen.

❶ Um weitere Informationen, zum Beispiel über einen eingegangenen Anruf, zu erhalten, halten Sie Ihren Finger auf die Titelleiste und ziehen ihn nach unten.

❷ Es erscheint das Benachrichtigungsfeld, das ausführliche Infos auflistet und durch Antippen die zugehörige Anwendung, im Beispiel die Anrufliste startet.

❶ Zum Löschen einer einzelnen Benachrichtigung tippen und halten Sie den Finger darauf und ziehen ihn nach links oder rechts. Die restlichen Einträge in der Benachrichtigungsliste rutschen dann nach oben.

❷ Die *Löschen*-Schaltleiste entfernt dagegen alle Benachrichtigungen in einem Rutsch.

3.8 Längs- und Querdarstellung

In manchen Situationen ist es sinnvoll, die Displaydarstellung zu drehen, beispielsweise, wenn Sie den Webbrowser nutzen. Dazu brauchen Sie nur das Gerät in Ihrer Hand zu drehen, denn über den Bewegungssensor weiß das Galaxy jederzeit, in welcher Position Sie das Gerät halten. In manchen Anwendungen stehen nach dem Drehen zusätzliche Bedienelemente zur Verfügung.

❶❷ Beispiel: Galerie-Anwendung im Hochformat und wenn man das Gerät um 90 Grad dreht.

Auch für Eingaben über das Tastenfeld ist es mitunter sinnvoll, das Display zu drehen.

3.9 Menü

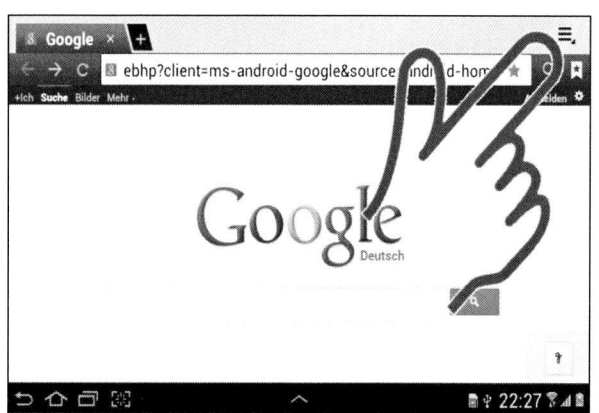 

❶❷ In fast jeder Anwendung, hier dem Webbrowser, finden Sie Schaltleisten, die mit häufiger ge-nutzten Funktionen belegt sind. Die ☰-Schaltleiste aktiviert dagegen das *Menü* mit weiteren Funk-tionen.

> In diesem Buch finden Sie sehr häufig Menü-Anweisungen. ☰*/Einstellungen/Anzeige* heißt zum Beispiel, dass Sie erst mit ☰ das *Menü* aufrufen, dann auf *Einstellungen*, anschließend auf *An-zeige*, usw. gehen.

3.10 Die Einstellungen

Die *Einstellungen,* worin Sie alle wichtigen Parameter für die Bildschirmanzeige, die Signaltöne, Internetverbindungen, usw. konfigurieren, spielen eine wichtige Rolle in diesem Buch.

 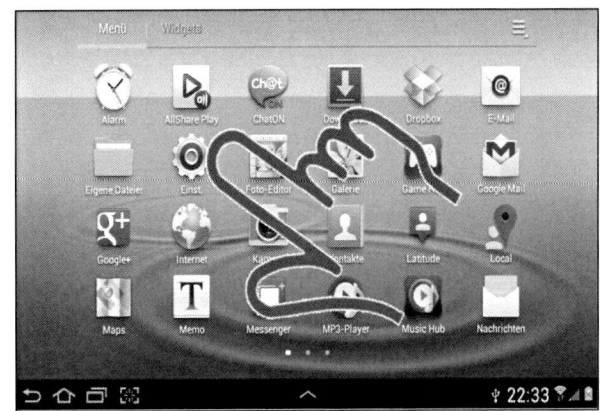

❶ Die *Einstellungen* finden Sie im später noch vorgestellten Benachrichtigungsfeld...

❷ ... und im Hauptmenü unter *Einst.*

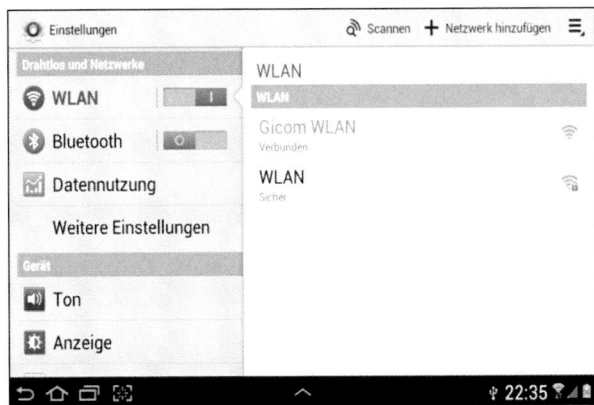

In diesem Buch gehen jeweils die einzelnen Kapitel bei Bedarf auf die Menüs in den *Einstellungen* ein. Eine grobe Übersicht der enthaltenen Funktionen finden Sie zudem im Kapitel *30 Benutzerkonfiguration*.

3.11 Zuletzt genutzte Anwendungen

❶ Die zuletzt genutzten Programme erhalten Sie nach Drücken der ⬜-Taste unterhalb des Displays angezeigt. Tippen Sie davon eine Anwendung an, die Sie starten möchten.

❷ Ziehen Sie den angedrückten Finger links oder rechts, um ein Programm aus der Auflistung zu löschen.

> Wie bereits erwähnt, bringt Sie ein kurzer Druck auf die ⌂-Taste wieder auf den Startbildschirm zurück, wenn Sie sich gerade in einer anderen Anwendung befinden.

3.12 Hauptmenü

❶ Es ist natürlich weder möglich, noch sinnvoll, alle auf dem Galaxy vorhandenen Anwendungen direkt im Startbildschirm einzublenden. Deshalb können Sie über die ▦-Schaltleiste (Pfeil) auf das Hauptmenü umschalten.

❷ Mit einer Wischgeste auf dem Bildschirm wechseln Sie zwischen den Seiten. Die Register am oberen Bildschirmrand schalten um zwischen:

- *Menü.*: Alle vorinstallieren und nachträglich installierten Programme

- *Widgets*: Widgets und Schnellverknüpfungen, die man in den Startbildschirm übernehmen kann.

❶ Das ≡-Menü:

- *Play Store*: Den Google Play Store aufrufen, über das Sie weitere Programme installieren können (siehe Kapitel *27.1 Play Store*).

- *Bearbeiten*: Programmreihenfolge ändern; Programme deinstallieren.

- *Deinstallieren*: Programm wieder vom Gerät entfernen.

- *Heruntergeladene Anwendungen*: Infos über aus dem Play Store installierte Programme anzeigen, beziehungsweise Programme wieder deinstallieren.

- *Anzeigetyp*: Die Programme im Hauptmenü als Symbole *(Anpassbares Raster)* oder als Liste *(Alphabetisches Raster)* anzeigen (❷).

- *Apps senden*: Weisen Sie Freunde mit einem kurzen vordefinierten Hinweistext, den Sie beispielsweise per E-Mail verschicken, auf ein Programm hin. Der Empfänger kann dann über den mitgeschickten Link das Programm aus dem Play Store (siehe *27.1 Play Store*) auf seinem Gerät installieren.

- *Anwendungen ausblenden/Ausgeblendete Anwendungen anzeigen*: Programme, die Sie ohnehin über Verknüpfungen aus dem Startbildschirm aufrufen, oder nie benötigen, können

Sie im Hauptmenü ausblenden. Das Hauptmenü wird dadurch übersichtlicher.

3.12.1 Hauptmenü bearbeiten

❶ Die Reihenfolge der Programme im Hauptmenü ändern Sie über ≡/*Bearbeiten*.

❷ Tippen und halten Sie danach den Finger über einer Anwendung und ziehen Sie sie an die gewünschte Position. Lassen Sie den Finger dann los.

> Auch das Verschieben auf eine andere Bildschirmseite im Hauptmenü ist möglich, indem Sie einfach das Programm bis an den Bildschirmrand ziehen.

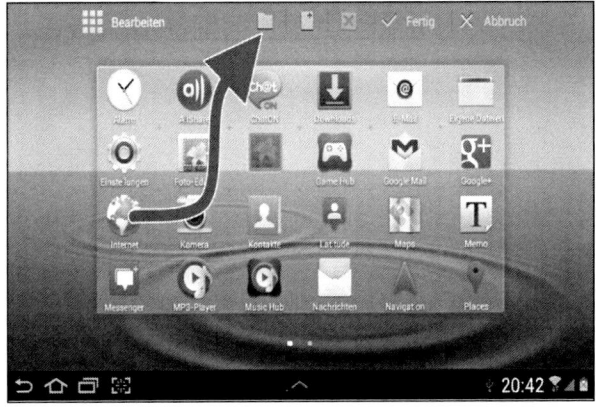

Ziehen Sie das Programm auf eines der vier Symbole für weitere Funktionen:

- ▬: Neuen Ordner erstellen.

- ▬: Neue Seite im Hauptmenü anlegen und dort das Programmsymbol hinverschieben.

- **i**: Infos zum Programm, mit Möglichkeit, es zu deinstallieren.

- ⬚: Programm nach Rückfrage deinstallieren.

3.12.1.a Ordner

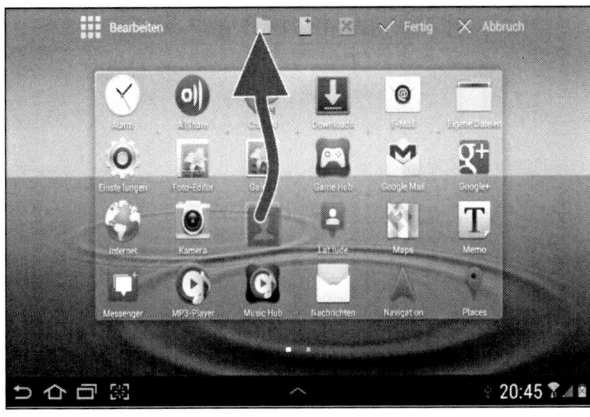 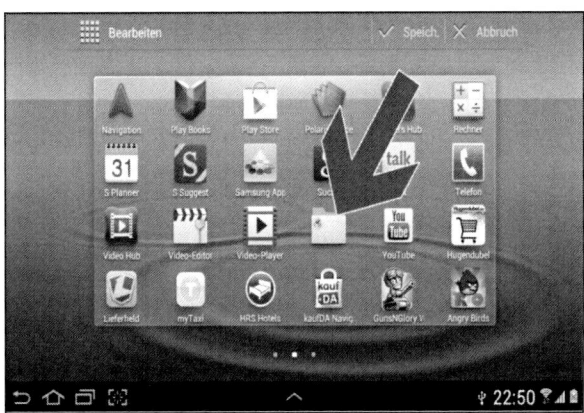

❶ Ziehen Sie mit dem Finger ein Programmsymbol auf ▬.

❷ Im Hauptmenü erscheint ein Ordner, welches das Programm enthält. Ziehen Sie bei Bedarf weitere Programme in den Ordner. Schließen Sie dann den Bearbeitungsbildschirm mit der ⮌-Taste.

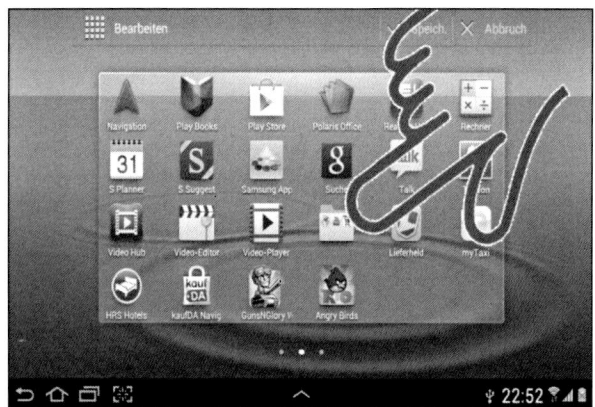 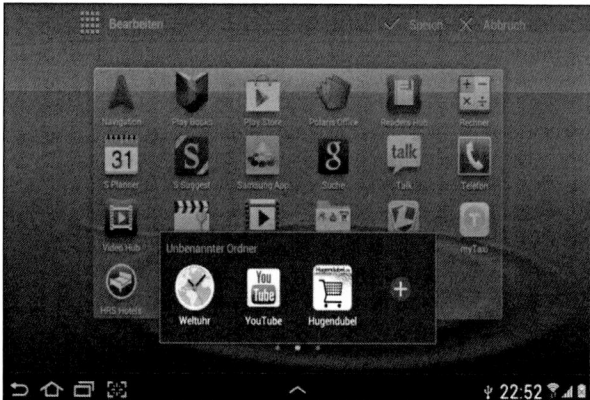

❶❷ Für den Start von Programmen aus dem Ordner heraus tippen Sie im Hauptmenü zuerst den Ordner an. Übrigens lässt sich der Ordnername von *Unbenannter Ordner* beliebig ändern, indem Sie den Namen kurz antippen.

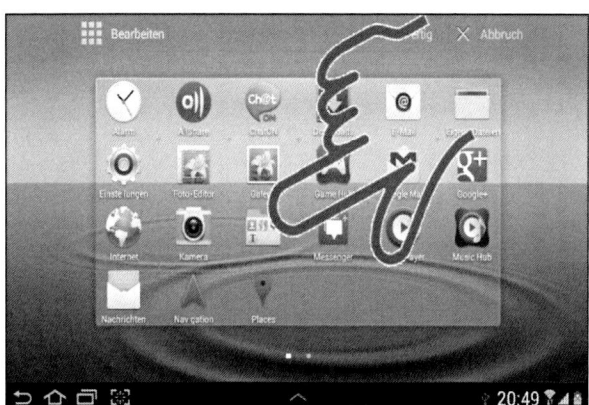 

❶❷ So entfernen Sie ein Programm aus dem Ordner: Sie müssen sich im Bearbeitungsmodus befinden (☰*/Bearbeiten*). Öffnen sie den Ordner, danach tippen und halten Sie den Finger auf dem Programm-Symbol im Ordner angedrückt und ziehen Sie das Symbol heraus.

3.12.2 Programme ausblenden

Viele der vorinstallierten Programme werden von Ihnen nicht benötigt, lassen sich aber nicht deinstallieren. Sie können sie aber im Hauptmenü ausblenden.

❶ Gehen Sie auf ☰*/Anwendungen ausblenden*.

❷ Haken Sie die nicht genutzten Programme ab und betätigen Sie *Fertig*. Die markierten Programme sind anschließend aus dem Hauptmenü verschwunden.

 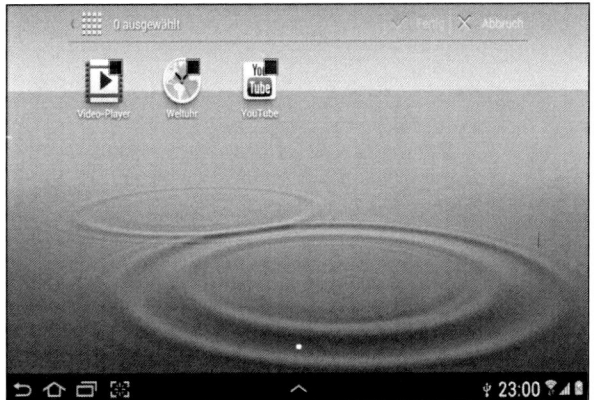

❶❷ ☰/*Ausgeblendete Anwendungen anzeigen* ermöglicht es, auf umgekehrten Wege die Programme wieder im Hauptmenü einzublenden.

3.13 Globale Suche

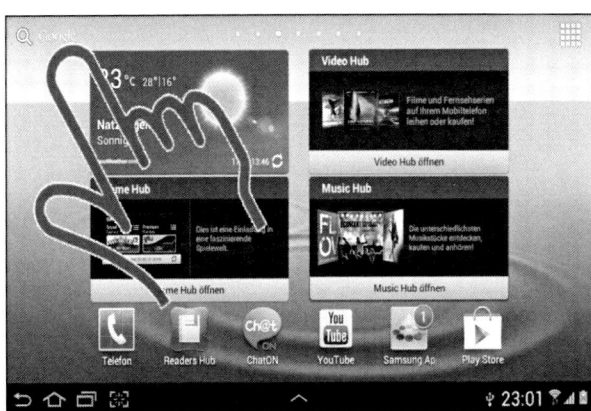 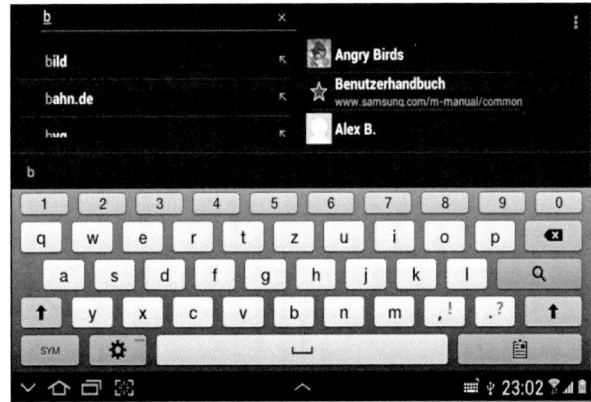

❶ Über die Google-Schaltleiste (Pfeil) rufen Sie die globale Suche auf, mit der Sie alle Anwendungen, Termine, Kontakte, usw. durchsuchen.

❷ Schon während der Eingabe werden passende Fundstellen aufgelistet. Tippen Sie eine Fundstelle an, um sie anzuzeigen.

Fast alle Anwendungen auf dem Galaxy bringen ebenfalls eine eigene Suchfunktion mit.

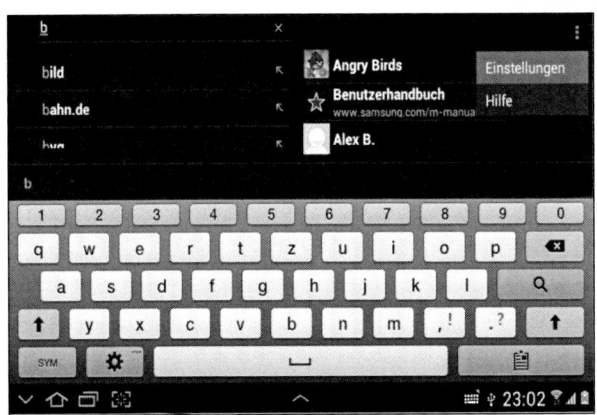 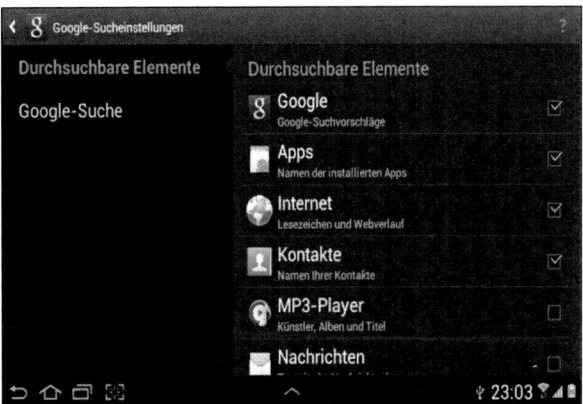

❶ Rufen Sie ⁝/*Einstellungen* auf.

❷ Stellen Sie in *Durchsuchbare Elemente* über die Abhakkästchen ein, welche Elemente jeweils zu durchsuchen sind. Danach können Sie den Bildschirm mit der ⌫-Taste schließen.

 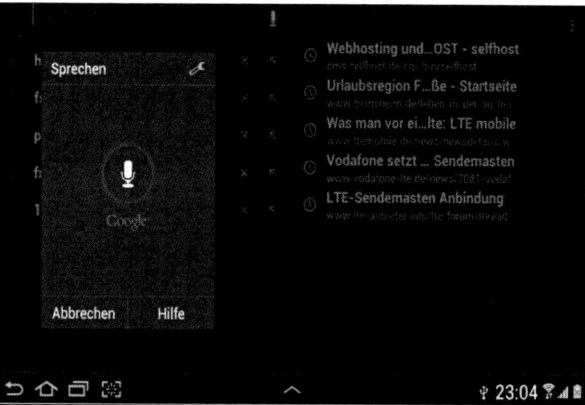

❶❷❸ Eine Besonderheit verbirgt sich hinter der 🎤-Schaltleiste (Pfeil): Sie können dann einfach einen oder mehrere Begriffe sprechen, nach denen Google anschließend im Internet sucht.

Beim ersten Aufruf der Spracherkennung erscheint ein Hinweis, dass Sie hierüber nicht nur nach Stichworten über Google suchen, sondern auch eine Sprachsteuerung durchführen können.

Weitere Spracheingabefunktionen stellt Kapitel *23 Sprachsteuerung* vor.

Beachten Sie, dass die Sprachsteuerung eine Internetverbindung benötigt, da die Übersetzung Ihrer gesprochenen Anweisungen auf Google-Servern erfolgt.

3.14 Medienlautstärke und Signaltöne

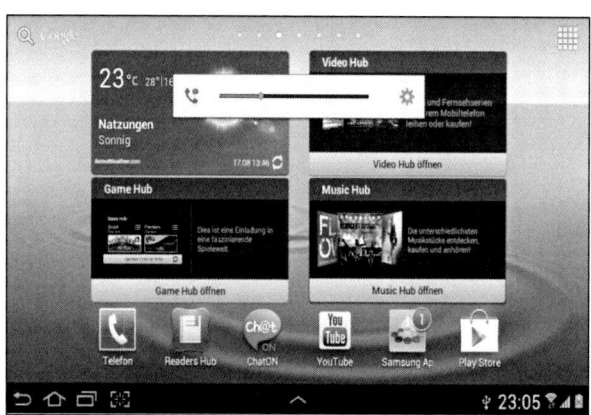 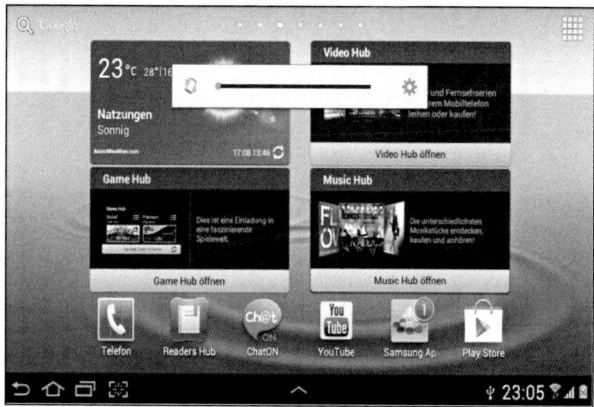

❶ Über die Lautstärketasten auf der Geräteseite beeinflussen Sie die Klingeltonlautstärke.

❷ Wenn Sie die die Lautstärke gegen Null reduzieren, schalten Sie das Gerät zunächst in den Lautlos- und dann in den Vibrations-Modus.

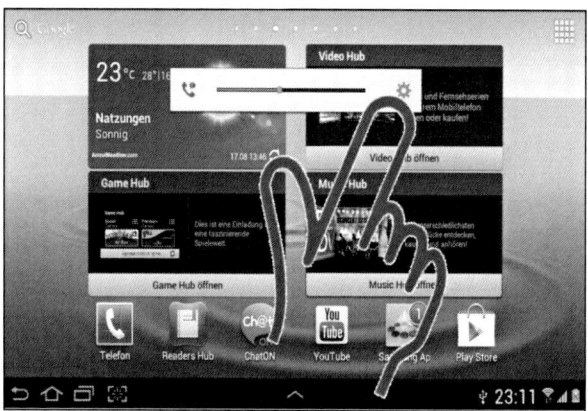 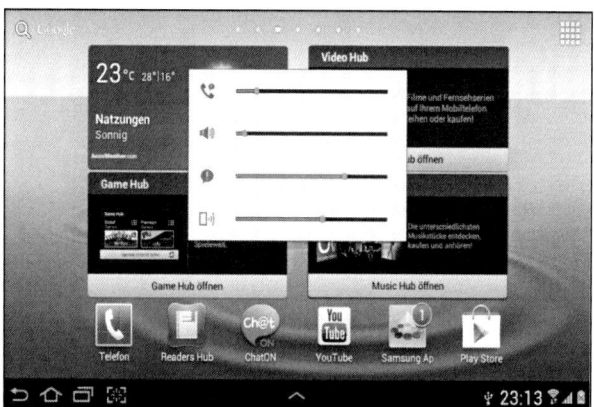

❶ Um die Lautstärke für MP3-Wiedergabe, Benachrichtigungstöne, usw. zu ändern, tippen Sie ⚙

(Pfeil) an.

❷ Neben der Klingeltonlautstärke ändern Sie hiermit:

- ◀»: Stellt die Lautstärke bei Multimedia-Anwendungen, beispielsweise MP3-Player, You-tube-Player oder Spiele ein. Wenn gerade eine Multimedia-Anwendung läuft, können Sie dafür aber auch einfach die Lautstärketasten auf der Geräteseite verwenden (der Klingelton bleibt davon unbeeinflusst).

- ●: Signalton für empfangene SMS und E-Mails.

- ▢»: Lautstärke der Systemmeldungen.

3.14.1 Signaltöne

 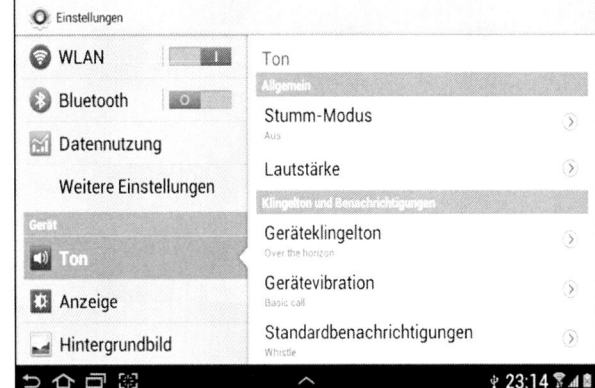

❶ Rufen Sie im Benachrichtigungsfeld die *Einstellungen* auf.

❷ Gehen Sie auf *Ton*. Die Optionen:

Unter *Allgemein*:

- *Stumm-Modus*: Schaltet den Klingelton zwischen *Aus* (Lautstärke ausgeschaltet), *Vibrieren* (Lautstärke aus, Vibration an) und *Lautlos* um. Diese Soundprofile lassen sich auch über die Lautstärketasten auf der rechten Geräteseite aktivieren: Wenn Sie die Lautstärke auf Null reduzieren, befinden Sie sich um *Lautlos*-Modus, wenn Sie die Lautstärke weiter reduzieren, im *Vibrieren*-Modus.

- *Lautstärke*: Ändert die Lautstärke:
  - *Musik, Video, Spiele und andere Medien*: Stellt die Lautstärke bei Multimedia-Anwendungen, beispielsweise MP3-Player, Youtube-Player oder Spiele ein. Wenn gerade eine Multimedia-Anwendung läuft, können Sie dafür aber auch einfach die Lautstärketasten auf der rechten Geräteseite verwenden (der Klingelton bleibt davon unbeeinflusst).
  - *Klingelton*
  - *Benachrichtigungen*: Für empfangene SMS und E-Mails.
  - *System*: Steuert die Lautstärke der Systemmeldungen.

Unter *Klingelton und Benachrichtigungen*:

- *Geräteklingelton*: Wählen Sie den gewünschten Klingelton aus. Es sind bereits eine Reihe an vordefinierten Klingeltönen vorhanden.

- *Gerätevibration*: Vibration bei eingehenden Anrufen.

- *Standardbenachrichtigungen*: Das Signal für eingegangene Nachrichten (SMS, E-Mail).

- *Ton und Vibration*: Bei eingehenden Anrufen zusätzlich auch Vibrieren.

Unter *System*:

- *Tastentöne*: Aktiviert die Tastentöne in der Telefonoberfläche.

- *Berührungstöne*: Diese hört man beim Antippen des Bildschirms.

- *Sound für Bildschirmsperre*: Signalton beim Aktivieren/Deaktivieren der Displaysperre.

> Falls Sie eigene MP3-Songs als Klingel- und Benachrichtigungstöne verwenden möchten, beachten Sie bitte Kapitel *29.1 Eigene Klingel- und Benachrichtigungstöne*.

3.15 Betriebssystemupdate

Dieses Buch basiert auf der Android-Version 4.04. Ab und zu veröffentlicht Samsung Updates des Betriebssystems, die sich unkompliziert installieren lassen.

Bevor Sie auf das Vorliegen eines Updates prüfen, beziehungsweise dieses installieren können, müssen Sie erst eine WLAN-Verbindung einrichten, wie im Kapitel *8 Wireless LAN* beschrieben.

❶ Welche Android-Betriebssystem-Version auf Ihrem Galaxy vorinstalliert ist, erfahren Sie in den Einstellungen. Gehen Sie dafür im Benachrichtigungsfeld auf *Einstellungen*.

❷ Rufen Sie dann *Info zu Gerät* auf. In unserem Beispiel ist Version 4.0.4 vorinstalliert.

 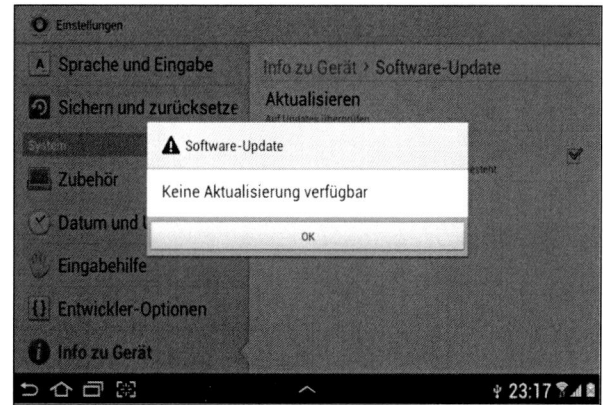

❶ Normalerweise brauchen Sie nicht selbst auf Updates prüfen, da das Gerät Sie auf deren vorliegen automatisch aufmerksam macht. Auch wenn es eigentlich wenig Sinn macht, können Sie aber »von Hand« auf neue Updates prüfen, indem Sie im *Info zu Gerät*-Bildschirm *Software-Update* aufrufen und dann *Aktualisieren* betätigen.

❷ Sofern ein Update vorliegt, lässt es sich nun installieren, ansonsten erscheint »*Keine Aktualisierung* verfügbar«. Während des Updates werden Ihre Daten auf dem Gerät nicht angetastet, sodass Sie danach ganz normal weiter arbeiten können.

4. Telefonie

Die Bedienungsführung des Tablets ist so aufgebaut, dass Sie mit wenig Aufwand einen Kontakt anrufen können.

  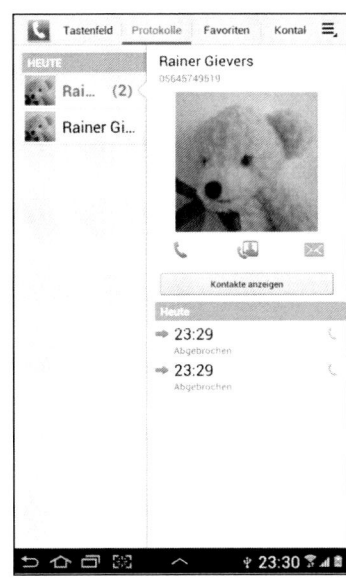

❶ Die Telefonoberfläche starten Sie mit der *Telefon*-Schaltleiste.

❷ Über die Register am oberen Bildschirmrand (Pfeil) schalten Sie um zwischen:

- *Tastenfeld*: Die Telefonoberfläche.

- *Protokolle*: Auflistung aller ein- und ausgegangenen Anrufe, sowie SMS und E-Mails. Siehe Kapitel *4.6 Anrufliste (Protokolle)*.

- *Favoriten*: »Favoriten« sind besonders wichtige Kontakte, mit denen man häufiger kommuniziert. Siehe auch Kapitel *4.2 Favoriten*.

- *Kontakte*: Anzeige der Kontakte im Telefonbuch (siehe Kapitel *5 Telefonbuch*)

4.1 Anruf durchführen

❶ Geben Sie jetzt die anzurufende Nummer über das virtuelle Tastenfeld auf dem Display ein. Mit der ☎-Schaltleiste wählen Sie die Nummer an. Sofern im Telefonbuch bereits Kontakte vorhanden sind, welche die eingegebene Rufnummer enthalten, erscheinen diese unter dem Eingabefeld. Mit einer Wischgeste blättern Sie in den Fundstellen.

❷❸ Nach Antippen einer Fundstelle erscheint die zugehörige Rufnummer in der Telefonoberfläche.

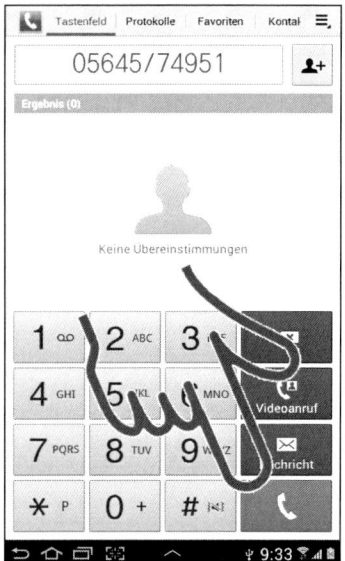  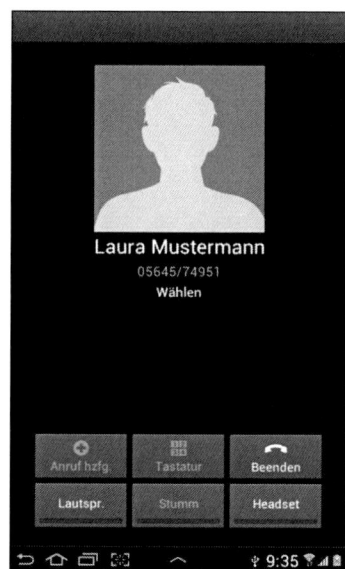

❶ Betätigen Sie die ☎-Schaltleiste, um die Anwahl zu starten.

❷ Sie werden jetzt eventuell gefragt, ob Sie einen *Mobiltelefonanruf* oder einen *Internetanruf* durchführen möchten. Wählen Sie davon Ersteres.

❸ Die Anwahl wird durchgeführt.

> Wenn Sie das Tablet an Ihr Ohr halten, schaltet sich das Display automatisch aus, damit keine Fehleingaben entstehen können. Dafür zuständig ist ein Nährerungssensor, welcher sich oben neben dem Lautsprecher befindet.
>
> Die lästige Nachfrage, ob ein Internet- oder Mobiltelefonanruf durchzuführen ist, können Sie, wie im Kapitel *4.9.3 Abfrage zur Internettelefonie deaktivieren* beschrieben, deaktivieren.

4.1.1 Suche

Auch eine direkte Namenssuche ist möglich. Tippen Sie dafür die Nummern ein, die den Buchstaben entsprechen (»2«=a, b, c; »3«=d, e, f; usw.). Betätigen Sie ⊗ unterhalb des Tastenfelds, um eine Fehleingabe zu löschen.

4.1.2 Letzte Rufnummer wählen

❶ Betätigen Sie die grüne ☏-Schaltleiste oder aktivieren Sie das *Protokolle*-Register.

❷ Die zuletzt angewählte Rufnummer erscheint automatisch als erstes in der Liste. Mit ☏ (Pfeil) führen Sie den Anruf durch.

4.1.3 Funktionen während eines Gesprächs

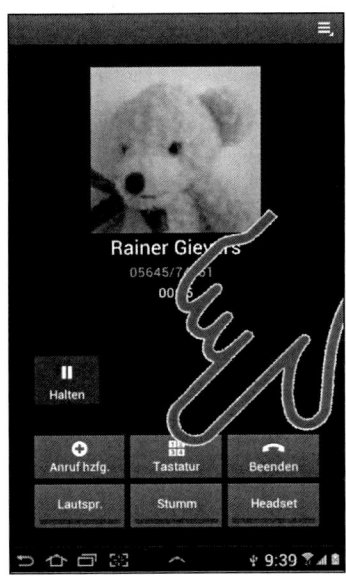 

❶❷ Während des Gesprächs zeigt das Tablet die angewählte Rufnummer, beziehungsweise den Kontakt, an. Betätigen Sie die *Tastatur*-Schaltleiste (Pfeil), um das Tastenfeld zu aktivieren, was sinnvoll ist, wenn Sie DTMF (Tonwahl)-Töne benötigen, zum Beispiel für die Bedienung eines Anrufbeantworters oder einer Tonwahl-gesteuerten Service-Hotline.

Interessant ist die Möglichkeit jederzeit während eines aktiven Gesprächs eine andere Anwendung zu nutzen. Dazu betätigen Sie die ⌂-Taste für den Startbildschirm. Sie können dann, wie gewohnt, diverse Anwendungen auf dem Galaxy starten, während das Gespräch im Hintergrund läuft. Informationen zum gerade aktiven Gespräch erhalten Sie nun über das Benachrichtigungsfeld (siehe Kapitel *3.7.6 Titelleiste und Benachrichtigungsfeld*). Tippen Sie dort die -Schaltleiste an, um den Anruf in der Telefonoberfläche anzuzeigen.

❶ Weitere Funktionen während eines Gesprächs:

- *Halten*: Der Gesprächsteilnehmer wird in eine Warteschleife des Netzbetreibers versetzt und hört dort eine Halte-Ansage.

- *Anruf hzfg*: Weiteren Kontakt oder Rufnummer anrufen, während der aktuelle Anruf gehalten wird. Später können Sie entweder zwischen den Gesprächsteilnehmern hin- und herschalten oder eine Telefonkonferenz abhalten. Diese Funktion ist nur mit Handy-Verträgen nutzbar, die das sogenannte »Anklopfen«-Feature unterstützen.

- *Tastatur*: Aktiviert das Tastenfeld, über das man DTMF-Töne erzeugt, beispielsweise zur Fernbedienung eines Anrufbeantworters.

- *Beenden*: Telefongespräch beenden.

- *Lautspr.*: Aktiviert/Deaktiviert die Freisprecheinrichtung.

- *Stumm*: Deaktiviert/aktiviert das Mikrofon, wobei man weiter hört, was der Gesprächsteilnehmer von sich gibt.

- *Headset*: Angeschlossenes Headset aktivieren/deaktivieren.

❷ Über das ☰-Menü erhalten Sie während eines Gesprächs folgende Funktionen:

- *Kontakte*: Telefonbuch aufrufen.

- *Memo*: Ruft die Memo-Anwendung auf, worin Sie dann Notizen erstellen.

- *SIM-Dienste*: Dies sind kostenpflichtige Dienste des Netzbetreibers, zum Beispiel Börsen- oder Wetterinfos, die man anderweitig über das Internet meist einfacher oder günstiger erhält.

4.1.3.a Hörerlautstärke

Während eines Gesprächs können Sie die Hörerlautstärke an Ihre Bedürfnisse anpassen. Drücken Sie einfach auf der rechten Geräteseite die Tasten Lautstärke-hoch/runter.

4.1.4 Anruf aus dem Telefonbuch

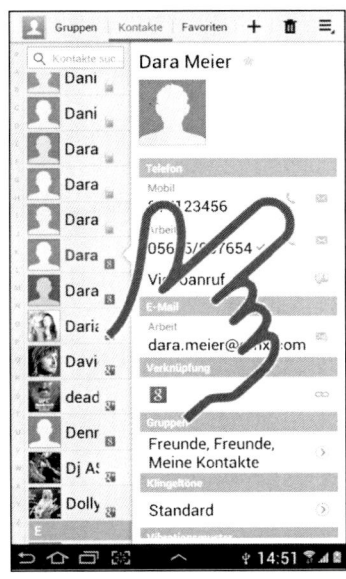

Zum Anwählen direkt in der Kontaktauflistung gehen Sie erst links in der Kontaktauflistung auf einen Kontakt und betätigen dann das Telefon-Symbol.

Das Telefonbuch beschreibt bereits Kapitel *5 Telefonbuch*.

4.1.5 Die Standardnummer

Wenn Sie eine Rufnummer, beziehungsweise einen Namen in der Telefonoberfläche eingeben, zeigt das Samsung Galaxy Tab immer die sogenannte »Standardnummer« bei den im Telefonbuch gefundenen Kontakten an. Andere Rufnummern werden dagegen nicht berücksichtigt.

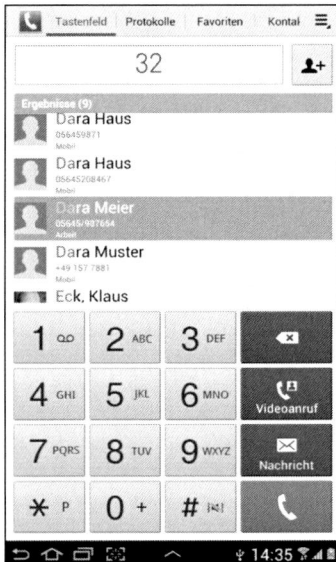

Beispiel: Der gefundene Kontakt *Dara Meier* besitzt mehrere Rufnummern, es wird aber nur die Standardnummer angezeigt.

❶❷ So legen Sie im Telefonbuch die Standardnummer fest: Gehen Sie im Telefonbuch auf den Kontakt, worauf die Kontaktdetails erscheinen. Tippen und halten Sie den Finger auf einer Rufnummer, bis das Popup erscheint und wählen Sie *Als Standard festlegen.*

❸ Die von den beiden Rufnummern als Standardnummer festgelegte ist mit einem ✓ markiert (Pfeil).

Das ✓ erscheint nur, wenn beim Kontakt bereits die Standardnummer eingestellt wurde.

4.2 Favoriten

Als Favoriten sollten Sie Kontakte markieren, mit denen Sie häufiger telefonieren. Im Vergleich zu den Standardkontakten hat man auf Favoriten wesentlich schnelleren Zugriff

 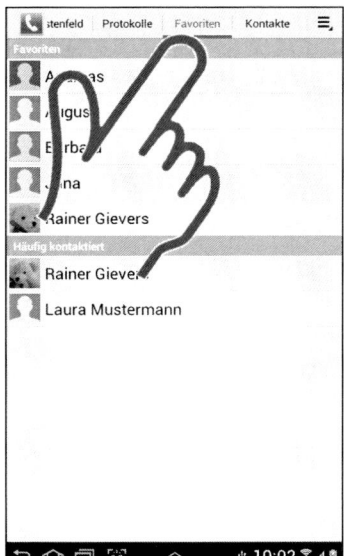

❶ Ihre Favoriten listet die Telefonoberfläche unterhalb des Eingabefelds auf – sofern Sie noch keine Rufnummer eingegeben haben. Zum Verwenden eines Favoriten tippen Sie ihn einfach an, worauf seine Rufnummer im Eingabefeld erscheint.

❷ Alternativ nutzen Sie für den Favoriten-Zugriff das *Favoriten*-Register.

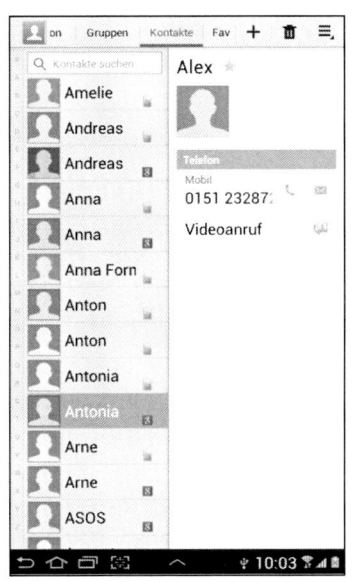 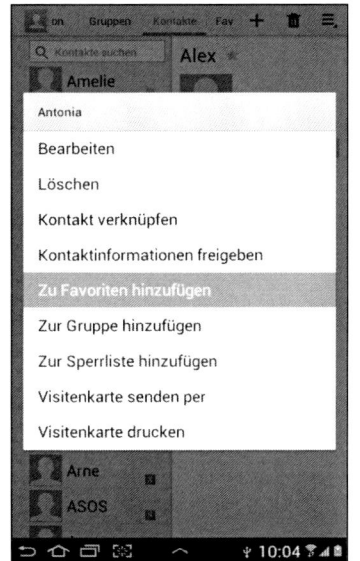 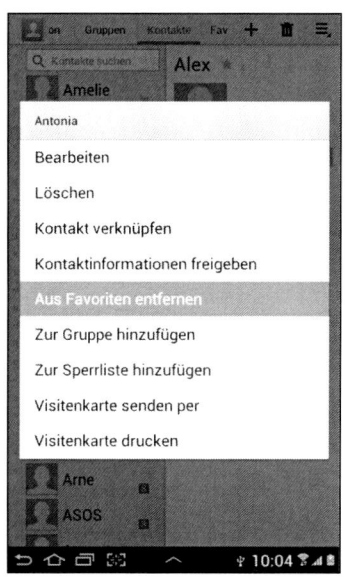

❶❷ So erstellen Sie einen Favoriten: Tippen und halten Sie den Finger in der Telefonbuch-Anwendung über einem Eintrag und gehen Sie dann auf *Zu Favoriten hinzufügen*.

❸ Das Löschen eines Favoriten erfolgt durch erneuten Aufruf des Popup-Menüs.

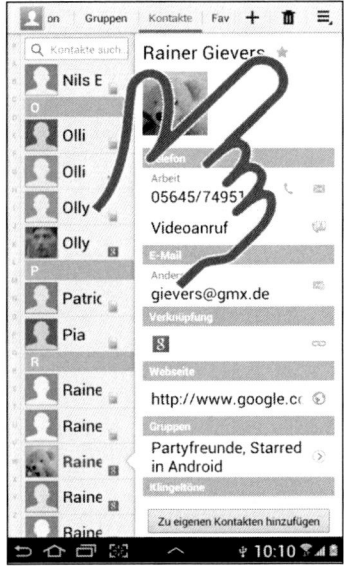

Auch in den Kontaktdetails lässt sich ein Favorit aktivieren/de-aktivieren. Tippen Sie den ⭐ oben rechts an (Pfeil).

4.3 Kurzwahlen

Wenn man bestimmte Rufnummern häufig anwählt, ist es umständlich, sie jeweils immer von Hand einzugeben oder in der Kontaktverwaltung zu suchen. Deshalb gibt es die Kurzwahlen, bei denen man eine der Zahlen von 2 bis 9 mit einer Rufnummer belegt. Man braucht zur Anwahl dann nur noch beispielsweise als Kurzwahl die »2« einzugeben.

4.3.1 Kurzwahl erstellen

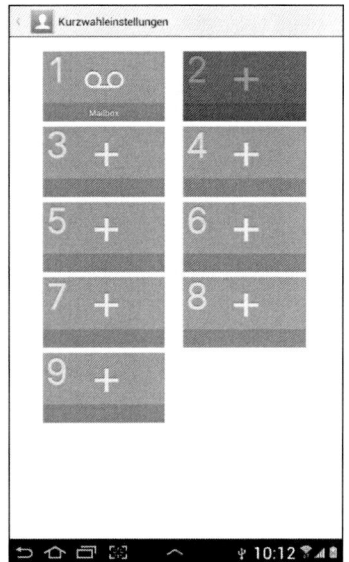

❶ Aktivieren Sie in der Telefonoberfläche ☰/*Kurzwahleinstellungen*.

❷ Betätigen Sie eine der Schaltleisten von 2 bis 9.

❸ Die Kontaktauflistung erscheint, in der Sie einen Kontakt auswählen.

> Die Kurzwahl »1« ist bereits für die Mailbox, siehe Kapitel *4.4 Mobilbox abrufen*, reserviert.

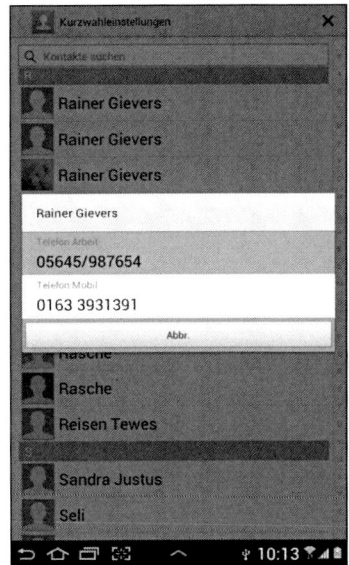 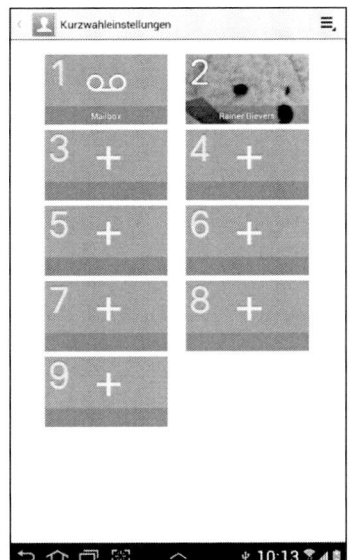 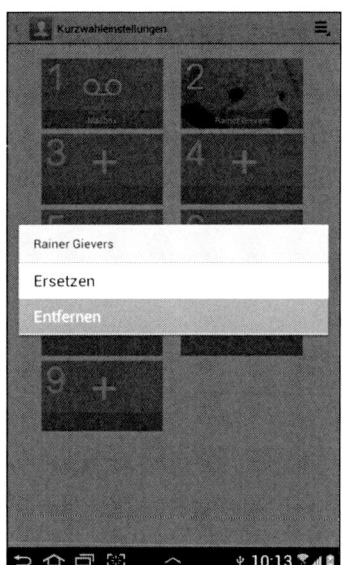

❶❷ Besitzt ein Kontakt mehrere Rufnummern, dann müssen Sie eine davon für die Kurzwahl auswählen.

❸ Zum Löschen einer Kurzwahl halten Sie den Finger auf der Kurzwahl angedrückt und gehen auf *Entfernen*.

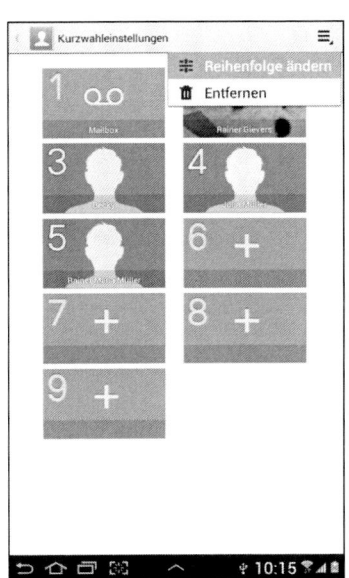 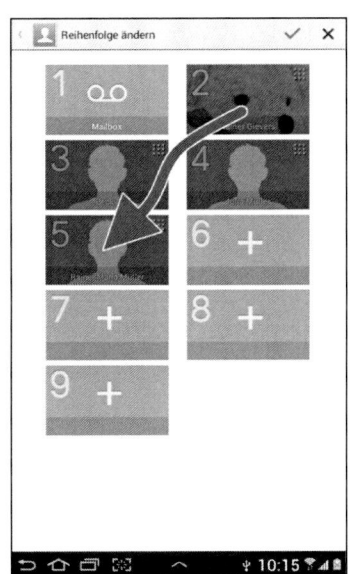 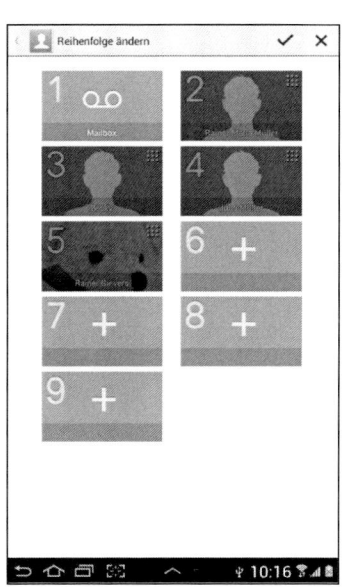

❶ Kurzwahlen tauschen Sie über ☰/*Reihenfolge ändern* zwischen den Speicherplätzen aus.

❷❸ Tippen, halten und ziehen Sie nun eine Kurzwahl auf den neuen Speicherplatz. Betätigen Sie ✓ für die Übernahme der Daten.

 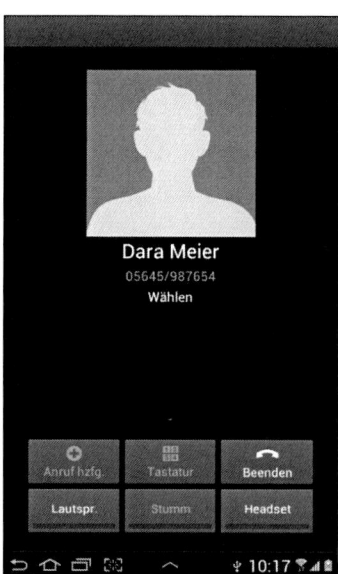

❶❷ So nutzen Sie die Kurzwahlen: Drücken und halten Sie eine Nummerntaste, welche einer Kurzwahl zugewiesen ist, worauf sofort die Anwahl startet.

4.4 Mobilbox abrufen

Die Mobilnetzbetreiber bieten jedem Kunden eine »Mailbox« an, in der Anrufer wie auf einem Anrufbeantworter ihre Nachrichten hinterlassen können. Zum Abruf der Nachrichten wählen Sie entweder auf der Telefonoberfläche die Mailboxnummer, oder Sie nutzen die vom Tablet angebotene Abruffunktion.

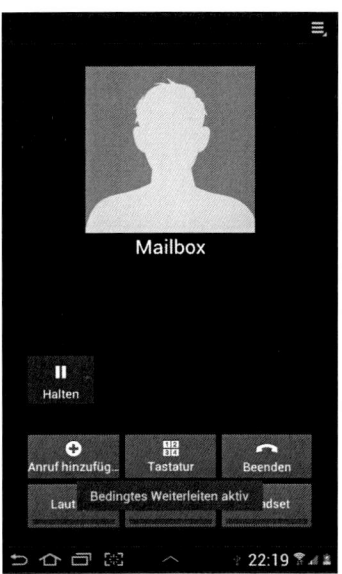

Zum Abruf der Mailbox tippen und halten Sie die »1«-Taste auf dem Telefontastenfeld, bis die Anwahl erfolgt.

Die Mailbox ist auf der Kurzwahl »1« vordefiniert. Normalerweise wird die Mailbox-Rufnummer korrekt eingerichtet, wenn Sie eine neue SIM-Karte einlegen und die automatisch erscheinende Konfigurationsaufforderung bestätigen. Falls Sie dennoch eine andere Mailboxrufnummer eintragen möchten, lesen Sie bitte im Kapitel *4.10.10 Mailboxeinstellungen* weiter.

4.5 Anruf annehmen

  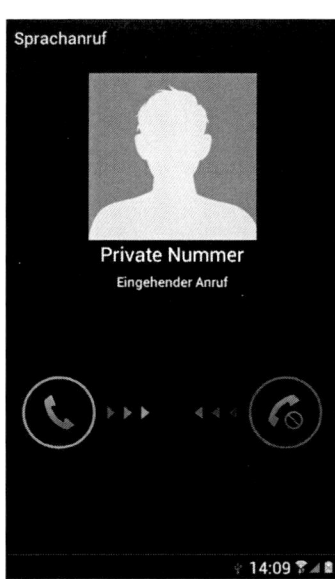

Wenn ein Anruf eingeht, gibt es drei mögliche Anzeigen:

- Rufnummer ist nicht im Telefonbuch vorhanden: Das Tablet zeigt nur die Rufnummer an (❶).

- Rufnummer ist im Telefonbuch vorhanden: Das Tablet zeigt den Kontaktnamen und die Rufnummer an (❷).

- Rufnummernübermittlung ist beim Anrufer deaktiviert: Das Tablet meldet »Private Nummer« (❸).

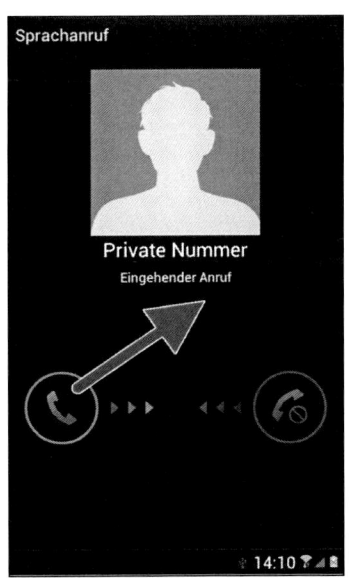 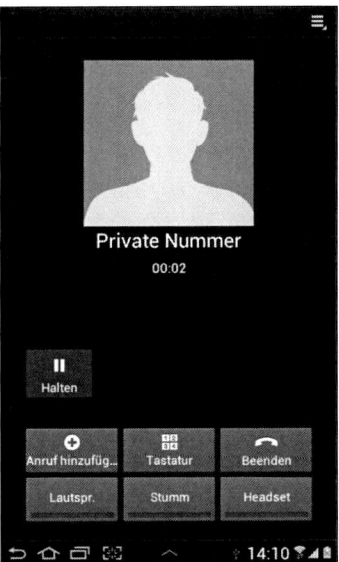

❶❷ Zum Annehmen eines Gesprächs ziehen Sie die grüne ☎-Schaltleiste mit angedrücktem Finger in beliebige Richtung. Während eines Gesprächs stehen die gleichen Funktionen zur Verfügung, die bereits im Kapitel *4.1.3 Funktionen während eines Gesprächs* vorgestellt wurden.

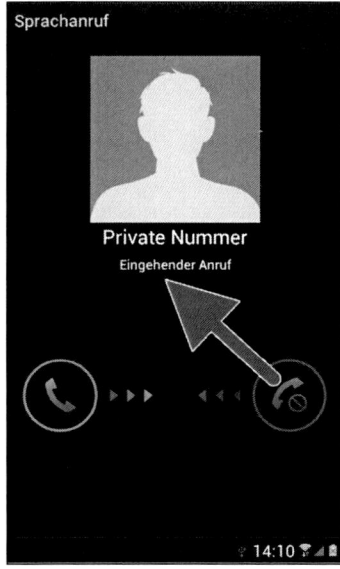

❶ Umgekehrt ziehen Sie die rote ⌒⊘-Schaltleiste von rechts nach links, um einen Anruf zu blocken. Der geblockte Anruf landet trotzdem in der Anrufverlauf-Liste, sodass sie ihn später zurückrufen können. Siehe auch Kapitel *4.6 Anrufliste*.

❷ Ist das Display ausgeschaltet, beziehungsweise die Displaysperre aktiv, weist das Tablet ebenfalls mit einem Symbol auf den verpassten Anruf hin.

❶❷ Weitere Infos zum verpassten Anruf erhalten Sie, indem Sie das Benachrichtigungsfeld öffnen (Siehe *3.7.6 Titelleiste und Benachrichtigungsfeld)*. Tippen Sie den Listeneintrag an, um die Anrufliste anzuzeigen.

> Einen Anruf, den Sie nicht entgegennehmen, beziehungsweise blocken, erscheint trotzdem in der Anrufverlauf-Liste, die Kapitel *4.6 Anrufliste* beschreibt.
>
> Betätigen der Lautstärke-leiser-Taste auf der Geräteseite schaltet einen eingehenden Anruf stumm.

4.5.1 Anruf mit Mitteilung beantworten

Nicht immer ist es möglich, einen eingehenden Anrufer sofort entgegenzunehmen. Für solche Fälle bietet das Tablet die Option, dem Anrufer eine SMS zu schicken.

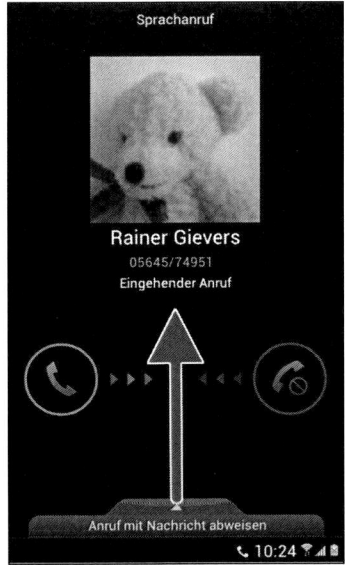 

❶ Ziehen Sie den Schieber am unteren Bildschirmrand nach oben.

❷ Es sind bereits einige Texte vorgegeben. Betätigen Sie die *Senden*-Schaltleiste bei dem zu sendenden Text. Der Anruf wird nun geblockt und die SMS verschickt.

Falls Sie den Inhalt der SMS selbst eingeben möchten, betätigen Sie *Neue Nachricht erstellen*, worauf die Nachrichten-Anwendung startet und eine neue SMS an den Anrufer erstellt.

 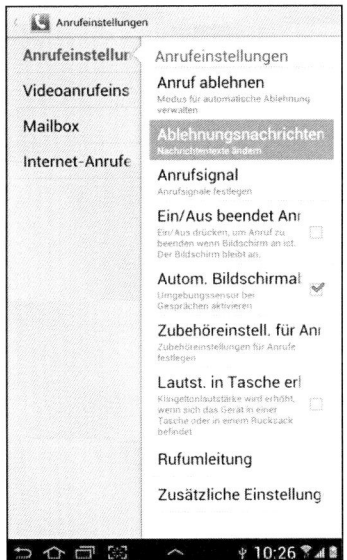 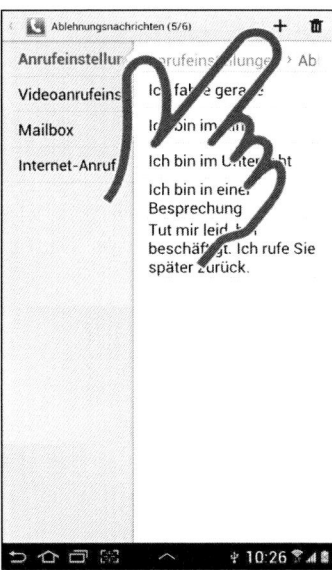

❶❷ Die vorgegebenen Textvorlagen lassen sich editieren. Gehen Sie dafür in der Telefonoberfläche auf ☰/*Anrufeinstellungen/Ablehnungsnachrichten*.

❸ Tippen Sie ✛ an.

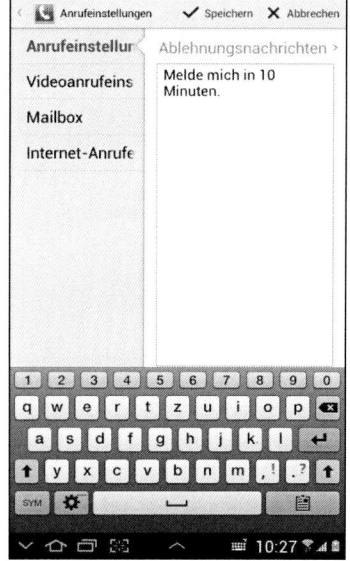 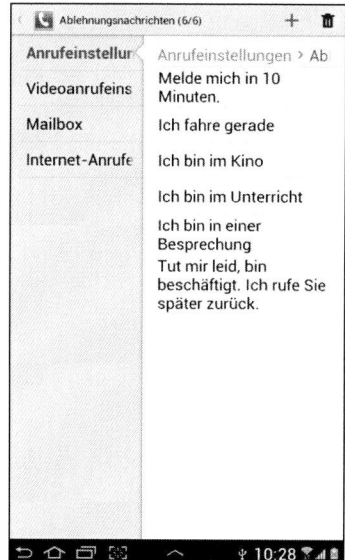

❶❷ Erfassen Sie einen Text, der dann in der Auflistung erscheint. Es bietet sich an, weitere Texte für verschiedenste Situationen anzulegen.

> Falls Ihnen ein Text nicht mehr gefällt, tippen Sie ihn einfach in der Auflistung an, worauf er im Editior angezeigt wird.
>
> Sie können maximal sechs verschiedene Texte erstellen.

4.5.2 Klingelton und Klingeltonlautstärke

❶ Die Klingeltonlautstärke ändern Sie ganz einfach über die Lautstärkentasten auf der rechten Geräteseite.

❷ Wenn Sie bereits die niedrigste Lautstärke eingestellt hatten und trotzdem weiter die Lautstärke-runter-Taste drücken, schaltet das Tablet auf Vibration (eingehende Anrufe merken Sie dann am Vibrieren des Geräts). Bei erneutem Betätigen schaltet das Tablet auf Lautlos.

 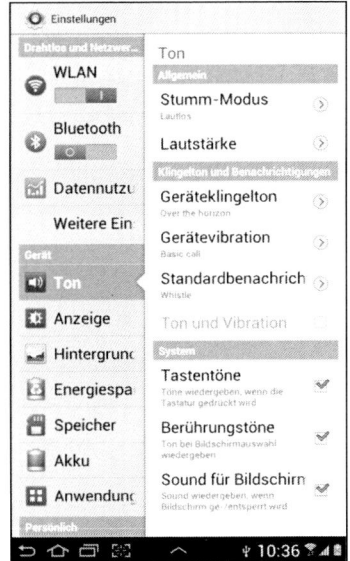

❶❷ Möchten Sie dagegen den als Klingelton verwendeten Song ändern, müssen Sie das Benachrichtigungsfeld aktivieren, worin Sie *Einstellungen* antippen. Gehen Sie dann auf *Ton*.

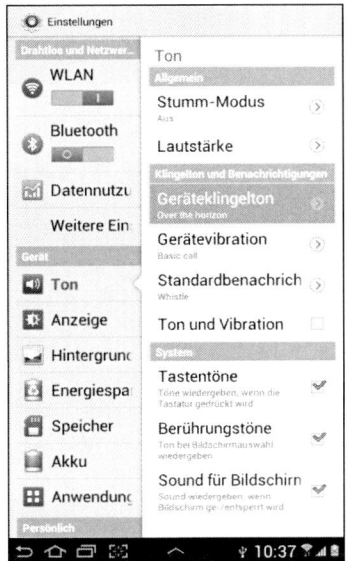 

❶ Gehen Sie auf *Geräteklingelton*.

❷ Wählen Sie den gewünschten Klingelton aus. Es sind bereits eine Reihe an vordefinierten Klingeltönen vorhanden.

Falls Sie eigene MP3-Songs als Klingel- und Benachrichtigungstöne verwenden möchten, beachten Sie bitte Kapitel *29.1 Eigene Klingel- und Benachrichtigungstöne*.

Sie können auch jedem Kontakt einen eigenen Klingelton zuweisen, der dann statt dem Standard-Klingelton vom Tablet verwendet wird. Siehe dazu Kapitel *5.5 Kontaktfoto und Klingelton*.

Beachten Sie zu den restlichen Signaltoneinstellungen im *Ton*-Menü auch Kapitel *3.14 Medienlautstärke und Signaltöne*.

4.6 Anrufliste (Protokolle)

In den Protokollen legt das Tablet alle ein- und ausgegangenen Anrufe, auch die nicht entgegengenommenen, ab. Auch versandte E-Mails und SMS listet das Protokoll auf.

4.6.1 Protokolle in der Telefonoberfläche

❶❷ Protokolle zeigt die zuletzt ein- und ausgegangenen, sowie verpassten Gespräche an. Sie aktivieren sie über das *Protokolle*-Register (Pfeil) in der Telefonoberfläche.

4.6.2 Anzeige verpasster Anrufe

 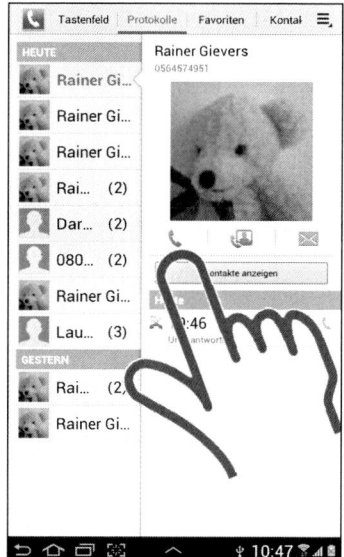

❶ Im Benachrichtigungsfeld informiert das Tablet über verpasste Anrufe. Wählen Sie den Anrufhinweis aus, um das Protokoll anzuzeigen.

❷ Tippen Sie einen Listeneintrag an, um die Anrufliste des Kontakts, beziehungsweise der Rufnummer, anzuzeigen.

Ein kleines Symbol informiert bei jedem Listeneintrag, welche Aktion stattgefunden hat:

➡   Eingehender Anruf, der entgegengenommen wurde.

⌣   Eingehender Anruf, der nicht entgegenommen oder geblockt wurde.

⬅   Ausgehender Anruf.

Tippen Sie 📞 an (Pfeil), um die Rufnummer anzuwählen.

4.6.3 Funktionen in der Anrufliste

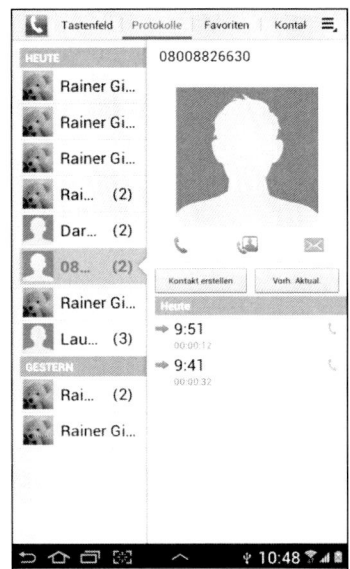 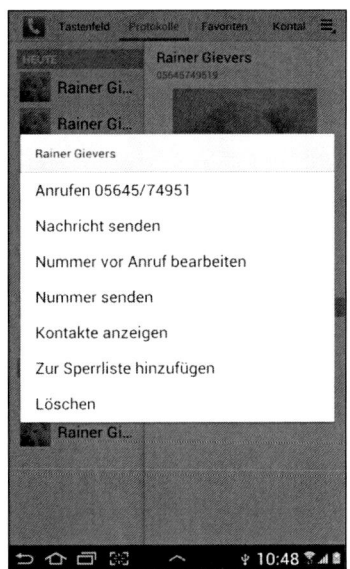 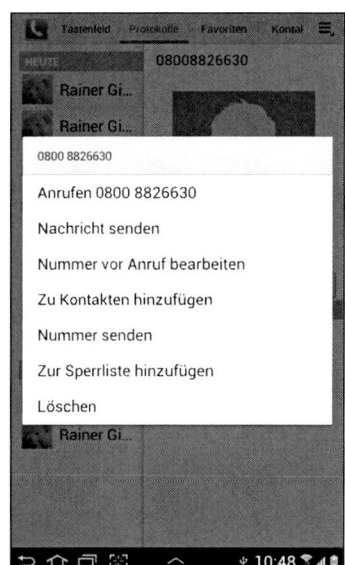

❶ Tippen und halten Sie den Finger über einem Listeneintrag für das Popup-Menü:

❷ Wenn sich die Rufnummer **bereits im Telefonbuch** befindet:

- *Anrufen xxx: Kontakt anrufen.*

- *Nachricht senden*: Erstellt eine neue SMS.

- *Nummer vor Anruf bearbeiten*: Gibt Ihnen die Möglichkeit, die Rufnummer vor der Anwahl zu editieren, was zum Beispiel nützlich sein kann, wenn man in einer Firma statt dem
  Kontakt die Zentrale oder eine andere Durchwahl anrufen muss.

- *Löschen*: Aus Anrufprotokoll entfernen.

- *Kontaktinformationen senden*: Rufnummer in einer SMS verschicken.

- *Kontakte anzeigen*: Kontaktdetails des Anrufers aufrufen.

- *Zur Sperrliste hinzufügen*: Die Sperrliste verwaltet unerwünschte Anrufer, mit denen Sie
  nie sprechen möchten. Siehe dazu Kapitel *4.8 Unerwünschte Anrufer blockieren
  (Sperrliste)*.

❸ Die Rufnummer befindet sich **noch nicht im Telefonbuch**: In diesem Fall können Sie sie über
Zu Kontakten hinzufügen im Telefonbuch aufnehmen.

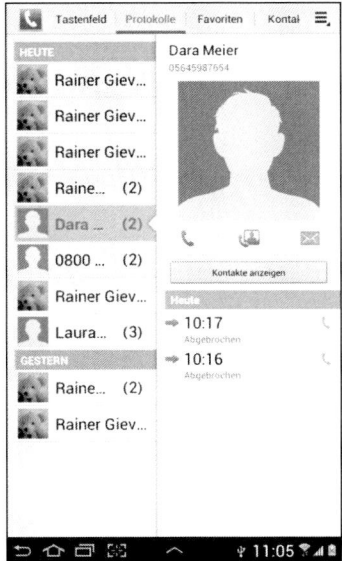 

❶ Tippen Sie einen Eintrag für die Anrufdetails an.

❷ Das Galaxy Tab zeigt nun alle Anrufe mit der gleichen Rufnummer an. Mit den Schaltleisten am oberen Bildschirmrand führen Sie ein Telefonat oder ein Videotelefonat durch oder senden der Rufnummer eine SMS.

4.6.4 Weitere Anzeigen

 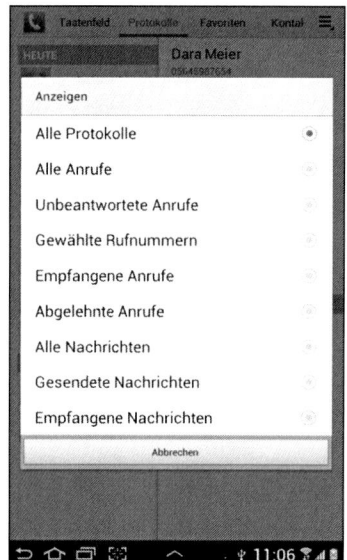

❶❷ Über ☰/*Anzeigen* schränken Sie die angezeigten Einträge auf unbeantwortete, gewählte, empfangene oder abgelehnte Anrufe, sowie auf Nachrichten (SMS) ein.

 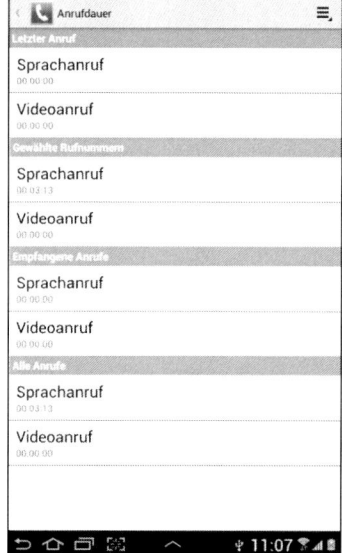

❶❷ ☰/*Anrufdauer* informiert Sie über die Dauer der ein- und ausgegangenen Sprach- und Videoanrufe.

4.6.5 Verpasste Anrufe während der Displaysperre

 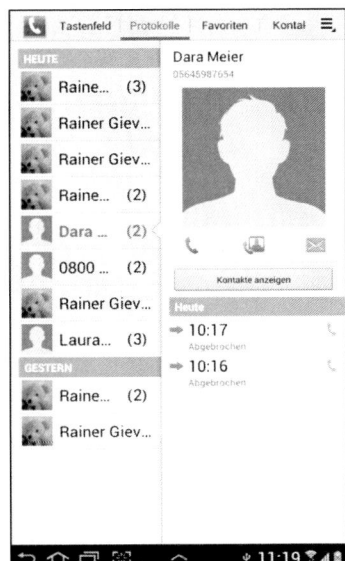

❶❷ Während der Displaysperre weist das Galaxy auf verpasste Anrufe hin. Wenn Sie das Symbol durch Ziehen in eine beliebige Richtung ziehen, landen Sie im Anrufprotokoll.

4.7 Flugmodus (Offline-Modus)

In manchen Umgebungen, zum Beispiel Flugzeugen und Krankenhäusern, ist der Einsatz eines Handys untersagt. Für diesen Fall können Sie die Telefon-Funktionalität deaktivieren. Im Flugmodus sind neben dem Telefon auch WLAN und Bluetooth deaktiviert.

❶ Drücken Sie für einige Sekunden den Ein-/Ausschalter (auf der rechten Geräteseite), bis das *Telefonoptionen*-Menü erscheint und gehen Sie auf *Offline-Modus*. Bestätigen Sie die folgende Sicherheitsabfrage mit *OK*.

❷ Ein ✈-Symbol macht auf den aktiven Flugzeugmodus in der Titelleiste aufmerksam (Pfeil). Rufen Sie das Telefonoptionen-Menü erneut auf und gehen Sie erneut auf *Offline-Modus*, um den Flugzeugmodus zu deaktivieren.

Für den Netzbetreiber erscheint der Flugzeugmodus technisch so, als ob Sie Ihr Tablet ausgeschaltet haben.

4.8 Unerwünschte Anrufer blockieren (Sperrliste)

Wer kennt es nicht? Immer wieder stören gewisse Leute mit ihren Anrufen... Damit Sie dauerhafte Ruhe finden, unterstützt das Galaxy eine Anrufer-Sperrliste (»Blacklist«).

 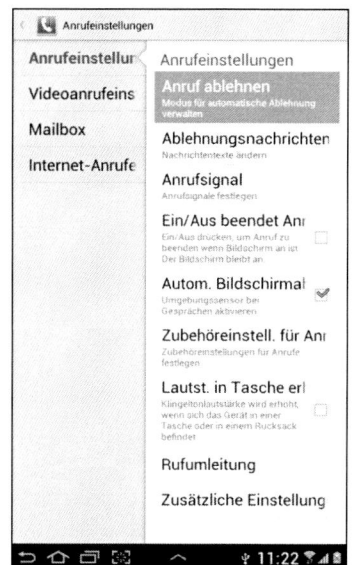

❶❷ Gehen Sie in der Telefonoberfläche auf ☰/*Anrufeinstellungen/Anruf ablehnen*.

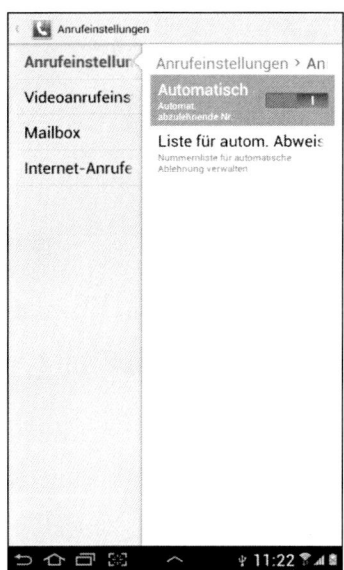 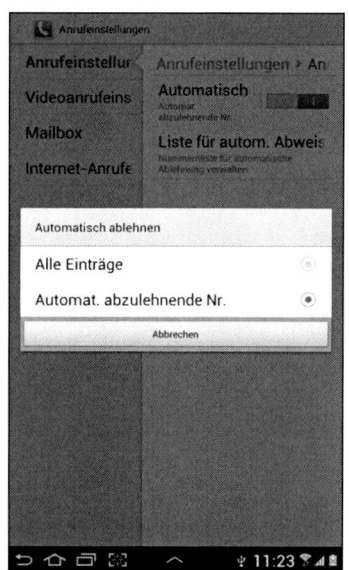

❶❷ Gehen Sie auf *Automatisch ablehnen* und kontrollieren Sie, ob *Automat. abzulehnende Nr.* aktiv ist. Bei *Alle Einträge* würde das Galaxy dagegen alle Anrufe blockieren, was wir ja nicht wollen.

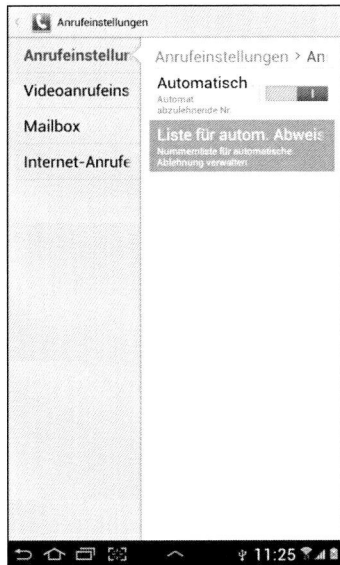 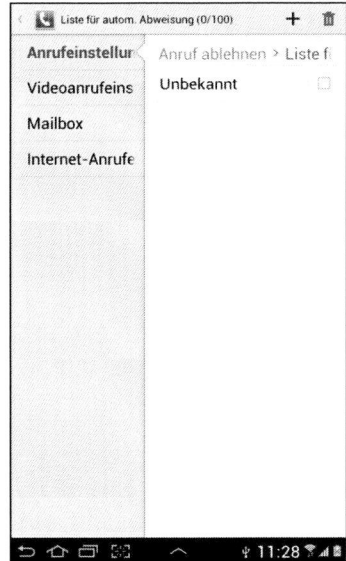

❶ Tippen Sie nun auf *Liste für autom. Abweisung*.

❷ Vorgegeben ist bereits der nicht aktivierte Eintrag *Unbekannt*. Wenn Sie diesen aktivieren, blockt das Tablet künftig Anrufer, die ihre Rufnummern unterdrücken.

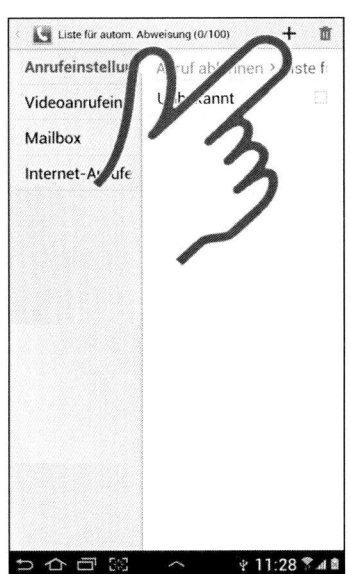  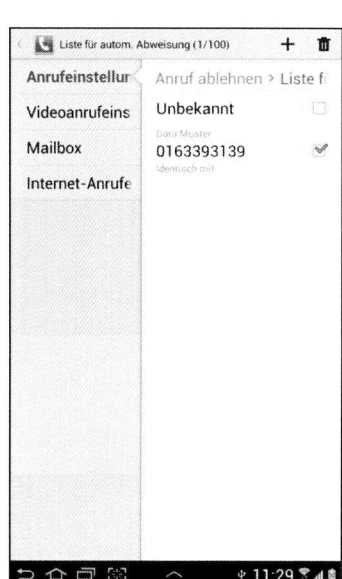

❶ Rufnummern fügen Sie über ✚ der Sperrliste hinzu.

❷ Geben Sie nun die zu blockierende Nummer ein und betätigen Sie *Speichern*. Alternativ lassen sich auch mit der ♟-Schaltleiste Nummern aus der Anrufliste (*Protokolle*) oder dem Telefonbuch (*Kontakte*) entnehmen.

❸ Die geblockten Rufnummern listet das Galaxy auf. Falls Sie nur mal temporär eine Rufnummer nicht blocken möchten, dann deaktivieren Sie das jeweilige Abhhakkästchen hinter dem Eintrag. Ruft jemand aus der Sperrliste an, so erhält er nur ein »Besetzt«. Auf dem Galaxy erhalten Sie dagegen keinerlei Hinweis auf den geblockten Anrufer.

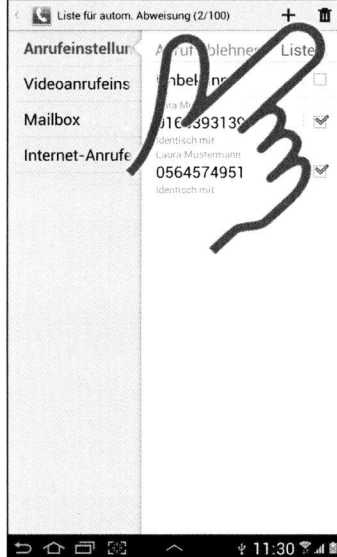 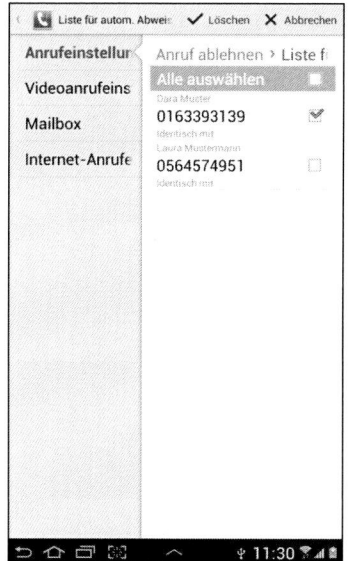

❶❷ Das Entfernen von Rufnummern aus der Liste erfolgt mit 🗑 (Pfeil).

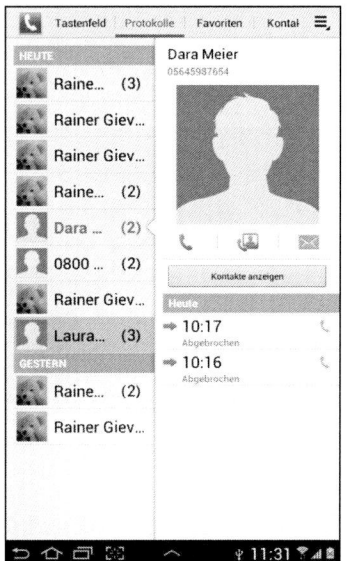 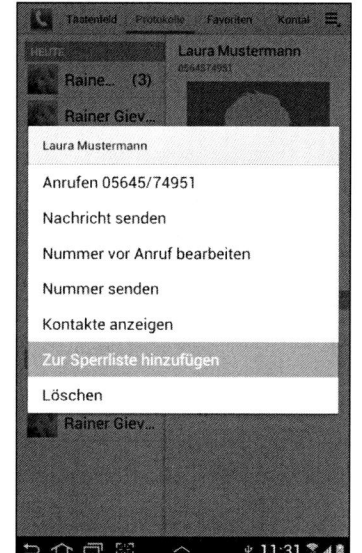 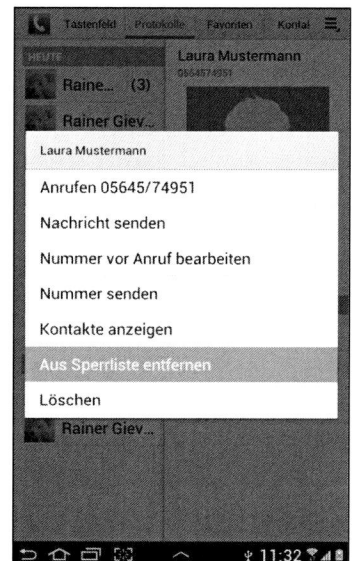

❶❷ Auch in der Anrufliste (siehe Kapitel *4.6 Anrufliste (Protokolle)*) lassen sich Anrufer in die Sperrliste übernehmen: Halten Sie dort den Finger auf einem Eintrag gedrückt, bis das Popup erscheint, worin Sie auf *Zur Sperrliste hinzufügen* gehen.

❸ Umgekehrt entfernen Sie einen gesperrten Anrufer auch wieder über das gleiche Popup-Menü, indem Sie *Aus Sperrliste entfernen* wählen.

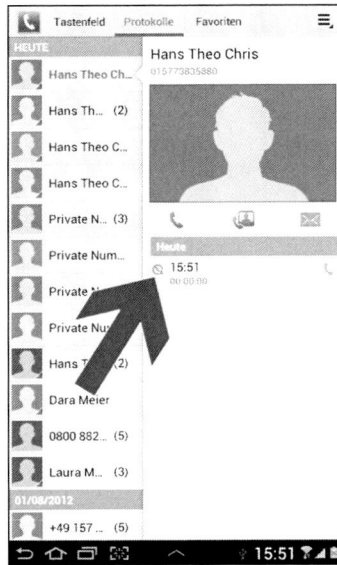

In der Anrufliste erkennen Sie automatisch durch die Blacklist geblockte Anrufe am 🔍-Symbol (Pfeil).

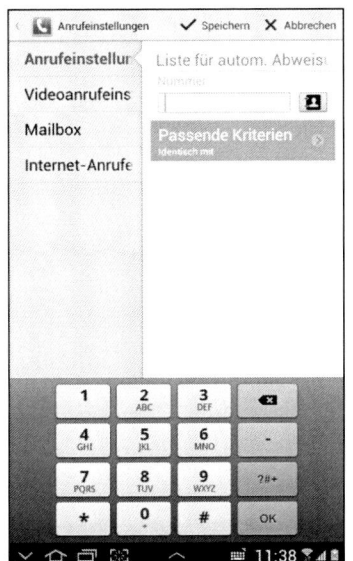

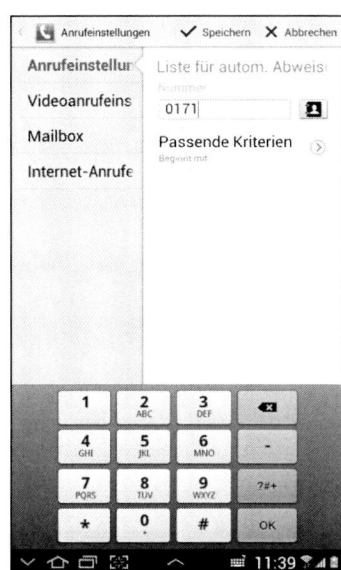

❶ Das Galaxy kann auch bestimmte Nummernkombinationen sperren. Möchten Sie beispielsweise keine Anrufe mit der Vorwahl »0163« entgegen nehmen, dann geben Sie die zu sperrende Vorwahl und betätigen dann *Passende Kriterien*.

❷ Stellen Sie *Beginnt mit* ein.

❸ Betätigen Sie ✔.

Welches zusätzliche Filterkriterium aktiv ist, zeigt die Blacklist unterhalb jeden Eintrags an (Pfeil).

4.9 Internettelefonie

Die Gesprächskosten im Handybereich sind in den letzten Jahren nur langsam gesunken. Vieltelefonierer können derzeit nur Geld sparen, wenn sie ihre Telefoniegewohnheiten genau kontrollieren und dann versuchen, passende Verträge zu finden. Zwar haben inzwischen alle Mobilfunkanbieter Flatrates und Sonderkonditionen im Programm, diese haben aber meistens irgendwo einen Haken: Häufig genug sind dann nur Telefonate im gleichen Mobilnetz oder nur ins Festnetz kostenlos. Abhilfe für diese Probleme schafft die Internettelefonie, bei der man nicht mehr über den Sprachkanal des Mobilfunknetzes telefoniert, sondern, wie der Name schon sagt, über die Internetverbindung.

Weil heute Internetflatrates bei vielen Mobilfunkverträgen zum Standard gehören und die Anbieter der Internettelefonie eine bereits vorhandene Infrastruktur nutzen (also keine teuren Kabel legen oder Mobilfunkantennen aufstellen müssen), ist Internettelefonie sehr preiswert.

In der Internettelefonie existieren zahlreiche Standards, wovon »SIP« (Session Initiation Protocol) wohl das gebräuchlichste ist. Wir wollen aber an dieser Stelle nicht zu tief in Materie einsteigen (bei weitergehendem Interesse ist *de.wikipedia.org/wiki/Session_Initiation_Protocol* ein guter Einstiegspunkt). Zahlreiche SIP-Anbieter sind inzwischen im Markt aktiv, beispielsweise die von uns für dieses Buch genutzten SIP Gate (*www.sipgate.de*) und Blue SIP (*www.bluesip.net*). Beide Anbieter haben auch kostenlose SIP-Konten im Angebot, für die erst Kosten anfallen, wenn man ins Festnetz telefoniert. Wir empfehlen, dass Sie die Telefonkosten und Leistungen der verschiedenen SIP-Anbieter genau vergleichen. Wie bereits erwähnt, erhalten Sie bei der Anlage Ihres SIP-Kontos automatisch auch eine Festnetzrufnummer, meist in Ihrem Ortsnetz. Dem Angerufenem erscheint es dann so, also ob Sie von zuhause anrufen, obwohl Sie sich ganz woanders aufhalten...

Eine Alternative zu SIP ist Skype, für die es eine gleichnamige Software im Google Play Store (siehe Kapitel *27.1 Play Store*) gibt. Skype hat allerdings den Nachteil, dass man selbst zwar Festnetznummern anrufen kann, dafür aber nur von Leuten anrufbar ist, die selbst bei Skype angemeldet sind und die Skype-eigene Software nutzen.

Die Telefonieanwendung des Galaxy ist bereits für SIP vorbereitet. Sie müssen also nur die Anmeldedaten Ihres SIP-Anbieters eingeben und können sofort loslegen!

> Telefonieren ist auch über die Android-App möglich, welche SIP Gate im Google Play Store (siehe Kapitel *27.1 Play Store*) zum Download anbietet.

4.9.1 SIP-Einrichtung

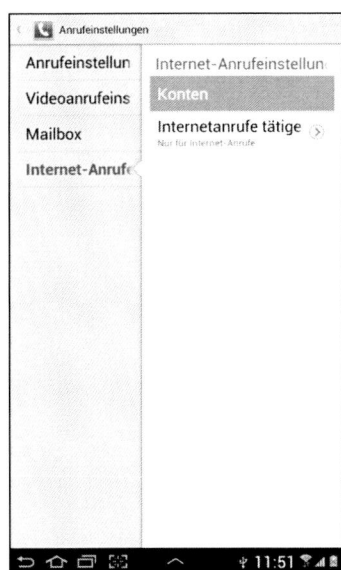

❶❷ Gehen Sie in der Telefonoberfläche auf ☰/*Anrufeinstellungen/Internet-Anrufeinstellungen/Konten*.

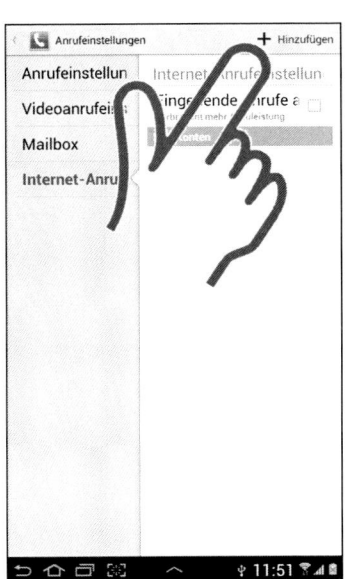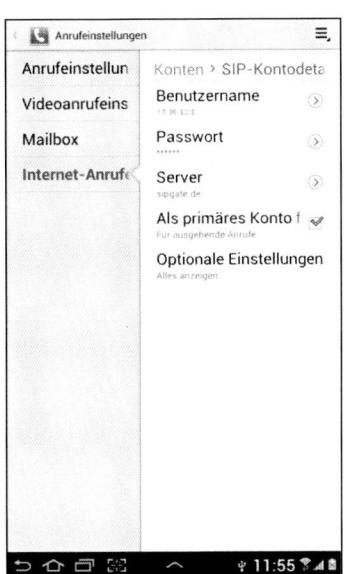

❶ Betätigen Sie *Hinzufügen* (Pfeil).

❷ Geben Sie die Kontodaten ein, welche Sie unter *Einstellungen* auf der SIP Gate-Website erfahren, nachdem Sie sich dort eingeloggt haben. Verlassen Sie dann den Bildschirm mit ↰-Taste.

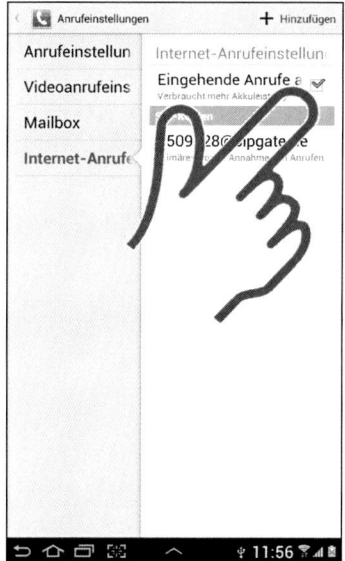 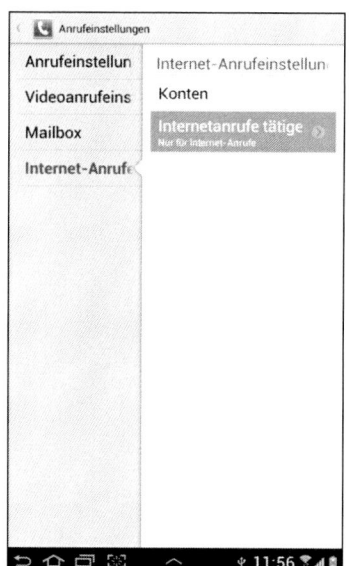 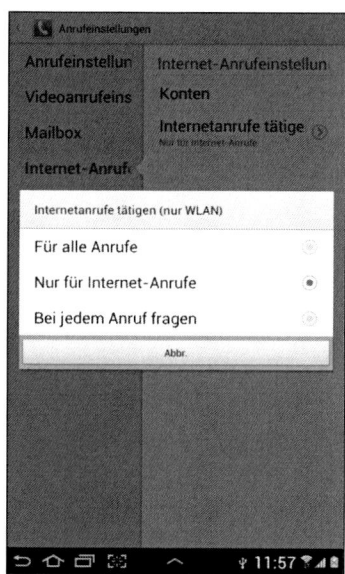

❶ Falls Sie auch Anrufe über die vom SIP-Anbieter vergebene Rufnummer entgegen nehmen möchten, aktivieren Sie *Eingehende Anrufe annehm.* Beachten Sie aber, dass Sie damit die Akkubetriebsdauer erheblich reduzieren. Auch diesen Bildschirm beenden Sie mit ⟵-Taste.

❷❸ *Internetanrufe tätigen* legt fest:

- *Für alle Anrufe*: Verwendet immer Internettelefonie für ausgehende Anrufe (nur wenn Internetzugang über Mobilfunk oder WLAN verfügbar).

- *Nur für Internet-Anrufe*: Internettelefonie ausschließlich dann verwenden, wenn die Rufnummer eine SIP-Teilnehmerkennung (Format xxxx@xxx.xx) ist.

- *Bei jedem Anruf fragen*: Fragt vor jedem Anruf nach, ob er über das Internet oder normal erfolgen soll.

4.9.2 SIP in der Praxis

 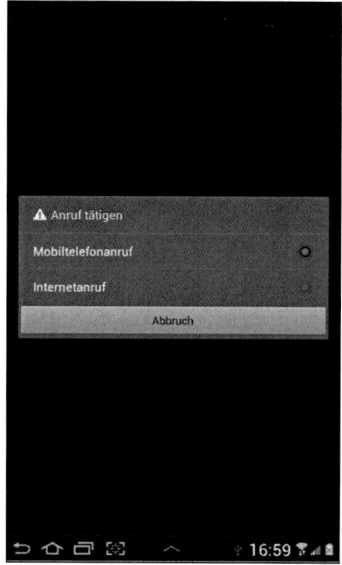 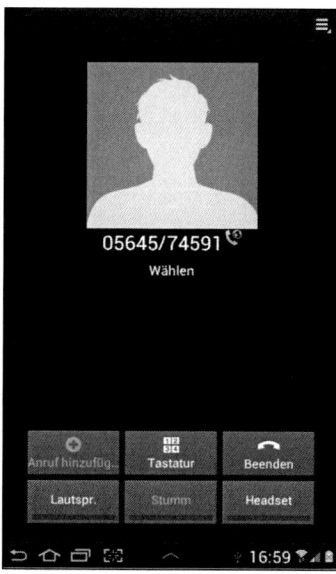

❶ Sofern Sie, wie im Kapitel *4.9.1 SIP-Einrichtung* erläutert, eingehende Anrufe erlauben, erkennen Sie über Ihre SIP-Rufnummer e Anrufe am Format *xxxx@sipgate.de*.

❷❸ Wählen Sie dagegen eine Nummer oder einen Kontakt an, fragt Sie das Tablet (je nach Voreinstellung), ob Sie eine Mobilfunkverbindung oder eine Internetverbindung aufbauen möchten.

4.9.3 Abfrage zur Internettelefonie deaktivieren

  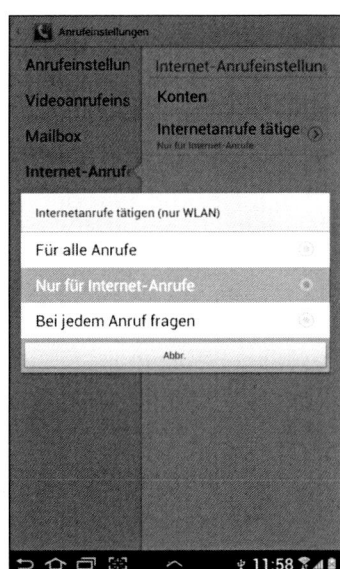

❶❷ Rufen Sie ☰/*Anrufeinstellungen/Internet-Anrufeinstellungen/Internetanrufe tätigen* auf.

❸ Setzen Sie die Voreinstellung auf *Nur für Internet-Anrufe.*

4.10 Anrufeinstellungen

In den Anrufeinstellungen finden Sie viele Funktionen, die meist nur selten benötigt werden, trotzdem aber sehr nützlich sein können.

 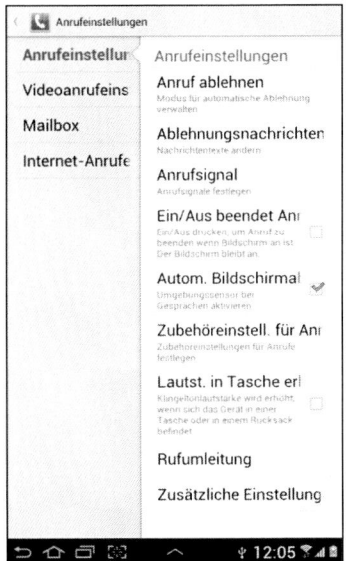

❶❷ Aktivieren Sie das ☰-Menü und gehen Sie auf *Anrufeinstellungen.*

4.10.1 Anruf ablehnen

◆ *Anrufeinstellungen/Anruf ablehnen*

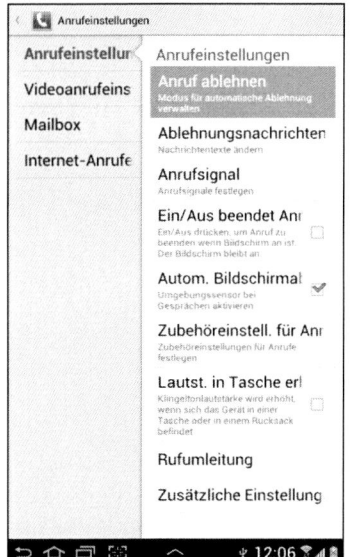 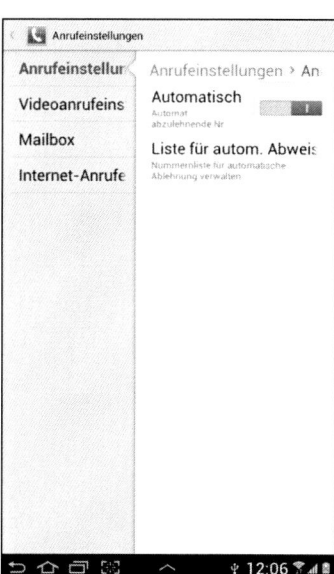

❶❷ Hiermit blockieren Sie unerwünschte Anrufer. Siehe Kapitel *4.8 Unerwünschte Anrufer blockieren (Sperrliste)*.

4.10.2 Ablehnungsnachrichten

◆ *Anrufeinstellungen/Ablehnungsnachrichten*

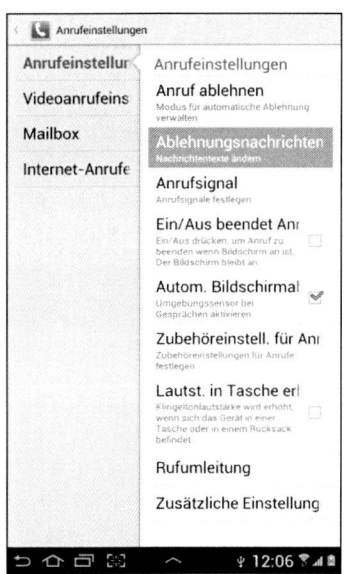 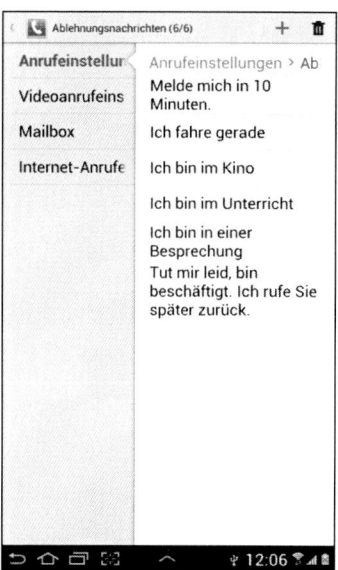

❶❷ Im *Ablehnungsnachrichten*-Menü verwalten Sie die SMS-Texte, welche Sie Anrufern schicken, wenn Sie mal ein Gespräch nicht annehmen können/wollen. Siehe Kapitel *4.5.1 Anruf mit Mitteilung beantworten*.

4.10.3 Anrufsignal

◆ *Anrufeinstellungen/Anrufsignal*

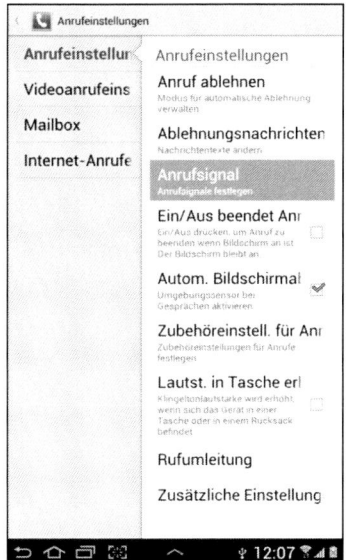  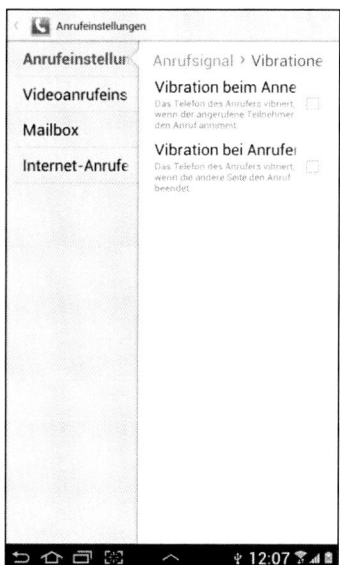

❶❷ Sie können im *Anrufsignal*-Menü einstellen:

- *Vibrationen bei Anrufen* (❸):
  - *Vibration beim Annehmen*: Wenn der Angerufene abnimmt vibriert das Tablet.
  - *Vibration bei Anrufende*: Vibration wenn Gesprächspartner auflegt.

- *Rufstatustöne*:
  - *Verbindungston*: Piepton, der nach erfolgreicher Anwahl zu hören ist.
  - *Minutenton*: Der Minutenton unterstützt Anwender, die auf ihre Telefonkosten achten, durch einen Signalton im 60-Sekunden-Takt.
  Anruf-Ende-Ton: Ertönt zum Gesprächsende.

- *Signaltöne beim Anruf*: Wecker (siehe Kapitel *26.3 Alarm*) und Kalenderterminerinnerungen sind auch während des Gesprächs aktivs.

4.10.4 Anruf beantworten und beenden

◆ *Anrufeinstellungen/Anruf beantworten/Ein/Aus beendet Anrufe*

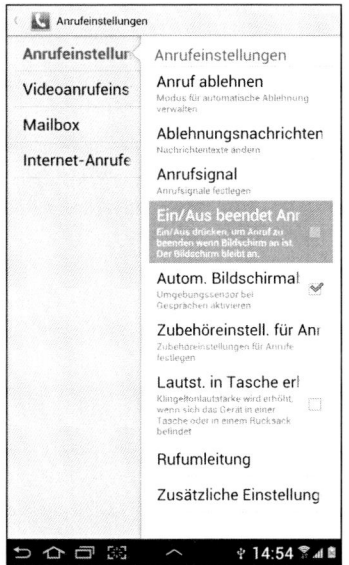

Legen Sie unter *Ein/Aus beendet Anrufe* fest, dass man Anrufe mit dem Ein/Ausschalter beenden kann.

4.10.5 Automatische Bildschirmabschaltung

◆ *Anrufeinstellungen/Autom. Bildschirmabschaltung*

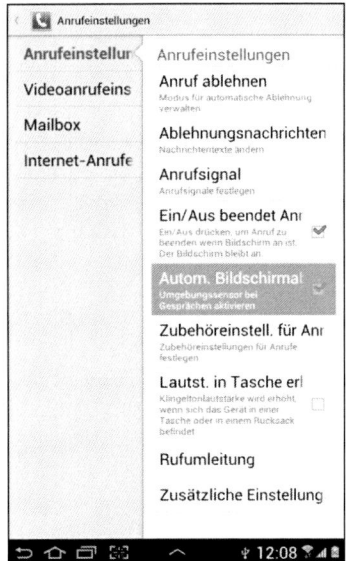

Während eines Telefonats schaltet sich automatisch das Display ab, sobald Sie das Galaxy ans Ohr halten, was Energie spart und vermeidet, dass das Ohr bei Displayberührung irgendwelche Funktionen auslöst. Dafür zuständig ist ein Sensor oben neben dem Lautsprecher. Manchmal ist dies aber auch störend, beispielsweise, wenn Sie das Gerät auf dem Tisch liegen haben und die Freisprecheinrichtung nutzen, denn immer, wenn Sie mit den Fingern in die Nähe des Sensors kommen, wird der Bildschirm dunkel. Sie können deshalb den Näherungssensor deaktivieren.

4.10.6 Zubehöreinstellungen

◆ *Anrufeinstellungen/Zubehöreinstr. für Anruf*

Diese Einstellungen sind nur für Nutzer des mitgelieferten Kabelheadsets, beziehungsweise Bluetooth-Headsets interessant.

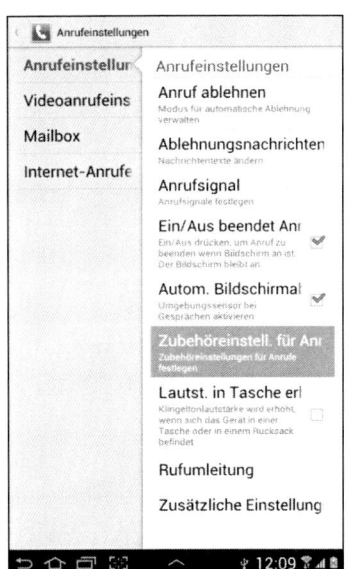 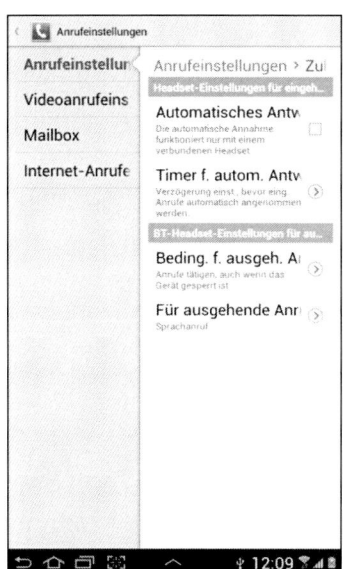 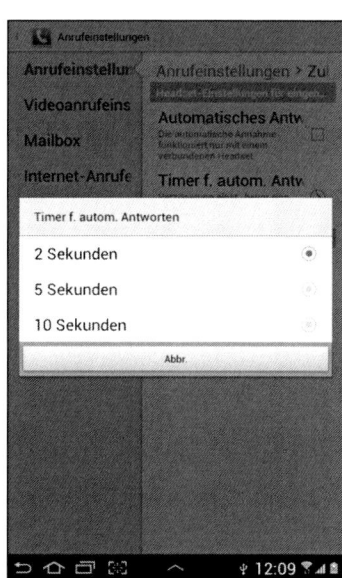

❶❷ Das *Zubehöreinstell. für Anruf*-Menü:

Unter *BT-Headset-Einstellungen für ausgehende Anrufe*:

- *Beding. f. ausgeh. Anrufe*: Sofern das Bluetooth-Headset auch selbst Nummern wählen kann, beispielsweise über Sprachsteuerung, ist der Anruf auch bei aktiver Displaysperre möglich.

- *Für ausgehende Anrufe*: Stellt ein, ob Anrufe über das Bluetooth-Headset als »normaler« Anruf oder über Videotelefonie erfolgen soll.

Unter *Headset-Einstellungen für eingehende Anrufe*:

- *Automatisches Antworten*: Eingehende Anrufe automatisch annehmen (interessant, wenn Sie Anrufer immer annehmen müssen).

- *Timer f. Autom. Antworten* (❸): Zeitspanne, bis das Tablet einen Anruf entgegen nimmt.

4.10.7 Rufumleitung

◆ *Anrufeinstellungen/Rufumleitung*

Meistens nutzt man die Rufumleitung, um eingehende Anrufe auf die Mobilbox des Netzbetreibers umzuleiten. Sie können natürlich beispielsweise auch Ihre Festnetznummer eingeben. Beachten Sie aber, dass der Anrufer nur die Kosten für den Anruf zu Ihrer Mobilnetznummer, Sie dagegen die Weiterleitung bezahlen müssen. Weiterleitungen auf die Mailbox sind dagegen für Sie kostenlos.

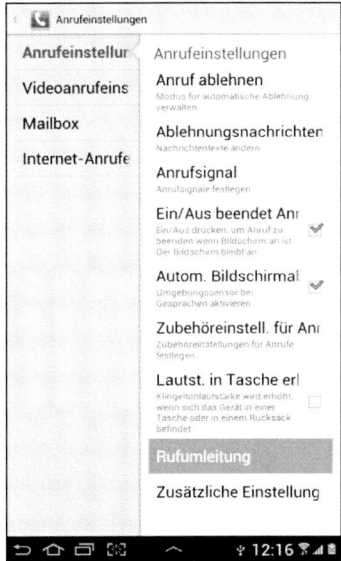 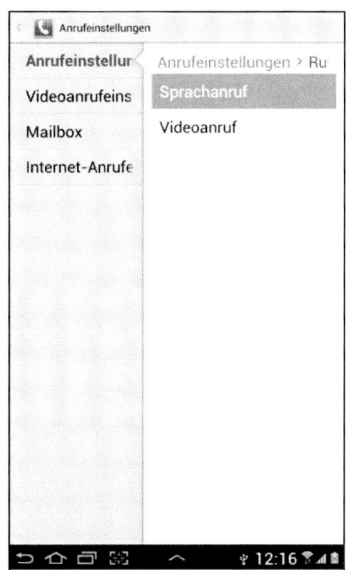

❶❷ Gehen Sie auf *Rufumleitung/Sprachanruf*.

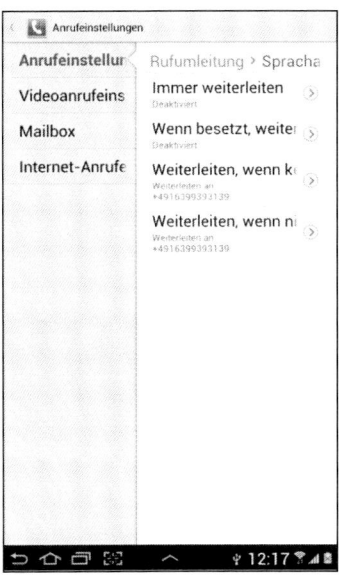 

❶ Dort finden Sie die Optionen:

- *Immer weiterleiten*: Leitet alle eingehenden Anrufe sofort an eine weitere Rufnummer weiter.

- *Wenn besetzt, weiterleiten*: Telefonieren Sie gerade, wird der eingehende Anruf weitergeleitet.

- *Weiterleiten, wenn keine Antwort*: Nach einer vom Netzbetreiber vorgegebenen Zeitspanne werden eingehende Anrufe weitergeleitet.

- *Weiterleiten, wenn nicht erreichbar*: Befinden Sie sich gerade in einem Funkloch oder haben Sie das Tablet nicht eingeschaltet, wird der eingehende Anruf weitergeleitet.

❷ Tippen Sie einen Listeneintrag an, um die Weiterleitungsnummer einzugeben, beziehungsweise zu deaktivieren oder aktivieren.

> Voreingestellt sind Weiterleitungen auf die eigene Mailbox (eigene Rufnummer).

4.10.8 Zusätzliche Einstellungen

◆ *Anrufeinstellungen/Zusätzliche Einstellungen*

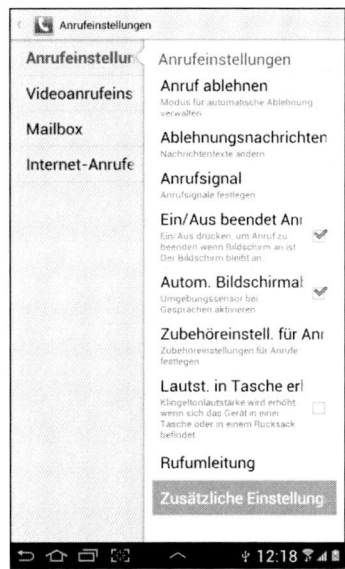 

❶❷ Verwenden Sie *Zusätzliche Einstellungen* für weitergehende Einstellungen:

- *Anrufer-ID*: stellt ein, ob von Ihnen Angerufene Ihre Rufnummer sehen (»Rufnummern-übermittlung«). Zur Auswahl stehen *Netzwerkstandard* (vorgegebene Einstellung des Mobilnetzbetreibers), *Nummer verbergen* (Rufnummer unterdrücken) und *Nummer anzeigen*.

- *Anrufsperre*: Ermöglicht es, nur bestimmte ausgehende Anrufe, zum Beispiel internationale Anrufe zu erlauben. Sie benötigen dafür vom Netzbetreiber ein Kennwort. In diesem Buch wird deshalb nicht weiter darauf eingegangen.

- *Anklopfen*: Damit Sie während eines Gesprächs über einen weiteren eingehenden Ruf informiert werden, gibt es das Anklopfen-Merkmal: Geht, während Sie gerade ein Gespräch führen, ein weiterer Anruf ein, erscheint ein Hinweisdialog. Viele aktuelle Prepaid-Karten unterstützen leider kein Anklopfen.

- *Feste Rufnummern*: Anwahl auf bestimmte Rufnummern beschränken.

- *Automatische Wahlwiederholung*: Bricht die Verbindung ab, oder ist beim Angerufenen besetzt, so führt das Tablet automatisch eine erneute Anwahl durch.

- *Automatischer Ländercode*: Befinden Sie sich im Ausland, so müssen Sie eine Ländervorwahl für Anrufe nach Deutschland eingeben. Der *Automatischer Ländercode* erspart Ihnen diese Mühe.

4.10.8.a Automatische Wahlwiederholung

◆ *Anrufeinstellungen/Zusätzliche Einstellungen/Automatische Wahlwiederholung*

 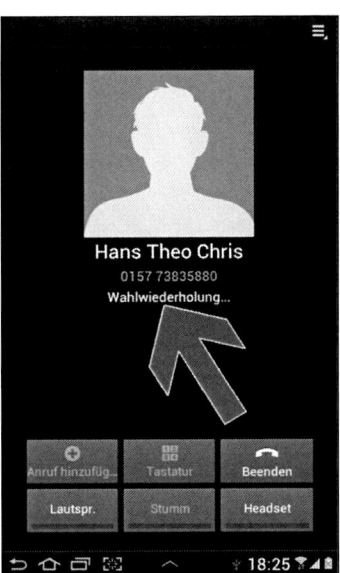

❶❷ Nach Aktivierung von *Automatische Wahlwiederholung* erscheint bei einer erfolglosen Anwahl ein Hinweis (Pfeil) und das Tablet wählt die Nummer nach einigen Sekunden automatisch erneut an – so lange bis entweder der Angerufene abnimmt oder Sie auf der Telefonoberfläche *Beenden* betätigen.

4.10.8.b Feste Rufnummern

◆ *Anrufeinstellungen/Zusätzliche Einstellungen/Feste Rufnummern*

Wenn ein Tablet an Kinder oder andere Personen abgegeben wird, die zu Unfug neigen, kann es sinnvoll sein, die anrufbaren Nummern zu beschränken. Dafür ist die Funktion »feste Rufnummern« gedacht. Die festen Rufnummern werden nicht im Telefon, sondern auf der SIM-Karte gespeichert, sodass die Rufnummernsperre auch, wenn man die SIM-Karte in ein anderes Handy einlegt, aktiv bleibt. Die Funktion der »festen Rufnummern« kann nur mit der PIN2, die Sie bei Vertragsabschluss von Ihrem Mobilnetzbetreiber erhalten haben, freigeschaltet werden. Einige Prepaid-Anbieter geben keine PIN2 weiter, weshalb deren Kunden die festen Rufnummern nicht nutzen können. Auf Handys anderer Hersteller heißt die Funktion statt »feste Rufnummern« auch »beschränkte Rufnummern« oder ähnlich.

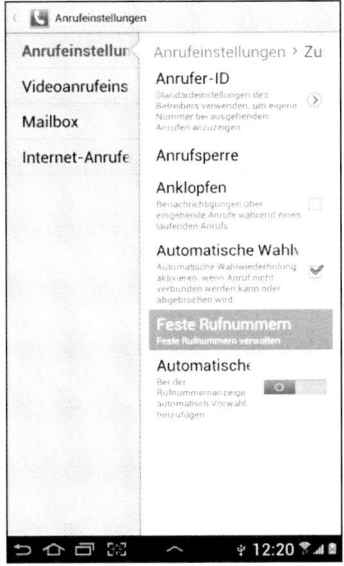 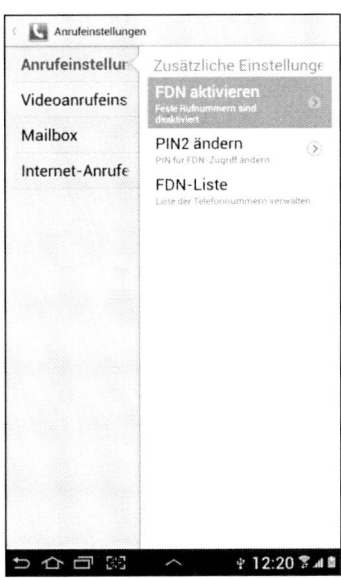 

❶ Gehen Sie zuerst in das Menü *Zusätzliche Einstellungen/Feste Rufnummern.*

❷ Zunächst soll die Rufnummernbeschränkung eingeschaltet werden: Gehen Sie dafür auf *FDN aktivieren.*

❸ Geben Sie Ihre PIN2 ein und bestätigen Sie mit *OK.*

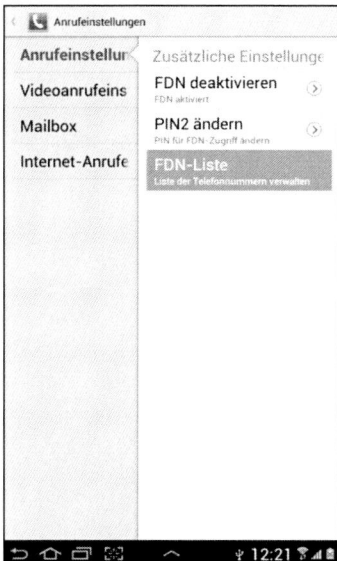 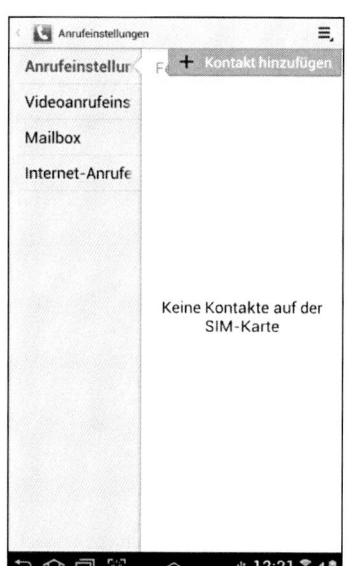 

❶ Nun sind die beschränkten Rufnummern zu erfassen, wozu Sie auf *FDN-Liste* gehen.

❷ Der folgende Bildschirm meldet sich mit *Keine Kontakte auf der SIM-Karte.* Gehen Sie in ☰ */Kontakt hinzufügen.*

❸ Geben Sie Namen, Rufnummer und PIN2 ein und schließen Sie mit *Speichern* ab.

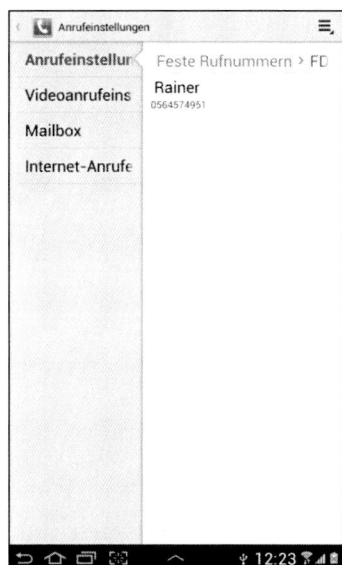 

❶ Die beschränkte Rufnummer erscheint in der Auflistung. Über ☰*/Kontakt hinzufügen* dürfen Sie nun noch weitere Nummern eingeben.

❷ Zum Entfernen einer Nummer aus der Liste tippen Sie diese einfach an und gehen auf ☰*/Kontakt löschen.*

  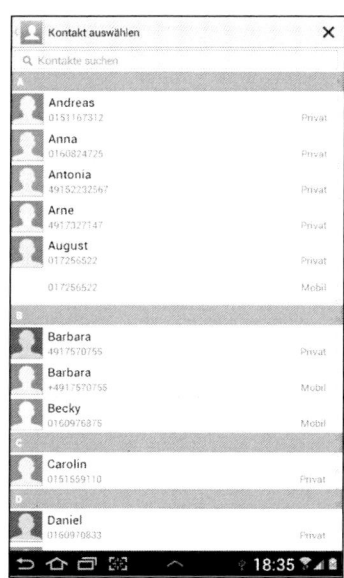

❶ Versuchen Sie während die Rufnummernbeschränkung aktiv ist, eine andere Nummer als die zuvor in die Liste eingetragenen, anzurufen, bricht das Tablet den Anwahlvorgang ab und bringt einen Warnhinweis.

❷❸ Eine Datenübernahme aus dem Telefonbuch ist ebenfalls möglich, indem Sie im Editor auf ☰ /*Aus Kontakten importieren* gehen.

> Damit Sie schnellen Zugriff auf die festen Rufnummern haben, sollten Sie diese als Kurzwahl (siehe Kapitel *4.3 Kurzwahlen*) anlegen.

4.10.8.c Ländervorwahl im Ausland

◆ *Anrufeinstellungen/Zusätzliche Einstellungen/Automatischer Ländercode*

Auf dem Galaxy sorgt die Ländercode-Funktion dafür, dass in der Telefonoberfläche immer die Ländervorwahl vorgegeben wird. Dies ist dann nützlich, wenn Sie sich im Ausland befinden und nach Deutschland telefonieren.

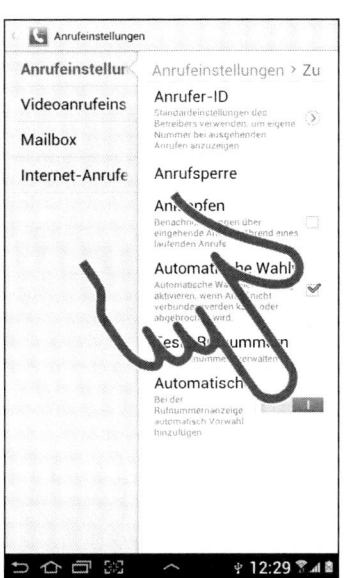 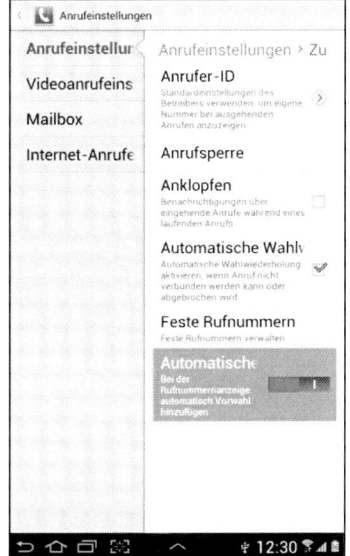 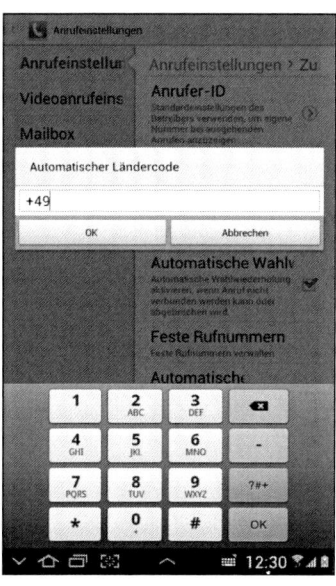

❶ Damit Anrufe nach Deutschland funktionieren, sollten Sie die Option *Automatischer Länderco-de* aktivieren (Pfeil).

❷❸ Danach geben Sie Ihren Ländercode, im Fall von Deutschland »+49« ein (für das »+«-Zeichen drücken und halten Sie »0«-Taste).

4.10.9 Videoanrufeinstellungen

◆ *Anrufeinstellungen/Bild für Videoanruf*
◆ *Anrufeinstellungen/Eigenes Video bei eingehendem Anruf*
◆ *Anrufeinstellungen/Optionen für fehlgeschlagene Anrufe*

Auf die Videotelefonie geht dieses Buch aus verschiedenen Gründen nicht ein; zum einen berechnen die Netzbetreiber dafür horrende Telefonkosten, zum anderen müssen nicht nur beide Handys Videotelefonie unterstützen, sondern auch im UMTS-Netz eingebucht sein. Vielerorts sind die Mobilfunknetze aber nur mit GSM für Telefonie ausgerüstet. Falls Sie dennoch während eines Telefonats ein Livevideo von sich übertragen möchten, empfehlen wir Internet-Chatprogramme aus dem Google Play Store. (siehe Kapitel *27.1 Play Store*). Suchen Sie im Play Store einfach nach »Video-Chat«.

4.10.10 Mailboxeinstellungen

Jeder Mobilnetzbetreiber bietet eine Mailbox mit Anrufbeantworterfunktion für seine Kunden an. Um die Mailbox anzurufen, müssen Sie je nach Netzbetreiber eine andere Nummer anrufen. Beim Samsung Galaxy (und fast allen anderen Handys) ist die Kurzwahl »1« bereits auf die Mailbox eingestellt.

Sofern Sie eine Mailbox nicht benötigen, oder wenn deren Abruf Geld kostet, können Sie sie auch deaktivieren, was meist über das Sprachmenü in der Mailbox möglich ist. Beachten Sie auch unsere Hinweise im Kapitel *29.2 Kostenfalle Mailbox im Ausland.*

Die Mailboxnummer stellt das Tablet normalerweise automatisch nach dem ersten Einschalten korrekt ein, weshalb Sie wahrscheinlich nie irgendwelche Einstellungen daran vorn

4.10.10.a Mailbox

◆ *Anrufeinstellungen/Mailbox/Mailbox*

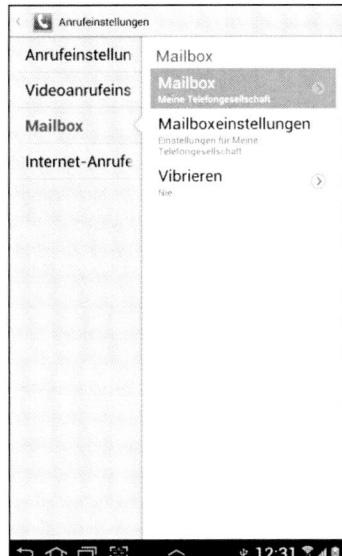 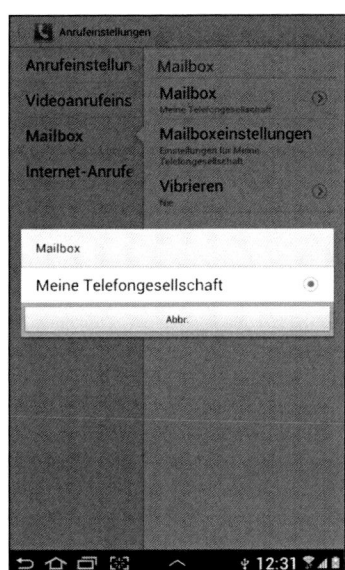

❶❷ Das *Mailbox*-Menü ist von Samsung nicht dokumentiert.

4.10.10.b Mailbox-Nummer

◆ *Anrufeinstellungen/Mailbox/Mailboxeinstellungen*

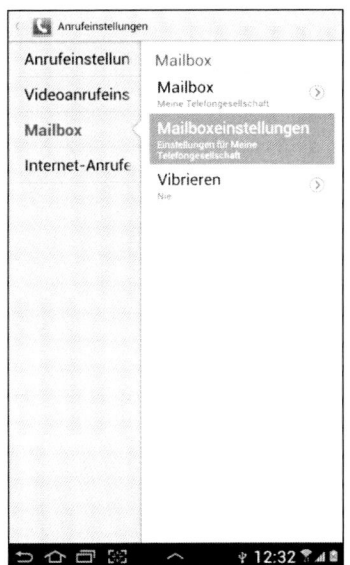 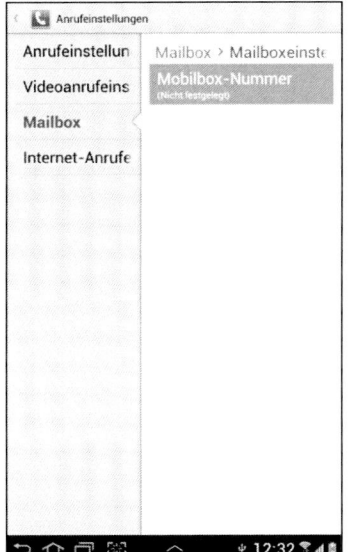 

❶❷❸ Gehen Sie auf *Mailboxeinstellungen/Mobilbox-Nummer* und geben Sie die Rufnummer ein:

- T-Mobile: 3311
- Vodafone: 5500
- E-Plus : 9911
- O2: 3000333

4.10.11 Internet-Telefonie

◆ *Anrufeinstellungen/Internet-Anrufeinstellungen/Konten*
◆ *Anrufeinstellungen/Internet-Anrufeinstellungen/Internetanrufe tätigen*

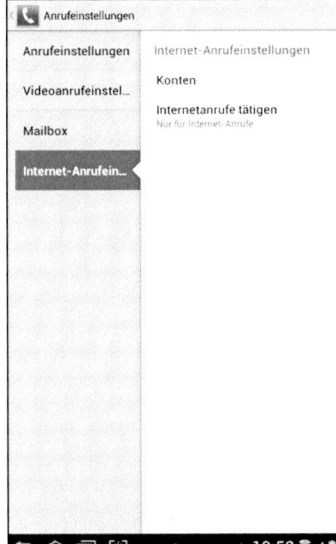

Auf die Internet-Telefonie geht Kapitel *4.9 Internettelefonie* ein.

5. Telefonbuch

Das Telefonbuch speichert, wie der Name schon sagt, alle Kontakte und deren Rufnummern, E-Mail-Adressen und Adressen. Andere Anwendungen, beispielsweise die Nachrichten-Anwendung und die Telefonoberfläche, greifen auf diese Daten zurück.

Das Galaxy zeigt auch SIM-Kontakte (auf der SIM-Karte gespeicherte Rufnummern) im Telefonbuch an. Wir raten allerdings dazu, auf die Telefonkontakte (im Gerätespeicher abgelegte Kontakte) umzusteigen, denn diese bringen zahlreiche Vorteile mit sich. So dürfen Telefonkontakte im Gegensatz zu SIM-Kontakten viele Datenfelder (mehrere Rufnummern, Adresse, Kontaktfoto, Klingelton, usw.) enthalten und man kann ihnen ein Kontaktfoto zuweisen.

Es ist sinnvoll, vor der ersten Nutzung des Telefonbuchs das eigene Google-Konto auf dem Galaxy anzulegen (siehe Kapitel *14.1 Das Google-Konto*). Ihre angelegten Kontakte werden dann nämlich im Google-Konto gesichert und lassen sich nach einem Zurücksetzen, beziehungsweise Datenverlust, jederzeit wieder herstellen.

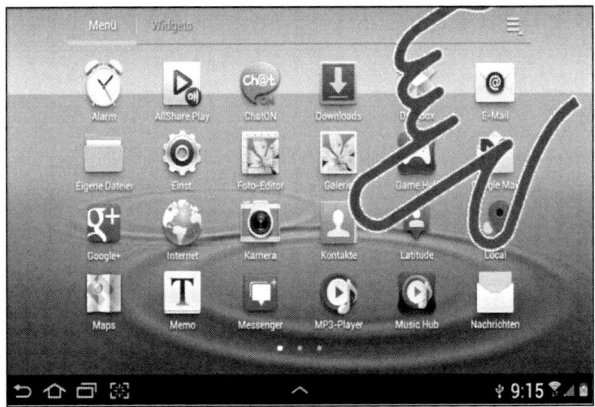 

❶ So gelangen Sie ins Telefonbuch: Tippen Sie im Hauptmenü auf *Kontakte*-Schaltleiste.

❷ Alternativ aktivieren Sie das *Kontakte*-Register in der Telefonoberfläche.

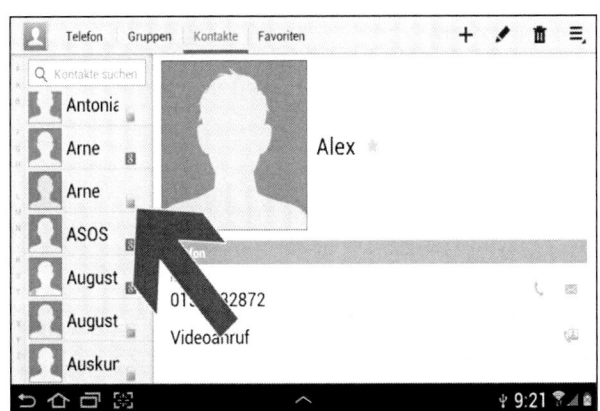 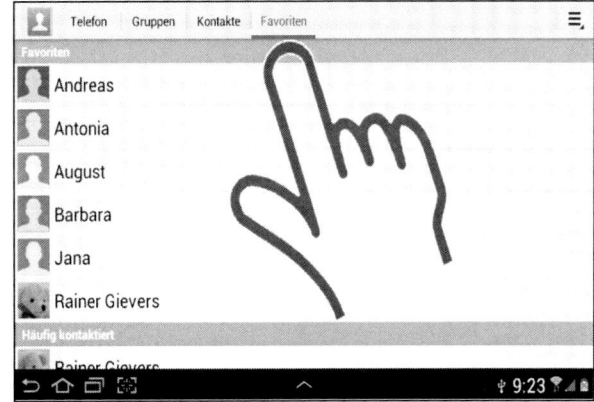

❶ Im Telefonbuch werden Kontakte der SIM-Karte zusammen mit den Telefonkontakten (im Speicher des Galaxy abgelegte Kontakte) alphabetisch aufgelistet. Ein ▰-Symbol (Pfeil) weist auf SIM-Kontakte hin.

❷ Durch Antippen des entsprechenden Registers (Pfeil) schalten Sie zwischen verschiedenen Bildschirmen um:

- • *Telefon:* Die bereits im Kapitel *4 Telefonie* beschriebene Telefonoberfläche.

- • *Gruppen*: Gruppen sind nützlich, wenn Sie mehreren Personen die gleiche Nachricht per SMS oder E-Mail zukommen lassen möchten. Siehe Kapitel *5.8 Gruppen*.

- • *Favoriten*: Favoriten sind Kontakte, mit denen man häufiger zu tun hat. Siehe Kapitel *4.2*

Favoriten.

Bei Kontakten, denen ein Foto zugewiesen wurde (siehe *5.5 Kontaktfoto und Klingelton*), erscheint dieses auch in der Auflistung statt dem ♟-Symbol.

5.1 Kontakterfassung

Im Folgenden wird beschrieben, wie Sie Rufnummern im Telefonbuch speichern. Falls Sie dagegen Rufnummern auf der SIM-Karte ablegen möchten, lesen Sie bitte im Kapitel *5.4.1 SIM-Kontakte verwalten* weiter.

5.1.1 Kontakt im Telefonbuch eingeben

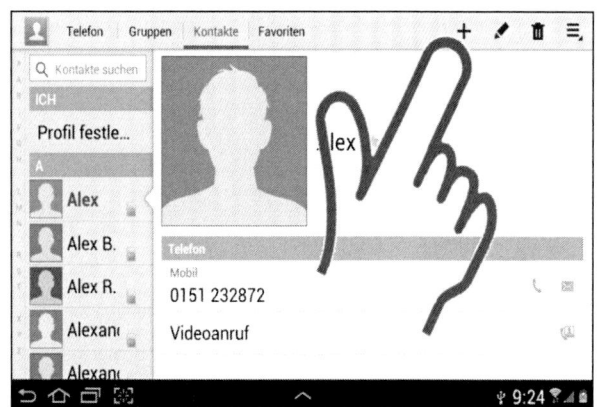 

❶ Neue Kontakte werden über **+** (Pfeil) angelegt.

❷ Wählen Sie als Kontakttyp *Google* aus.

Die Optionen *SIM-Kontakt*, bzw. *Gerät* sollten Sie nur verwenden, wenn gewichtige Gründe dafür sprechen. Beide Kontakttypen werden nur auf dem Gerät verwaltet und nicht auf dem Google-Konto gesichert. *Gerät*-Kontakte können Sie allerdings über Samsung Kies mit MS Outlook auf dem PC synchronisieren (siehe Kapitel *31 Samsung Kies*).

 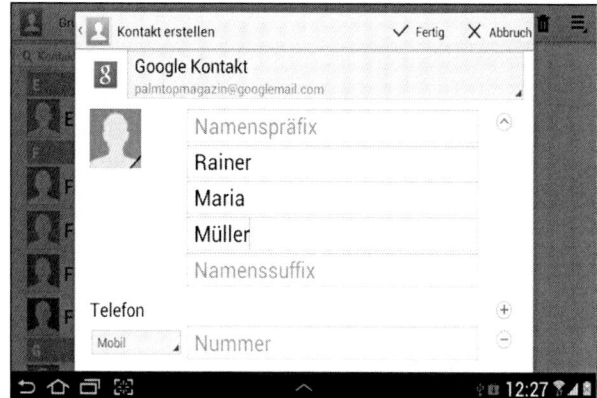

❶ Füllen Sie nun die Eingabefelder aus. Sofern Sie mehrteilige Namen erfassen müssen (»Rainer Maria Müller« oder »Max Graf von Strach und Witz«), tippen Sie die ⊙-Schaltleiste (Pfeil) an.

❷ Sie können nun den mehrteiligen Namen eingeben.

 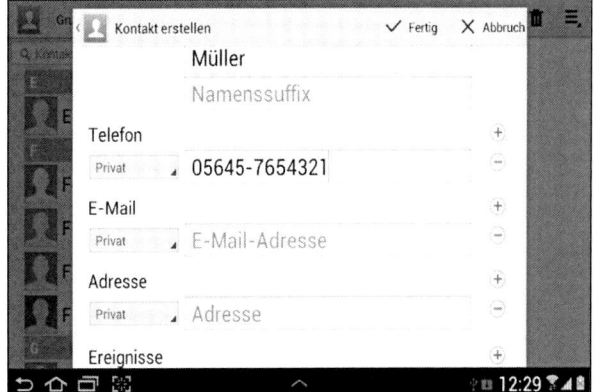

❶ Bevor Sie eine Rufnummer eingeben, tippen Sie auf den Rufnummerntyp (Pfeil). Stellen Sie die Art der Rufnummer ein, zum Beispiel *Privat*.

❷ Danach geben Sie die Nummer ein. Um das automatisch aufklappende Tastenfeld wieder zu schließen, betätigen Sie die ⤺-Schaltleiste.

Betätigen Sie *Speichern*, was den Kontakt ins Telefonbuch übernimmt.

5.1.2 Weitere Eingabefelder

❶❷ Natürlich gibt es zahlreiche weitere Eingabefelder, die nicht auf einen Bildschirm passen. Halten und Ziehen Sie daher mit dem Finger auf dem Display nach oben für weitere Felder.

- *E-Mail:* E-Mail-Adresse des Kontakts.

- *Adresse*: Wohnort/Standort des Kontakts.

- *Ereignisse*: Geburts- und Jahrestage.

- *Gruppen*: Weist den Kontakt einer Gruppe zu. Siehe Kapitel *5.8 Gruppen*.

- *Klingelton*: Über das *Klingelton*-Feld weisen Sie dem Kontakt einen speziellen Klingelton zu, der statt dem Standard-Klingelton ertönt, wenn der Kontakt anruft. Siehe auch Kapitel *5.5 Kontaktfoto und Klingelton*.

- *Vibrationsmuster*: Weisen Sie dem Kontakt eine Vibration zu. Wenn Ihnen die vordefinierten Vibrationen nicht gefallen, können Sie auch eigene Vibrationsmuster erstellen.

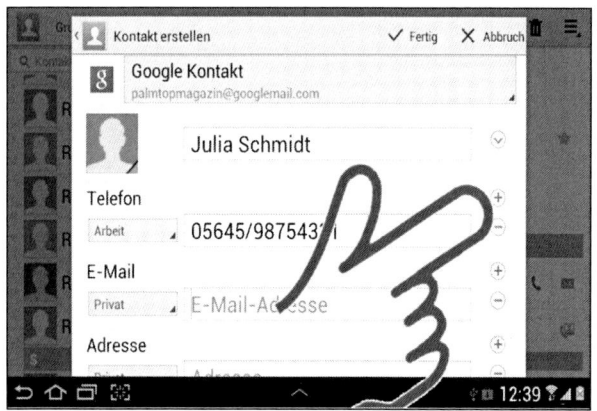 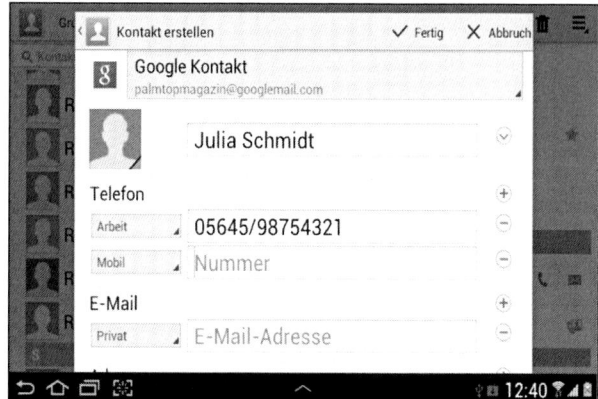

❶❷ Wenn die vorhandenen Eingabefelder nicht ausreichen, betätigen Sie einfach die jeweilige **+**-Schaltleiste (Pfeil). Daraufhin erscheint ein neues Feld. Die »**-**«-Schaltleiste entfernt das Feld wieder.

5.1.3 Kontakt aus Telefonoberfläche übernehmen

❶ Sie können in der Telefonoberfläche eine von Ihnen eingegebene Rufnummer über die **+**-Schaltleiste (Pfeil) ins Telefonbuch übernehmen.

❷ Wenn Sie ein Telefonat mit jemandem geführt haben, der sich noch nicht in Ihrem Telefonbuch befindet, erscheint zudem automatisch nach Gesprächsende eine Abfrage. Betätigen Sie dann *Kontakt erstellen*, beziehungsweise *Vorhandene aktualisieren* (Rufnummer einem bereits vorhandenen Kontakt zuweisen).

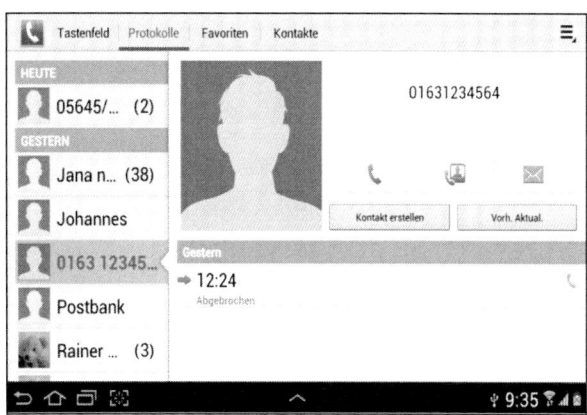 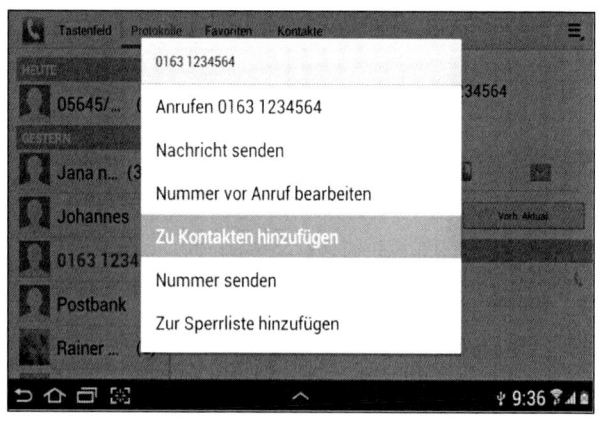

❶ Über die Anrufliste (*Protokolle*-Register) ist es ebenfalls möglich, Rufnummern in die Kontaktverwaltung zu übernehmen. Tippen und halten Sie dafür den Finger über einem Anrufeintrag.

❷ Wählen Sie *Zu Kontakten hinzufügen* an. Wählen Sie dann aus, ob Sie mit der Rufnummer einen neuen Kontakt erstellen oder die Nummer einem vorhandenen Kontakt zuweisen möchten.

5.2 Kontakt bearbeiten

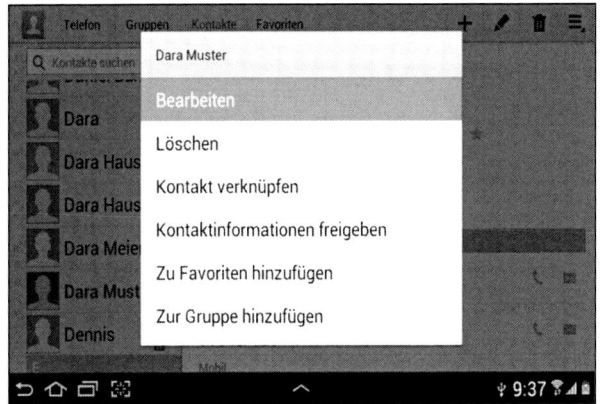 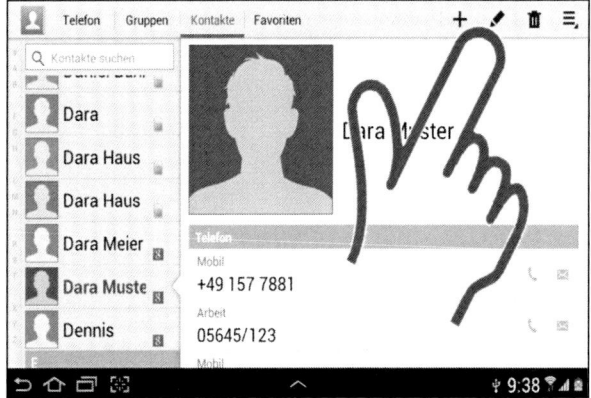

❶ Tippen und halten Sie den Finger auf einem Kontakt in der Auflistung auf der linken Seite und wählen Sie anschließend *Bearbeiten* aus. Alternativ entfernen Sie über *Löschen* den Kontakt.

❷ Das Bearbeiten, beziehungsweise Löschen ist zudem über die Schaltleisten ✔ beziehungsweise 🗑 möglich.

5.3 Verknüpfungen

Eine Besonderheit des Telefonbuchs ist, dass man mehrere Kontakte miteinander »verknüpfen« kann. Wenn Sie beispielsweise einen Freund haben, der in einer Firma arbeitet, so haben Sie vielleicht zwei Kontakteinträge, einmal mit seiner Privat- und einmal mit seiner Bürorufnummer und Adresse angelegt. Auf dem Galaxy können Sie nun diese zwei Kontakteinträge in einem Kontakt zusammenführen (»verknüpfen«). Dieses Beispiel ist zugegebenermaßen etwas gestellt, soll aber die grundsätzliche Vorgehensweise zeigen.

Sinn macht das »Verknüpfen« erst mit der Option, Kontakte vom eigenen Facebook- und Google-Konto in das Galaxy Tab zu importieren. Wir gehen darauf noch im Kapitel *14.4 Soziale Netzwerke und das Telefonbuch* genauer ein. Es soll hier der Hinweis reichen, dass man zwei oder mehrere Kontakte zu einem Kontakteintrag zusammenführen kann.

 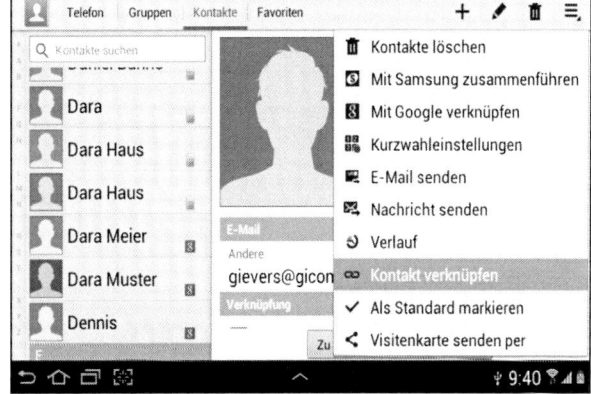

❶❷ Beispiel: Sie haben mehrmals den Kontakt *Rainer Gievers* im Telefonbuch, möchten diesen aber zu einem Kontakt zusammenführen. Tippen Sie kurz einen der Einträge an. In den Kontaktdetails gehen Sie dann auf ☰/*Kontakt verknüpfen*.

 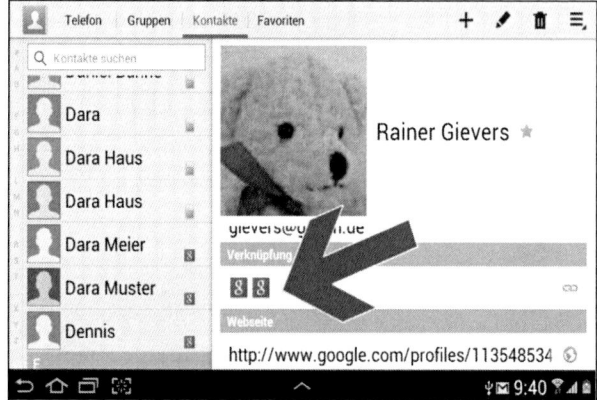

❶ Tippen Sie einen unter *Vorschläge* vorhandenen Eintrag, im Beispiel »*Rainer Gievers*« an. Falls Sie einen anderen Telefonbuchkontakt verknüpfen möchten, finden Sie diesen in der Auflistung darunter.

❷ Sie befinden sich wieder in den Kontaktdetails, wo nun unter »*Verknüpfung*« zwei Symbole erscheinen. Außerdem werden nun die Telefonnummern beider verknüpfter Kontakte anzeigt. Wiederholen Sie den Verknüpfungsvorgang mehrmals erneut, bis der Kontaktname nur noch einmal in der Kontaktauflistung auftaucht.

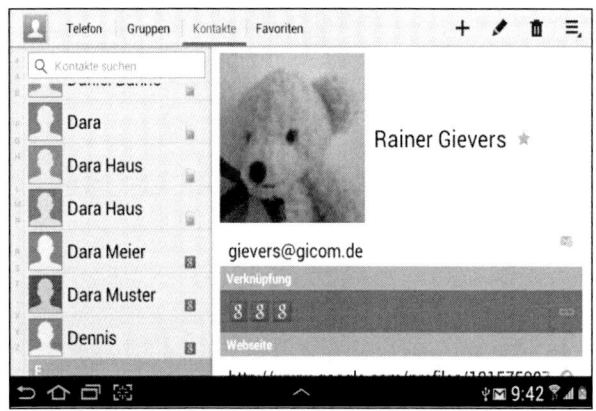 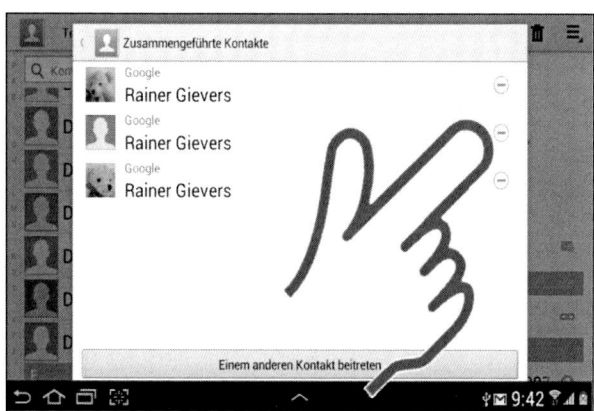

❶ So lösen Sie eine Verknüpfung wieder auf: Tippen Sie in den Kontaktdetails auf den Menüeintrag unter »*Verknüpfung*«

❷ Das Antippen einer »-«-Schaltleiste löst die Verknüpfung auf. Alternativ fügen Sie über *Einem anderen Kontakt beitreten* weitere Verknüpfungen hinzu.

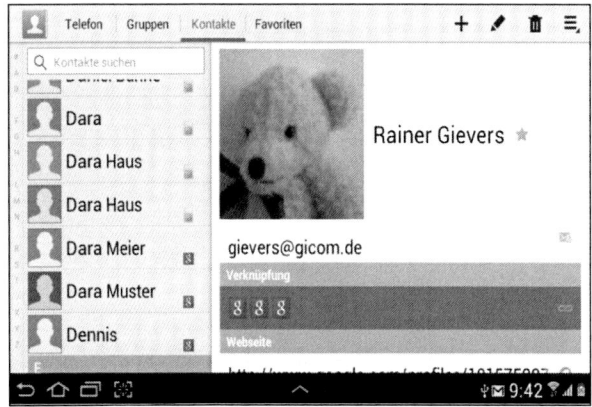 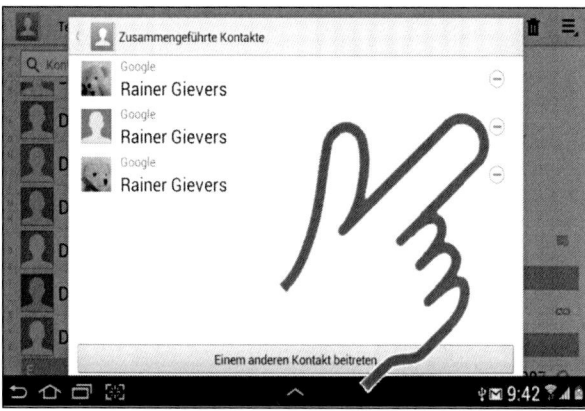

❶❷ Wenn Sie später einen Kontakteintrag mit enthaltenen Verknüpfungen bearbeiten, wechseln Sie mit den Registern am oberen Bildschirmrand zwischen den verknüpften Kontakten.

5.4 Die SIM-Karte

Das Telefonbuch blendet auf Wunsch die Telefonnummern auf der SIM-Karte (»SIM-Kontakte« ein. Beachten Sie, dass Sie bei den SIM-Kontakten auf Komfortfunktionen, darunter die Option, ein Kontaktfoto zuzuweisen, verzichten müssen.

Früher sprach für die SIM-Kontakte, dass man die SIM-Karte einfach aus dem Handy nahm, in ein anderes Handy einsteckte und dann sofort wieder die SIM-Kontakte im Telefonbuch hatte. Dies hat sich inzwischen geändert, denn die modernen Micro-SIM-Karten sind nicht für häufigen Handywechsel ausgelegt. Android-Geräte wie das Galaxy Tab speichern die Telefonbuchkontakte im Google-Konto auf einem Internetserver ab; die Kontakte werden dann automatisch auf ein anderes Android-Handy übernommen, sobald man sich dort mit dem gleichen Google-Konto anmeldet (siehe dazu auch Kapitel *14.1 Das Google-Konto*).

5.4.1 SIM-Kontakte verwalten

 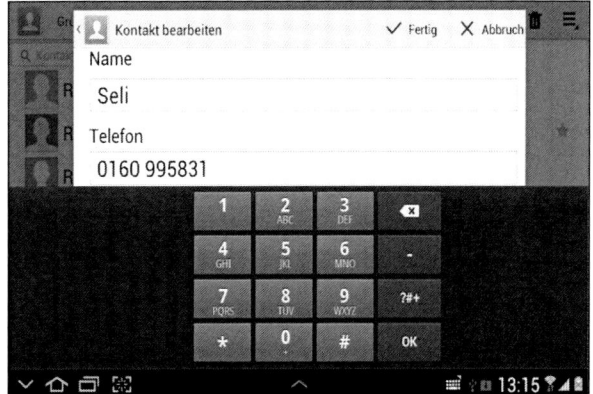

❶❷ Sie finden die SIM-Nummern in der Kontaktverwaltung und Telefonoberfläche zwischen den »normalen« Telefonkontakten, wo man sie am ▄-Symbol erkennt. In den Kontaktdetails, die nach dem Antippen eines SIM-Kontakts erscheinen, lassen sich nur Rufnummer, E-Mail und Name bearbeiten. Betätigen Sie dafür ✎.

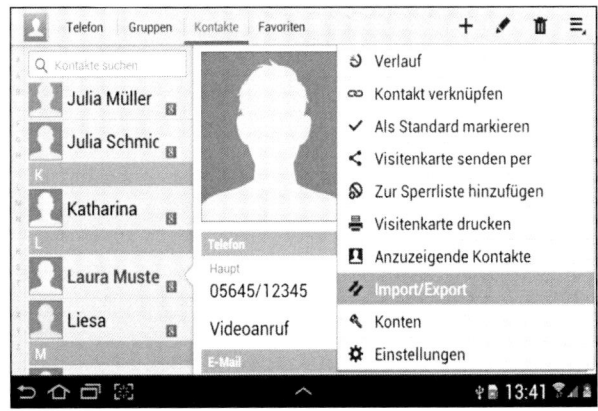 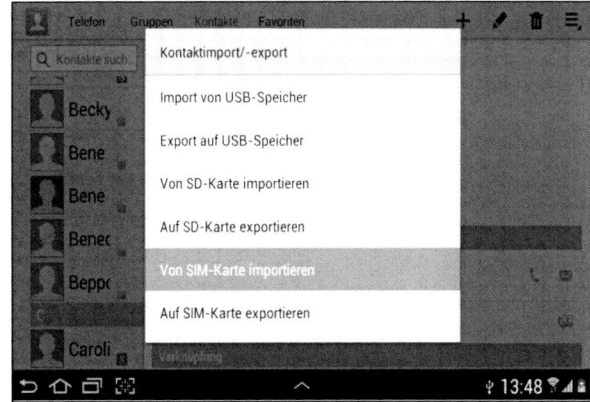

❶ So übernehmen Sie SIM-Kontakte ins Telefonbuch: Gehen Sie auf ☰/*Import/Export*.

❷ Anschließend wählen Sie zuerst aus, ob Sie Kontakte von der SIM-Karte ins Telefonbuch importieren oder vom Telefonbuch auf die SIM-Karte exportieren möchten.

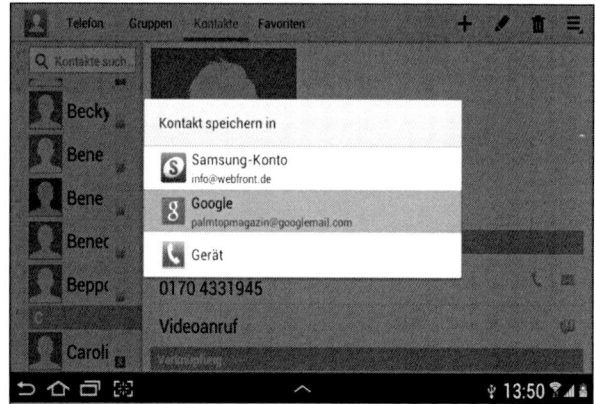 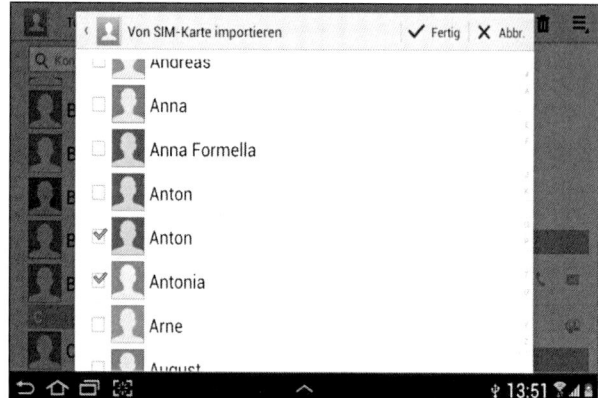

❶ Als Konto verwenden Sie am besten *Google*. Wenn Sie nämlich *Samsung-Konto* oder *Gerät* auswählen, werden Ihre Kontakte nicht in Ihrem Google-Konto gesichert.

❷ Haken Sie die zu übernehmenden Kontakte ab und betätigen Sie *Fertig*. Wir empfehlen, die so erstellten Kontakte später noch zu bearbeiten, da meist der Name und der Telefonnummerntyp nicht korrekt eingetragen werden.

5.5 Kontaktfoto und Klingelton

Jedem Kontakt können Sie ein Kontaktfoto und einen Klingelton zuordnen, welche bei eingehenden Anrufen angezeigt, beziehungsweise abgespielt, werden.

❶ Um ein Kontaktfoto zuzuweisen tippen Sie im Bearbeitungsbildschirm auf die Silhouette (Pfeil).

❷ Zur Auswahl stehen nun *Bild* (Verwenden eines bereits auf Speicherkarte vorhandenen Fotos) oder *Foto aufnehmen*. Gehen Sie auf *Bild*.

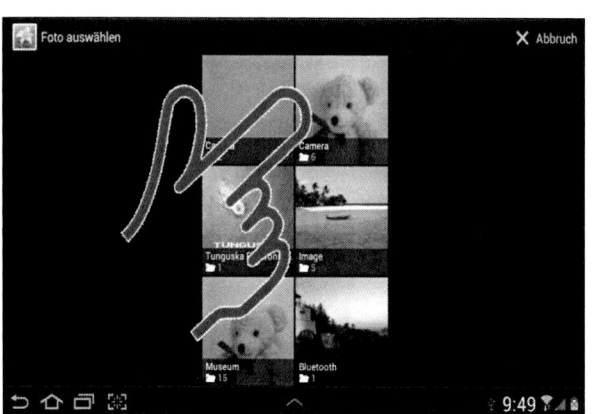 

❶ Die Fotos stellt das Galaxy als Bilderstapel dar, wovon Sie einen kurz antippen.

❷ In der Fotoauflistung tippen Sie ein Foto an.

 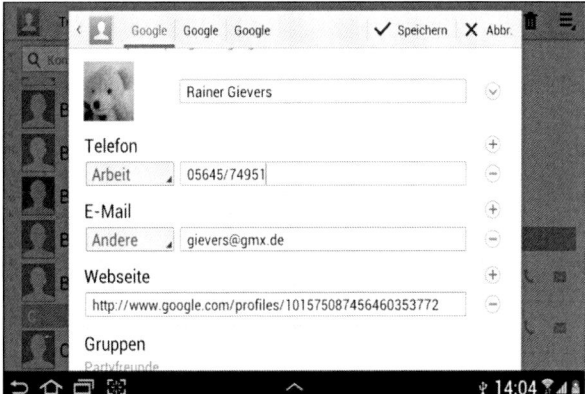

❶ Mit dem Finger können Sie nun den Bildausschnitt verschieben, oder falls nötig, den Bild-auschnitt vergrößern. Für letzteres halten Sie den Finger auf die orangene Umrandung und ziehen dann nach außen oder innen. Schließen Sie den Bildschirm mit *Fertig*.

❷ Das Kontaktfoto erscheint im Bearbeitungsbildschirm.

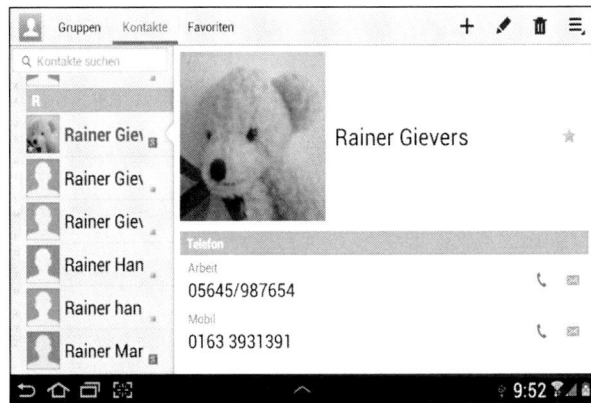

Auch in den Kontaktdetails und der Kon-taktauflistung erscheint das Kontaktfoto.

Sie können ein Kontaktfoto auch mit der Galerie-Anwendung erstellen. Siehe Kapitel *18.2.1 Einzelnes Bild bearbeiten*.

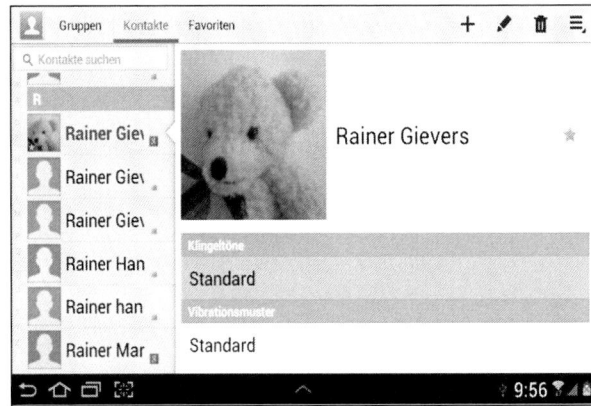 

❶ Über das *Klingelton*-Feld (finden Sie, wenn Sie mit einer Wischgeste in den Kontaktdetails nach oben rollen) weisen Sie dem Kontakt einen speziellen Klingelton zu.

❷ Zur Auswahl stehen dann:

•   *Standard*: Der für alle Anrufe verwendete Klingelton (deaktiviert den kontaktabhängigen

Klingelton)

- *Klingeltöne*: Von Samsung mitgelieferter Klingelton.

- *Zu Eig. Dat. wechseln*: Ein von Ihnen zuvor auf die Speicherkarte des Galaxy kopierter MP3-Song.

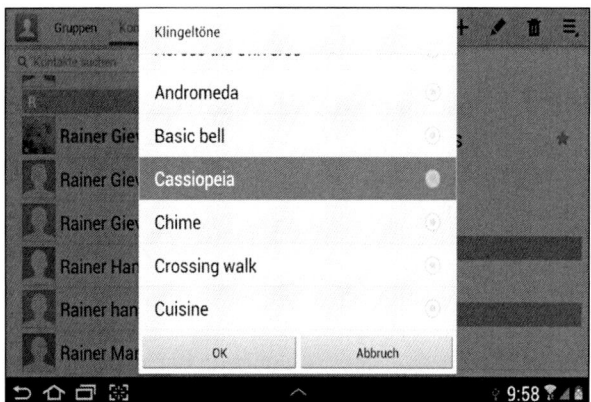 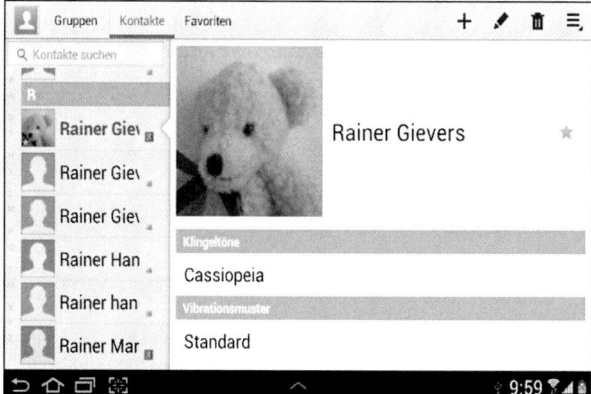

❶❷ Im Beispiel sind wir auf *Klingeltöne* gegangen und haben dort einen Song ausgewählt. Schließen Sie den Bildschirm mit *OK*. Falls Sie später wieder den Klingelton entfernen möchten, rufen Sie das Menü erneut auf und gehen Sie auf *Standardklingelton* (erster Eintrag in der Klingeltonliste).

Wie Sie eigene MP3-Songs als Klingeltöne auf dem Galaxy einrichten, erfahren Sie im Kapitel *29.1 Eigene Klingel- und Benachrichtigungstöne*. Der kontaktabhängige Klingelton funktioniert natürlich nur, wenn der Anrufer seine Rufnummer nicht unterdrückt.

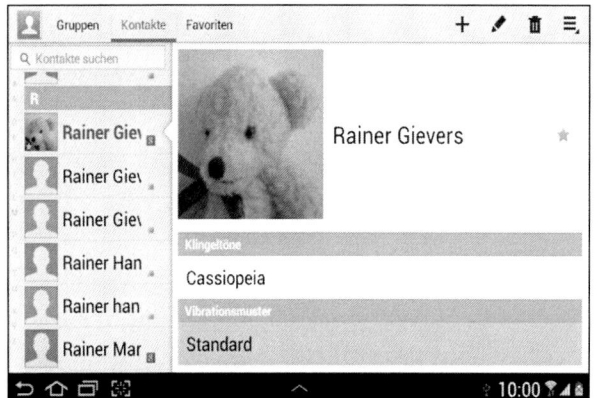 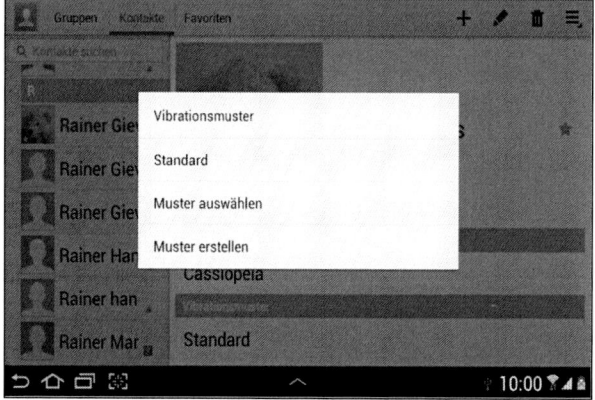

❶❷ Zusätzlich lässt sich auch die Vibration kontaktabhängig einstellen: Zur Auswahl stehen diverse Vibrationsmuster, über *Muster erstellen* lassen sich sogar eigene Vibrationen erstellen.

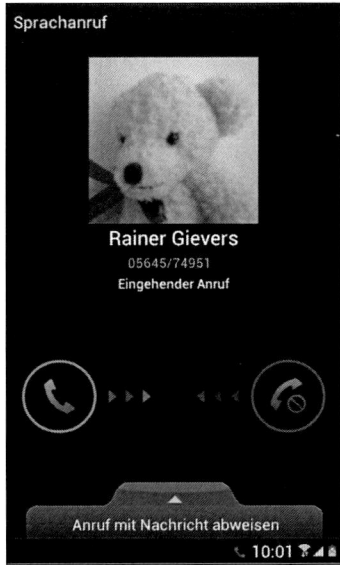

Geht ein Anruf ein, wird neben dem Kontaktfoto der zugehörige Klingelton abgespielt.

5.6 Suchen

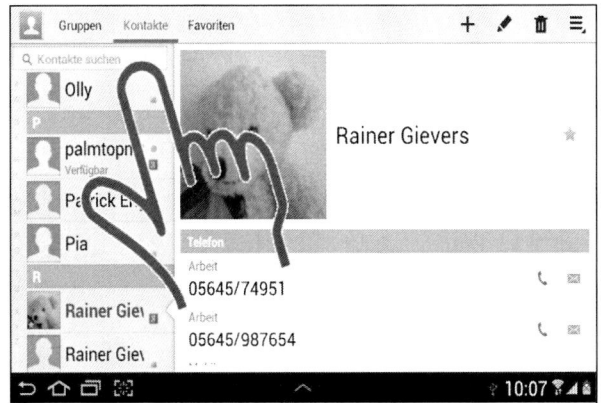

❶ Es ist nicht unbedingt notwendig, umständlich durch Halten und Ziehen des Fingers in der Kontaktauflistung zu blättern. Tippen Sie oben ins *Kontakte* durchsuchen-Eingabefeld und geben Sie dann den gesuchten Namen ein. Betätigen Sie dann die daneben angezeigte ⌕-Schaltleiste.

❷ Zu den eingegebenen Buchstaben, beziehungsweise Namen, zeigt das Tablet die passenden Kontakte an. Dabei werden Nachname und Vorname der Kontakte durchsucht. Tippen Sie eine der Fundstellen an, um dessen Details anzuzeigen. Die Suche beenden Sie mit der ✕-Schaltleiste neben dem Suchfeld.

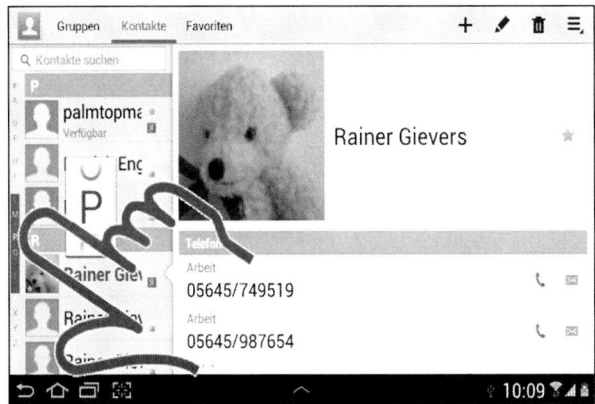
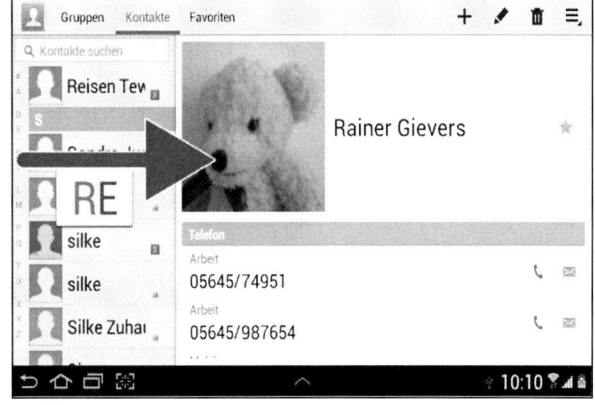

❶ Für ein schnelles Blättern sorgt die Buchstabenleiste links. Halten Sie dort den Finger angedrückt und ziehen Sie nun nach oben oder unten. In der Bildschirmmitte zeigt das Telefonbuch währenddessen den Anfangsbuchstaben an, zu dem Sie nach Loslassen des Fingers springen.

❷ Eine Feinauswahl mit zwei Anfangsbuchstaben erfolgt, wenn Sie den angedrückten Finger von der ABC-Leiste nach rechts ziehen. Wählen Sie dann einen der Buchstaben aus.

5.7 Eigene Kontaktkarte

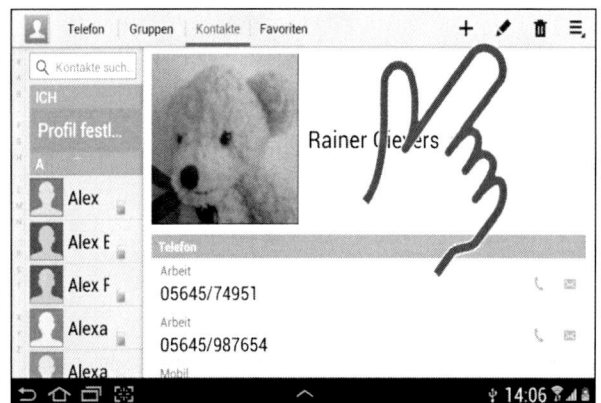 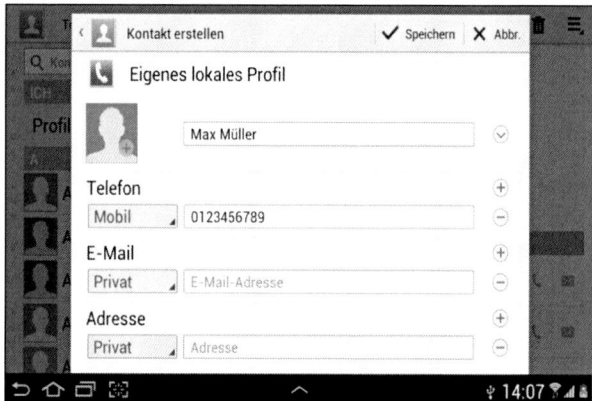

❶❷ Unter *Ich* finden Sie ihre »Visitenkarte«. Ihre Kontaktdaten editieren Sie wie einen »normalen« Kontakt, über die ✐-Schaltleiste.

 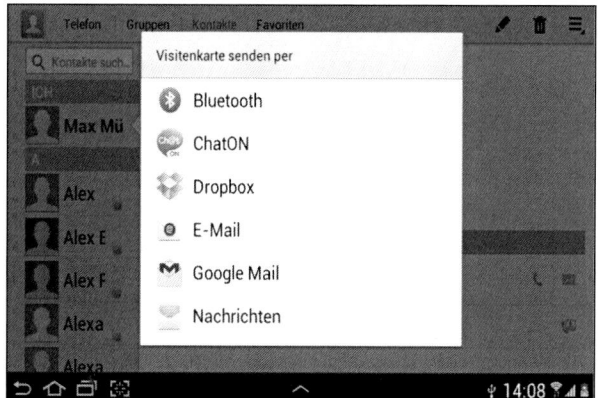

❶ Zum Verschicken Ihrer »elektronischen Visitenkarte« gehen Sie zuerst wieder Ihren Kontakteintrag und dann auf ☰/*Visitenkarte senden per*.

❸ Wählen Sie nun den Versandweg aus:

- *Bluetooth*: Kontaktdaten über Bluetooth versenden. Bluetooth erläutert Kapitel *22 Bluetooth*.

- *ChatON*: Samsung-eigener Chatdienst, auf den dieses Buch nicht weiter eingeht.

- *Dropbox*: Kontaktdaten als VCF-Datei bei Dropbox (siehe Kapitel *13 Dropbox*) hochladen.

- *E-Mail; Google Mail*: Kontaktdaten als VCF-Datei im Dateianhang einer E-Mail versenden. Google Mail beschreibt Kapitel *12 Google Mail*, zu *Samsung E-Mail* siehe Kapitel *10 Samsung E-Mail*.

- *Nachrichten*: Kontaktdaten als VCF-Datei in einer SMS versenden. SMS beschreibt Kapitel *6 Nachrichten (SMS/MMS)*.

- *Wi-Fi Direct*: Kontaktdaten per Wi-Fi Direct (siehe Kapitel *20.1 Wi-Fi Direct*) versenden.

Der Empfänger kann dann die empfangenen Kontaktdaten in sein Telefonbuch übernehmen.

5.8 Gruppen

Das Gruppen-Feature ist sehr nützlich, wenn Sie öfteren mehreren Personen die gleiche SMS oder E-Mail schicken müssen. Ein Einsatzbeispiel wäre zum Beispiel das Versenden von Rundschreiben an Vereinsmitglieder oder Teammitglieder in einer Firma. Legen Sie dazu einfach eine Gruppe an, denen Sie Kontakte zuweisen. Vor dem Senden einer SMS oder E-Mail wählen Sie die Gruppe als Empfänger aus. Ein Kontakt darf auch mehreren Gruppen gleichzeitig angehören.

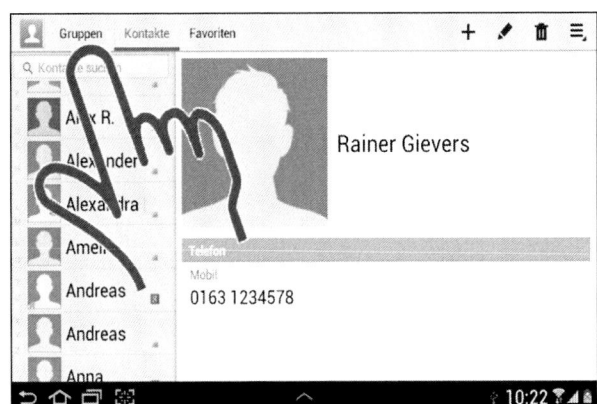 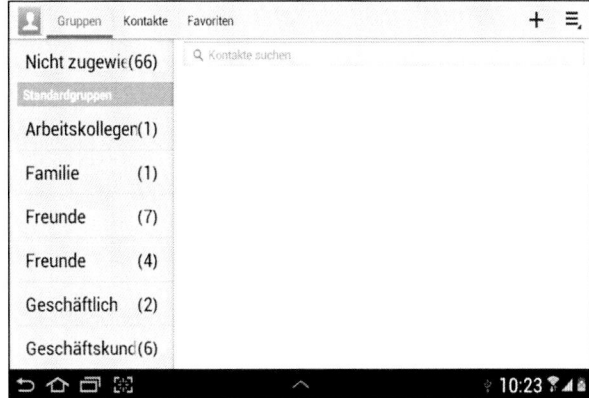

❶❷ In der Kontaktverwaltung finden Sie die *Gruppen* im gleichnamigen Register (Pfeil).

5.8.1 Gruppe anlegen

❶ Zur Neuanlage einer Gruppe gehen Sie auf ➕.

❷ Geben Sie den Gruppennamen ein und betätigen Sie *Speichern*. Optional lässt sich hier auch ein *Gruppenklingelton,* beziehungsweise *Vibrationsmuster* festlegen.

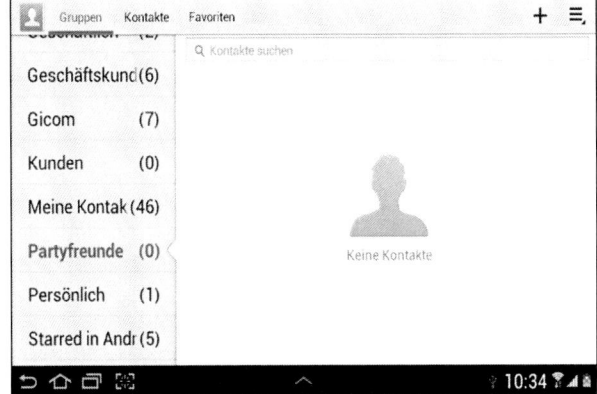 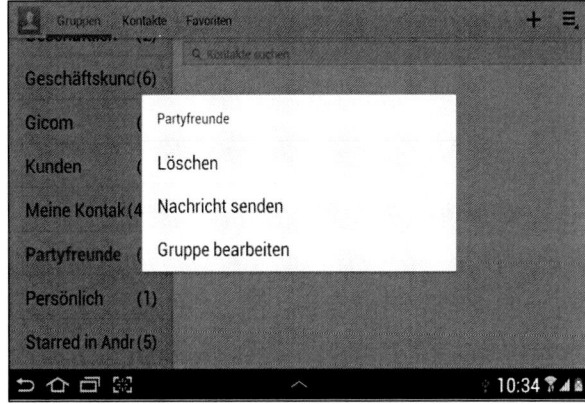

❶ Die neue Gruppe erscheint in der Auflistung.

❷ Tippen und halten Sie den Finger über Gruppen, die Sie löschen oder bearbeiten möchten.

5.8.2 Kontakte einer Gruppe hinzufügen

 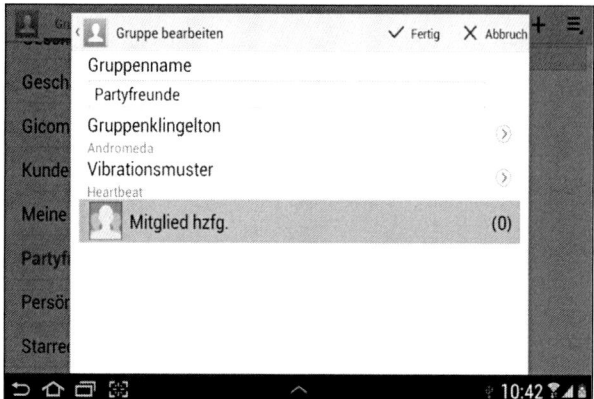

❶ Tippen Sie die Gruppe an und gehen Sie auf ☰/*Bearbeiten*. Alternativ tippen und halten Sie den Finger auf dem Gruppennamen und wählen im Popup-Menü *Bearbeiten*.

❷ Betätigen Sie *Mitglied hzfg.*

❶ Aktivieren Sie alle Einträge der Kontaktauflistung, die in die Gruppe sollen und betätigen Sie *Fertig*.

❷ In der Kontaktauflistung einer Gruppe stehen die gleichen Funktionen wie in der normalen Kontaktverwaltung zur Verfügung, dass heißt, Sie können von dort einen Kontakt anrufen, usw.

Betätigen Sie das ☰-Menü für folgende Funktionen:

- *Suche*: Alle Kontakte, nicht nur in den Gruppen, durchsuchen.

- *Löschen*: Gruppe entfernen.

- *Bearbeiten*: Gruppennamen und Klingelton anpassen, Mitglieder hinzufügen.

- *Mitglied hzfg.*: Neuen Kontakt der Gruppe hinzufügen.

- *Mitglied entfernen*

- *Nachricht senden; E-Mail senden*: Eine SMS oder E-Mail an bestimmte Gruppenmitglieder senden.

- *Reihenfolge ändern*: Reihenfolge der angezeigten Gruppen ändern.

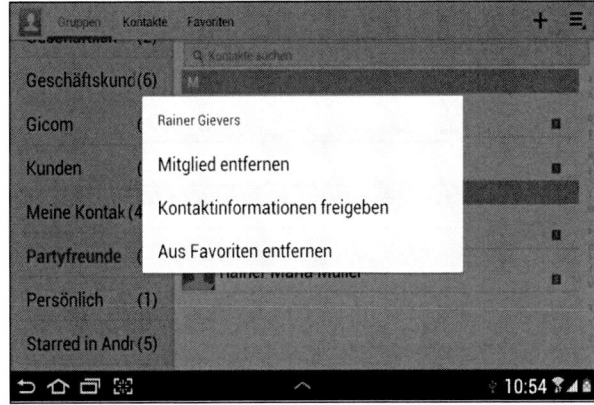

Tippen und Halten des Fingers auf einem Kontakteintrag öffnet das Popup mit den Funktionen:

- *Mitglied entfernen*: Kontakt aus Gruppe werfen.

- *Kontaktinformationen freigeben*: Kontaktdaten als Text in einer SMS versenden.

- *Zu Favoriten hinzufügen/Aus Favoriten entfernen*: Die Favoriten behandelt bereits Kapitel *4.2 Favoriten*.

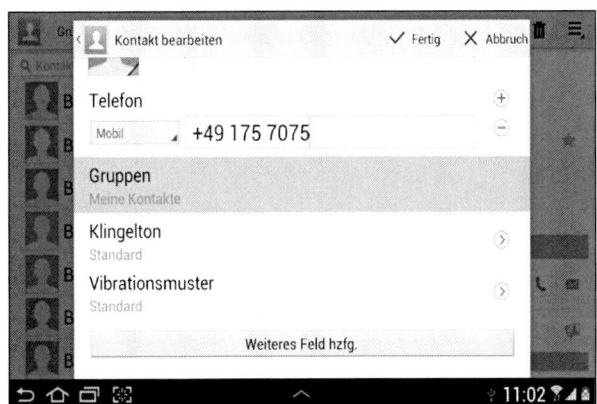 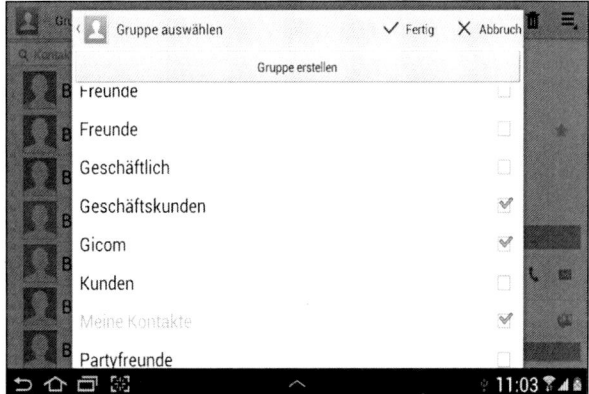

❶ Schon bei der Kontaktanlage und Bearbeitung lassen sich die Gruppen zuweisen: Betätigen Sie die Schaltleiste unter *Gruppen*.

❷ Aktivieren Sie die Gruppen und betätigen Sie *Fertig*.

5.9 Kontakte im Startbildschirm

Im Startbildschirm lassen sich Verknüpfungen auf Kontakte anlegen, um den Zugriff zu erleichtern. Zum Einsatz kommen dabei sogenannte Widgets (weitere Infos zu den Widgets finden Sie im Kapitel *3.7.2 Widgets*).

5.9.1 Direktwahl

❶❷ Wechseln Sie zuerst mit mehreren Wischgesten nach links oder rechts in eine freie Seite des Startbildschirms. Gehen Sie dann ins Hauptmenü.

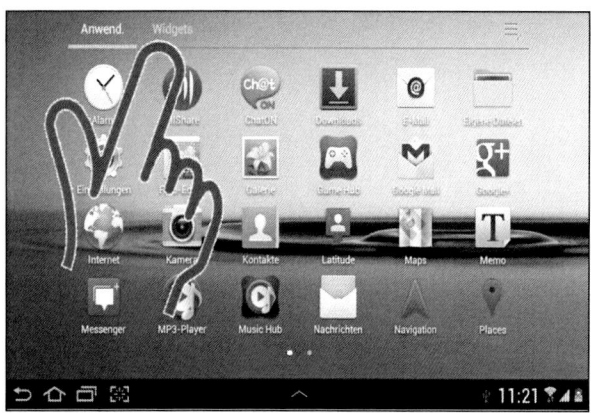 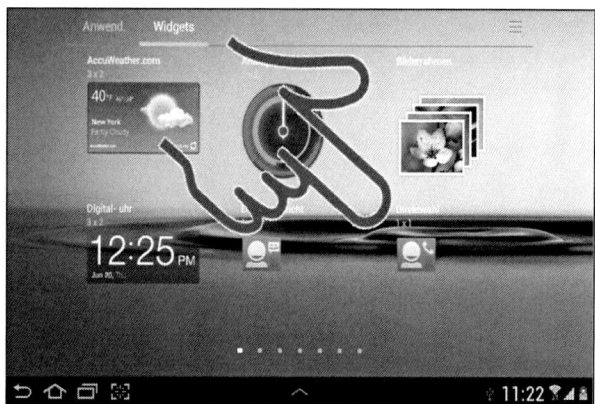

❶ Aktivieren Sie das *Widgets*-Register.

❷ Tippen und halten Sie den Finger auf eine freie Stelle des Startbildschirms.

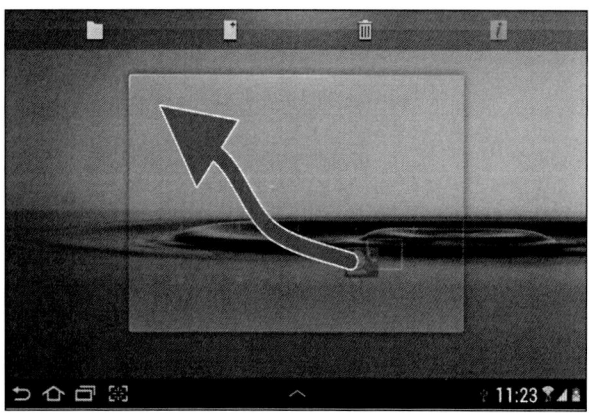 

❶ Tippen und halten Sie den Finger über *Direktwahl,* bis das Galaxy Tab zum Bearbeitungsbildschirm wechselt, lassen Sie aber noch nicht sofort los, sondern platzieren Sie das Widget an der gewünschten Position.

❷ Wählen Sie aus dem Telefonbuch einen Kontakt aus...

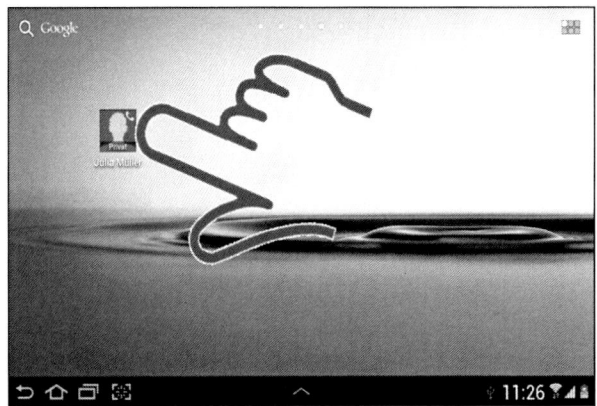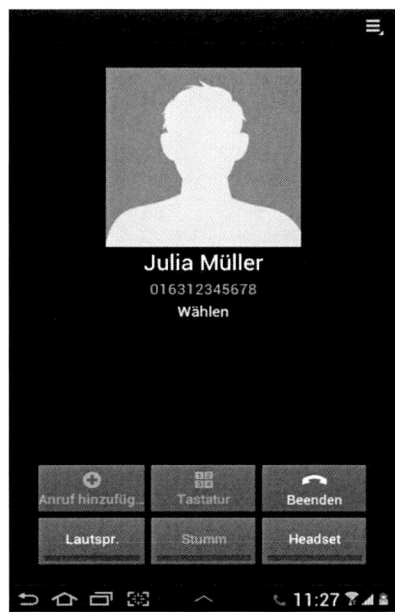

❶❷ ... der nun im Startbildschirm erscheint (Pfeil). Antippen der Kurzwahl startet die Anwahl.

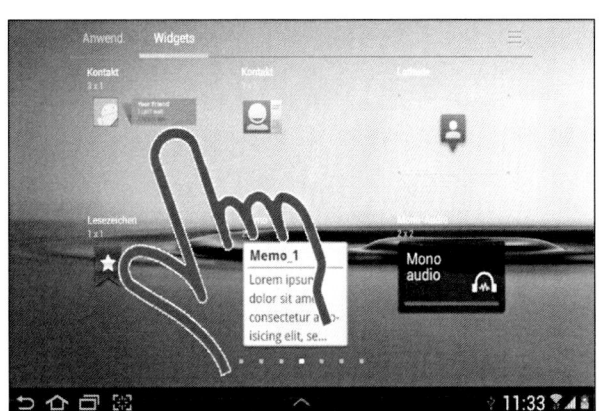

❶❷ Alternativ wählen Sie statt *Direktwahl* das *Kontakt 3 x 1* oder *Kontakt 1 x 1*-Widget.

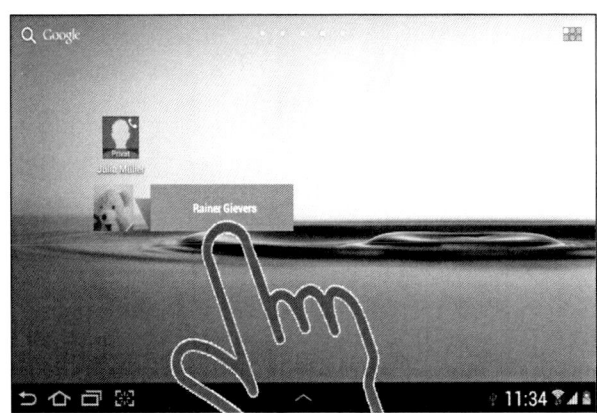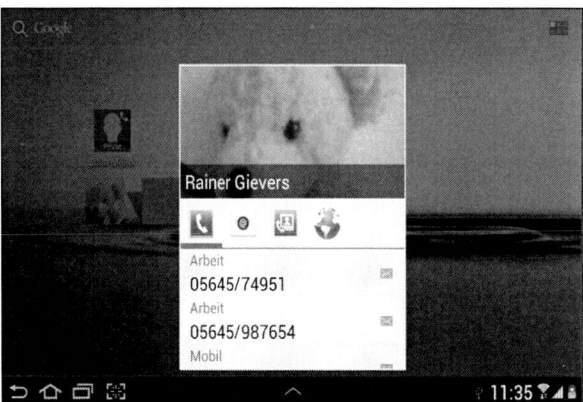

❶❷ Tippen Sie das Widget für weitere Funktionen zum Anrufen, Kontaktdetailsanzeige, SMS-Senden oder E-Mail-Senden an.

6. Nachrichten (SMS/MMS)

In der Nachrichten-Anwendung verwalten Sie Ihre SMS und MMS.

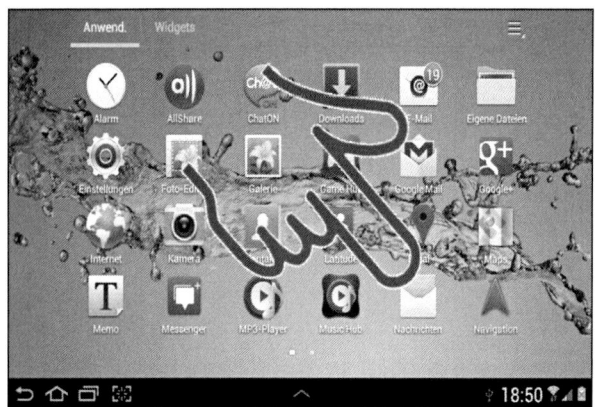 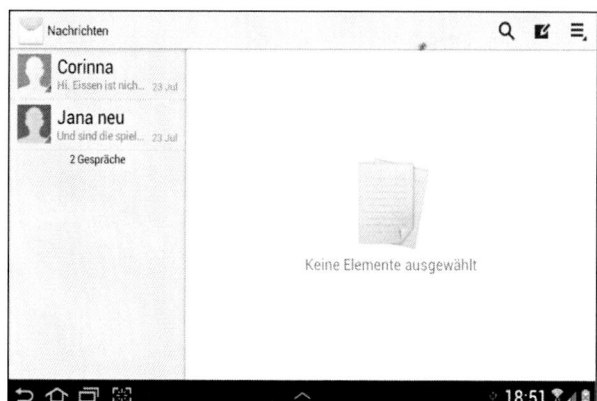

❶❷ Sie starten die Nachrichten-Anwendung, indem Sie einfach *Nachrichten* (Pfeil) im Hauptmenü antippen.

6.1 Nachrichtenanzeige

Die von älteren Handys gewohnte Aufteilung nach den Ordnern »Posteingang« und »Postausgang« gibt es beim Galaxy nicht. Stattdessen werden alle Nachrichten nach Kontakt sortiert abgelegt.

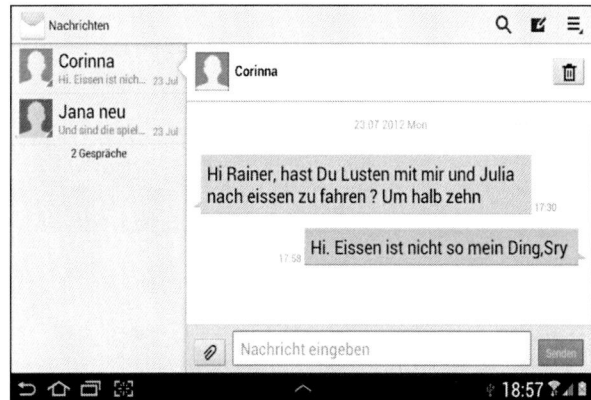

Bereits im Hauptbildschirm zeigt die Nachrichten-Anwendung alle Kontakte an, mit denen man geschrieben hat. Wählt man einen Kontakt aus, so zeigt das Tablet alle empfangenen und gesendeten Nachrichten des Kontakts als Verlauf (»Thread«) an.

Im weiteren Verlauf des SMS-Kapitels erfahren Sie, wie man die Nachrichtenverläufe verwaltet.

6.2 Nachricht senden

SMS lassen sich direkt aus der Telefonoberfläche, der Kontaktverwaltung oder aus der Anrufliste senden.

 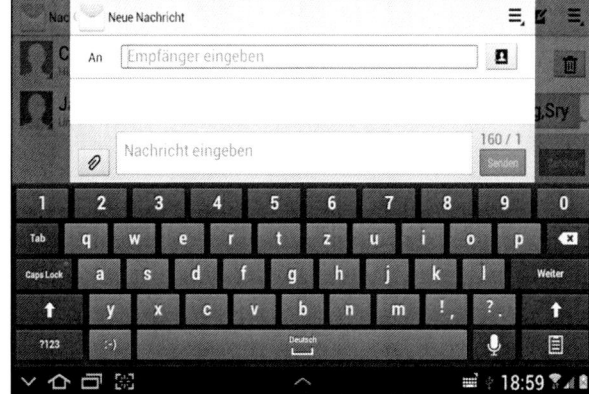

❶ Gehen Sie in der Nachrichten-Anwendung auf ☑.

❷ Der Eingabebildschirm erscheint und der Cursor steht in der Empfängereingabezeile.

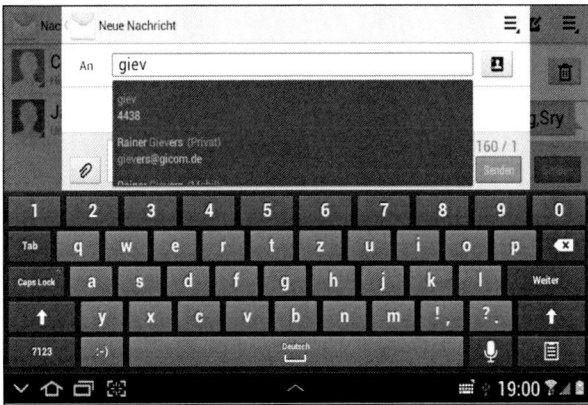 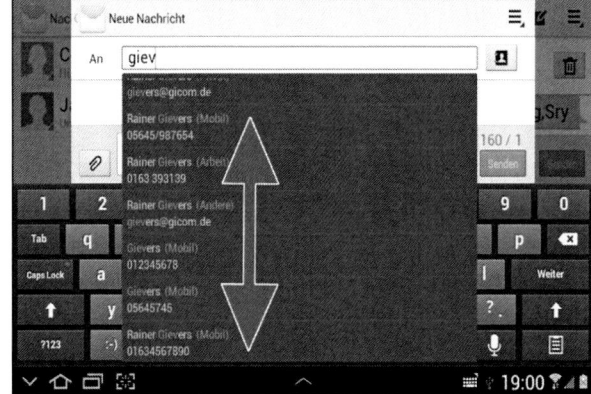

❶ Geben Sie dort den Empfängernamen ein. Während der Eingabe listet das Tablet alle Kontakte auf, in denen der Name vorkommt. Wählen Sie davon einen aus.

❷ Manchmal ist die Fundstellenliste sehr lang. In solchen Fällen tippen und halten Sie den Finger auf der Liste, welche sich nun erweitert, danach ziehen Sie den Finger nach oben oder unten zum Blättern.

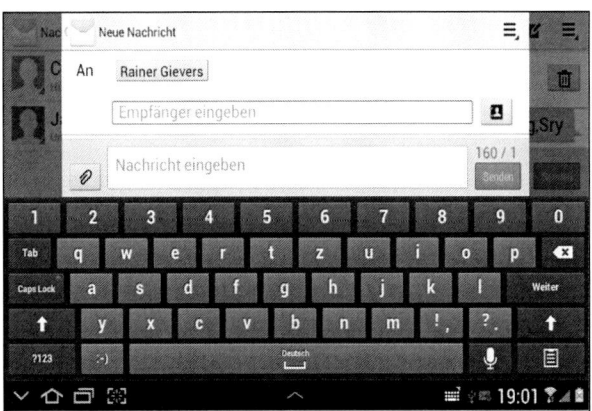

Der von Ihnen in der Liste angetippte Kontakt erscheint im *An*-Feld.

❶❷ Nach Betätigen der *Senden*-Taste erfolgt der Versand und die Nachrichten-Anwendung schaltet auf den Nachrichtenverlauf um.

6.2.1 Mehrere Empfänger eingeben

❶ Manchmal kommt es vor, dass eine Nachricht an mehrere Empfänger gehen soll. In diesem Fall tippen Sie einfach erneut in die Adressleiste (Pfeil).

❷ Geben Sie nun, wie bereits bei der Eingabe des ersten Kontakts gezeigt, vor.

❶ Alternativ betätigen Sie 🔲 (Pfeil), um den Empfänger aus dem Telefonbuch zu entnehmen.

❷ Aktivieren Sie dann ein oder mehrere Kontakte, welche die SMS erhalten sollen und schließen Sie den Bildschirm mit *Fertig*.

6.2.2 Nachricht an Kontakt aus Telefonbuch

Tippen Sie den Kontaktnamen in der Auflistung an und erstellen Sie mit ✉ (Pfeil) in den Kontaktdetails die neue Nachricht.

6.2.3 Nachricht aus Nachrichtenverlauf

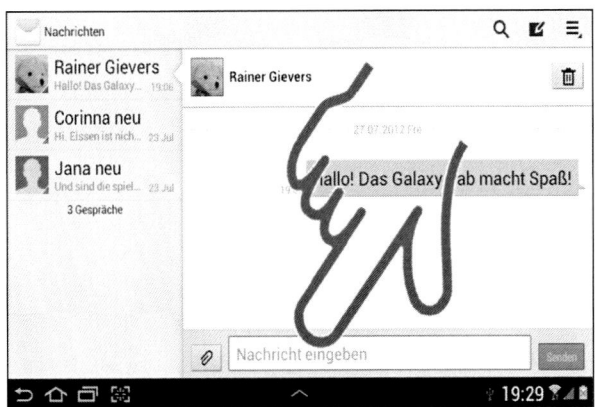 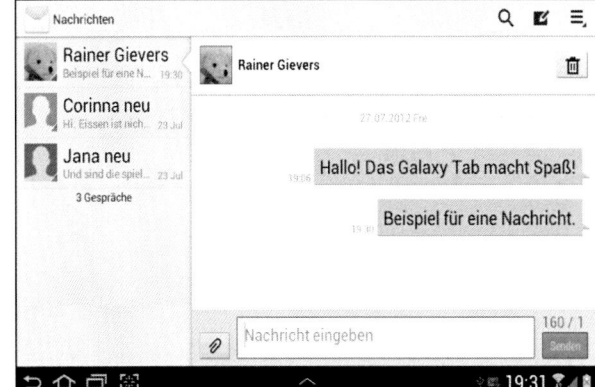

❶ Auch im Nachrichtenverlauf können Sie direkt eine Nachricht eingeben. Dazu tippen Sie den Verlauf links in der Liste an. Tippen Sie gegebenenfalls in das Eingabefeld und erfassen Sie Ihre Nachricht. Betätigen Sie nun *Senden*.

❷ Damit ist Ihre SMS verschickt und eine weitere Sprechblase mit Ihrer Antwort erscheint im Nachrichtenverlauf.

Ihre SMS sollten nicht länger als 160 Zeichen sein. Wenn Sie einen längeren Text eingeben, erzeugt das Tablet beim Versand automatisch mehrere Nachrichten, die beim Empfänger wieder zusammengesetzt werden. Der Netzbetreiber berechnet davon aber jede SMS einzeln, was zu sehr hohen Kosten führen kann.

6.2.4 Nachricht aus Anrufliste (Protokoll)

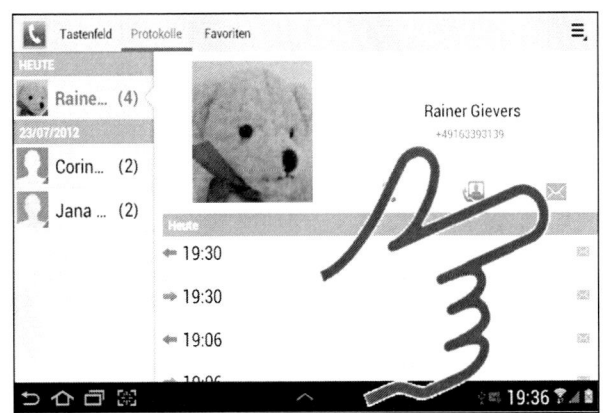

Tippen Sie nach Auswahl eines Kontakts einfach auf ✉.

6.3 Weitere Funktionen im Nachrichtenverlauf

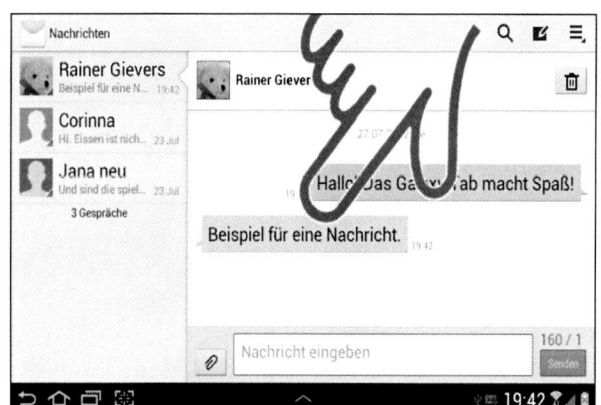 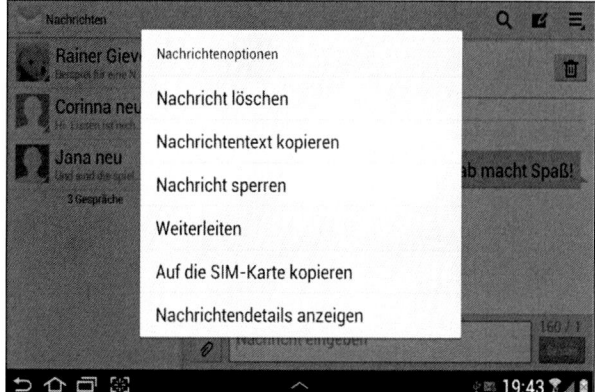

❶❷ Tippen und Halten Sie den Finger auf einer Nachricht für das Popup mit weiteren Funktionen:

- *Nachricht löschen*: Entfernt eine Nachricht unwiderruflich aus dem Speicher.

- *Nachrichtentext kopieren*: Kopiert den Nachrichtentext in die Zwischenablage. Man kann ihn dann in einer anderen Anwendung wieder einfügen. Die Zwischenablage erläutert Kapitel *28.4 Texte kopieren, ausschneiden und einfügen*.

- *Nachricht sperren; Nachricht entsperren*: Aktiviert/deaktiviert einen Löschschutz. Um eine SMS später zu löschen, müssen Sie erst die Sperre wieder aufheben.

- *Weiterleiten*: Nachrichtentext an einen weiteren Empfänger weiterleiten.

- *Auf die SIM-Karte kopieren*: Legt den Nachrichtentext auf der SIM-Karte ab, was besonders für SMS interessant ist, die sehr wichtig sind. Auf diese Weise steht einem der Nachrichtentext auch bei einem Ausfall des Galaxy Tab weiter zur Verfügung. Beachten Sie allerdings, dass SIM-Karten in der Regel nur Platz für bis zu ca. 25 SMS haben.

- *Nachrichtendetails anzeigen*: Zeigt Infos über Nachrichtentyp (SMS oder MMS), Rufnummer und Empfangs-, beziehungsweise Sendedatum, an.

6.4 Entwürfe

❶ Manchmal ist es notwendig, eine Nachricht, die man erst später absenden möchte, als Entwurf zwischenzuspeichern. In diesem Fall geben Sie die Nachricht wie gewohnt ein, betätigen aber nicht *Senden*. Bei Bedarf schließen Sie aber einfach das Tastenfeld (Pfeil).

❷ *Entwurf* (Pfeil) weist auf den Entwurfsstatus hin. Zum Versenden tippen Sie den Nachrichtenverlauf erneut an und betätigen dann *Senden*.

6.5 Empfangsbestätigung (Zustellungsbericht)

Nicht immer stellen die Netzbetreiber die SMS sofort zu. Wir haben beispielsweise schon erlebt, dass SMS erst einen Tag später ankamen, obwohl wir sie nicht zu »Stoßzeiten« wie beispielsweise Silvester versandt hatten. Deshalb bieten die Netzbetreiber eine kostenlose Empfangsbestätigung an, die auch als »Zustellungsbericht« oder »Übermittlungsbestätigung« bezeichnet wird. Zu beachten ist allerdings, dass damit noch nicht sicher ist, dass der Empfänger Ihre SMS auch liest!

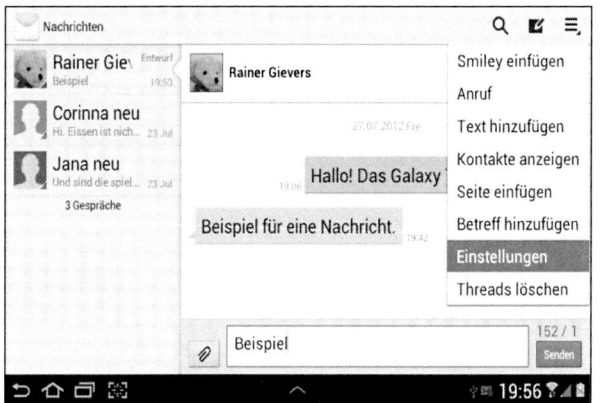 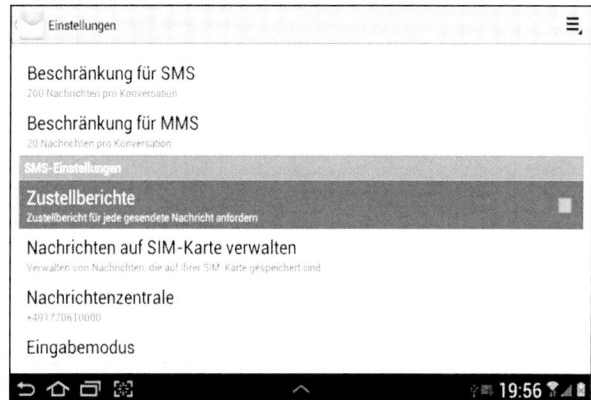

❶ So aktivieren Sie die Empfangsbestätigung: Rufen Sie im Hauptbildschirm der Nachrichten-Anwendung ☰/*Einstellungen* auf.

❷ Aktivieren Sie *Zustellberichte* unter *SMS-Einstellungen*. Künftig erhalten Sie immer, wenn ein Empfänger Ihre SMS erhält, eine kurze akustische Rückmeldung und einen Hinweis in der Titelleiste.

 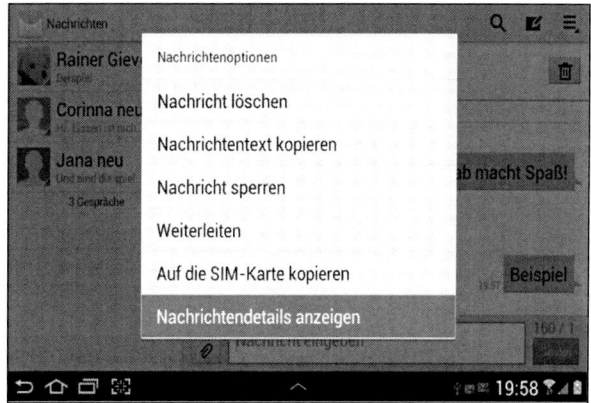

❶❷ So lassen Sie sich den Zustellungsbericht einer SMS anzeigen: Tippen und halten Sie den Finger auf der gesendeten SMS im Nachrichtenverlauf. Im Popup gehen Sie nun auf *Nachrichtendetails anzeigen*.

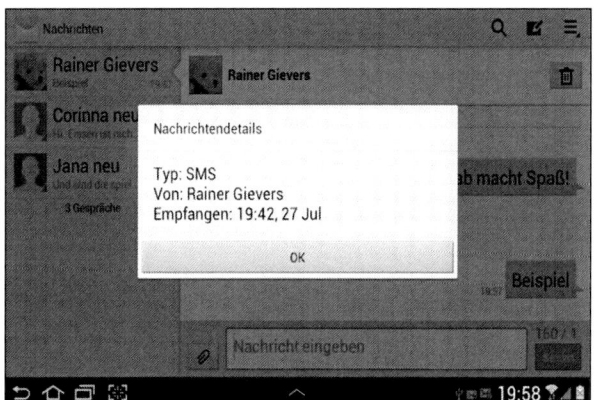

Unter *Empfangen* informiert das Galaxy über den Zustellungszeitpunkt.

6.6 SMS empfangen

❶ Wenn Sie eine neue SMS erhalten haben, erscheint in der Titelleiste ein ✉ -Symbol.

❷ Alternativ erhalten Sie auch über das Benachrichtigungsfeld Infos zu den empfangenen Nachrichten. Gehen Sie nun auf die Nachricht, was den zugehörigen Nachrichtenverlauf anzeigt.

Sofern die Displaysperre aktiv ist, erscheint ein Nachrichtensymbol auf dem Bildschirm, den Sie in beliebige Richtung ziehen, worauf sich der Nachrichtenverlauf öffnet.

6.7 Konfiguration

 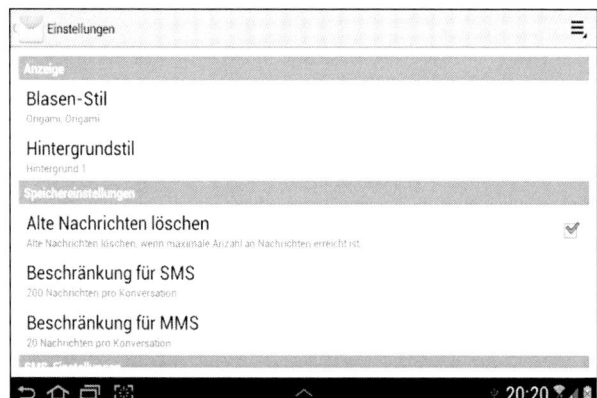

❶❷ Die SMS-bezogenen Optionen finden Sie unter ☰/*Einstellungen*:

Unter *Anzeige*:

- *Blasen-Stil*: Form und Farbe der Sprechblasen, getrennt für Sie und den Kommunikationspartner veränderbar.

- *Hintergrundstil*: Wählen Sie zwischen verschiedenen Hintergrundfarben.

Unter *Speichereinstellungen:*

- *Alte Nachrichten löschen*: Ältere SMS werden automatisch gelöscht, wenn die maximale Anzahl, standardmäßig 200, erreicht ist.

- *Beschränkung für SMS; Beschränkung für MMS*: Voreingestellt sind maximal 200 SMS und 20 MMS pro Nachrichtenverlauf.

Unter *SMS-Einstellungen:*

- *Zustellberichte*: Sie erhalten, wenn ein Empfänger Ihre SMS erhalten hat, eine Rückmeldung des Netzbetreibers. Zu beachten ist allerdings, dass damit noch nicht sicher ist, dass der Empfänger Ihre SMS auch liest. Bei vielen Handy-Modellen heißt der Zustellbericht manchmal auch »Übermittlungsbestätigung«. Siehe Kapitel *6.5 Empfangsbestätigung (Zustellungsbericht).*

- *Nachrichten auf SIM-Karte verwalten*: Gibt Ihnen Zugriff auf alle SMS, die Sie manuell auf die SIM-Karte kopiert hatten.

- *Nachrichtenzentrale*: Über die Nachrichtenzentrale erfolgt der Versand Ihrer Nachrichten. Normalerweise brauchen Sie diese Einstellung nicht zu bearbeiten, da sie automatisch beim ersten Einlegen einer SIM-Karte automatisch korrekt konfiguriert wird.

- *Eingabemodus*: Legt die Zeichenkodierung fest. Sie haben dabei die Wahl zwischen *GSM-Alphabet*, *Unicode* und *Automatisch*. Wir empfehlen, die Voreinstellung *GSM-Alphabet* nicht zu ändern (der *Unicode*-Modus unterstützt zusätzliche ausländische Zeichensätze, wird aber von deutschsprachigen Anwendern nicht benötigt).

Unter *MMS-Einstellungen*: Die MMS-Einstellungen betreffen nur MMS, auf die dieses Buch nicht eingeht.

Unter *Einstellungen für WAP-Push*: Betreffen nur MMS.

Unter *Cell Broadcast (CB)-Einstellungen:*

- *CB-Aktivierung; Senderkonfiguration; Sprache*: Cell Broadcast (CB) wird auch als »Videotext für Handys« bezeichnet. Dabei senden die Basisstationen (Sendemasten) diverse Infos, die von Nachrichten bis hin zur Position der Basisstation reichen. Weil der Cell Broadcast kostenlos ist, haben alle deutschen Anbieter ihren CB-Dienst wieder eingestellt. In diesem Buch wird deshalb nicht weiter darauf eingegangen. Um Nachrichten zu empfangen, müssen Sie den Kanal des Anbieters (jeder Netzbetreiber verwendet andere) eingeben.

Unter *Benachrichtigungseinstellungen:*

- *Benachrichtigungen*: Standardmäßig zeigt das Galaxy den Inhalt einer SMS, beziehungsweise den Betreff einer MMS, bei Nachrichteneingang in der Titelleiste an. Sie können diese Funktion hier bei Bedarf deaktivieren.

- *Klingelton auswählen*: Konfiguriert den Benachrichtigungsklang für neu empfangene SMS/MMS.

> Wenn Ihnen die vorgegebenen Klänge nicht gefallen, können Sie auch eigene Audiodateien auf das Gerät kopieren, die in der Klangauswahl zur Verfügung stehen. Siehe dazu Kapitel *29.1 Eigene Klingel- und Benachrichtigungstöne*. Sie sollten allerdings nur Klänge mit wenigen Sekunden Länge verwenden. Zur Konfiguration der Signallautstärke siehe auch Kapitel *3.14 Medienlautstärke und Signaltöne*.

6.8 MMS

Der Multimedia Messaging Service (MMS) sollte die Nachfolge der SMS antreten. Im Gegensatz zur SMS dürfen MMS nicht nur Zeichen, sondern auch Bilder, Melodien, Sprachmemos und andere Daten enthalten. In Deutschland spielt die MMS aus verschiedenen Gründen keine große Rolle: Zum einen ist die Handhabung der MMS auf vielen Handys relativ kompliziert und setzt einiges an Einarbeitung voraus, zum anderen stehen der weiteren Verbreitung die hohen Kosten von 39 Cent pro MMS im Wege. Hätten die Netzbetreiber schon bei der MMS-Einführung vor einigen Jahren eine faire und unkomplizierte Kostenstruktur eingeführt, würde die MMS heute wohl mehr genutzt werden. Die immer größere Verbreitung von Internetflatrates im Mobilfunk dürfte die MMS wohl für immer ins Mauerblümchendarsein verbannen, denn mit E-Mails lassen sich Multimedia-Inhalte und Dateianhänge wesentlich einfacher versenden und empfangen. Aus den genannten Gründen gehen wir nicht weiter auf die MMS-Funktionen in der Nachrichten-Anwendung ein.

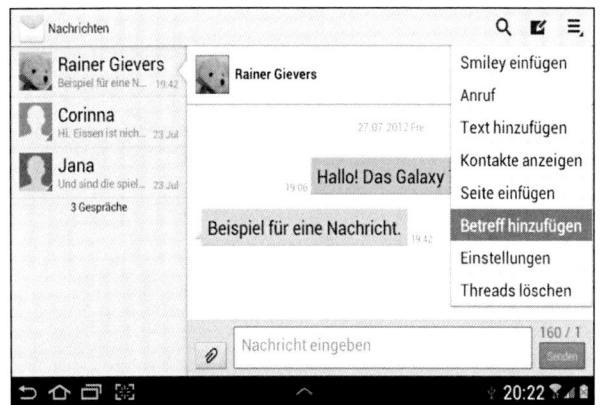 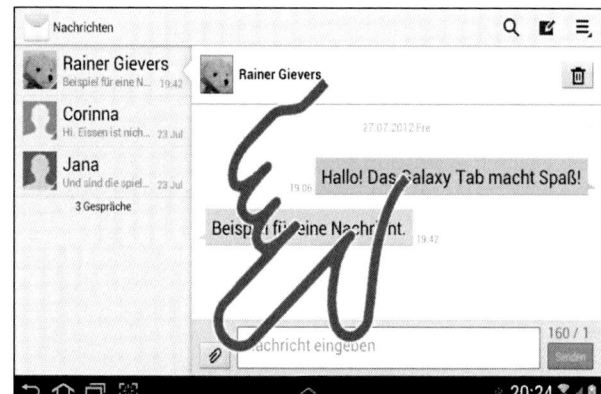

❶ **Wichtig:** Wie erwähnt, kosten MMS mit 39 Cent ein Vielfaches der SMS. Damit Sie nicht aus Versehen statt einer SMS eine MMS verschicken, sollten Sie darauf achten, **niemals** auf ☰/*Betreff hinzufügen* bei der Nachrichtenerstellung zu gehen.

❷ Auch die ⌀-Schaltleiste (Pfeil), mit der Sie Dateien in die Nachricht einfügen, sollten Sie niemals verwenden, weil Sie damit aus der SMS automatisch eine MMS machen.

7. Internet einrichten und nutzen

Ihr Galaxy ist ein wahres Kommunikationsgenie. Sie können damit im Web surfen, E-Mails, SMS und MMS verarbeiten. Um die Konfiguration des Internetzugangs brauchen Sie sich in der Regel nicht zu kümmern, da dies vom Galaxy automatisch erledigt wird.

> Sie brauchen dieses Kapitel nicht durchzuarbeiten, um Internet über Ihren Mobilnetzbetreiber zu nutzen. Lesen Sie aber mindestens Kapitel *7.2 Umschaltung WLAN und Mobilfunk-Internet* durch, wo erklärt wird, wie Sie zwischen WLAN- und Mobilfunk-Internet umschalten.
>
> Als Besitzer eines Galaxy Tab Wi-Fi (ohne 3G-Mobilfunk) können Sie dieses Kapitel übergehen, da nur das folgende Kapitel *8 Wireless LAN* für Sie interessant ist.

7.1 Internetzugang einrichten

Alle Mobilfunknetzbetreiber haben heutzutage jeweils einen eigenen Internetzugang im Programm, der sich ohne Grundgebühr und vorherige Anmeldung nutzen lässt.

7.1.1 Begriffserklärung GPRS

GPRS arbeitet bei Datenübertragungen nicht wie die Vorgängerstandards GSM oder HSCSD mit Übertragungskanälen, welche exklusiv für den jeweiligen Nutzer reserviert werden, selbst wenn er nur einen Bruchteil der Übertragungskapazität nutzt, sondern Paket-orientiert. Alle Daten der Teilnehmer werden in Pakete unterteilt, die über gleichzeitig genutzte Leitungen gehen. Der Vorteil: Senden oder empfangen Sie viele Daten, werden von den anderen Teilnehmern ungenutzte Übertragungskapazitäten Ihnen zugeteilt. Da sich die gesendeten und empfangenen Datenmengen auf Seiten des Netzbetreibers leicht erfassen lassen, erfolgt die Abrechnung in der Regel nach übertragener Datenmenge und nicht nach Zeiteinheiten. Die maximal realisierbare Übertragungsgeschwindigkeit liegt bei 171,2 kBit/s (Kilobit pro Sekunde), in der Praxis muss man sich aber mit etwa 40 bis 50 kBit/s begnügen. Zudem hängt die tatsächlich verfügbare Bandbreite von der Anzahl der im Mobilnetzabschnitt telefonierenden oder Daten übertragenden Handys ab.

EDGE (Enhanced Data Rates for GSM Evolution) ist eine GPRS-Weiterentwicklung, die in der Praxis für Übertragungsgeschwindigkeiten von 150 bis 200 kBit/s erreicht. Ihr Galaxy zeigt für GSM ein »G« in der Titelleiste an, wenn EDGE zur Verfügung steht ein »E«.

7.1.2 Begriffserklärung UMTS

Alle Smartphones und viele Tablets mit Mobilfunkmodul, darunter auch das Galaxy Tab, unterstützen neben GSM/GPRS auch UMTS. UMTS (Universal Mobile Telecommunications System), wird auch als »3G« bezeichnet, da es sich um einen Mobilfunkstandard der dritten Generation handelt. UMTS bietet Datenübertragungsraten von mindestens 384 kBit/s. Erstmals werden mit UMTS auch Anwendungen möglich, die bisher auf DSL im Festnetz beschränkt waren, wie Live-Videoübertragungen in guter Qualität. Deshalb bieten die meisten UMTS-Handys auch eine Videotelefonie-Funktion. Problematisch ist in manchen ländlichen Gegenden der UMTS-Netzaufbau. Auf den Websites der Mobilnetzbetreiber finden Sie allerdings mit einiger Suche eine Online-Karte mit den Versorgungsgebieten. Auf dem Galaxy brauchen Sie sich allerdings kaum Gedanken darüber machen, ob Sie nun UMTS-Empfang haben oder nicht, denn falls nötig, nutzt das Gerät für Datenübertragungen einfach GPRS. Weitere Informationen zu UMTS sind auf *www.teltarif.de/i/umts.html* zu finden.

Alle deutschen Netzbetreiber haben ihre UMTS-Netze inzwischen um die HSDPA-Technik (High Speed Downlink Packet Access) ergänzt. Diese Technik wird auch häufig als »3,5G-Technologie« bezeichnet und bietet Übertragungsraten von bis zu 3,6 Mbit/s. In einigen Gebieten sind sogar 7,2

Mbit/s möglich. Praktisch alle aktuellen Handys und Tablets unterstützen auch HSDPA. HSDPA wird automatisch vom Galaxy Tab verwendet, wenn es zur Verfügung steht, ansonsten UMTS. Falls UMTS nicht verfügbar ist, EDGE oder GPRS. Wenn Sie UMTS-Empfang haben, zeigt das Galaxy Tab keinen besonderen Hinweis an, bei HSDPA dagegen ein »H«.

Für einen schnelleren Upload (zum Beispiel für das Hochladen von Fotos bei Facebook) sorgt HSUPA (High Speed Uplink Packet Access) mit bis zu 5,76 Mbit/s zur Verfügung. Unterstützt ein Netzbetreiber sowohl HSDPA als auch HSUPA, so spricht man von HSPA (High Speed Packet Access). Einige Netzbetreiber bauen zudem HSPA zu HSPA+ weiter aus, das dann auf bis zu ca. 50 Mbit/s kommt.

7.1.3 Tipps zum Internetzugang

Zwar können Sie bei allen Mobilfunkanbietern nach dem Einlegen der SIM-Karte sofort das Internet nutzen, empfehlenswerter ist es aber, sich nach einem geeigneten Mobilfunktarif mit Internetzugang umzusehen.

7.1.3.a Kostenfalle Standardvertrag

In den Standardverträgen wird der Internetzugang zeit- oder datenmengenabhängig abgerechnet, was selbst bei unregelmäßiger Nutzung schnell teuer wird. Besser dran ist man mit Internetpaketen, die zwischen 5 bis 10 Euro pro Monat kosten und 512 Megabyte bis 1 Gigabyte Transfervolumen (»Traffic«) beinhalten. Überschreitet man das inkludierte Transfervolumen, so wird die Übertragungsgeschwindigkeit meist auf GPRS-Niveau gedrosselt. Sie sollten auf jeden Fall die Vertragskonditionen Ihres Netzbetreibers genau studieren, um nicht in die Kostenfalle zu tappen.

Werfen Sie auch einen Blick auf alternative Anbieter wie Blau (*www.blau.de*), Simyo (*www.simyo.de*), usw. Häufig kann man auch einen sogenannten Surf-Stick miterwerben, den man über USB ans Notebook anschließt, sodass man das Internet bequem auch unterwegs nutzen kann.

7.1.3.b Übertragungsgeschwindigkeit

Alle Mobilfunkbetreiber bieten Internet über UMTS/HSDPA, an, was für Übertragungsgeschwindigkeiten von teilweise über 28 Mbit/s sorgt (zum Vergleich: Im Festnetz ist DSL meist nur bis 2 Mbit/s möglich). Leider haben die Netzbetreiber ihr Mobilfunknetz nur in großen Städten und Ballungsgebieten ausgebaut, weswegen über UMTS vielerorts nur 1,8 Mbit/s möglich sind. Auf dem Land muss man meist auf UMTS verzichten und kann dann nur über GPRS oder EDGE mit bis zu 200 Kbit/s im Internet surfen. Für Multimedia-Anwendungen, beispielsweise Youtube oder Internetradio, ist das zu wenig, während Nutzer, die nur E-Mails abrufen oder mal im Web surfen, bereits mit 200 kBit/s gut zurecht kommen.

Weil jede Mobilfunkfirma andere Schwerpunkte beim Netzausbau legt, kann es vorkommen, dass zum Beispiel bei Vodafone Ihr Wohnort bereits mit UMTS/HSDPA versorgt ist, während E-Plus-Kunden dort mit dem lahmen GPRS/EDGE vorlieb nehmen müssen. Es lohnt sich also, bei der Auswahl der Internetflatrate auch den Netzausbau zu berücksichtigen.

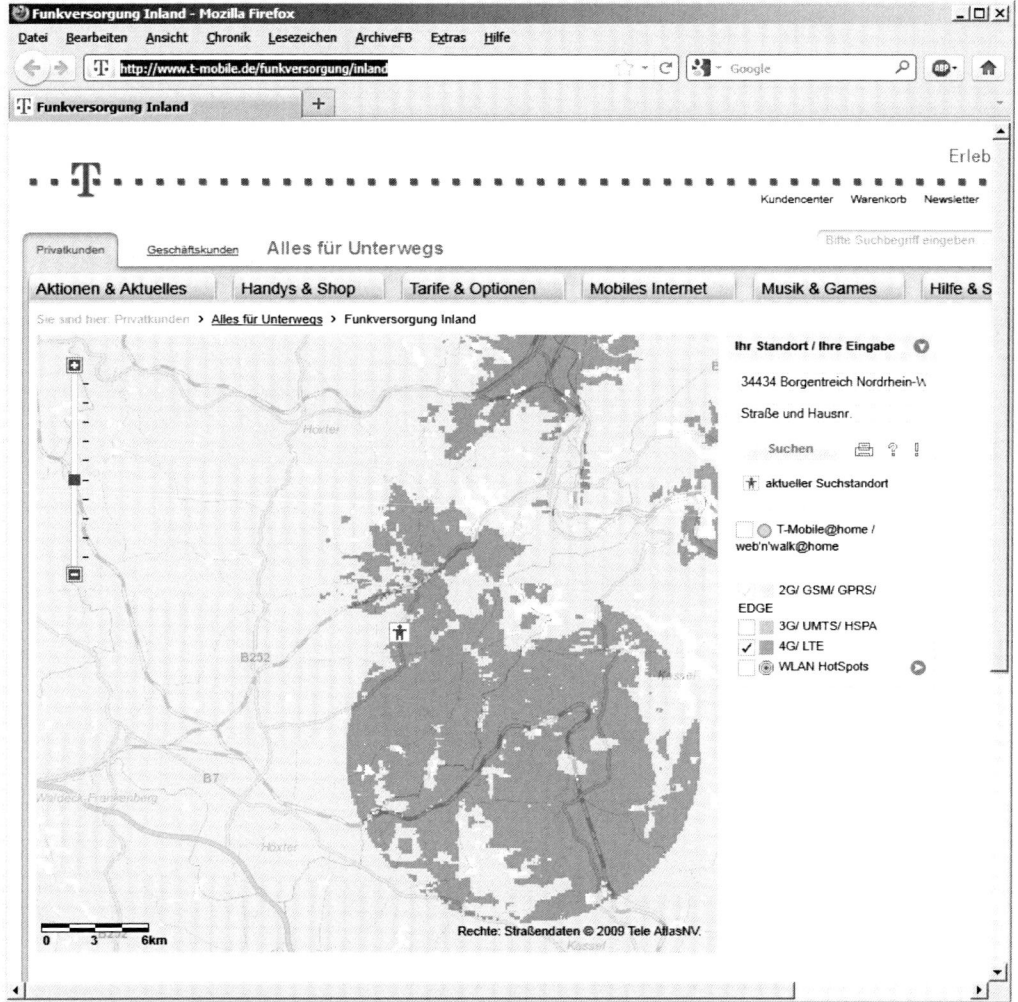

Netzversorgungskarte von T-Mobile.

Informationen über die UMTS/HDSPA-Verfügbarkeit halten die Netzbetreiber auf ihren Websites vor. Suchen Sie dort einfach nach »Netzabdeckung«. Alternativ gucken Sie sich einfach einen Handynutzer mit dem gewünschten Netz aus und schauen auf dessen Handydisplay. UMTS-Handys zeigen in der Titelleiste meist ein »G« für GSM/GPRS, »E« für EDGE und »3G« für UMTS oder »H« für HSDPA an.

7.1.3.c LTE

Seit einigen Monaten vermarkten insbesondere Vodafone und T-Mobile den Mobilfunkstandard LTE (Long Term Evolution) sehr intensiv. LTE baut technisch auf den oben vorgestellten UMTS, beziehungsweise HDSPA auf und bietet theoretisch eine Übertragungsrate von bis zu 300 Mbit/s. Je nach Ausbau und Anzahl der mit einer LTE-Funkzelle verbundenen Nutzer sind es in der Praxis allerdings nur maximal 3,6 bis 50 Mbit/s. Um LTE nutzen zu können, muss man einen entsprechenden Mobilfunkvertrag abschließen und ein LTE-fähiges Endgerät besitzen, wobei Ihr Galaxy Tab kein LTE unterstützt. Aktuell macht ein LTE-Vertrag also nur wenig Sinn, zumal LTE-fähige Handys nur tropfenweise auf den Markt kommen und jedes Land andere LTE -Frequenzen nutzt, sodass man teilweise nur in seinem Heimatland LTE verwenden kann. Ein weiteres Problem sind die je nach Vertrag auf 5 bis 15 GB begrenzten Download-Limits, nach deren Überschreiten die Übertragungsgeschwindigkeit auf EDGE-Geschwindigkeit gedrosselt wird.

7.1.3.d Die Alternative: WLAN

Heutzutage gibt es an vielen Orten, beispielsweise Flughäfen, Hotels oder Bars, WLAN-Hotspots, über die Sie kostenlos online gehen können. Auch in Innenstädten findet man häufig »offene« WLANs, die kostenlos nutzbar sind, weil einige DSL-Kunden ihr WLAN absichtlich oder unabsichtlich unverschlüsselt zur Verfügung stellen. Im Kapitel *7.2 Umschaltung WLAN und Mobilfunk-Internet* erläutern wir Ihnen daher, wie Sie das Internet zwischen Mobilfunkverbindung und WLAN umschalten.

7.1.3.e Teuer! Teuer! Teuer!

WICHTIG: Das Galaxy ist wegen seiner Kommunikationsfunktionen auf eine dauerhafte Internetverbindung über das Mobilfunkinternet angewiesen. Sofern Sie ihr Gerät im Handy-Shop erworben haben, wird Sie der Verkäufer mit Sicherheit darauf aufmerksam gemacht haben, dass ein Vertrag mit Internet-Flatrate notwendig ist. Nehmen Sie deshalb das Galaxy am besten nicht in Betrieb, wenn Sie noch keine Internetflatrate bei Ihrem Mobilnetzbetreiber haben.

Zwar ist es möglich, die Option »*Mobile Daten*« zu deaktivieren (siehe Kapitel *7.2.2 Mobilfunk-Internet aktivieren/deaktivieren*), damit kein Mobilfunk-Internet genutzt wird, damit geht aber ein großer Teil des Charms vom Galaxy verloren.

7.1.4 Automatische Einrichtung

Sobald Sie das Tablet nach dem Einlegen einer neuen SIM-Karte einschalten, werden alle Mobilnetz-abhängigen Einstellungen, darunter Mailbox, MMS-Konfiguration und mobiles Internet automatisch konfiguriert.

7.1.5 Manuelle Einrichtung

Nur in sehr seltenen Fällen kann es nötig sein, den Internetzugang selbst einzurichten. Die nötigen Parameter erfahren Sie von Ihrem Netzbetreiber.

❶ Rufen Sie die *Einstellungen* auf, beispielsweise über das Benachrichtigungsfeld.

❷ Gehen Sie auf *Weitere Einstellungen/Mobile Netzwerke*.

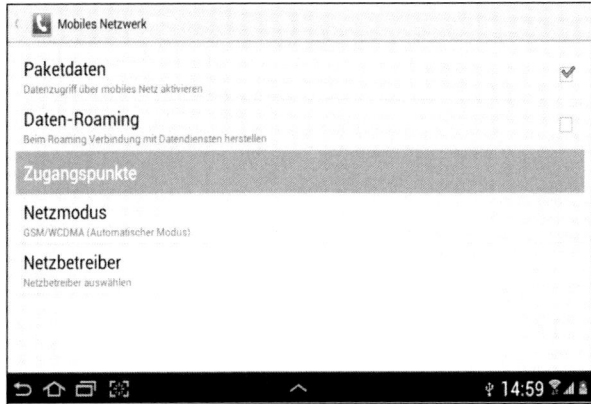 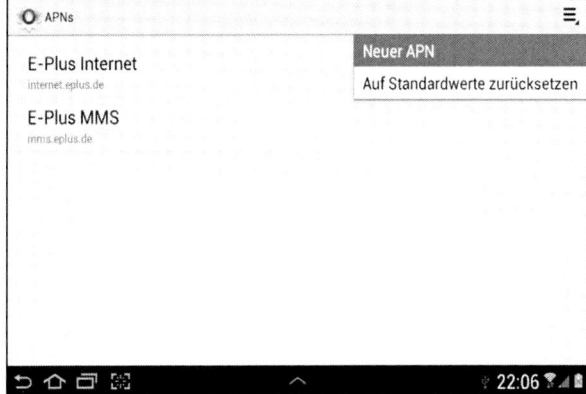

❶ Gehen Sie auf *Zugangspunkte*.

❷ Rufen Sie ☰,/*Neuer APN* auf.

 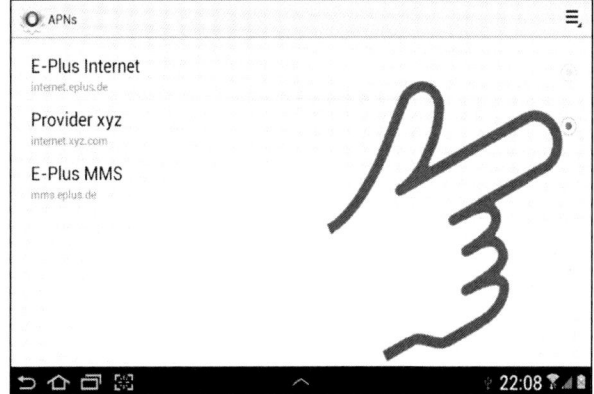

❶ Hier sind nun die Internetparameter des Mobilnetzbetreibers einzugeben. Schließen Sie danach den Bildschirm mit der ⤺-Taste.

❷ In der Übersicht erscheinen die von Ihnen erfassten Interneteinstellungen (APN). Damit diese vom Galaxy genutzt werden, müssen Sie sie noch über den Optionsknopf auswählen (Pfeil).

> Wenn Sie den Eintragsnamen statt dem Optionsknopf antippen, können Sie die jeweiligen Interneteinstellungen bearbeiten.

7.1.6 Weitere Konfigurationsparameter

Die folgenden Menüs rund um den Internetzugang werden Sie selten benötigen, da bereits vom Tablet die optimalen Einstellungen vorgenommen wurden.

 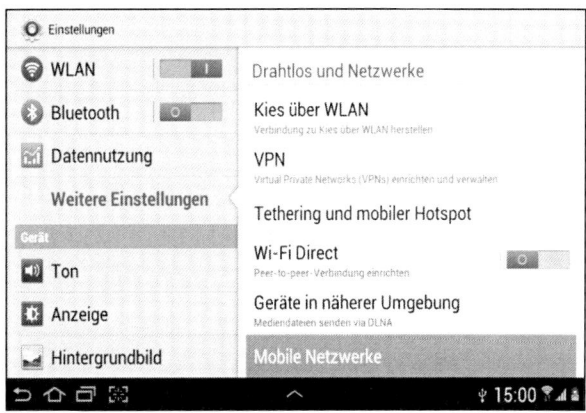

❶ Gehen Sie auf *Einstellungen* im Benachrichtigungsfeld.

❷ Rufen Sie *Weitere Einstellungen/Mobile Netzwerke* auf.

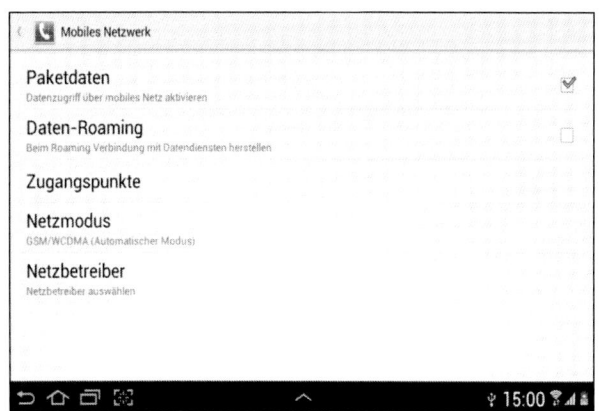 

❶ Hier stellen Sie ein:

- *Paketdaten*: Hiermit steuern Sie die Aktivität des Mobilfunk-Internets. Deaktivieren Sie *Paketdaten*, um das Mobilfunk-Internet abzuschalten. Alternativ verwenden Sie zur Steuerung die *Mobile Daten*-Schaltleiste im Benachrichtigungsfeld (siehe auch Kapitel *7.2.2 Mobilfunk-Internet aktivieren/deaktivieren*).

- *Daten-Roaming*: Wenn Sie sich im Ausland befinden, nutzt das Tablet automatisch einen lokalen Netzbetreiber, was man auch als »Roaming« bezeichnet. Die lokalen Netzbetreiber berechnen meist sehr hohe Internetkosten für das »Daten-Roaming«, die Ihr Netzbetreiber Ihnen dann in Rechnung stellt. Damit Sie keine unangenehme Überraschung erleben, sollten Sie auf die Internetnutzung verzichten und deshalb das *Daten-Roaming* deaktiviert lassen.

- *Zugangspunkte:* Konfiguriert die Einstellungen für den Internetzugang. Siehe auch Kapitel *7.1.5 Manuelle Einrichtung*.

- *Netzmodus* (❷): Sie können für Telefonie und Mobilfunk-Internet wahlweise UMTS/HSDPA oder GPRS/EDGE *(Nur GSM* aktiviert) nutzen. Lassen Sie *GSM/WDCMA (Automatischer Modus)* aktiviert, damit Sie die schnellste Datenverbindung UMTS/HSDPA nutzen.

- *Netzbetreiber*: Diese Funktion ist für Anwender interessant, die häufiger im Ausland unterwegs sind. Standardmäßig bucht sich das Tablet im Ausland in eines der Mobilnetze ein, mit denen Ihr Mobilnetzbetreiber eine Roaming-Vereinbarung hat. Recht häufig stehen dabei mehrere Roaming-Netze zur Auswahl, welche unterschiedliche Kosten verursachen. Wenn Sie also wissen, welcher Roaming-Partner am günstigsten ist, können Sie ihn hier fest einstellen. Vorsicht: Die manuelle Auswahl des Netzwerks ist wirklich nur für Profi-Anwender geeignet. Beachten Sie, dass im Ausland viele Netzbetreiber nur regionale Netze betreiben und Sie deshalb eventuell nicht erreichbar sind.

7.2 Umschaltung WLAN und Mobilfunk-Internet

Sie können einstellen, dass alle Internetverbindungen über WLAN oder eine Mobilfunkverbindung ablaufen. Beachten Sie aber, dass Sie unterwegs nur bei einer Mobilfunkverbindung immer das Internet nutzen können, da WLAN nur an bestimmten Orten, beispielsweise in Hotels, Bars, Flughäfen, usw. zur Verfügung steht. Meist finden Sie an den mit WLAN ausgestatteten Orten auch entsprechende Hinweisschilder.

7.2.1 WLAN aktivieren/deaktivieren

 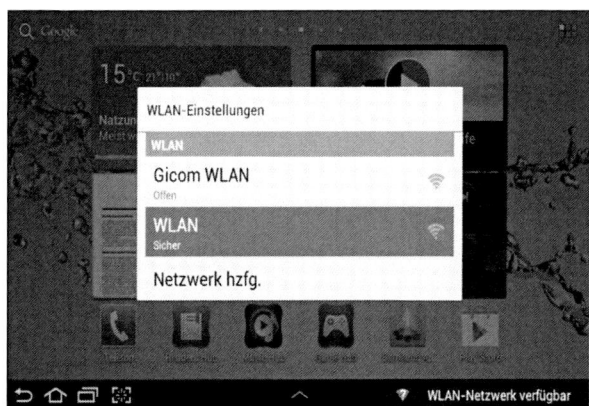

❶ Nach Aktivierung des Benachrichtigungsfelds betätigen Sie *WLAN* (Pfeil).

❷ Wählen Sie einen der gefundenen WLAN-Zugangspunkte aus.

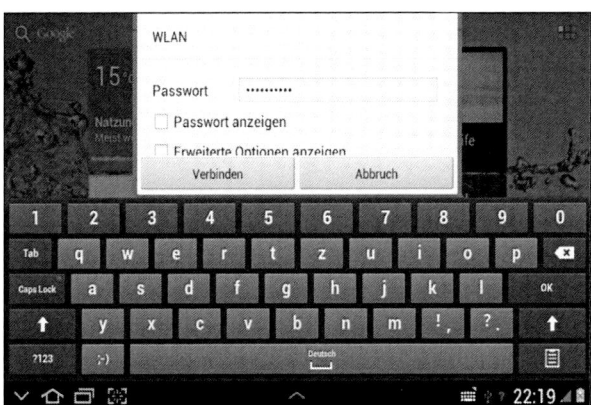 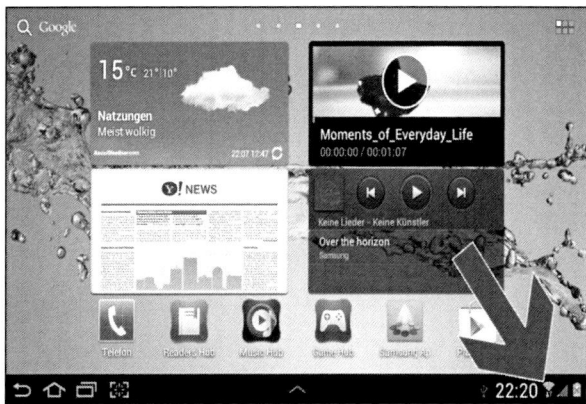

❶ Sofern das WLAN verschlüsselt ist, fragt Sie das Galaxy nach dem Passwort, das Sie eventuell vom WLAN-Betreiber erfragen müssen. Betätigen Sie dann *Verbinden*.

❷ Nach einigen Sekunden erscheint das 🛜-Symbol in der Titelleiste (Pfeil). Sie können nun Internet über WLAN nutzen.

Sofern Sie zuhause ein verschlüsseltes WLAN nutzen (was zu empfehlen ist!), haben Sie vielleicht das benötigte Passwort nicht parat. Rufen Sie in dem Fall auf einem PC oder Notebook, das mit dem WLAN verbunden ist, die Weboberfläche des WLAN-Routers auf und lassen Sie sich dort das Passwort anzeigen. Bei einer Fritz-Box müssten Sie beispielsweise *fritz.box* als Webadresse aufrufen und dann auf *WLAN/Sicherheit* gehen.

Weitere Hinweise zur WLAN-Nutzung finden Sie im Kapitel *8 Wireless LAN*.

Wenn Sie WLAN am Galaxy deaktivieren und dann nochmals eine Verbindung zu einem verschlüsselten WLAN aufbauen, wird das benötigte Passwort nicht erneut abgefragt.

7.2.2 Mobilfunk-Internet aktivieren/deaktivieren

Haben Sie keinen Mobilfunkvertrag mit Datenflatrate, dann sollten Sie das Mobilfunk-Internet am Galaxy ausschalten.

 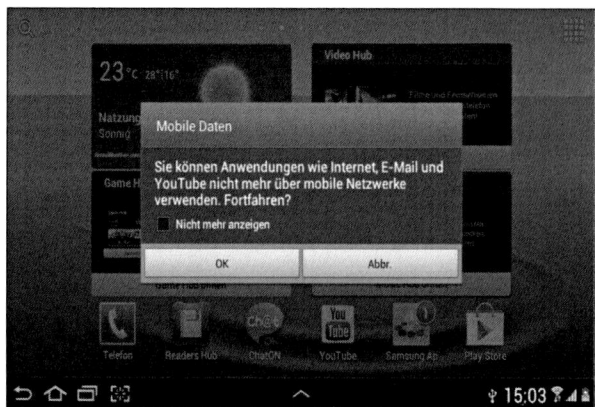

❶ Die Aktivität des Mobilfunk-Internets steuern Sie über das Benachrichtigungsfeld. Deaktivieren Sie dort *Mobile Daten,* um das Mobilfunk-Internet abzuschalten (auf dem gleichen Wege lässt sich Mobilfunk-Internet auch wieder aktivieren).

❷ Beantworten Sie die Sicherheitsabfrage mit *OK.*

> Das Mobilfunk-Internet lässt sich auch in den *Einstellungen* unter *Mehr/Mobile Netzwerke/Paketdaten* steuern.

7.3 Datenverbrauch ermitteln

In der Praxis kommt es häufiger vor, dass man wissen muss, welche Datenmenge bereits übertragen wurde, beispielsweise bei einer auf 500 MB beschränkten Internetflatrate. Für solche Fälle bringt das Galaxy eine umfangreiche Statistik mit.

 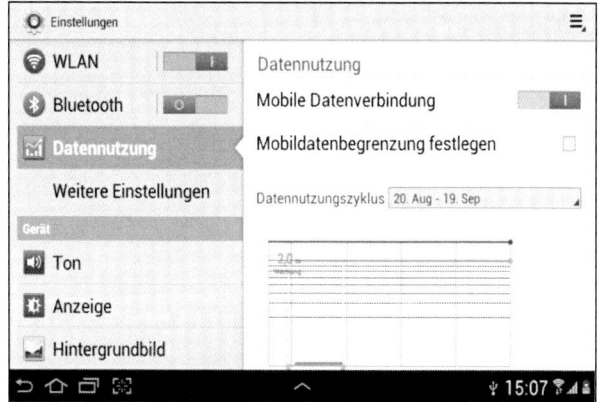

❶ Öffnen Sie das Benachrichtigungsfeld und betätigen Sie auf *Einstellungen.*

❷ Rufen Sie *Datennutzung* auf. Die Bedeutung der Schaltleisten:

- *Mobile Datenverbindung*: Aktiviert/Deaktiviert die Mobilfunk-Internetverbindung (siehe auch Kapitel *7.2.2 Mobilfunk-Internet aktivieren/deaktivieren.*

- *Mobildatenbegrenzung festlegen*: Setzt ein Datenmengenlimit, welches das Galaxy nicht überschreiten kann.

- *Datennutzungszyklus*: Zeitraum, über den die Statistik erstellt wird.

Zusätzlich zeigt das Tablet eine Verbrauchsgrafik an.

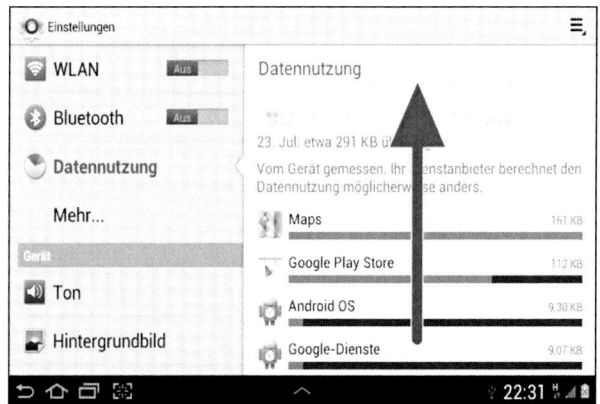

Unterhalb der Verbrauchsgrafik listet die Statistik diejenigen Anwendungen auf, welche Daten übertragen haben.

7.3.1 Datenverbrauchsanzeige in der Praxis

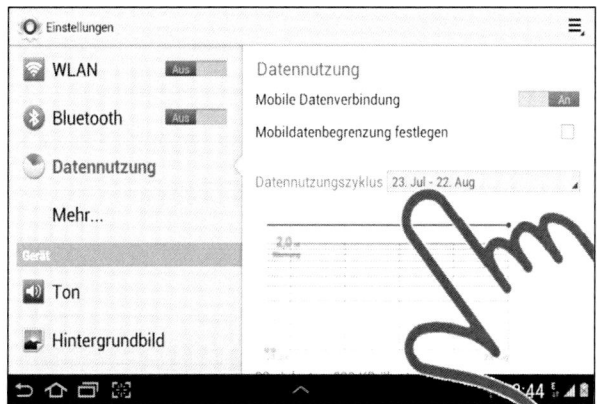 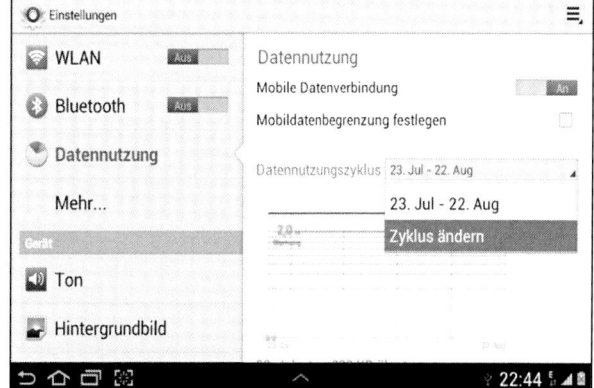

❶ Die meisten Mobilfunkverträge beinhalten ein monatliches Datenkontingent. Damit die Statistikfunktion der Datenverbrauchsanzeige für Sie Sinn macht, müssen Sie deshalb erst einmal den Statistikzeitraum auf eine monatliche Anzeige umstellen. Dazu tippen Sie die Datumsanzeige an.

❷ Wählen Sie *Zyklus ändern* aus.

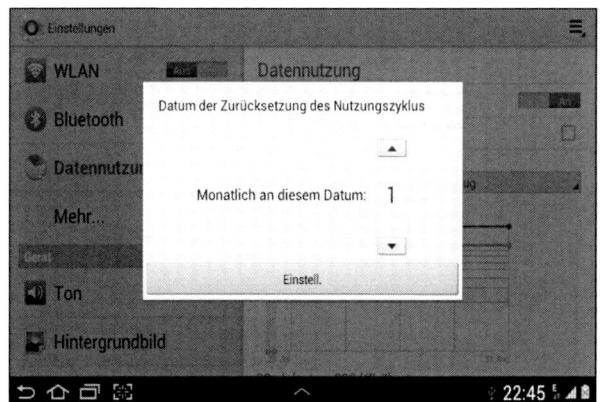

Stellen Sie das Datum auf *1* (kontrollieren Sie gegebenenfalls Ihren Mobilfunkvertrag, zu welchem Monatstag die Datenvolumensmessung zurückgesetzt wird und stellen Sie den entsprechenden Tag hier ein) und betätigen Sie *Einstell*.

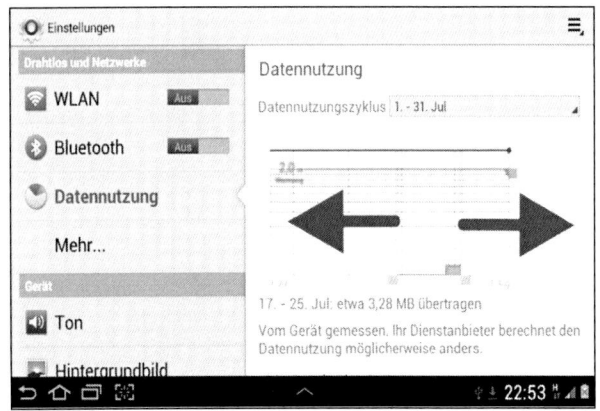

In der Grafik zeigt das Galaxy den Datenverbrauch des aktuellen Monats als Balken an. Verschieben Sie jeweils die beiden Begrenzungen, um den Datumsbereich einzugrenzen, wobei Sie unten sofort die im Zeitraum verbrauchte Datenmenge, im Beispiel 3,28 MB, sehen.

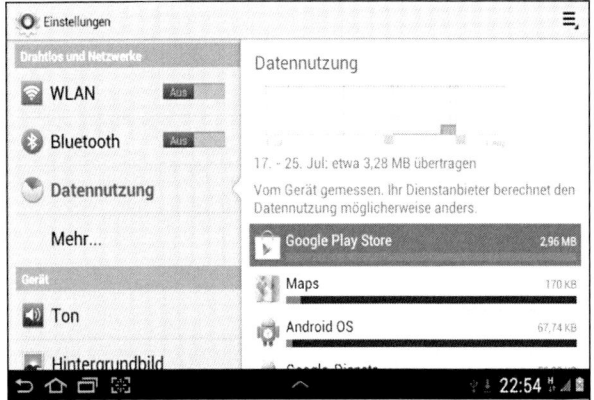
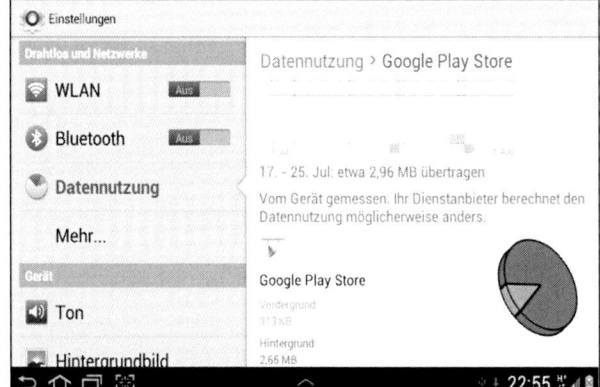

❶❷ Die Auflistung unterhalb der Grafik zeigt alle Programme an, die im eingestellten Zeitraum Daten übertragen haben. Wählen Sie davon eines für eine Einzelstatistik aus. Die ⮌-Taste bringt Sie wieder in den Hauptbildschirm zurück.

7.3.2 Datenlimit festlegen

Sofern Ihr Mobilfunkvertrag nur eine Internetflatrate mit einem bestimmten Übertragungsvolumen beinhaltet, können Sie auf dem Galaxy ein Datenlimit einstellen. Nach Erreichen des Datenlimits wird dann automatisch die Mobilfunk-Internetverbindung deaktiviert.

> Beachten Sie, dass die weitaus meisten Mobilfunkverträge mit Internetflatrate inzwischen unlimitiert sind, das heißt, überschreitet der Nutzer das vereinbarte monatliche Volumen, so wird die Übertragungsrate gedrosselt. Weitere Nachteile entstehen dabei nicht. Es macht also meistens keinen Sinn, ein Datenlimit festzulegen.
>
> Die WLAN-Nutzung ist natürlich nicht vom Datenlimit betroffen.

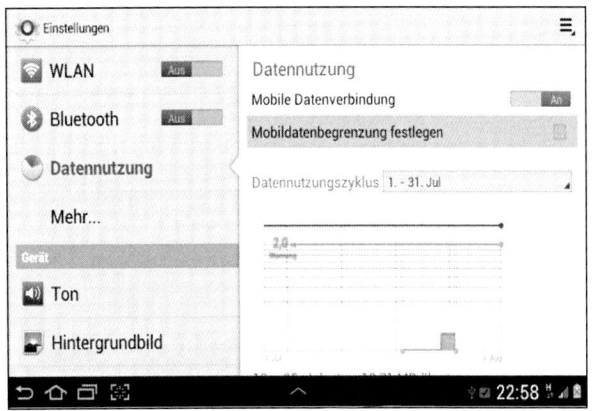
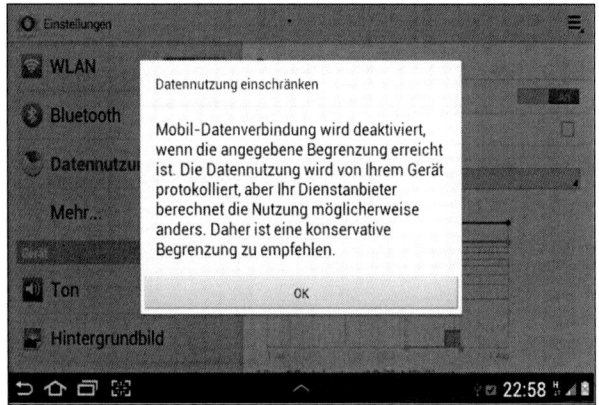

❶ Gehen Sie auf *Mobildatenbegrenzung festlegen.*

❷ Bestätigen Sie die Warnmeldung mit *OK*.

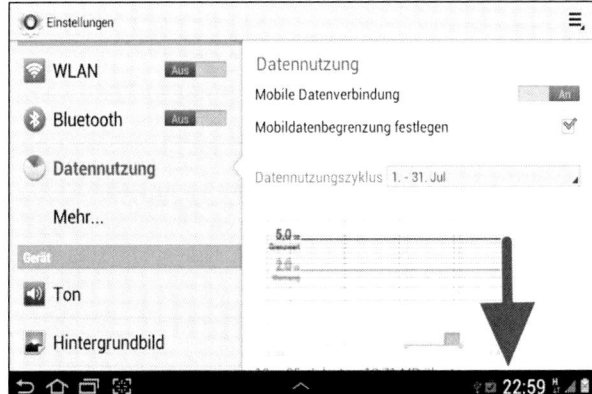 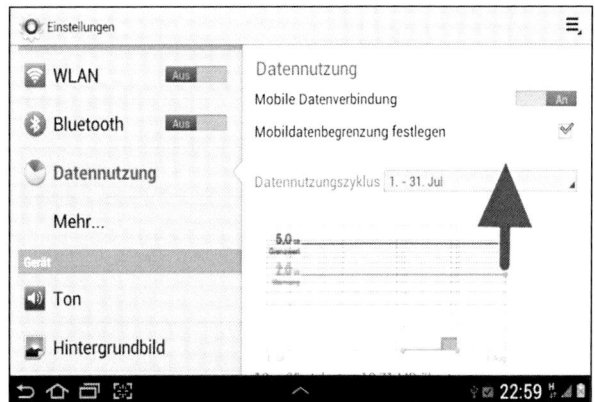

❶ In der Grafik erscheint nun ein roter Balken mit 5 Gigabyte Limit. Ziehen Sie ihn mit dem angedrückten Finger nach oben oder unten (an der rechten Begrenzung), um das Datenlimit einzustellen.

❷ Damit das Galaxy bei Überschreiten des Datenlimits nicht unerwartet die Internetverbindung kappt, stellen Sie mit dem grünen Balken eine Vorwarnung (vorgegeben sind 2 GB) ein.

> Es ist auch möglich, einfach die Datenlimit-Balken anzutippen, worauf Sie das Datenlimit als Zahl eingeben.

Das Tablet alarmiert Sie nun bei Überschreiten des (Vorwarn-)Datenlimits mit einem Warnhinweis im Benachrichtigungsfeld und in der Titelleiste.

7.3.3 Weitere Funktionen

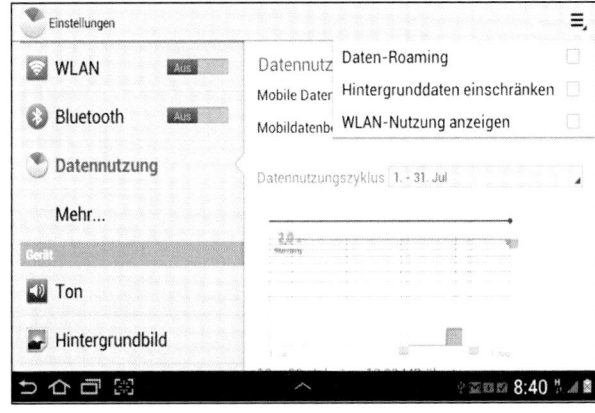 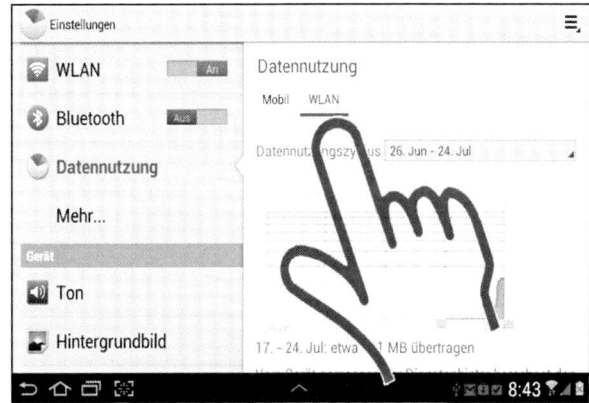

❶ Über das ☰-Menü können Sie einstellen:

- *Daten-Roaming*: Im Ausland nutzt das Tablet einen lokalen Netzbetreiber (»Roaming«), was erhebliche Kosten nach sich ziehen kann, da die Internetflatrate Ihres Netzbetreibers dort nicht gilt.

- *Hintergrunddaten einschränken*: Viele Anwendungen, darunter Google Play Store, das Telefonbuch und Google Mail, übertragen Daten im Hintergrund, also während Sie die Anwendungen gerade nicht nutzen. Aktivieren Sie *Hintergrunddaten einschränken*, so ist dies den Anwendungen nicht mehr möglich, was zu Nachteilen bei der Nutzbarkeit, beziehungsweise Aktualität der Daten führt. Datenübertragungen im Hintergrund bei bestehender WLAN-Verbindung sind davon nicht betroffen.

- *WLAN-Nutzung anzeigen*: Blendet ein zusätzliches Register im Bildschirm ein, in dem Sie die im WLAN übertragene Datenmenge kontrollieren können (❷).

7.4 Empfangsstärke Mobilfunk und WLAN

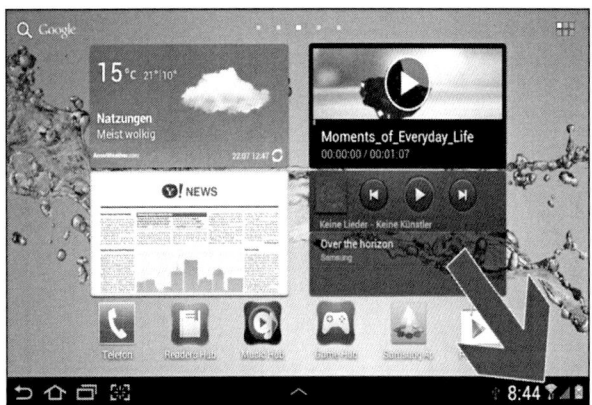

Für eine gute und unterbrechnungsfreie Datenübertragung über WLAN oder Mobilfunknetz ist eine hohe Signalstärke jeweils Voraussetzung.

Die Signalstärke erkennen Sie an den Symbolen 📶 (für WLAN) und ᴏᴵᴵ (für Mobilfunknetz) in der Titelleiste (Pfeil). Wenn ein oder mehrere der Balken fehlen, besteht kein optimaler Empfang, das heißt, Sie befinden sich zu weit vom WLAN-Zugangspunkt/Mobilfunkmast entfernt. Die Balkenangaben sind naturgemäß recht ungenau, was aber kein Beinbruch ist.

7.4.1 Open Signal Maps

Mit der kostenlosen Software *Open Signal Maps*, die Sie im Google Play Store (wie Sie Programme im Play Store suchen und installieren, erklärt Kapitel *27.1 Play Store*) finden, ermitteln Sie nicht nur die genaue Signalstärke von WLAN und Mobilfunkverbindung, sondern erfahren auch, wo die nächstgelegenen Mobilfunkmasten stehen.

Weil Sie in den Einstellungen des Galaxy Tab etwas ändern müssen, um Open Signal Maps optimal zu nutzen, eignet sich das Programm eher für erfahrene Anwender.

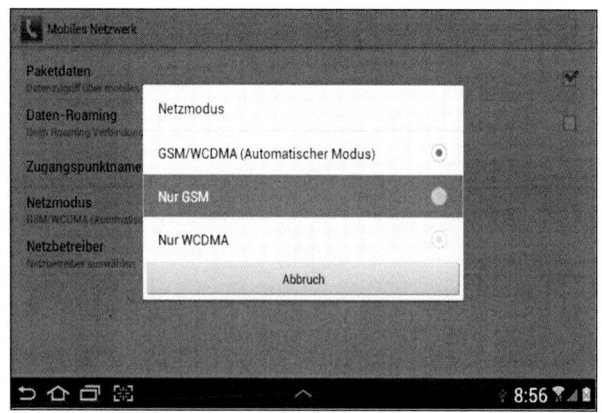

❶ Open Signal Maps wird beim ersten Start meckern, da es die Position der Mobilfunkmasten nur in einem GSM-Mobilnetz findet, nicht aber, wenn auf dem Tablet 3G aktiv ist.

❷ Aktivieren Sie deshalb das Benachrichtigungsfeld und gehen Sie dort auf *Einstellungen*. Rufen Sie in den Einstellungen dann *Mehr/Mobile Netzwerke/Netzmodus*. Stellen Sie *Nur GSM* ein.

Wichtig: Nach Gebrauch von Open Signal Maps, sollten Sie unbedingt den *Netzmodus* wieder auf *GSM/WDCMA (Automatischer Modus)* umstellen. Ansonsten nutzt Ihr Tablet nicht die optimale Internet-Übertragungsgeschwindigkeit des Mobilfunknetzes.

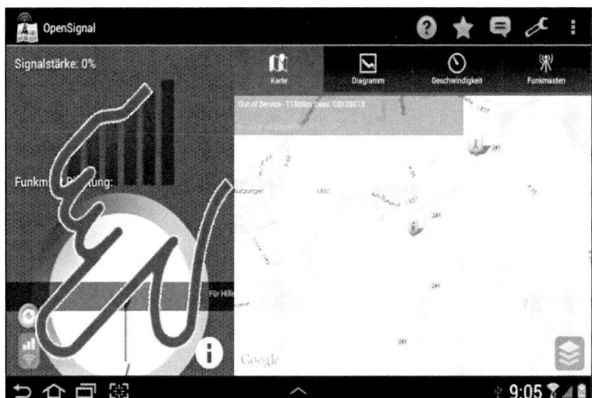 

❶❷ Open Signal Maps zeigt entweder die Empfangsstärke vom WLAN und vom Mobilnetzwerk an. Wechseln Sie im *Übersicht*-Register zwischen den Anzeigen über die Schaltleiste unten links (Pfeil). Wenn Sie im *Übersicht*-Register die Mobilfunkverbindungen aktiviert haben, dann zeichnet das Programm im *Karte*-Register die nächstgelegenen Mobilfunkmasten ein.

7.4.2 Wi-Fi Analyzer

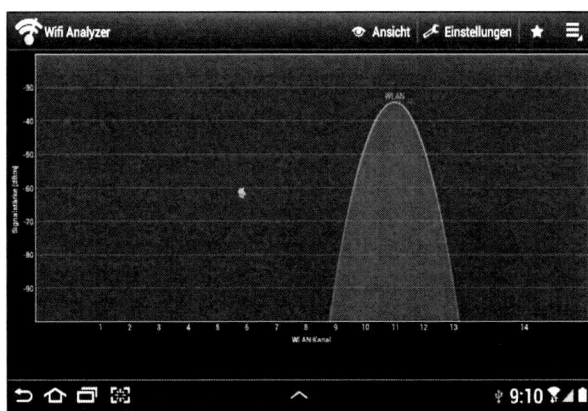 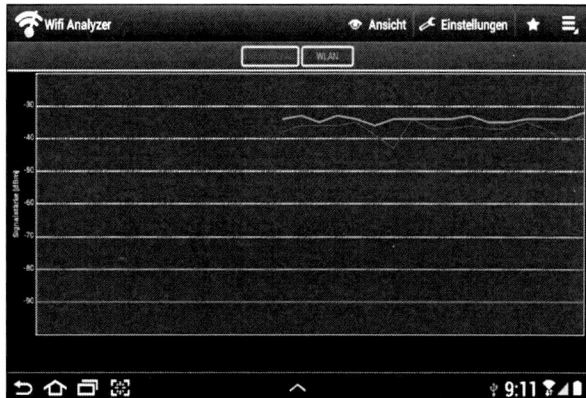

❶❷❸ Ebenfalls kostenlos ist der *Wifi Analyzer* aus dem Google Play Store, der neben der Signalstärkeanzeige viele Zusatzfunktionen mitbringt, die auch Profis begeistern dürften. Zwischen den Bildschirmen schalten Sie mit einer Wischgeste auf dem Display um.

8. Wireless LAN

Schon seit einigen Jahrzehnten bieten verschiedene Hersteller Produkte zur drahtlosen Koppelung von Netzwerken an. War das Einsatzgebiet zuvor auf professionelle Anwender wie Telekommunikationsunternehmen beschränkt, die aus der Portokasse einige zehntausend Euro auf den Tisch legten, um noch teurere Erdleitungen zu vermeiden, so ist die Funkübertragung seit einiger Zeit auch für Privatanwender erschwinglich. Möglich gemacht haben dies die Einführung von weltweit gültigen Funkstandards wie IEEE 802.11b für WLAN (Wireless Local Area Network) und die behördliche Freigabe von Frequenzen im 2,4 Gigahertz-Bereich. Die verschiedenen Standards zur Computervernetzung bezeichnet man auch als »Wireless Fidelity« oder kurz »Wifi«. WLAN wird im Privatbereich meist ausschließlich dazu genutzt, um PCs, Notebooks, Handhelds, usw. ans Internet anzuschließen. Dazu benötigt man nur einen sogenanannten WLAN-DSL-Router, wie er heute schon für weniger als hundert Euro zu haben ist. Unterwegs kann kann man auch sogenannte WLAN-Hotspots nutzen, die man in zahlreichen Hotels, Flughäfen, Bars, usw. findet. In Städten finden Sie zudem häufig »offene« WLAN-Hotspots, bei denen absichtlich oder unabsichtlich Privatleute die Nutzung Ihres WLAN-Routers erlauben. Kommerzielle WLAN-Hotspots sind dagegen häufig nur nach Bezahlung nutzbar. Dazu verwenden die Hotspots eine Verschlüsselung, für die man ein Passwort eingeben muss.

8.1 WLAN-Verbindung aufbauen

In den meisten Haushalten und Büros ist heutzutage bereits ein WLAN anzutreffen, denn heute bekommt man mit der Einrichtung des DSL-Anschlusses auch gleich einen sogenannten WLAN-Router »hinterher geworfen«. Für den WLAN-Zugriff sind im Handel PCI-Karten für den Einbau in den PC, sowie USB-Adapter verfügbar. Aktuelle Notebooks und viele Handys und Tablets wie das Galaxy Tab sind schon von Haus aus mit einem WLAN-Modul ausgestattet.

Wenn Sie das erste Mal WLAN nutzen, müssen Sie erst das WLAN-Modul am Galaxy einschalten und dann eine Verbindung zum WLAN-Router aufbauen, was in diesem Kapitel beschrieben wird.

> Beachten Sie auch Kapitel *7.2 Umschaltung WLAN und Mobilfunk-Internet*, in dem erläutert wird, wie Sie zwischen WLAN- und Mobilfunk-Internet umschalten.

 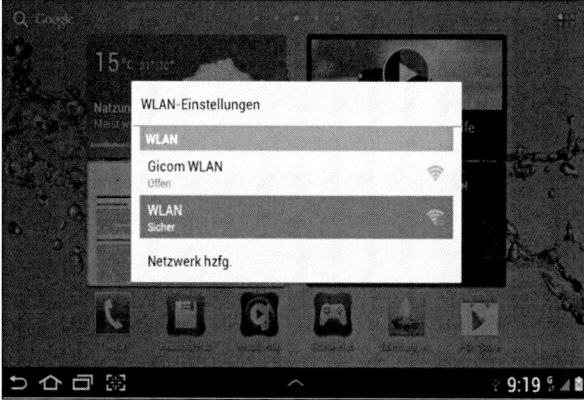

❶ Nach Aktivierung des Benachrichtigungsfelds tippen Sie den *WLAN*-Schalter an (Pfeil).

❷ Wählen Sie einen der gefundenen WLAN-Zugangspunkte aus.

 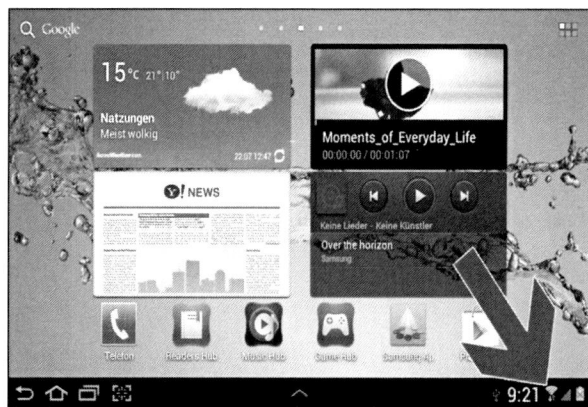

❶ Sofern das WLAN verschlüsselt ist, fragt Sie das Galaxy nach dem Passwort, das Sie eventuell vom WLAN-Betreiber erfragen müssen. Betätigen Sie dann *Speichern*.

❷ Nach einigen Sekunden erscheint das 📶-Symbol in der Titelleiste (Pfeil). Sie können nun Internet über WLAN nutzen.

8.1.1 WLAN-Zugangspunkte verwalten

Im *WLAN*-Menü wechseln Sie zwischen den genutzten WLAN-Zugangspunkten und stellen Netzbenachrichtigungen ein.

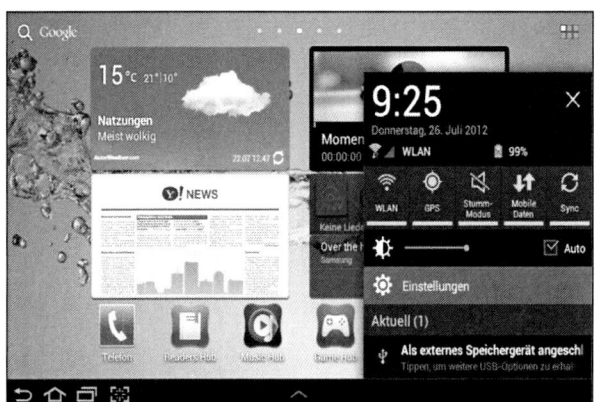 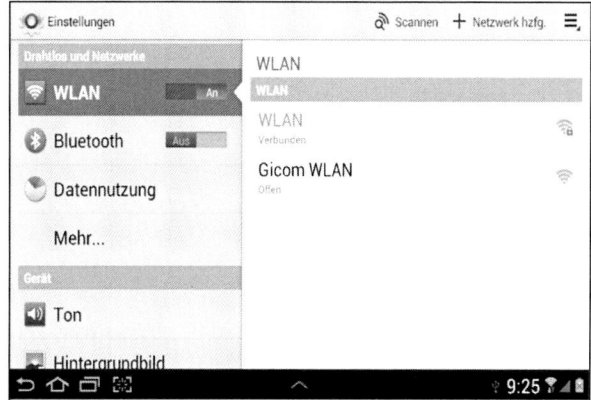

❶ Rufen Sie die *Einstellungen* auf, beispielsweise aus dem Benachrichtigungsfeld.

❷ Gehen Sie ins *WLAN*-Menü, sofern Sie nicht dort automatisch gelandet sind. Falls Sie einen anderen Zugangspunkt verwenden möchten, tippen Sie ihn einfach an, worauf sich das Tablet damit verbindet.

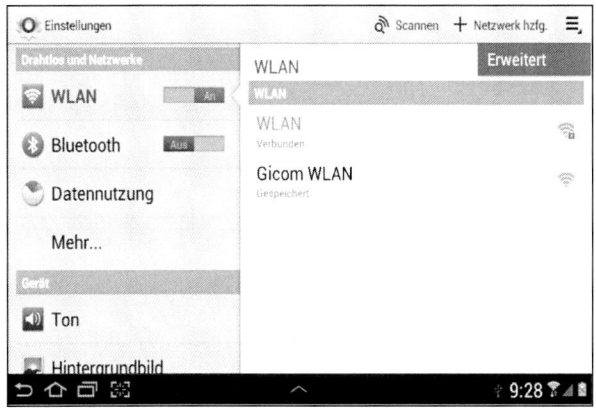 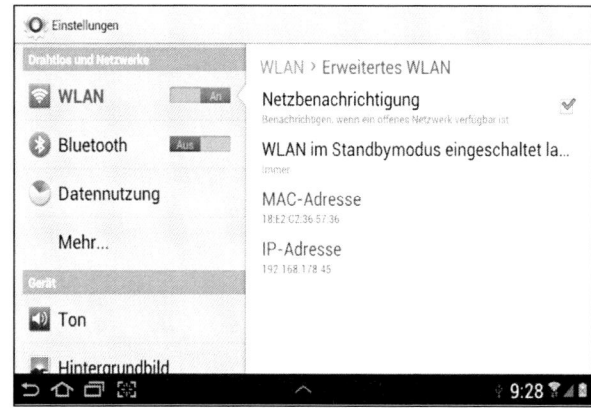

❶❷ ☰/*Erweitert* konfiguriert:

- *Netzbenachrichtigung*: Sofern das Tablet in keinem WLAN eingebucht ist und ein neues

WLAN »entdeckt«, erscheint ein Dialog, über den Sie sich beim WLAN anmelden (im Prinzip der gleiche Vorgang wie bei der ersten WLAN-Aktivierung, siehe Kapitel *8.1 WLAN-Verbindung aufbauen*).

- *WLAN im Standbymodus eingeschaltet lassen*: Eine Reihe von Programmen auf dem Galaxy nutzen im Standbymodus (wenn das Display ausgeschaltet ist), die Internetverbindung. Beispielsweise werden E-Mails automatisch abgerufen. Deaktivieren Sie *WLAN im Standbymodus eingeschaltet lassen,* so erfolgt der Datenabruf stattdessen über das Mobilfunk-Internet. Sie sollten deshalb diese Option nicht deaktivieren.

8.1.2 WLAN-Sicherheit

Sicherlich haben Sie schon einmal in der Presse von den Gefahren gelesen, die ungeschützte WLANs haben, denn häufig geht die Reichweite des Funknetzes bis auf die Straße oder in Nachbargebäude. Gefährlich sind dabei weniger Hobbyisten, die einfach nur mal kostenlos im Internet surfen wollen, als vielmehr Hacker, die Chaos anrichten oder sogar Industriespionage durchführen. Da meist über das WLAN nicht nur der Internetzugang läuft, sondern häufig auch der Zugriff auf im freigegebene Verzeichnisse und Computer möglich ist, sollten Sie nach der erfolgreichen Einrichtung Ihres WLAN-Routers daran gehen, das Funknetz nach außen abzudichten. Dies können Sie meist auf einer Weboberfläche Ihres Routers durchführen.

- *Router-Kennwort*: Viele WLAN-Router werden mit Standard-Logins ausgeliefert, die Sie auf jeden Fall ändern sollten. Andernfalls können Hacker sich selbst als Nutzer freischalten.

- *Freigegebene Nutzer*: Alle WLAN-Nutzer (und auch Netzwerk-Nutzer allgemein), sind mit einer weltweit einmaligen, sogenannten MAC-Adresse versehen. Im Router können Sie festlegen, dass nur Zugriffe von Geräten erlaubt sind, die Sie selbst explizit in einer Liste freigeben. Leider ist das Führen den Liste gerade bei häufig wechselnden Nutzern recht unbequem.

- *Router-Identifizierung unterdrücken*: Jeder Router identifziert sich über die SSID (Service Set Identifier) gegenüber den Netzwerknutzern. Wenn Sie die SSID vom Router mit der Option »SSID unsichtbar«, unterdrücken lassen, muss der Kommunikationspartner die SSID schon kennen, bevor er eine Verbindung aufbauen kann.

- *Verschlüsselte Verbindung:* Vor dem Verbindungsaufbau muss der Kommunikationspartner ein vorgegebenes Passwort übermitteln.

8.1.3 WLAN unterwegs sicher einsetzen

In vielen Fällen stehen an Orten mit großem Publikumsverkehr (Hotels, Kongresshallen, Bars, Flughäfen, usw.) WLANs die teilweise sogar unverschlüsselt sind und daher ohne vorherige Kennworteingabe nutzbar sind. Datendiebe machen sich diesen Umstand zu nutze, denn unverschlüsselte WLAN-Verbindungen lassen sich mit geringem technischen Aufwand abhören, um Logins und Passwörter der vom arglosen Anwender genutzten Onlinedienste abzufangen. Andererseits können Hacker selbst ein WLAN aufspannen, was ebenfalls Abhörmöglichkeiten eröffnet. Sofern verschlüsselte Verbindungen (SSL) wie sie zum Beispiel beim Online-Banking inzwischen üblich sind, genutzt werden, ist man natürlich recht sicher. Auch der E-Mail-Abruf lässt sich absichern, was aber wohl nur für Profianwender praktikabel ist. Wir raten deshalb generell von der Nutzung unbekannter WLANs ab. Fragen Sie beispielsweise in einem Hotel an der Rezeption, nach, welche verschlüsselte WLANs das Hotel anbietet und nutzen Sie nur diese. Übrigens sagt der Name eines WLANs noch nichts über dessen Authentizität aus, denn jeder WLAN-Betreiber hat die Möglichkeit, sein WLAN einen seriös klingenden Namen wie »Telekom WLAN« zu geben.

Wenn Sie richtig sicher gehen möchten, dass Niemand Ihre Internetverbindung ausspäht, sollten Sie ein VPN einsetzen, das Kapitel *29.9 VPN-Verbindungen auf dem Galaxy Tab* erläutert.

9. Google Maps

Google Maps zeigt nicht nur Straßenkarten, sondern auch Satellitenansichten an und dient als mobiles Navigationsgerät.

Beachten Sie, dass Google Maps die Kartenausschnitte jeweils aus dem Internet lädt und deshalb eine WLAN-Verbindung nötig ist.

Google Maps können Sie auch auf dem Desktop-PC im Webbrowser nutzen: Geben Sie dort *maps.google.de* als Webadresse ein.

9.1 Google Maps Update

Es steht bereits ein Update von Google Maps auf Version 6.9.0 (Stand: Juli 2012) zur Verfügung, das Sie installieren sollten. Die nachfolgenden Kapitel beziehen sich auf diese Version.

 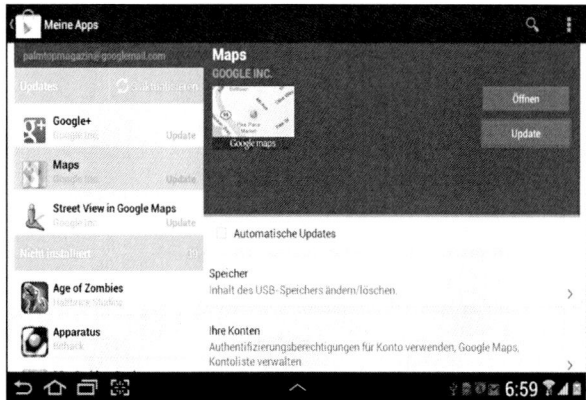

❶ Starten Sie den *Play Store* aus dem Hauptmenü. Danach gehen Sie auf ⬇ (Pfeil).

❷ Wählen Sie *Google Maps*, tippen Sie auf *Update* und dann auf *Akzeptieren und Herunterl*.

Der Play Store wird genauer im Kapitel *27.1 Play Store* beschrieben.

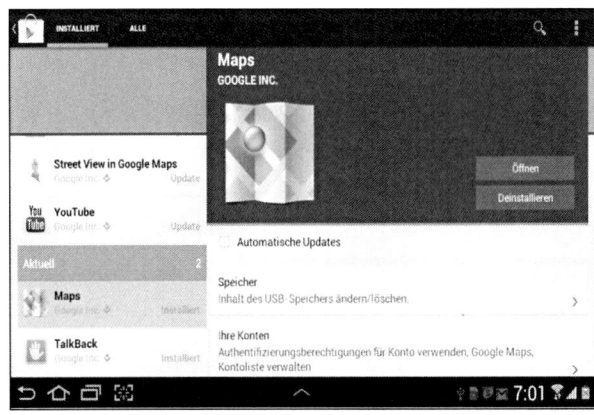

Warten Sie, bis das Google Maps-Update durchgeführt ist. Sie können die Play Store-Anwendung dann verlassen, beziehungsweise mit *Öffnen* Google Maps starten.

9.2 Google Maps nutzen

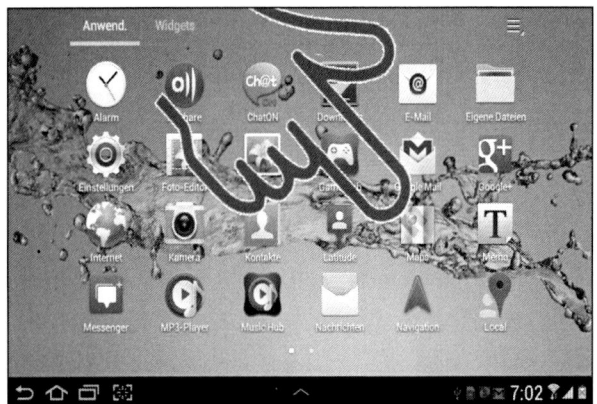

Sie starten das Programm unter *Maps* im Hauptmenü.

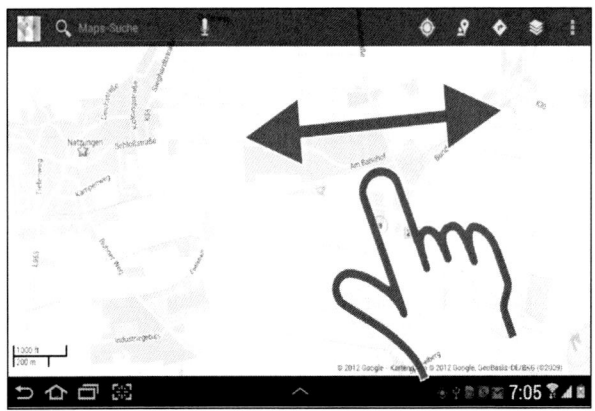 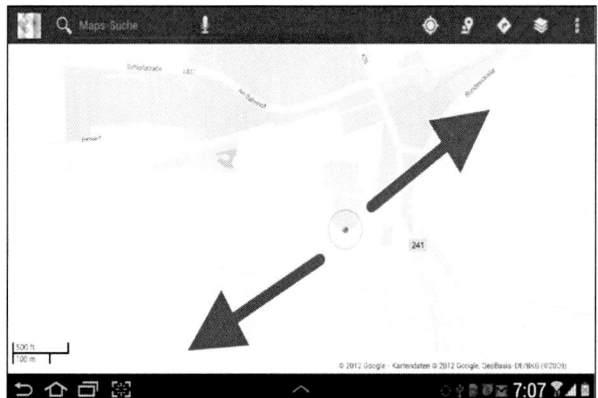

❶ Mit angedrücktem Finger bewegen Sie den angezeigten Kartenausschnitt, der dann aus dem Internet nachgeladen wird.

❷ Zum Vergrößern/Verkleinern des Kartenausschnitts verwenden Sie die »Kneifen«-Geste, bei der Sie den auf dem Display angedrückten Daumen und Zeigefinger nach außen oder innen ziehen. Auch schnelles zweimaliges Antippen einer Kartenstelle vergrößert die Ansicht.

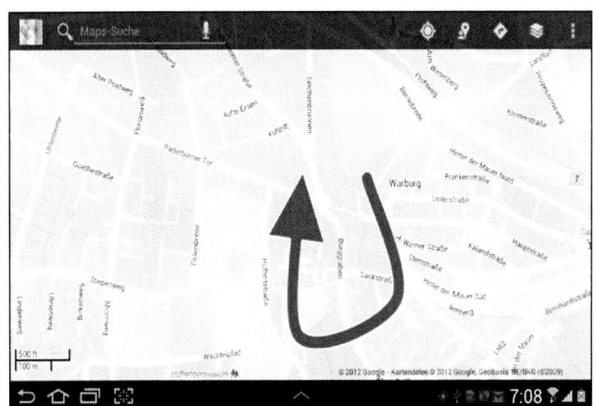 

❶ Bei Google Maps ist Norden immer oben. Fußgänger dürften deshalb die Drehfunktion begrüßen: Tippen Sie mit zwei Fingern, zum Beispiel Daumen und Zeigefinger, auf das Display und drehen Sie beide Finger dann um sich selbst. Der Kartenausschnitt dreht sich mit. Als Fußgänger richten Sie so den Kartenausschnitt genau in Gehrichtung aus.

❷ Eine Kompassnadel oben links zeigt nun die Nord/Süd-Achse an. Tippen Sie darauf, richtet sich der Kartenausschnitt wieder nach Norden aus.

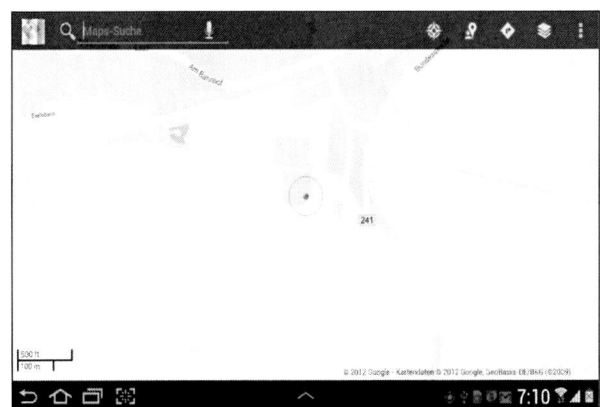 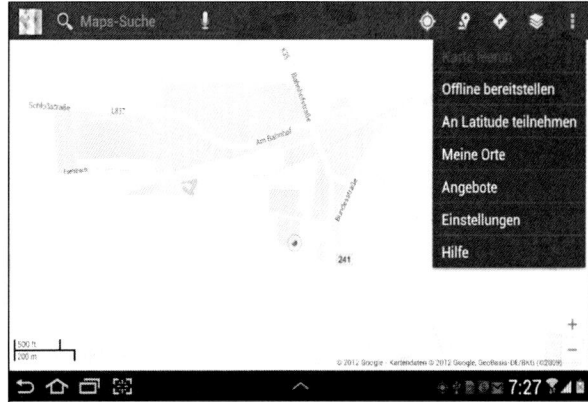

❶ Die Bedienelemente:

- ⌕ (Suche): Nach Orten, Firmen, Adressen oder Sehenswürdigkeiten suchen.

- ◉ (»Mein Standort«, oben rechts im Bildschirm): Zeigt Ihre vom GPS-Empfänger ermittelte Position auf der Karte an. Dazu muss allerdings der GPS-Empfang (siehe nächstes Kapitel) aktiviert sein.

- ⚑ (Local): Sucht nach sogenannten Points of Interest (POI), zum Beispiel Restaurants, Attraktionen, Tankstellen, Hotels, Geldautomaten, usw. Siehe Kapitel *9.10 Google Local*.

- ◆ (Route): Plant eine Route und gibt Ihnen eine Wegbeschreibung.

- ≋ (Ebenen): Schaltet zwischen verschiedenen Overlays (»Überlagerungen«) darunter Landkarten- und Satellitenansicht um.

❷ Die ⋮-Menüfunktionen:

- *Karte leeren*: Entfernt mit *Suchen* eingeblendete Points of Interest.

- *Offline bereitstellen*: Google Maps lädt Karten standardmäßig immer aus dem Internet. Verwenden Sie dagegen *Offline bereitstellen*, um Kartendaten für einen bestimmten Bereich lokal auf dem Gerät zu speichern.

- *An Latitude teilnehmen*: Über Google Latitude kann man anderen über Google Maps die eigene Position mitteilen. Siehe Kapitel *9.12 Google Latitude.*

- *Meine Orte*: Sie können Markierungen auf der Karte erstellen, die Google Maps für Sie für die spätere Anzeige speichert.

- *Angebote*: Blendet Freizeitangebote aus der jeweiligen Region in der Karte ein.

- *Einstellungen/Display*: Zusätzliche Bedienelemente, beziehungsweise Informationen einblenden, worauf wir gleich noch eingehen.

- *Einstellungen/Cache:* Da man meist die gleichen Kartenausschnitte nutzt, speichert Google Maps die heruntergeladenen Kartendaten in einem Cache lokal auf dem Gerät zwischen. Später braucht dann das Programm die Daten nicht erneut aus dem Internet laden. Unter *Automatisches Caching* können Sie den Cache löschen.

- *Einstellungen/Konto wechseln*: Google Maps speichert für Sie unter anderem Markierungen, usw. Wählen Sie über *Konto wechseln* aus, welches Google-Konto dafür verwendet werden soll.

- *Einstellungen/Google Labs*: Hier finden Sie Zusatzfunktionen, die Google testweise zur Verfügung stellt.

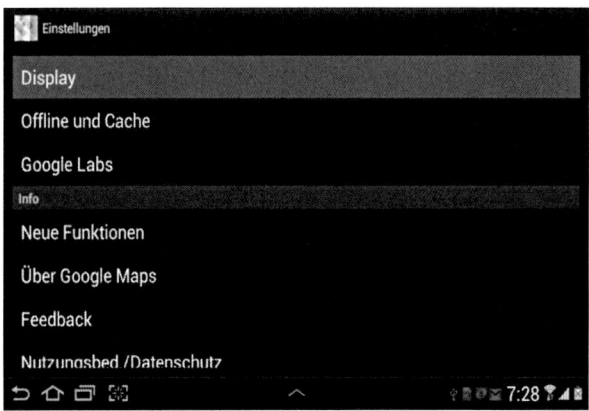 

❶❷ ⋮/*Einstellungen/Display* konfiguriert:

- *Zoom-Schaltflächen*: Im Kartenbildschirm werden Schaltleisten eingeblendet, über die Sie den Zoom-Faktor einstellen können.

- *Maßstabsleiste*: Informiert über die gerade verwendete Kartenskalierung.

- *Infofeld-Aktion*: Blendet in den Popups zu den Points of Interest eine Schaltfläche für eine weitere Aktion ein.

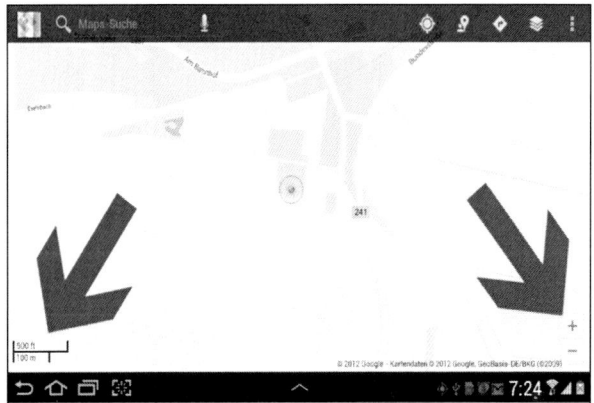

Der Maps-Kartenbildschirm mit eingeblendeter Maßstabsleiste und den Zoom-Schaltflächen (Pfeile).

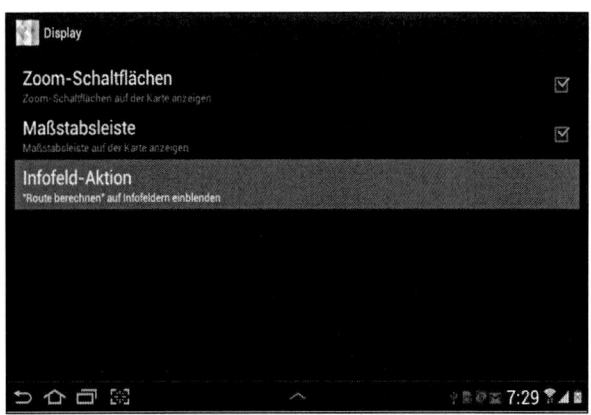 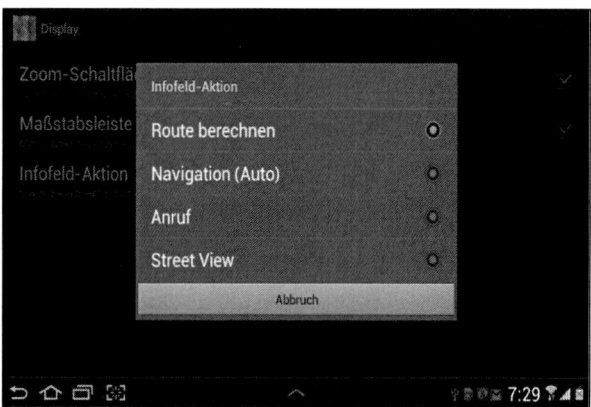

❶❷ Unter *Infofeld-Aktion* stehen *Route berechnen, Navigation (Auto)*, *Anruf* und *Street View* zur Auswahl.

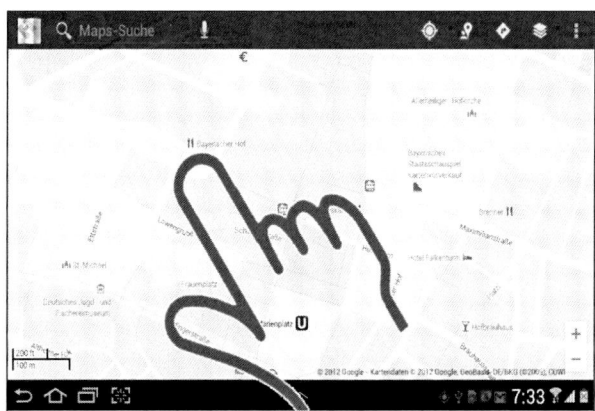 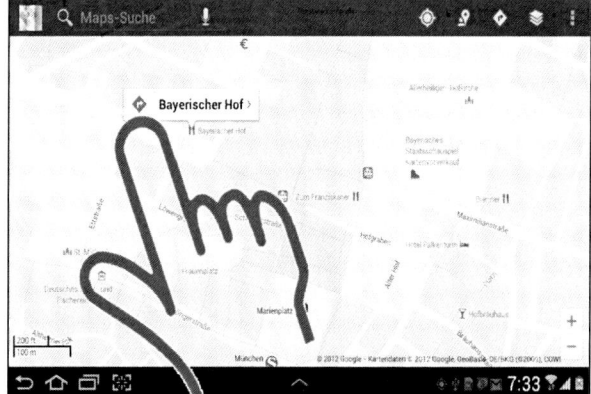

❶❷ Die eingestellte Aktion ist dann im Popup verfügbar, welches nach Antippen eines Point of Interest in der Karte erscheint (Pfeil).

9.3 GPS-Empfang aktivieren

Viele Funktionen von Google Maps sind nur mit GPS sinnvoll nutzbar. Starten Sie Google Maps, ohne dass der GPS-Empfang aktiv ist, so erscheint eventuell ein Hinweisdialog, worin Sie auf *Einstell* gehen und dann mit folgenden *Standortdienste*-Bildschirm alle Abhakkästchen aktivieren.

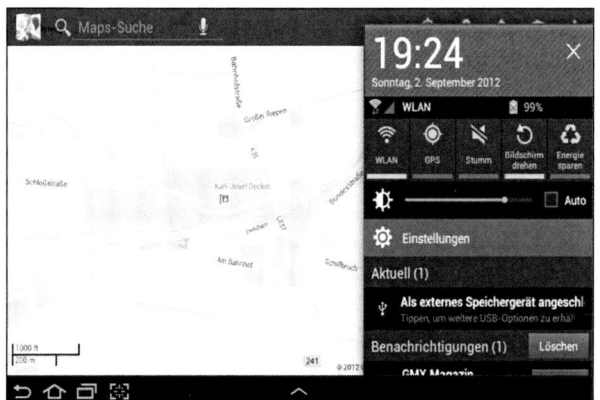 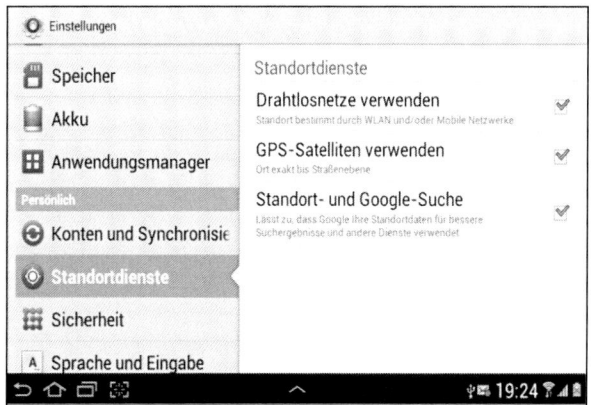

❶❷ Ansonsten aktivieren Sie, das Benachrichtigungsfeld, gehen dort auf *Einstellungen* und aktivieren das *Standortdienste*-Register, worin Sie alle drei Abhakkästchen aktivieren. Anschließend verlassen Sie den Bildschirm wieder mit der ⤺-Taste.

Der GPS-Empfänger verbraucht relativ viel Strom, weshalb Sie ihn bei längerer Nichtnutzung deaktivieren sollten. Beachten Sie auch Kapitel *29.5 GPS auf dem Galaxy Tab nutzen*.

9.4 Eigene Position

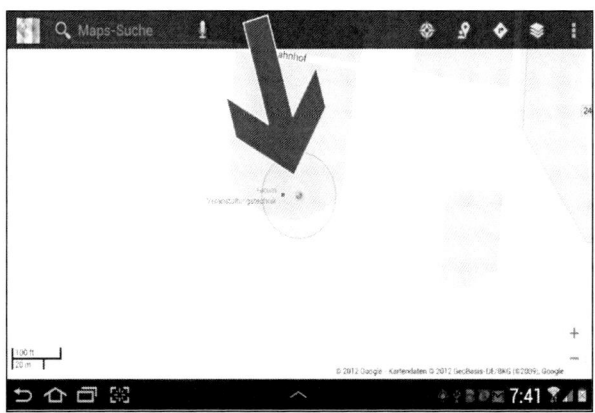 

❶ Ein blauer Punkt (Pfeil) zeigt auf der Karte Ihre aktuelle Position an. Natürlich lässt sich die Position bei schlechtem GPS-Empfang häufig nicht sehr genau ermitteln, weshalb ein Kreis um den blauen Pfeil auf die Ungenauigkeit hinweist.

❷ Antippen des blauen Pfeils (Ihrer Position) informiert über die GPS-Genauigkeit.

9.5 Kartenausschnitt offline speichern

Google Maps hat gegenüber normalen Navis den Vorteil, immer tagesaktuelle Karten bereitzustellen, welche aus dem Internet nachgeladen werden. Problematisch wird es nur, wenn man das Tablet unterwegs nutzt, da beispielsweise Funklöcher im Mobilfunknetz oder langsame Internetverbindungen die Kartenaktualisierung verhindern. Deshalb unterstützt Google Maps die lokale Speicherung der Kartendaten auf dem Gerät.

 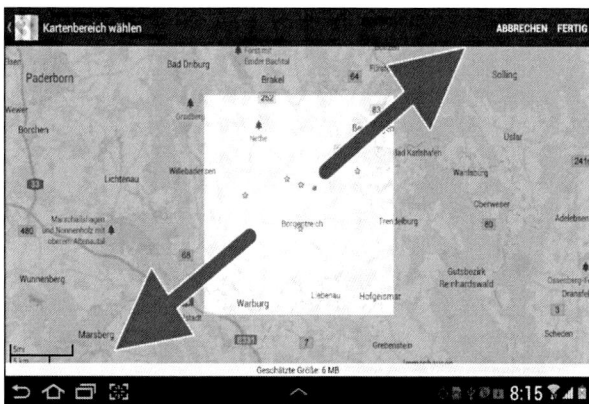

❶ Gehen Sie auf ⋮/*Offline bereitstellen*

❷ Die Größe des lokal gespeicherten Kartenausschnitts stellen Sie ein, indem Sie den Kartenausschnitt vergrößern, beziehungsweise verkleinern (mit zwei Fingern auf das Display halten und dann beide auseinander-/zusammenziehen). Am unteren Bildschirmrand erfahren Sie, wieviel Speicherplatz der Kartenausschnitt benötigt. Maximal darf er ca. 100 MB belegen, was ein Kartenausschnitt von ca. 40 x 40 Kilometer bedeutet. Betätigen Sie dann *FERTIG*.

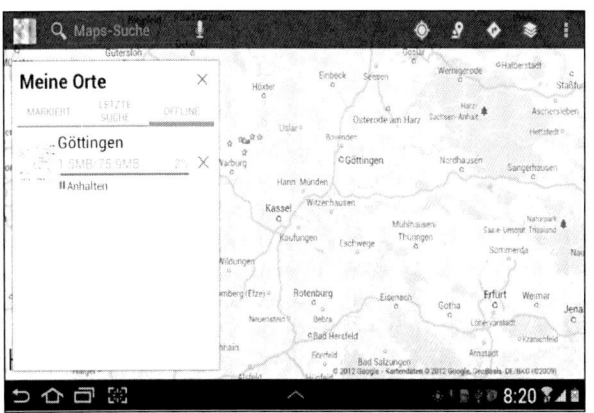 

❶ Die Kartendaten werden geladen, was einige Zeit in Anspruch nimmt. Falls nötig, speichern Sie weitere Kartenausschnitte anderer Regionen, indem Sie erneut auf ⋮/*Offline bereitstellen* gehen und den Vorgang wiederholen.

❷ Schließen Sie den *Meine Orte*-Dialog ruhig, während noch die Kartendaten geladen werden. Das Laden erfolgt dann im Hintergrund.

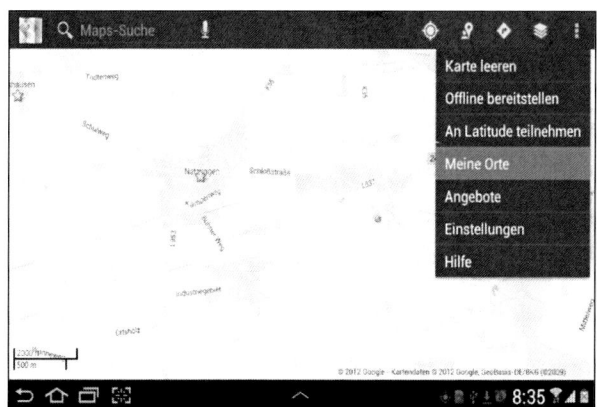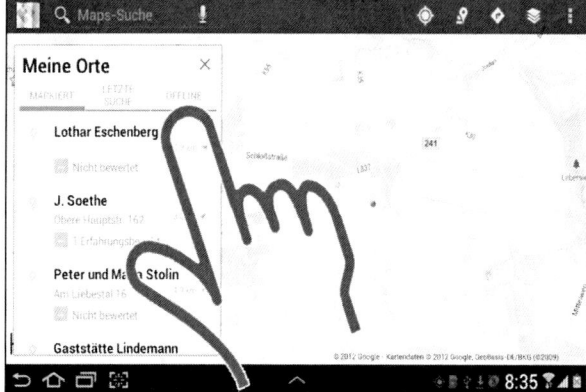

❶❷ In die Kartendaten-Verwaltung gelangen Sie über ⁝/*Meine Orte*. Aktivieren Sie das *OFF-LINE*-Register.

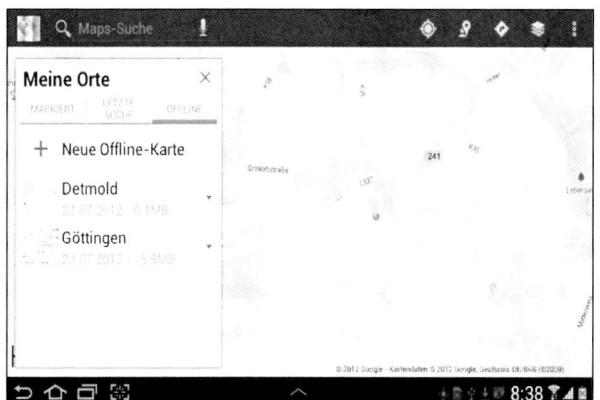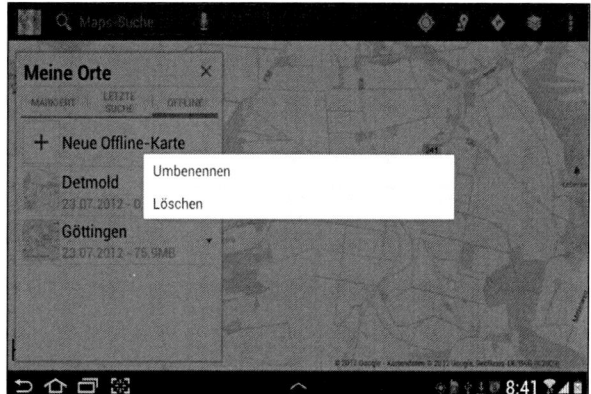

❶ Betätigen Sie *Neue Offline-Karte* für die Speicherung von weiteren Kartenausschnitten. Antippen von ▼ hinter einem Kartenausschnitt ermöglicht es, ihn umzubenennen oder zu löschen (❷).

> Leider ist es in Google Maps auch weiterhin nicht möglich, offline (ohne Internetverbindung) Routen zu berechnen oder zu navigieren.

9.6 Suche

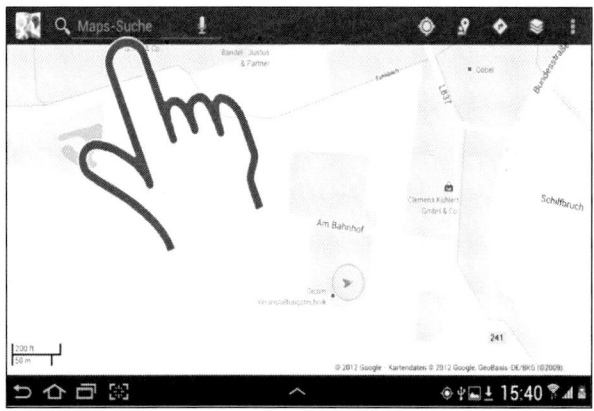

❶ Gehen Sie ⏦-Eingabefeld (Pfeil), um Adressen oder Sehenswürdigkeiten (Points of Interest) aufzufinden.

❷ Geben Sie eine Adresse ein und bestätigen Sie mit ⏦ im Tastenfeld. Eventuell macht das Programm hier schon Vorschläge.

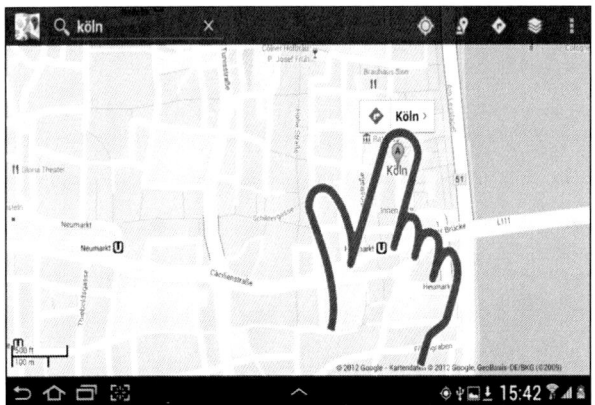 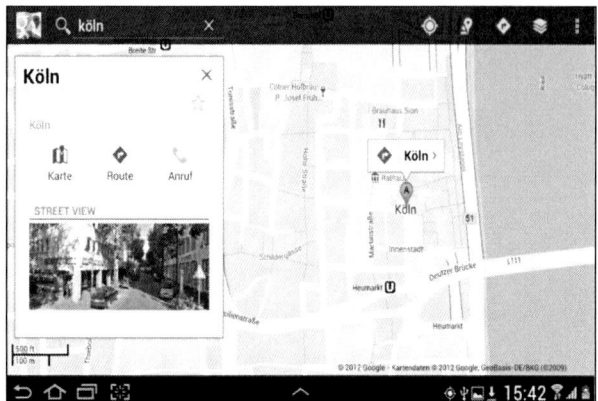

❶ Google Maps zeigt die Adresse mit einer Markierung in der Karte an und öffnet nach dessen Antippen einen Dialog.

❷ Die Schaltleisten am oberen Bildschirmrand:

- *Karte*: Zeigt den gefundenen Ort in der Karte an.

- *Route*: Führt eine Routenberechnung durch. Siehe dazu auch Kapitel *9.8 Routenplaner*.

- *Anruf*: Gefundene Firma oder Institution anrufen. Nicht bei allen Fundstellen möglich.

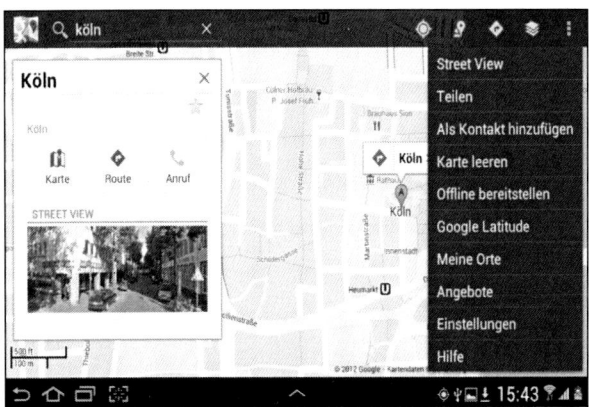

Das ⋮-Menü bietet weitere Optionen an:

- *Street View*: Sofern Google die Stadt/Region fotografisch erfasst hat, können Sie in einer 3D-ähnlichen Ansicht durch die Straßen wandern (siehe auch Kapitel *9.7 Google Street View*).

- *Teilen*: GPS-Position als Web-Link per Bluetooth oder E-Mail versenden.

- *Als Kontakt hinzufügen*: Gefundene Adresse in Kontaktverwaltung übernehmen.

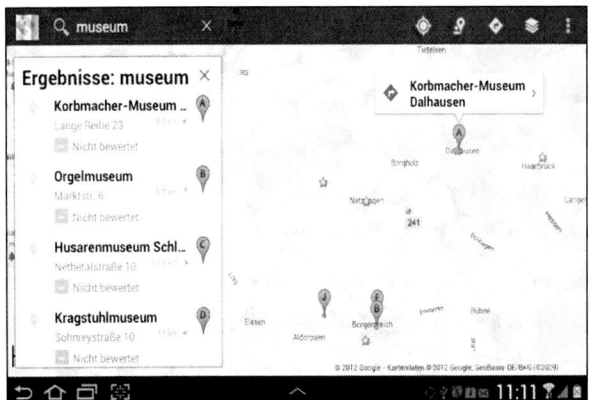 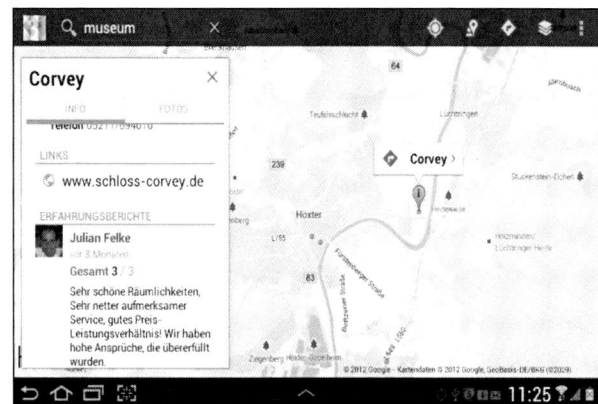

❶❷ Häufig findet Google Maps auch mehrere Orte oder Points of Interest, die dann alphabetisch durchnummeriert in der Karte angezeigt werden. Außerdem erscheint links eine Liste mit den gefundenen Points of Interest. Wenn Sie weitere Infos über einen Point of Interest haben möchten, tippen Sie ihn entweder in der Auflistung oder auf der Karte an. Zu vielen Points of Interests finden Sie Bewertungen aus Webportalen, in denen sich Besucher zu den jeweiligen Sehenswürdigkeiten, Hotels, Restaurants, usw. äußern.

Tipp 1: Geben Sie im Suchfeld auch die Postleitzahl ein, wenn zu vermuten ist, dass eine gesuchte Stadt mehrfach vorkommt.

Tipp 2: Möchten Sie beispielsweise wissen, welche Sehenswürdigkeiten es in einer bestimmten Region/Stadt gibt, dann wechseln Sie zuerst den entsprechenden Kartenausschnitt (Sie können auch die Stadt suchen) und geben dann im Suchfeld einen allgemeinen Begriff wie »Museum« ein.

Zum Löschen der Suchergebnisse in der Karte gehen Sie auf ⋮/*Karte leeren.*

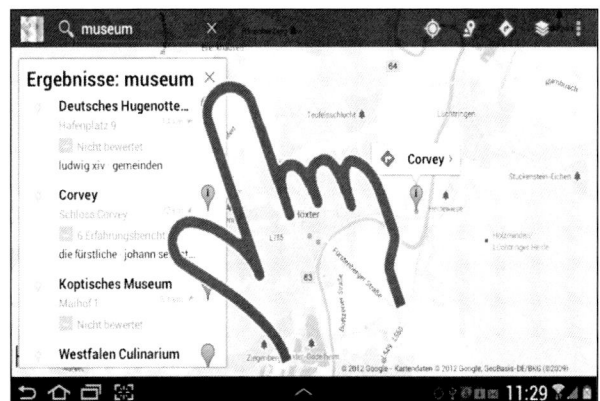 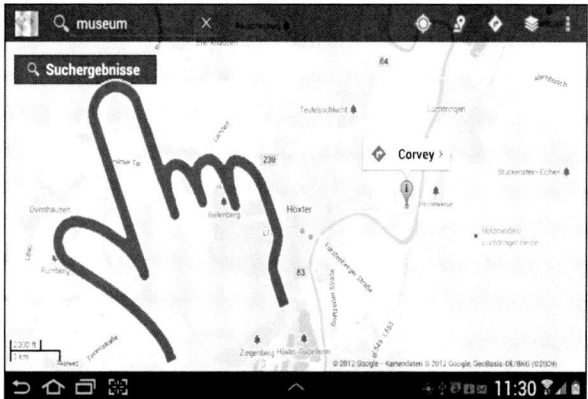

❶ Betätigen Sie ✕ (Pfeil), um die Auflistung auszublenden.

❷ Über *Suchergebnisse* (Pfeil) blenden Sie sie wieder ein.

9.7 Google Street View

Streetview zeigt den Straßenverlauf in einer 360-Grad-Panorama-Ansicht an. Die dazu verwendeten Fotos wurden von Google mit speziell ausgerüsteten Kamera-Autos erstellt, welche inzwischen 20 Großstädte durchfahren haben. Google hat inzwischen aus unternehmenspolitischen Gründen das Street View-Projekt in Deutschland eingestellt (Quelle: *de.wikipedia.org/wiki/⇨ Google_Street_View*), zeigt aber weiterhin die bereits vorhandenen Street View-Panoramabilder an.

9.7.1 Street View auf dem PC

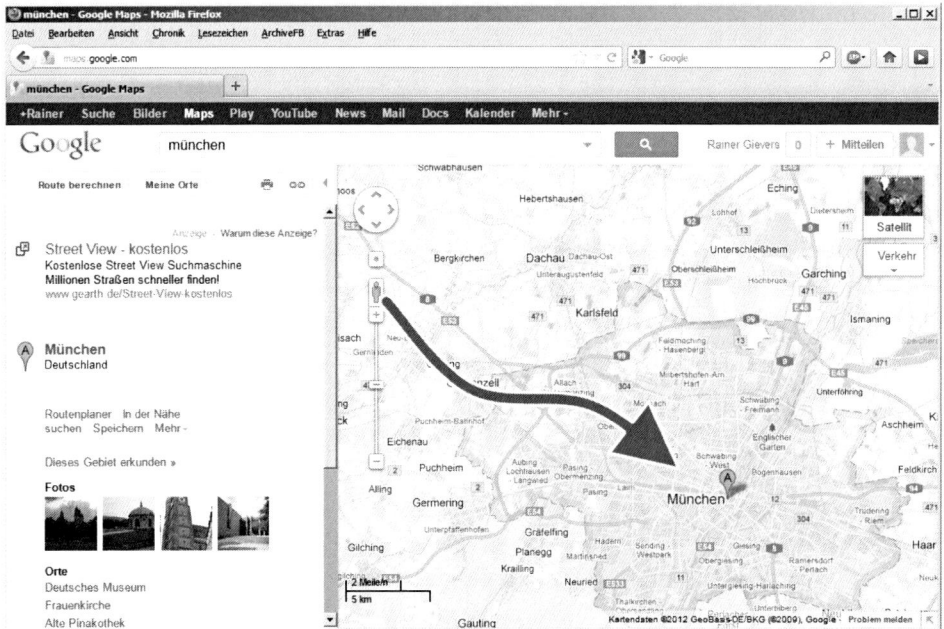

Street View können Sie auch auf dem PC nutzen: Geben Sie dort *maps.google.com* im Webbrowser ein und verschieben Sie mit der Maus den Kartenausschnitt auf eine Großstadt, im Beispiel *München*. Ziehen Sie dann mit gedrückter linker Maustaste den sogenannten »Peg Man« auf eine Kartenposition.

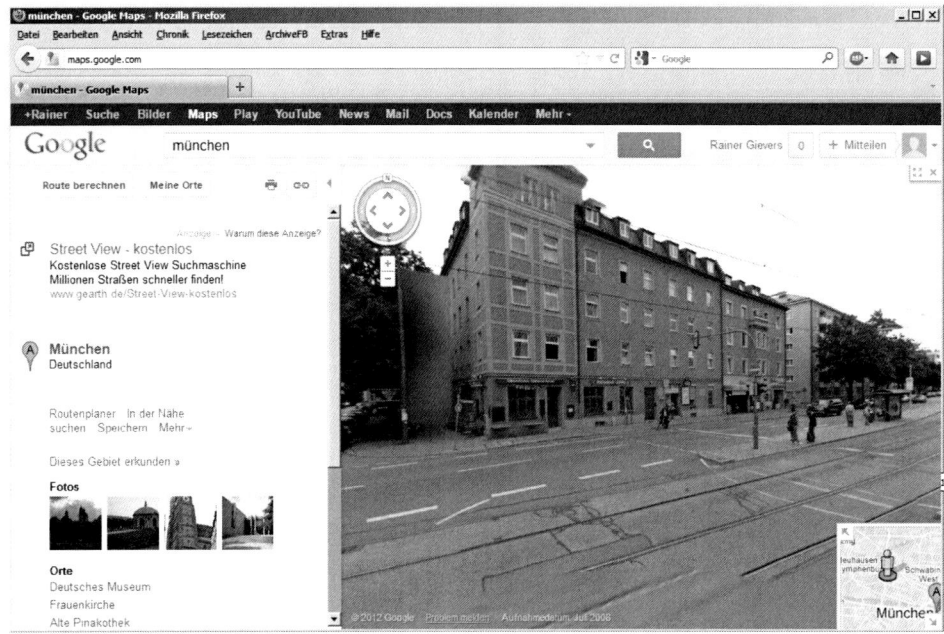

Street View zeigt nun den Kartenbereich als Panorama-Ansicht.

9.7.2 Street View auf dem Galaxy Tab

 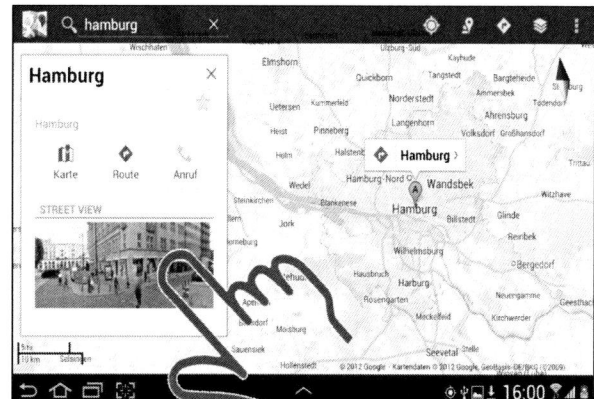

❶ Streetview können Sie auf verschiedene Weisen aktivieren: Wenn Sie zuvor nach einem Ort gesucht hatten (siehe Kapitel *9.6 Suche*), dann tippen Sie einfach das Suchergebnis in der Karte (Pfeil) an.

❷ Ist Street View verfügbar, erscheint eine Vorschau unter *STREET VIEW*, die Sie antippen.

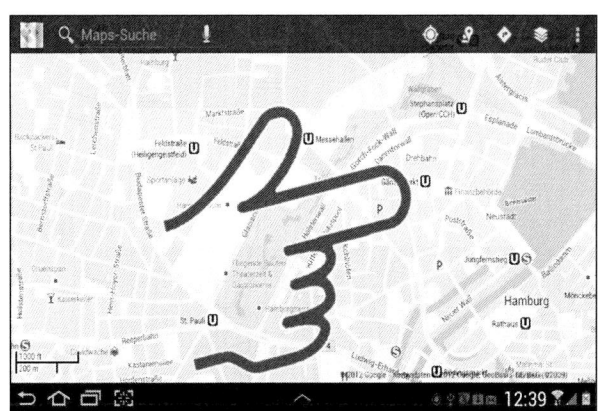 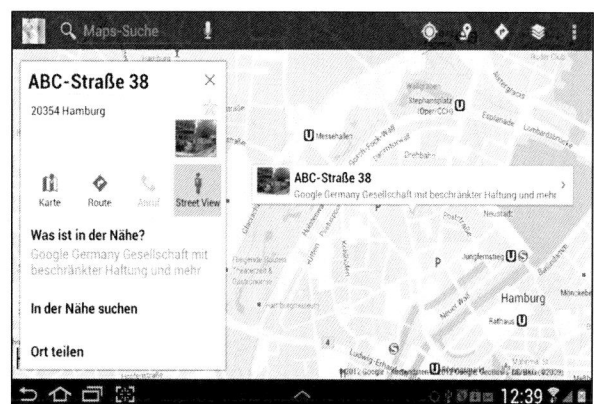

❶ Alternativ tippen und halten Sie mit dem Finger auf einen angezeigten Point of Interest oder einen Kartenbereich (häufig sind mehrere Versuche dafür nötig...)

❷ In den Details betätigen Sie *Street View,* worauf die Street View-Ansicht erscheint.

❶ In der Street View Panorama-Ansicht verschieben Sie mit angedrücktem Finger den Bildausschnitt. Doppeltippen zoomt in das Bild hinein, beziehungsweise heraus.

❷ Ziehen Sie den sogenannten »Peg Man« auf die anzuzeigende Ansicht, um in den Straßen zu »wandern«.

Das ⋮-Menü:

- *Zur Karte wechseln*: Den zugehörigen Kartenausschnitt anzeigen (Panorama-Ansicht verlassen). Alternativ betätigen Sie die ⟲-Taste.

- *Unangemessenes Bild melden*: Anstößige Panorama-Fotos an Google melden.

- *Kompassmodus*: Im *Kompassmodus* wird immer das Panorama-Bild angezeigt, in dessen Richtung Sie das Tablet halten. Ideal, um sich in einer Stadt zu orientieren.

9.8 Routenplaner

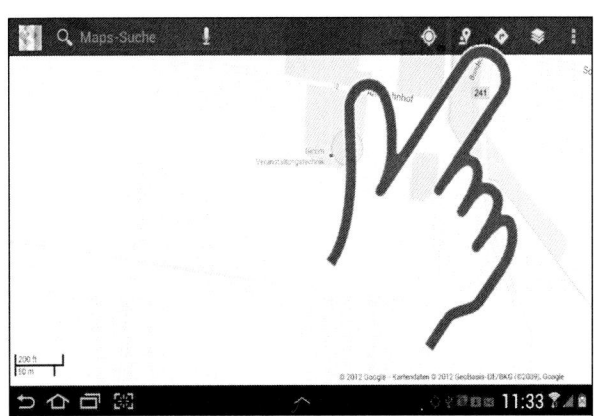

❶ ◆ (Pfeil) berechnet den optimalen Fahrtweg zwischen zwei Orten.

❷ Tippen Sie auf das erste Eingabefeld *Mein Standort*.

❶ Geben Sie den Startort ein (falls Sie Ihre aktuelle, per GPS ermittelten Position verwenden möchten, geben Sie hier nichts ein).

❷ Danach tippen Sie auf *Ziel* und geben auch hier eine Adresse, beziehungsweise eine Stadt, Firma oder Sehenswürdigkeit, ein. Zum Schluss wählen Sie über die Pictogramme die Art Ihres Fahrzeugs (Auto, LKW/Bus oder Fußgänger) aus und betätigen die *Los*-Schaltleiste.

> Sofern Sie nicht einen Eintrag aus der Vorschlagsliste übernehmen möchten, drücken Sie ⟲-Taste, was die Vorschlagsliste ausblendet.

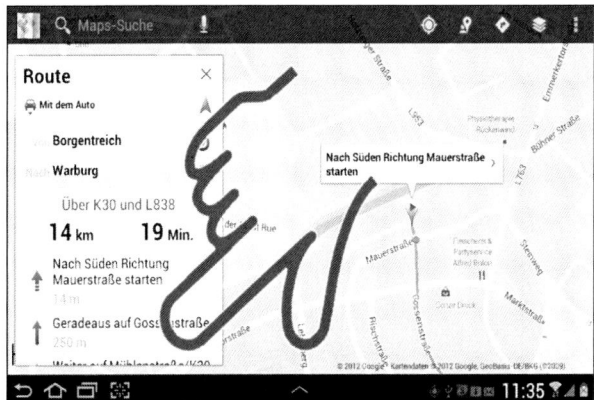 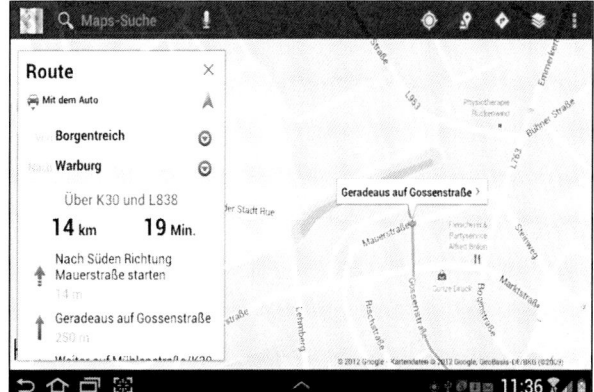

❶❷ Die Routenanweisungen werden aufgelistet und in der Karte erscheint die berechnete Route. Tippen Sie eine der Routenanweisungen an (Pfeil), so wechselt Google Maps zum entsprechenden Kartenausschnitt und blendet dort die Kartenanweisung ein.

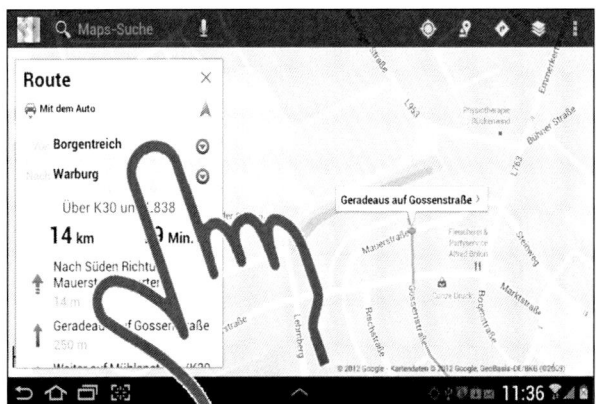 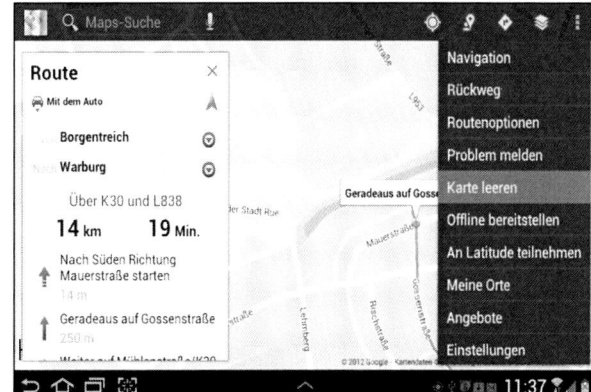

❶ Eine Route lässt sich jederzeit durch Antippen des *Von*- oder *Nach*-Feldes ändern.

❷ ⋮/*Karte leeren* beendet den Routenplaner.

9.9 Overlays

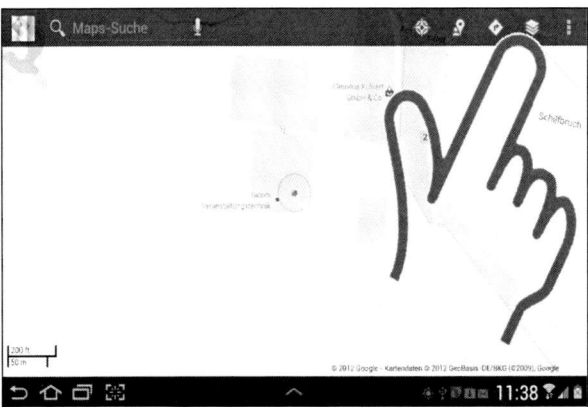 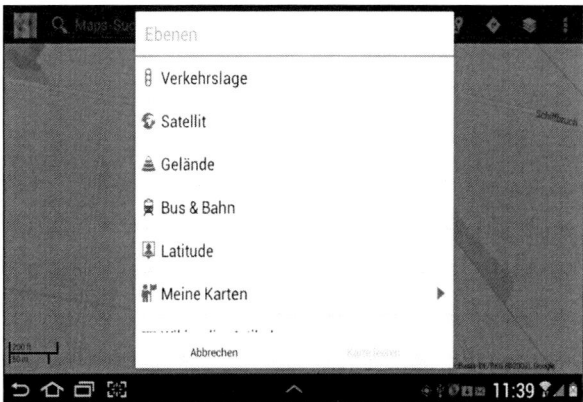

❶❷ ≋ blendet zusätzliche Karten (»Overlays«) in Google Maps ein.

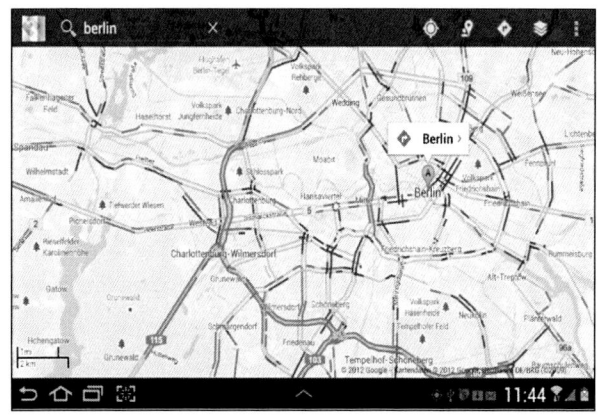
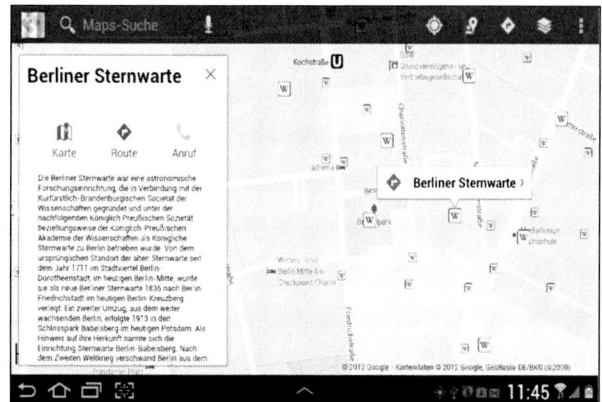

❶ *Verkehrslage* blendet die aktuelle Straßenlage in der Kartenanzeige ein, wobei das Verkehrsgeschehen mit schwarz (Stau), rot/orange (zähflüssig) oder grün (freie Fahrt) bewertet wird. Für die Staudaten, welche Google Maps im Minutentakt aktualisiert, wertet Google das Bewegungsprofil von Android-Handys aus. Jedes Android-Handy sendet ja in anonymisierter Form im Minutenabstand seine aktuelle, per GPS ermittelte Position an die Google-Server, woraus sich dann ein Bewegungsmuster errechnen lässt. Leider müssen dafür genügend Handys auf einer Strecke vorhanden sein, weshalb der Staudienst nur in Ballungsräumen zur Verfügung steht.

❷ Nutzen Sie die Option *Wikipedia-Artikel* beispielsweise für Stadtrundgänge. Zu jeder Sehenswürdigkeit zeigt Wikipedia ein »W« in der Karte an, nach dessen Antippen ausführliche Infos angezeigt werden.

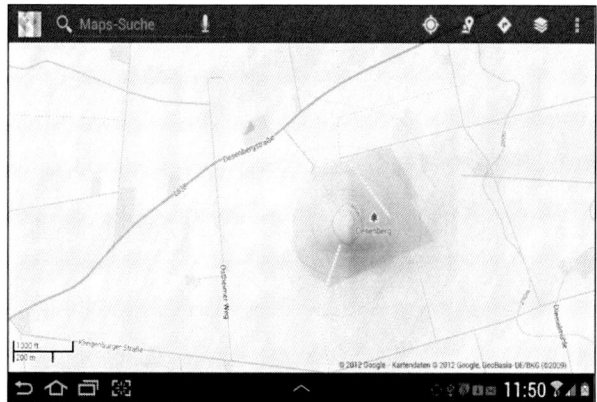

❶ Über *Satellit* zeigt Ihnen Google Maps Luftbildkarten an.

❷ *Gelände* blendet Höheninformationen ein, wie man sie von sogenannten Reliefkarten her kennt. Eine interessante Funktion für Wanderer, weil dabei auch Wege angezeigt werden, die in Google Maps ansonsten unsichtbar sind.

9.10 Google Local

Der Suchmaschinenbetreiber Google führt eine riesige Datenbank mit den Standorten von »Points of Interest«, darunter Unternehmen, Sehenswürdigkeiten, Restaurants, usw. Wenn Sie eine Suche, beispielsweise nach »Restaurant«, in Google Maps durchführen, greift Google Maps auf diese Datenbank zurück und listet die Fundstellen auf. Mit einem Fingerdruck kann man sich dann die Position eines Restaurants in der Karte, sowie weitere Infos, darunter auch Kundenbewertungen, Öffnungszeiten und Telefonnummern anzeigen. Diese Suche beschreibt bereits Kapitel *9.6 Suche*. Google Places vereinfacht die Suche und arbeitet mit Google Maps zusammen, um die Kartenposition anzuzeigen.

> Tipp: Sofern Sie eine Firma betreiben und noch nicht bei Google Places gelistet werden, sollten Sie sich unter der Webadresse *places.google.com/business* kostenlos registrieren und Ihre Daten hinterlegen.
>
> In Google Maps hieß »Google Local« bis April 2012 noch »Google Places«. In Rahmen einer Überarbeitung wurde das Angebot dann unbenannt.

 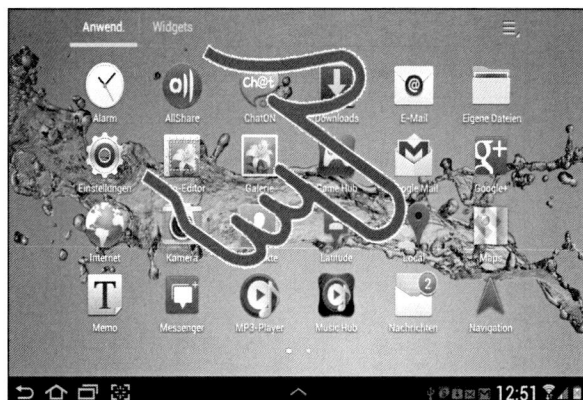

❶ Google Local rufen Sie am einfachsten aus Google Maps über die ♥-Schaltleiste auf (Pfeil).

❷ Alternativ finden Sie Google Local separat als *Local* im Hauptmenü (Pfeil).

 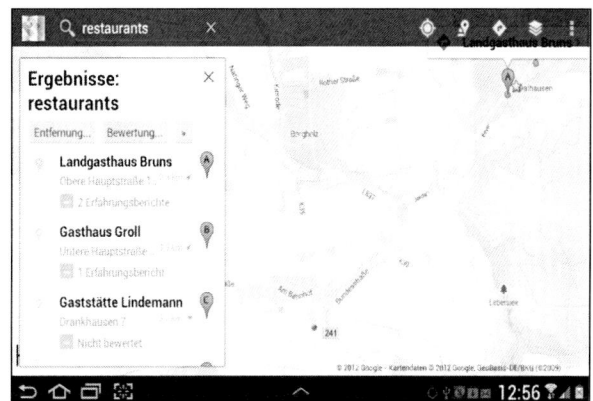

❶ Wählen Sie einen Suchbegriff, im Beispiel *Restaurants*, aus.

❷ Google Places listet die Fundstellen nach Entfernung von Ihrem aktuellen Standort sortiert, auf.

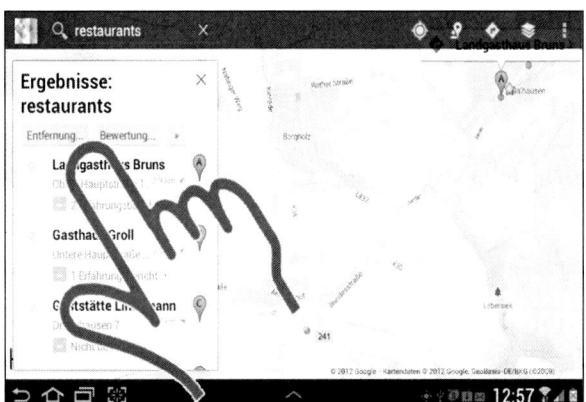 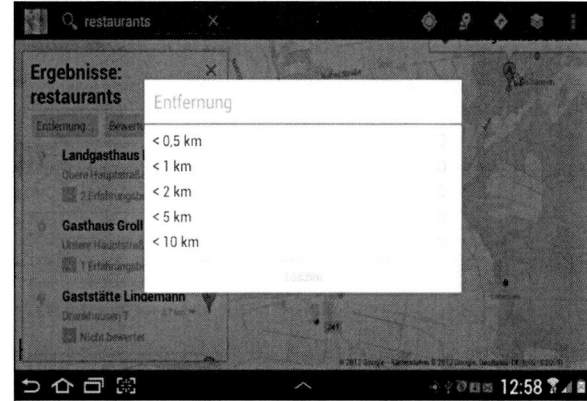

❶❷ Über die Schaltleisten *Entfernung, Bewertung* und » lassen sich die Fundstellen weiter eingrenzen.

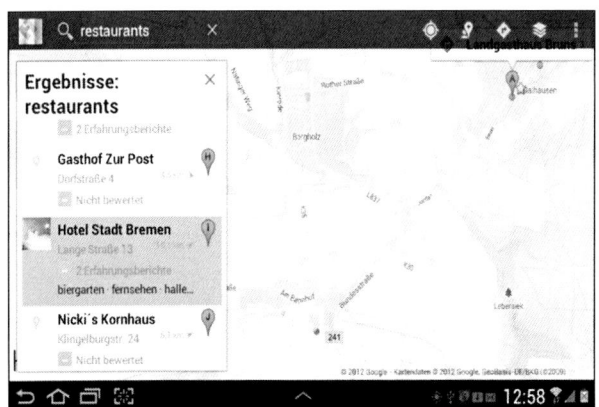 

❶❷ Tippen Sie einen Eintrag an, zu dem Sie dann weitere Infos erhalten. Die ⮌-Taste bringt Sie dann wieder in die Auflistung zurück.

9.10.1 Anderer Standort

Es kommt ja häufiger vor, dass man irgendwo hin will, aber vorher wissen möchte, was einem dort an Sehenswürdigkeiten, Restaurants, Museen, usw. erwartet. Für diesen Fall lässt sich der Standort ändern.

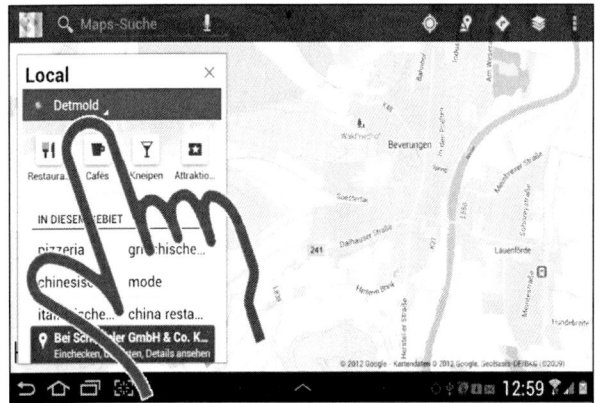 

❶ Aktivieren Sie das Auswahlmenü im Places-Fenster (Pfeil).

❷ Tippen Sie auf *Adresse eingeben*.

 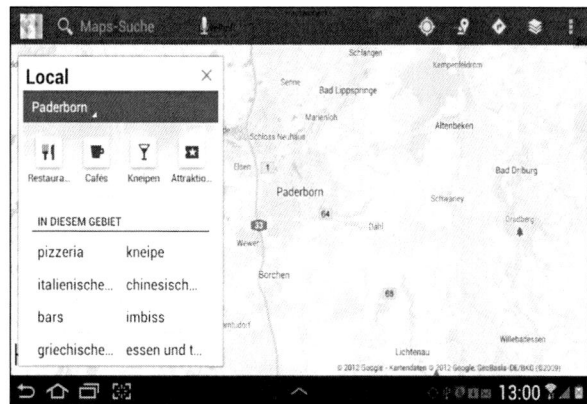

❶ Nach Erfassung des neuen Standorts betätigen Sie *OK*.

❷ Künftig beziehen Sie alle Suchvorgänge auf den neuen Standort.

9.10.2 Konfigurieren

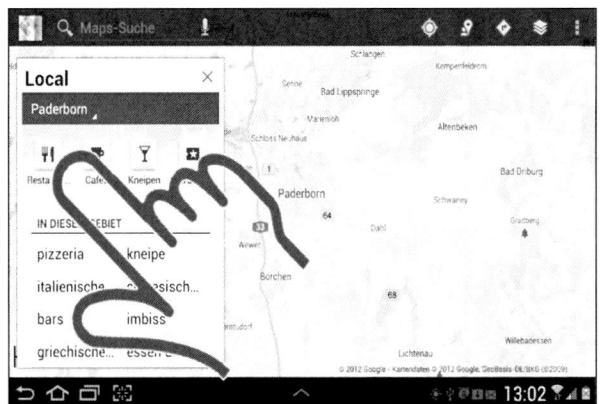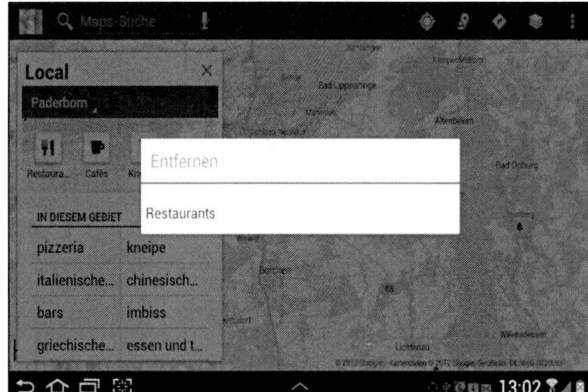

❶❷ So löschen Sie eine Suchschaltleiste: Tippen und halten Sie den Finger über dem Eintrag, bis das Popup erscheint, wo Sie den zu entfernenden Suchbegriff antippen.

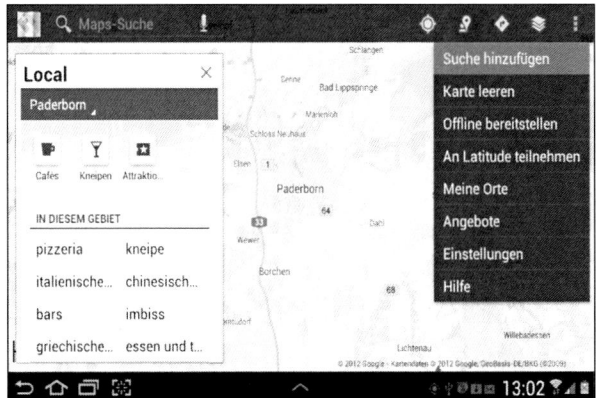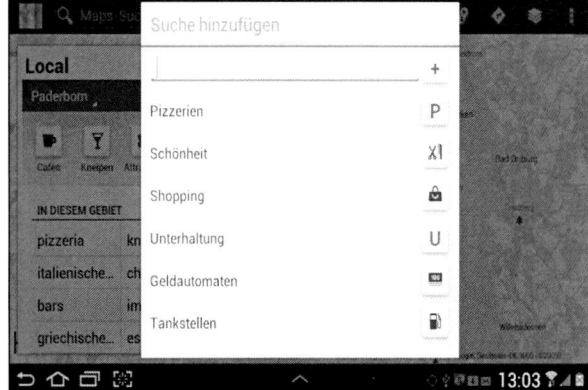

❶❷ Dagegen fügen Sie über ⋮/*Suche hinzufügen* weitere Suchbegriffe hinzu.

9.10.3 Markierungen

Points of Interest, die Sie häufiger benötigen, können Sie für spätere Verwendung markieren. Die Markierungen werden dann in Ihrem Google-Konto und nicht nur lokal auf Ihrem Galaxy Tab gespeichert.

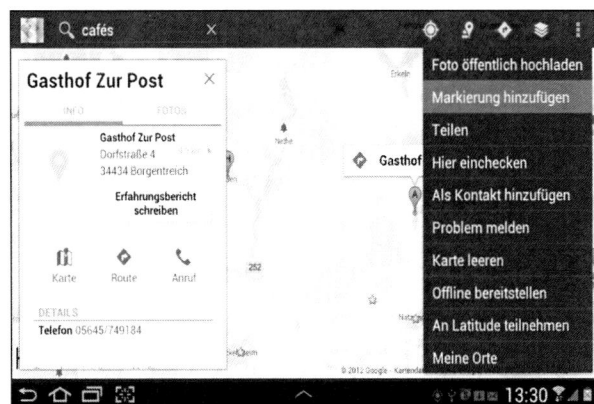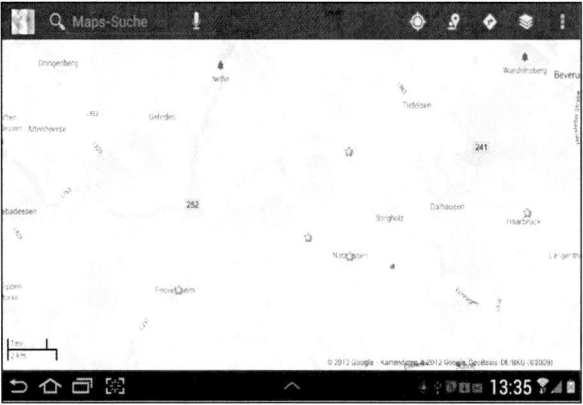

❶ Wenn ein Point of Interest angezeigt wird, gehen Sie auf ⋮/*Markierung hinzufügen*.

❷ In der Kartenansicht sind markierte Orte mit einem Stern hervorgehoben.

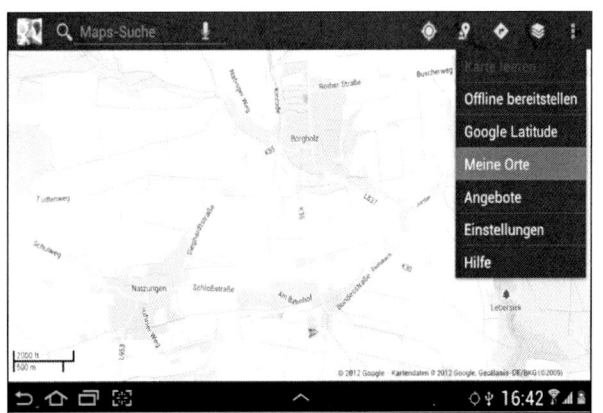 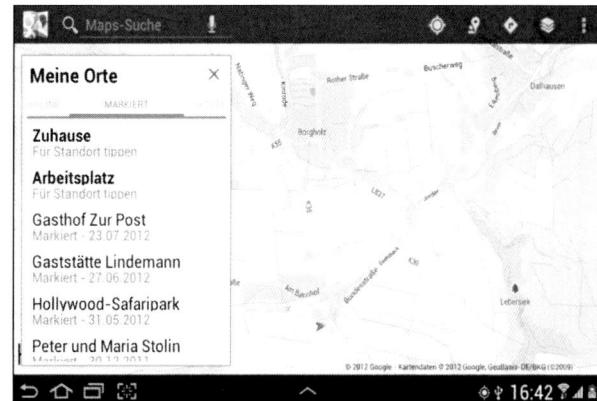

❶❷ In Google Places, beziehungsweise Google Maps, listen Sie die markierten Points of Interest über ⋮/*Meine Orte* auf. Wählen Sie dort einen Eintrag aus, zu dem Sie Detailinfos erhalten möchten.

9.11 Google Maps Navigation

Google Maps Navigation könnte eine vollwerige Alternative zu normalen Autonavigationsgeräten sein, wenn es nicht ein Problem gäbe: Das Kartenmaterial wird laufend aus dem Internet nachgeladen, was über WLAN erfolgt. WLANs sind aber immer nur lokal begrenzt innerhalb eines wenige Meter großen Umkreises empfangbar. Eine richtige Navigation ist in der Praxis also mit Google Maps nicht möglich. Nichtsdestotrotz ist aber immerhin die eingebaute Fahrtroutenoptimierung vielleicht sehr nützlich.

9.11.1 Navigation aus Google Maps

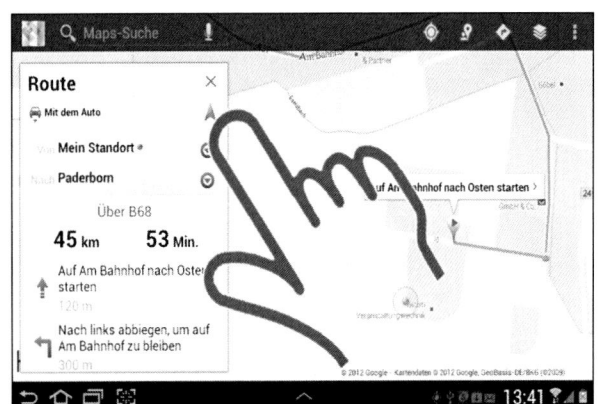 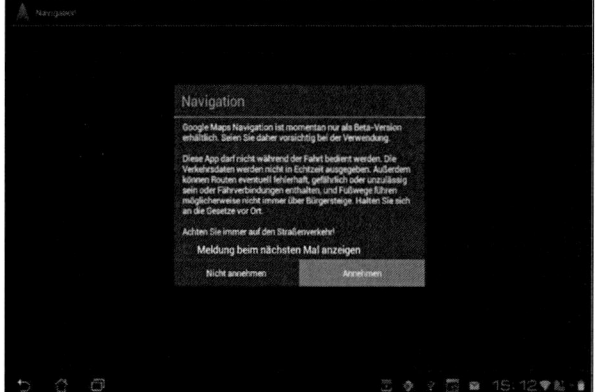

❶❷ Gehen Sie, wie im Kapitel *9.8 Routenplaner* beschrieben vor, um eine Route zu berechnen. Die sprachgeführte Navigation starten Sie dann mit der ▲-Schaltleiste (Pfeil). Bestätigen Sie den folgenden Warnung-Dialog mit *Annehmen*.

Die Navigation erfolgt.

Da die Navigation innerhalb von Google Maps erfolgt, stehen dort viele der bereits im Kapitel *9 Google Maps* beschriebenen Funktionen zur Verfügung. Zum Beispiel können Sie mit angedrückten Finger den Kartenausschnitt verschieben, oder durch »Kneifen« mit zwei Fingern im Kartenmaterial heraus- und hineinzoomen.

9.11.2 Navigation als Einzelanwendung

Neben der bereits erwähnten Möglichkeit, die sprachgeführte Navigation aus dem Routenplaner aufzurufen, lässt sich die Navigation auch aus dem Hauptmenü starten.

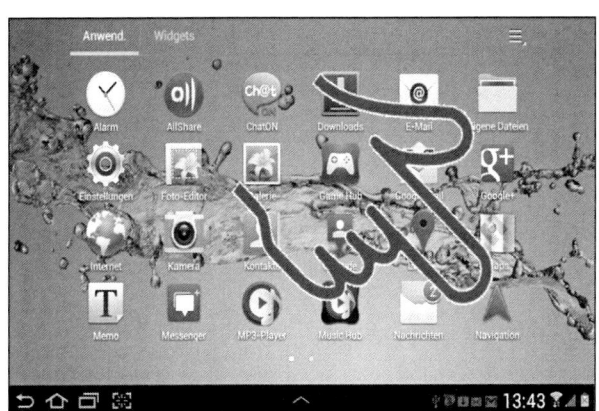 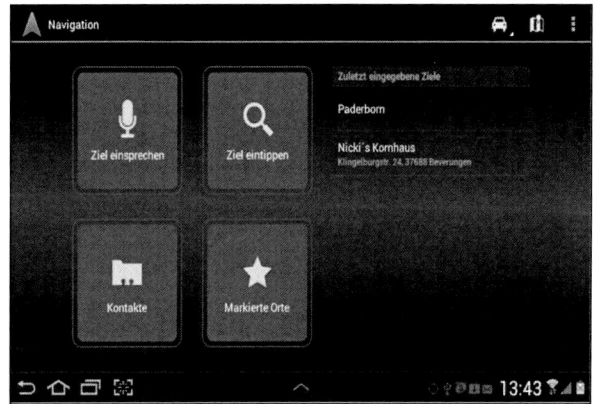

❶ Sie rufen die *Navigation* unter dem gleichnamigen Eintrag im Hauptmenü auf.

❷ Das Hauptmenü:

- *Ziel einsprechen*: Die Spracheingabe erkennt auch mehrere Wörter auf einmal, beispielsweise »Am Bahnhof 10, Borgentreich«.

- *Ziel eintippen*: Ziel über das Tastenfeld erfassen.

- *Kontakte*: Als Ziel die Adresse eines Kontakts aus dem Telefonbuch verwenden.

- *Markierte Orte*: Einen markierten Ort als Ziel verwenden (zu den Markierungen siehe Kapitel *9.10.3 Markierungen*).

- *Zuletzt eingegebene Ziele*: Listet die letzten Ziele auf, die man erneut anfahren kann.

Am oberen Bildschirmrand stehen weitere Optionen zur Verfügung:

- 🚗.: Umschaltung zwischen Auto- und Fußgängernavigation.

- 📖: Zeigt die aktuelle Karte an, was praktisch ist, um sich in einer unbekannten Umgebung zu orientieren.

- 　⋮/*Routenoptionen*: In den Routenoptionen stellen Sie ein, ob Sie Autobahnen oder maut-pflichtige Straßen umfahren möchten.

- 　⋮/*Einstellungen*: Mit *Bildschirmabdunklung* erhöhen Sie die Akkubetriebsdauer, indem das Display automatisch abgedunkelt wird.

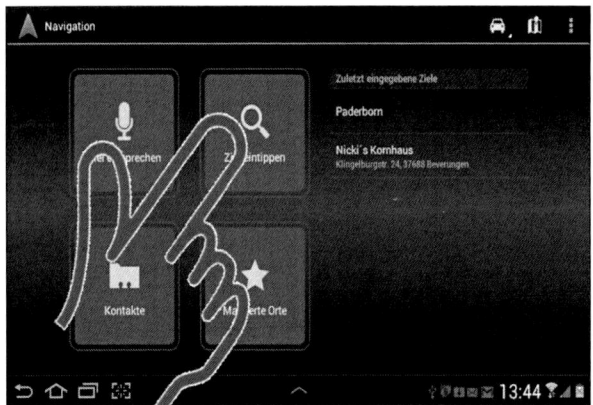　　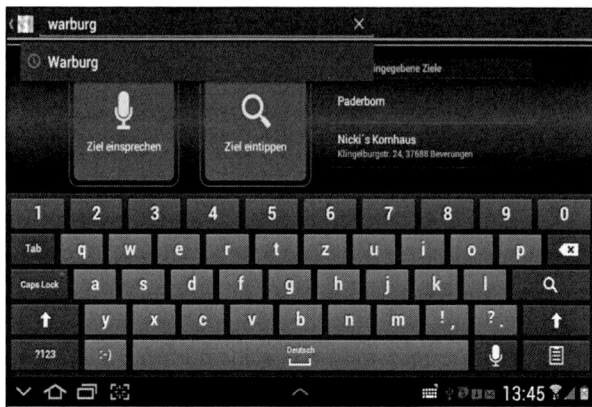

❶ Gehen Sie auf *Ziel eintippen*.

❷ Geben Sie eine Adresse ein und bestätigen Sie mit *Start* unten rechts auf dem Tastenfeld (bei Einsatz des optionalen Tastaturdocks betätigen Sie dort die Enter-Taste). Eventuell macht das Programm bei der Eingabe schon passende Vorschläge.

9.11.3 Navigation in der Praxis

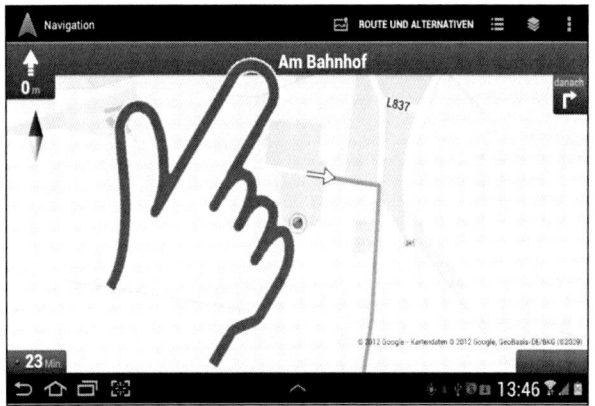　　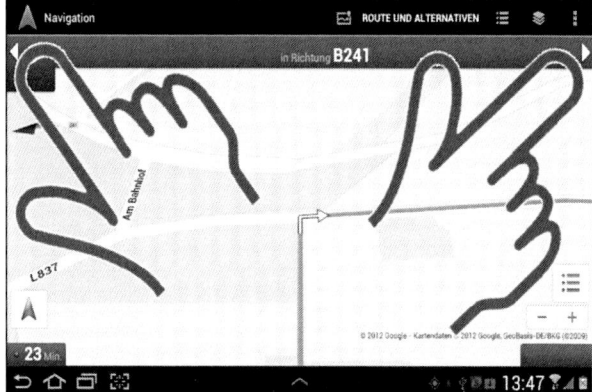

❶❷ Tippen Sie mehrmals hintereinander die Fahrtanweisung, beziehungsweise die Dreiecke links und rechts am oberen Bildschirmrand an, so können Sie die einzelnen Fahrtanweisungen vor- und zurückblättern.

Antippen des blauen Pfeils (Pfeil) oder Betätigen der ↺-Taste schaltet wieder auf Ihre aktuelle Position um.

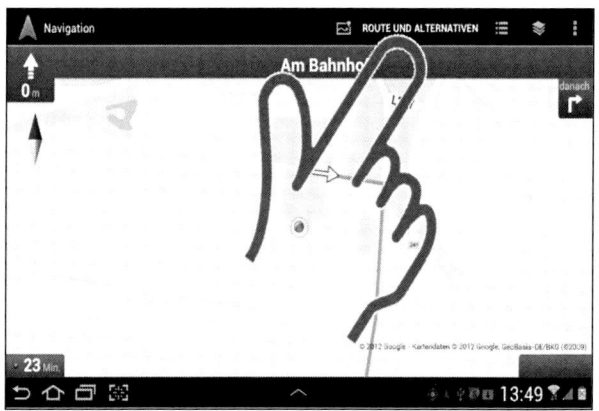 

❶ Weitere Funktionen (Pfeil):

- *ROUTE UND ALTERNATIVEN*: Route in der Karte anzeigen. Hier ist es auch möglich, eine alternative Route einzustellen.

- ☰ (Routenliste) Route als Textanweisungen anzeigen. (❷)

- (Ebenen): Sie blenden hiermit zusätzliche Informationen in der Karte ein, beispielsweise Tankstellen, Restaurants, Sehenswürdigkeiten, usw. Außerdem ist die Karte zwischen der standardmäßigen Vektor- und Satellitenansicht umschaltbar (beachten Sie, dass letzteres die aus dem Internet geladene Datenmenge erheblich erhöht!)

Das ⋮-*Menü*:

- *Sprachführung aus; Sprachführung an*: Schaltet die Sprachausgabe aus/ein.

- *Navigation beenden*: Kehrt in den Hauptbildschirm zurück.

- *Suchen; Ziel festlegen*: Neues Ziel eingeben.

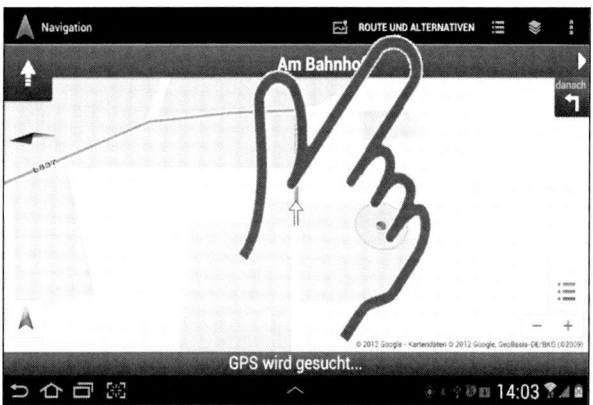 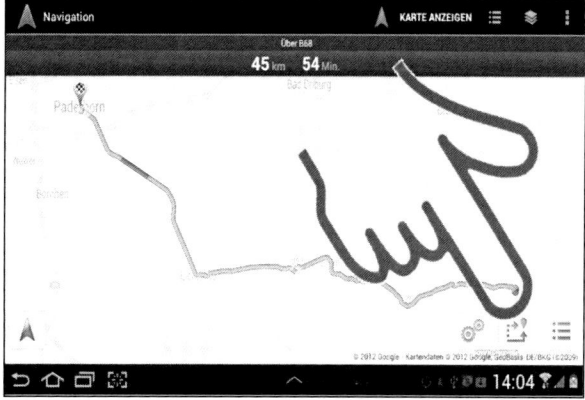

❶ Fast immer existieren alternative Routen, zwischen denen man umschalten kann. Dazu rufen Sie *ROUTE UND ALTERNATIVEN* auf.

❷ Tippen Sie die ⤢-Schaltleiste (Pfeil) an.

❶❷ Die Alternativroute wählen Sie entweder über die Register am oberen Bildschirmrand, oder durch Antippen einer Route (Pfeil) aus. Schalten Sie danach mit der ⤺-Taste wieder auf die Navigation um.

Hinweis: Die farbigen Strecken (schwarz, rot, orange oder grün) weisen auf die aktuelle Verkehrslage hin. Die Daten stammen von Android-Handys, welche in anonymer Form ihre Position an Google-Server übermitteln, woraus Google den Verkehrsfluss ermittelt. Es sind nur Strecken eingefärbt, für die genügend Daten vorliegen.

9.12 Google Latitude

Latitude ist ein relativ neuer Google-Dienst, den es erst seit Anfang Februar 2011 gibt. Sie können darüber Ihren Freunden Ihren eigenen Standort (GPS-Position) bekannt geben und gleichzeitig auch deren Position erfahren. Auf die Latitude-Funktionen haben Sie innerhalb Google Maps, das im Kapitel *9 Google Maps* bereits vorgestellt wurde, Zugriff. Sie können selbst einstellen, welche Freunde Ihre Position erfahren.

Für Google Latitude müssen Sie, wie im Kapitel *14.1 Das Google-Konto* beschrieben, zuvor ein Google-Konto eingerichtet haben, weil Ihre Positionsdaten mit Google-Servern abgeglichen werden.

Latitude gibt es auch für BlackBerry OS, Windows Mobile und Symbian. Nicht unterstützte Handys können Latitude auch über den Webbrowser (*www.google.de/latitude*) nutzen.

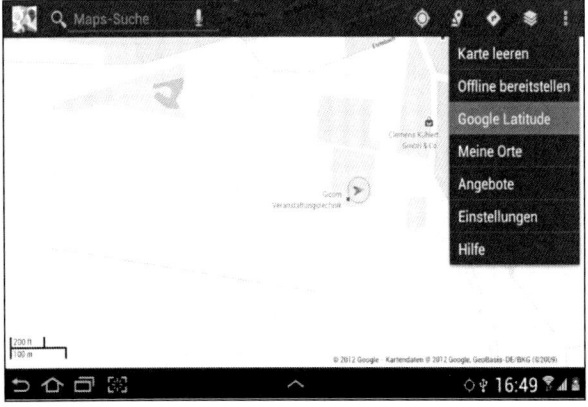 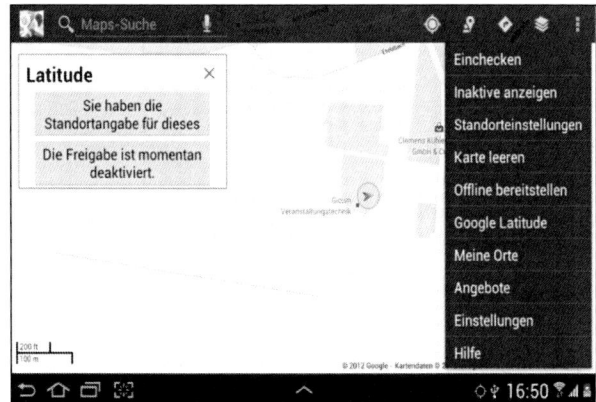

❶ Gehen Sie in Google Maps auf ⋮/*Google Latitude.*

❷ Im ⋮-Menü finden Sie folgende Funktionen:

- *Freunde hinzufügen*: Kontakte hinzufügen, die Ihre aktuelle Position sehen dürfen.

- *Einchecken*: Bei einem Ort einchecken. Es erscheint eine Liste von Firmen, Sehenswürdigkeiten, Restaurants und ähnlichen Points of Interest, den Sie als Ihre aktuelle Position einstellen.

- *Freunde aktualisieren*: Kontaktliste aktualisieren.

- *Inaktive anzeigen; Inaktive ausblenden*: Freunde, die gerade nicht bei Latitude angemeldet sind anzeigen/nicht anzeigen.

- *Standorteinstellungen*: Diese Einstellungen beschreibt Kapitel *9.12.3 Einstellungen*.

- *Karte leeren*: Beendet Google Latitude.

- *Offline bereitstellen*: Kartendaten auf dem Gerät speichern (siehe Kapitel 9.5 Kartenausschnitt offline speichern)

- *Google Latitude*: Wenn Latitude bereits aktiv ist, ohne Funktion.

- *Meine Orte*: Verwaltet, wie im Kapitel *9.10.3 Markierungen* beschrieben, Ihre Favoriten; hat nur indirekt etwas mit Google Latitude zu tun.

- *Angebote*: Lokale Werbeangebote, die durch Google vermarket werden.

- *Einstellungen*: Diverse Google Maps-Einstellungen, siehe Kapitel *9.2 Google Maps nutzen*.

Mit ⤺ gelangen Sie wieder in die Kartenansicht zurück.

9.12.1 Freunde hinzufügen

Freunde lassen sich auf mehreren Arten hinzufügen:

- Der Freund fordert eine Freigabe an.

- Sie fügen Sie E-Mail-Adresse des Freundes in Latitude hinzu.

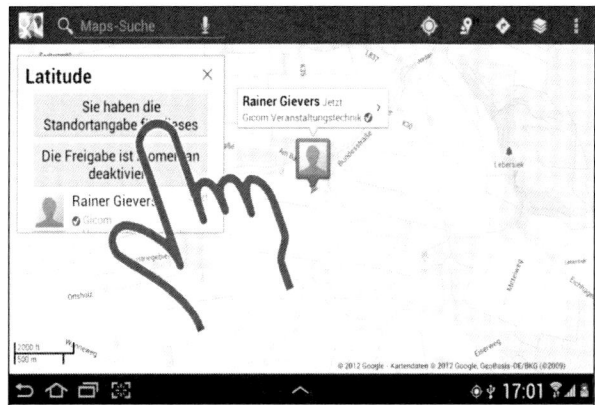 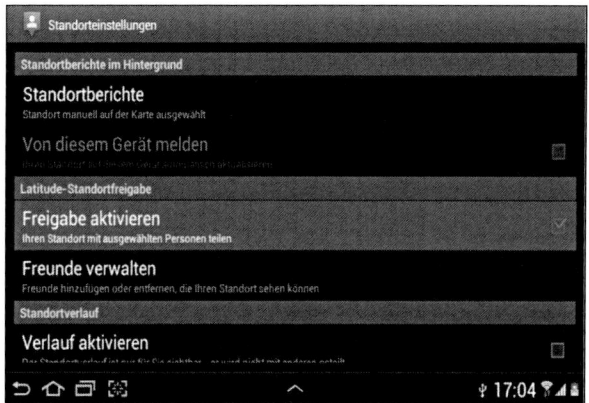

❶ Tippen Sie auf auf eine der grauen Schaltflächen (Pfeil).

❷ Prüfen Sie, ob das Abhakkästchen bei *Freigabe aktivieren* aktiv ist und aktivieren Sie es gegebenenfalls. Sie können den Bildschirm dann mit ⤺ verlassen.

 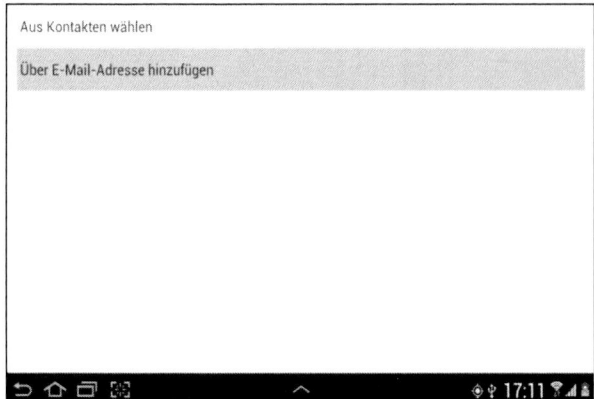

❶ Rufen Sie ⁞/*Freunde hinzufügen* auf.

❷ Sie haben nun die Wahl, einen Kontakt aus dem Telefonbuch (*Aus Kontakten wählen*) auszuwählen, oder seine E-Mail-Adresse einzugeben (*Über E-Mail-Adresse hinzufügen*). In unserem Beispiel machen wir Letzteres.

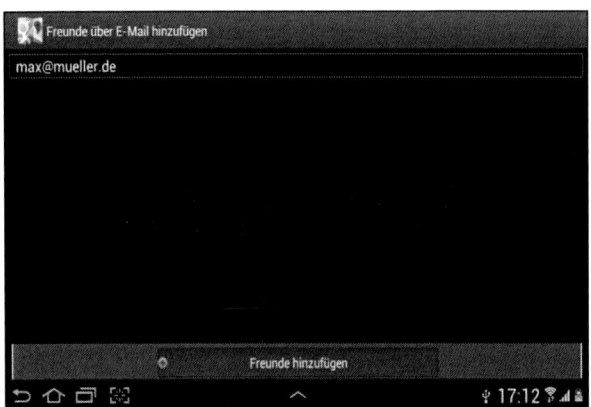 

❶ Geben Sie die E-Mail-Adresse des Freundes ein (es erscheinen dabei Vorschläge aus dem Telefonbuch) und betätigen Sie *Freunde hinzufügen* (gegebenenfalls virtuelle Tastatur mit der ⊃-Taste vorher schließen!).

❷ Bestätigen Sie den folgenden Dialog mit *Ja*. Sie befinden sich nun wieder im Hauptbildschirm.

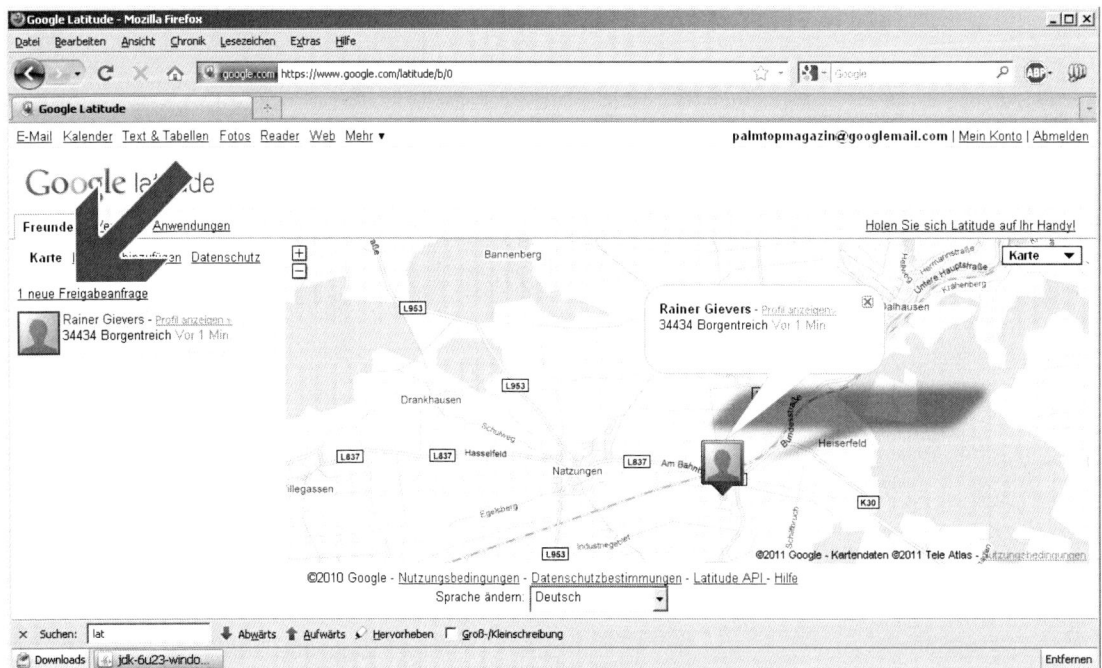

Unter *www.google.de/latitude* verwalten Sie ganz bequem zuhause auf dem PC Ihre Google Latitude-Kontakte und können dort ebenfalls Ihre Position an Ihre Freunde weitergeben. Im Beispiel gibt es eine Freundschaftsanfrage eines anderen Latitude-Nutzers (Pfeil): Klicken Sie auf *1 neue Freigabeanfrage*.

> Im Browser erscheint eventuell eine Abfrage, ob Sie Ihre aktuelle Position für den Browser freigeben möchten. Sie sollten dies mit *Ja* beantworten.

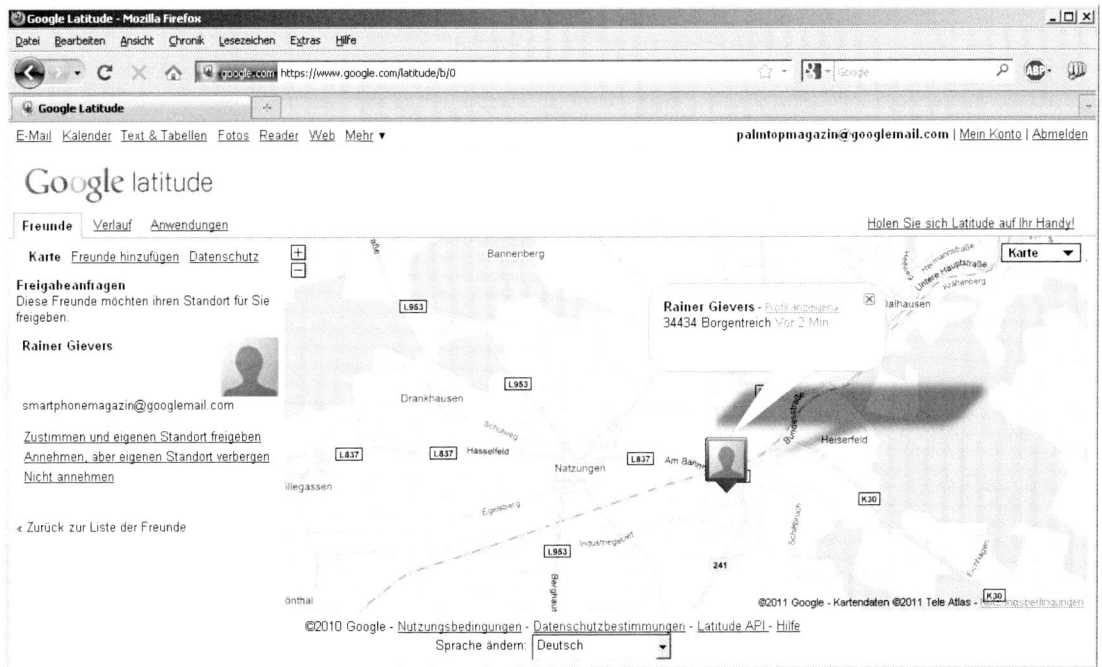

Sie können nun:

- *Zustimmen und eigenen Standort freigeben*: Ihr Freund sieht jederzeit, wo Sie sich gerade befinden.

- *Annehmen, aber eigenen Standort verbergen*: Sie können Ihre Positionsangaben jederzeit später für den Freund freigeben.

- *Nicht annehmen*: Blockiert die Anfrage.

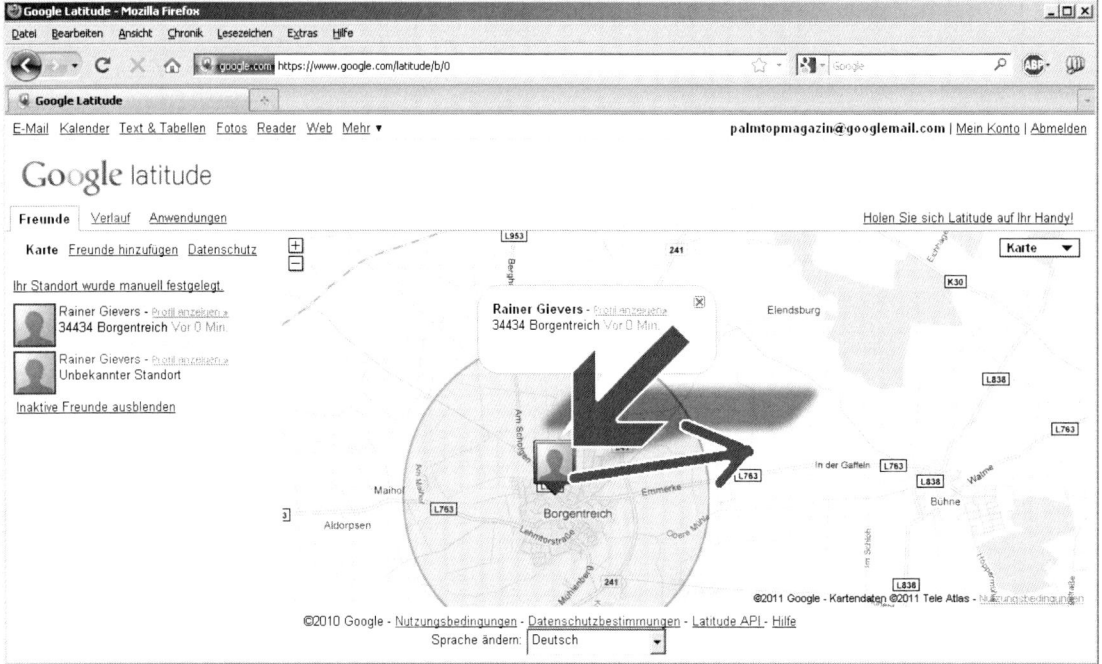

Ihre Position können Sie im Browser mit der Maus durch Bewegen der blauen Positionsmarkierung ändern.

9.12.2 Freigaben verwalten

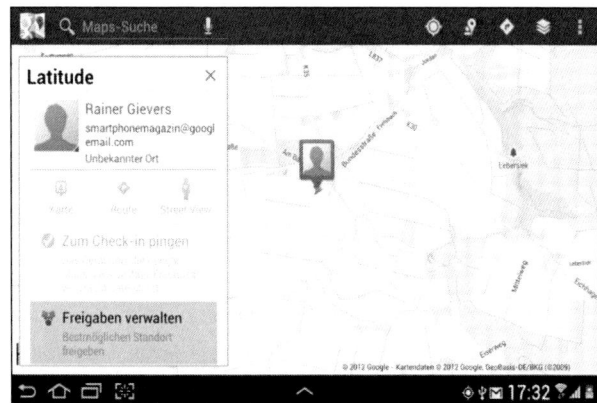

❶❷ In der Freundesübersicht gehen Sie auf einen Freundeintrag. Sie können nun über *Freigabe verwalten* einstellen, ob er die genaue Position, nur Ihre besuchte Stadt oder keine Ihrer Positionsangaben erhalten soll.

9.12.3 Einstellungen

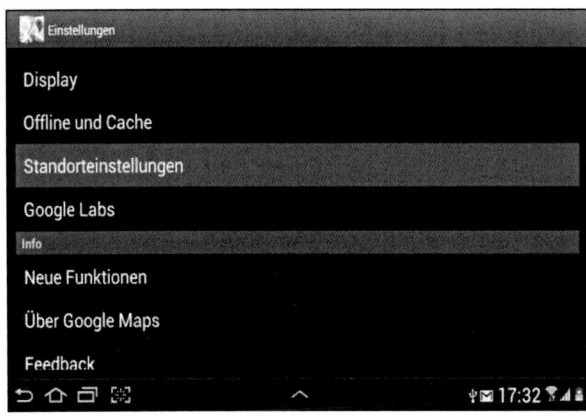
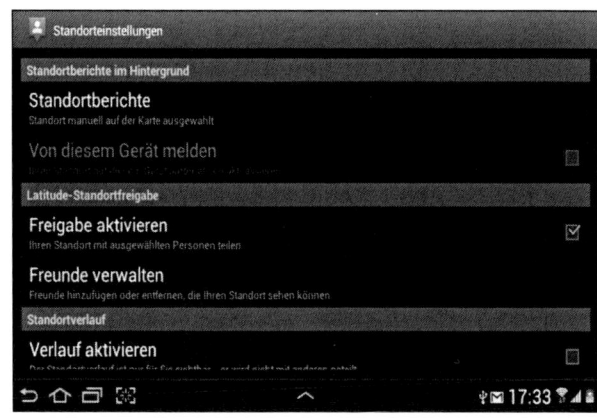

❶❷ Unter ⋮/*Einstellungen/Standorteinstellungen* konfigurieren Sie:

Unter *Standortberichte im Hintergrund*:

- *Standortberichte*: Konfiguriert, wie Ihr aktueller Standort festgelegt wird:
  - *Eigenen Standort erkennen*: Ihr Standort wird automatisch anhand der GPS-Position ermittelt und an Ihre Freunde weitergegeben.
  - *Eigenen Standort festlegen*: Sie müssen anschließend einen Standort eingeben, entweder indem Sie Ihre GPS-Position weitergeben (*Mein aktueller Standort)*, die Adresse eingeben, eine Kontaktadresse verwenden (*Kontakte*) oder einen Punkt in der Karte markieren.
  - *Standort nicht aktualisieren*: Unterdrückt die automatische Meldung Ihres automatisch erkannten Standorts.

Unter *Latitude-Standortfreigabe*:

- *Freigabe aktivieren*: Muss aktiviert sein, damit Ihre Freunde Ihren Standort erfahren.

- *Freunde verwalten*: Liste der Freunde, die Ihre Positionsdaten angezeigt bekommen, verwalten.

Unter *Standortverlauf*:

- *Verlauf aktivieren*: Speichert Ihre letzten Standorte. Die Google Latitude-Website ermöglicht es, aus den erfassten Daten Auswertungen zu erstellen.

Unter *Check-ins*:

- *Automatische Check-ins*: Halten Sie bei einem *Point of Interest* (Restaurant, Sehenswürdigkeit, Unternehmen, etc.) auf, so werden Sie automatisch dort eingebucht. Das heißt, Latitude geht davon aus, dass Sie sich dort befinden.

- *Check-in-Nachrichten*: Schlägt ein Check-in für Ihren aktuellen Standort vor.

- *Orte verwalten*: Besuchte Orte verwalten.

10. Samsung E-Mail

Über die E-Mail-Anwendung verwalten, senden und empfangen Sie E-Mails. Zuvor müssen Sie den Internetzugang, wie im Kapitel *7 Internet einrichten und nutzen* beschrieben, richtig konfiguriert haben. Im Gegensatz zum im Kapitel *12 Google Mail* beschriebenen Google Mail ist man bei der E-Mail-Anwendung nicht auf einen E-Mail-Anbieter festgelegt.

Anwender, die mehrere E-Mail-Konten, zum Beispiel privat und geschäftlich nutzen, können problemlos auch mehrere Konten anlegen.

Samsung E-Mail nutzt die im E-Mail-Bereich üblichen Protokolle POP3/SMTP und IMAP4:

- POP3 (Post Office Protocol Version 3) wird von allen E-Mail-Dienstleistern unterstützt und ermöglicht den Abruf von E-Mails. Es kann dabei festgelegt werden, ob man nur ein Teil, beispielsweise die ersten zwei Kilobyte, oder die komplette E-Mail heruntergeladen haben möchte. Der E-Mail-Empfang erfolgt immer nur in einen Ordner (*Posteingang*). Für den Versand ist SMTP (Simple Mail Transport Protocol) zuständig. Von Ihnen neu erstellte E-Mails werden gespeichert und erst nachdem der E-Mail-Abruf durchgeführt wurde, versandt.

- IMAP4 (Internet Message Access Protocol Version 4) bietet ähnliche Funktionen wie POP3/SMTP, kann darüber hinaus aber E-Mails und Ordner synchronisieren, sodass auf dem E-Mail-Account die Ordnerstruktur der Messaging-Anwendung und umgekehrt gespiegelt wird. Von Ihnen erstellte E-Mails werden sofort versandt.

Für welches der beiden E-Mail-Protokolle Sie sich entscheiden, ist Geschmackssache, da sie sich in der Praxis nicht wesentlich unterscheiden. Allerdings unterstützt nicht jeder E-Mail-Dienst auch das modernere und komplexere IMAP4. Fragen Sie gegebenenfalls bei Ihrem E-Mail-Anbieter nach.

> Asus E-Mail ähnelt bei der Bedienung sehr stark dem bereits im Kapitel *12 Google Mail* beschriebenem Google Mail, weshalb wir hier nur verkürzt alle Funktionen des Programms eingehen, um doppelte Beschreibungen zu vermeiden.
>
> Tipp: Auf dem Galaxy Tab 2 7.0 lässt sich die E-Mail-Anwendung benutzerfreundlicher handhaben, wenn Sie das Tablett aufrecht und nicht waagerecht halten. Eingabefelder sind dann nicht durch das Tastenfeld verdeckt.

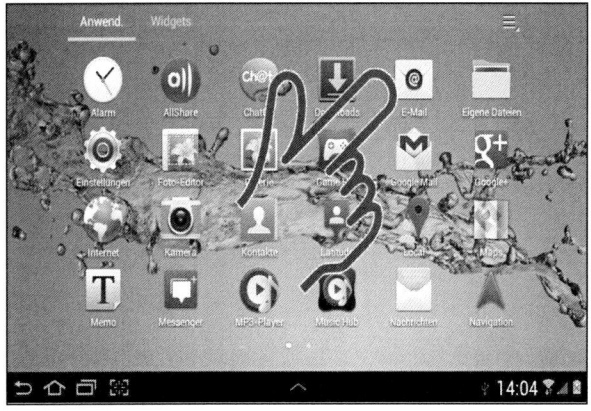

Die E-Mail-Anwendung starten Sie aus dem Hauptmenü.

10.1 E-Mail-Konto einrichten und verwalten

10.1.1 E-Mail-Konto automatisch einrichten

Die E-Mail-Anwendung kennt bereits die wichtigsten kostenlosen E-Mail-Dienste wie beispielsweise GMX. Sie brauchen für diese Anbieter nur Ihre E-Mail-Adresse und das Passwort eingeben.

Besitzen Sie dagegen eine Website mit eigener E-Mail-Adresse, ist eine automatische Einrichtung nicht möglich. Lesen Sie dann im Kapitel *10.1.2 E-Mail-Konto manuell einrichten* weiter.

❶ Im Beispiel wird ein E-Mail-Konto für den E-Mail-Anbieter GMX eingerichtet: Geben Sie Ihre E-Mail-Adresse und das Kennwort Ihres E-Mail-Kontos ein. Betätigen Sie *Weiter*.

❷ Die Einstellungen werden aus dem Internet geladen. Anschließend stellen Sie ein, wie häufig die E-Mail-Anwendung Ihr E-Mail-Konto auf neu vorhandene Nachrichten prüft. Voreingestellt sind 15 Minuten, was für die meisten Anwender ausreichend sein dürfte. Lassen Sie die weiteren Optionen auf diesem Bildschirm unverändert und betätigen Sie *Weiter*.

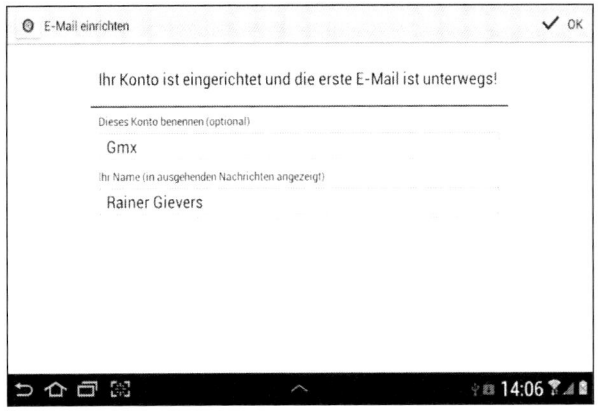

Geben Sie anschließend noch den Kontonamen und Ihren Namen ein, der später in den E-Mails als Absender erscheint. Betätigen Sie dann *OK*. Ihr Konto ist damit eingerichtet.

10.1.2 E-Mail-Konto manuell einrichten

Hier wird beschrieben, wie Sie eine E-Mail-Adresse einrichten, wenn Sie eine Website mit eigenem E-Mail-Konto besitzen.

 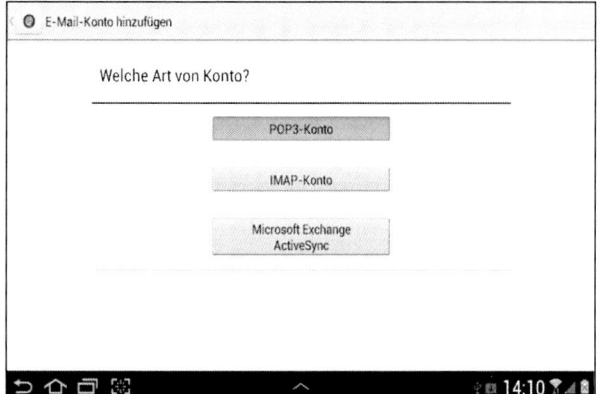

❶ Geben Sie zuerst Ihre E-Mail-Adresse und das zugehörige Kennwort ein, danach gehen Sie auf *Manuelles Einr.*

❷ Wählen Sie nun zwischen *POP3-Konto* oder *IMAP-Konto*. Wie bereits oben erwähnt, wird POP3 immer unterstützt, während dies für das modernere IMAP nicht der Fall ist. Wir wählen deshalb *POP3*.

❶ Geben Sie nun ein:

- *Benutzername*: Der Name (»Login«), mit dem Sie sich beim E-Mail-Anbieter einloggen.

- *Passwort*: Das Passwort zum E-Mail-Konto.

- *POP3-Server*: Der POP3-Server, über den die E-Mails abgerufen werden. Häufig verwenden die E-Mail-Dienste dazu einen Namen im Format *»pop.xxxx.de«*.

- *Sicherheitstyp*: Zur Auswahl stehen *Keine, SSL* und *TLS*. Letztere verschüsseln den E-Mail-Verkehr, werden aber nicht von jedem E-Mail-Anbieter unterstützt. Sie sollten deshalb *Keine* aktiviert lassen, wenn der E-Mail-Anbieter diesbezüglich keine Vorgaben macht.

- *Port*: Über den Server-Port läuft die E-Mail-Kommunikation ab. Sofern der E-Mail-Anbieter keine Vorgaben macht, sollten Sie ihn ebenfalls nicht ändern.

- *E-Mail von Server löschen*: Nutzen Sie ausschließlich das Tablet für den E-Mail-Abruf, setzen Sie die Option auf *Beim Löschen aus Eingang*. Nutzen Sie dagegen neben dem Tablet auch noch ein E-Mail-Programm auf dem PC oder die Weboberfläche des E-Mail-Anbieters, sollten Sie die Option auf *Niemals* setzen, weil dann alle E-Mails auch nach dem Abruf durch das Galaxy Tab auf dem Konto beim E-Mail-Anbieter erhalten bleiben. Sie können die E-Mails dann später erneut auf dem PC mit einem E-Mail-Programm herunterladen, beziehungsweise über die Weboberfläche des E-Mail-Anbieters ansehen und löschen.

Betätigen Sie *Weiter*.

❷ Auf diesem Bildschirm stellen Sie ein:

- *SMTP-Server*: Tragen Sie den SMTP-Server ein, der zum E-Mail-Versand genutzt wird. Meist lautet er »*smtp.xxxx.de*«. Bei GMX müssen Sie »*mail.gmx.net*« eingeben.

- *Sicherheitstyp*: Zur Auswahl stehen wie beim POP-Server die Vorgaben *Keine*, *SSL* und *TLS*. Die Voreinstellung *Keine* sollten Sie so belassen, sofern der E-Mail-Anbieter keine anderen Vorgaben macht.

- *Port*: Über den Server-Port läuft die Kommunikation mit dem Mail-Server. Sie sollten die Vorgabe unverändert lassen.

- *Anmelden erforderlich*: Die meisten E-Mail-Anbieter verlangen vor dem Nachrichtensenden eine vorherige Anmeldung. Lassen Sie daher die Voreinstellung unverändert.

- *Benutzername; Passwort*: Sofern für das Senden von Nachrichten ein anderes Login benötigt wird als für den Nachrichtenempfang, müssen Sie hier etwas anderes eingegeben. Ansonsten sollte die Vorgabe unverändert bleiben.

Betätigen Sie erneut *Weiter*.

❶ Sie können nun einstellen:

- *E-Mail Abruf-Intervall*: Zeitspanne zwischen dem automatischen Abruf von neuen E-Mails.

- *E-Mails standardmäßig von diesem Konto senden*: Sofern Sie mehrere E-Mail-Konten in der E-Mail-Anwendung angelegt haben, stellen Sie hier ein, welches für das Nachrichtensenden verwendet wird.

- *Benachrichtigung beim Eingang von E-Mails*: Akustisches und optisches Signal bei neu empfangenen Nachrichten.

Betätigen Sie *Weiter*.

❷ Geben Sie anschließend noch den Kontonamen und Ihren Namen ein, der später in den E-Mails als Absender erscheint. Betätigen Sie dann *Weiter*.

10.1.3 E-Mail-Konten verwalten

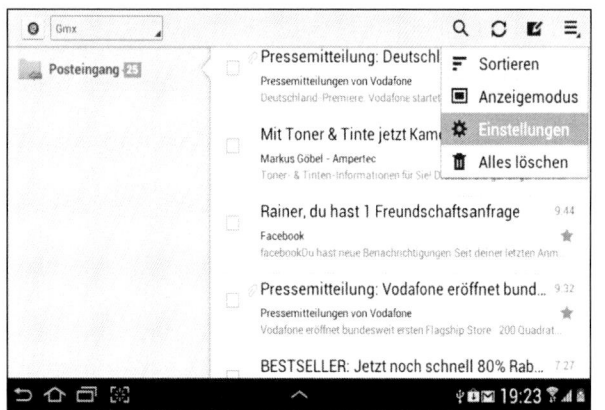
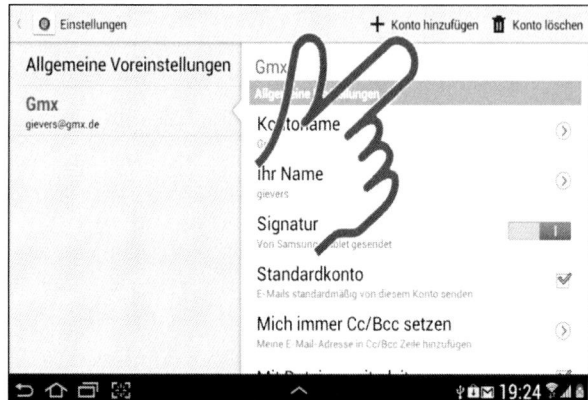

❶ Auf dem Galaxy Tab dürfen Sie mehrere E-Mail-Konten verwenden. Dafür zuständig ist ⦂/*Einstellungen*.

❷ Im Beispiel sind bereits zwei E-Mail-Konten vorhanden. Tippen Sie das zu bearbeitende Konto an. Über *Konto hinzufügen* oben rechts (Pfeil) legen Sie dagegen ein weiteres E-Mail-Konto an. Die verfügbaren Einstellungen:

Unter *Allgemeine Einstellungen*:

- *Kontoname*

- *Ihr Name*: Erscheint als Absendername in Ihren E-Mails.

- *Signatur*: Die Signatur erscheint unter allen Ihren E-Mails. Geben Sie dort zum Beispiel Ihre Kontaktdaten ein, damit Sie E-Mail-Empfänger auch auf anderen Wegen als über E-Mail erreichen können.

- *Standardkonto*: Sofern Sie mehrere E-Mail-Konten nutzen stellen Sie hier ein, dass das aktuelle für das Nachrichtensenden zu verwenden ist.

- *Mich immer Cc/Bcc setzen*: Alle Nachrichten, die Sie versenden, gehen in Kopie an Sie selber – was sich zunächst unsinnig anhört macht Sinn, wenn Sie auch einen PC/Notebook für das E-Mail-Senden nutzen. Vom Tablet versendete Mails tauchen dort ja nicht auf, weil nur Mails aus dem Posteingang geladen werden. Mit *Mich immer Cc/Bcc setzen* landen dagegen Ihre gesendeten Nachrichten im Posteingang und sind dann auch auf dem PC/Notebook beim nächsten Nachrichtenabruf verfügbar.

- *Mit Dateien weiterleiten*: In den E-Mails enthaltene Dateien (Dateianhänge) werden auch bei Nutzung der Weiterleitungsfunktion beibehalten.

- *Aktuelle Nachrichten*: Anzahl der maximal heruntergeladenen E-Mails. Falls Sie sehr viele E-Mails empfangen oder diese nur selten abrufen, könnte es sinnvoll sein, einen höheren Wert einzustellen.

- *Bilder anzeigen*: In E-Mails enthaltene Bilder automatisch ohne Nachfrage anzeigen.

Unter *Datennutzung*:

- *E-Mail-Abruf-Intervall*: Stellt ein, wie häufig neue Nachrichten vom E-Mail-Konto geladen werden. Beachten Sie, dass viele kostenlose E-Mail-Anbieter häufige Abrufe (zum Beispiel alle 5 Minuten) nicht erlauben. Mit *Alle 30 Minuten* sind Sie aber auf der sicheren Seite. Wählen Sie *Niemals*, wenn Sie den Nachrichtenabruf selbst per Tastendruck auslösen möchten.

- *Größe empfangener E-Mails*: Lädt Nachrichtentexte bis zur angegebenen Größe automatisch herunter. Größere Nachrichten können Sie dann bei Bedarf komplett herunterladen.

Unter *Benachrichtigungseinstellungen*:

- *E-Mail-Benachrichtigungen*: In der Systemleiste erfolgt bei neu empfangenen Nachrichten ein Hinweis.

- *Klingelton auswählen; Vibrieren*: Benachrichtigungston, beziehungsweise Vibration für empfangene Nachrichten.

Unter *Servereinstellungen*:

- *Anmeldeinformationen; Ausgangsserver*: Konfiguriert die Abruf-, beziehungsweise Sendeeinstellungen. Hier sollten Sie nichts ändern.

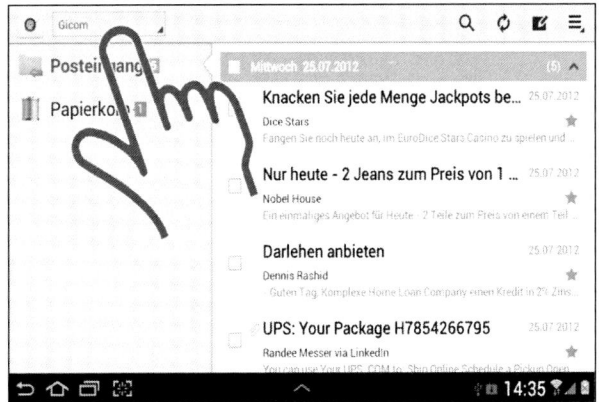 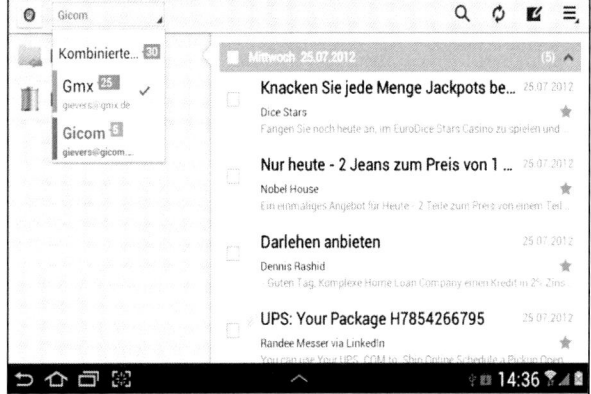

❶❷ In der E-Mail-Anwendung schalten Sie später über das Auswahlmenü oben links (Pfeil) zwischen den eingerichteten E-Mail-Konten um.

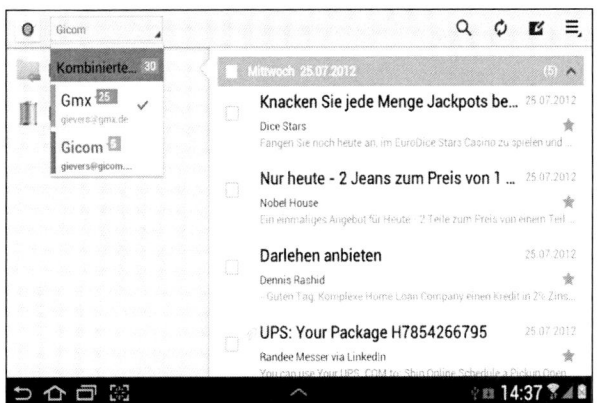 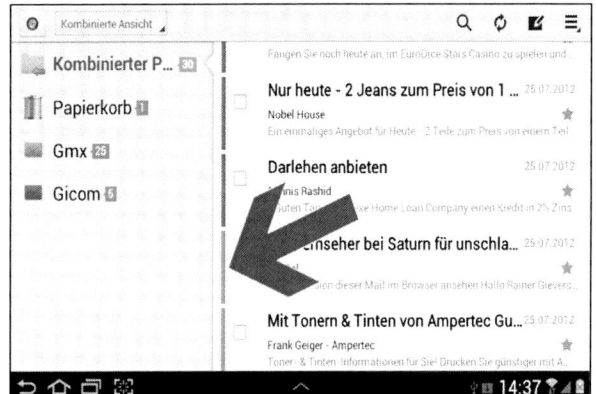

❶❷ Im Auswahlmenü oben links finden Sie auch eine kombinierte Ansicht, die den Posteingang aller E-Mail-Konten zusammen anzeigt. Anhand der farbigen Markierungen (Pfeil) erkennen Sie dann, in welchem Mail-Konto die jeweilige Nachricht empfangen wurde.

10.2 E-Mail-Anwendung in der Praxis

10.2.1 E-Mail-Ordner

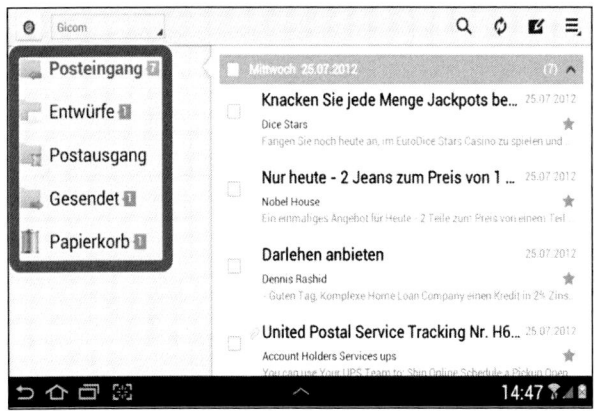

Die Nachrichten verwaltet die E-Mail-Anwendung in mehreren Ordnern, zwischen denen man über die Register (Markierung) umschaltet:

- *Posteingang*: Empfangene E-Mails

- *Entwürfe*: E-Mails, die Sie für späteren Versand erstellt haben.

- *Postausgang*: Von Ihnen erstellte E-Mails, die auf den Versand warten.

- *Gesendet*: Verschickte E-Mails.

- *Papierkorb*: Gelöschte E-Mails.

Die Ordner werden erst angezeigt, wenn man sie nutzt.

10.2.2 E-Mails abrufen

   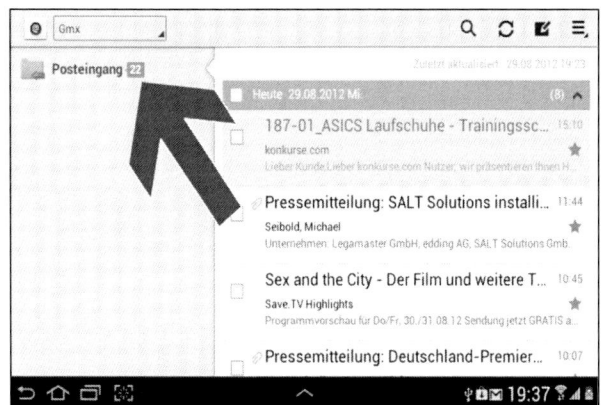

❶ Für die Synchronisierung der E-Mails mit dem E-Mail-Konto gehen Sie auf ↻ (Pfeil).

❷ Eine Zahl am oberen Bildschirmrand hinter *Posteingang* (Pfeil) informiert über die Anzahl der noch ungelesenen Nachrichten.

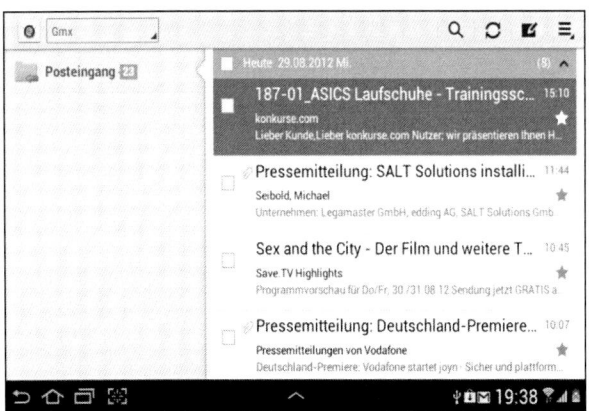   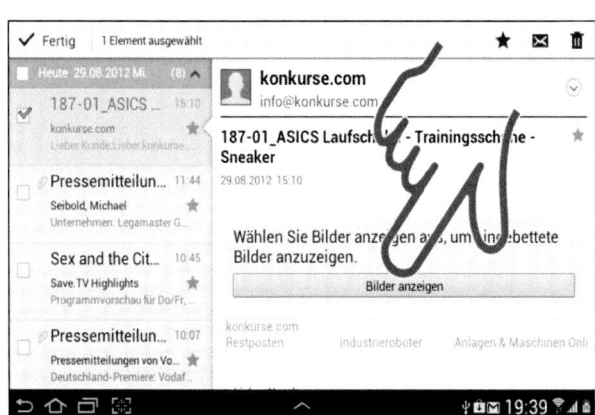

❶ Alle Nachrichten werden mit Absender, Sendedatum und Betreff anzeigt. Noch nicht eingesehene Nachrichten hebt die E-Mail-Anwendung mit fetter Schrift besonders hervor. Tippen Sie eine

Nachricht an, so wird sie angezeigt.

❷ In den Nachrichtentext eingebettete Bilder werden erst nach Betätigen von *Bilder anzeigen* (Pfeil) dargestellt.

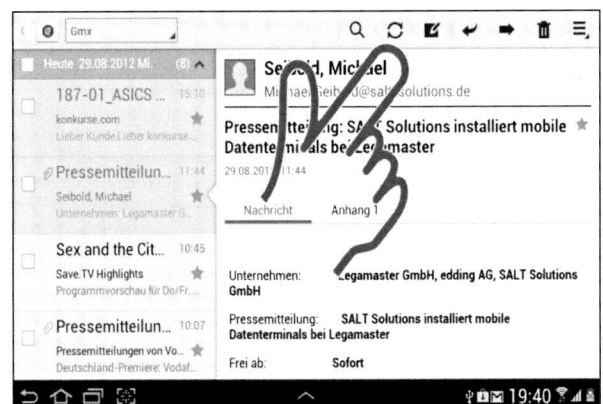 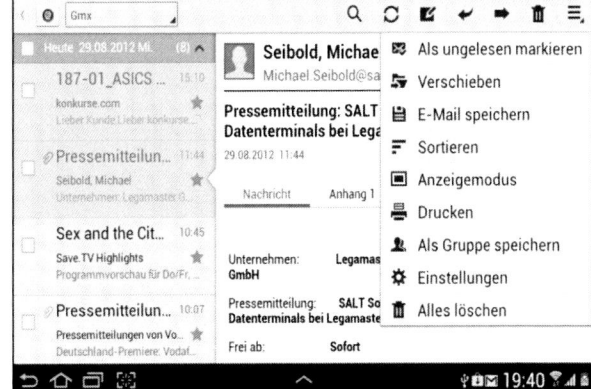

Die Bedeutung der Schaltleisten am oberen Bildschirmrand (Pfeil):

- Q: Nach Begriffen in den E-Mails suchen.

- ↻: Neu im E-Mail-Konto vorhandene Nachrichten herunterladen.

- ←: Erstellt eine Antwort-Nachricht an den Absender.

- ➡: E-Mail an einen weiteren Empfänger weiterleiten.

- 🗑: Löscht eine Nachricht aus dem Posteingang. Siehe *10.2.4 E-Mails löschen*.

❷ Das ≡-Menü:

- *Als ungelesen markieren*: Setzt den Lesestatus auf »ungelesen« zurück (anschließend Wechsel zur nächsten Nachricht).

- *Verschieben*: E-Mail in einen anderen Ordner verschieben. Macht genau genommen nur Sinn, wenn Sie eine bereits gelöschte Mail wieder aus dem *Papierkorb*-Ordner »retten« möchten.

- *E-Mail speichern*: Nachrichtentext als Datei im Verzeichnis */sdcard/Saved Email* speichern.

- *Sortieren*: Nachrichtenauflistung nach Datum, Absender, usw. sortieren.

- *Anzeigemodus*: Die Anzeige lässt sich zwischen *Standardansicht* und *Gesprächsansicht* umschalten. Letzteres fasst alle Nachrichten, die Sie von einem Kommunikationspartner erhalten, beziehungsweise an ihn gesendet hatten, zu einem Listeneintrag zusammen.

- *Drucken*: Nachrichtentext auf einem Bluetooth-Drucker ausgeben. Wir gehen in diesem Buch nicht weiter auf das Drucken ein.

- *Als Gruppe speichern*: Weist die Nachricht einer Gruppe zu. Diese Funktion ist nicht von Samsung dokumentiert.

- *Einstellungen*: Hierauf geht bereits Kapitel *12.3 Einstellungen* ein.

- *Alles löschen*: Nachricht(en) entfernen.

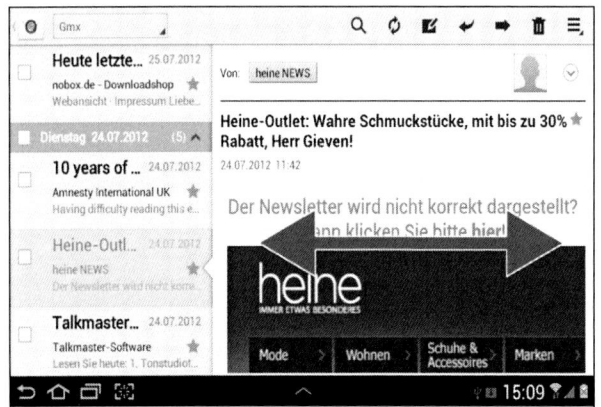 

❶ Häufig sind E-Mails für die Anzeige auf großen PC-Bildschirmen optimiert. Verwenden Sie dann die Wischgeste (mit angedrücktem Finger auf dem Display in eine Richtung ziehen), um die E-Mail zu lesen.

❷ Ziehen Sie zwei gleichzeitig auf dem Display gedrückte Finger auseinander, beziehungsweise zusammen, so vergrößert/verkleinert das Tablet die Nachrichtenanzeige.

10.2.3 Absender ins Telefonbuch aufnehmen

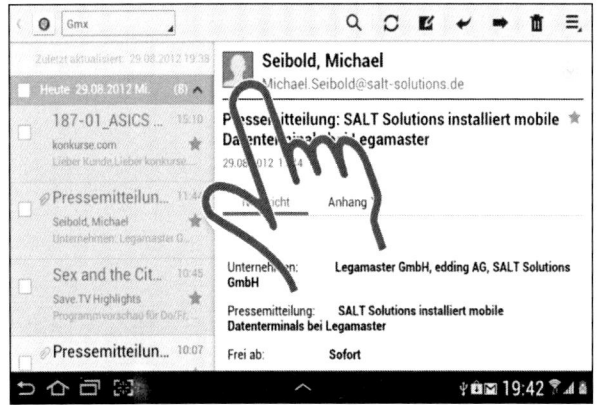 

❶ Tippen Sie die den Absendernamen oder das Kontaktsymbol an (Pfeil).

❷ Gehen Sie auf *Kontakt erstellen*.

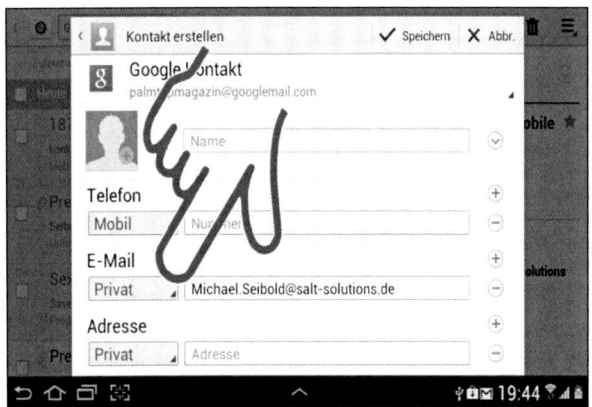 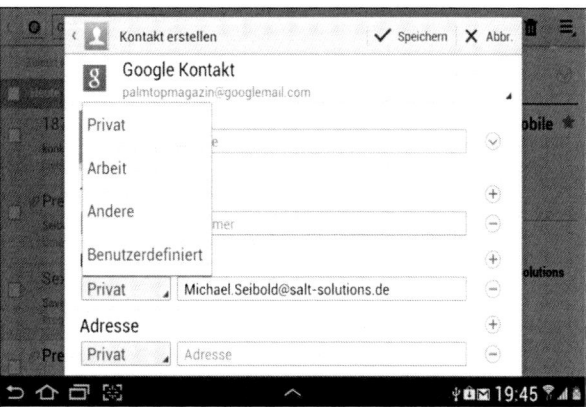

❶❷ Geben Sie gegebenenfalls weitere Kontaktdaten ein. Das Telefonbuch unterstützt pro Kontakt mehrere E-Mail-Adresstypen. Wählen Sie eine davon bei Bedarf über die Schaltleiste aus (Pfeil), bevor Sie den Kontakt speichern.

10.2.4 E-Mails löschen

Die Lösch-Funktion in der E-Mail-Anwendung ist eine Philosophie für sich... Empfangene E-Mails werden standardmäßig nämlich nicht vom Internet-E-Mail-Konto gelöscht und lassen sich somit erneut mit dem E-Mail-Programm auf dem Desktop-PC abrufen oder auf der Weboberfläche des E-Mail-Anbieters anzeigen.

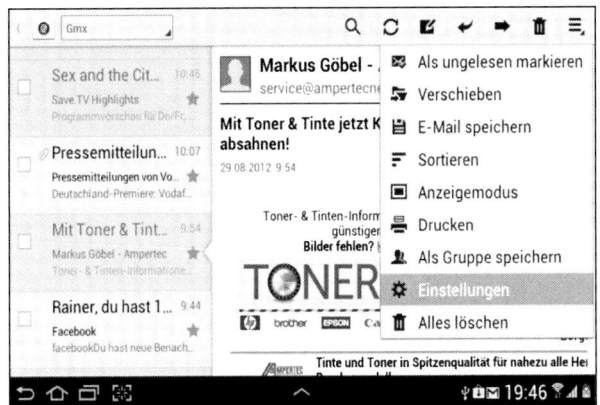 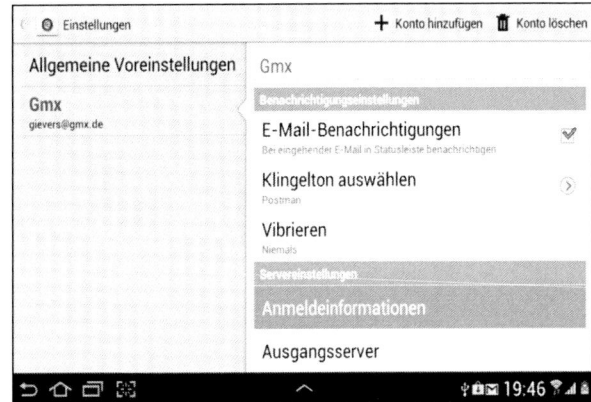

❶❷ Wie die Nachrichtenlöschung auf Ihrem Internet-E-Mail-Konto gehandhabt wird, bestimmt die Option *E-Mail von Server löschen*. Gehen Sie dafür in ≡/*Einstellungen* und wählen Sie dann das Konto aus. Anschließend gehen Sie auf *Anmeldeinformationen*.

Zur Auswahl stehen bei *E-Mail von Server löschen* die Optionen *Niemals* und *Beim Löschen aus Eingang*. Voreingestellt ist Ersteres. Betätigen Sie anschließend *OK*. Sie können nun den Einstellungsbildschirm mit der ⤺-Taste verlassen.

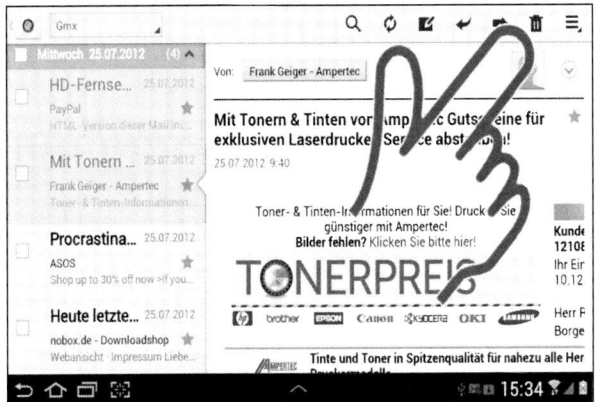 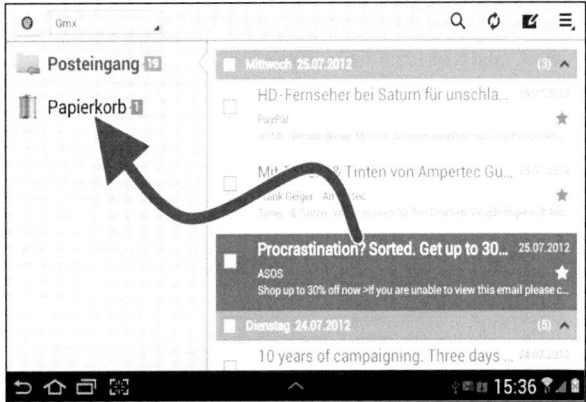

❶ Zum Entfernen einer E-Mail oder Konversation verwenden Sie in der E-Mail-Detailansicht 🗑.

❷ In der Listenansicht tippen und halten Sie dagegen den Finger auf der zu entfernenden Nachricht, bis sie grün markiert ist und ziehen Sie dann in den *Papierkorb*-Ordner (nur möglich, wenn Papierkorb angezeigt wird).

> Verwenden Sie die im Kapitel *10.2.5 Markierungen* beschriebene Markierungsfunktion, wenn Sie mehrere Nachrichten auf einmal löschen möchten.

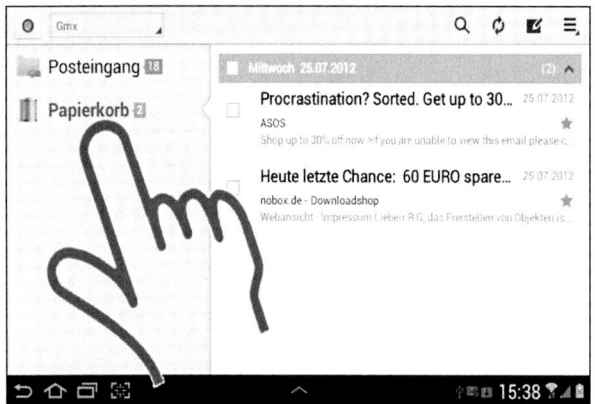 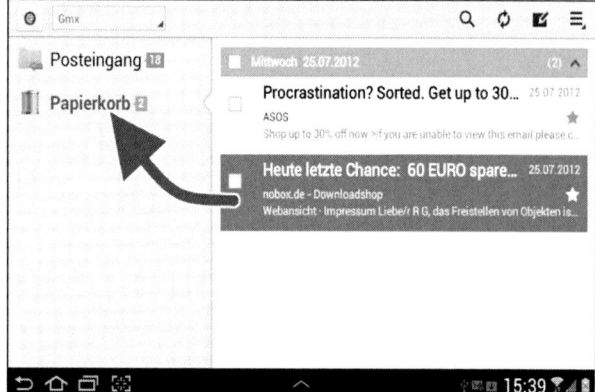

❶ Die gelöschten Mails sind aber noch nicht verloren, sondern werden im *Papierkorb*-Ordner zwischengespeichert. Im Prinzip verhält sich der *Papierkorb*-Ordner ähnlich wie der *Posteingang*, das heißt, sie können hier Nachrichten lesen, löschen, usw. Eine gelöschte Nachricht ist dann natürlich unwiderruflich weg!

❷ Zum »Retten« einer Nachricht aus dem Papierkorb tippen und halten Sie den Finger auf der Nachricht, bis sie grün hervorgehoben ist und ziehen Sie sie dann nach links in den *Posteingang* zurück.

> E-Mail-Programme auf dem PC löschen standardmäßig alle empfangenen Mails vom Internet-E-Mail-Konto. Die E-Mail-Anwendung auf dem Tablett erkennt das und entfernt bei sich die gelöschten Nachrichten ebenfalls. Wundern Sie sich also nicht, wenn auf dem Tablet nach dem E-Mail-Abruf plötzlich Mails verschwunden sind!

10.2.5 Markierungen

Für Aktionen wie das Löschen oder Verschieben in einen anderen Ordner verwendet man die Markierungen.

 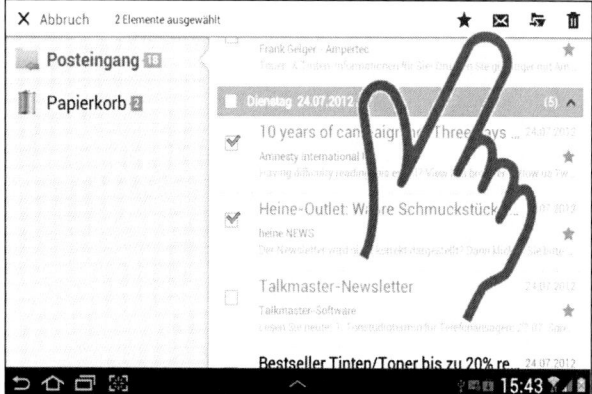

❶ Aktivieren Sie die ☑ vor den Nachrichten, auf die eine Aktion anzuwenden ist.

❷ Anschließend betätigen Sie eine der Schaltleisten am oberen Bildschirmrand:

- ★ : Nachrichten mit einem »Stern« als Favoriten markieren.
- ✉: Nachrichten als gelesen/ungelesen markieren.
- ⤵: Nachrichten in einen anderen Ordner verschieben (nur für IMAP4-Konten).

- 🗑: Nachrichten löschen.

Abbruch beendet den Markierungsmodus, alternativ betätigen Sie die ⤺-Taste.

Die markierten Nachrichten lassen sich auch in andere Ordner, beispielsweise den *Papierkorb* ziehen (dafür muss dieser eingeblendet sein).

10.2.6 E-Mails erstellen und senden

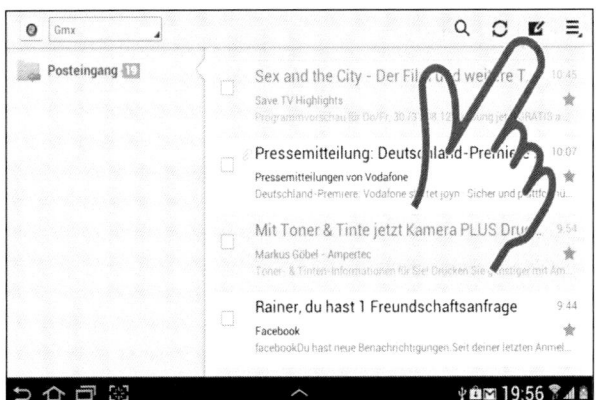
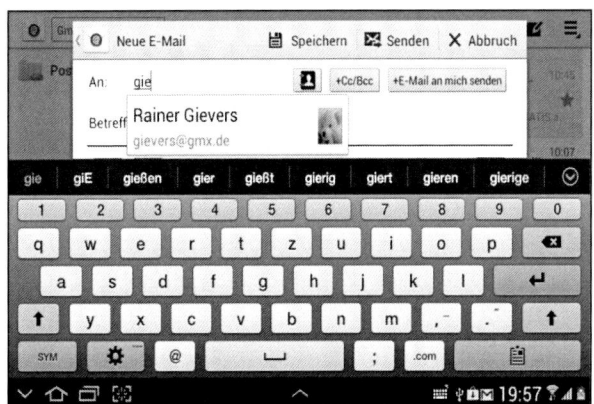

❶ ✍ erstellt eine neue Nachricht.

❷ Hier sind der Betreff, der Empfänger, sowie der Nachrichtentext einzugeben.   Sobald Sie einige Buchstaben in das *An*-Feld eingetippt haben, öffnet sich die Empfängerliste. Sofern Sie keinen Kontakt aus dem Telefonbuch verwenden möchten, geben Sie die E-Mail-Adresse von Hand komplett selbst ein.

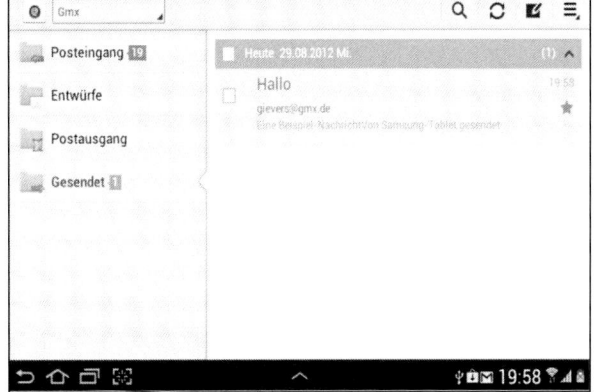

❶ Geben Sie nun Betreff und Nachrichtentext ein und betätigen Sie *Senden* zum Losschicken.

❷ Die versandte Mail finden Sie im *Gesendet*-Ordner wieder.

> Verwenden Sie die *Weiter*-Taste im Tastenfeld, um zum nächsten Eingabefeld zu springen. Ansonsten ist es auch möglich, mit der ⤺-Taste das Tastenfeld zu schließen und dann in das gewünschte Eingabefeld zu tippen.

10.2.6.a Entwürfe

Wenn Sie eine Nachricht bereits geschrieben haben, diese aber erst später verschicken möchten, verwenden Sie die *Entwürfe*-Funktion.

Betätigen Sie *Speichern*, worauf die Nachricht im *Entwürfe*-Ordner landet und Sie sich wieder im *Posteingang* befinden.

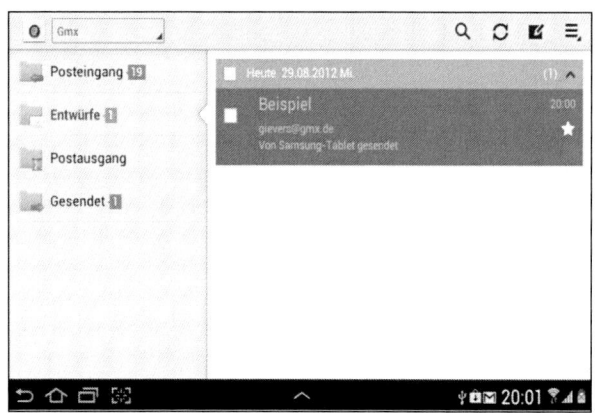

So zeigen Sie sich die als Entwürfe gespeicherten Nachrichten an: Aktivieren Sie links den *Entwürfe*-Ordner und tippen Sie einen der Entwürfe zum Bearbeiten und Senden an.

10.2.7 E-Mail-Ansichten

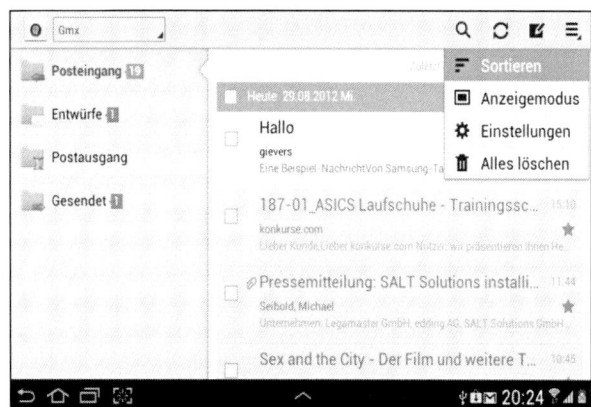

❶❷ Passen Sie die E-Mail-Auflistung über ≡/*Sortieren* an Ihre Bedürfnisse an.

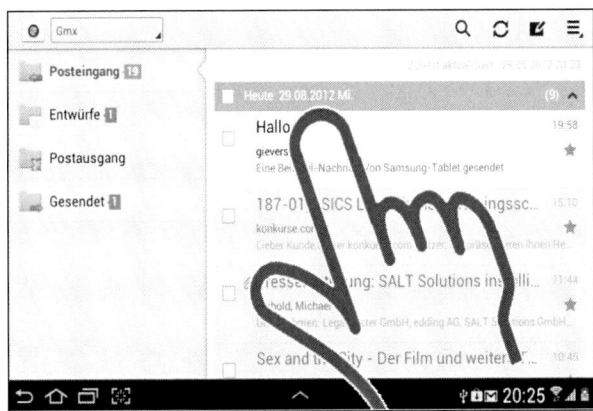 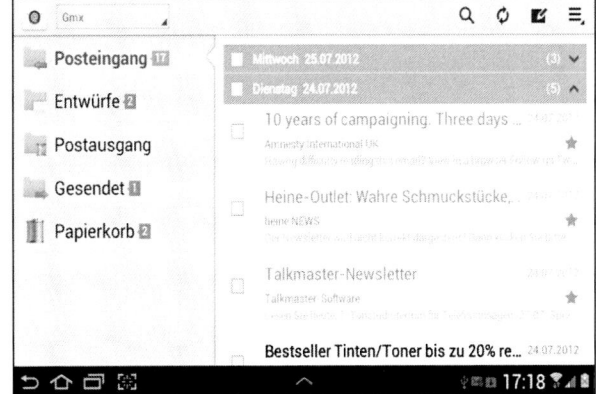

❶❷ Standardmäßig erfolgt die Auflistung nach Datum. Tippen Sie Datumsüberschriften an, was diese zusammenzuklappt und für mehr Übersicht sorgt (Pfeil).

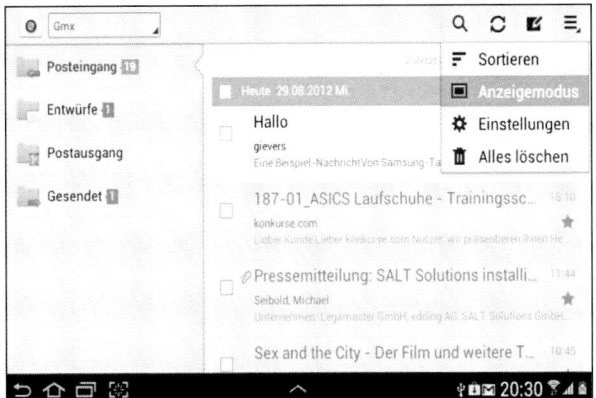 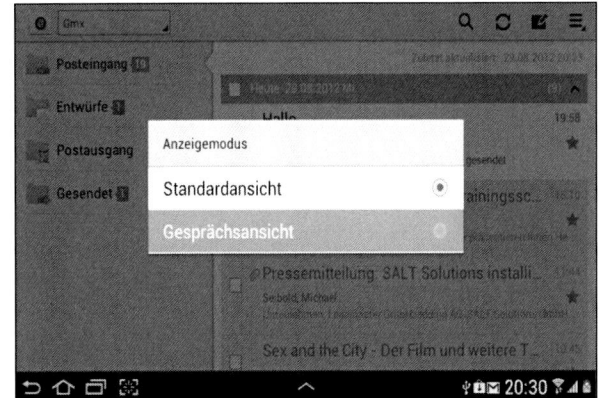

❶❷ Eine weitere interessante Option ist die Verlaufsansicht, bei der das Tablet alle empfangenen und gesendeten Mails im Posteingang anzeigt. Gehen Sie dafür auf ☰/*Anzeigemodus* und aktivieren Sie im Dialog *Gesprächsansicht*.

 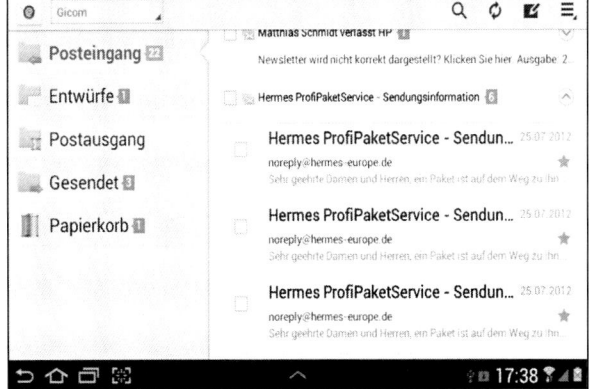

❶❷ Haben Sie mit jemanden bereits mehrere E-Mails ausgetauscht, erscheint zum E-Mail-Eintrag ein ⊘-Symbol. Tippen Sie die E-Mail an, worauf der komplette E-Mail-Verkehr aufgelistet wird.

10.3 E-Mail auf dem Startbildschirm

10.3.1 E-Mail-Benachrichtigung

❶ Über neu vorhandene E-Mails informiert die Systemleiste mit einem ✉ (Pfeil).

❷ Öffnen Sie das Benachrichtigungsfeld und gehen Sie auf den E-Mail-Betreff, um den Posteingang zu öffnen.

10.3.2 E-Mail-Widget

Über Widgets lassen sich die E-Mails direkt auf dem Startbildschirm nutzen.

Beachten Sie auch Kapitel *3.7 Startbildschirm konfigurieren*, das auf die Bearbeitung des Startbildschirms eingeht.

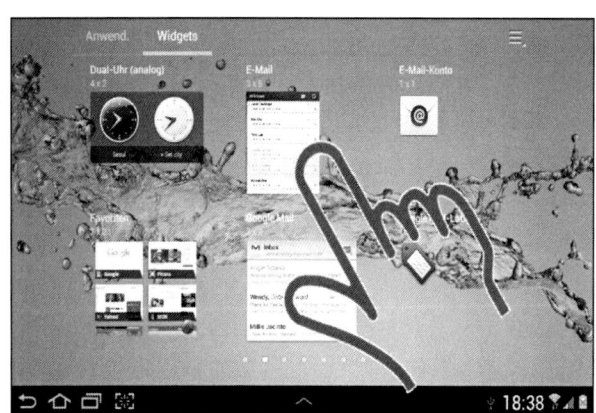 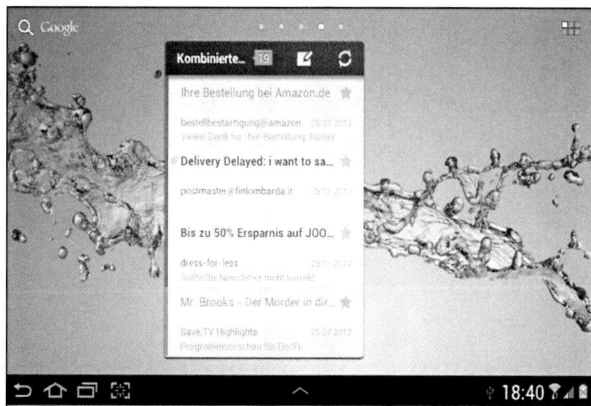

❶❷ Das *E-Mail*-Widget informiert über die Nachrichten im Posteingang. Tippen Sie eine der aufgelisteten E-Mails kurz an, um den Posteingang anzuzeigen.

11. Webbrowser

❶ Sie starten den Webbrowser über *Internet* aus dem Hauptmenü.

❷ Beim ersten Start zeigt der Browser die gespeicherten Lesezeichen (»Favoriten«) als Startseite. Tippen Sie in die Adresszeile, um eine Webadresse einzugeben – eventuell müssen Sie erst mit dem Finger auf dem Bildschirm nach unten ziehen, um die Adressleiste anzuzeigen.

Damit man den Browser nutzen kann, muss eine Internetverbindung (siehe Kapitel 7 *Internet einrichten und nutzen*) aktiv sein.

Nach Eingabe der Webadresse betätigen Sie die *Öffnen*-Taste (Pfeil) auf dem Tastenfeld.

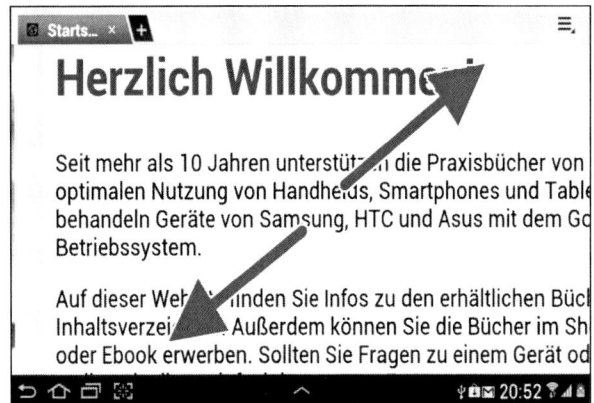

❶ Die Webadresse wird geladen und angezeigt. Weil viele Webseiten für PC-Bildschirme optimiert sind, sehen Sie nur einen Teilausschnitt, den Sie einfach ändern, indem Sie mit dem Finger auf den Bildschirm drücken und dann in die gewünschte Richtung ziehen.

❷ Durch »Kneifen« ändern Sie die Anzeige: Tippen und halten Sie Mittelfinger und Daumen gleichzeitig auf dem Bildschirm und ziehen Sie beide auseinander, was in die Webseite hereinzoomt. Ziehen Sie dagegen die beiden Finger zusammen, zoomen Sie wieder heraus. Es ist egal, ob Sie nun vertikal oder waagerecht »kneifen«.

Wie Sie eine andere Startseite einstellen, erläutert Kapitel *11.4 Einstellungen.*

Besonders bei der Webseitenanzeige kann eine vertikale Bildschirmorientierung optimaler sein. Halten Sie dafür einfach das Tablet aufrecht statt waagerecht.

 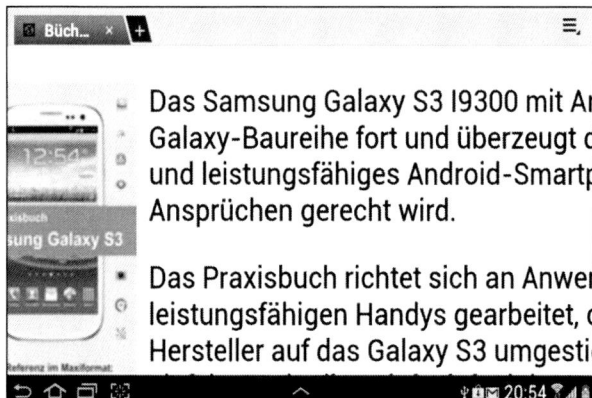

➊➋ Doppeltippen Sie auf einen Bildschirmbereich, um ihn auf lesbare Größe aufzuziehen. Auch hier lässt sich der Webseitenausschnitt durch Halten und Ziehen des Fingers verändern. Erneutes Doppeltippen in das Browserfenster schaltet wieder auf die Vorschau zurück.

Unter *Standardzoom* in den Einstellungen konfigurieren Sie, wie stark der Webseitenbereich vergrößert wird. Siehe Kapitel *11.4 Einstellungen.*

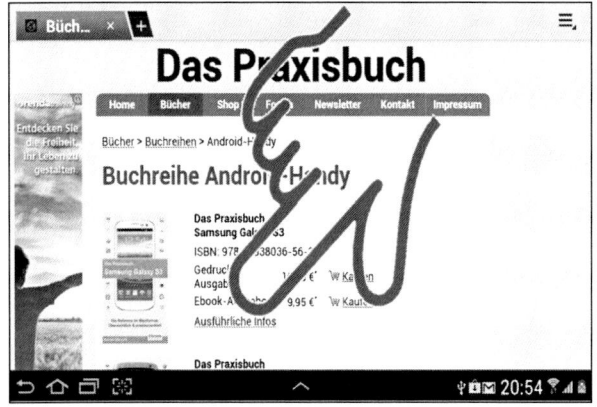 

➊ Einem Link folgen Sie, indem Sie ihn antippen.

➋ Tippen und halten Sie den Finger über einem Link für weitere Funktionen:

- *Öffnen*

- *Im neuem Fenster öffnen*: Öffnet den Link in einem neuen Browser-Tab.

- *Link speichern*: Speichert die Webseite als HTML-Datei auf der Speicherkarte im Verzeichnis *download*.

- *Link-URL kop.*: Kopiert die Webadresse des Links in die Zwischenablage, von wo man sie später in andere Anwendungen wieder einfügen kann.

- *Text auswählen*: Text auswählen, um ihn in die Zwischenablage zu kopieren.

 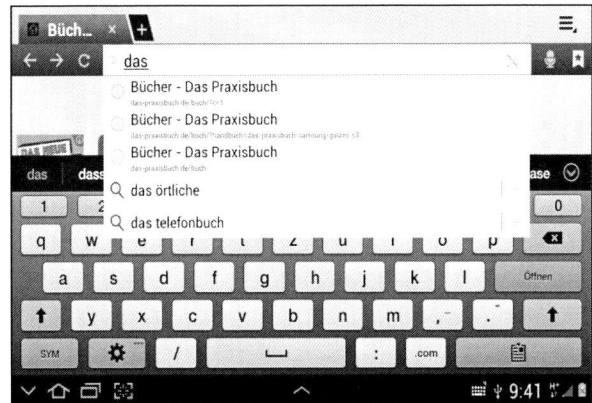

❶ Verwenden Sie die ⟲-Taste, um zur letzten angezeigten Seite zurückzukehren. Beachten Sie aber, dass der Browser verlassen wird, wenn Sie die ⟲-Taste drücken, während die zuerst aufgerufene Seite angezeigt wird. Alternativ verwenden Sie dafür die ←-Schaltleiste oben links (Pfeil). → bringt Sie dagegen eine Seite vorwärts (dies funktioniert nur, wenn Sie zuvor eine Seite zurückgeblättert hatten).

❷ Bereits während der Eingabe einer Webadresse macht der Browser Vorschläge, wobei Sie anhand der vorangestellten Symbole erkennen, woher diese stammen:

- ☆: Lesezeichen (»Favorit«)

- ◷: Verlauf (eine bereits von Ihnen besuchte Webseite)

- ◌: Websuche (in Google gefundene Suchbegriffe).

Wählen Sie in der Liste einfach die anzuzeigende Webseite aus.

❶ Viele Websites werten den verwendeten Browser aus und optimieren dann die Webseiten für die Besucher entsprechend. Ein gutes Beispiel ist Spiegel Online, wo man mit Smartphones und Tablets nur eine vereinfachte und funktionsbeschränkte Weboberfläche zu sehen bekommt.

❷ Eine vollwertige Anzeige erhalten Sie im Browser, wenn Sie ☰/*Desktop-Ansicht* aktivieren.

11.1 Fenster (Tabs)

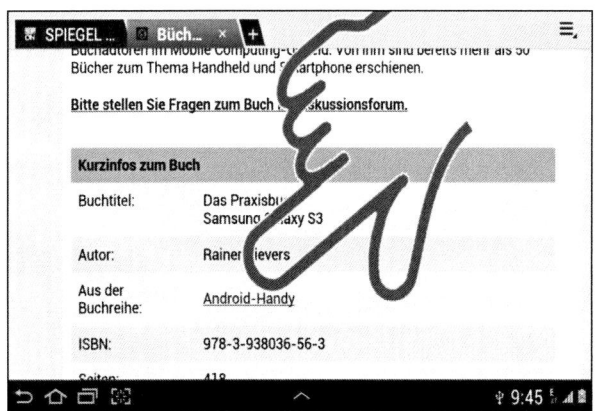 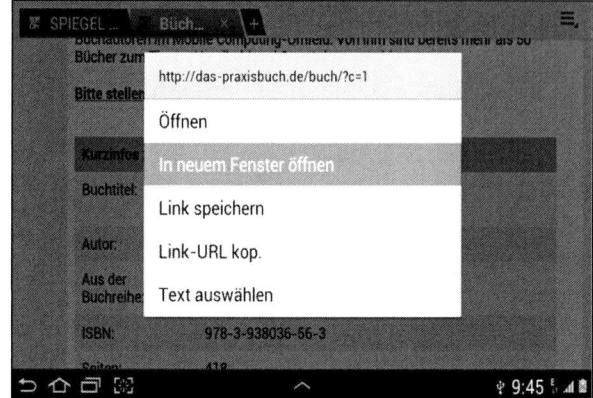

❶❷ Manchmal ist es sinnvoll, mehrere Browserfenster gleichzeitig offen zu haben. In diesem Fall tippen und halten Sie einen Finger über dem Link, bis das Popup-Menü erscheint. Wählen Sie dann *In neuem Fenster öffnen*.

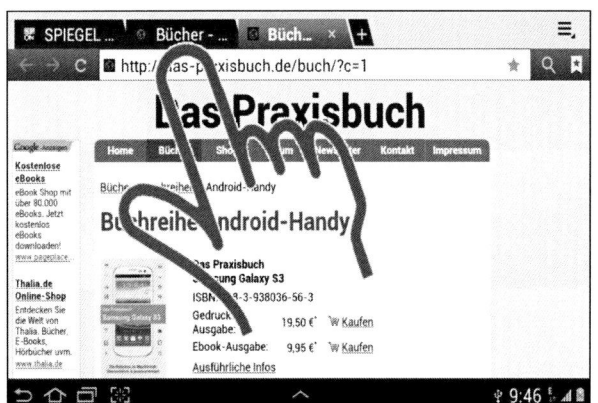 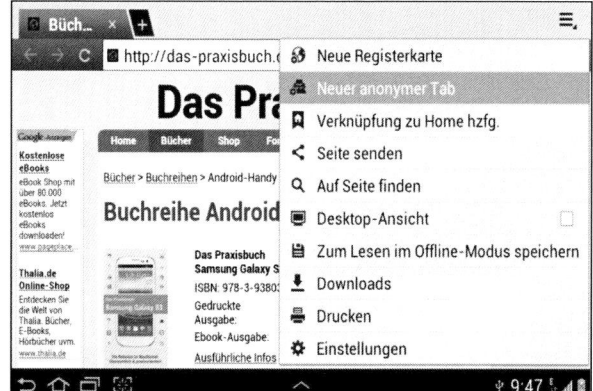

❶ Sie befinden sich jetzt im neu geöffneten Browserfenster (Browser-Tab). Um auf ein anderes Fenster zu wechseln, tippen Sie dessen Titel einfach an (Pfeil). Schließen Sie den Tab mit der ✕-Schaltleiste, während ➕ einen neuen Tab öffnet.

❷ Eine Besonderheit ist der Inkognito-Modus, den Sie über ☰/*Neuer anonymer Tab* aktivieren: In diesem Tab surfen Sie anonym, das heißt, der Browser speichert nach Verlassen des Inkognito-Tabs keine Daten und löscht von Websites angelegte Cookies.

> Es dürfen maximal 16 Browser-Tabs gleichzeitig geöffnet sein.

11.2 Lesezeichen

❶ Mit der ▯-Schaltleiste (Pfeil) gelangen Sie zu den Lesezeichen.

❷ Über die Register am oben Bildschirmrand (Pfeil) schalten Sie um zwischen:

- *Favoriten*: Ihre Lesezeichen, wovon einige bereits vordefiniert sind.
- *Verlauf*: Zuletzt besuchte Webseiten.
- *Gespeicherte Seiten*: Webseiten, die Sie lokal auf Ihrem Gerät gespeichert haben.

Tippen Sie ein Lesezeichen an, damit die zugehörige Webadresse im Browser geladen wird.

> Sobald ein Lesezeichen einmal geladen wurde, erscheint es in der Lesezeichenverwaltung mit Vorschaubild.

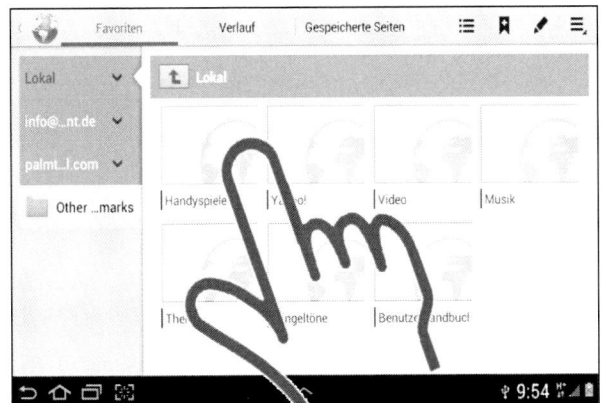 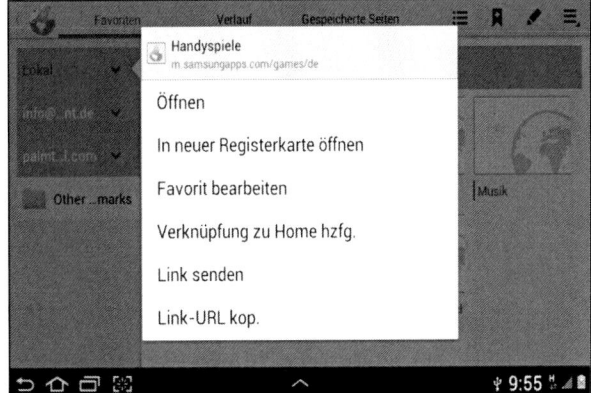

❶❷ Halten Sie den Finger über einem Lesezeichen für diese Funktionen gedrückt:

- *Öffnen*
- *In neuer Registerkarte öffnem*: In neuem Browserfenster laden.
- *Favorit bearbeiten*: Namen und Webadresse des Lesezeichens editieren.
- *Shortcut zu Home hzfg.*: Erstellt einen Schnellzugriff für das Lesezeichen auf dem Start-bildschirm.
- *Link senden*: Die angezeigte Webadresse über Bluetooth oder E-Mail (Google Mail) an je-mand anders senden.
- *Link-URL kop.*: Kopiert die Webadresse in die Zwischenablage, von wo man sie später in andere Anwendungen wieder einfügen kann.
- *Lesezeichen löschen*
- *Als Startseite festlegen*: Legt das Lesezeichen als Startseite fest, die automatisch beim Auf-ruf des Browsers geladen und angezeigt wird.

 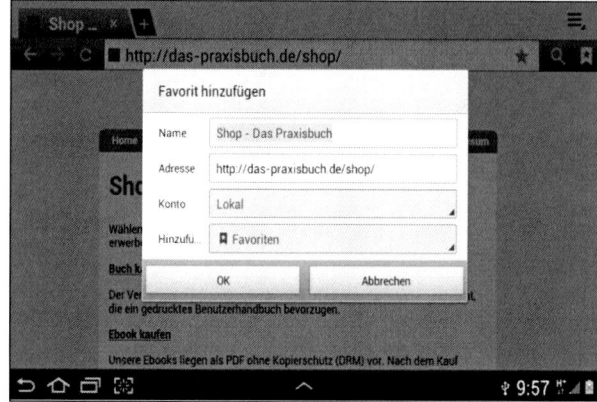

❶ So speichern sie ein Lesezeichen: Tippen Sie neben der Adresszeile ★ an.

❷ Anschließend geben Sie dem Lesezeichen noch einen Namen und betätigen *OK*.

Die Lesezeichen werden mit Ihrem Google-Konto synchronisiert, das heißt, wenn Sie sich auf einem anderen Android-Gerät bei Ihrem Google-Konto anmelden, sind dort im Browser Ihre Lesezeichen verfügbar. Wenn Sie dies nicht möchten, müssen Sie in Ihrem Google Konto (siehe Kapitel *14.1.2 Weitere Kontenfunktionen*) die Lesezeichen-Synchronisierung deaktivieren.

11.2.1 Schnellzugriff auf Verlauf und Lesezeichen

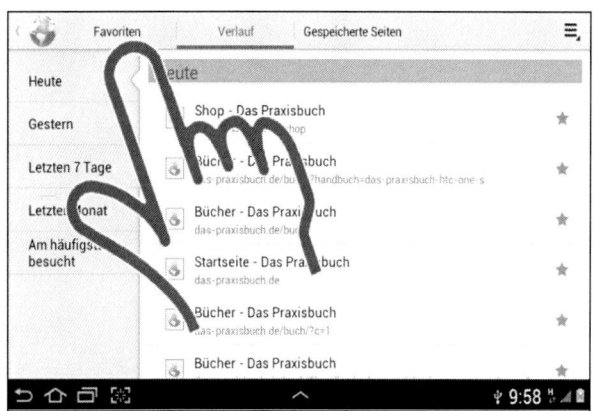 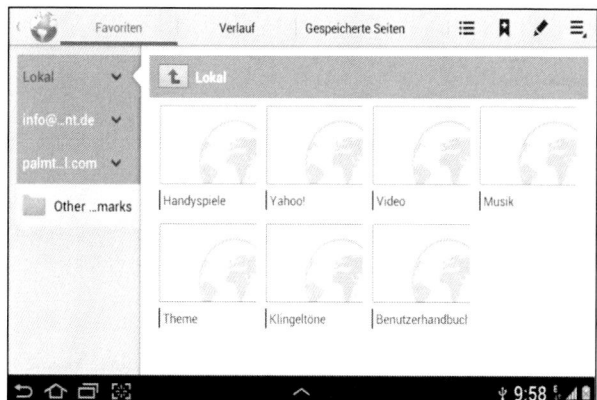

❶❷ Halten Sie die ⟲-Taste für einige Sekunden gedrückt, worauf der *Verlauf* mit den zuletzt angezeigten Webseiten erscheint. Aktivieren Sie das *Favoriten*-Register (Pfeil) für die gespeicherten Lesezeichen.

11.3 Dateien herunterladen

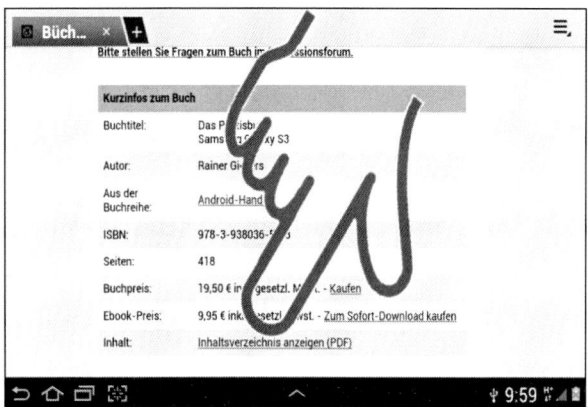 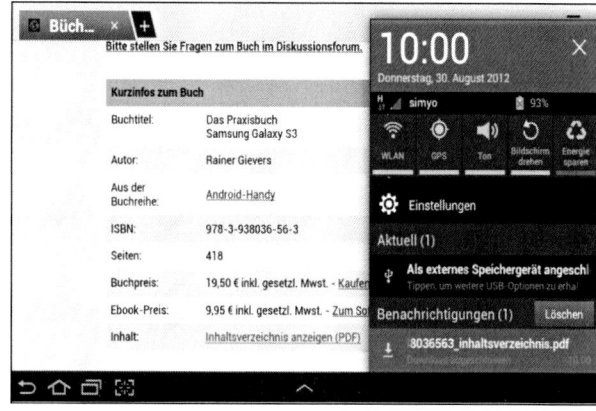

❶ Wenn Sie einen Link antippen, der auf eine Datei verweist, lädt der Browser diese automatisch herunter.

❷ Nach dem Download aktivieren Sie das Benachrichtigungsfeld und gehen auf die heruntergeladene Datei, welche dann im entsprechenden Anzeigeprogramm geöffnet und angezeigt wird.

Alle heruntergeladenen Dateien landen im Verzeichnis *\download* auf der Speicherkarte.

Sie können die heruntergeladenen Dateien auch in der *Downloads*-Anwendung aus dem Hauptmenü anzeigen.

11.4 Einstellungen

 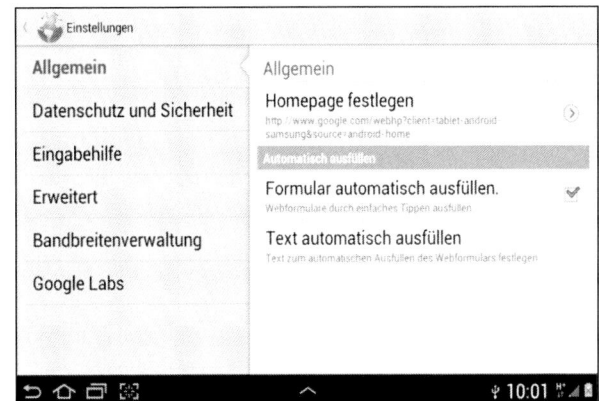

❶ Für die Browserkonfiguration gehen Sie auf ≡/*Einstellungen*.

❷ Die hier angebotenen Optionen:

Unter *Allgemein*:

- *Homepage festlegen*: Sie stellen hier ein, welche Webseite beim Browserstart als Startseite angezeigt wird.

- *Formular automatisch ausfüllen*: Tippen Sie in ein Webformular, das Sie bereits in der Vergangenheit mal ausgefüllt hatten, so schlägt der Browser die alte Eingabe vor, welche sich dann übernehmen lässt.

- *Text automatisch ausfüllen*: Die hier erfassten Texte mit Ihren Adressdaten schlägt der Browser automatisch vor, wenn Sie in ein passendes Eingabefeld tippen (zum Beispiel Adressfelder in einem Online-Shop). *Text automatisch ausfüllen* muss dafür aktiv sein.

Unter *Datenschutz und Sicherheit*:

- *Cache leeren*: Um den Aufbau der Webseiten zu beschleunigen, verwendet der Browser, ebenso wie der Internet Explorer oder Firefox auf dem Desktop-PC, einen Cache. Rufen Sie eine Webseite zum zweiten Mal auf, wird der Browser zuerst überprüfen, ob die bereits gespeicherte Seite im Cache aktuell ist und gegebenenfalls die Seite daraus laden und anzeigen. Sie können sich sicher vorstellen, dass somit das Surfen erheblich beschleunigt wird. Einen Nachteil hat der Cache allerdings auch: Die gespeicherten Seiten benötigen auf dem Galaxy Speicherplatz, der nicht mehr für andere Programme zur Verfügung steht. Ab und zu sollten Sie daher den Cache über das Menü löschen.

- *Verlauf löschen*: Die Adressen einmal besuchter Seiten speichert der Browser zwischen und zeigt sie dann als Auswahl an, wenn Sie eine ähnliche Webadresse in der Adresszeile angeben.

- *Sicherheitswarnungen anzeigen*: Manche Webseiten sind unsicher programmiert, beispielsweise, wenn von einer verschlüsselten Webseite unverschlüsselte Daten aus dem Web geladen werden. In solchen Fällen schlägt der Browser Alarm.

- *Cookies akzeptieren*: Wie bereits oben erwähnt, sind Cookies wichtig, damit man von Webseiten eindeutig zugeordnet werden kann. Insbesondere Websites, in die man sich über Login und Passwort einloggen kann, sowie Webshops, sind häufig auf Cookies angewiesen. Sie sollten also die Option *Cookies akzeptieren* nicht deaktivieren.

- *Alle Cookiedaten löschen*: Cookies sind Daten, die von Webseiten auf Ihrem Gerät abgelegt werden, um Sie bei einem späteren Besuch wiedererkennen zu können. Es dürfte nur sehr selten Sinn machen, die vom Browser angelegten Cookies zu löschen.

- *Formulardaten speichern*: In Eingabefeldern der Webseiten erfasste Texte, beispielsweise Suchanfragen auf der Google-Website, speichert der Browser zwischen. Wenn andere Personen Ihr Tablet ebenfalls nutzen, sollten Sie diese Funktion aus Vertraulichkeitsgründen deaktivieren.

- *Formulardaten löschen*: Löscht die zwischengespeicherten Formulardaten.

- *Standort aktivieren; Standortzugriff löschen*: Google kann für Suchanfragen Ihren aktuellen (GPS-)Standort auswerten. Dazu müssen Sie den *Standort aktivieren*.

- *Passwörter merken*: Konfiguriert, ob in Webformularen eingegeben Passwörter, zwischengespeichert und das nächste Mal automatisch eingefügt werden. Sofern das Galaxy von mehreren Personen genutzt wird, sollten Sie diese Option deaktivieren.

- *Passwörter löschen*: Es kann sinnvoll sein, zwischengespeicherte Passwörter ab und zu wieder zu löschen.

Unter *Eingabehilfe*:

- *Zoomen erzwingen*: Manche für Mobilgeräte optimierte Webseiten werden standardmäßig in einer auf das Gerät abgestimmten Größe geöffnet und ermöglichen dann eventuell keinen Zoom. Aktivieren Sie diese Option, um das Zoomen trotzdem auf allen Webseiten zu ermöglichen.

- *Textgröße; Text vergrößern u. verkleinern*: Relative Größe des angezeigten Textes (Standard: 100%). Am besten nicht verändern.

- *Zoom-Faktor bei zweimal Tippen*: Konfiguriert die Textgröße, wenn Sie zweimal hintereinander auf einen Bildschirmbereich tippen, um ihn zu vergrößern.

- *Minimale Schriftgröße*: Alle Texte zeigt der Browser in der Mindestschriftgröße an. Beachten Sie, dass durch eine andere Mindestschriftgröße bei vielen Webseiten das Layout durcheinander gerät.

- *Umgekehrtes Rendering; Kontrast*: Invertiert die Browserdarstellung. Alle Webseiten werden dann in Graustufen dargestellt. Ein Vorteil des Negativkontrastes ist die bessere Lesbarkeit von Webseiten. Außerdem erhöht der schwarze Bildschirmhintergrund die Akkubetriebsdauer. Je höher der *Kontrast*, desto weniger Graustufen stellt der Browser dar.

Unter *Erweitert*:

- *Suchmaschine auswählen*: Stellt die zu verwendende Suchmaschine ein.

- *Im Hintergrund öffnen*: In einem Tab geöffnete Webseiten werden im Hintergrund geöffnet. Zu den Tabs siehe Kapitel *11.1 Fenster (Tabs)*.

- *JavaScript aktivieren*: JavaScript, auch als »ECMA Script« bezeichnet, ist eine Programmiersprache, die in Webseiten eingebettet sein kann, um dort interaktive Funktionen zu realisieren. Dazu gehören zum Beispiel Eingabefeldprüfungen. Weil ansonsten viele Webseiten nicht mehr funktionieren, sollten Sie JavaScript immer aktiviert haben.

- *Plug-Ins aktivieren*: Über Plug-ins lassen sich die Browserfunktionen erweitern. Diese

Funktion ist nicht vom weiter Hersteller dokumentiert.

- *Website-Einstellungen*: Listet die Websites auf, die den Standortzugriff (GPS-Position des Galaxy wird an die Website übermittelt) nutzen. Dort können Sie die Standortzugriffe auch wieder entfernen.

- *Standardzoom*: Konfiguriert, wie stark der Browser eine Webseite vergrößert, wenn Sie sie zum ersten Mal laden.

- *Seiten im Überblick öffnen*: Deaktivieren Sie diese Option, wenn Sie es nicht möchten, dass der Browser neu geöffnete Webseiten als verkleinerte Vorschau anzeigt.

- *Seiten automatisch anpassen*: Der Browser passt alle Webseiten an die Bildschirmgröße des Galaxy an. Wenn Sie *Seiten automat. anpassen* deaktivieren, werden die Webseiten so wie auf einem Desktop-PC-Browser angezeigt.

- *Pop-ups blockieren*: Viele Websites öffnen Popup-Fenster, beispielsweise mit Werbung, wenn man sie besucht. Deshalb werden Popup-Fenster standardmäßig blockiert.

- *Textcodierung*: Sofern in einer Webseite nicht angegeben ist, welcher Zeichensatz für die Anzeige zu verwenden ist, können Sie diese hier festlegen. Sie sollten die Textcodierung besser nicht ändern.

- *Auf Standardwerte zurücksetzen*: Löscht alle Browserdaten, darunter Cookies, Lesezeichen und gespeicherte Formulardaten. Auch die Browsereinstellungen werden gelöscht.

Unter *Bandbreitenverwaltung*:

- *Suchergebnisse vorladen*: Wenn Sie die Google-Suche verwenden, versucht der Browser zu erraten, welche Seite Sie als nächstes aufrufen könnten und lädt diese bereits im Hintergrund. Für Sie hat dies eine schnelleren Seitenaufruf zur Folge. Beachten Sie allerdings den erhöhten Datentransfer, der dadurch entsteht.

- *Bilder laden*: Hierüber können Sie festlegen, ob in Webseiten eingebettete Bilder angezeigt werden. Bilder stellen ca. 80 Prozent des Datenvolumens beim Websurfen dar. Insbesondere bei Mobilfunkverbindungen kann es sich deshalb lohnen, die Bilderanzeige zu deaktivieren, um einen schnelleren Seitenaufbau zu erhalten.

Unter *Google Labs*:

- *Schnellsteuerungen*: Mit dem Finger lässt sich ein Popup aktivieren, über das viele Browserfunktionen direkt erreichbar sind.

- *Google Instant*: Schon während der Eingabe eines Begriffs in der Google-Suchmaschine zeigt der Browser bereits Ergebnisse an (so wie auf dem Desktop-PC). Zu beachten ist allerdings die große Datenmenge, die dabei übertragen wird, weshalb *Google Instant* bei langsamen Mobilfunkverbindungen deaktiviert bleiben sollte.

❶❷ Haben Sie *Schnellsteuerungen* in ☰*/Einstellungen/Google Labs* aktiviert, so blendet der Browser die Adressleiste aus. Um Funktionen auszulösen müssen Sie dann mit dem Finger auf den rechten oder linken Rand drücken, worauf die Schnellsteuerung erscheint.

11.5 Lesezeichen-Widget

 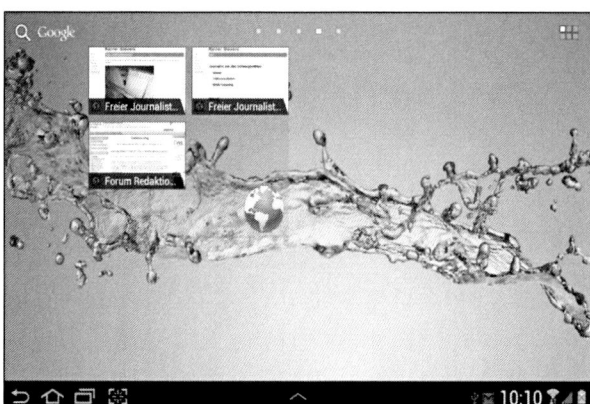

❶❷ Der schnelle Aufruf von Lesezeichen aus dem Startbildschirm ist über einen *Lesezeichen-*Schnellzugriff, beziehungsweise das *Favoriten 2 x 2*-Widget möglich. Wie Sie diese auf dem Startbildschirm anlegen, erfahren Sie im Kapitel *3.7.2 Widgets*.

11.6 Lesezeichen von Google Chrome an das Galaxy senden

Sofern Sie den Google Chrome-Webbrowser auf dem PC/Notebook einsetzen, können Sie die dort gerade angezeigte Webadresse an den Galaxy-Browser senden. Damit dies funktioniert, müssen Sie auf dem PC/Notebook ein sogenanntes Plugin für Google Chrome installieren, während auf dem Galaxy Tab die Installation der Software »Google Chrome to Phone« nötig ist.

Anwendungsbeispiel: Sie lesen gerade eine interessante Webseite oder schauen sich gerade ein Youtube-Video am PC an. Ihr Galaxy Tab haben Sie im Wohnzimmer liegen. Senden Sie nun einfach die Webadresse an Ihr Tablet und Sie können nun bequem im Wohnzimmersessel in der Webseite weiterlesen, beziehungsweise das Video weiter ansehen.

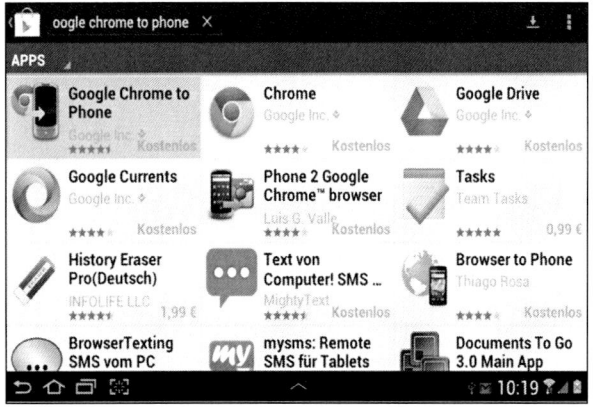 

❶❷ Suchen Sie im Google Play Store (siehe Kapitel *27.1 Play Store*) nach »*Google Chrome to Phone*« und installieren Sie es.

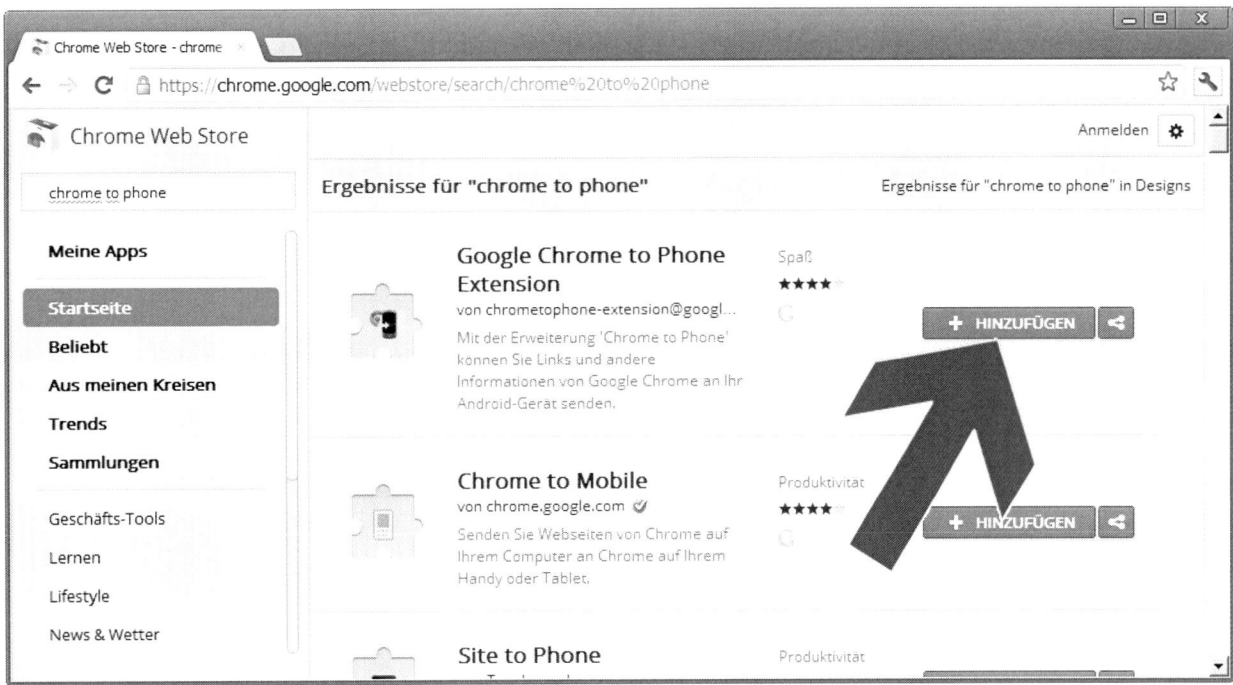

Sie müssen jetzt noch eine Browser-Erweiterung installieren: Rufen Sie im Chrome-Browser die Webadresse *chrome.google.com/extensions* auf und suchen Sie nach »*chrome to phone*«. Klicken Sie anschließend in den Suchergebnissen hinter *Google Chrome to Phone Extension* auf *HINZUFÜGEN*.

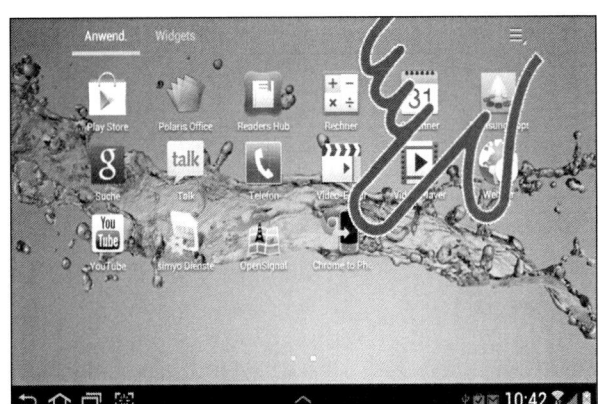 

❶ Starten Sie *Chrome to Phone* aus dem Hauptmenü des Galaxy Tab.

❷ Betätigen Sie *Weiter*.

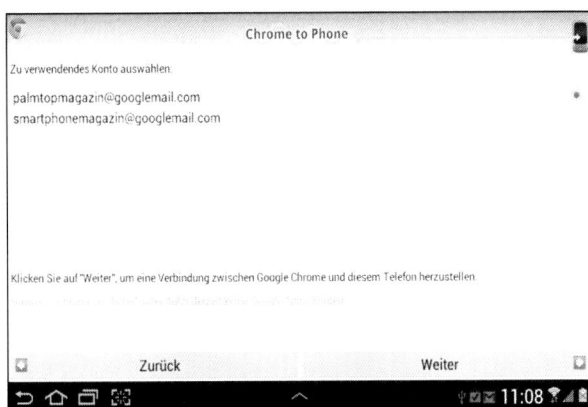 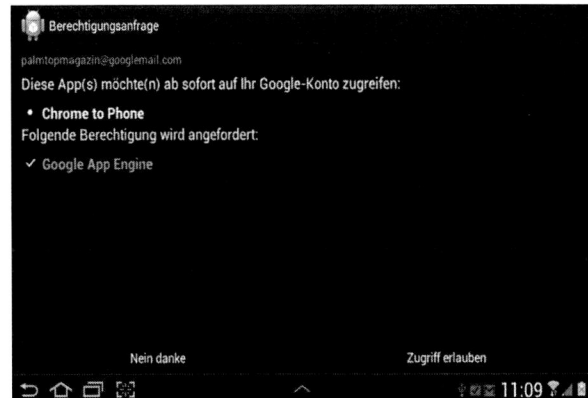

❶ Wählen Sie das Google-Konto aus (zu den Google-Konten siehe auch Kapitel *14.1 Das Google-Konto*) und betätigen Sie *Weiter*.

❷ Gehen Sie im folgenden Bildschirm auf *Zugriff erlauben*.

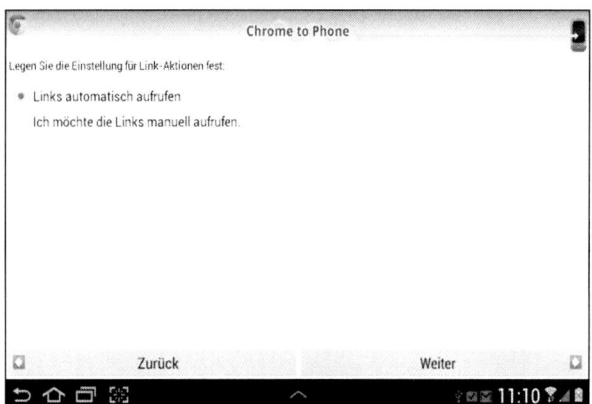 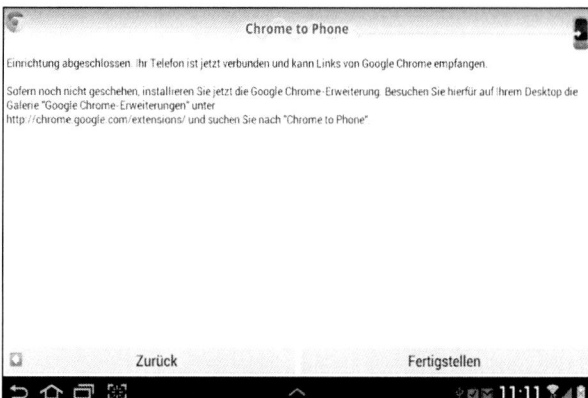

❶ Stellen Sie zum Schluss noch ein, ob übertragene Links automatisch im Browser angezeigt werden, oder Sie diese von Hand aufrufen möchten.

❷ Schließen Sie den Einrichtungsassistenten mit *Fertigstellen*.

Klicken Sie im Chrome-Browser oben rechts neben der Adresszeile auf das Handy-Symbol und dann im Popup auf *Anmelden*. Sie werden zur Google-Konto-Seite weitergeleitet, wo Sie sich mit Ihrem Google-Konto anmelden.

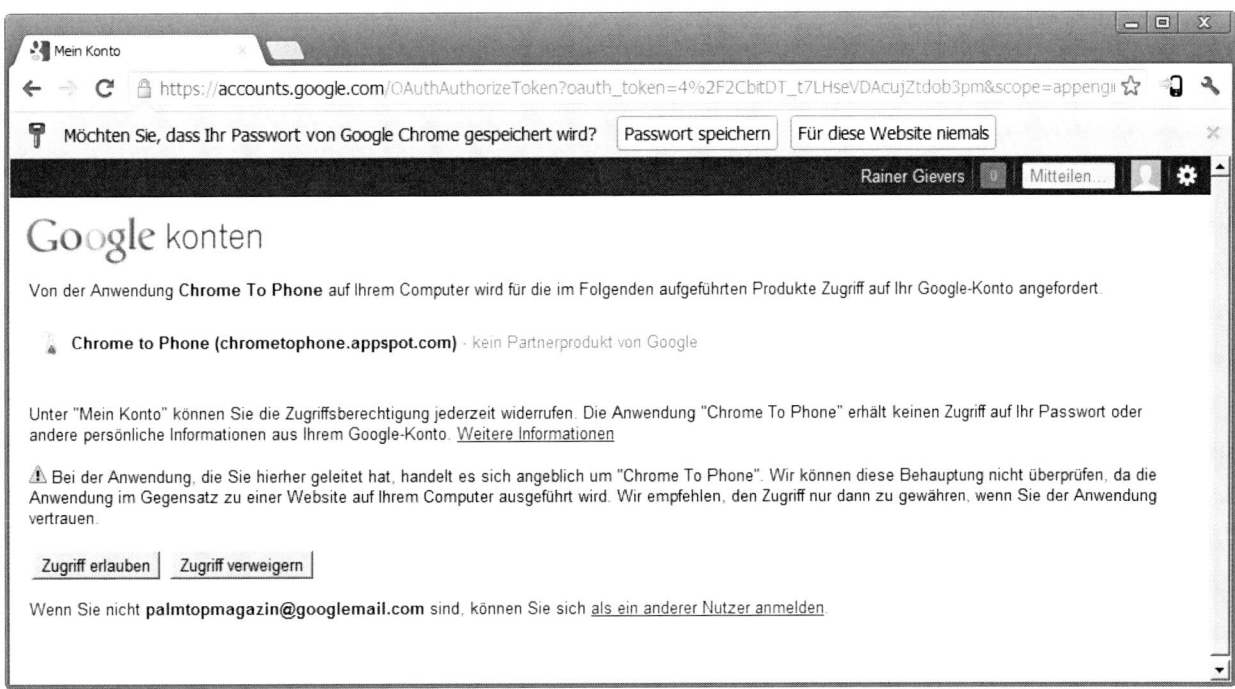

Klicken Sie auf *Zugriff erlauben*.

Laden Sie jetzt einmal testweise eine Webadresse und klicken Sie auf das Handy-Symbol. Nach einigen Sekunden startet der Galaxy-Browser und zeigt die Webadresse an.

Weitere von Chrome to Phone unterstützte Funktionen:

- Angezeigte Google Maps-Karte (*maps.google.com*): Karte in Google Maps öffnen (das Galaxy Tab fragt nach, ob die Karte im Browser oder Google Maps zu öffnen ist, wovon Sie letzteres wählen).

- Telefonnummer: Markieren Sie vorher eine Telefonnummer in einer Webseite. Die Telefonoberfläche startet auf dem Galaxy und zeigt die Rufnummer an, welche Sie anrufen können. Leider funktioniert dies nicht, wenn Trennzeichen wie »/« in der Rufnummer enthalten sind.

- Link: Betätigen Sie die rechte Maustaste über einem Link und rufen Sie *Chrome to Phone* im Popup-Menü auf. Der Galaxy-Browser öffnet den Link.

- Markierter Text: Markieren Sie einen Textbereich in einer Webseite (mit gedrückter linker Maustaste über den Text ziehen). Der Textbereich landet in der Zwischenablage des Galaxy und lässt sich beispielsweise in Anwendungen wie Google Mail in einer neuen Nachricht einfügen (zur Zwischenablage siehe Kapitel *28.4 Texte kopieren, ausschneiden und einfügen*).

11.7 Alternative Webbrowser

Klar, der auf dem Galaxy Tab 2 vorinstallierte Webbrowser ist ziemlich gut – es gibt aber im Play Store mit Opera Browser, Firefox und Chrome mehrere interessante Alternativen, die man ruhig einmal ausprobieren sollte, wenn man das Web häufiger nutzt.

Insbesondere, wenn Sie bereits die Desktop-Versionen dieser Browser nutzen, kann es interessant sein, die jeweilige Mobilversion auf dem Tablet zu haben, da die Möglichkeit besteht, zwischen Desktop-PC und Mobilgerät die Lesezeichen und Browsereinstellungen untereinander abzugleichen. Wie Sie dies bewerkstelligen, soll Thema der folgenden Kapitel sein.

11.7.1 Google Chrome Browser

Sie finden Google Chrome unter »*chrome*« im Play Store.

Beim ersten Start stimmen Sie den Geschäftsbedingungen zu. Sofern Sie mehrere Google-Konten auf dem Gerät aktiv haben, wählen Sie anschließend das Google-Konto aus, mit dem die Lesezeichen synchronisiert werden sollen und betätigen *Anmelden*.

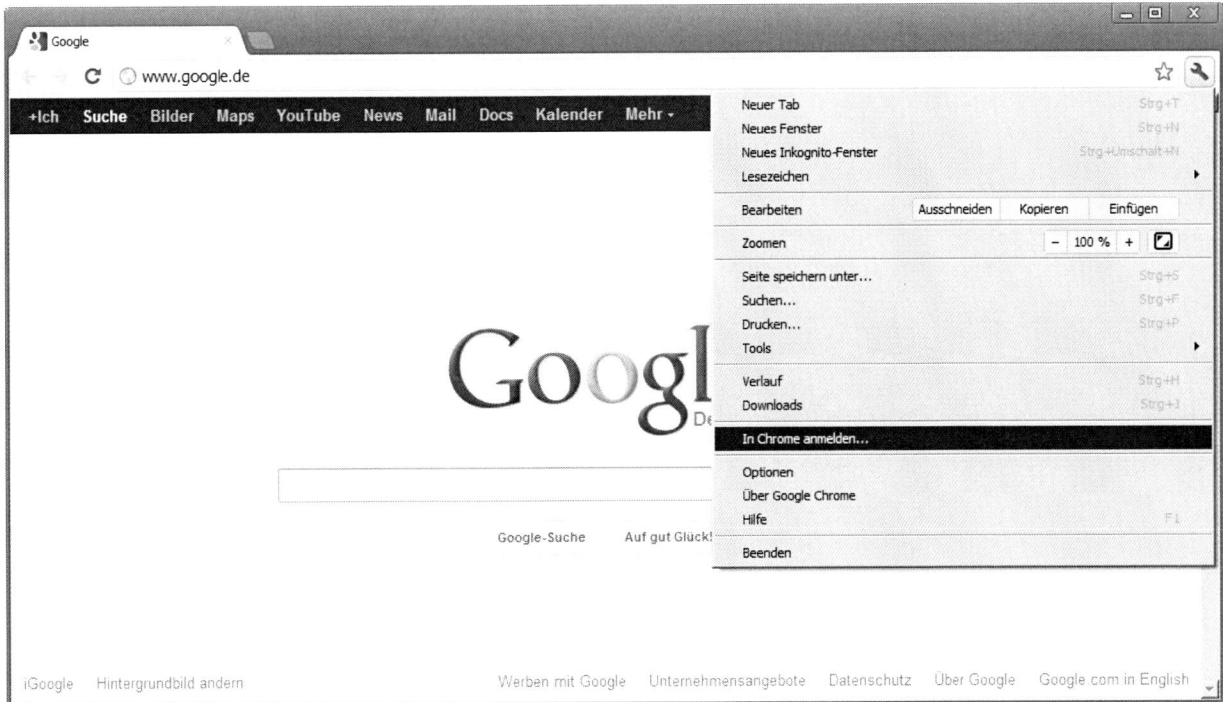

Auf dem PC klicken Sie im Chrome-Webbrowser oben rechts auf 🔧 für das Menü und gehen dort auf *In Chrome anmelden* – wenn Sie bereits angemeldet sind, erscheint als Menüeintrag stattdessen *Angemeldet als xyz@googlemail.com.*

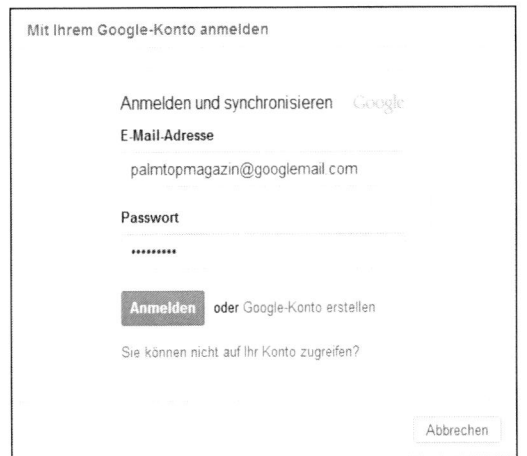

Melden Sie sich mit Ihren Google-Kontodaten an (dem gleichen Google-Konto wie bei Chrome auf dem Tablet).

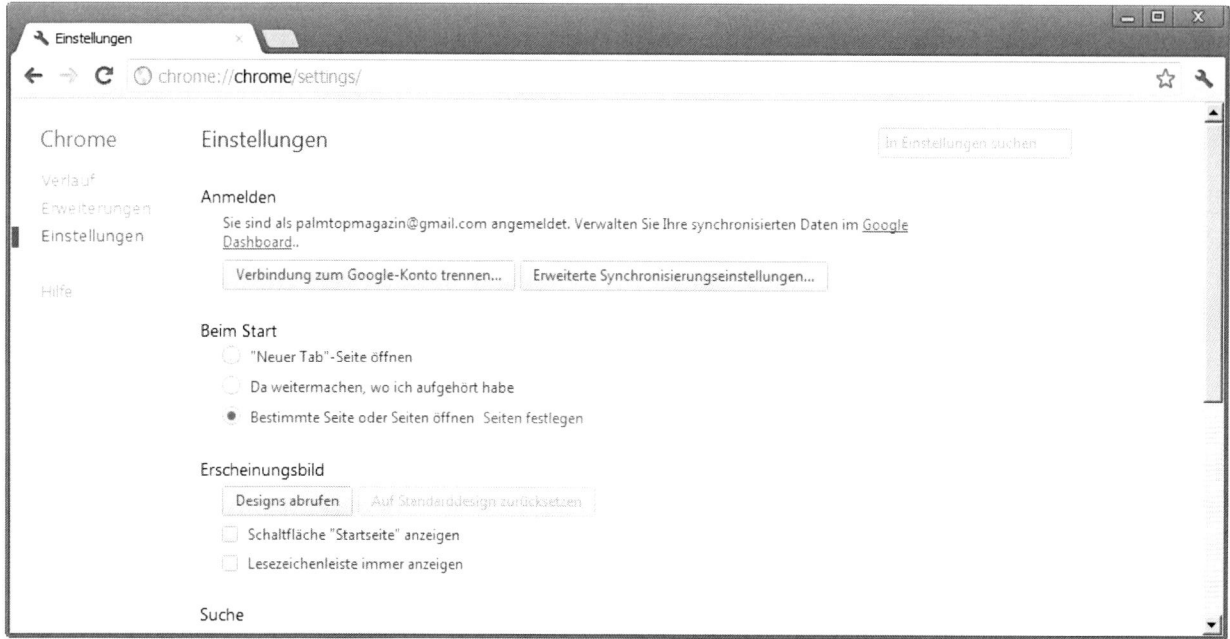

Für die Feineinstellung klicken Sie auf *Erweiterte Synchronisierungseinstellungen...*

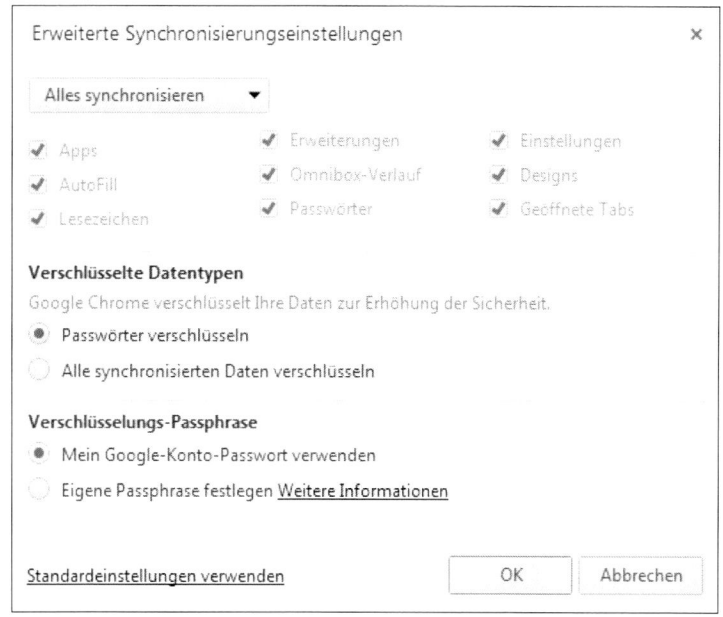

... stellen Sie dann das oberste Auswahlmenü von *Alles synchronisieren* auf *Auswahl synchronisieren* und deaktivieren Sie bei den nicht abzugleichenden Chrome-Funktionen die Abhakkästchen. Schließen Sie den Dialog dann mit *OK.*

Wir empfehlen, keine der Chrome-Funktionen zu deaktivieren, beziehungsweise nur solche Funktionen zu deaktivieren, bei denen Sie sicher sind, dass Sie sie nicht brauchen. Es ist natürlich möglich, über das ⚲/*Angemeldet als xyz@googlemail.com*-Menü jederzeit diese Synchronisation zu ändern, beziehungsweise auszuschalten.

 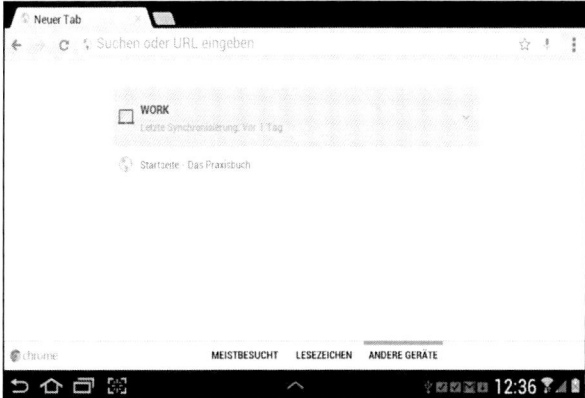

❶ Praktisch: Neben den Lesezeichen und anderen Daten synchronisiert der Chrome-Browser auf dem Tablet auch die gerade auf dem PC-Chrome-Browser angezeigten Tabs. Gehen Sie dafür einfach auf ⋮/*Sonstige Geräte*.

❷ Betätigen Sie die oberste Schaltleiste, die den Hinweis *Letzte Synchronisierung* damit die aktuellen Tabs aus dem Google-Konto geladen werden.

❶❷ Antippen eines der aufgelisteten Tabs lädt die entsprechende Webseite.

11.7.2 Opera-Browser

Den Opera-Browser finden Sie unter »*opera mobile web browser*« im Play Store.

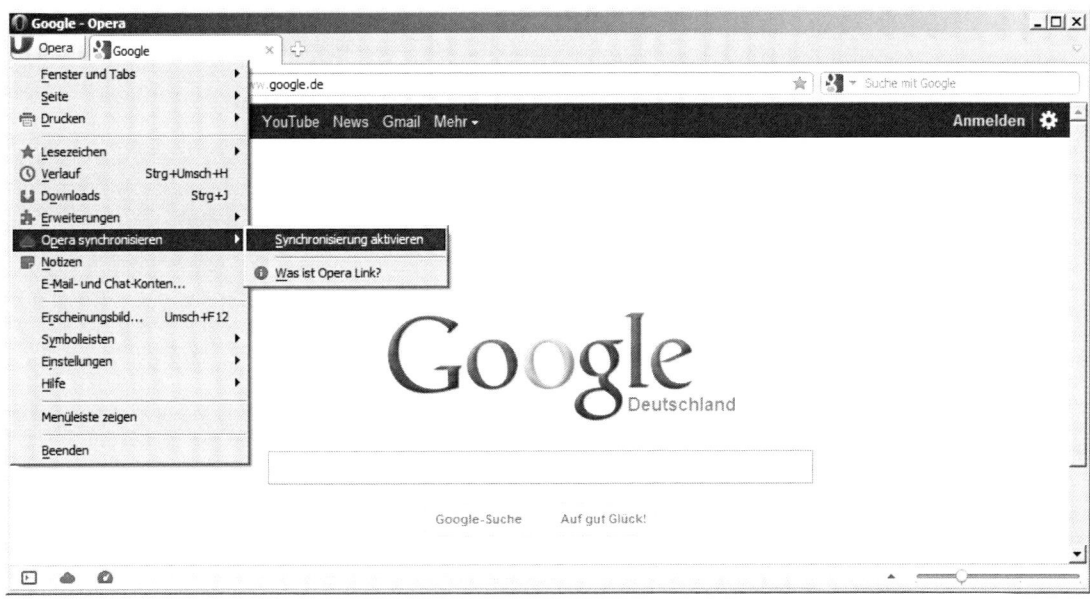

Rufen Sie den Opera-Browser auf dem PC auf. Mit einem Klick auf *Opera* oben links aktivieren

Sie das Menü, worin Sie auf *Opera synchronisieren/Synchronisierung aktivieren* gehen.

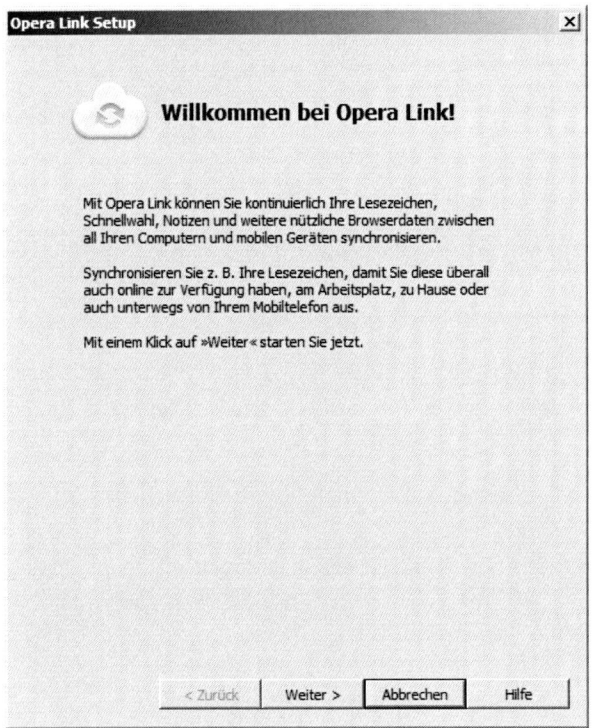 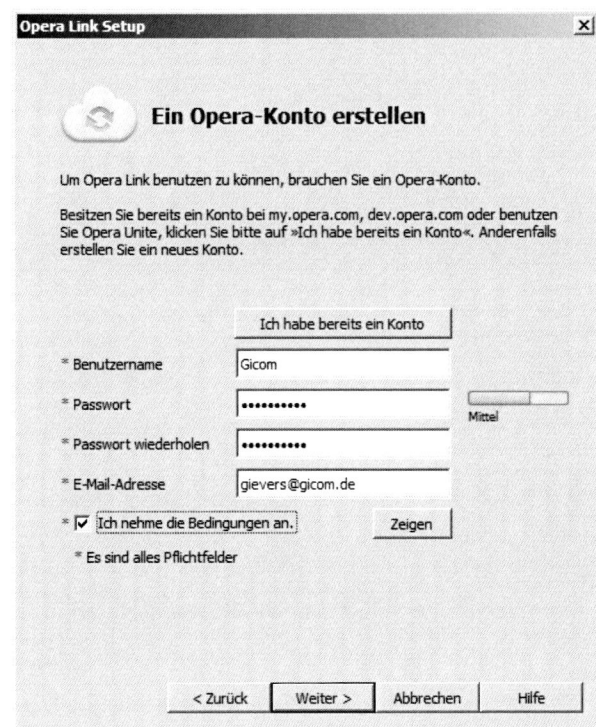

❶ Betätigen Sie *Weiter*.

❷ Geben Sie die erforderlichen Anmeldedaten ein und klicken Sie *Weiter*.

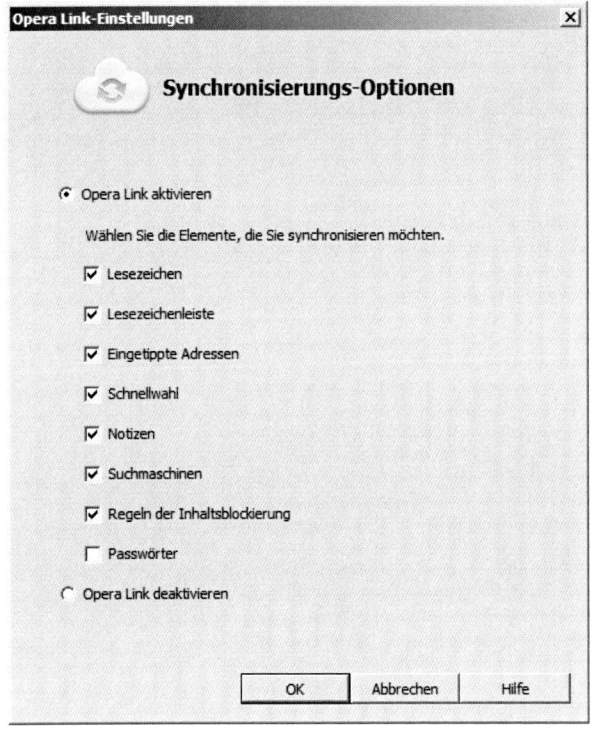

Zum Schluss wählen Sie aus, welche Browser-einstellungen auf dem Opera-Server in Ihrem Konto gespeichert werden. Mit *Fertig* schließen Sie die Konfiguration ab.

❶ Im Opera-Browser auf dem Tablet gehen Sie oben links auf das *Opera*-Symbol für das Menü, worin Sie *Einstellungen* auswählen.

❷ Gehen Sie auf *Opera Link*.

❶❷ Schließen Sie den folgenden Dialog mit *OK* und gehen Sie auf *Ich habe ein Konto*.

Nach Eingabe Ihres Opera-Konto-Logins schließen Sie mit *Anmelden* den Vorgang ab. Die Lesezeichen werden nun automatisch zwischen PC- und Tablet-Version des Browsers synchronisiert.

❶❷ Die Lesezeichen des Galaxy Tab zeigt der Browser an, indem Sie das Opera-Symbol oben links antippen. Gehen Sie dann auf *Android-Lesezeichen*.

11.8 Mozilla Firefox

Für die Synchronisation der Firefox-Lesezeichens vom PC/Notebook rufen Sie zuerst auf dem PC im Firefox-Browser *Extras/Sync einrichten* auf. Klicken Sie dann auf *Neues Benutzerkonto anlegen* und erfassen Sie Login- und Kennwort.

 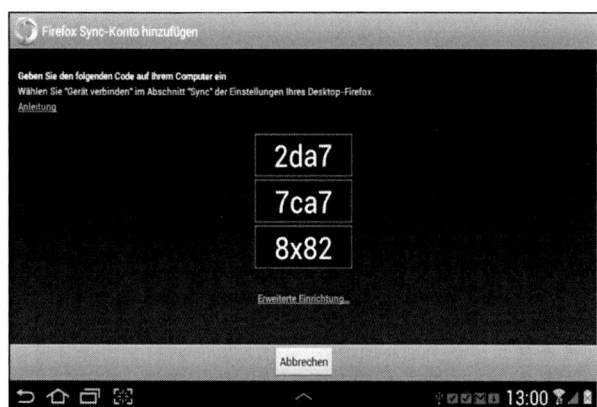

❶ Bei Firefox tippen Sie beim ersten Start auf *Richten Sie Firefox-Sync ein*.

❷ Die angezeigten Zahlen müssen Sie nun auch im PC-Webbrowser eingeben...

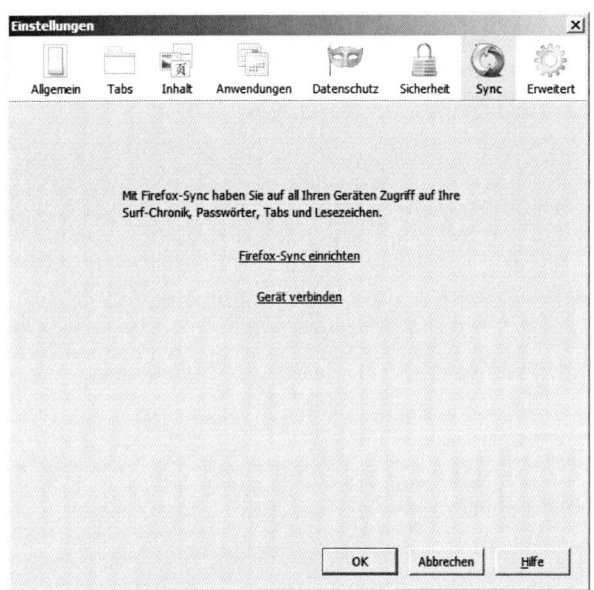 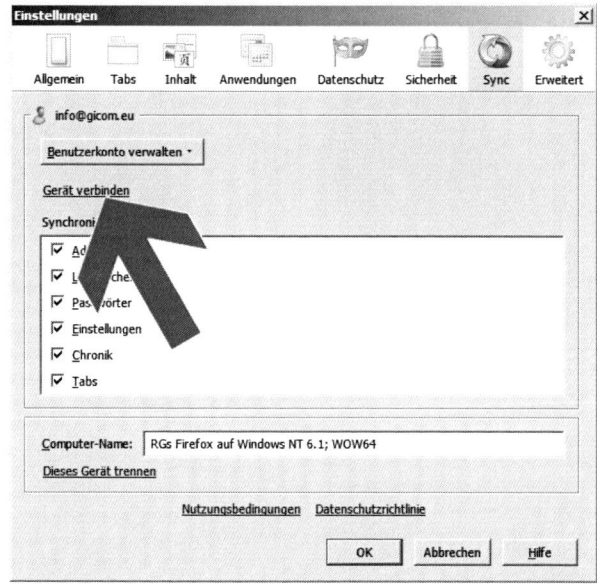

❶ ... Rufen Sie dazu *Extras/Einstellungen* auf und aktivieren Sie das *Sync*-Register, worin Sie auf *Firefox-Sync einrichten* gehen. Klicken Sie auf *Neues Benutzerkonto anlegen,* erfassen Sie Ihre Login-Daten und klicken *Weiter*.

❷ Klicken Sie auf *Gerät verbinden* (Pfeil).

Geben Sie den im mobilen Firefox angezeigten Code ein und betätigen Sie *Weiter*. Damit ist die Synchronisation konfiguriert.

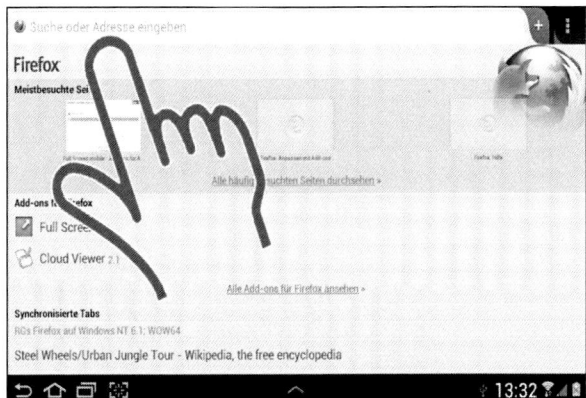 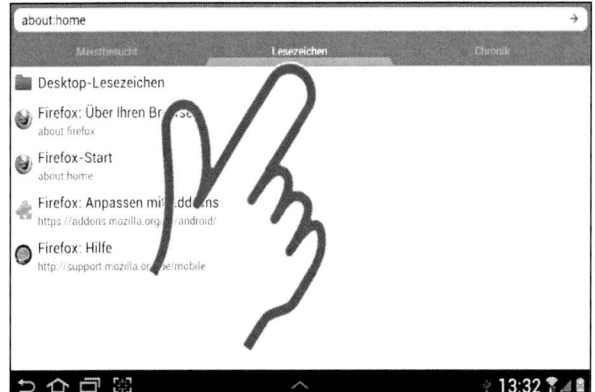

❶ Für die Lesezeichen tippen Sie im mobilen Firefox in die Adresszeile und aktivieren Sie dann das *Lesezeichen*-Register. Dort finden Sie die Lesezeichen Ihres PC-Firefox unter *Desktop-Lesezeichen*.

12. Google Mail

Google Mail ist ein kostenloser E-Mail-Dienst, der über eine bequeme Web-Oberfläche genutzt werden kann. Besuchen Sie mit Ihrem Webbrowser auf dem PC die Webadresse *mail.google.com* für weitere Informationen und zur Neuregistrierung.

Im Gegensatz zu Mail-Programmen auf dem PC synchronisiert die Google Mail-Anwendung alle Nachrichten mit der Google Mail-Weboberfläche. Das heißt, Sie haben sowohl online, als auch auf dem Gerät, immer den gleichen Nachrichtenstand. Beachten Sie aber, dass einige Funktionen der Weboberfläche auf dem Gerät selbst nur eingeschränkt zur Verfügung stehen.

Bevor die Google Mail-Anwendung genutzt werden kann, muss der Internetzugang wie im Kapitel *7 Internet einrichten und nutzen* beschrieben, konfiguriert sein. Für Google Mail müssen Sie auf dem Gerät erst ein Google-Konto einrichten, was Kapitel *14.1 Das Google-Konto* erläutert.

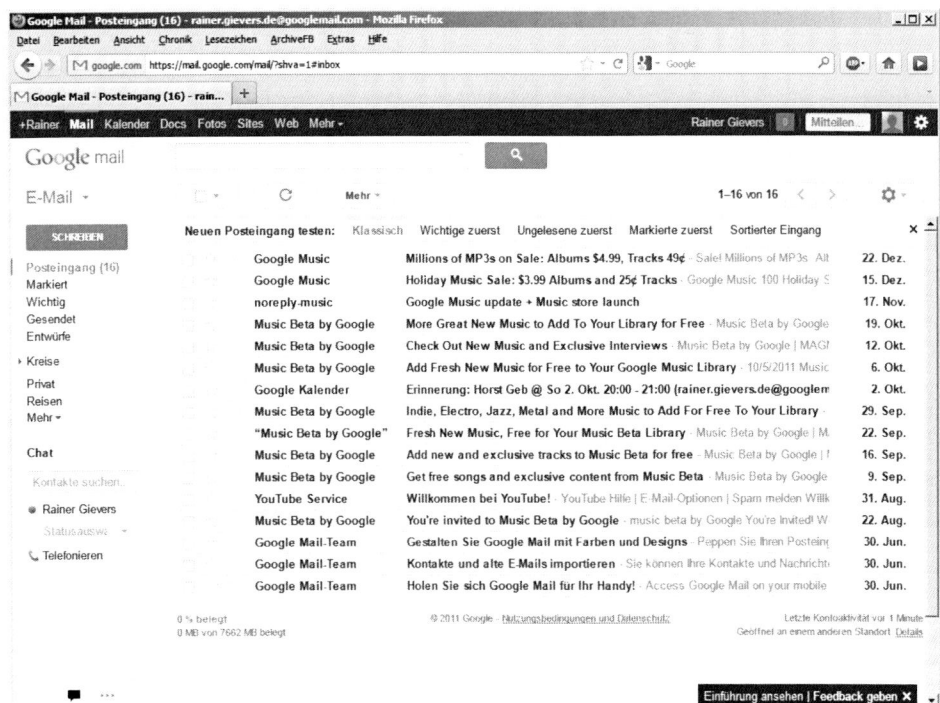

Die Weboberfläche von Google Mail im PC-Webbrowser.

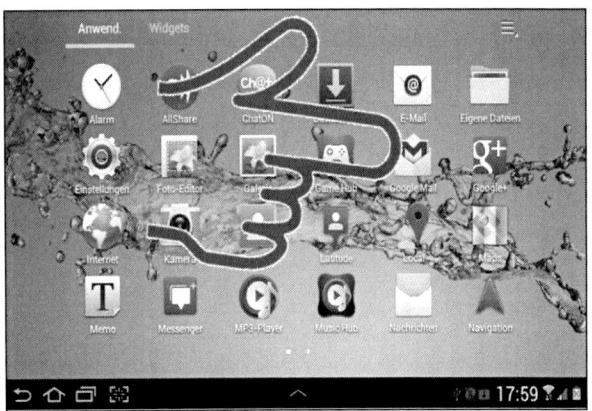

Sie starten *Google Mail* aus dem Hauptmenü.

12.1 Google Mail in der Praxis

12.1.1 E-Mails abrufen

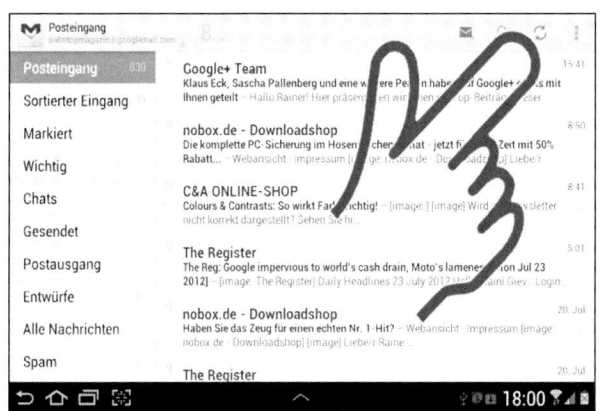 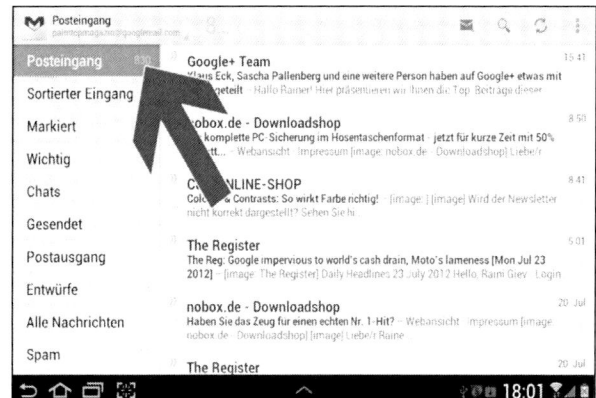

❶ Für die Synchronisierung der E-Mails in der Google Mail-Anwendung mit dem E-Mail-Konto gehen Sie auf ⟳ (Pfeil).

❷ Eine Zahl am oberen Bildschirmrand hinter *Posteingang* (Pfeil) informiert über die Anzahl der noch ungelesenen Nachrichten.

> Die Google Mail-Anwendung arbeitet speicheroptimiert, das heißt beim Blättern in der Nachrichtenauflistung lädt sie automatisch die als nächstes anzuzeigenden Mails nach. Dies kann bei einer langsamen Internetverbindung oder schnellem Blättern manchmal einige Sekunden dauern. Sie sehen dann »*Konversationen werden geladen*«.

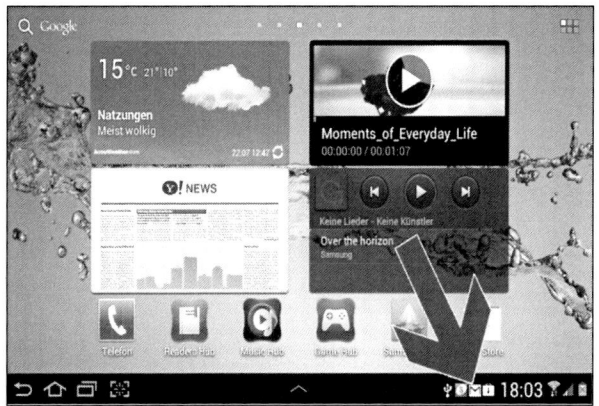 

❶ Alternativ können Sie sich die neuen E-Mails auch auf einem weiteren Wege anzeigen: Wenn neue Nachrichten vorliegen, erscheint in der Systemleiste ein ✉-Symbol (Pfeil).

❷ Öffnen Sie das Benachrichtigungsfeld (siehe dazu auch Kapitel *3.7.6 Titelleiste und Benachrichtigungsfeld*) und tippen Sie auf den E-Mail-Betreff, worauf die betreffende Nachricht angezeigt wird.

❶ Alle noch ungelesenen Nachrichten erscheinen in der Auflistung auf der rechten Seite in Fettschrift. Tippen Sie nun eine Nachricht an, die Sie lesen möchten.

❷ Enthält ein Nachrichtentext Bilder, so können Sie sie mit der *Bilder anzeigen*-Schaltleiste aktivieren. Tippen Sie den dann folgenden Hinweis *Bilder von diesem Absender immer anzeigen* an, damit die Bilder dann in jeder Mail des selben Absenders sichtbar sind.

 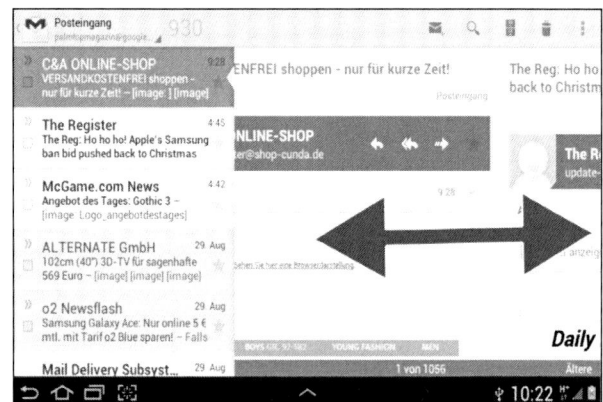

❶ Die Bedeutung der Schaltleisten am oberen Bildschirmrand (Pfeil):

- ↰: Nachricht beantworten.

- ↞ : Sofern die E-Mail mehrere Empfänger enthält, können Sie Ihre Antwort-Nachricht an alle Empfänger senden. Wir raten davon aber ab, weil dies unter Umständen zu peinlichen Situationen führen kann, beispielsweise, wenn ein Kunde die interne Kommunikation eines Unternehmens zugesandt bekommt.

- ↱ : Nachricht an einen weiteren Empfänger weiterleiten.

- ☆ : Nachricht mit einem »Stern« markieren. Siehe dazu Kapitel *12.2.7 Markierungen*.

❷ Über *Neuere* und *Ältere* am unteren Bildschirmrand können Sie zur nächsten beziehungsweise vorherigen Nachricht, umschalten. Alternativ ziehen Sie mit angedrückten Finger nach links/rechts, um zur nächsten älteren/neueren Nachricht zu blättern.

12.1.2 Absender ins Telefonbuch aufnehmen

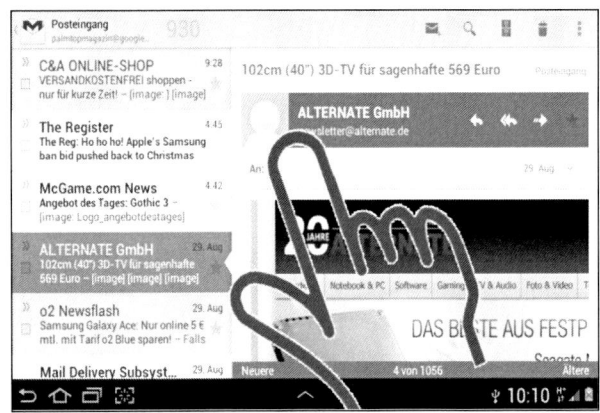 

❶ Tippen Sie das Symbol links neben dem Absendernamen an (Pfeil).

❷ Sie können nun die E-Mail-Adresse mit *Vorhandene aktualisieren* einem bereits im Telefonbuch vorhandenem Kontakt zuweisen, oder durch Betätigen der *Kontakt erstellen*-Schaltleiste einen neuen Kontakt erstellen.

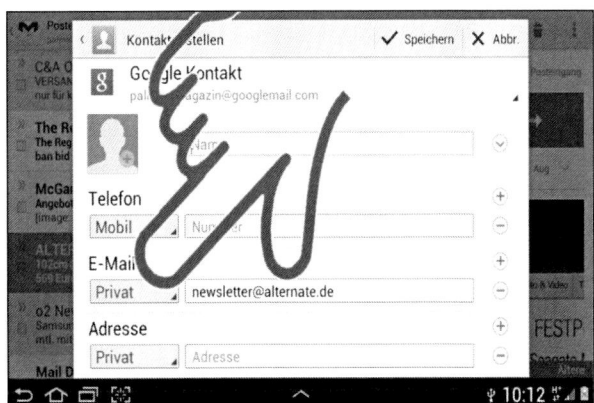 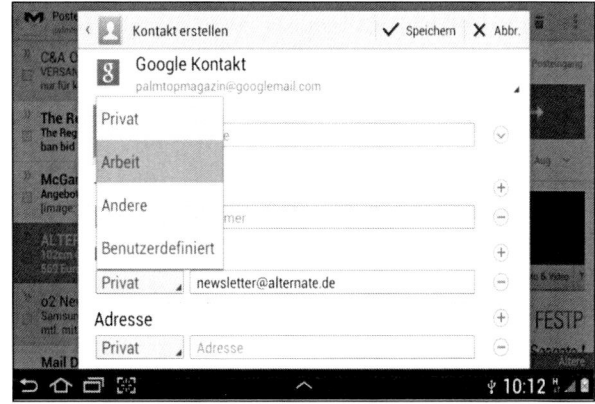

❶❷ Als Kontakttyp sollten Sie Ihr Google-Konto auswählen, sofern dieses im Eingabebildschirm nicht bereits voreingestellt ist (weiteres zum Google-Konto erfahren Sie im Kapitel *14.1 Das Google-Konto*). Das Telefonbuch unterstützt pro Kontakt mehrere E-Mail-Adresstypen. Wählen Sie eine davon bei Bedarf über die Schaltleiste aus (Pfeil), bevor Sie den Kontakt mit *Speichern* speichern.

12.1.3 Dateianlagen

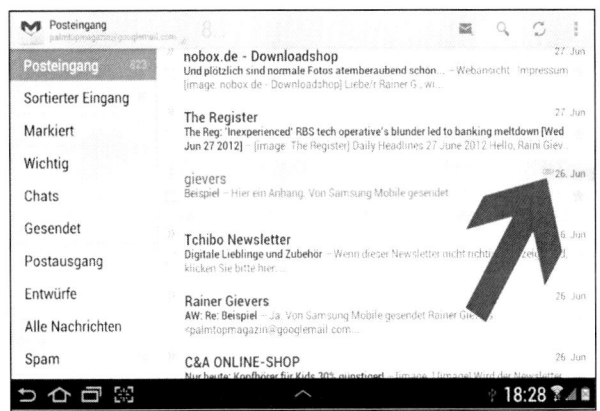

Nachrichten mit Dateianlagen erkennen Sie jeweils am ⊜-Symbol (Pfeil) in der Nachrichtenauflistung.

❶❷ Bild-Dateianlagen zeigt Google Mail in einer Vorschau an. Betätigen Sie *ANZEIGEN*, beziehungsweise *SPEICHERN*.

Gespeicherte Dateianlagen landen im Verzeichnis *\download*.

12.1.4 Labels

Labels haben bei Google Mail die gleiche Funktion wie Ordner. Deshalb werden auch die klassischen E-Mail-Ordner *Postausgang*, *Entwürfe*, *Gesendet*, usw. bei Google Mail als »Label« bezeichnet. Man darf einer Mail auch mehrere Labels gleichzeitig zuweisen.

❶ E-Mails eines Labels zeigen Sie an, indem Sie eines der Labels auf der linken Seite antippen (falls Sie gerade eine E-Mail angezeigt haben, müssen Sie zuvor mit der ⮌-Taste zur Label-Anzeige zurückkehren).

Die verfügbaren Labels:

- *Posteingang*: Alle empfangenen Nachrichten.

- *Markiert*: Der »Markiert«-Status kann Nachrichten oder Konversationen zugewiesen werden. Siehe dazu auch Kapitel *12.2.7 Markierungen*.

- *Chats*: Auf die Chat-Funktion geht dieses Buch nicht ein.

- *Gesendet*: Versandte Nachrichten.

- *Postausgang*: Zum Versand bereitstehende Nachrichten.

- *Entwürfe*: Nachrichten, die bereits vorbereitet, aber noch nicht versandt wurden.

- *Alle Nachrichten*: Zeigt alle Mails sortiert als sogenannte Konversationen an.

- *Spam*: Als Spam erkannte Mails.

- *Papierkorb*: Von Ihnen gelöschte Mails.

- *Arbeit, Belege, Privat, ...*: Vordefinierte Labels von Ihnen oder Google Mail.

Tippen Sie ein Label, deren zugeordneten E-Mails Sie ansehen möchten, an.

❷ In welchem Ordner/Label Sie sich gerade befinden, erfahren Sie oben links im Bildschirm (Pfeil).

> Auf die Funktion der einzelnen Ordner, beziehungsweise Labels, gehen die folgenden Kapitel ein.

12.1.5 E-Mails beantworten

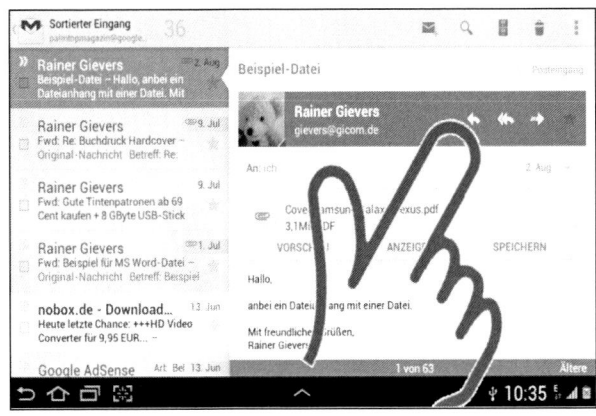 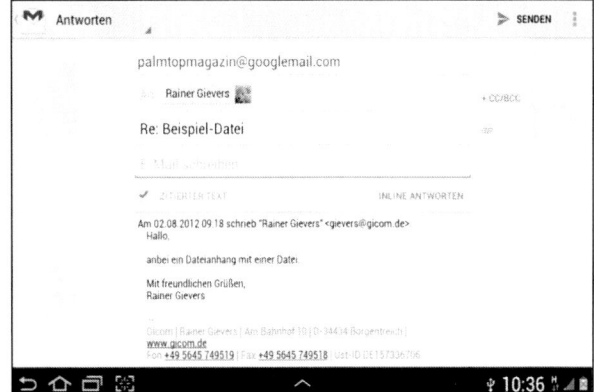

❶ Zum Beantworten einer gerade angezeigten E-Mail betätigen Sie einfach die ↰-Schaltleiste (Pfeil).

❷ Geben Sie nun den Nachrichtentext ein und betätigen Sie *SENDEN*. Es erscheint dann für einige Sekunden der Hinweis »*Nachricht wird gesendet*«, während die Nachricht verschickt wird.

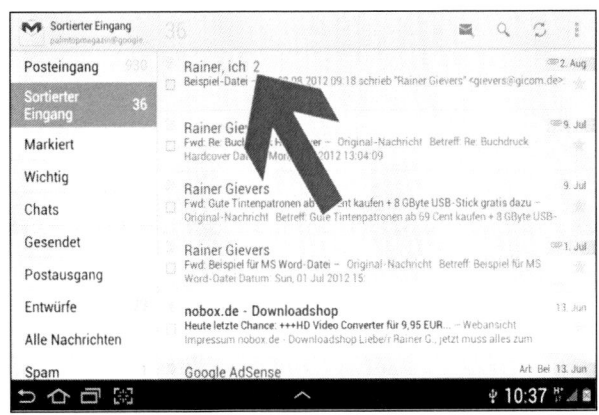 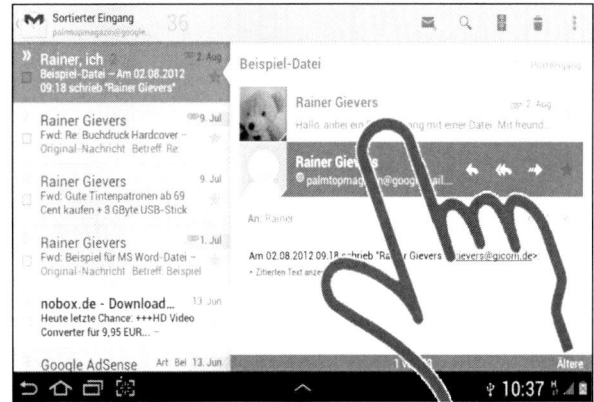

❶ Google Mail verwaltet die Nachrichten als »Konversationen«, das heißt, im *Posteingang* werden alle Nachrichten, die Sie mit einem Kommunikationspartner austauschen, unter einem Eintrag zusammengefasst. Sie erkennen die Konversationen daran, dass neben dem Absendernamen ein »Ich« und die Zahl der ausgetauschten Nachrichten erscheint. Tippen Sie den Betreff an, um die Konversation anzuzeigen.

❷ Es erscheinen »Karteireiter« mit den Nachrichten, die Sie mit dem Kommunikationspartner ausgetauscht haben. Tippen Sie einen Karteireiter an, um die zugehörige Nachricht auszufalten. Erneutes Antippen eines Karteireiters blendet die Nachricht wieder aus.

Die ↰-Taste bringt Sie jederzeit wieder in den Posteingang zurück.

12.1.6 Weitere Funktionen

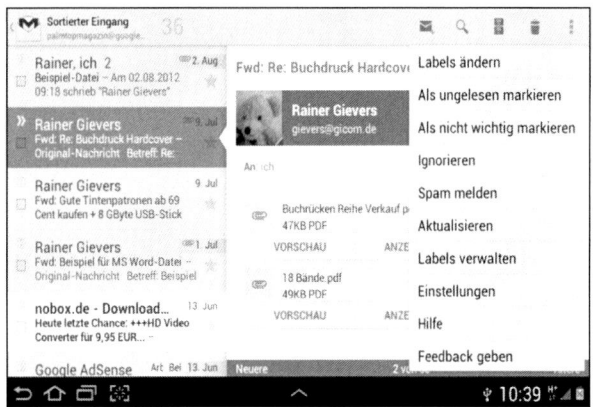

Das **⋮**-Menü bietet in der Nachrichtenansicht folgende Funktionen:

- *Labels ändern:* Die zugewiesenen Label ändern (das Menü ist nur sichtbar, wenn bereits Label zugewiesen wurden).

- *Als ungelesen markieren*: Die Nachricht erscheint wieder als ungelesen im Posteingang.

- *Als wichtig markieren/Als nicht wichtig markieren*: Damit nehmen Sie Einfluss auf die automatische Einordnung weiterer E-Mails vom gleichen Absender (siehe Kapitel *12.2.6 Wichtig-Label und der sortierte Eingang*).

- *Ignorieren*: Neu der Konversation hinzugefügte Nachrichten werden nicht in den Posteingang eingeordnet, sondern direkt archiviert. Die Archivierungsfunktion erläutert Kapitel *12.2.4 Unterdrücken*.

- *Spam melden*: Diese Funktion ist identisch mit dem Verschieben einer Nachricht in den *Spam*-Ordner. Neu empfangene Nachrichten, die große Ähnlichkeiten mit den im Spam-Ordner enthaltenen Nachrichten haben, werden dann automatisch ebenfalls als Spam einsortiert. Siehe auch Kapitel *12.2.8 Spam*.

- *Aktualisieren*: Auf neue Nachrichten im Google-Konto suchen und diese herunterladen.

- *Labels verwalten*: Benachrichtigung bei Nachrichten des sortierten Posteingangs (siehe Kapitel *12.2.6 Wichtig-Label und der sortierte Eingang*).

- *Einstellungen*: Diverse Einstellungen der Google Mail-Anwendung. Siehe dazu auch Kapitel *12.3 Einstellungen*.

12.1.7 E-Mail neu schreiben

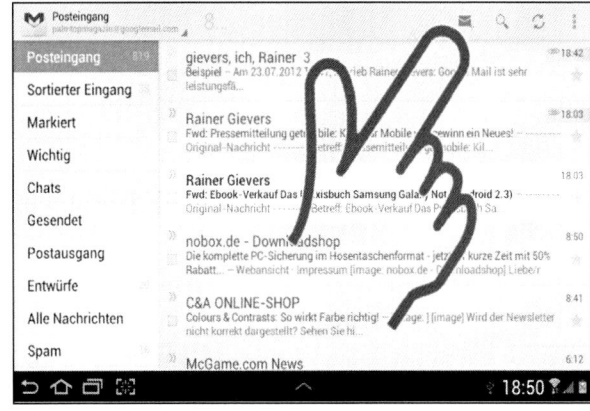 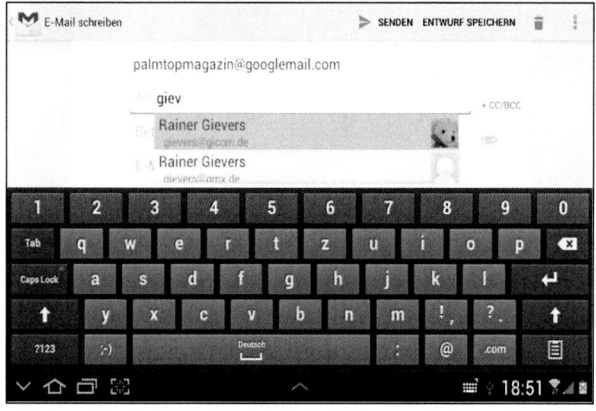

❶ Rufen Sie **✉**+ auf.

❷ Im *An*-Feld erfassen Sie nun den Empfänger. Google Mail sucht bereits bei der Eingabe des

Kontaktnamens passende E-Mail-Adressen aus dem Telefonbuch und listet diese auf. Tippen Sie einfach die Gewünschte an.

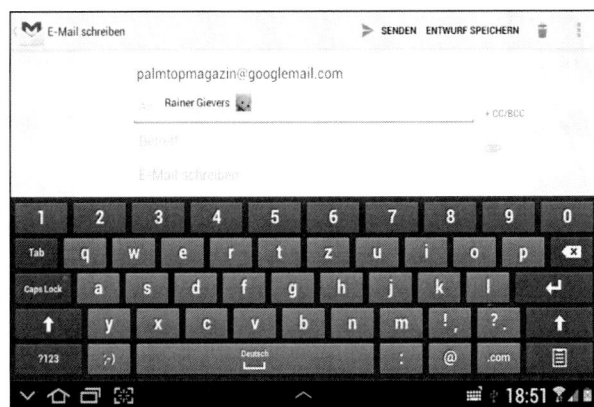

Die E-Mail-Adresse landet im Empfängerfeld. Falls Sie einen weiteren Empfänger hinzufügen möchten, geben Sie diesen einfach dahinter ein.

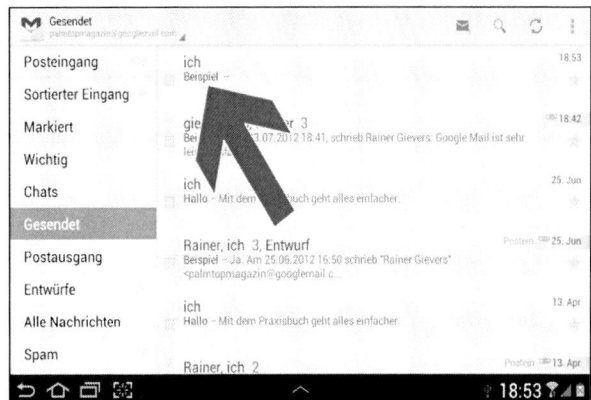

❶ Geben Sie nun Betreff und Nachrichtentext ein und betätigen Sie *SENDEN* zum Losschicken.

❷ Die versandte Mail finden Sie im *Gesendet*-Ordner.

12.1.8 Weitere Funktionen bei der E-Mail-Erstellung

Im E-Mail-Editor finden Sie oben folgende Schaltleisten:

- *SENDEN*: Verschickt die Nachricht.

- *ENTWURF SPEICHERN*: Speichert die E-Mail als Entwurf. Siehe Kapitel *12.1.9 Entwürfe*.

- 🗑 : Nachricht verwerfen.

12.1.8.a Cc/Bcc

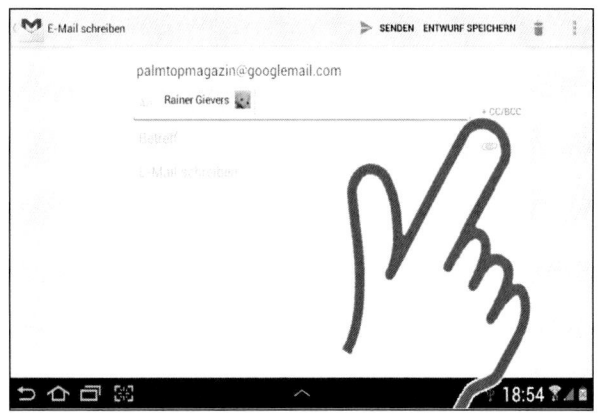 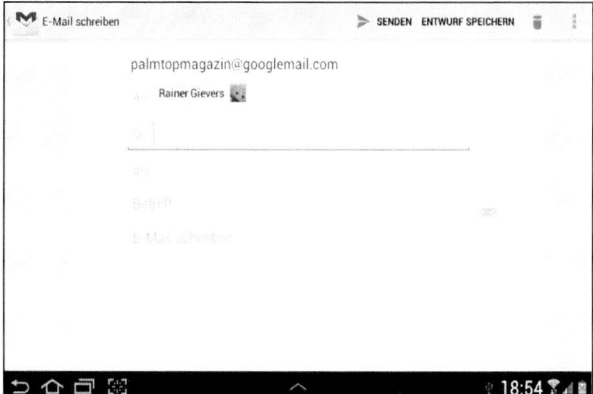

❶❷ Über *+CC/BCC* (Pfeil) aktivieren Sie zwei zusätzliche Eingabefelder. Deren Bedeutung:

- *Cc*: Der Begriff Cc steht für »Carbon Copy«, zu deutsch »Fotokopie«. Der ursprüngliche Adressat (im *An*-Eingabefeld) sieht später die unter *Cc* eingetragenen weiteren Empfänger. Die *Cc*-Funktion ist beispielsweise interessant, wenn Sie ein Problem mit jemandem per E-Mail abklären, gleichzeitig aber auch eine zweite Person von Ihrer Nachricht Kenntnis erhalten soll.

- *Bcc*: Im *Bcc* (»Blind Carbon Copy«)-Eingabefeld erfassen Sie weitere Empfänger, wobei der ursprüngliche Adressat im *An*-Feld nicht mitbekommt, dass auch noch andere Personen die Nachricht erhalten.

12.1.8.b Dateianlage

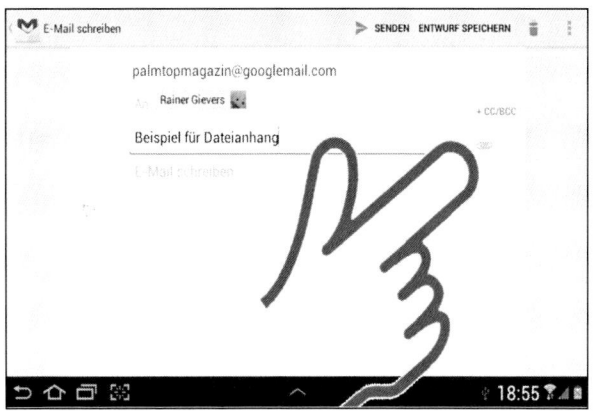 

❶❷ Mit 📎 fügen Sie Ihrer E-Mail ein Bild als Dateianhang hinzu. Wählen Sie dann erst ein Album/Verzeichnis, danach das Bild aus.

Zum Entfernen der Datei tippen Sie auf die ✕-Schaltleiste (Pfeil).

12.1.9 Entwürfe

Manchmal kommt es vor, dass man eine fertige Nachricht erst später verschicken möchte. Dafür bietet sich die *Entwürfe*-Funktion an.

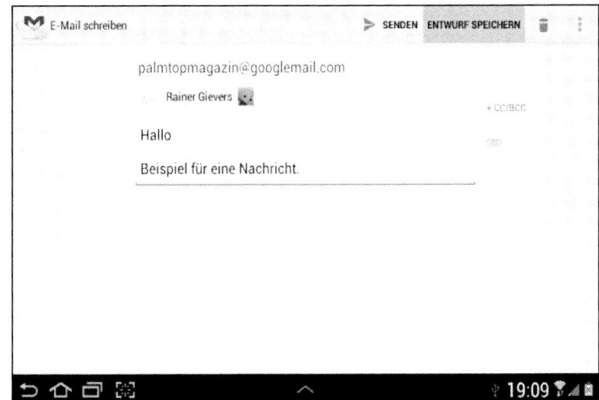

❶ Betätigen Sie die *ENTWURF SPEICHERN*-Schaltleiste, danach die ⟵-Taste, um in die Nachrichtenübersicht zurückzukehren.

❷ Alternativ betätigen Sie einfach die ✉-Schaltleiste oben links in der Titelleiste, was ebenfalls die gerade bearbeitete Nachricht als Entwurf speichert und den Editor verlässt.

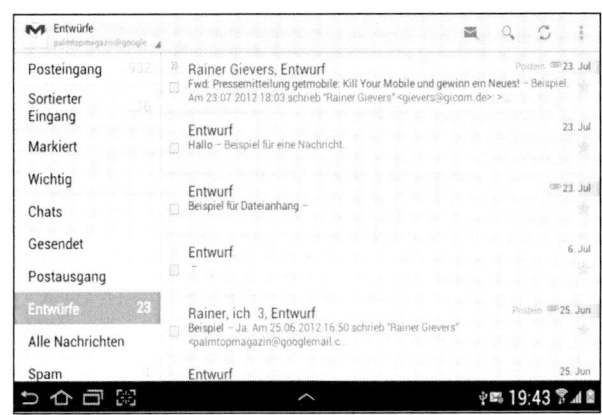

So zeigen Sie sich die als Entwürfe gespeicherten Nachrichten an: Aktivieren Sie links den *Entwürfe*-Ordner und tippen Sie einen der Entwürfe an.

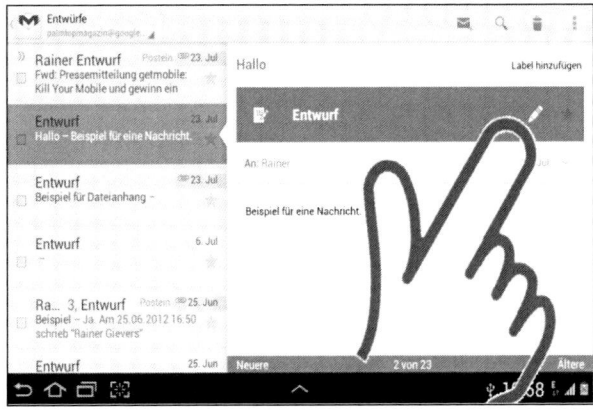
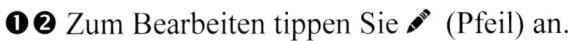
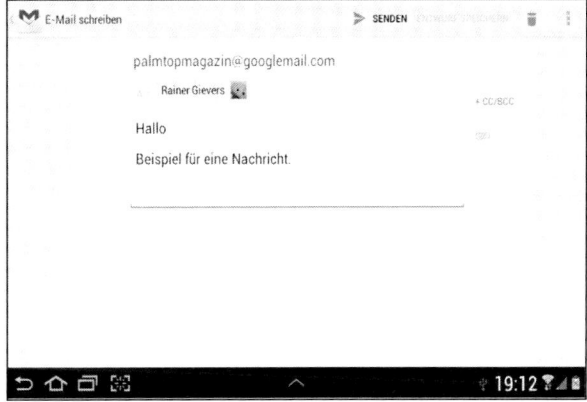

❶❷ Zum Bearbeiten tippen Sie ✎ (Pfeil) an.

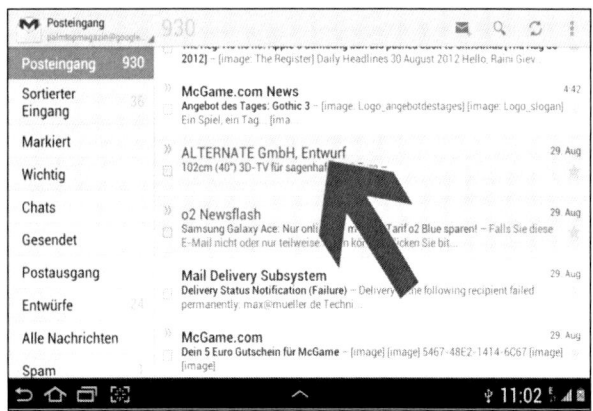 

❶ Eine Besonderheit gibt es bei Nachrichten, die man als Antwort geschrieben hat und dann als Entwurf speichert: In diesem Fall wird der Entwurf in die Konversation eingebettet und es erscheint der Hinweis »*Entwurf*« im Posteingang (Pfeil). Tippen Sie die betreffende Konversation an.

❷ Zum Bearbeiten und späteren Senden des Entwurfs tippen Sie ✎ (Pfeil) an.

12.1.10 E-Mails löschen

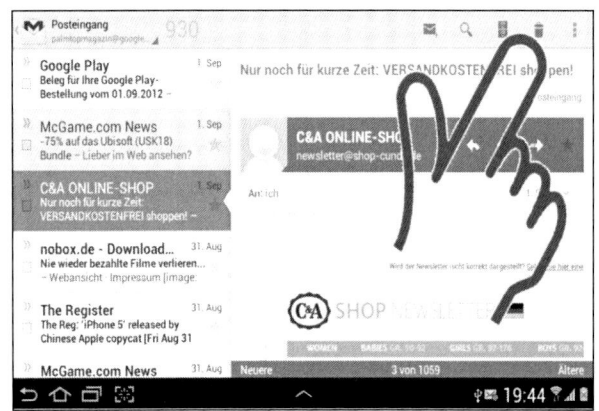

Zum Entfernen einer E-Mail oder Konversation verwenden Sie in der E-Mail-Detailansicht 🗑 .

 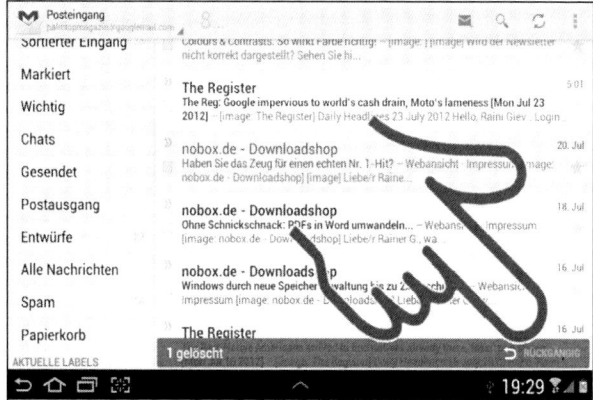

❶ In der Listenansicht tippen und halten Sie dagegen den Finger auf der zu entfernenden Nachricht, bis sie markiert ist und ziehen Sie sie dann in den *Papierkorb*-Ordner.

❷ Falls Sie sich mit dem Löschen vertan haben, ist es noch möglich, den Löschvorgang durch Antippen von *1 gelöscht* am unteren Bildschirmrand rückgängig zu machen. Dieser Hinweis verschwindet allerdings, wenn Sie im E-Mail-Programm weiterarbeiten, also beispielsweise eine Nachricht öffnen oder den E-Mail-Ordner wechseln.

Verwenden Sie die im Kapitel *12.2.9 Stapelvorgänge* beschriebene Markierungsfunktion, wenn Sie mehrere Nachrichten auf einmal löschen möchten.

Die gelöschten Mails sind aber noch nicht verloren, sondern werden im *Papierkorb*-Ordner zwischengespeichert. Im Prinzip verhält sich der *Papierkorb*-Ordner ähnlich wie der *Posteingang*, das heißt, sie können hier Nachrichten lesen, löschen, usw. Eine gelöschte Nachricht ist dann natürlich unwiderruflich weg!

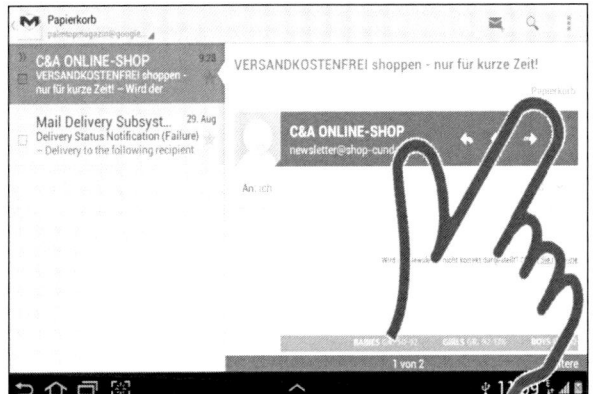

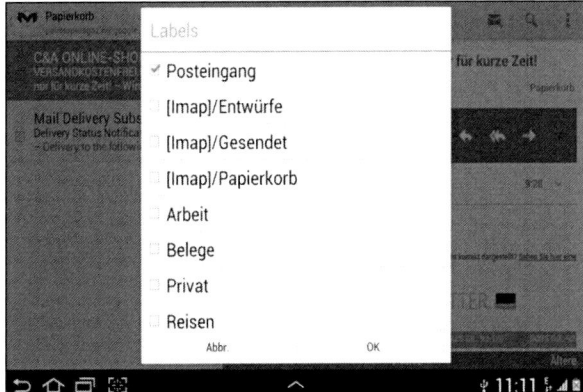

❶❷ Zum »Retten« einer Nachricht aus dem Papierkorb tippen Sie sie zuerst an, danach betätigen Sie die *Papierkorb*-Schaltleiste (Pfeil) und aktivieren im Popup-Menü *Posteingang*. Bestätigen Sie mit *OK*.

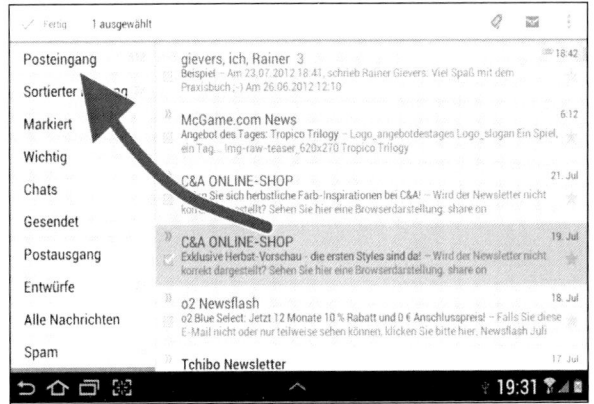

Wenn Sie sich in der Ordner-Ansicht befinden, gibt es eine weitere Wiederherstellungsmöglichkeit: Tippen und halten Sie den Finger auf die Nachricht, bis sie markiert ist und ziehen sie mit angedrücktem Finger in den *Posteingang* zurück.

12.2 Weitere Funktionen

12.2.1 Nachrichten durchsuchen

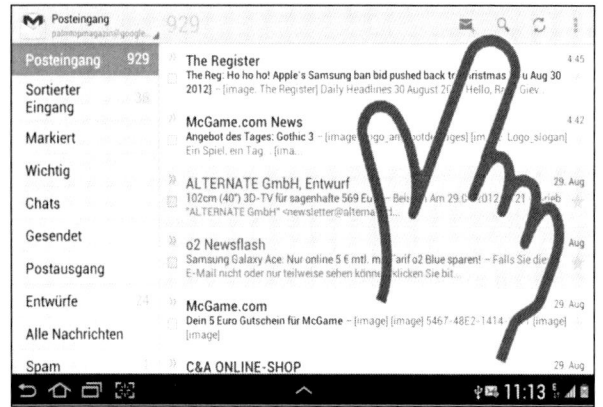 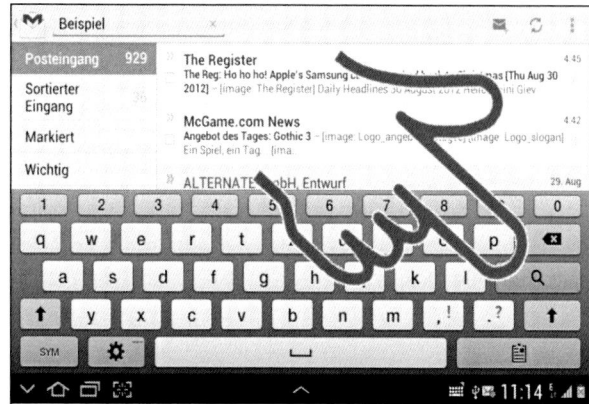

❶ Betätigen Sie die ⚲-Schaltleiste (Pfeil), wenn Sie die Nachrichten eines Ordners durchsuchen möchten.

❷ Die ⚲-Taste unten rechts im Tastenfeld (Pfeil) führt dann die Suche durch – falls Sie das optionale Tastaturdock angeschlossen haben, betätigen Sie dort ⚲.

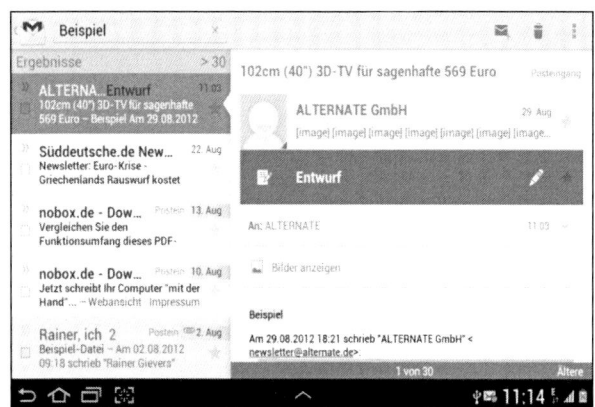

Tippen Sie eine Nachricht an, die Sie lesen möchten. Die ⤺-Taste bringt Sie wieder in die Nachrichtenauflistung zurück.

12.2.2 E-Mail aus Telefonbuch senden

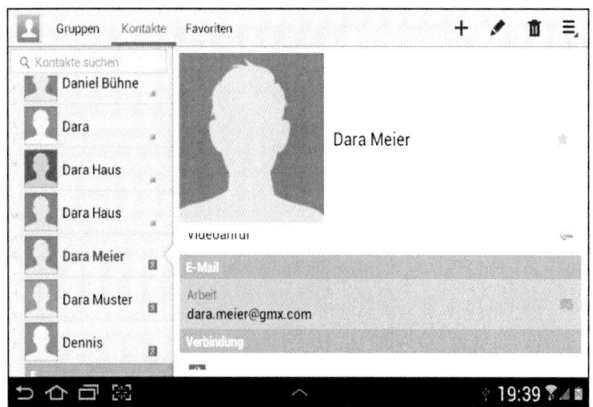 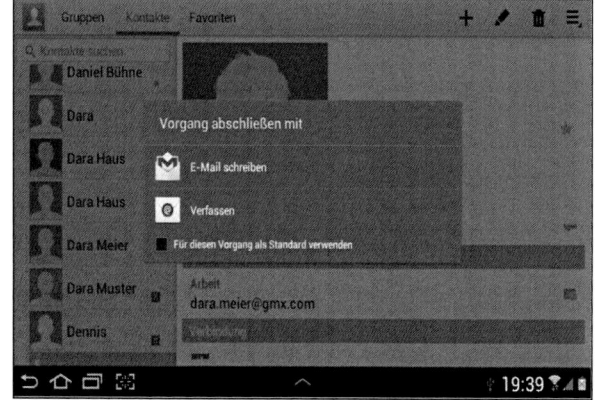

❶❷ Auch das Senden von Nachrichten über das Telefonbuch (siehe Kapitel *5 Telefonbuch*) ist möglich. Tippen Sie einfach auf die E-Mail-Adresse, und wählen Sie *E-Mail schreiben* aus.

12.2.3 Archivieren

Obwohl Google Mail Nachrichten, die mit dem gleichen Empfänger ausgetauscht wurden, als »Konversationen« in einem Eintrag zusammenfasst, kann der Posteingang unübersichtlich werden. Unwichtige Nachrichten/Konversationen lassen sich deshalb im Posteingang ausblenden, was mit der Archivieren-Funktion geschieht.

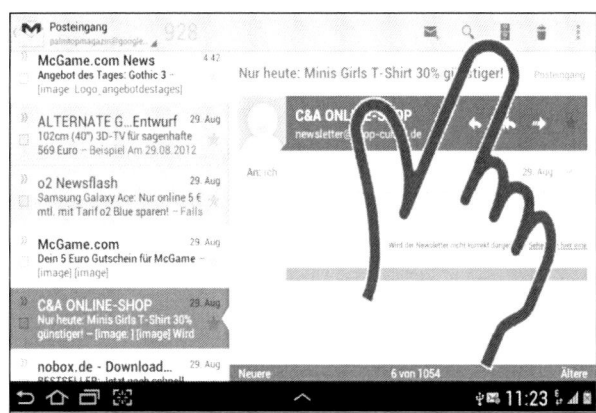

Betätigen Sie in der E-Mail-Detailansicht 🖬. Die Nachricht ist nun »archiviert«. Google Mail fragt jetzt einmalig nach, welche Aktion nach jedem Archivieren durchzuführen ist. Sie haben dabei die Wahl zwischen *Neuere Konversation* (nächste Nachricht anzeigen), *Ältere Konversation* (vorherige Konversation anzeigen) oder *Konversationsliste* (Posteingang anzeigen).

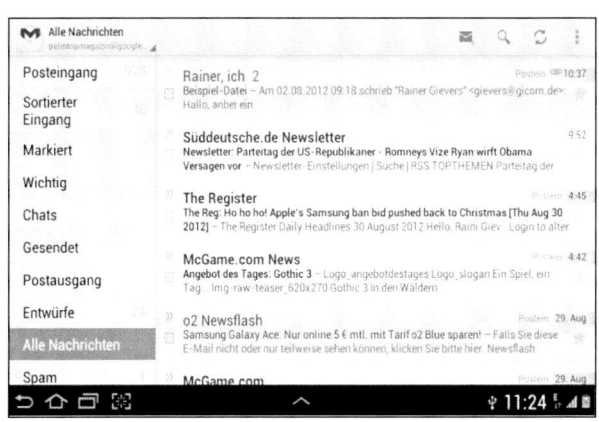

Zum Anzeigen der archivierten Nachrichten gehen Sie auf *Alle Nachrichten*. Google Mail zeigt nun alle Nachrichten, das heißt, neben den archivierten auch die aus *Entwürfe*, *Gesendete*, usw. an.

> Alle Nachrichten, die auch im *Posteingang*-Ordner vorhanden sind, sind mit einem grauen »*Posteingang*« markiert.

12.2.4 Unterdrücken

Die zuvor erwähnte Archivieren-Funktion mag zwar sehr praktisch sein, wenn Sie aber laufend Nachrichten einer Konversation (beispielsweise auf einer Mailing-Liste) erhalten, die Sie überhaupt nicht interessieren, ist es sehr lässtig, immer wieder erneut die einzelnen Nachrichten zu archivieren.

Mit der Unterdrücken-Funktion lassen sich dagegen alle Nachrichten einer Konversation automatisch archivieren, das heißt, wenn neue Nachrichten in einer unterdrückten Konversation eingehen, werden diese automatisch ebenfalls archiviert. Sie sollten die Unterdrücken-Funktion aber vorsichtig einsetzen, weil Sie ja von neuen Nachrichten einer unterdrückten Konversation nichts mitbekommen. Dies ist aber meist nicht weiter schlimm, denn ist Ihre E-Mail-Adresse im Feld »*An*« oder »*Cc*« enthalten, wird die Konversation wieder in Ihren Posteingang eingeordnet. Sie verpassen also keine Nachrichten, die direkt an Sie adressiert sind.

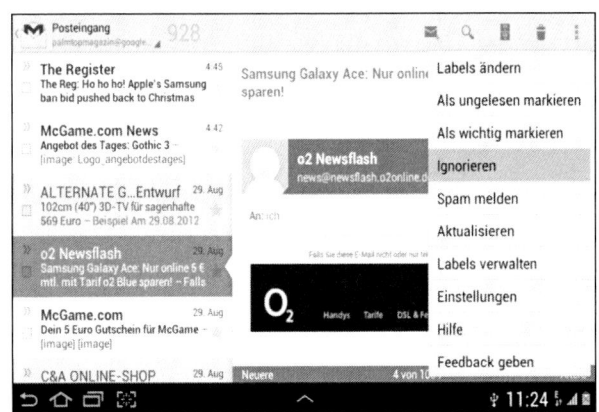 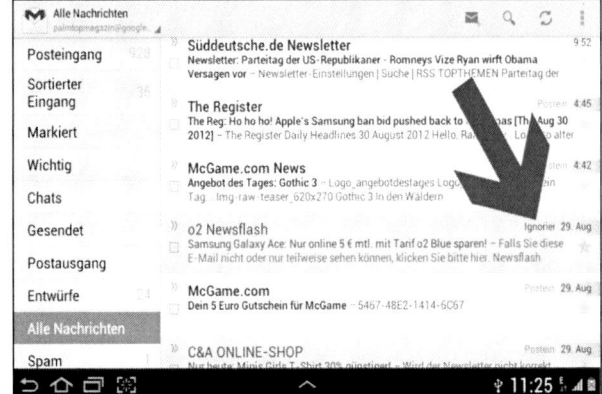

❶ Aktivieren Sie in einer Nachricht ⋮/*Ignorieren*. Die Nachricht/Konversation wird nun archiviert und verschwindet aus dem Posteingang.

❷ Zur Anzeige der unterdrücken Nachrichten rufen Sie den *Alle Nachrichten*-Ordner auf. Unterdrückte Nachrichten sind dort mit dem Label *Ignoriert* markiert (Pfeil).

12.2.5 Labels

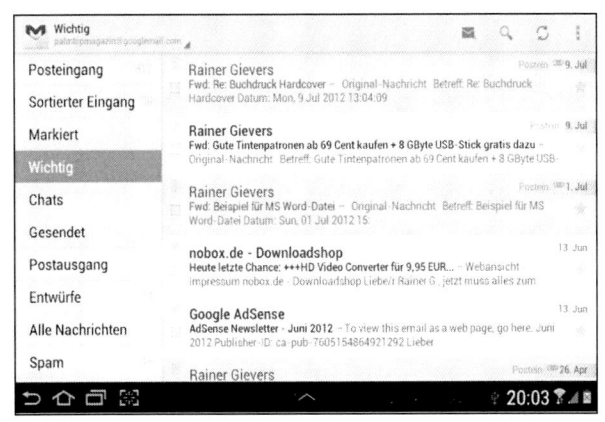

Wie Sie bereits in den vorherigen Kapiteln erfahren haben, bietet Google Mail die übliche Ordner-Struktur mit Posteingang, *Gesendete*, *Entwürfe*, usw. Weitere Ordner oder Unterordner lassen sich nicht anlegen, was aber kein großer Nachteil ist, weil es die sogenannten »Label« gibt. Sie können einer Nachricht dabei auch mehrere Label gleichzeitig zuweisen, beispielsweise *Arbeit* und *Belege*, was Übersicht in Ihren Posteingang bringt.

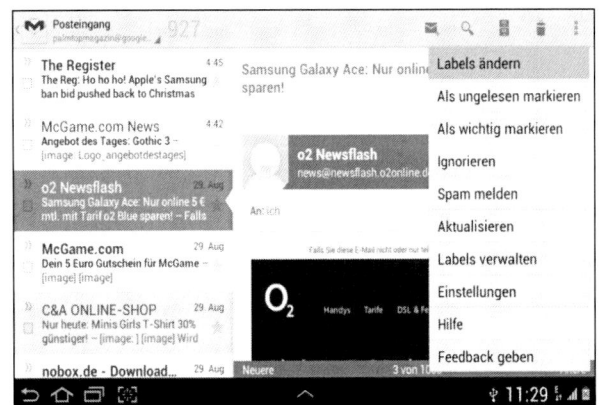 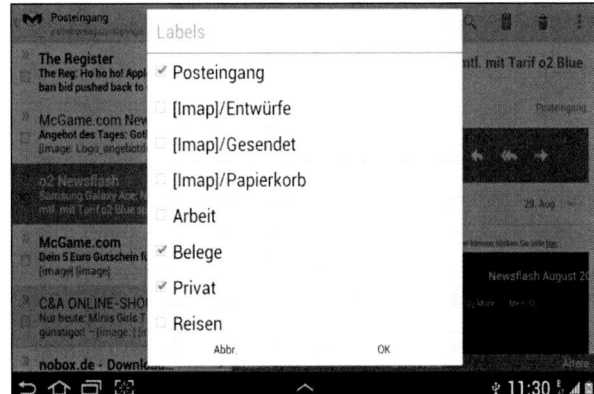

❶❷ So ordnen Sie eine Nachricht einem Label zu: Gehen Sie in der Nachrichtenansicht auf ⋮ /*Labels ändern* und aktivieren Sie die Abhakkästchen vor den zu setzenden Labels. Schließen Sie den Dialog mit *OK*.

 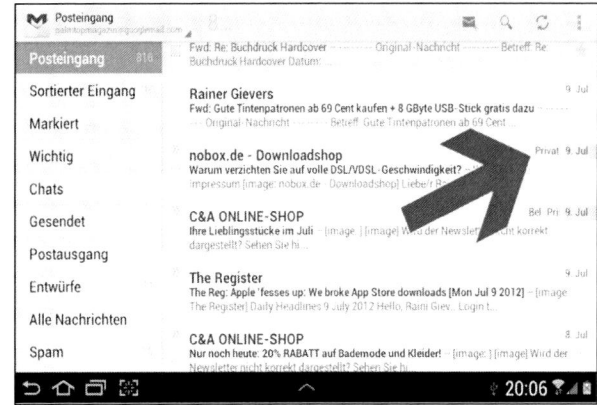

❶ Die einer Nachricht zugeordneten Labels sieht man nun am oberen Bildschirmrand (Pfeil).

❷ Auch in der Nachrichtenauflistung erscheint ein Hinweis auf die Labels (Pfeil).

Neue Labels lassen sich nur in der Web-Oberfläche von Google Mail erstellen.

12.2.6 Wichtig-Label und der sortierte Eingang

Erhalten Sie extrem viele Nachrichten, unterstützt Sie Google Mail dabei, die lesenswerten von den weniger lesenswerten Nachrichten zu unterscheiden. Die Lesenswerten landen dann im *Sortierten Eingang*-Ordner. Aber wie funktioniert diese Filterung genau? Dazu schreibt Google in seiner Online-Hilfe (*mail.google.com/support/bin/answer.py?hl=de&answer=186543*):

Google Mail berücksichtigt automatisch eine Reihe von Signalen, um festzustellen, welche eingehenden Nachrichten wichtig sind, unter anderem:

- *An wen Sie E-Mails senden: Falls Sie viele E-Mails an Thomas senden, sind E-Mails von Thomas höchstwahrscheinlich wichtig.*

- *Welche Nachrichten Sie öffnen: Nachrichten, die Sie öffnen, sind höchstwahrscheinlich wichtiger als ungeöffnete Nachrichten.*

- *Welche Themen Ihre Aufmerksamkeit wecken: Falls Sie Nachrichten über Fußball immer lesen, ist eine E-Mail zum Thema Fußball höchstwahrscheinlich wichtig.*

- *Welche E-Mails Sie beantworten: Falls Sie Nachrichten von Ihrer Mutter immer beantworten, sind ihre Nachrichten an Sie höchstwahrscheinlich wichtig.*

- *Wie Sie die Funktionen "Markieren", "Archivieren" und "Löschen" verwenden: Nachrichten, die Sie markieren, sind höchstwahrscheinlich wichtiger als Nachrichten, die Sie ungeöffnet archivieren.*

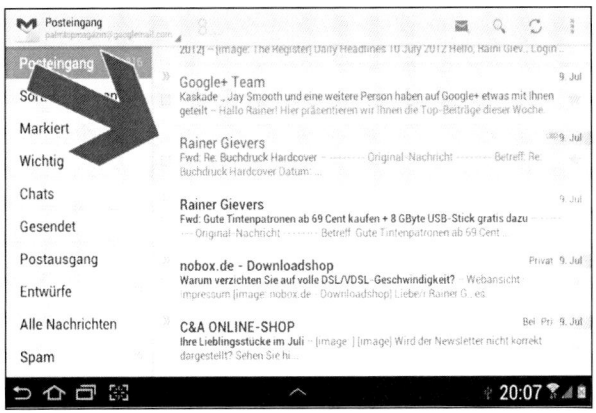

Von Google Mail als »wichtig« eingestufte Nachrichten erkennen Sie jeweils am gelben »-Symbol in der Nachrichtenauflistung des Posteingangs.

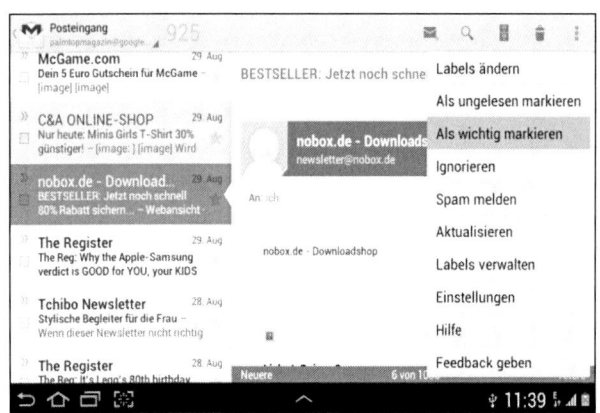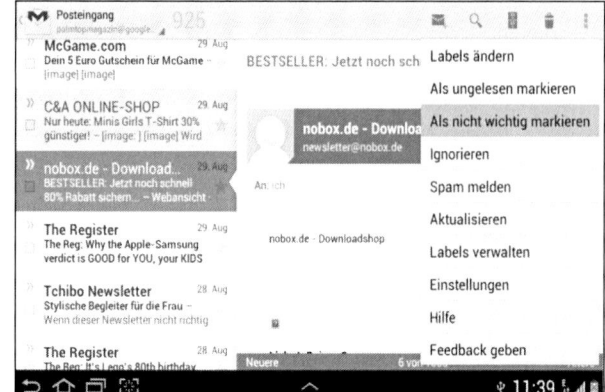

❶❷ Über ⋮/*Als wichtig markieren*, beziehungsweise ⋮/*Als nicht wichtig markieren* in der Nachrichtenansicht nehmen Sie Einfluss auf die automatische Einordnung weiterer E-Mails vom gleichen Absender.

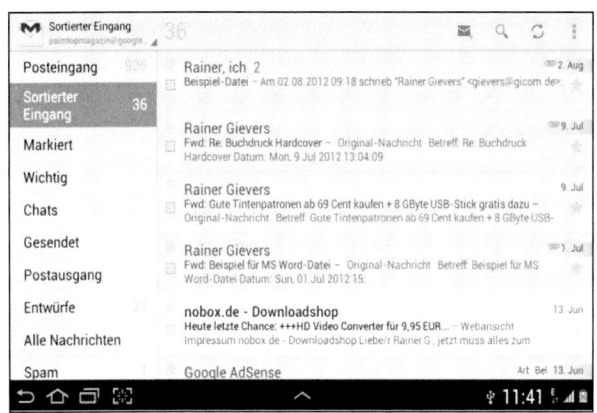

Wechseln Sie in der Ordnerauflistung auf *Sortierter Eingang*, um nur die von Google Mail als lesenswert eingestuften Nachrichten anzuzeigen.

12.2.6.a Benachrichtigung

Normalerweise erhalten Sie ja bei jeder empfangenen E-Mail eine akustische und visuelle Benachrichtigung, was schnell lästig wird. Über die Funktion »sortierter Eingang« können Sie die Benachrichtigung so einschränken, sodass Sie nur bei den von Google Mail als »wichtig« eingestuften Mails einen Hinweis erhalten. Im Folgenden erfahren Sie, wie Sie den sortierten Eingang konfigurieren.

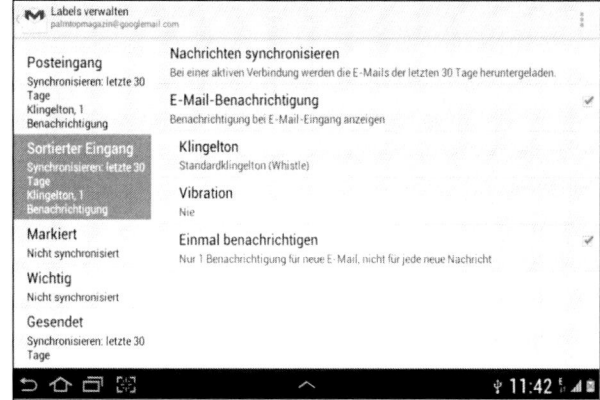

❶ Achten Sie darauf, dass Sie sich im Ordner *Sortierter Eingang* befinden. Dann rufen Sie ⋮/*Labels verwalten* auf.

❷ Hier stellen Sie ein:

- *E-Mail-Benachrichtigung*: Google Mail informiert in der Systemleiste über neue Mails im *Wichtig*-Ordner. Sie müssen also *E-Mail-Benachrichtigung* aktivieren, damit jeweils die

Benachrichtigung erfolgt!

• *Klingelton; Vibration*: Der Signalton, beziehungsweise das Vibrationssignal, mit dem Sie über neu empfangene Nachrichten informiert werden.

• *Einmal benachrichtigen*: Konfiguriert, ob beim Abruf von mehreren neuen E-Mails bei jeder E-Mail einzeln die Benachrichtigung erfolgt.

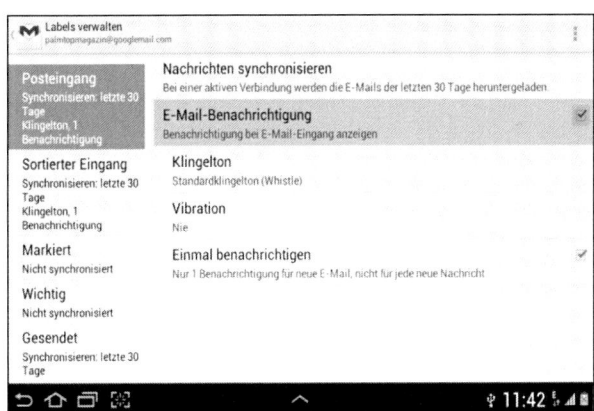

Damit Sie nur über neue E-Mails im Ordner *Sortierter Eingang* informiert werden, müssen Sie außerdem unter *Posteingang* die Option *E-Mail-Benachrichtigung* deaktivieren. Ansonsten würde ja bei jeder neuen E-Mail eine Benachrichtigung erfolgen.

12.2.7 Markierungen

Nachrichten, die für Sie wichtig sind, heben Sie einfach durch Markierung mit einem »Stern« hervor.

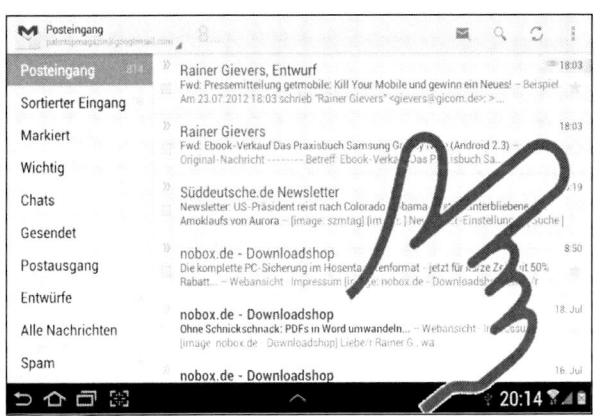
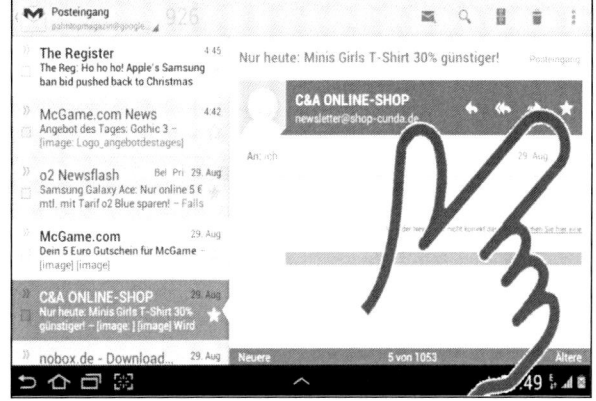

❶ Um einen Stern zu setzen, tippen Sie einfach den ausgeblendeten Stern hinter einer Nachricht an. Ein zweites Antippen deaktiviert den Stern wieder.

❷ Auch in der Nachrichtenanzeige können Sie den Stern setzen/entfernen (Pfeil).

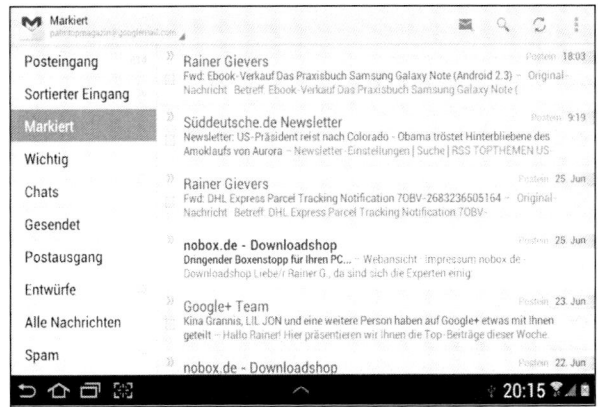

Die Anzeige beschränken Sie über das *Markiert*-Label auf die markierten Nachrichten.

12.2.8 Spam

Unter Spam versteht man unerwünschte Werbemails. Abhängig davon, ob Sie Ihre E-Mail-Adresse irgendwo mal auf einer Website hinterlassen haben oder durch Zufall ein Spam-Versender Ihre Google Mail-Adresse mit Ausprobieren erraten hat, können pro Tag einige dutzend oder hundert Werbemails in Ihrem E-Mail-Konto auflaufen. Damit Ihre wichtige Kommunikation nicht im ganzen Spam untergeht, verfügt Ihr Google Mail-Konto über einen automatischen Spam-Filter. Alle Spam-Mails landen dabei im *Spam*-Ordner.

Damit Google weiß, was für Sie Spam ist, müssen sie die unerwünschten Mails einzeln als Spam markieren.

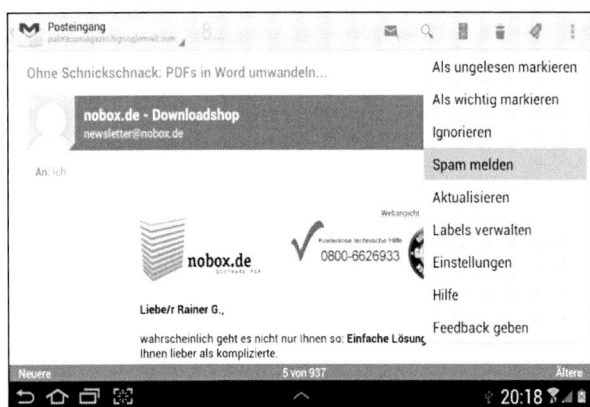 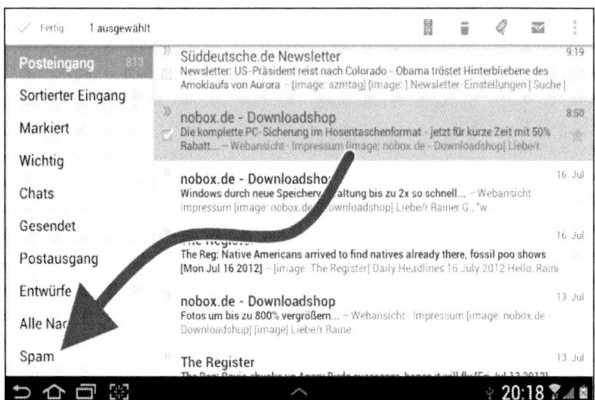

❶ Aktivieren Sie in der Nachrichtenansicht das ⋮-Menü und gehen Sie auf *Spam melden*. Die betreffende Nachricht wird aus dem *Posteingang* entfernt und landet im *Spam*-Ordner.

❷ Alternativ tippen und halten Sie den Finger in der Nachrichtenauflistung auf einer Mail, bis diese sich verfärbt und ziehen sie mit angedrücktem Finger in den *Spam*-Ordner.

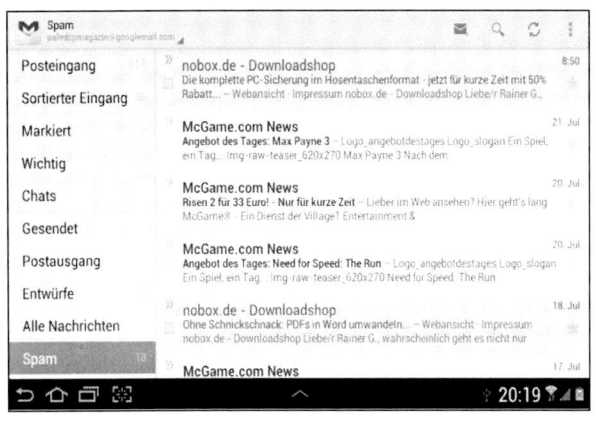 

❶ Im *Spam*-Ordner können Sie jederzeit die als Spam eingeordneten Nachrichten überprüfen, was sinnvoll ist, da ab und zu von Google Mail auch mal eine legitime Nachricht als Spam erkannt wird.

❷ Wenn Sie meinen, dass eine Nachricht doch kein Spam ist, dann halten Sie für den Finger auf der Nachricht, bis sich die Nachricht grün verfärbt und ziehen Sie sie in den *Posteingang*.

> Es ist sehr **wichtig**, dass im *Spam*-Ordner wirklich nur unerwünschte Mails enthalten sind. Google Mail vergleicht nämlich eingehende Nachrichten mit denen im Spam-Ordner und ordnet sie als Spam ein, wenn eine große Ähnlichkeit besteht. Schauen Sie deshalb ab und zu mal in Ihren *Spam*-Ordner, um falsche Einordnungen wieder rückgängig zu machen.

12.2.9 Stapelvorgänge

Wenn eine Aktion wie Label ändern, Löschen, Markierung hinzufügen, usw. auf mehrere Nachrichten anzuwenden ist, verwenden Sie die Stapelvorgänge.

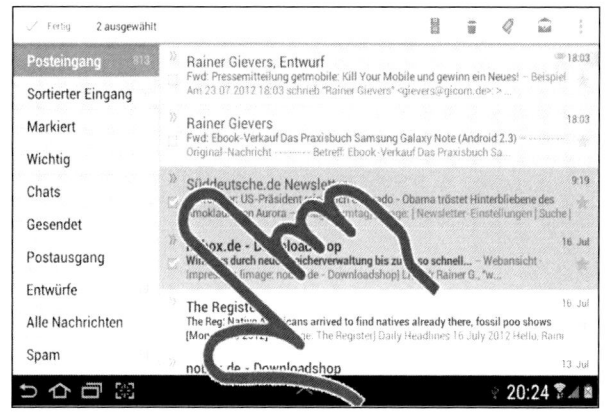 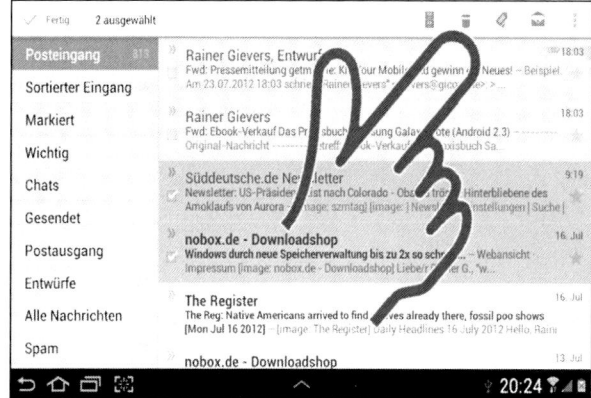

❶ Aktivieren Sie die ☑ vor den Nachrichten, auf die eine Aktion anzuwenden ist.

❷ Anschließend betätigen Sie eine der Schaltleisten am oberen Bildschirmrand:

- ▣ : Nachrichten archivieren (siehe Kapitel *12.2.3 Archivieren*).

- 🗑 : Nachrichten löschen.

- ✎ : Label der markierten Nachrichten ändern.

- ✉ : Nachrichten als gelesen/ungelesen markieren.

Das ⋮-*Menü:*

- *Markieren:* Nachrichten mit einem ★ markieren (siehe Kapitel *12.2.7 Markierungen*).

- *Als Wichtig markieren/Als nicht wichtig markieren*: Wird im Zusammenhang mit dem sortierten Eingang verwendet, siehe Kapitel *12.2.6 Wichtig-Label und der sortierte Eingang*.

- *Ignorieren*: Nachrichten unterdrücken (siehe Kapitel *12.2.4 Unterdrücken*).

- *Spam melden*: Nachrichten als Spam markieren (siehe Kapitel *12.2.8 Spam*).

Betätigen Sie *Fertig* (Pfeil), um den Vorgang abzuschließen, beziehungsweise zu beenden. Alternativ betätigen Sie die ⏎-Taste.

12.3 Einstellungen

12.3.1 Allgemeine Einstellungen

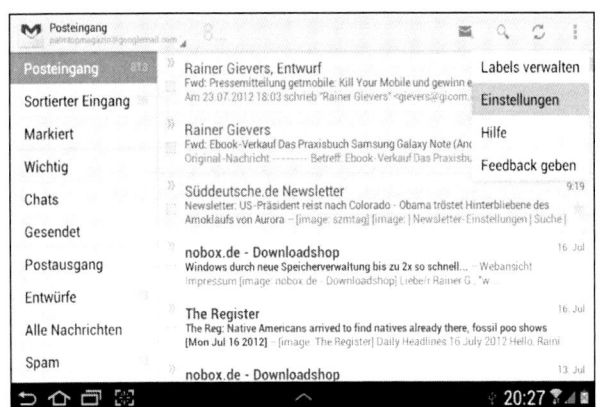 

❶❷ Über ⦂/*Einstellungen*/*Allgemeine Einstellungen* konfigurieren Sie:

- *Vor Löschen bestätigen; Vor Archivieren bestätigen; Vor Senden bestätigen*: Die Aktionen Archivieren, Löschen und Senden erfolgen bei Google Mail ohne Rückfrage. Falls Sie das stört, aktivieren Sie hierüber die Sicherheitsabfrage.

- *Automatisch fortfahren*: Konfiguriert, wie sich Google Mail verhält, wenn Sie eine Nachricht archivieren oder löschen. Standardmäßig landen Sie dann wieder in der Nachrichtenauflistung (*Konversationsliste*).

- *Nachrichtentextgröße*: Textgröße in den angezeigten E-Mails.

- *Suchverlauf löschen*: Standardmäßig merkt sich Google Mail alle Suchbegriffe und zeigt sie bei der Suchworteingabe als Vorschläge an.

- *Bilder ausblenden*: In E-Mails eingebettete Bilder zeigt Google Mail erst nach Betätigen der *Bilder anzeigen*-, beziehungsweise *Bilder immer anzeigen*-Schaltleiste an. Letzteres wird dann gespeichert, sodass bei weiteren E-Mails des gleichen Absenders die Bilder dann immer automatisch geladen werden.

12.3.2 Label-Einstellungen

Wie bereits erwähnt (siehe Kapitel *12.2.5 Labels*), kann man Nachrichten von Hand verschiedenen Labeln zuordnen, teilweise erfolgt die Zuordnung auch automatisch (bei den Labeln *Spam, Wichtig, Sortierter Posteingang*). Bei jedem Label kann man separat eine akustische Benachrichtigung zuweisen.

Beachten Sie, dass einige Einstellungen, beispielsweise der Klingelton, auch direkt im Konto (Kapitel *12.3.3 Konto-Einstellungen*) vornehmbar sind, was den Vorteil hat, dass sie für alle Labels gelten.

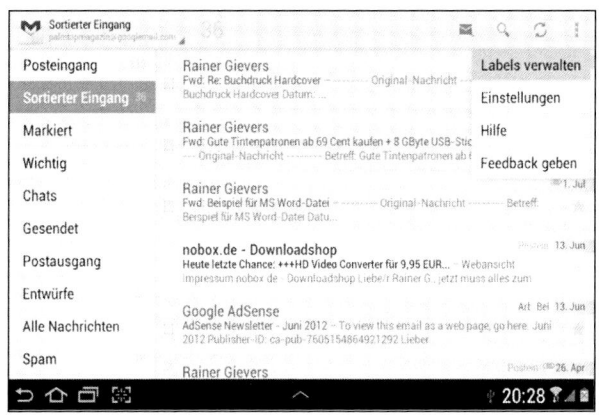 

❶ Wählen Sie zunächst, wie bereits im *12.2.5 Labels*-Kapitel beschrieben, einen Label-Ordner aus, dessen Einstellungen Sie ändern möchten. Rufen Sie dann ⁝/*Labels verwalten* auf.

❷ Die Optionen:

- *Nachrichten synchronisieren*: Die Einstellungen in diesem Menü sollten Sie nicht ändern, damit der Nachrichtenabruf problemlos funktioniert.

- *E-Mail-Benachrichtigung*: Wenn neue Nachrichten empfangen wurden, meldet Google Mail dies in der Systemleiste. Deaktivieren Sie *E-Mail-Benachrichtigung*, um diese Benachrichtigungen auszuschalten.

- *Klingelton*: Der Signalton, mit dem Sie über neu empfangene Nachrichten informiert werden.

- *Vibration*: Das Gerät vibriert bei Empfang neuer Nachrichten.

- *Einmal benachrichtigen*: Konfiguriert, ob beim Abruf von mehreren neuen E-Mails bei jeder E-Mail einzeln die Benachrichtigung erfolgt.

12.3.3 Konto-Einstellungen

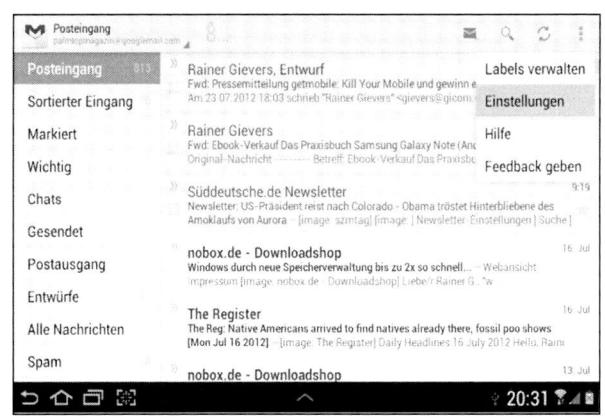 

❶❷ Über ⁝/*Einstellungen/(Ihr Google-Konto)* konfigurieren Sie:

- *Sortierter Eingang*: Aktivieren Sie *Sortierter Eingang*, dann zeigt Google Mail nicht mehr alle erhaltenen Nachrichten an, sondern nur solche, die als *Wichtig* markiert sind (siehe dazu Kapitel *12.2.6 Wichtig-Label und der sortierte Eingang*).

- *E-Mail-Benachrichtigung*: Wenn neue Nachrichten empfangen wurden, meldet Google Mail dies in der Systemleiste. Deaktivieren Sie *E-Mail-Benachrichtigung*, um diese Benachrichtigungen auszuschalten.

- *Klingelton & Vibration*: Die bereits im Kapitel *12.2.6.a Benachrichtigung* beschriebenen Benachrichtigungseinstellungen für den *Posteingang*.

- *Signatur*: Die Signatur ist ein Text, den Google Mail automatisch beim Erstellen einer neuen Nachricht einfügt. Nutzen Sie sie, um den Empfängern Ihrer E-Mails auf weitere Kontaktmöglichkeiten per Telefon, oder ähnlich hinzuweisen.

Unter *DATENVERBRAUCH*:

- *Google-Mail-Synchronisierung für dieses Konto ist AN*: Diese Schaltleiste führt Sie in die Kontenverwaltung, welche Kapitel *14.1.2 Weitere Kontenfunktionen* beschreibt, wo Sie unter anderem den Datenabgleich mit dem Google-Konto steuern. Für die meisten Nutzer dürfte es aber keinen Sinn machen, dort den E-Mail-Abruf vom Google-Mail-Konto zu deaktivieren.

- *E-Mails: zu synchronisierende Tage*: Legt fest, wie lange empfangene Nachrichten von der Google Mail-Anwendung aufbewahrt werden. Ältere Nachrichten werden natürlich nicht gelöscht, sondern sind weiterhin über die Weboberfläche von Google Mail (*mail.google.com*) im Webbrowser anzeigbar.

- *Labels verwalten*: Konfigurieren Sie die Benachrichtigungen zu den einzelnen Labels. Auf diese Funktion geht bereits das vorherige Kapitel *12.3.2 Label-Einstellungen* ein.

- *Anhänge herunterladen*: Dateianhänge sind häufig mehrere Megabyte groß, weshalb diese nur automatisch heruntergeladen werden, wenn eine WLAN-Verbindung besteht. Lassen Sie diese Option am Besten aktiviert, da ansonsten beim Öffnen von Dateianhängen längere Wartezeiten entstehen.

12.4 Zugriff auf Google Mail vom Startbildschirm

Auf dem Tablet lässt sich ein direkter Zugriff auf die Google Mail-Ordner/Labels vom Startbildschirm aus einrichten.

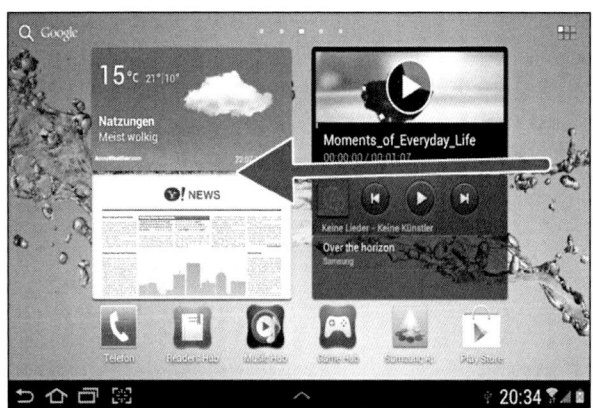 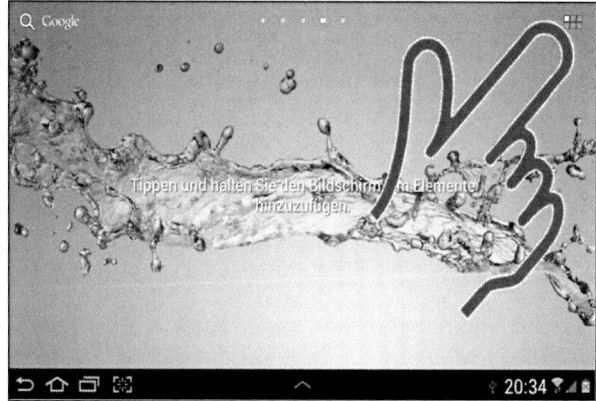

❶ Wechseln Sie mit einer Wischgeste zu einer freien Seite des Startbildschirms.

❷ Rufen Sie dann das Hauptmenü auf, worin Sie das *Widgets*-Register aktivieren.

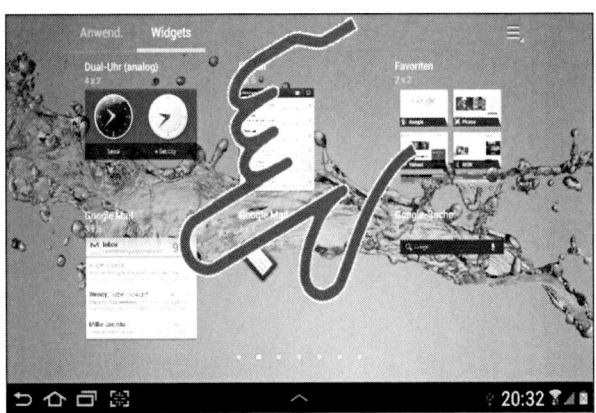 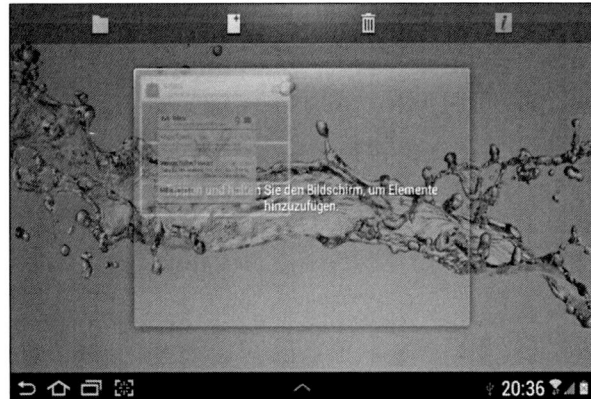

❶❷ Halten Sie den Finger auf *Google Mail*, bis das Tablet in den Startbildschirm wechselt, wo Sie das Widget ablegen.

Beachten Sie zu den Widgets auch Kapitel *3.7.2 Widgets*.

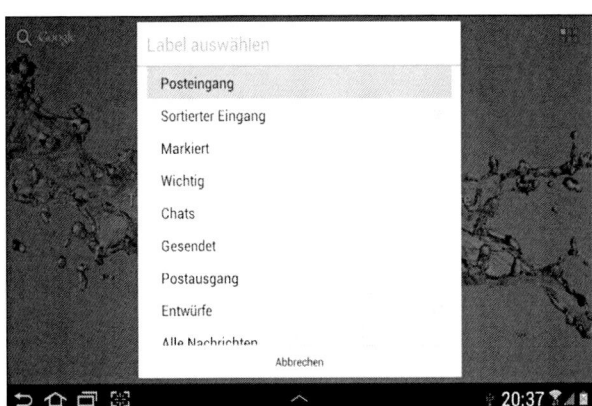 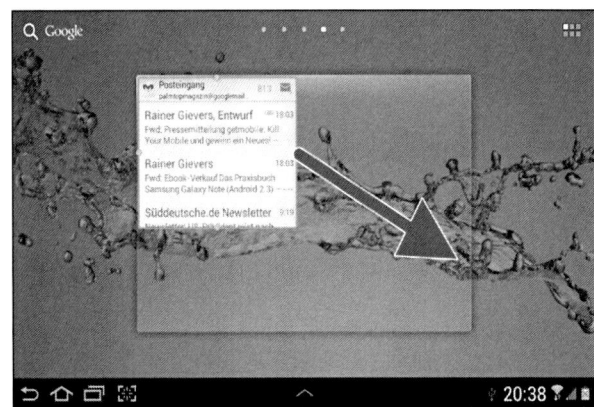

❶ Wählen Sie eines der Label, beispielsweise *Posteingang* aus.

❷ Zum Schluss sollten Sie noch die Widget-Größe anpassen: Tippen und halten Sie den Finger auf dem Rahmen und ziehen Sie nach außen. Schließen Sie mit der ⤺-Taste den Vorgang ab.

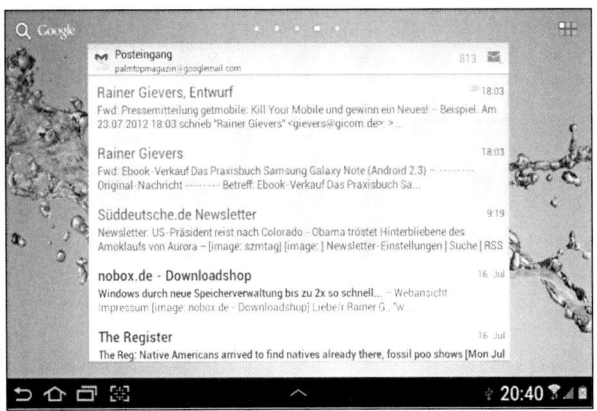

Sie können nun Google Mail im Startbildschirm nutzen.

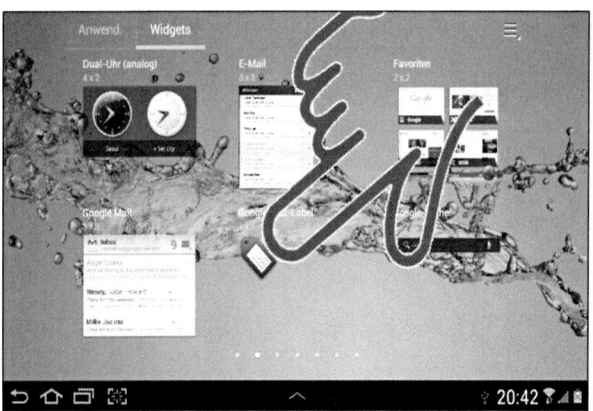 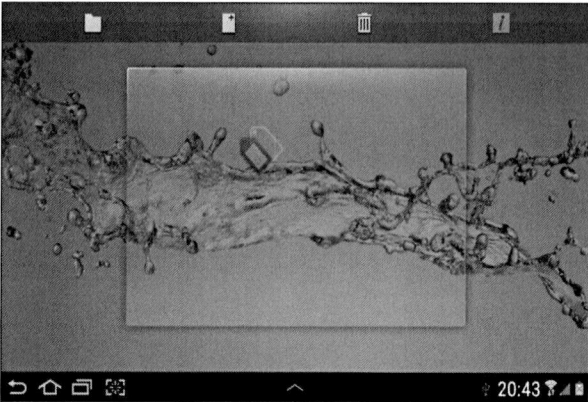

❶ Alternativ können Sie auch einfach eine Google Mail-Verknüpfung anlegen: Im *Widgets*-Register des Hauptmenüs tippen und halten Sie dazu *Google Mail-Label*.

❷ Lassen Sie das Label dann an der gewünschten Position im Startbildschirm los.

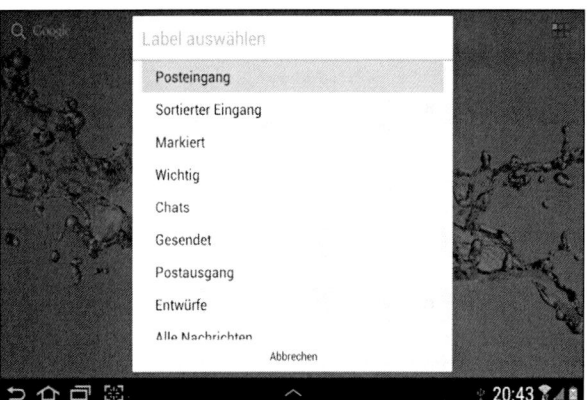 

❶❷ Wählen Sie eine der aufgelisteten Funktionen, beispielsweise *Posteingang* aus. Sie können anschließend noch den Label-Namen ändern. Bestätigen Sie mit *Fertig*.

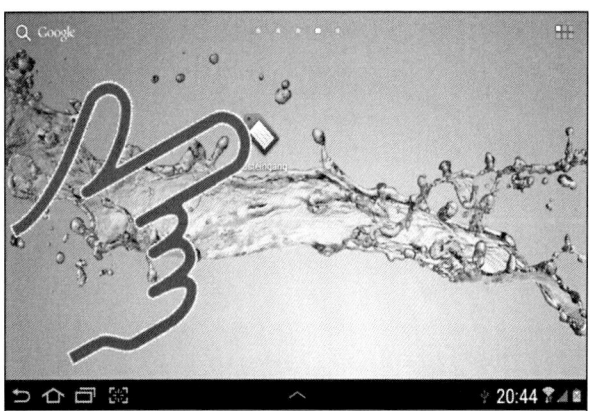 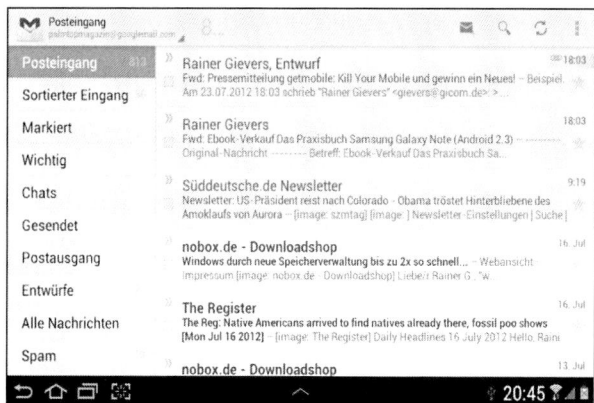

❶❷ Die Google-Mail-Verknüpfung erscheint auf dem Startbildschirm. Tippen Sie sie an, um die dahinter stehende Funktion, im Beispiel den *Posteingang,* aufzurufen.

12.5 Nutzung mehrerer E-Mail-Konten

Viele Anwender nutzen mehrere Google Mail-Konten, beispielsweise für private und berufliche Zwecke. Für diesen Fall lassen sich mehrere Mail-Konten auf dem Tablet verwalten.

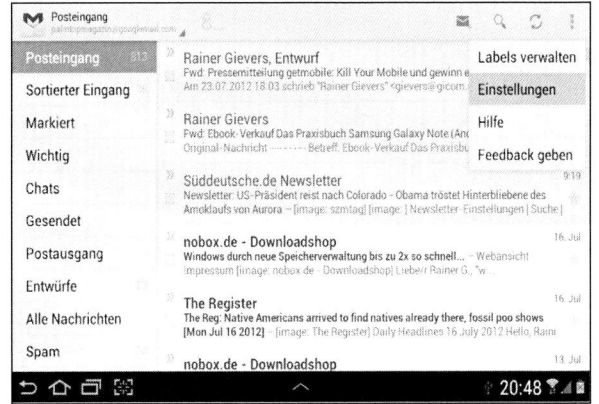
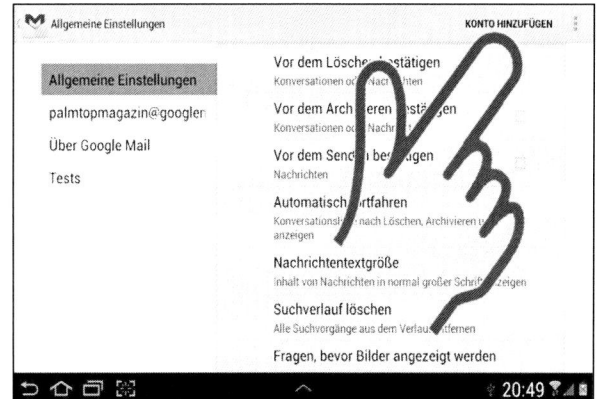

❶ Für die Anlage eines weiteren Google Mail-Kontos gehen Sie auf ⋮/*Einstellungen*.

❷ Betätigen Sie *KONTO HINZUFÜGEN* (Pfeil).

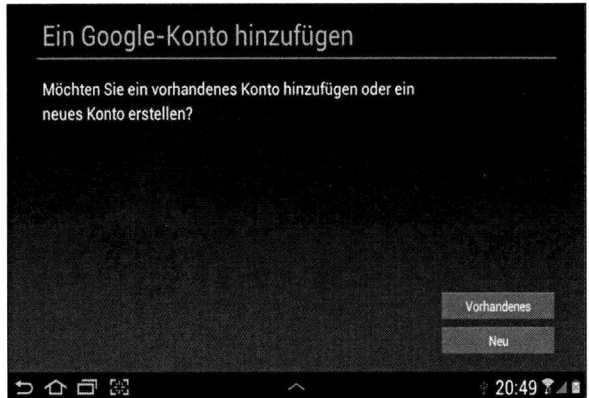

Im Prinzip gehen Sie jetzt, wie bereits im Kapitel *14.1.1 Einrichtung in einer Google-Anwendung* beschrieben, vor.

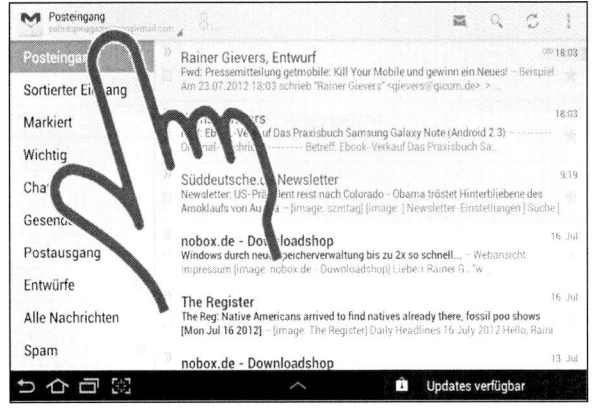
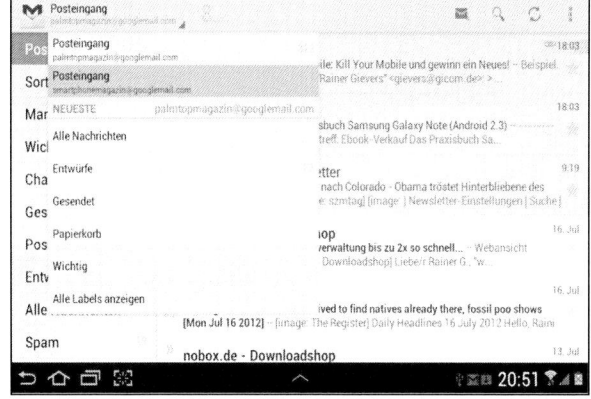

❶ So wechseln Sie zwischen den Konten: Tippen Sie oben links den Kontonamen an.

❷ Nach Antippen eines Eintrags in der Kontenauflistung schaltet Google Mail auf das entsprechende Konto um.

Wie Sie ein Google Mail Konto wieder entfernen, erfahren Sie im Kapitel *14.1.2 Weitere Kontenfunktionen*.

13. Dropbox

Dropbox ist ein Online-Dienst, der Dateien Ihres PCs, Handys oder Tablets im Internet speichert und auch anderen Nutzern zur Verfügung stellen kann.

Für den sinnvollen Einsatz muss man die Dropbox-Software auf dem PC installieren, welche einen speziellen Ordner auf dem Desktop anlegt – alle Dateien, die Sie in diesen Ordner kopieren, werden dann automatisch bei Dropbox hochgeladen. Bei Dropbox erhalten Sie ein Konto, mit dem Ihre Dateien verknüpft sind, das heißt, niemand anders hat auf Ihre Dateien Zugriff. Es ist allerdings möglich, Dateien für andere Dropbox-Nutzer freizugeben und alternativ steht mit *Public* ein öffentlicher Ordner für Fotos, beziehungsweise andere Dateien zur Verfügung, der auch von Anwendern ohne Dropbox-Konto über die Dropbox-Weboberfläche nutzbar ist.

Genau genommen konkurriert Dropbox mit den sogenannten Sharehostern (Rapidshare, Netload, usw.), die ebenfalls kostenlosen Speicherplatz anbieten, hat aber durch die PC-Software den Vorteil der einfacheren Bedienung.

Das kostenlose Dropbox-Konto hat 2 GB Umfang, was für die meisten Anwender ausreichend sein sollte, Sie können aber auch zusätzlichen Speicher dazumieten.

Weil Dropbox nur die Änderungen in den Dateien mit dem Dropbox-Konto abgleicht, geschieht die Synchronisation zwischen Dropbox-Konto und lokalem Dropbox-Ordner recht schnell. Einsatzgebiete für Dropbox sind zum Beispiel Anwender, die auch unterwegs auf ihre Dateien zugreifen möchten, ohne dafür immer einen USB-Stick mitführen zu müssen, oder ab und zu Dateien anderen zur Verfügung stellen. Verschieben Sie Sie beispielsweise Word- und Excel-Dateien in den Dropbox-Ordner und bearbeiten Sie sie auch dort, so haben Sie unterwegs immer die aktuellste Dateiversion zur Verfügung.

Auf einer ganzen Reihe von Android-Handys ist Dropbox bereits vorinstalliert. Wegen der großen Popularität und dem enormen Nutzen, den diese Software bringt, haben wir uns entschlossen, Dropbox in diesem Buch genauer vorzustellen.

Beachten Sie, dass Dropbox Ihre Dateien im Dropbox-Konto zwar verschlüsselt abspeichert, es aber in der Vergangenheit bereits häufiger Fälle gegeben hat, in denen Dropbox Behörden Zugriff auf dort gespeicherte Dateien gab. Dem Einsatz in Unternehmen und Behörden dürfte zudem abträglich sein, dass Dropbox seinen Sitz in den USA hat, wo laxe Datenschutzgesetze gelten. Es steht Ihnen allerdings offen, Ihre Dateien vor dem Hochladen bei Dropbox mit einer zusätzlichen Software zu verschlüsseln (suchen Sie nach entsprechender Software im Google Play Store mit Begriffen wie »*crypt*«, »*verschlüsseln*«).

13.1 Dropbox auf dem PC

Besuchen Sie mit Ihrem PC-Browser die Dropbox-Website unter *www.dropbox.com* und klicken Sie auf *Dropbox herunterladen*. Installieren Sie das heruntergeladene Programm.

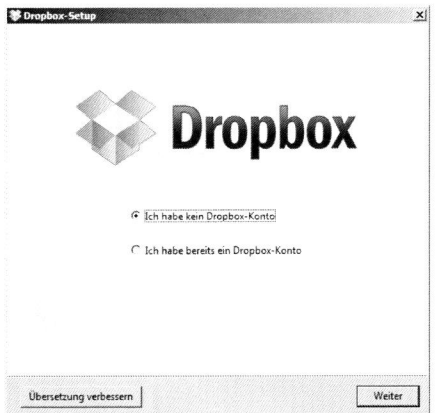 

❶ Sofern Sie bereits auf dem Galaxy ein Dropbox-Konto angelegt hatten, aktivieren Sie *Ich habe bereits ein Dropbox*-Konto, andernfalls auf *Ich habe kein Dropbox*-Konto. Klicken Sie dann *Weiter*.

❷ Als neuer Dropbox-Nutzer erfassen Sie die abfragten Daten und klicken *Weiter*.

❶ Anschließend wählen Sie die Dropbox-Größe, in der Regel 2 GB aus. Klicken Sie auf *Weiter*.

❷ Lassen Sie die Voreinstellung *Typisch* und betätigen Sie *Installation*. Es folgen verschiedene Informationsbildschirme, die Sie ebenfalls mit *Weiter* schließen.

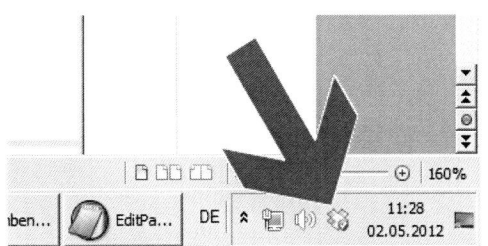

Klicken Sie auf das Dropbox-Symbol unten rechts in der Systemleiste, um den Dropbox-Ordner zu öffnen.

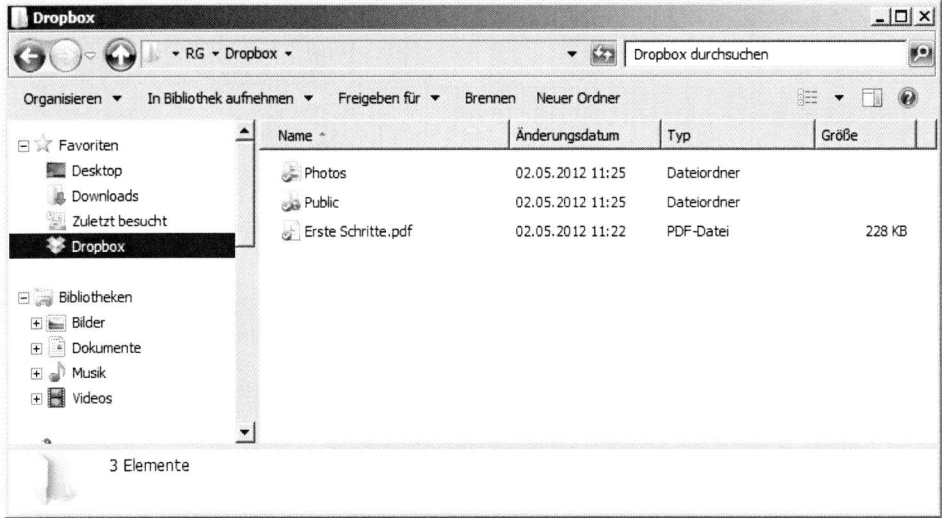

Im Windows-Explorer finden Sie den *Dropbox*-Ordner unter den *Favoriten*. Dort ist auch eine *Erste Schritte*-PDF-Datei zu finden, die Ihnen die Dropbox-Funktionen erläutert.

13.2 Dropbox auf dem Tablet

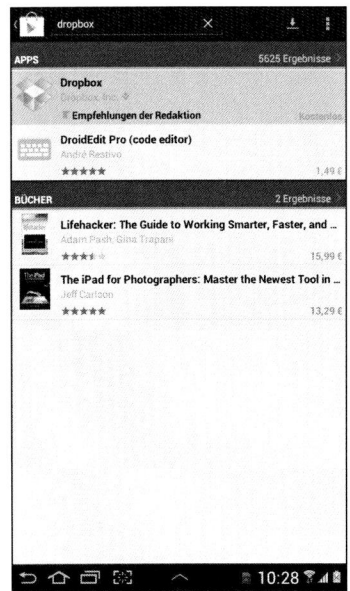 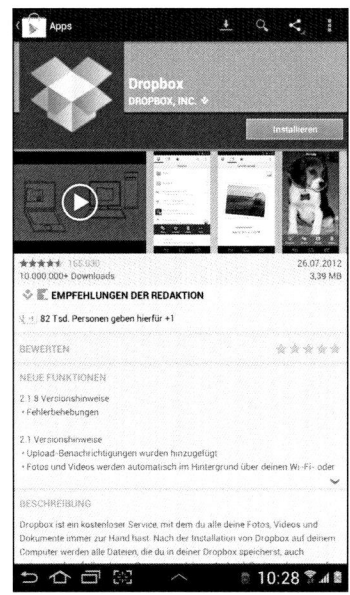

❶❷ Suchen Sie nach »Dropbox« im Google Play Market und installieren Sie das Programm.

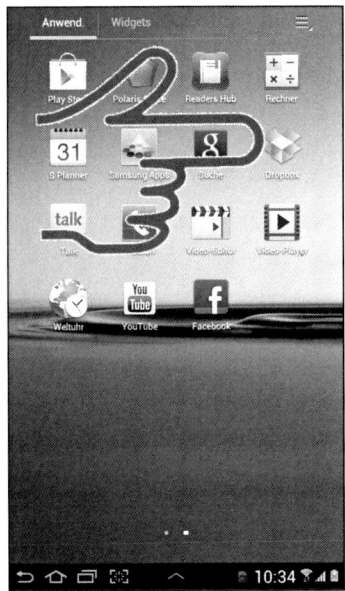 

❶ Starten Sie *Dropbox* aus dem Hauptmenü und gehen Sie auf *Starten*.

❷ Je nachdem, ob Sie bereits auf dem PC ein Dropbox-Konto nutzen, oder Dropbox für Sie neu ist, tippen Sie auf *Ich habe ein Dropbox-Konto* oder *Ich bin neu bei Dropbox*. In unserem Beispiel ist bereits ein Dropbox-Konto vorhanden, weshalb wir auf ersteres gehen.

❸ Geben Sie Login und Kennwort ein und betätigen Sie *Anmelden*.

❶ Bestätigen Sie mit *Weiter*.

❷ Wählen Sie aus, ob Dropbox Ihre Dateien per WLAN (*Nur Wi-Fi*) oder zusätzlich auch per Mobilfunk-Internet (*Wi-Fi oder Datenplan*) ins Dropbox-Internetkonto hochladen soll. Letzteres ist nur dann sinnvoll, wenn Sie eine Mobilfunkflatrate nutzen (siehe Kapitel *7.1.3.a Kostenfalle Standardvertrag*). **Deaktivieren Sie aber auf jeden Fall** *Vorhandene Fotos und Videos hochladen*, bevor Sie *Einschalten* betätigen.

❸ Die Register in der Dropbox-Anwendung:

- ♥: Bei Dropbox hochgeladene Dateien, beziehungsweise angelegte Ordner.

- ⊔: Dateien bei Dropbox hochladen.

- ★: Als Favoriten markierte Dateien.

Die Konto-Anmeldung in der Dropbox-Anwendung ist nur einmalig notwendig, da Dropbox Ihre Login-Daten speichert.

13.2.1 Datei hochladen

❶ Im Beispiel möchten wir einige Fotos bei Dropbox hochladen. Dazu gehen wir auf *Fotos oder Videos* oder *Andere Dateien* im ⤴-Register (falls dieser Bildschirm nicht sichtbar ist, obwohl Sie sich im ⤴-Register befinden, tippen Sie einfach ⤴ oben an).

❷❸ Aktivieren Sie die Abhakkästchen bei den hochzuladenden Dateien. Anschließend betätigen Sie *Dropbox* und wählen den Zielordner aus. Beachten Sie dabei, dass alle Dateien im *Public*-Ordner für jeden im Internet freigegeben werden. Alle anderen Ordner sind dagegen standardmäßig nur Ihnen zugänglich. Betätigen Sie *Upload*, worauf die Dateien hochgeladen werden.

Im ⤴-Register können Sie dem Upload zusehen.

Hinweis: Eine »richtige« Dateiverwaltung, die es ermöglicht, Dateien zwischen den Dropbox-Ordnern hin- und herzuverschieben, beziehungsweise zu kopieren, gibt es in der Android-Dopbox-Anwendung nicht. Verwenden Sie dafür stattdessen die Dropbox-Anwendung auf dem PC, auf der die Windows-üblichen Dateioperationen unterstützt werden, oder das im Kapitel *26.1 Polaris Office* vorgestellte Polaris Office.

13.2.2 Dateien freigeben

Das »Freigeben« von Dateien oder Ordnern an jemand anders besteht genau genommen darin, dass Sie dem Gegenüber eine Webadresse (»Freigabe«) bekannt machen, worüber er die Dateien abrufen kann.

 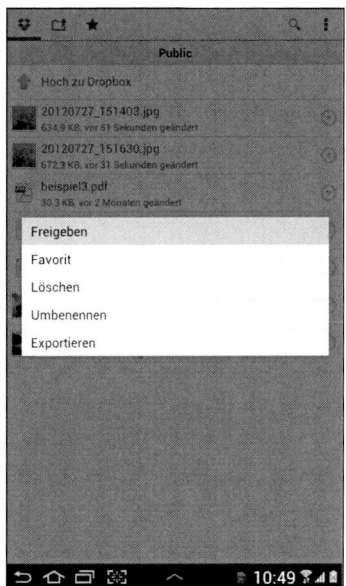

❶❷ So ermöglichen Sie anderen den Zugriff auf eine Datei oder einen Ordner: Tippen und halten Sie den Finger auf dem Objekt im ♥-Register, bis das Popup erscheint und gehen Sie dann auf *Freigeben*.

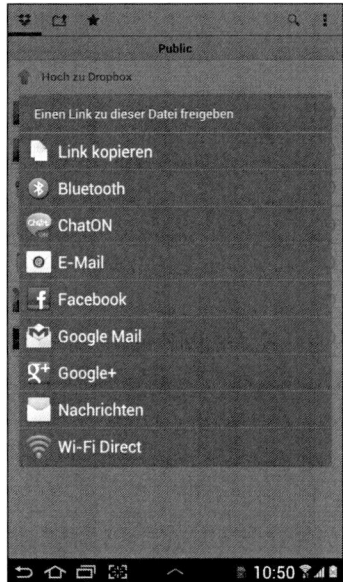 

❶❷ Im Beispiel gehen wir auf *Google Mail*, um die Freigabe per E-Mail zu senden.

13.2.3 Einstellungen

 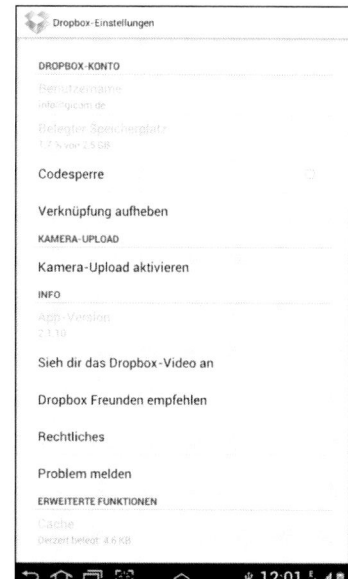

❶❷ In den ⋮/*Einstellungen* konfigurieren Sie:

Unter *DROPBOX-KONTO*:

- Anzeige des Benutzernames, mit dem Sie bei Dropbox angemeldet sind und dem belegtem Speicherplatz.

- *Codesperre*: Die Dropbox-Anwendung mit einem Kennwort vor unautorisiertem Zugriff schützen.

- *Verknüpfung aufheben*: Entfernt Ihr Dropbox-Konto. Dies ist nötig, falls Sie mal ein anderes Dropbox-Konto auf dem Tablet nutzen möchten.

Unter *KAMERA-UPLOAD*:

- *Kamera-Upload aktivieren*: Von Ihnen erstellte Fotos und Videos automatisch ins Dropbox-Konto hochladen. Der Upload geschieht über WLAN (*Nur Wi-Fi*) oder, je nach Verfügbarkeit, sowohl über WLAN, als auch Mobilfunk-Internet (*Wi-Fi oder Datenplan*).

13.2.4 Dropbox in der Alben-Anwendung

❶ So laden Sie Bilder von der Galerie-Anwendung aus bei Dropbox hoch: Rufen Sie ☰/*Element auswählen* auf.

❷❸ Nachdem Sie die hochzuladenden Fotos durch Antippen markiert haben, betätigen Sie ❮ und wählen *Dropbox* aus (wählen Sie *Alle anzeigen* aus, falls *Dropbox* nicht im Menü angezeigt wird).

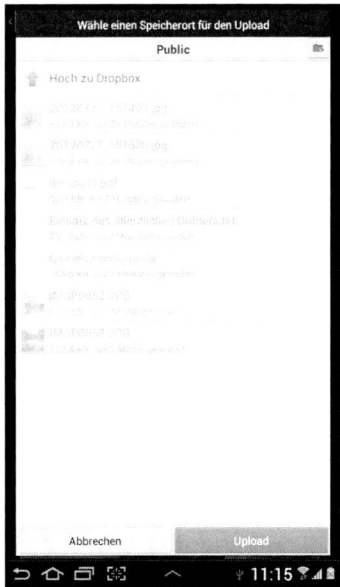

Sie können nun das Dropbox-Verzeichnis auswählen und dann mit *Upload* den Hochladevorgang starten, der im Hintergrund abläuft.

❶❷ Auch in der Vollbildansicht lassen sich einzelne Bilder über ❮/*Dropbox* bei Dropbox hochladen.

13.2.5 Dropbox im MP3-Player

❶❷ Auch der MP3-Player (siehe Kapitel *19 MP3-Player*) unterstützt Dropbox. Um einen Song bei Dropbox zu speichern, gehen Sie im Wiedergabebildschirm auf ☰/*Senden via* und wählen *Dropbox*.

13.2.6 Dropbox in Polaris Office

Polaris Office (siehe Kapitel *26.1 Polaris Office*) kann ebenfalls auf bei Dropbox lagernde Dateien zugreifen, was die wechselseitige Bearbeitung sowohl vom PC, als auch vom Tablet aus erleichtert.

 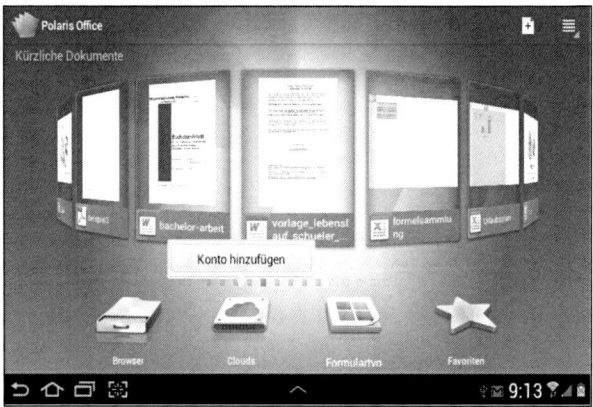

❶❷ Tippen Sie in Polaris Office auf *Clouds* und dann auf *Konto hinzufügen*.

Geben Sie Ihre Dropbox-Kontodaten ein und betätigen Sie *OK*.

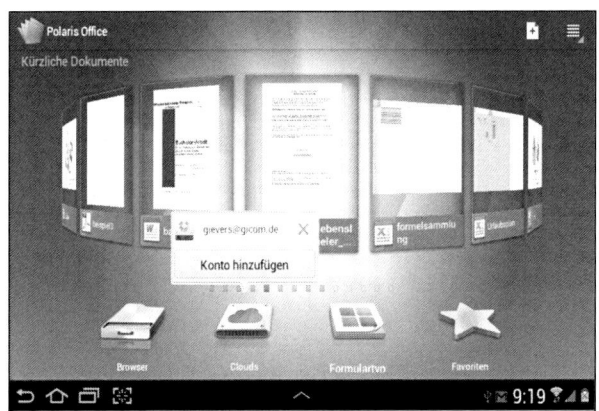 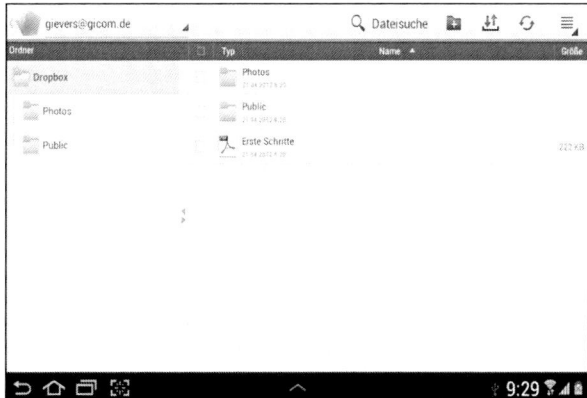

❶❷ Sie sind damit angemeldet und können nun über die *Clouds*-Schaltleiste und anschließender Auswahl des Dropbox-Kontos auf Ihre bei Dropbox abgelegten Office-Dateien zugreifen.

In unseren Tests hat Polaris Office außer den standardmäßig vorhandenen Dropbox-Hilfedateien keine weiteren Dateien angezeigt. Ob es sich um einen Software- oder Synchronisationsfehler handel, konnten wir nicht herausfinden.

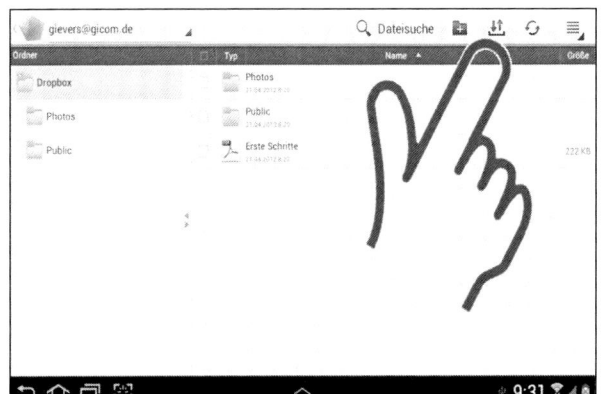 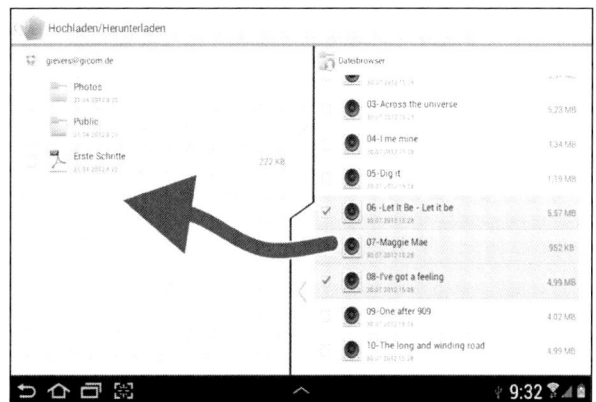

❶❷ Polaris Office besitzt auch einen Dateimanager, mit dem Sie Dateien nach Dropbox verschieben, beziehungsweise kopieren können. Tippen Sie dafür die ⬆-Schaltleiste an und ziehen Sie dann die Dateien nach links in den Dropbox-Bereich.

14. Soziale Netzwerke

Unter den sozialen Netzwerken im Internet versteht man Webdienste, die es ermöglichen, mit anderen Personen Nachrichten auszutauschen, ein eigenes Profil und Fotoalben zu verwalten. Einige der bekanntesten sozialen Netzwerke betreiben Google (auch wenn die meisten bei Google zuerst nur an die Suchmaschine denken), Facebook und Twitter. Das Galaxy bringt zahlreiche Funktionen mit, um die sozialen Netzwerke optimal zu nutzen.

14.1 Das Google-Konto

Google betreibt im Internet zahlreiche kostenlose Online-Dienste, wovon natürlich die Google-Suchmaschine die bekannteste ist. Weitere Web-Anwendungen sind unter anderem Google Mail (E-Mail), Google Maps (Karten und Navigation), Youtube (Videos), Picasa Webalben (Fotos) und neuerdings das soziale Netzwerk Google+. Android bietet mit den gleichnamigen Anwendungen die Möglichkeit, Googles Web-Anwendungen direkt auf dem Tablet zu nutzen.

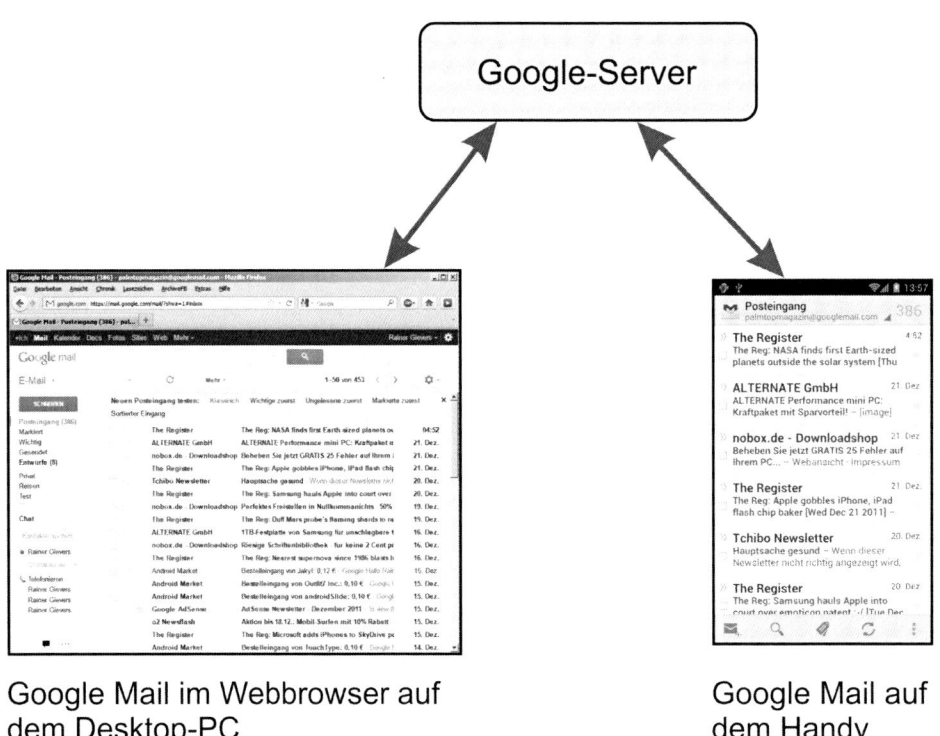

Google Mail im Webbrowser auf
dem Desktop-PC

Google Mail auf
dem Handy

Informationen, die Sie auf dem Tablet oder im Web ändern, werden automatisch miteinander synchronisiert. Sie können also beispielsweise tagsüber während der Arbeit auf dem Galaxy Nachrichten mit der Google Mail-Anwendung verarbeiten, Abends loggen Sie sich auf dem Desktop-PC in die Google Mail-Oberfläche ein und sehen den gleichen Nachrichtenstand wie auf dem Tablet.

Auch wenn Sie kein Fan von Google sind, kommen Sie nicht darum herum, ein Konto bei Google zu eröffnen, denn Sie benötigen es spätestens, wenn Sie über den Google Play Store (Kapitel *27.1 Play Store*) weitere Spiele oder Anwendungen auf dem Gerät installieren wollen.

Als Erstnutzer registrieren Sie sich zuerst über Ihren PC-Browser auf der Google-Website (*www.google.de*). Klicken Sie dort oben rechts auf *Anmelden*. Auf dem Galaxy ist die Kontenerstellung zwar auch möglich, aber vergleichsweise unbequem.

14.1.1 Einrichtung in einer Google-Anwendung

Wenn Sie eine Google-Anwendung wie Google Mail, Google Play Store, usw. starten, werden Sie aufgefordert, sich mit Ihrem Google-E-Mail-Konto anzumelden, sofern Sie dies nicht schon vorher getan hatten.

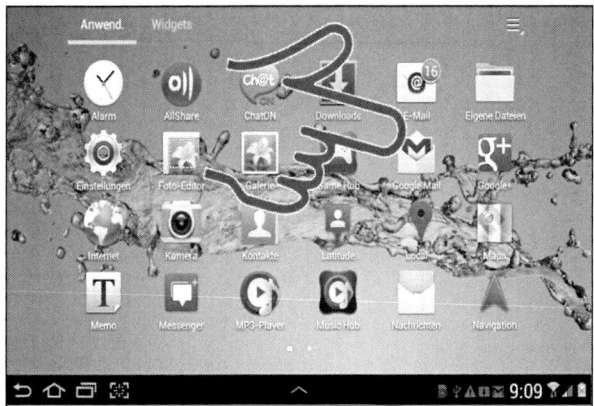 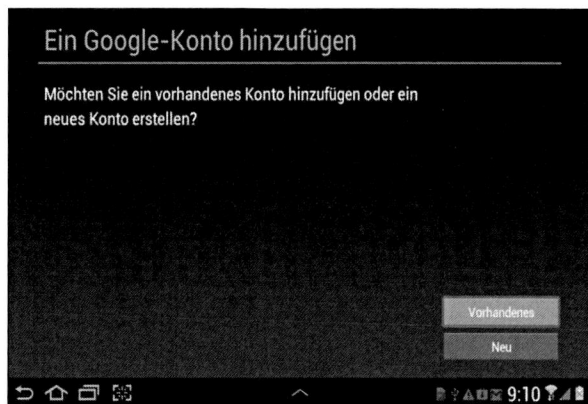

❶ Starten Sie jetzt eine Anwendung, die ein Google-Konto benötigt, im Beispiel *Google Mail,* aus dem Hauptmenü.

❷ Betätigen Sie *Vorhandenes.*

Falls direkt die Benutzeroberfläche des Programms angezeigt wird, ohne dass Ihre Login-Daten abgefragt werden, dann haben Sie bereits die nur einmalig notwendige Anmeldung durchgeführt, beispielsweise bei der Inbetriebnahme (siehe Kapitel *2 Erster Start*).

 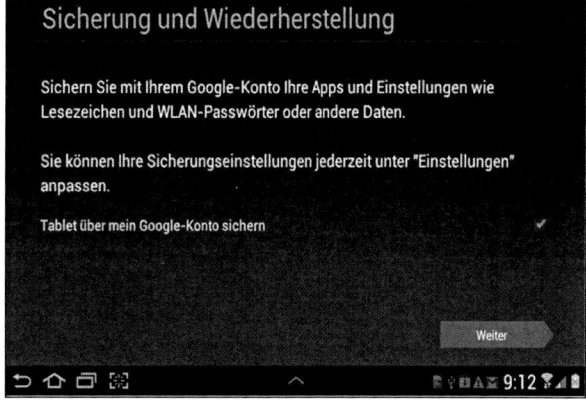

❶ Geben Sie Ihre Google Mail-Adresse und das Kennwort ein und betätigen Sie die *Anmelden-*Schaltleiste.

❷ Praktischerweise führt das Tablet automatisch eine Sicherung aller Ihrer Daten auf dem Tablet mit Google-Servern durch, sodass im Falle eines Gerätewechsels oder eines Zurücksetzens des Tablets alle Daten wiederhergestellt werden. Wenn Sie dies nicht möchten, deaktivieren Sie das Abhakkästchen bei *Dieses Telefon über mein Google-Konto sichern.* Betätigen Sie *Weiter.*

Die Google-Mail-Anwendung (siehe Kapitel *12 Google Mail*) startet und lässt sich jetzt nutzen.

Sie brauchen nur den ersten Teil Ihrer Google-Mail-Adresse vor dem »@« einzugeben, denn »@googlemail.com« wird automatisch ergänzt, wenn Sie ins Passwortfeld wechseln.

Die Anmeldung mit der Google Mail-Adresse ist nur einmalig notwendig. Danach können sie Google Mail, Google Play Store, usw. ohne erneute Anmeldung nutzen.

14.1.2 Weitere Kontenfunktionen

Ihre zuvor angelegtes Google-Konto verwalten Sie bequem über die *Einstellen*-Anwendung.

 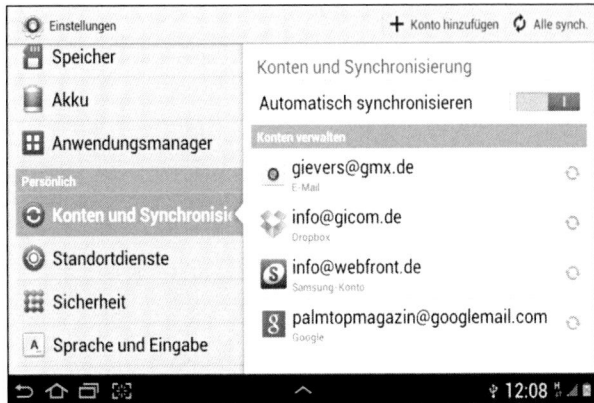

❶ Betätigen Sie *Einstellungen* im Benachrichtigungsfeld.

❷ Rufen Sie *Konten und Synchronisierung* auf.

❸ Im Verwaltungsbildschirm werden die bereits angelegten Konten, neben dem Google- auch MS-Exchange- und E-Mail-Konten, aufgelistet.

- Ein Schalter am oberen Bildschirmrand (Pfeil) aktiviert/deaktiviert die automatische Synchronisation von Kontakten, E-Mails, usw. mit Ihrem Google-Konto.

- Über *Konto hinzufügen* können Sie weitere Konten (darunter auch zusätzliche Google-Konten, wenn Sie weitere davon besitzen) anlegen.

 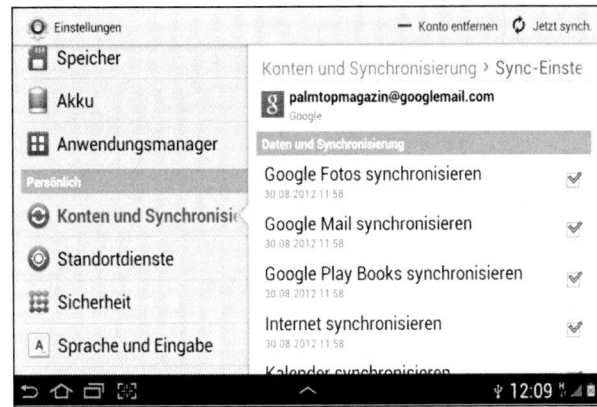

❶ Wählen Sie Ihr Google-Konto aus.

❷ Sie können nun den Datenabgleich konfigurieren:

- *Google Fotos synchronisieren*: Fotos in Google+ (siehe Kapitel *14.2 Google+*).

- *Google Mail synchronisieren*: Nachrichten in Google Mail (siehe Kapitel *12Google Mail*).

- *Google Play Books synchronisieren*: Ebooks, die Sie im Google Play Store heruntergeladen haben (siehe Kapitel *29.6.2 Google Ebooks*)

- *Internet synchronisieren*: Lesezeichen des Webbrowsers (siehe Kapitel *11 Webbrowser*).

- *Kalender synchronisieren*: Kalendertermine (siehe Kapitel *16 Kalender (S Planner)*).

- *Kontakte synchronisieren*: Kontakte aus dem Google-Konto (siehe Kapitel *5 Telefonbuch*)

Über die Schaltleisten am unteren Bildschirmrand entfernen Sie ein Konto, beziehungsweise synchronisieren die enthaltenen Daten manuell *(Jetzt synch.)*.

14.1.3 Datensicherung im Google-Konto

Android-Handys und Tablets wie das Galaxy Tab sind nicht als »Standalone«-Geräte konzipiert, sondern auf die Kommunikation mit den Internetservern von Google angewiesen. Dies hat den Vorteil, dass Ihre Daten, darunter Kontakte, Kalendertermine, Browser-Lesezeichen, usw. automatisch bei Google unter Ihrem Google-Konto gespiegelt werden.

Beachten Sie, dass Programme von Drittanbietern, die Sie aus dem Google Play Store installiert haben, häufig nicht die Datensicherung im Google-Konto nutzen. In den Programmen vorgenommene Einstellungen und angelegte Daten gehen deshalb meist bei einem Zurücksetzen des Geräts verloren. Die zuvor von Ihnen installierten Programme werden Ihnen dagegen im Play Store nach dem Zurücksetzen zur erneuten Installation angeboten.

Haben Sie keinen Zugriff auf Ihr Tablet, beispielsweise weil Sie es verloren haben, oder es defekt ist, dann können Sie jederzeit dessen Daten auf einem anderen Android-Handy oder Tablet (es muss noch nicht mal das gleiche Modell sein) wiederherstellen.

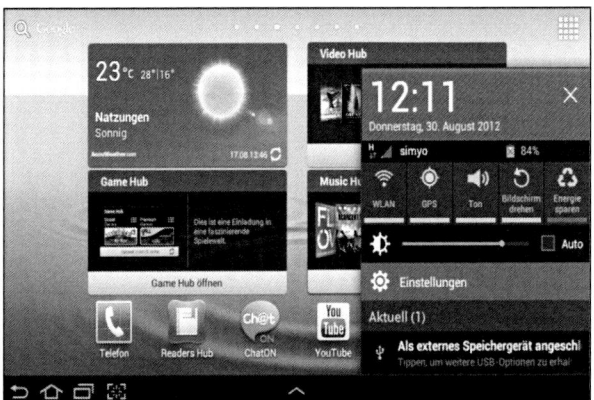 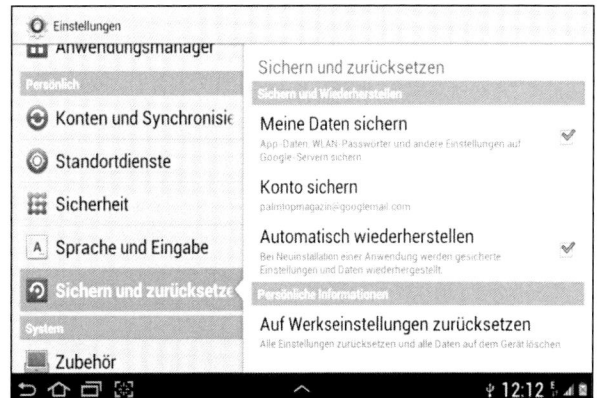

❶❷ Für die Sicherungseinstellungen rufen Sie das Benachrichtigungsfeld auf und gehen auf *Einstellungen/Sichern und Zurücksetzen*.

Die Funktionen:

- *Meine Daten sichern*: Sorgt dafür, dass Ihre Benutzerdaten automatisch im Hintergrund auf einem Google-Server in Ihrem Google-Konto gesichert werden.

- *Konto sichern*: Zeigt an, auf welchen Google-Konten Ihre Daten gesichert werden (wie Sie ein Google-Konto anlegen, erfahren Sie im Kapitel *14.1 Das Google-Konto*).

- *Automatisch wiederherstellen*: Alle Einstellungen und Daten, die in Ihrem Google-Konto gesichert sind, werden automatisch wiederhergestellt, wenn Sie nach dem Zurücksetzen des Galaxy erneut mit Ihrem Google-Konto anmelden.

- *Auf Werkseinstellungen zurücksetzen*: Löscht alle Daten auf dem Gerät.

14.2 Google+

Mit Google+ greift Google seit einigen Jahren den Platzhirsch Facebook an. Vieles, was Sie von Facebook her kennen, stellt auch Google+ zur Verfügung, seien es Fotoalben oder Live-Chat. Bisher hat sich Google+ allerdings nicht gegen Facebook durchsetzen können und Facebook müsste schon große Fehler begehen, um seinen riesigen Vorsprung vor dem Nachzügler Google+ noch zu verlieren. Ein erster kluger Schritt von Google ist allerdings die Google+-Integration in den Android-Geräten, die viele Anwender veranlassen wird, Google+ zumindest mal auszuprobieren.

Google+ konkurriert genau genommen nicht direkt mit Facebook – dafür sind die Unterschiede einfach zu groß. Facebook verfolgt ein Zweiwege-Modell: Zwei Personen stimmen zu, sich gegenseitig als Freunde zu führen. Dadurch entsteht eine Gemeinschaft, deren Mitglieder sich gegensei-

tig schreiben, also eine Art von »in Kontakt bleiben«. Dagegen verhält sich Google+ wie eine Ein-
bahnstraße: Man weist Personen seinen »Kreisen« zu. Die Veröffentlichungen der Personen erscheinen dann auf der eigenen Google+-Seite und man kann dann zum Beispiel Kommentare dazu
abgeben und mit anderen darüber diskutieren. Facebook unterstützt natürlich auch private
Gruppen, in denen nur eingeladene Kontakte schreiben und lesen können, allerdings müssen dazu
die Teilnehmer erst einmal in der Freundesliste vorhanden sein.

Gegenüber den Betreibern von Facebook, die schon oft durch eigenmächtige Aktionen aufgefallen
sind, beispielsweise Umstellungen der Datenschutzeinstellungen ohne vorherige Benachrichtigung
der Nutzer, glänzt Google bei seinem sozialen Dienst mit einer weißen Weste. Ganz ohne Tadel ist
aber auch Google nicht, denn bei Google+ herrscht ein Klarnamenzwang. Wer sich nicht daran
hält, kann sein Google-Konto verlieren, beziehungsweise darf bestimmte Funktionen (u.a. wird die
Kommentarfunktion bei Youtube deaktiviert) nicht mehr nutzen.

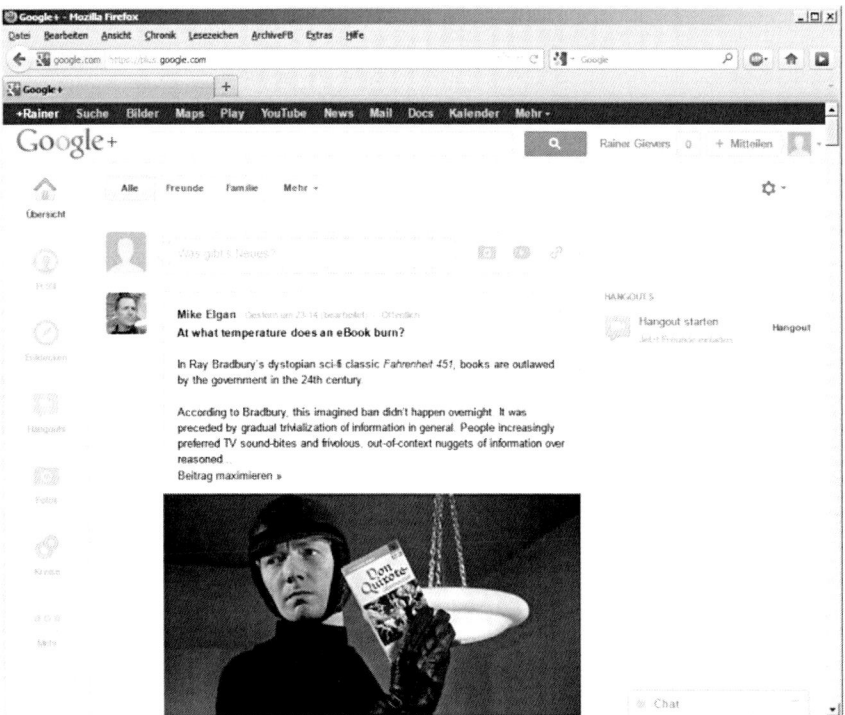

Für die Weboberfläche von Google+ rufen Sie *plus.google.com* in Ihrem PC-Webbrowser auf.

Google+ und Facebook im Vergleich

	Google+	Facebook
Gruppen	Bei Google+ weist man seine Kontakte einem »Kreis« zu. Inhalte teilt man entweder mit einzelnen Kreisen oder Kontakten.	In Facebook legt man Gruppen an, die öffentlich oder privater Natur sein dürfen.

	Google+	Facebook
Freunde	Anderen Google+-Nutzern folgt man, indem man sie einem »Kreis« hinzufügt. Man erhält dann alles, was der Hinzugefügte veröffentlicht, im eigenen Stream angezeigt. Ein mit den Facebook-Freunden vergleichbarer Zustand entsteht erst, wenn der Hinzugefügte Sie ebenfalls einem der eigenen Kreise hinzufügt.	Dem eigenen Konto hinzugefügte Kontakte müssen erst die Freundschaft bestätigen. Erst dann erhält man die Pinnwand- und Statusmeldungen des Freundes im eigenen Stream angezeigt.
Videotelefonie	Videotelefonie wird mit bis zu 10 Teilnehmern unterstützt (Videokonferenz).	Direkt im Chatfenster über eine Schaltleiste möglich. Videokonferenzen mit mehreren Teilnehmern werden nicht unterstützt.
Standortfreigabe	Geben Sie in Ihren veröffentlichten Fotos und Beiträgen an, wo diese entstanden sind. Mit Google Local verwalten Sie Ihre Standorte im Web, beziehungsweise in Google Maps (siehe Kapitel *9.10 Google Local*)	Den eigenen Standort können Sie direkt in Ihren Pinnwand-Einträgen veröffentlichen.
Mobile Nutzung	Google+ ist als Anwendung auf allen Android-Geräten vorinstalliert und mit Ihrem Google-Konto verknüpft. Genau genommen nimmt also jeder, der ein Google-Konto neu anlegt, automatisch auch bei Google+ teil. Die Google+-Funktionen sind in den einzelnen Android-Anwendungen verfügbar, beispielsweise die Google+-Kontakte im Telefonbuch.	Die aus dem Google Store nachinstallierbare Facebook-Anwendung bietet alle Facebook-Funktionen und integriert sich in den Android-Anwendungen. Zum Beispiel finden Sie Ihre Facebook-Kontakte im Telefonbuch.

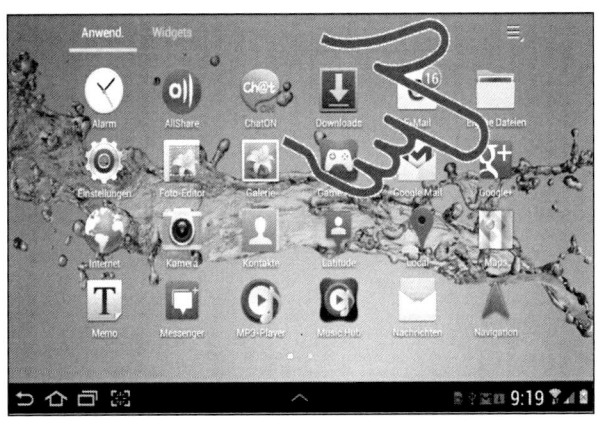 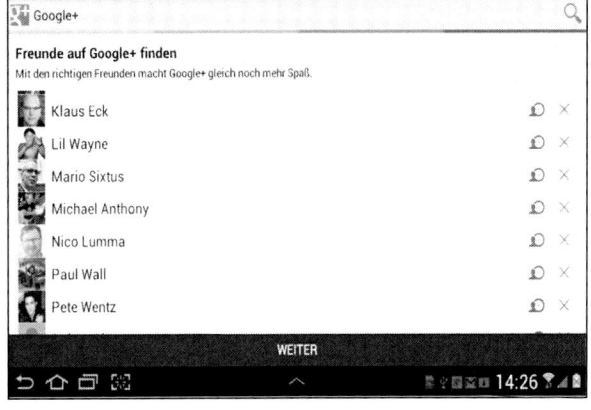

❶ Starten Sie *Google+* aus dem Hauptmenü.

❷ Beim ersten Start wird Sie Google+ eventuell auffordern, Kontakte hinzufügen. Sie können diesen Vorgang aber mit *WEITER* überpringen.

❶ Das Galaxy Tab kann Google+-Kontakte auch direkt im Telefonbuch (siehe Kapitel *5 Telefonbuch*) einblenden. Wenn Sie dies nicht wünschen, sollten Sie *Google+-Kontakte hinzufügen* deaktivieren. Betätigen Sie *WEITER*.

❷ In diesem Bildschirm legen Sie fest, ob und über welche Verbindung Fotos vom Galaxy direkt in Google+ hochgeladen werden dürfen.

Alle mit der Kamera-Anwendung aufgenommenen Fotos und Videos werden automatisch in das *Von meinem Telefon*-Album hochgeladen. Bis Sie sie teilen, sind diese Fotos und Videos nur für Sie sichtbar. Sie können sie über das Galaxy oder am Desktop-PC (über die Google+-Weboberfläche) auf Google+ teilen. In den meisten Fällen sollte *Über WLAN oder Mobilfunknetz* in Ordnung gehen. Betätigen Sie dann *FERTIG*.

> Falls Sie es nicht gerne haben, dass Ihre Fotos automatisch irgendwo im Internet gespeichert werden, sollten Sie *Sofort-Upload deaktivieren* einstellen.

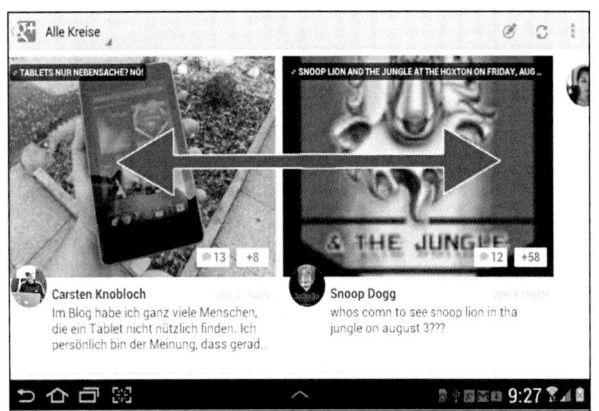

❶ Sie befinden sich im Hauptmenü von Google+. Mit einer Wischgeste nach links/rechts wechseln Sie zwischen den Beiträgen Ihrer Kontakte.

❷ Man weist seine Kontakte verschiedenen »Kreisen« hinzu. Über das Auswahlmenü rechts oben (Pfeil) schalten Sie die Ansicht zwischen den Kreisen um.

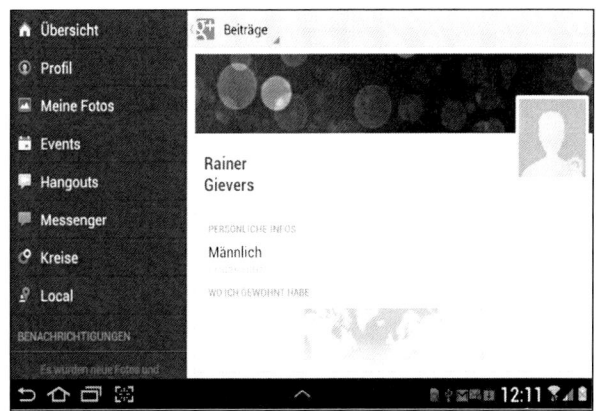

❶❷ Tippen Sie das 🔳-Symbol (Pfeil) für das Menü an:

- *Profil*: Ihre persönlichen Angaben.

- *Meine Fotos*: Verwaltet die von Ihnen auf Google+ hochgeladenen Fotos und ermöglicht es, diese mit anderen Nutzern zu teilen (zu Deutsch, ihnen sichtbar zu machen). In *Fotos* lassen sich auch Fotos auf dem Tablet verwalten, wobei diese erst hochgeladen werden, wenn Sie sie teilen.

- *Events*: Ihr Terminkalender.

- *Hangouts*: Videokonferenz mit bis zu zehn Teilnehmern.

- *Messenger*: Chatten Sie mit anderen Google+-Nutzern (ähnlich ICQ oder Facebook Messenger)

- *Kreise*: In dem Menü verwalten Sie Ihre Google+Kontakte. Kontakte ordnen Sie Kreisen zu, mit denen Sie wiederum bestimmte Inhalte (Fotos, Nachrichten) teilen.

- *Local*: Startet Google Local, das Ihre aktuelle GPS-Position mit anderen teilt (siehe Kapitel *9.10 Google Local*).

14.2.1 Google+ in der Praxis

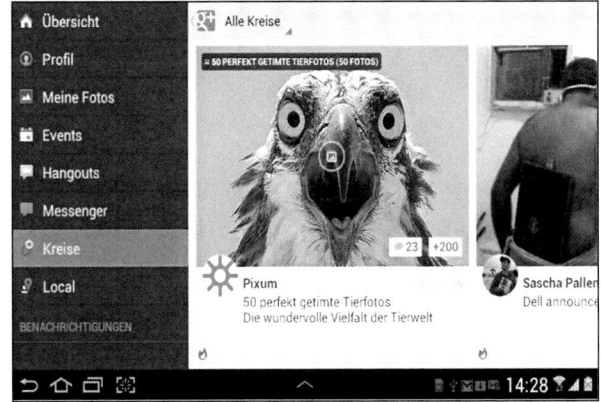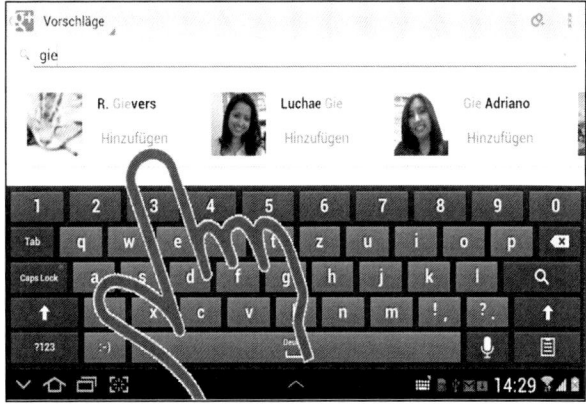

❶❷ Neue Kreise, beziehungsweise neue Personen fügen Sie im *Kreise*-Menü hinzu. Geben Sie oben den gesuchten Namen ein und betätigen Sie *Hinzufügen* (falls Sie vorher wissen möchten, ob es sich um die richtige Person handelt, tippen Sie stattdessen auf den Namen).

Haken Sie die Kreise ab, denen die Person angehören soll und gehen Sie auf *OK*. Alternativ erstellen Sie mit *Neuen Kreis erstellen* einen weiteren Kreis.

❶ Angenommen, Sie möchten ein oder mehrere Fotos aus der Galerie-Anwendung (siehe Kapitel *18 Galerie*) bei Google+ publizieren: Tippen und halten Sie den Finger über dem ersten Foto, bis sich der Markierungsmodus aktiviert. Anschließend markieren Sie weitere Fotos, indem Sie sie nur kurz antippen.

❷ Gehen Sie auf ≺/*Google+* (falls Google+ in der Auflistung nicht erscheint, müssen Sie erst *Alle anzeigen* betätigen).

 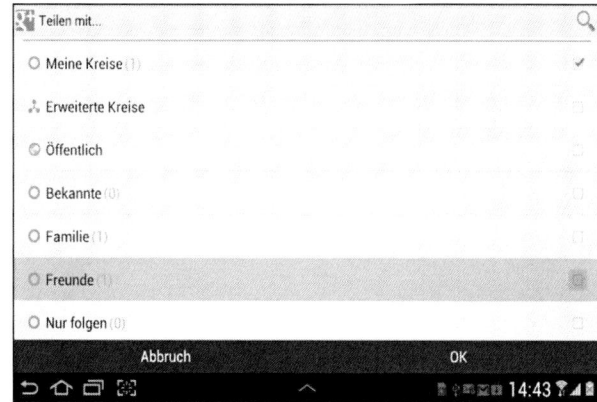

❶❷ Bevor Sie Ihren Beitrag veröffentlichen, tippen Sie auf das + und wählen die Kreise aus, die das Foto sehen dürfen. Anschließend betätigen Sie ➤.

14.3 Facebook

Facebook (*www.facebook.de*) ist eine »Online-Gemeinschaft«, das heißt, hier können Sie Ihr eigenes Profil mit Ihren Kontaktdaten, Hobbys, Fotos, usw. anlegen, auf das andere Facebook-Nutzer zugreifen dürfen. Auch ein Nachrichtendienst ist in Facebook, das weltweit viele hundert Millionen registrierte Nutzer hat, integriert. Google bietet seit kurzem mit Google+ einen

Konkurrenten zu Facebook an (siehe Kapitel *14.2 Google+*).

Falls Sie noch kein Facebook-Konto haben, müssen Sie sich erst, am besten mit dem Webbrowser auf dem PC, unter *www.facebook.de* registrieren.

14.3.1 Facebook-Anwendung

Im Gegensatz zu vielen anderen Android-Geräten ist eine Facebook-Anwendung beim Galaxy Tab nicht vorinstalliert, was aber auch kein Wunder ist, denn Facebook gehört nicht zum Standard-Lieferumfang des Android-Betriebssystems. Stattdessen entscheiden die Hersteller darüber, ob eine Facebook-Anwendung auf ihren Geräten vorhanden ist oder nicht. Facebook nachzurüsten ist allerdings kein Problem, denn Sie dazu installieren Sie einfach die Facebook-Anwendung aus dem Google Play Store.

Die Facebook-Anwendung müssen Sie auch installieren, wenn Sie Ihre Facebook-Kontakte mit dem Telefonbuch auf dem Tablet synchronisieren möchten.

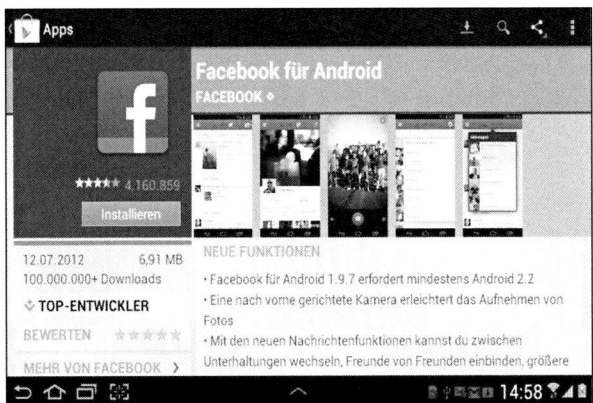

❶❷ Installieren Sie *Facebook für Android* aus dem Google Play Store (wie Sie den Google Play Store nutzen, erfahren Sie im Kapitel *27.1 Play Store*). Sie finden anschließend das Facebook-Symbol im Startbildschirm, beziehungsweise Hauptmenü, worüber Sie das Programm starten können.

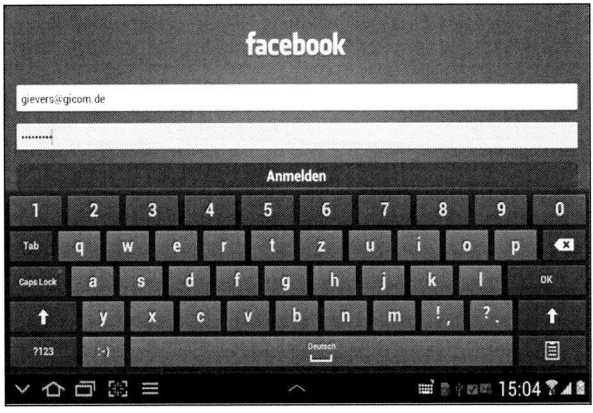
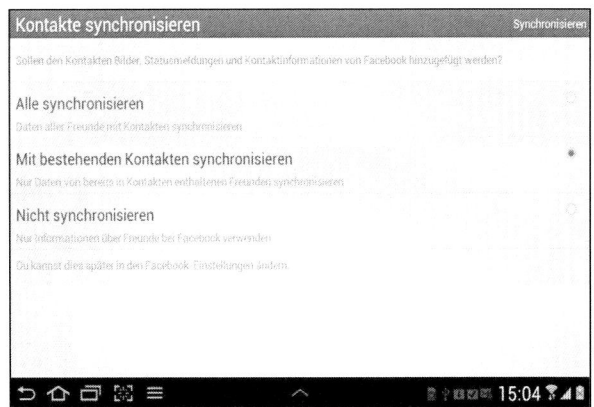

❶❷ Nach dem Login müssen Sie erst noch einstellen, wie mit Ihren Kontakten bei Facebook verfahren wird. Lassen Sie am besten die Vorgabe unverändert und betätigen Sie dann die *Synchronisieren*-Schaltleiste oben rechts.

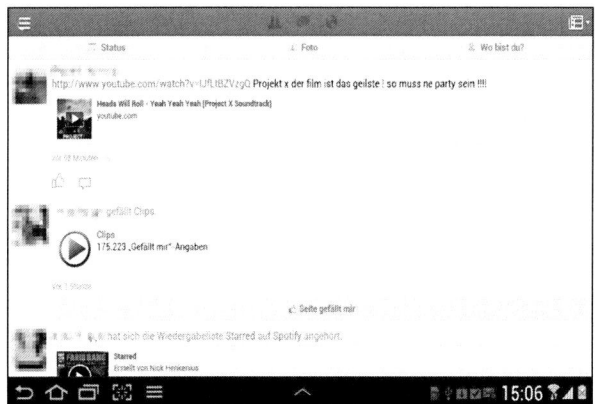

Sie befinden sich nun in der Facebook-Oberfläche.

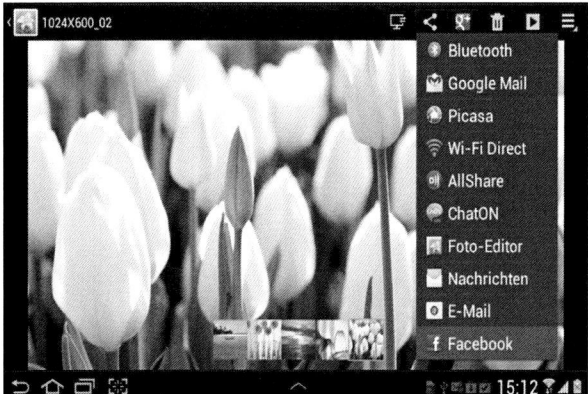

❶❷ In der Galerie-Anwendung (siehe Kapitel *18 Galerie*) lassen sich über die ⋖-Schaltleiste Fotos bei Facebook hochladen.

14.3.2 Facebook im Browser

❶❷ Eine Installation der Facebook-Anwendung ist nicht unbedingt nötig, da Sie das soziale Netzwerk auch über den Webbrowser (siehe Kapitel *11 Webbrowser*) nutzen können: Geben Sie dort als Webadresse *m.facebook.de* ein.

14.3.3 Facebook-Termine

Leider synchronisiert die Facebook-Anwendung nur Kontakte, aber keine Termine mit der Kalender-Anwendung S Planer auf dem Galaxy Tab. Über einen kleinen Umweg bekommt man aber trotzdem seine Facebook-Termine auf das Tablet.

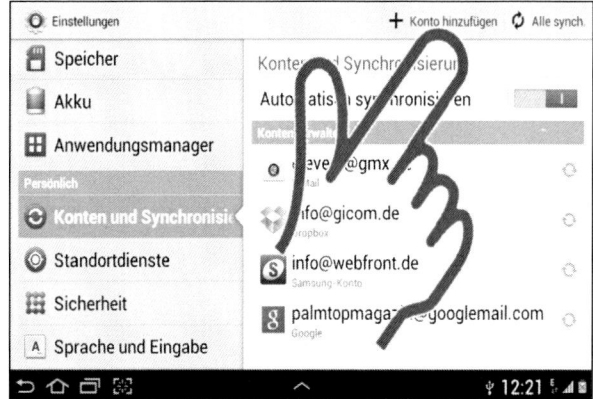

❶ Öffnen Sie das Benachrichtigungsfeld und gehen Sie auf *Einstellungen*.

❷ Rufen Sie *Konten und Synchronisation* auf und betätigen Sie *Konto hinzufügen*.

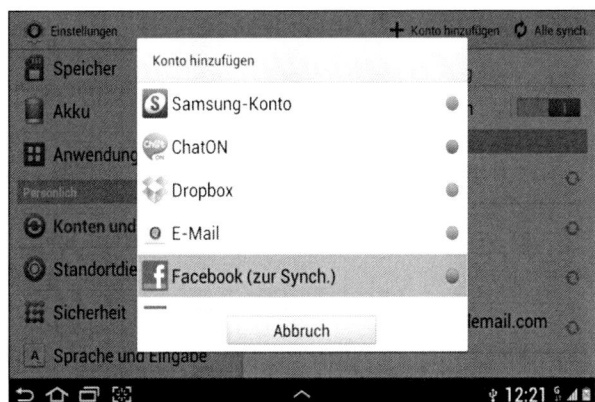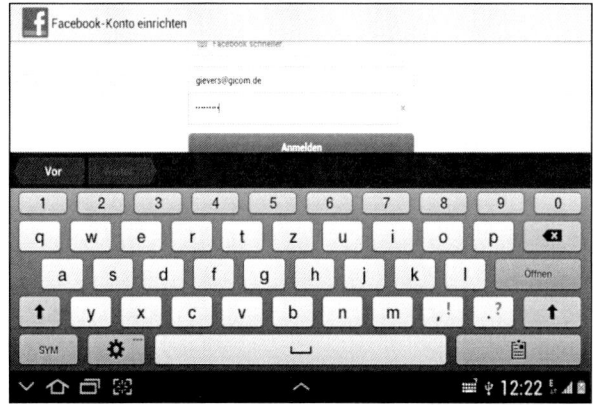

❶❷ Nach Auswahl von *Facebook (zur Synch.)* geben Sie Ihr Login und Passwort ein und betätigen *Anmelden*.

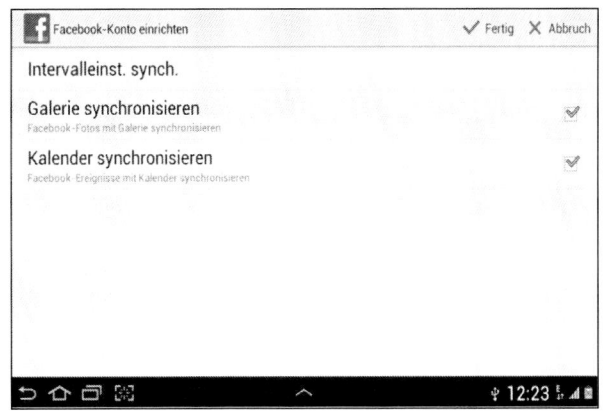

Sie können nun *Galerie synchronisieren* deaktivieren, falls Sie Ihre Facebook-Fotos nicht in der Galerie-Anwendung (siehe Kapitel *18 Galerie*) anzeigen möchten. Lassen Sie dagegen *Kalender synchronisieren* aktiv und betätigen Sie *Fertig*.

❶❷ Facebook-Termine erscheinen nun mit einem hellblauen Hintergrund im Kalender. Beachten Sie, dass ein Terminbearbeiten und Löschen nur auf der Facebook-Website, beziehungsweise in der Facebook-Anwendung möglich ist.

14.4 Soziale Netzwerke und das Telefonbuch

14.4.1 Facebook- und Google+-Kontakte

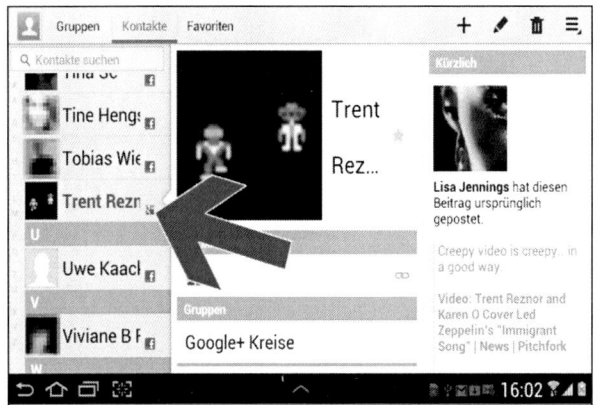

Die Facebook- und Google+-Kontakte erkennen Sie im Telefonbuch (siehe Kapitel *5 Telefonbuch*) jeweils am ▪-, beziehungsweise ▪-Symbol. Tippen Sie den Kontakt für weitere Infos an – sie erhalten dann alle Daten angezeigt, die der Kontakt in seinem Facebook/Google+-Profil freigegeben hat.

Beachten Sie bitte, dass Sie Facebook- und Google+-Kontakte nicht aus dem Telefonbuch löschen können, da diese ja nicht von Ihnen angelegt wurden. Wenn Sie dennoch versuchen, einen Facebook-Kontakt löschen, bietet Ihnen das Telefonbuch an, den Kontakt auszublenden.

Die Google+-Kontakte darf man nicht mit den Google-Kontakten verwechseln, die man selbst auf dem Galaxy Tab erstellt und bearbeitet.

14.4.2 Kontakte zusammenführen

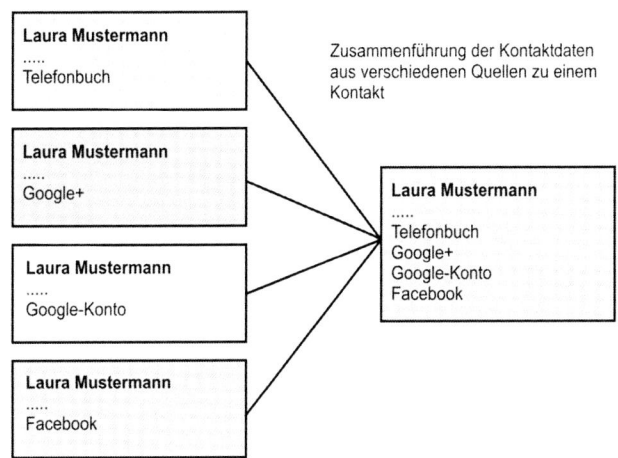

Nach der Einrichtung des Twitter- Facebook- und Google-Kontos kommen einige Aufräumarbeiten auf Sie zu. Nutzen nämlich Ihre Telefonbuchkontakte ebenfalls die sozialen Netzwerke, dann tauchen die Kontakte gleich mehrfach unter dem gleichen Namen im Telefonbuch auf.

Abhilfe für dieses Chaos schafft das sogenannte »Verknüpfen«, bei dem gleichartige Kontaktdaten zu einem einzigen Telefonbuchkontakt verschmelzen.

 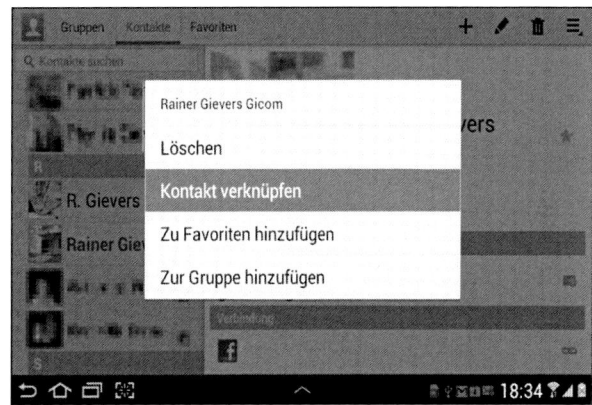

❶ Im Beispiel gibt es mehrere Einträge zu »*Rainer Gievers*«, die wir zu einem Kontakt zusammenführen möchten. Tippen und halten Sie den Finger auf einen der Kontakte.

❷ Wählen Sie *Kontakt verknüpfen.*

Das Telefonbuch schlägt nun eventuell einige Kontakte für die Verknüpfung vor. Tippen Sie dort einen der Vorschläge an. Falls Sie einen hier nicht aufgeführten Kontakt verknüpfen möchten, finden Sie darunter eine Auflistung aller weiteren Kontakte. Verfahren Sie genauso mit dem zweiten Kontakt.

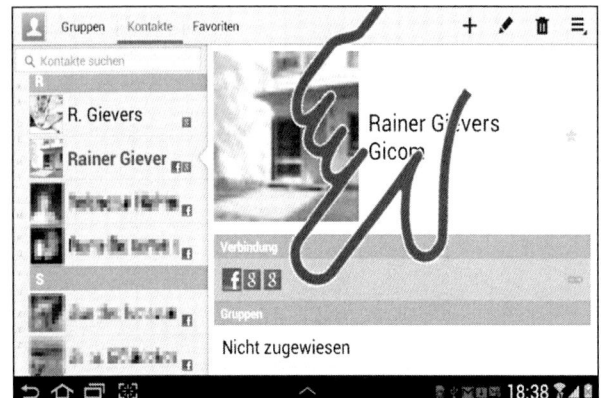 

❶ Tippen Sie im Kontakt, zu dem Sie Verknüpfungen angelegt haben, auf die Schaltleiste unter *Verbindung*.

❷ Hier können Sie mit den »-«-Schaltleisten Verknüpfungen wieder entfernen. Verwenden Sie *Einem anderen Kontakt beitreten*, um eine weitere Verknüpfung herzustellen.

15. Das Samsung-Konto

Einige Funktionen auf dem Galaxy setzen die vorherige Einrichtung eines sogenannten Samsung-Kontos voraus, wozu unter anderem Samsung Apps (siehe Kapitel *27.2 Samsung Apps*), die Fernzugriffsfunktionen (siehe Kapitel *25.5 Maßnahmen gegen Diebstahl*) und Samsung AllShare (siehe *20.2.3 AllShare auf dem Galaxy Tab einrichten*) zählen.

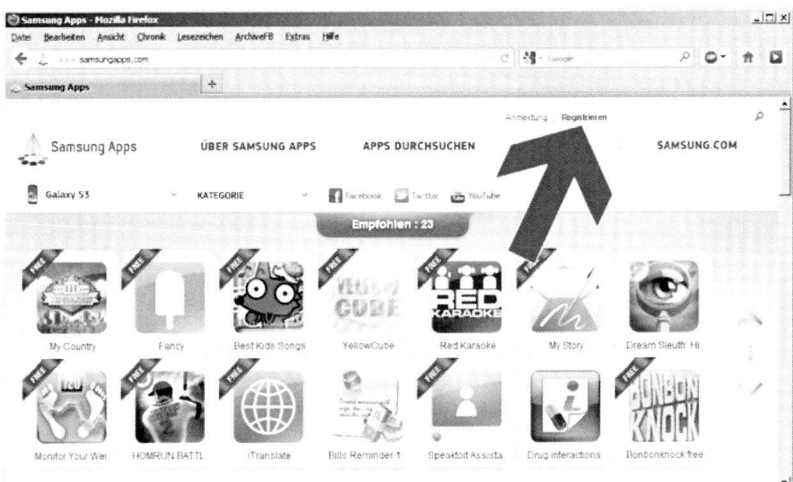

Sofern Sie noch nicht ein Samsung-Konto besitzen, geben Sie im Webbrowser auf dem PC *www.samsungapps.com* ein. Klicken Sie auf *Registrieren*. Auf der folgenden Webseite folgen Sie den Anweisungen zur Kontoeinrichtung.

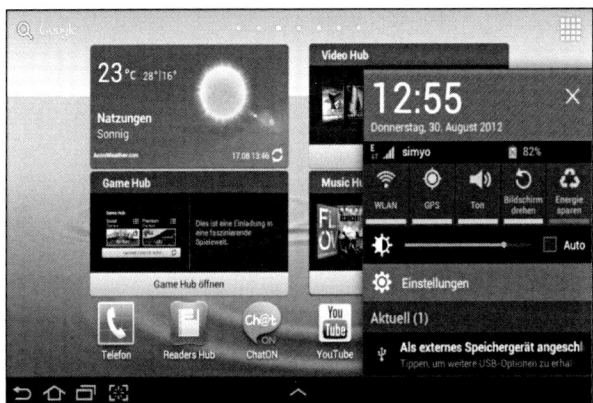 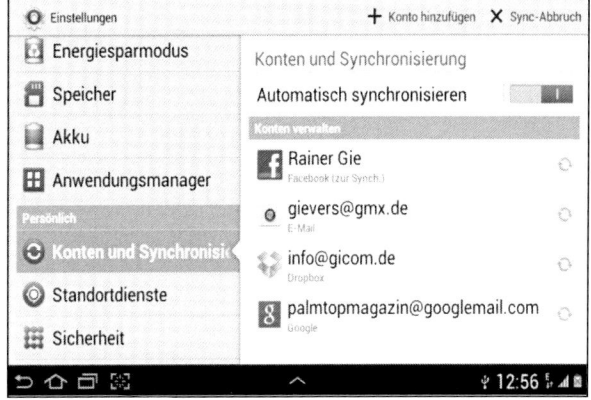

Sie können nun warten, bis irgendwann eine Anwendung die Anmeldung bei Ihrem Samsung-Konto verlangt, oder schon das Konto vorab auf dem Galaxy einrichten:

❶ Gehen Sie im Startbildschirm im Benachrichtigungsfeld auf *Einstellungen*.

❷ Betätigen Sie in *Konten und Synchronisation* die *Konto hinzufügen*-Schaltleiste.

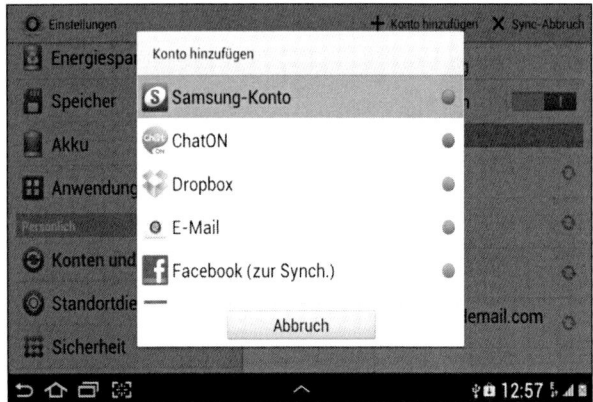 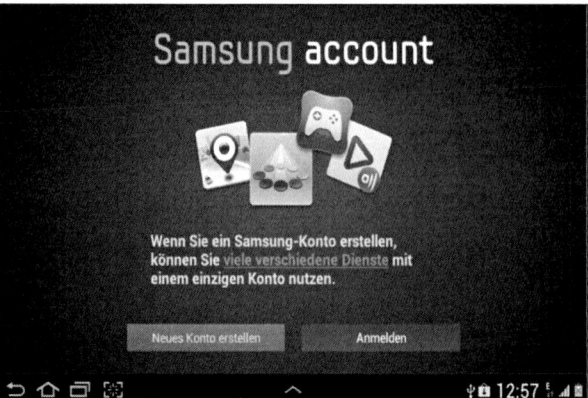

❶ Wählen Sie *Samsung-Konto*.

❷ Gehen Sie auf *Anmelden* und wählen Sie anschließend Ihr Heimatland aus.

 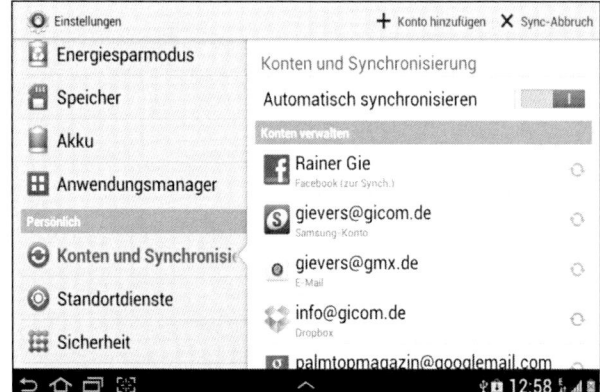

❶ Geben Sie die zuvor auf der Samsung-Website bei der Registrierung angelegten Login-Daten erneut ein und schließen Sie mit *Anmeld* ab.

Sie können nun die Einstellungen mit der ⟲-Taste verlassen.

16. Kalender (S Planner)

Der Kalender verwaltet Ihre Termine, die sich mit dem Google-Kalender synchronisieren lassen. Ein direkter Datenabgleich der Termine mit MS Outlook auf dem PC ist über Samsung Kies möglich (siehe Kapitel *31 Samsung Kies*). Sie können alternativ mit Google Calendar Sync, das Kapitel *16.9 Google Kalender im Web* vorstellt, Termine indirekt mit MS Outlook synchronisieren.

❶❷ Sie finden den *S Planner* im Hauptmenü (Pfeil).

Sofern Sie bereits ein Google-, beziehungsweise Facebook-Konto auf dem Galaxy eingerichtet haben, erscheinen in der Kalender-Anwendung schon beim ersten Aufruf diverse bei Facebook und im Google-Kalender hinterlegte Termine. Siehe dazu auch Kapitel *16.3 Facebook-Termine*.

16.1 Kalenderansichten

 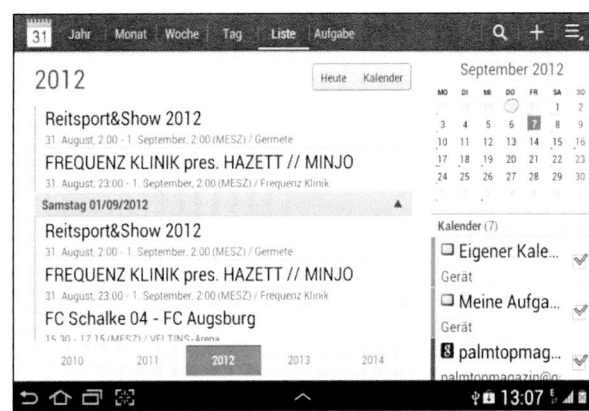

❶❷ Der Kalender zeigt nach dem Start die zuletzt genutzte Kalenderansicht an. Um auf eine andere Ansicht umzuschalten, aktivieren Sie eines der Register *Jahr, Monat, Woche, Tag, Liste* oder *Aufgabe*.

16.1.1 Monatsansicht

❶ Tippen Sie einen Kalendertag kurz an, so listet der Kalender alle zugehörigen Termine auf.

❷ Mit einer Wischgeste zeigen Sie die weiteren Termine des Tages an.

16.1.2 Wochenansicht

❶❷ In der Wochenansicht sind alle Termine als Balken auf einer Zeitachse angelegt. Man sieht auf diesem Wege sofort, ob und wo noch freie Zeiträume sind. Antippen eines Termins (Pfeil) zeigt diesen wiederum an.

Ganztagestermine zeigt der Kalender jeweils am oberen Bildschirmrand an.

16.1.3 Tagesansicht

❶❷ Auch die Tagesansicht stellt die Termine in einer Zeitachse dar. Tippen Sie einen Termin (Pfeil) für die Detailansicht an.

16.1.4 Liste (Agenda)

 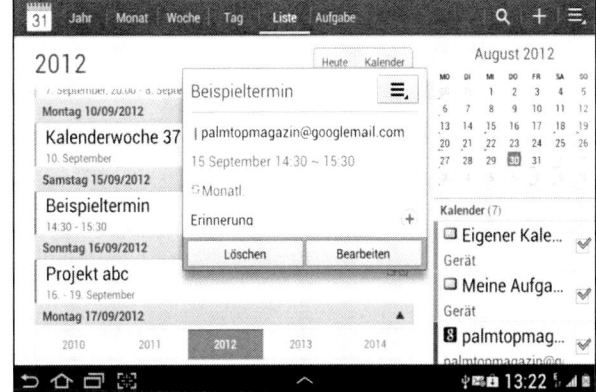

❶❷ In der *Liste* erhalten Sie einen schnellen Überlick aller anstehenden Termine. Auch hier ist es wiederum möglich, einen Termineintrag anzuwählen.

16.2 Navigation im Kalender

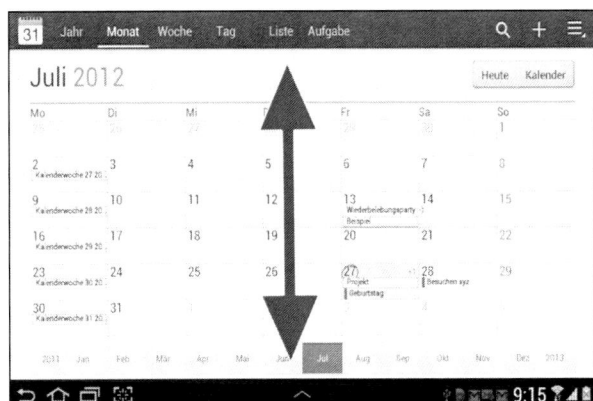 

❶ Mit einer Wischgeste (Monats- und Wochenansicht), beziehungsweise nach rechts/links (Tagesansicht) blättern Sie ebenfalls vor oder zurück.

❷ In allen Kalenderansichten wechseln Sie über die Schaltleisten am unteren Bildschirmrand zu einem anderen Datum.

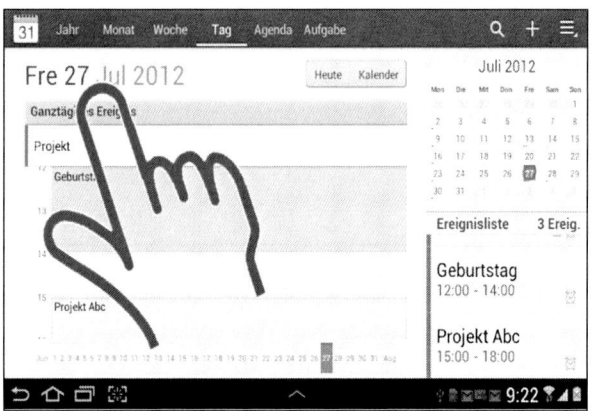 

❶❷ Für den schnellen Sprung in ein bestimmtes Kalenderdatum tippen Sie auf den Monats/Wochentitel und können dann das Datum einstellen.

16.3 Facebook-Termine

❶❷ Sofern Sie Facebook nutzen, kann der Kalender auch Facebook-Veranstaltungen, an denen Sie teilnehmen, beziehungsweise die Sie selbst erstellt haben, anzeigen. Facebook-Termine lassen sich nur auf der Facebook-Website oder in der Facebook-Anwendung anlegen und bearbeiten, nicht aber in der Kalender-Anwendung.

Wie Sie Termine aus Ihrem Facebook-Konto mit dem Galaxy synchronisierenerfahren Sie im Kapitel *14.3.3 Facebook-Termine* .

 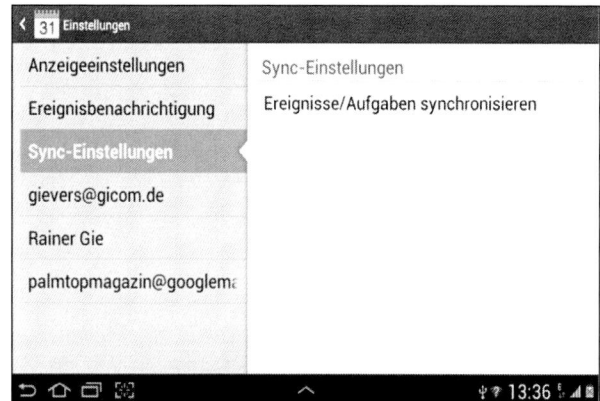

❶❷ Die Facebook-Kalendersynchronisation steuern Sie über ☰*/Einstellungen/Sync-Einstellungen/Ereignisse/Aufgaben synchronisieren.*

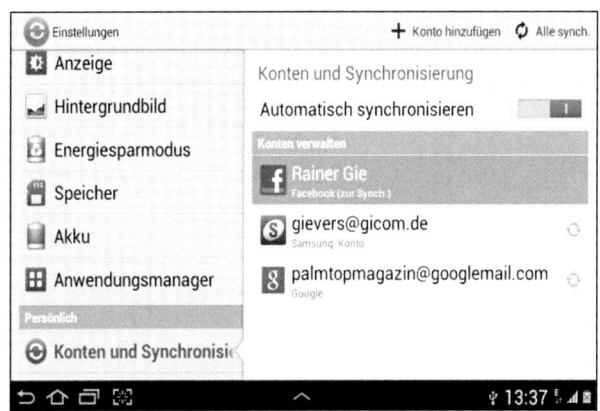 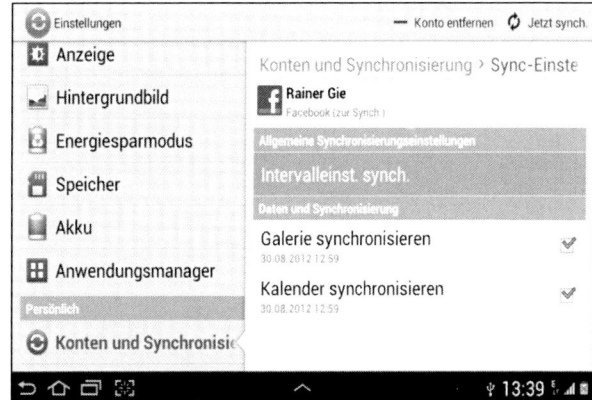

❶ Sie landen in der Kontenübersicht (auch über *Einstellungen/Konten und Synchronisation* erreichbar), worin Sie *Facebook-Konto (zur Synch.)* auswählen.

❷ Gehen Sie auf *Intervalleinst. Synch.*

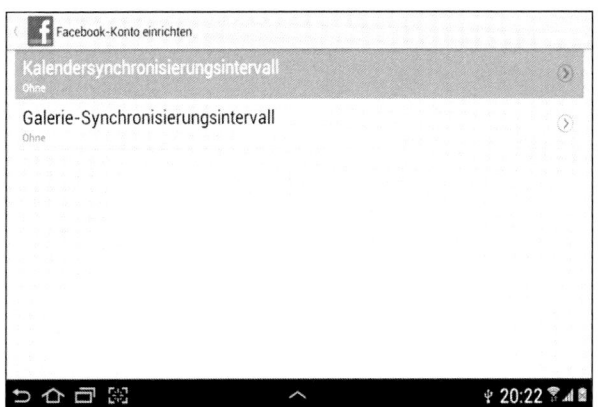 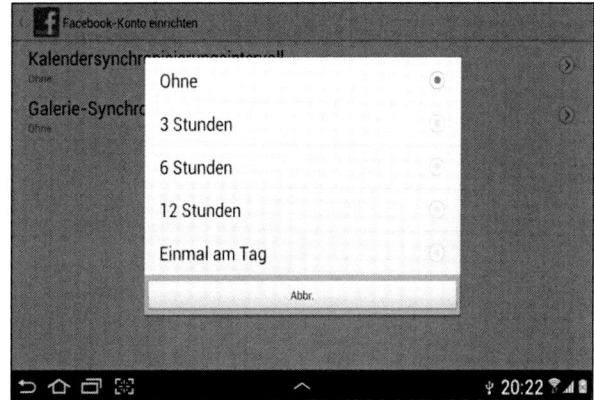

❶❷ Nach Antippen von *Kalendersynchronisierungsintervall* lässt sich der Zeitintervall einstellen.

Zum Entfernen der Facebook-Kalendertermine gehen Sie in ☰*/Einstellungen* auf Ihr Facebook-Konto und deaktivieren im Facebook-Konto (Register mit Ihrem Facebook-Namen) Abhakkästchen.

16.4 Neuen Termin hinzufügen

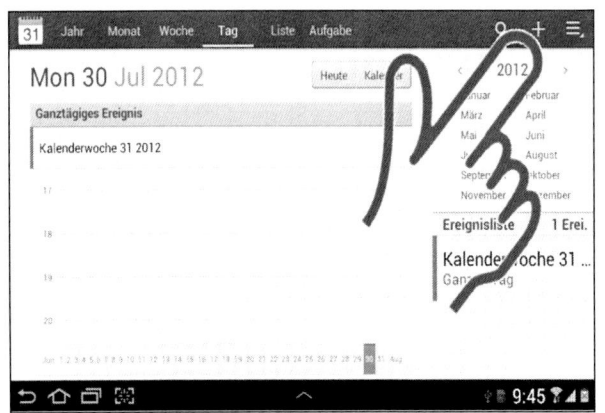 

❶ In allen Kalenderansichten erzeugt die ✛-Schaltleiste einen neuen Termin.

❷ Sie ersparen Sie übrigens etwas Arbeit, indem Sie vor Betätigen der ✛-Schaltleiste kurz auf den Kalendertag tippen (Pfeil). Der Kalendertag wird dann in den Termineditor übernommen.

❶ Der Kalender unterstützt noch eine weitere Methode für die Terminerfassung: Tippen und Halten Sie den Finger auf einem Kalendertag, beziehungsweise eine Uhrzeit in der Zeitleiste.

❷ Im Popup erfassen Sie dann den Termin. Mit *Ereignisdetails bearb* haben Sie Zugriff auf alle Termineigenschaften.

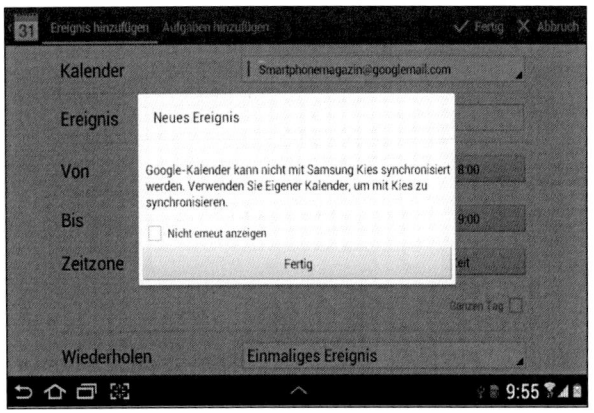

Wenn Sie zum ersten Mal einen Termin anlegen, weist Sie der Kalender auf einige Besonderheiten hin: Je nachdem, ob Sie die Termine mit dem Google-Konto (siehe Kapitel *14.1 Das Google-Konto*) oder über Samsung Kies (siehe Kapitel *31 Samsung Kies*) mit MS Outlook synchronisieren möchten, müssen Sie bei der Termineingabe das Google-Konto oder *Eigener Kalender* auswählen. Wir gehen unten noch darauf ein.

Damit die Hinweise nicht mehr erscheinen, aktivieren Sie jeweils *Nicht mehr anzeigen*.

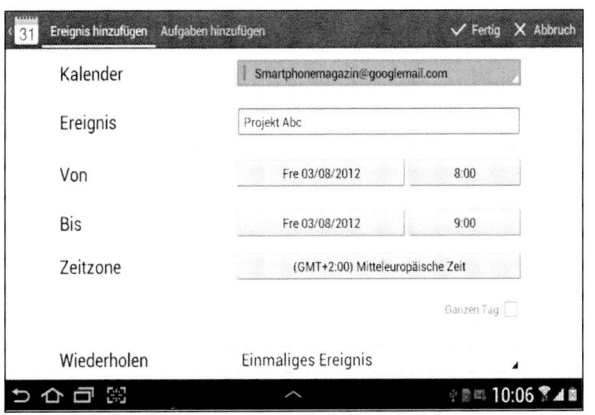 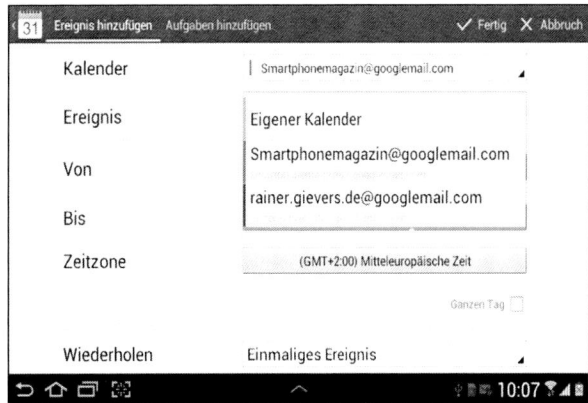

Erfassen Sie im Bearbeitungsbildschirm die Termindaten. Sofern es sich um einen Termin ohne feste Uhrzeit, beispielsweise einen Geburtstag, handelt, aktivieren Sie *Ganzen Tag*.

❶❷ Über das Auswahlmenü bei *Kalender* stellen Sie ein, mit welcher Anwendung später die Daten synchronisiert werden:

- *Eigener Kalender*: Der Termin bleibt auf dem Gerät und wird weder mit dem PC, noch mit Google Kalender abgeglichen.

- *xxx@googlemail.com*: Datenabgleich des Termins mit Google Kalender über das Internet.

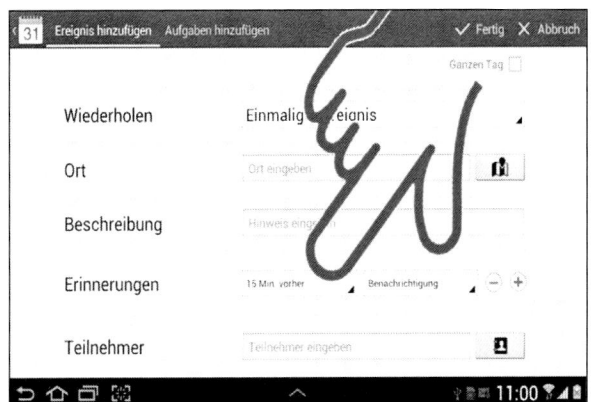 

❶ Unter *Erinnerungen* kann man einstellen, dass die Terminerinnerung eine gewisse Zeit vorher erfolgt, damit man Zeit hat, sich darauf vorzubereiten.

❷ *Wiederholen* ermöglicht es dagegen, den Termin in bestimmten Zeiträumen automatisch erneut anzusetzen, beispielsweise wöchentlich oder monatlich.

Betätigen Sie anschließend *Fertig*.

 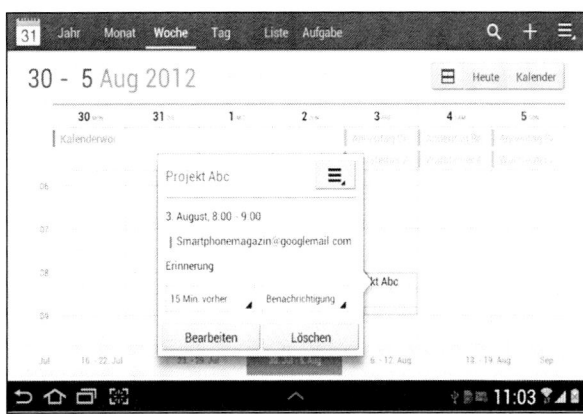

❶❷ Der Termin erscheint im Kalender. Tippen Sie ihn an für die Termindetails. Falls Sie ihn ändern möchten, gehen Sie auf *Bearbeiten*.

16.4.1 Aufgaben

Aufgaben haben keine Fälligkeitsuhrzeit, da man sie in der Regel zwischendurch erledigt. Beachten Sie, dass Ihre Aufgaben auf dem Gerät verbleiben und nicht mit Ihrem Google-Konto synchronisiert werden. Es ist allerdings möglich, sie beispielsweise mit Samsung Kies (siehe Kapitel *31 Samsung Kies*) zu synchronisieren.

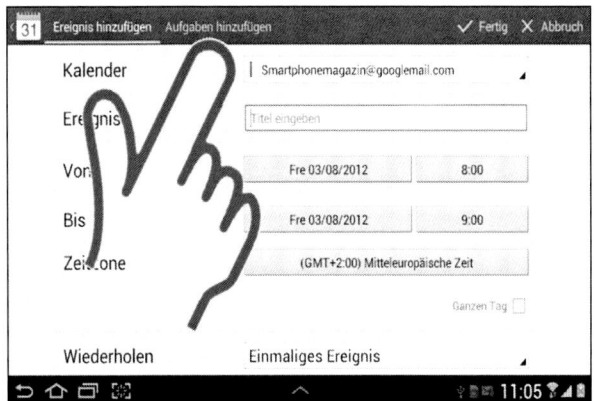 

❶ Gehen Sie während der Terminerfassung auf *Aufgaben hinzufügen.*

❷ Nach der Aufgabeneingabe betätigen Sie *Fertig*.

Die Aufgabe erscheint am oberen Bildschirmrand und lässt sich dort nach Erledigung »abhaken«.

16.5 Weitere Terminverwaltungsfunktionen

In der Tages- und Wochenansicht lassen sich Termine sehr einfach auf eine andere Uhrzeit oder sogar ein anderes Datum verlegen, ohne dass man sie erst in der Bearbeitungsansicht öffnen muss: Tippen und halten Sie für einige Sekunden den Finger auf einem Eintrag und ziehen Sie ihn dann auf der Zeitachse an die gewünschte Position.

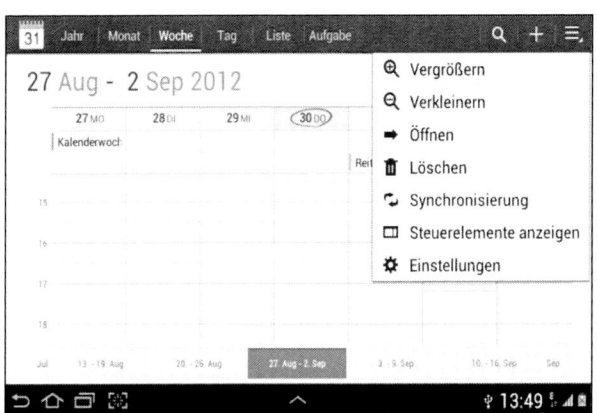 

❶ Im ☰.-*Menü s*tehen folgende Funktionen zur Verfügung:

- *Vergrößern; Verkleinern:* Zeitleiste vergrößern/verkleinern (nur für Tages- und Wochenansicht)

- *Öffnen* (❷): Zu einem bestimmten Datum springen. Diese Funktion rufen Sie einfacher auf, indem Sie auf den Monats-, beziehungsweise Wochentitel tippen.

- *Löschen*: Markieren Sie die aus dem Kalender zu entfernenden Termineinträge (es werden immer alle in der jeweiligen Terminansicht sichtbaren Termine, in der Monatsansicht also beispielsweise alle Termine des aktuellen Monats aufgelistet) und betätigen Sie *Löschen.*

- *Synchronisierung*: Sofern Sie ein Google-, beziehungsweise Facebook-Konto verwenden, werden dort gespeicherte Termine standardmäßig nicht automatisch in den Kalender übernommen (Sie können allerdings eine automatische Aktualisierung nach bestimmten Zeitspannen aktivieren, wie Kapitel *14.1.2 Weitere Kontenfunktionen*). Stattdessen lösen Sie die Aktualisierung über *Synchronisierung* manuell aus.

- *Steuerelemente anzeigen/Steuerelemente ausblenden*: Blendet zusätzliche Schaltleisten ein, um die Naviation durch den Kalender zu erleichtern.

- *Einstellungen*: Diverse Einstellungen, auf die wir im Kapitel *16.8 Einstellungen* noch eingehen.

❶ Der Kalender mit eingeblendeten Steuerlementen (*Steuerelemente anzeigen)...*

❷ ... und ohne Steuerelemente (*Steuerelemente ausblenden).*

16.6 Terminerinnerung

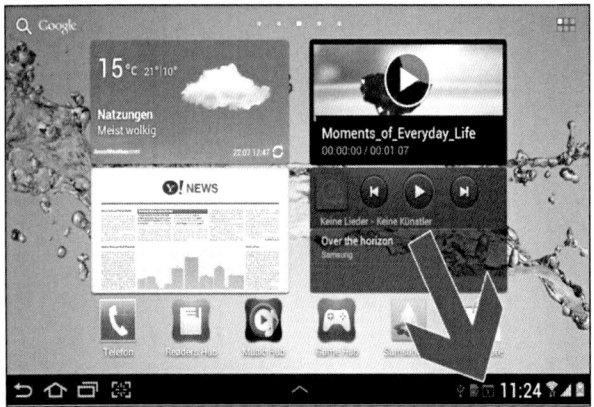

Zum eingestellten Termin ertönt der Erinnerungston und ein ⊡-Symbol erscheint in der Titelleiste (Pfeil).

Den Alarmton für Kalendertermine stellen Sie, wie im nächsten Kapitel gezeigt, ein.

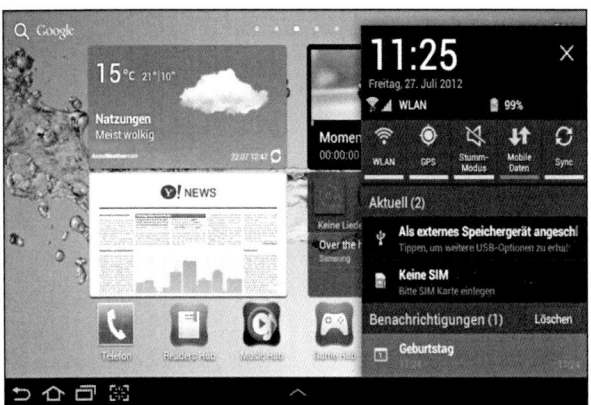
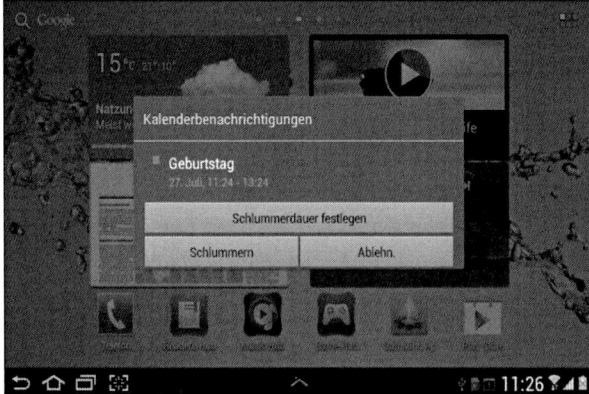

❶❷ Öffnen Sie das Benachrichtigungsfeld und gehen Sie auf den Terminnamen, was die Termindetails anzeigt. Verwenden Sie *Schlummern*, wenn Sie nach einigen Minuten erneut an den Termin erinnert werden möchten, oder *Ablehnen*, um den Alarm zu deaktivieren.

In der Displaysperre erscheint ebenfalls ein Terminhinweis. Ziehen Sie mit dem Finger im X-Feld in eine beliebige Richtung, um den Terminalarm zu beenden (ablehnen), während Ziehen auf zZ den Terminalarm um einige Minuten verschiebt (Schlummern).

16.7 Termine mit Teilnehmern (Kollaborationsfunktion)

Der Google Kalender bietet die Möglichkeit, Termine mit mehreren Teilnehmern durchzuführen. Dabei erhalten die Teilnehmer jeweils eine E-Mail mit einem Link, über den sie ihre Teilnahme bestätigen oder absagen. Die Teilnehmer müssen dazu noch nicht einmal über ein Google-Konto verfügen.

16.7.1 Als Veranstalter einen Termin erstellen

❶❷ Geben Sie entweder nacheinander die E-Mail-Adressen der Teilnehmer im *Teilnehmer*-Feld, oder verwenden Sie besser die 🔲-Schaltleiste, worauf Sie Kontakte aus dem Telefonbuch auswählen können – einfach die gewünschten Teilnehmer abhaken und mit *Fertig* übernehmen.

Der Kalender listet die Teilnehmer auf. Schließen Sie den Bildschirm mit *Fertig*, worauf die Teilnehmer per E-Mail informiert werden.

16.7.2 Als Teilnehmer einen Termin bestätigen

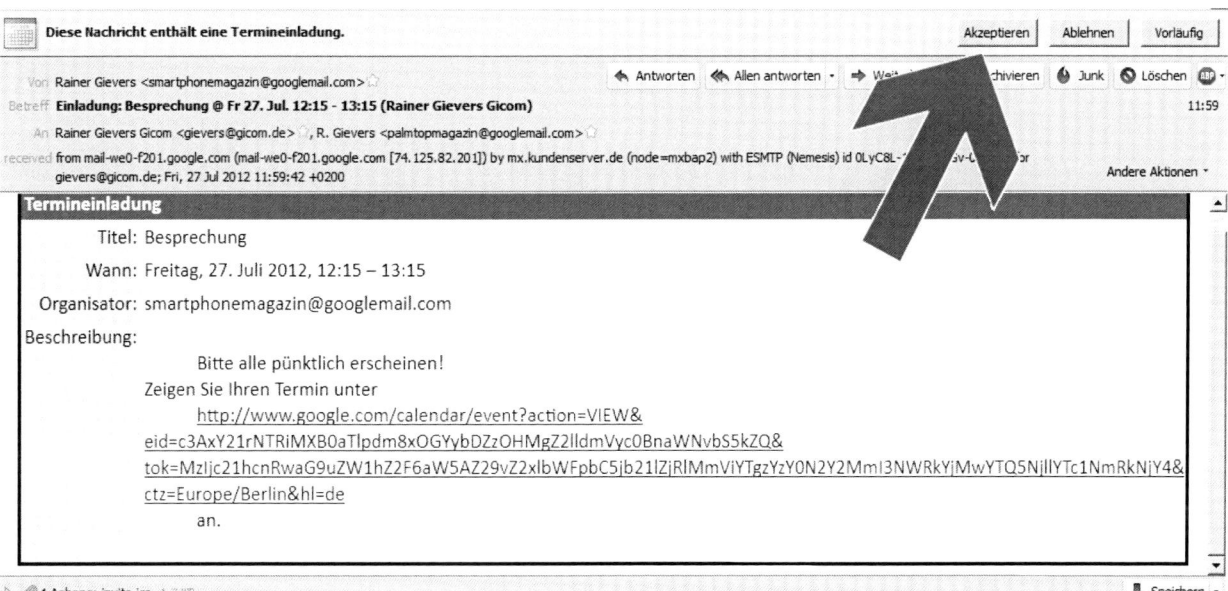

Beispiel für eine E-Mail-Benachrichtigung, die im E-Mail-Programm Mozilla Thunderbird empfangen wurde. Im Dateianhang ist eine Kalenderdatei vorhanden, die Sie in Ihrem PC-Kalender, beispielsweise MS Outlook importieren können.

Ob Sie teilnehmen oder nicht, legen Sie mit der *Akzeptieren/Ablehnen*-Schaltleiste oben im Bildschirm fest. Alternativ klicken Sie auf die Webadresse in der E-Mail-Nachricht...

 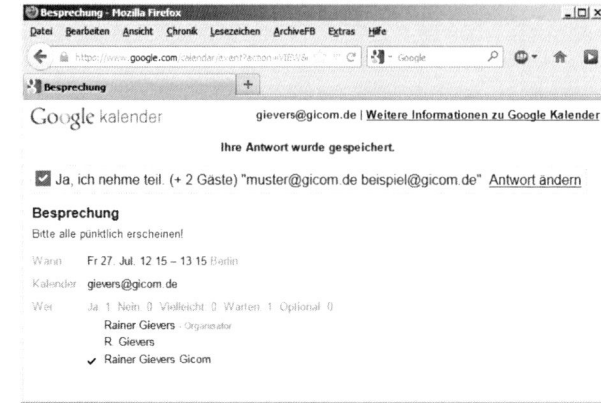

❶❷ ... Sie können nun Ihre Teilnahme bestätigen und sogar weitere Teilnehmer hinzufügen.

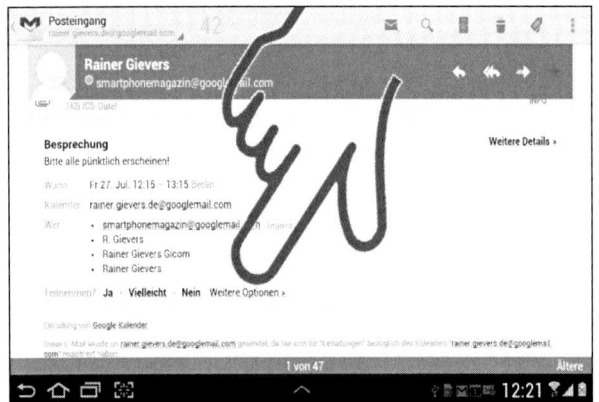 

❶❷ Eine Besonderheit gibt es bei Empfängern mit Google-Mail-Adresse zu beachten, welche die Termineinladung in ihrem Google-Konto vorfinden. Neben der bereits erwähnten Option, über die enthaltenen Link zu- oder abzusagen, öffnet *Weitere Optionen* die Terminanfrage im Kalender.

❶ Alternativ finden Sie die Terminanfrage mit grauem Hintergrund im Kalender Ihres Android-Geräts. Tippen Sie ihn an.

❷ Rollen Sie mit einer Wischgeste durch den Termintext und betätigen Sie ⊙.

Wählen Sie aus, ob Sie teilnehmen oder nicht.

16.7.3 Weitere Funktionen bei der Terminerstellung

 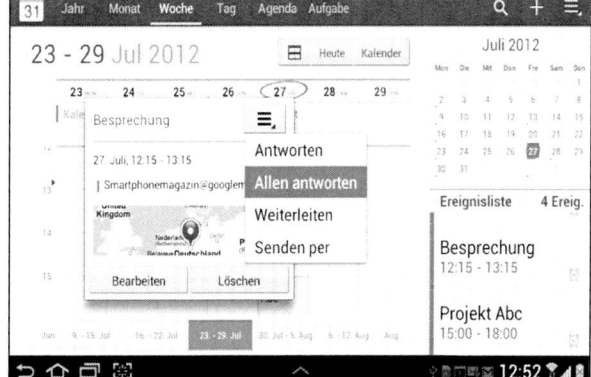

❶❷ Manchmal ist es notwendig, alle oder einzelne Terminteilnehmer zu kontaktieren, was sehr einfach über das ☰-Menü möglich ist. Gehen Sie dort auf *Antworten* (nur dem ersten Kontakt in der Teilnehmerliste eine E-Mail senden) oder auf *Allen antworten*, worauf alle Teilnehmer die E-Mail erhalten.

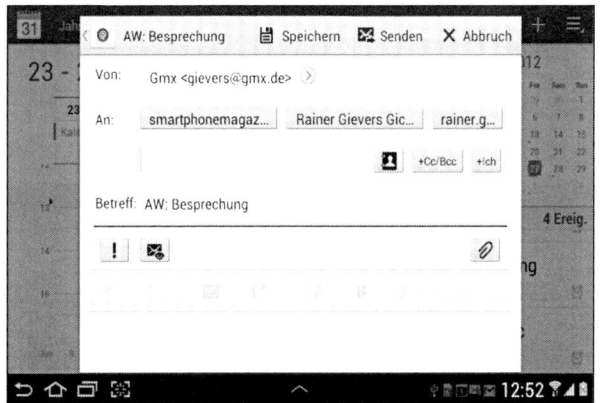

Erfassen Sie den E-Mail-Text und betätigen Sie *Senden* (die E-Mail-Anwendung beschreibt Kapitel *10 Samsung E-Mail*).

16.8 Einstellungen

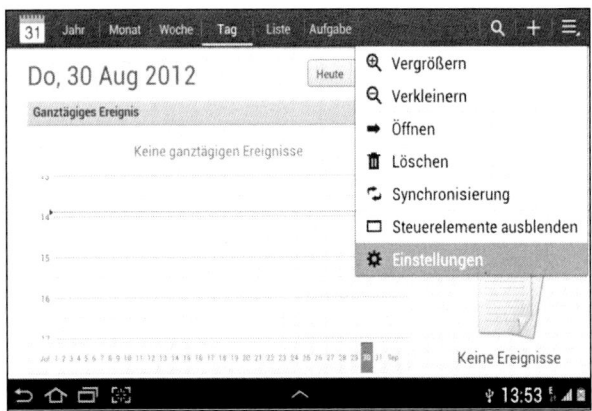 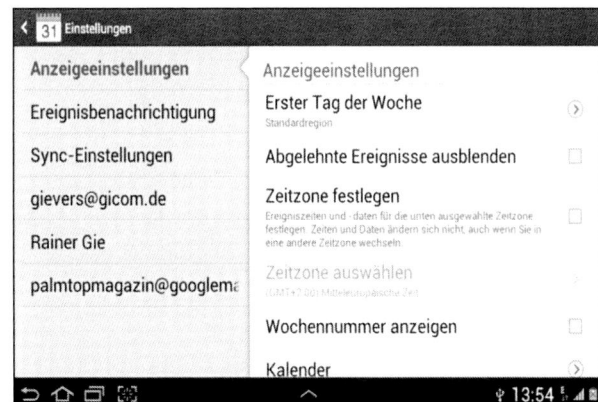

❶❷ Unter ☰/*Einstellen* konfigurieren Sie:

Unter *Anzeigeeinstellungen*:

- *Erster Tag der Woche*: In manchen Kulturkreisen beginnt die Woche bereits am Sonntag, was Sie hier festlegen.

- *Abgelehnte Ereignisse ausblenden*: Terminanfragen, die Sie ablehnen (siehe Kapitel *16.7 Termine mit Teilnehmern (Kollaborationsfunktion)*), blendet der Kalender aus.

- *Zeitzone festlegen; Zeitzone auswählen*: Befinden Sie sich in einer anderen Zeitzone, so rechnet das Galaxy automatisch alle Termine von Mitteleuropäischer Zeit auf die besuchte Zeitzone um. Stellen Sie hier ein, in welcher Zeitzone Sie sich befinden.

- *Wochennummer anzeigen*: Wochennummer in der Wochenansicht einblenden (oben im Bildschirm).

- *Kalender*: Legt fest, welche Kalendertypen (lokaler Kalender, beziehungsweise Google Kalender oder Facebook-Kalender) in den Kalenderansichten angezeigt werden. Dies geht aber einfacher direkt aus der Kalenderansicht, wie nachfolgendes Kapitel *16.8.1 Kalender* zeigt.

Unter *Ereignisbenachrichtigung*:

- *Warnungen und Benachrichtigungen festlegen*: Sie haben die Wahl zwischen *Signal* (akustischer Hinweis), Statusleisten-Benachrichtigung (der Termintext wird bei Fälligkeit kurz in der Titelzeile angezeigt) und *Aus*.

- *Klingelton auswählen*: Stellt einen der vordefinierten Klangfolgen als Terminalarm ein (❸) (wie sie Ihr eigenen MP3-Songs als Alarmtöne einstellen, erfahren Sie im Kapitel *29.1 Eigene Klingel- und Benachrichtigungstöne*).

- *Standardzeit für Erinnerungen*: Damit Sie Ihre Termine einhalten können (zum Beispiel, weil Sie längere Anfahrt- oder Vorbereitungszeiten benötigen), gibt der Kalender bei der Terminanlage eine Vorwarnzeit von 15 Minuten vor. Sie können diese Zeitspanne in *Standardzeit für Benachrichtigungen* ändern.

- *Benachr. Wenn Bildschirm inaktiv*: Terminalarme belegen den ganzen Bildschirm, wenn das Display ausgeschaltet war.

Unter *Sync-Einstellungen*:

- *Ereignisse/Aufgaben synchronisieren*: Konfiguriert den Datenabgleich von Ihren Google- und Facebook-Konten mit dem Internet. Auf diese Einstellungen geht bereits Kapitel *14.1.2 Weitere Kontenfunktionen* und Kapitel *16.3 Facebook-Termine* ein.

Wählen Sie Ihr Google-Konto aus, um festzulegen, ob die dort vorhandenen Termine im Kalender angezeigt werden. Die gleiche Funktion bietet allerdings auch das im nachfolgenden Kapitel beschriebene *Kalender*-Menü.

16.8.1 Kalender

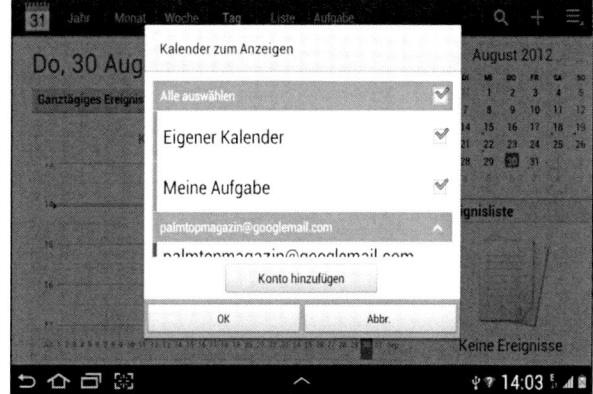

❶❷ Im *Kalender*-Menü stellen Sie ein, welche Termine im Kalender sichtbar sind.

- *Eigener Kalender; Meine Aufgabe*: Die nur auf dem Galaxy verwalteten Termine/Aufgaben, welche nicht mit einem Google Kalender, sondern über Samsung Kies mit dem PC synchronisiert werden.

- *xxx@googlemail.com*: Diese auf dem Galaxy verwalteten Termine gleicht die Kalender-Anwendung mit Google Kalender (*www.google.com/calendar*) über das Internet ab. Die Kalendertermine sind dabei dem Google-Konto *xxx@googlemail.com* zugeordnet. Siehe auch Kapitel *14.1 Das Google-Konto*.

- *Deutsche Feiertage; Wochennummern,* usw.: Zusätzliche nützliche Kalenderdaten, welche das Galaxy automatisch aus dem Internet bezieht und in den Kalender einträgt.

- *Facebook*: Termine aus Ihrem Facebook-Konto. Siehe dazu auch *16.3 Facebook-Termine*.

16.8.2 Kalender synchronisieren

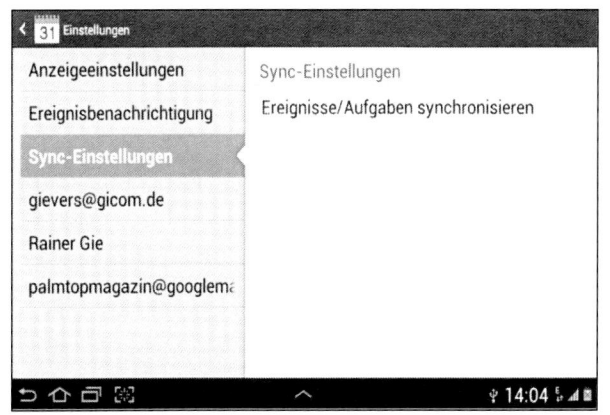
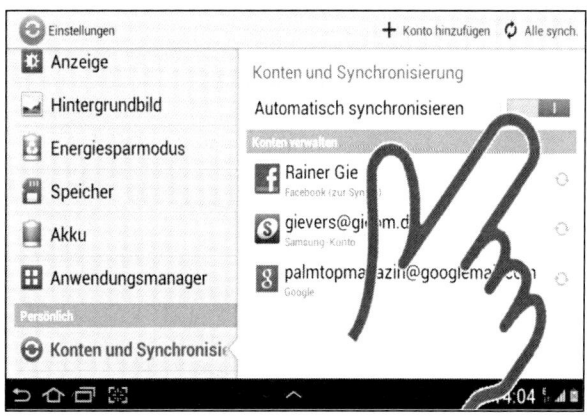

❶❷ Rufen Sie ☰*/Einstellungen/Sync-Einstellungen/Ereignisse/Aufgaben synchronisieren* auf. Über die grüne Schaltleiste oben rechts (Pfeil) können Sie die automatische Synchronisation mit Ihren Google-/Facebook-Konten konfigurieren.

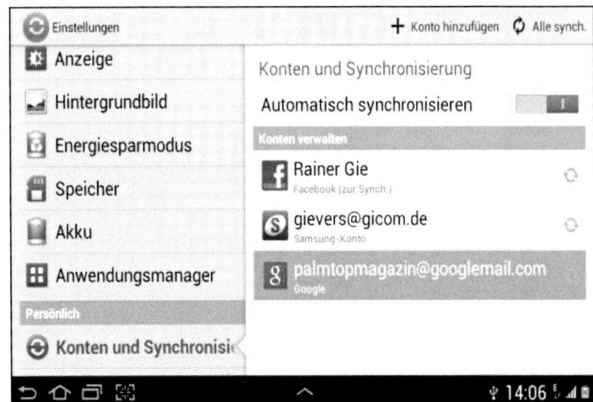 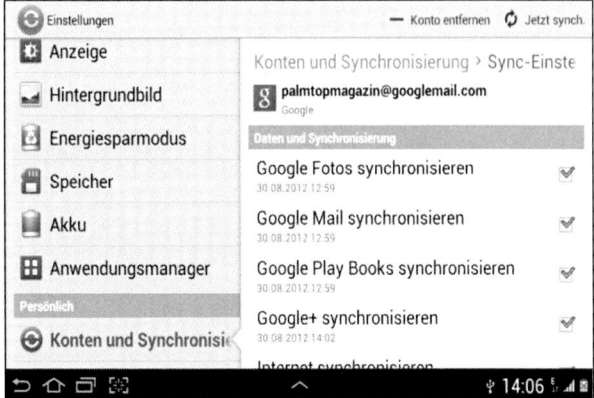

❶❷ Wählen Sie ein Google-Konto aus, das Sie bearbeiten möchten. Neben dem Eintrag *Kalender synchronisieren* können Sie auch weitere Synchronisationsparameter aktivieren/deaktivieren, welche andere Programme auf dem Galaxy betreffen.

16.9 Google Kalender im Web

Eines der interessantesten Features des Samsung Galaxy Tabs ist die automatische Synchronisation von Kontakten und Terminen mit den Google-Servern im Internet. Sie verwalten Ihre Termine und Kontakte für Ihr Galaxy dann bequem über eine Weboberfläche. Eine vorherige Installation von irgendwelcher Software ist dazu nicht notwendig. Alle Terminänderungen, die Sie in der Kalender-Anwendung des Galaxy vornehmen, sind kurze Zeit später auf auf der Google Kalender-Website sichtbar und umgekehrt.

Damit Sie Ihre Termine auch mit Google Kalender online verwalten können, müssen Sie während der Termineingabe darauf achten, dass Ihr Google-Konto bei *Kalender* eingestellt ist.

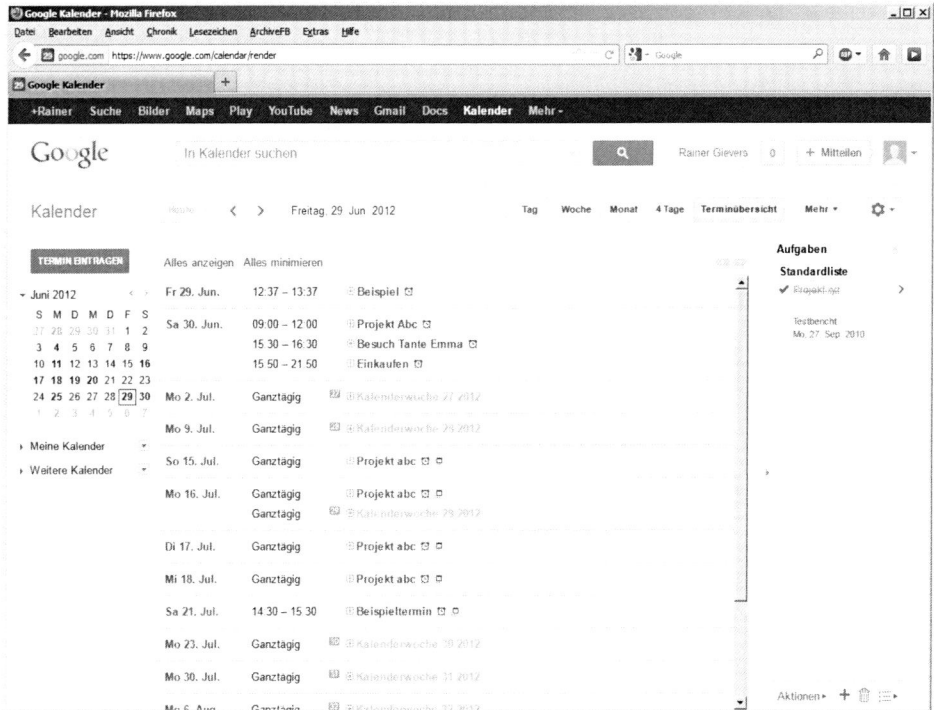

Die Terminverwaltung lässt sich nun auch über den Webbrowser durchführen: Geben Sie *www.google.com/calendar* in Ihrem Browser ein und melden Sie sich mit Ihrer Google-E-Mail-Adresse und Ihrem Kennwort an.

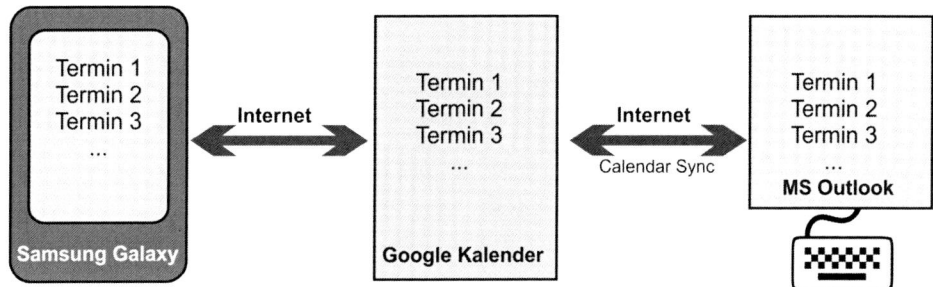

Sie nutzen auf dem PC MS Outlook und möchten die Termine zwischen Outlook und dem Galaxy synchronisieren? Installieren Sie das englischsprachige Programm Google Calendar Sync auf Ihrem PC (Download: *dl.google.com/googlecalendarsync/GoogleCalendarSync_Installer.exe* oder geben Sie »Google Kalender Sync« in einer Suchmaschine ein, um eine Download-Adresse zu finden). Termine, die Sie in MS Outlook eintragen, landen nun auf dem Server von Google Kalender und werden dort zum Galaxy übertragen.

Alternativ können Sie auch Samsung Kies, das Kapitel *31 Samsung Kies* beschreibt, für den Datenabgleich mit dem Galaxy-Kalender verwenden.

16.10 Kalender im Startbildschirm

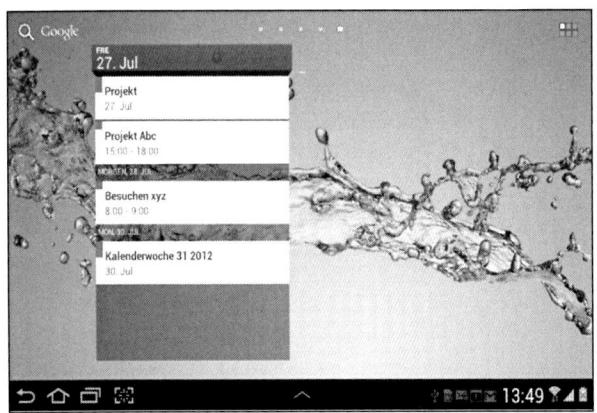 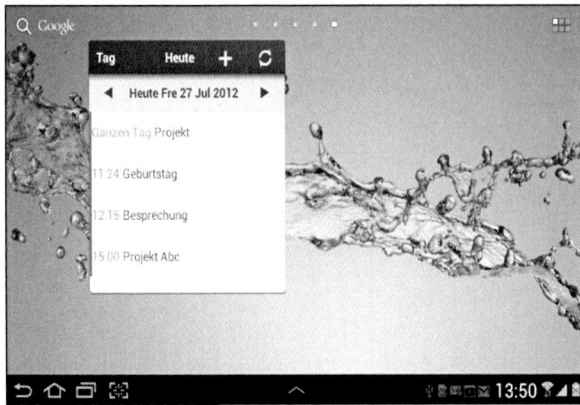

❶❷ Verschiedene Widgets zeigen den Kalender auch im Startbildschirm an, unter anderem *Kalender, S-Planner (Aufgabe), S-Planner (Mini-Heute), S-Planner (Monat)*, usw.

Die Widgets beschreibt bereits Kapitel *3.7.2 Widgets*.

17. Kamera

Die eingebaute Kamera erstellt Fotos bis zur Auflösung von 2048 x 1536 Pixel (3,2 Megapixel), Videos mit bis zu 1280 x 720 Pixeln (HD-Auflösung). Auf die für UMTS-Videotelefonie gedachte Frontkamera kann man ebenfalls umschalten, wobei allerdings nur Fotos und Videos mit 640 x 480 Pixeln möglich sind.

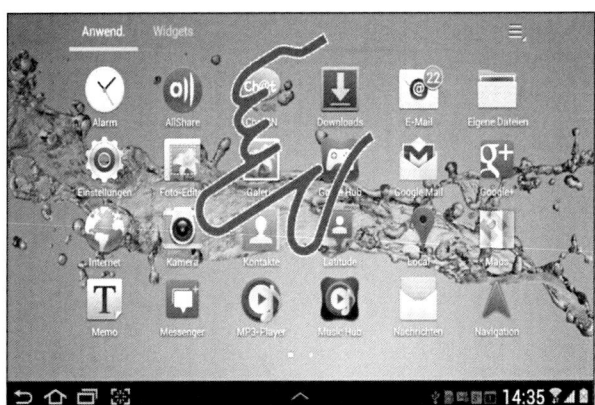 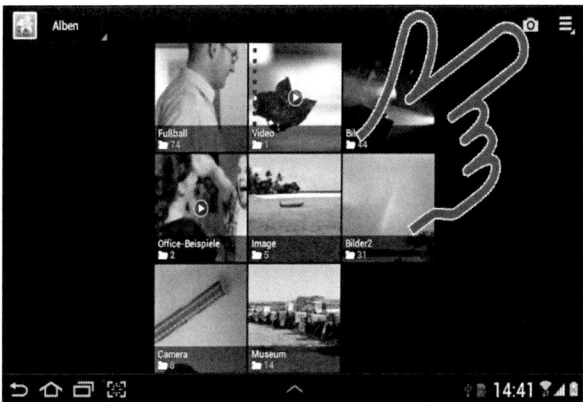

❶ Sie rufen die *Kamera*-Anwendung aus dem Hauptmenü auf.

❷ Alternativ starten Sie die Kamera aus der Galerie-Anwendung über die ⬛-Schaltleiste (Pfeil). Die Galerie-Anwendung beschreibt Kapitel *18 Galerie*.

Sofern Sie die Kamera häufiger benötigen, sollten Sie einen Schnellstart, wie im Kapitel *3.7.1 Schnellzugriffe anlegen und verwalten* beschrieben, auf die Kamera-Anwendung im Startbildschirm anlegen.

Die Kamera legt die Fotos und Videos auf der internen, beziehungsweise externen Speicherkarte im Verzeichnis *\DCIM\Camera* ab.

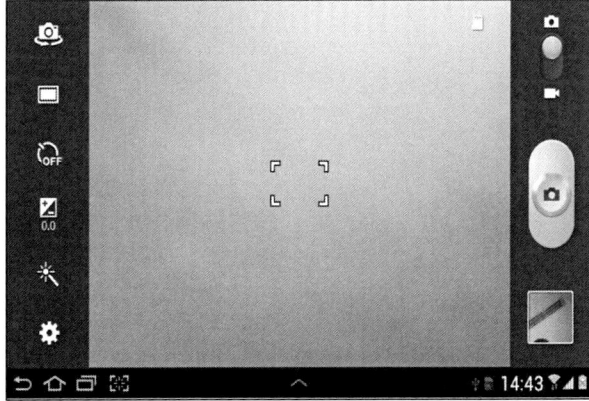

In der Kamera-Oberfläche steuern Sie alle Funktionen über die zwei Symbolleisten:

Die Symbolleiste links:

- ⟲: Zwischen Standardkamera und Frontkamera (für Eigenportraits) umschalten.

- ⬛: Aufnahmemodus für verschiedene Situationen, zum Beispiel für schlechtes Umgebungslicht.

- ⟳: Selbstauslöser

- ⊿: Belichtung

- ✳: Bildeffekte (*Negativ*, *Schwarz und Weiß*, *Sepia*)

- ⚙: Weitere Einstellungen

Die Symbolleiste rechts:

- ◉ ◼: Umschalten zwischen Kamera- und Videomodus.

- ⬤: Erstellt ein Foto, beziehungsweise startet/stoppt die Videoaufnahme.

- Vorschaubild: Zeigt das zuletzt erstellte Foto an. Tippen Sie darauf, um das Foto in der Galerie-Anwendung anzuzeigen.

> Die Kameraelektronik benötigt relativ viel Strom, weshalb sich die Kamera-Anwendung bei Nichtnutzung automatisch beendet.

17.1 Einstellungen

 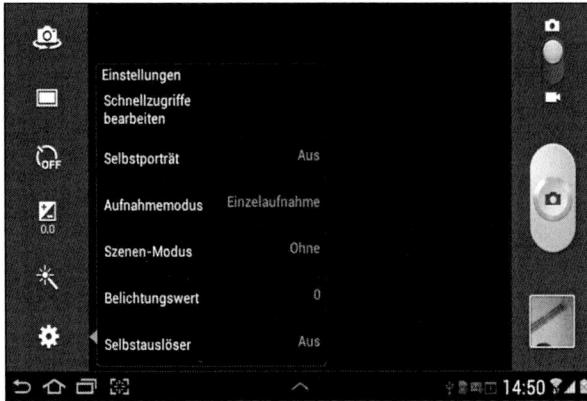

❶❷ Betätigen Sie ⚙ (Pfeil) für weitere Einstellungen:

- *Schnellzugriffe bearbeiten*: Ermöglicht es, die Schaltleisten in der Kameraoberfläche anzupassen. Siehe auch Kapitel *17.3 Schnellzugriffe*.

- *Selbstportrait*: Schaltet zwischen der Standardkamera und der Frontkamera (für Selbstbildnisse) um.

- *Fotolicht*: Fotolicht (LED-Blitz) aus/einschalten, automatisches Fotolicht.

- *Aufnahmemodus*:
  - *Einzelaufnahme*: Einzelfoto erstellen (Standard).
  - *Smile*: Der Auslöser wird erst dann betätigt, wenn die fotografierte Person lächelt.
  - *Panorama*: Ein Panorama-Bild aus mehreren Einzelfotos zusammensetzen.

- *Szenen-Modus*:
  - *Ohne*: Standard-Fotomodus.
  - *Landschaft:* Foto im Querformat
  - *Nacht*: Nacht oder Dunkelheit (lange Belichtung, deshalb Kamera still halten)
  - *Sport*: Bewegte Motive, zum Beispiel Kinder
  - *Party/Innen*: Innenaufnahmen unter schlechten Lichtverhältnissen
  - *Strand/Schnee*: Aufnahmen mit starken Helligkeitsunterschieden
  - *Sonnenuntergang*
  - *Morgendämmerung*
  - *Herbstfarbe*: Leuchtende Herbstfarben (Laub, Bäume)
  - *Feuerwerk*: Aufnahmen von Feuerwerken, Flammen
  - *Kerzenlicht*: Schwache Beleuchtung, beispielsweise bei Kerzenlicht
  - *Hintergrund-Bel.*: Fotos gegen die Sonne, beziehungsweise bei Gegenlicht

- *Belichtungswert*: Stellt die Grundhelligkeit an. Beachten Sie dabei, dass es meist besser ist, eher dunklere Fotos aufzunehmen, die man später in der Bildbearbeitung aufhellt, als überstrahlte Fotos, die später nicht mehr zu retten sind.

- *Selbstauslöser*: Foto zeitverzögert erstellen.

- *Effekte*: Einstellen lassen sich *Negativ, Schwarz & weiß* (Graustufen) und *Sepia*.

- *Auflösung*: Die Auflösung ist zwischen 0,3 Megapixel bis hin zu 3,2 Megapixel wählbar.

- *Weißabgleich*: Passt die Farben an die Umgebungsbedingungen an. Wenn Sie mit dem standardmäßig voreingestelltem automatischen Weißabgleich nicht zufrieden sind, halten Sie die Kamera am besten vor eine weiße Wand und probieren Sie eine der Vorgaben *Tageslicht, Bewölkt, Glühlampe* oder *Flureszent* (Neonlicht) aus.

- *Messung*: Es stehen *Mittenbeton, Spot* und *Matrix* zur Verfügung, um die Belichtung und damit die Fotohelligkeit zur ermitteln. Bei der Spotmessung wird nur ein sehr kleiner Bereich gemessen (Spot), bei der mittenbetonten (zentrierten) Messung ist der Bereich größer und bei Matrix unterteilt die Kamera das Aufnahmefeld in mehrere Teile, deren Helligkeit separat gemessen und dann zusammengeführt werden. Wir überlassen Ihnen, selbst auszuprobieren, welcher Messmodus am geeignesten für Ihre Foto-Situationen ist.

- *Hilfslinien*: Blendet Gitterlinien im Sucher ein, was bei einigen Motiven, zum Beispiel Architektur, die optimale Kamerapositionierung erleichtert.

- *GPS-Tag*: Wenn eingeschaltet, werden in jedem Foto die GPS-Koordinaten Ihrer aktuellen Position mitgespeichert. Wenn Sie die Fotos später in Picasa auf dem PC importieren, zeigt Ihnen Picasa auf einer Karte an, wo die einzelnen Fotos genau erstellt wurden.

- *Speicher*: Legt fest, wo die Kamera-Anwendung Ihre Fotos gespeichert. Zur Auswahl stehen *Telefon* (=interne Speicherkarte) und *Speicherkarte* (=externe Speicherkarte). Zu den Speicherkarten siehe auch Kapitel *24 Die Speicherkarte(n)*.

- *Zurücksetzen*: Wiederherstellen der Standardeinstellungen.

17.2 Zoom

Der *Zoom*, den Sie mit den Lautstärketasten auf der Geräteseite steuern, arbeitet nicht optisch, sondern der Bildausschnitt wird elektronisch vergrößert, was mit einem hohen Qualitätsverlust verbunden ist. Es wird nämlich nur der Bildausschnitt hochgerechnet. Sie sollten deshalb den Zoom in den hohen Auflösungsstufen (3.2M oder W2.3M) am besten überhaupt nicht einsetzen.

17.3 Schnellzugriffe

Die Symbolleiste auf der linken Bildschirmseite können Sie an Ihre eigenen Anforderungen anpassen.

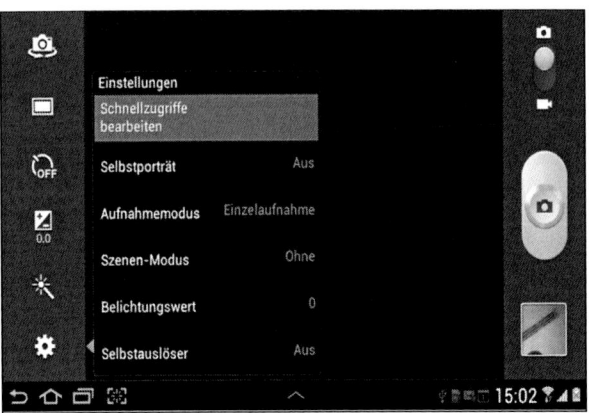 

❶ Gehen Sie auf ✿/*Schnellzugriffe bearbeiten,* oder tippen und halten Sie den Finger in die linke Symbolleiste.

❷ Tippen, halten und ziehen Sie anschließend den gewünschten Schnellzugriff in die Symbolleiste. Nicht benötigte Symbole ziehen Sie dagegen aus der Symbolleiste wieder in die Symbolauflistung. Schließen Sie dann das Menü mit der ⤺-Taste.

17.4 Foto *erstellen*

Betätigen Sie die ▭-Schaltleiste auf der rechten Seite. Die Kamera speichert das Foto und kehrt sofort in den Fotomodus zurück.

❶ Das erstellte Foto erscheint unten rechts als Vorschau. Tippen Sie es für die Vollbildschirmansicht an.

❷ Tippen Sie auf das Foto, um die Bedienelemente zu aktivieren:

• 🖵*:* Foto per DLNA auf einem anderen Gerät wiedergeben (siehe Kapitel *20.2 DLNA*).

• ❮*.:* Foto hochladen bei Picasa, Dropbox, Google+, usw., oder versenden per Bluetooth, Nachricht (MMS), Google Mail, usw.

- 🗑: Foto löschen.

Die ⌫-Taste bringt Sie wieder in die Kamera-Anwendung zurück.

17.5 Positionsdaten

Im Handel werden seit einiger Zeit Digitalkameras angeboten, die über einen eingebauten GPS-Empfänger verfügen. In den Fotos werden dann die jeweiligen Positionsdaten hinterlegt, sodass man – eine entsprechende Software vorausgesetzt – später jederzeit auf einer digitalen Landkarte anzeigen kann, wo genau die Fotos entstanden sind. Interessant ist soetwas zum Beispiel für Wanderer, Urlauber oder Bootsfahrer, die dann auch gleich ihre genommene Route erfahren. Der ohnehin beim Galaxy vorhandene GPS-Empfänger macht die Positionsdatenspeicherung ebenfalls möglich.

❶ Zuerst sollten Sie über das ✿-Menü kontrollieren, ob die Kamera die GPS-Koordinaten speichert.

❷ Hier rufen Sie *GPS-Tag* auf.

 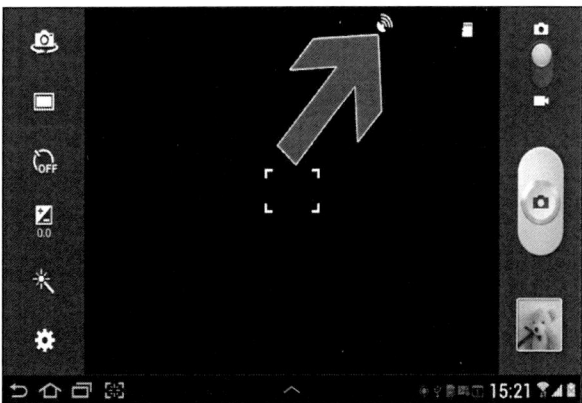

❶ Stellen Sie auf *Ein*.

❷ Anhand des 📡-Symbols (Pfeil) erkennen Sie, dass GPS aktiv ist.

Machen Sie nun, wie gewohnt, Ihre Fotos.

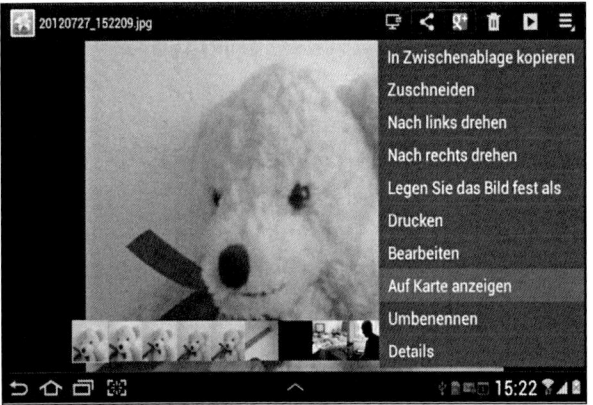 

❶ Die Positionsanzeige ist dann in der Galerie-Anwendung (siehe Kapitel *18 Galerie*) möglich: Rufen Sie dort die Vollbildansicht auf und gehen Sie auf ☰/*Auf Karte anzeigen*.

❷ Google Maps startet und zeigt den Aufnahmeort des Fotos an.

Für den PC bietet Google mit Picasa (Download unter *picasa.google.com*) eine kostenlose Bildbearbeitungssoftware an, welche ebenfalls GPS-Koordinaten in Fotos auf einer Karte anzeigt.

17.6 Video-Funktion

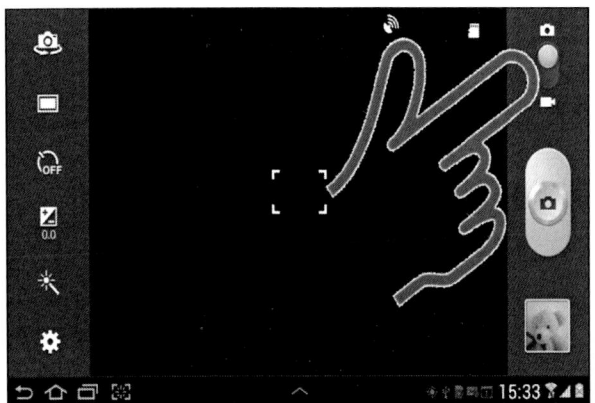 

❶❷ Auf die Videofunktion schalten Sie mit der Schaltleiste oben rechts (Pfeil) um.

Viele Funktionen im Videomodus sind identisch zur Kamerafunktion, auf die bereits die vorhergehenden Kapiteln eingehen.

❶❷ Tippen Sie die Rekorder-Schaltleiste (Pfeil) an, worauf die Aufnahme startet. Erneutes Antippen der Rekorder-Schaltleiste beendet die Aufnahme.

17.7 Video-Einstellungen

 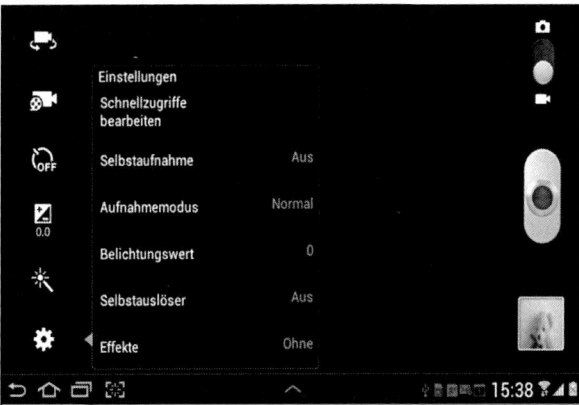

❶❷ Die Einstellungen erreichen Sie über die ✿-Schaltleiste:

- *Schnellzugriffe bearbeiten:* Passen Sie die Schaltleisten der Videokamera an Ihre Bedürfnisse an. Siehe auch Kapitel *17.3 Schnellzugriffe.*

- *Selbstaufnahme*: Schaltet zwischen der Standardkamera und der Frontkamera (für Selbstbildnisse) um.

- *Aufnahmemodus*: Zur Auswahl stehen *Normal, Für MMS* (erstellt ein Video, das für den MMS-Versand geeignet ist) und *Begrenzung für E-Mail* (Videogröße an E-Mails angepasst).

- *Belichtungswert*: Stellt die Grundhelligkeit an. Beachten Sie dabei, dass es meist besser ist, eher dunklere Fotos aufzunehmen, die man später im Videoeditor aufhellt, als überstrahlte Videos, die später nicht mehr zu retten sind.

- *Selbstauslöser*: Die Zeitspanne für den Selbstauslöser ist zwischen 2, 5 und 10 Sekunden wählbar.

- *Effekte*: Einstellen lassen sich *Ohne, Negativ, Schwarz & weiß* und *Sepia* (vergilbt wie auf alten Fotos).

- *Auflösung*: Die Auflösung ist zwischen 320 x 240 bis *1280 x 720* Pixel einstellbar. Je höher die Auflösung, desto besser ist die Videoqualität. Beachten Sie allerdings, dass damit auch der Größe der erstellten Videodateien erheblich zunimmt. Eine 2 GB-Speicherkarte fasst bei 320 x 240 Pixeln ca. 5 Stunden Video, bei 1280 x 720 Pixeln dagegen nur ca. 20 Minuten. Wenn Sie Ihre Videos ohnehin nur bei Youtube oder ähnlichen Webdiensten hochladen möchten, empfiehlt sich 640 x 480 als Mittelweg (ca 1,5 Stunden Aufnahmedauer bei einer 2 GB-Speicherkarte). Tipp: Machen Sie vorher ein mehrminütiges (!) Testvideo, wenn Sie die höchste Videoauflösung nutzen möchten, da billige Speicherkarten häufig nicht die nötige Speichergeschwindigkeit aufweisen.

- *Weißabgleich*: Passt die Farben an die Umgebungsbedingungen an. Wenn Sie mit dem standardmäßig voreingestelltem automatischen Weißabgleich nicht zufrieden sind, halten Sie die Kamera am besten vor eine weiße Wand und probieren Sie eine der Vorgaben *Tageslicht, Bewölkt, Glühlampenlicht* oder *Flureszierend* aus.

- *Hilfslinien*: Blendet Gitterlinien im Sucher ein, was bei einigen Motiven die optimale Kamerapositionierung erleichtert.

- *Speicher*: Legt fest, wo die Kamera-Anwendung Ihre Videos gespeichert.

- *Zurücksetzen*: Wiederherstellen der Standardeinstellungen.

18. Galerie

Mit der Galerie-Anwendung zeigen Sie Bilder und Videos auf dem Tablet an.

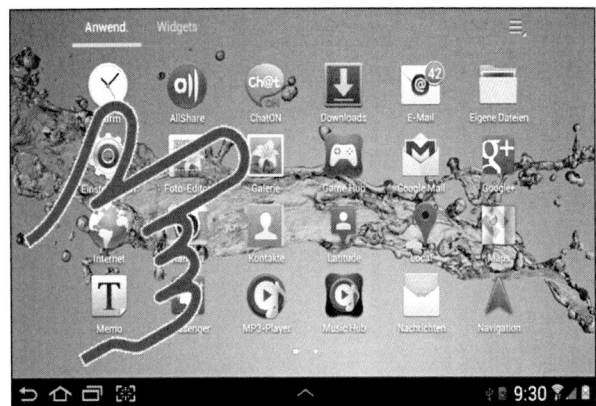 

❶ Sie starten die *Galerie*-Anwendung aus dem Hauptmenü.

❷ Es dauert nun mitunter einige Sekunden, bis eine Vorschau der gefundenen Verzeichnisse erscheint. In unserem Beispiel sind dies:

- *Camera*: Fotos/Videos auf der internen, beziehungsweisen externen Speicherkarte.

- *Bluetooth*: Per Bluetooth empfangene Fotos/Videos.

- *Download*: Im Browser oder aus E-Mails gespeicherte Fotos/Videos.

- ... weitere Ordner, die Sie angelegt haben, welche Fotos oder Videos enthalten.

Weitere Funktionen:

- 📷 (oben rechts): Startet die Kamera-Anwendung (siehe Kapitel *17 Kamera*).

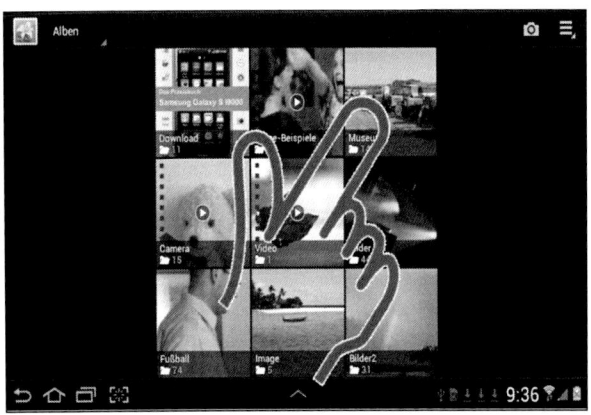 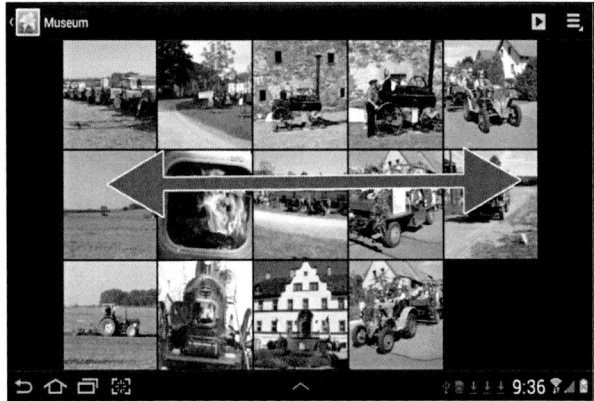

❶ Tippen Sie auf einen der »Bilderhaufen«.

❷ Die Bildervorschau erscheint, in der Sie mit einer Wischgeste des Fingers blättern.

❶❷ Das Auswahlmenü (Pfeil) schaltet die Ansicht um:

- *Alben* (Standard): Nach Verzeichnissen auf dem Gerät sortieren.

- *Standorte*: Nach enthaltenen GPS-Koordinaten (siehe Kapitel *17.5 Positionsdaten*) sortieren.

- *Zeit*: Nach Datum und Uhrzeit sortieren.

- *Person; Gruppe*: Nach erkannten Gesichtern sortieren. Siehe Kapitel *18.4 Gesichts-Tag.*

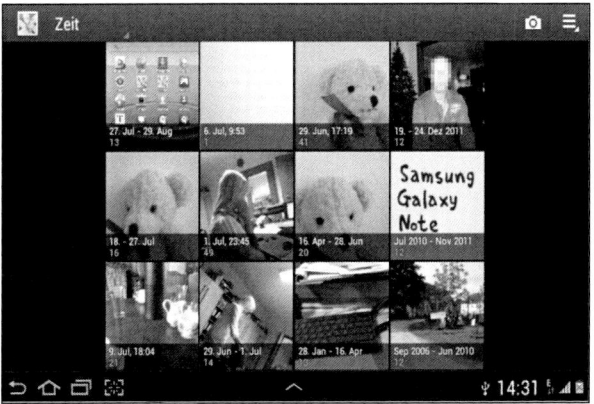

Beispiel für die Ansicht nach *Zeit*.

18.1 Bilder verarbeiten

❶ Gehen Sie auf ☰/*Element auswählen*.

❷ Markieren Sie Elemente (ein blauer Rahmen erscheint), indem Sie sie antippen.

Über die Schaltleisten am oberen Bildschirmrand können Sie:

- ❮: Dateien bei Dropbox, Picasa, Google+, usw. hochladen, beziehungsweise per Bluetooth oder in einer E-Mail versenden.

- 🗑: Dateien löschen.

- ▶: Startet eine Diashow mit allen Bildern des aktuellen Verzeichnisses. Antippen des Bildschirms beendet die Diashow.

Den Markierungsmodus verlassen Sie mit der ↩-Taste.

18.2 Vollbildansicht

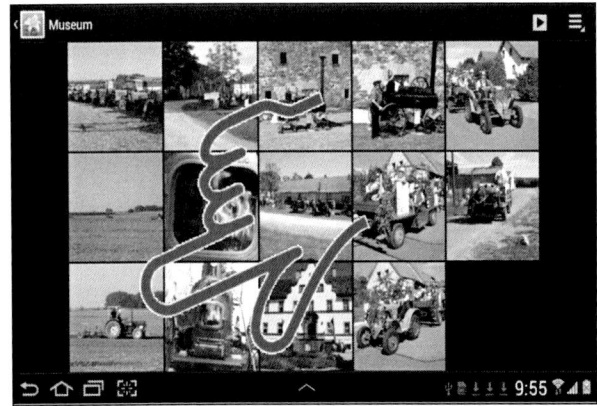 

❶❷ Nach Antippen des Vorschaubilds (Pfeil) erscheint das Foto in der Vollbildansicht. Die Funktionen:

- Ziehen des angedrückten Fingers auf dem Foto nach links/rechts (»Wischgeste«): Vorheriges/nächstes Foto anzeigen.

- Zweimaliges schnelles Antippen auf dem Foto: Vergrößert/Verkleinert die Darstellung.

- ▶: Startet eine Diashow mit allen Bildern des aktuellen Verzeichnisses. Antippen des Bildschirms beendet die Diashow.

- ☰-*Menü*: Weitere Funktionen zum Versenden, Löschen oder Bearbeiten des aktuell angezeigten Fotos (❷).

Die restlichen Schaltleisten hat bereits das vorherige Kapitel vorgestellt.

> Halten Sie das Tablet um 90 Grad gedreht, um gegebenenfalls ein hochformatiges Foto auf dem gesamten Bildschirm anzuzeigen.
>
> Die zusätzlichen Schaltleisten verschwinden nach einigen Sekunden. Antippen des Bildschirms blendet sie wieder ein.

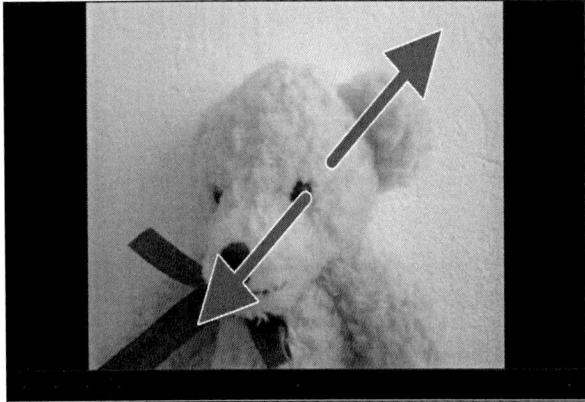 

❶❷ Das Samsung Galaxy unterstützt die »Kneifen«-Geste, um in Fotos herein- oder heraus zu zoomen: Tippen und halten Sie dazu gleichzeitig den Mittelfinger und Daumen einer Hand auf das

Display und ziehen dann die beiden Finger auseinander, beziehungsweise zusammen. Übrigens spielt es keine Rolle, ob Sie nun vertikal oder waagrecht »kneifen«.

Alternativ halten Sie zwei Finger gleichzeitig auf dem Bildschirm gedrückt und kippen das Galaxy nach vorne oder nach hinten oder Sie tippen einfach mit einem Finger zweimal schnell hintereinander an die gleiche Stelle auf dem Bildschirm.

18.2.1 Einzelnes Bild bearbeiten

 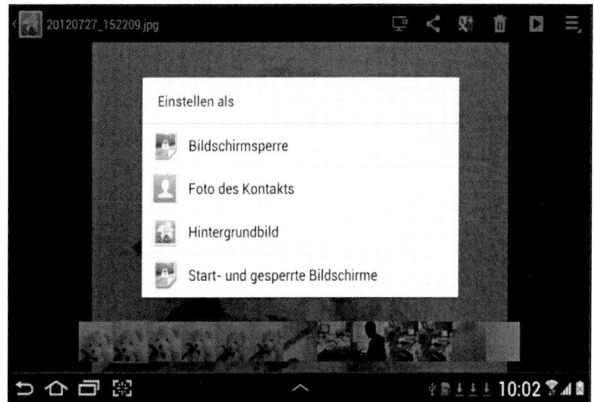

❶ Gehen Sie auf ☰:

*   *Gesichts-Tag:* Automatische Gesichtserkennung aktivieren. Siehe Kapitel *18.4 Gesichts-Tag*.

*   *In Zwischenablage kopieren*: Sie können das Bild dann in anderen Programmen, beispielsweise Memo (siehe Kapitel *26.5 Memo*) wieder einfügen.

*   *Nach links drehen; Nach rechts drehen*: Bildorientierung ändern.

*   *Zuschneiden*: Beschneidet das Bild. Bewegen Sie mit dem angedrückten Finger die blaue Schnittmarkierung und ziehen Sie mit Finger an Kanten der Schnittmarkierung, um den Bildausschnitt zu verkleinern/vergrößern. Mit *Fertig* übernehmen Sie die Beschneidung.

*   *Bearbeiten*: Im Fotoeditor öffnen, worin der Kontrast, Helligkeit, usw. änderbar sind. Der Fotoeditor muss erst aus dem Internet geladen werden. Folgen Sie dazu einfach den Anweisungen.

*   *Legen Sie das Bild fest* (❷): Foto als Kontaktfoto (siehe Kapitel *5.5 Kontaktfoto und Klingelton*) oder als Hintergrund für Displaysperre, Startbildschirm oder beides verwenden (siehe Kapitel *3.7.5 Hintergrundbild*).

*   *Foto mit Buddy teilen:* Das Foto der darauf abgebildeten Person senden (siehe Kapitel *18.4 Gesichts-Tag).*

*   *Drucken*: Druckausgabe über Bluetooth auf einem Samsung-Drucker. In diesem Buch wird nicht weiter darauf eingegangen.

*   *Umbenennen*: Vergeben Sie dem Foto einen anderen Dateinamen.

*   *Details*: Anzeige der wichtigsten Bildparameter wie Dateityp, Aufnahmedatum und GPS-Position während der Aufnahme.

18.3 Videos

❶❷ Fotos und Videos listet die Galerie-Anwendung zusammen auf. Dabei erkennen Sie Videos anhand des ⊙-Symbols. Nach zweimaligem Antippen startet die Video-Wiedergabe.

> Falls Sie nur Videos auf dem Galaxy ansehen möchten, verwenden Sie der Einfachheit halber besser die im Kapitel *26.9 Videoplayer* vorgestellte Videoplayer-Anwendung.

18.4 Gesichts-Tag

Die Gesichts-Tag-Funktion dient dazu Personen in Fotos zu »taggen«, also mit Namen zu versehen. Taucht dann getaggte Person auf weiteren Fotos auf, wird sie automatisch erkannt und ebenfalls mit Namen versehen. Eine ähnliche Funktion setzt übrigens auch Facebook ein, um Personen in den hochgeladenen Fotos automatisch mit Namen zu versehen.

18.4.1 Gesichter taggen

❶❷ Sie müsen sich in der Vollbildansicht befinden (das angezeigte Bild ist egal). Schalten Sie ☰ */Gesichts-Tag* auf *Ein.*

 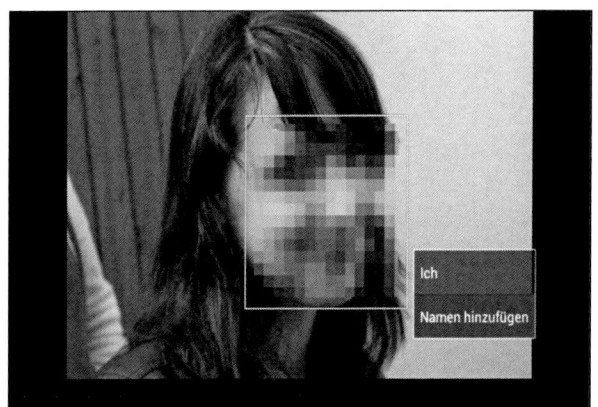

❶❷ Das Tablet erkennt nun automatisch Gesichter und weist darauf mit einem gelben Rahmen hin. Tippen Sie ihn an und gehen sie auf *Ich* (wenn Sie es auf dem Foto selbst sind) oder auf *Namen hinzufügen*.

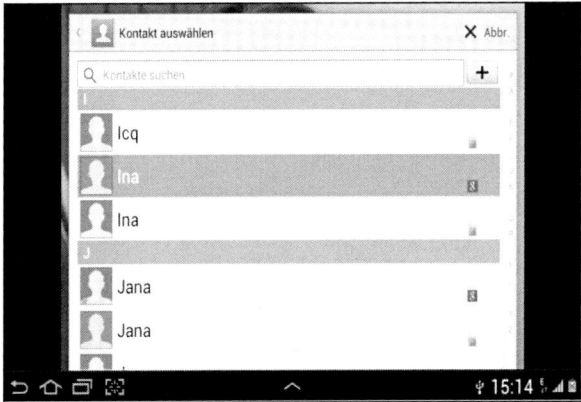 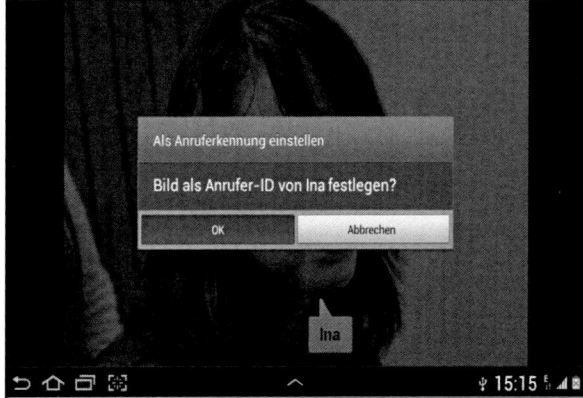

❶ Bei letzterem müssen Sie nun den zugehörigen Kontakt im Telefonbuch auswählen.

❷ Sofern der ausgewählte Kontakt eine Rufnummer hat, werden Sie gefragt, ob Sie die Markierung als Kontaktfoto (»Anrufer-ID«) übernehmen möchten. Antworten Sie mit *OK*.

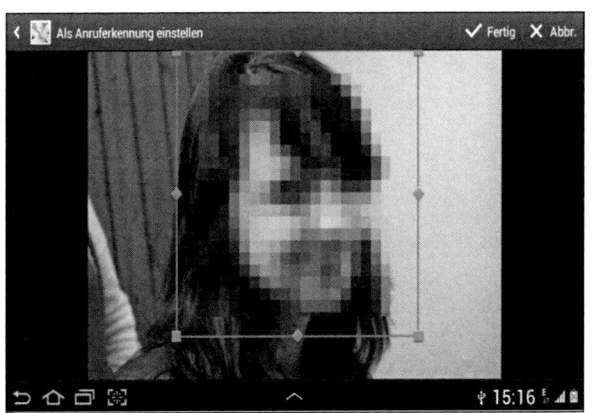

Passen Sie den blauen Rahmen durch Ziehen mit dem Finger an und bestätigen Sie mit *Fertig*.

❶ Tippen Sie den Namen für Kontaktmöglichkeiten an.

❷ Die ⟨›⟩-Schaltleiste öffnet ein Menü, über das Sie den Namen bearbeiten, das Gesicht als Kontaktfoto einstellen, beziehungsweise das Tag wieder entfernen.

18.4.2 Gesichts-Tag in der Kamera

 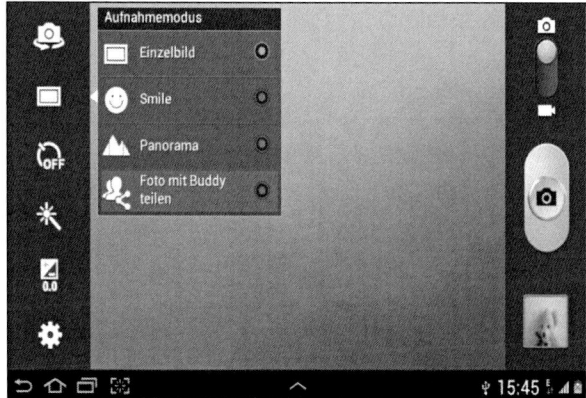

❶ Betätigen Sie in der Kamera-Anwendung (siehe Kapitel *17 Kamera*) ▣ für den Aufnahmemodus.

❷ Wählen Sie *Foto mit Buddy teilen* aus.

Fotografieren Sie jemanden, dessen Gesicht bereits »getaggt« ist. Das Gesicht wird erkannt und der Kontaktname angezeigt. Falls die Erkennung nicht erfolgreich war, können Sie, wie bereits zuvor beschrieben, den gelben Rahmen um das Gesicht antippen und den Kontakt von Hand aus dem Telefonbuch auswählen. Falls Sie möchten, ist auch der Versand des Fotos per MMS (*MMS*-Schaltleiste antippen) an das Hand des gefundenen Kontakt möglich, wovon wir aber abraten, da eine MMS mindestens 39 Cent kostet.

19. MP3-Player

Der MP3-Player spielt die Dateiformate MP3, M4A, MP4, 3GP, 3GA, WMA, OGG, OGA, AAC und FLAC ab. Die Song-Dateien dürfen sich dabei in einem beliebigem Verzeichnis befinden. Wir empfehlen allerdings, alle Songs in das gleiche Verzeichnis zu kopieren.

> Wie Sie vom PC aus auf die Speicherkarte(n) zugreifen, um beispielsweise MP3-Dateien darauf zu kopieren, erfahren Sie im Kapitel *24 Die Speicherkarte(n)*.

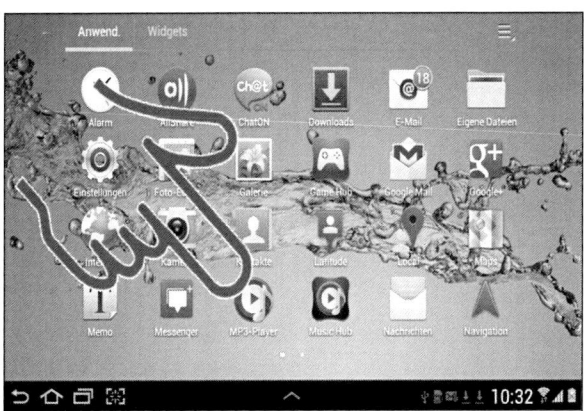 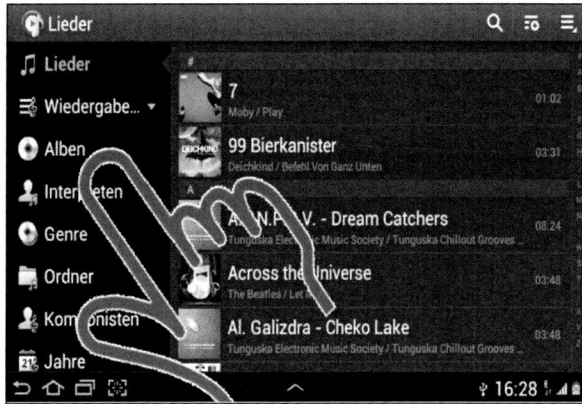

❶ Sie finden den *MP3-Player* im Hauptmenü (Pfeil)

❷ Über die Register am linken Bildschirmrand schalten Sie um:

- *Lieder*: Auflistung aller Songs nach Namen.

- *Wiedergabelisten*: Die von Ihnen zusammengestellten Playlists (Wiedergabelisten).

- *Interpreten; Genre; Komponisten; Jahre*: Der MP3-Player ordnet alle Songs automatisch den Kategorien »Interpreten«, »Genre«, »Komponisten« und »Jahre« zu.

- *Ordner*: Auflistung sortiert nach den Verzeichnissen, in denen die Songs enthalten sind.

Falls Sie alle Songs auflisten möchten, gehen Sie auf *Lieder*.

> Für die Zuordnung nach Interpreten, Alben, Genres, Komponisten und Jahre und wertet der MP3-Player das sogenannte MP3-ID-Tag (siehe *de.wikipedia.org/wiki/ID3-Tag*) in den MP3-Dateien aus. Beachten Sie, dass sehr häufig die MP3-ID-Tags falsch oder überhaupt nicht ausgefüllt sind. Man sollte sich daher nicht auf deren Richtigkeit verlassen.

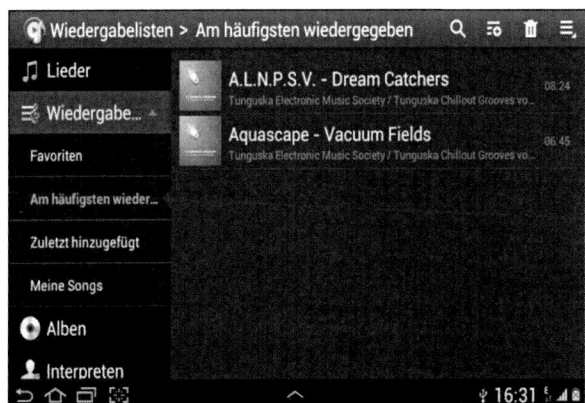 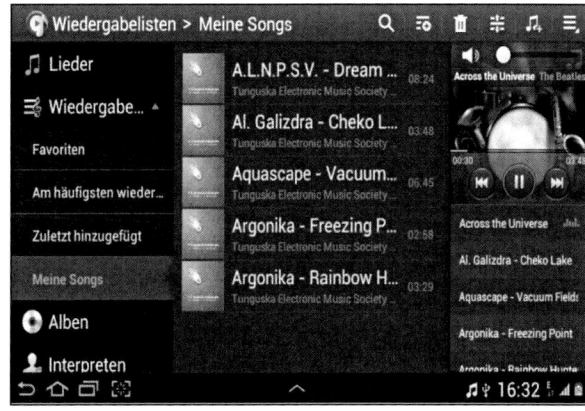

❶ Im *Wiedergabelisten*-Register finden Sie folgende Einträge:

- *Favoriten*: Dient dazu, Songs zu sammeln, die man anschließend einer Wiedergabeliste hinzufügen kann (siehe Kapitel *19.4 Favoriten*).

- *Am häufigsten wiedergegeben*: Die am häufigsten von Ihnen abgespielten Songs.

- *Kürzlich wiedergegeben*: Die zuletzt abgespielten Songs.

- *Zuletzt hinzugefügt*: Die zuletzt auf das Galaxy kopierten Songs.

- Weitere Einträge, im Beispiel *Meine Songs* (❷), sind Wiedergabelisten, die man selbst zusammenstellt. Siehe Kapitel *19.3 Wiedergabelisten*.

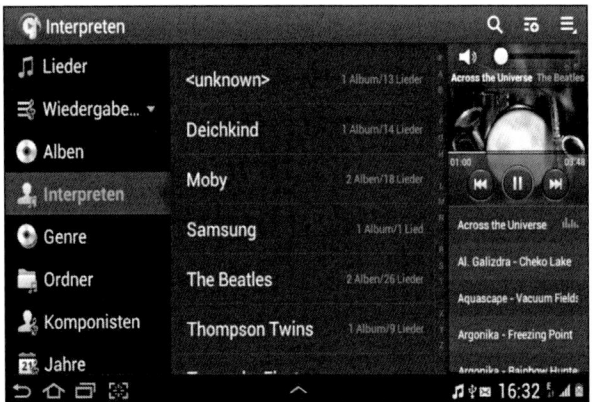 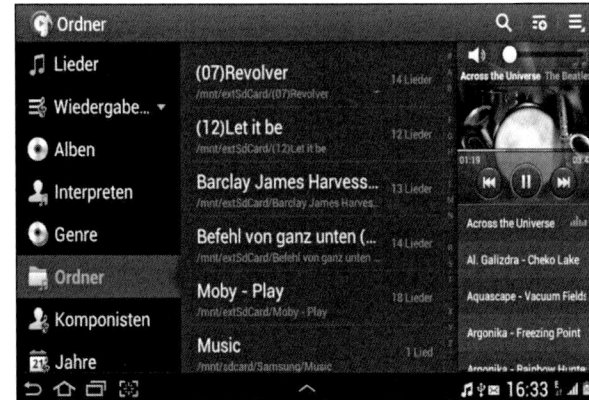

❶ Das *Interpreten*-Register.

❷ Im *Ordner*-Register zeigt der MP3-Player die Songs sortiert nach Verzeichnis an.

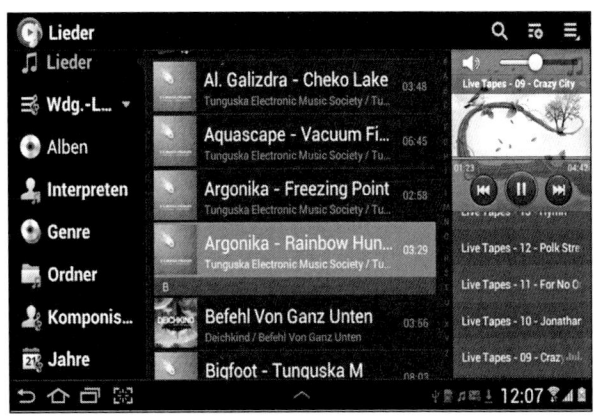 

❶❷ Tippen Sie in der Auflistung im *Lieder*-Register einen Songnamen an, der dann im Wiedergabebereich abgespielt wird. Dort werden auch automatisch die weiteren Songs des aktuellen Albums aufgelistet.

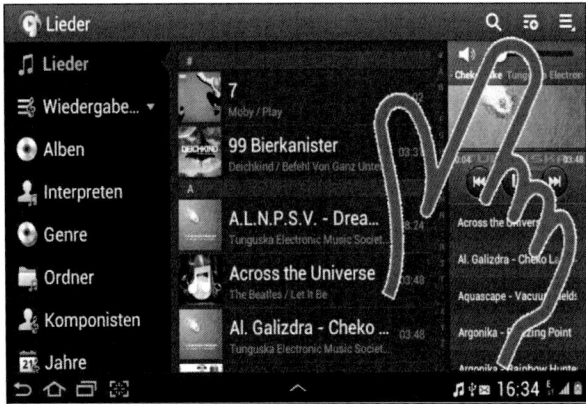 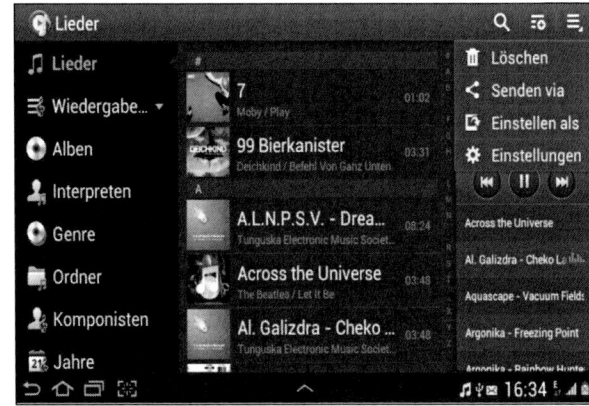

❶ Die Schaltleisten:

- Q: Nach Songs suchen.

- ▪️: Neue Wiedergabeliste erstellen, beziehungsweise bestehende Wiedergabeliste bearbeiten. Wird bereits im Kapitel *19.3 Wiedergabelisten* beschrieben.

❷ Das ☰.-Menü:

- *Löschen*: Sie können einen oder mehrere Songs abhaken, die mit *Löschen* entfernt werden. Befinden Sie sich in einer Wiedergabeliste, so wird der Song nur daraus entfernt, bleibt aber auf der Speicherkarte erhalten.

- *Senden via*: Aktuellen Song per Bluetooth, Wi-Fi Direct, AllShare, usw. übertragen.

- *Einstellen als*: Aktuellen Song als Klingelton (siehe Kapitel *3.14.1 Signaltöne*), Anruferklingelton (siehe Kapitel *5.5 Kontaktfoto und Klingelton*) oder als Alarmton (siehe Kapitel *26.3 Alarm*) festlegen.

- *Einstellungen*: Konfiguriert diverse Parameter, die Kapitel *19.1.2 Menüfunktionen* erläutert.

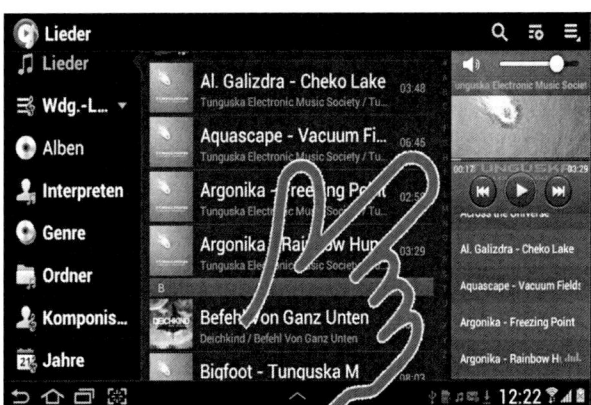 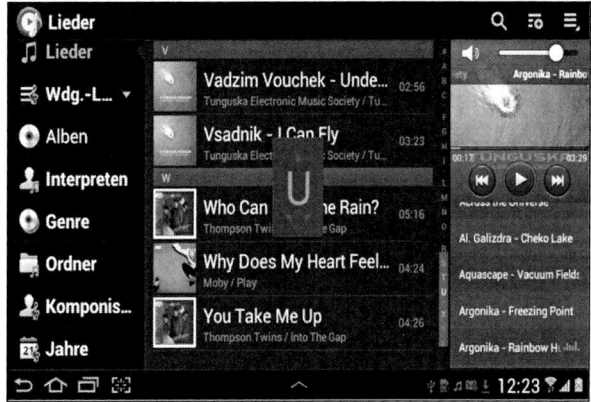

❶❷ Nutzen Sie das ABC-Register zum schnellen Blättern: Halten Sie den Finger solange dort gedrückt, bis ein Buchstabe angezeigt wird und ziehen dann nach unten oder oben.

Bewegen Sie nun noch, während der Suchbuchstabe angezeigt wird, den Finger nach links, so können Sie die Anzeige nach dem zweiten Buchstaben eingrenzen.

19.1 Der Wiedergabebildschirm

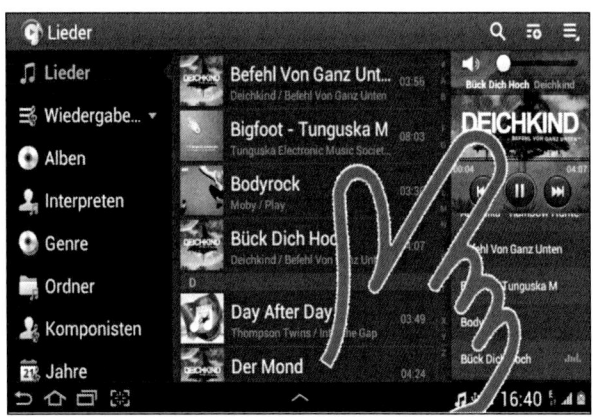 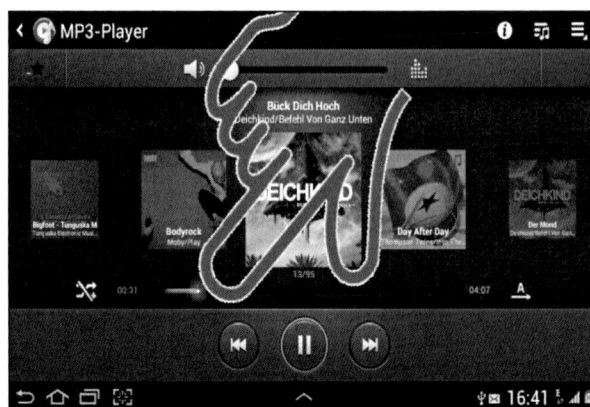

❶ Für den Wiedergabebildschirm tippen Sie das Coverfoto an.

❷ Tippen Sie in einen beliebigen Bereich des Fortschrittsbalkens (Pfeil), wenn Sie zu einem bestimmten Punkt im abgespielten Song springen möchten. Falls Sie den Fortschrittsbalken nicht sehen, tippen Sie einfach einmal kurz auf das Coverfoto (Bildschirmmitte).

Weitere Funktionen:

- ⤨ : Zufällige Wiedergabe der Songs aus der aktuellen Wiedergabeliste.

- ⤴/⟳/⟳ : Schaltet zwischen mehreren Wiederholungmodi um:
  - ⤴ : Aktuelle Wiedergabeliste abspielen und danach stoppen
  - ⟳ : Aktuellen Song wiederholen
  - ⟳ : Aktuelle Wiedergabeliste wiederholen

- ◀ᵉ: Lautstärkeregler (oben rechts; die Lautstärke lässt sich auch über die Lautstärketasten auf der Geräteseite einstellen).

- ⣿ᵉ: Equalizer aktivieren.

- |◀◀/▶▶| : Zum vorherigen/nächsten Titel springen. Halten Sie diese Schaltleiste während der Wiedergabe gedrückt, um vorwärts oder zurück zu spulen.

- ❶: Infos zum Titel anzeigen.

- ♫: Zur Musik-Bibliothek umschalten (die ⟲-Taste erfüllt die gleiche Funktion).

- ▶ / ‖ : Starten/Pausieren der Wiedergabe.

> Der MP3-Player kann auch Albenfotos zu den Songs anzeigen. Siehe dazu Kapitel *19.7 Albumcover anzeigen.*

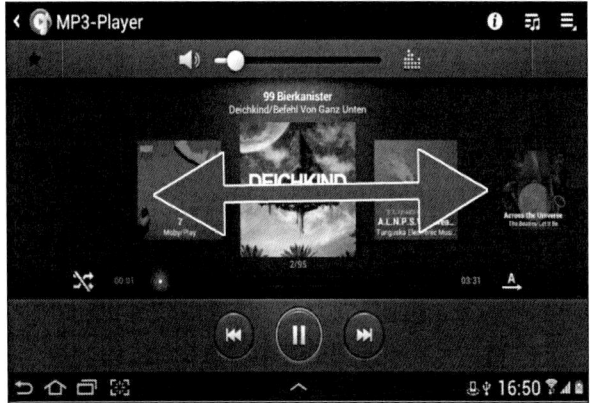

Statt den |◀◀/▶▶|-Tasten können Sie auch mit einer Wischgeste zum nächsten/vorherigen Song wechseln.

19.1.1 Suchen

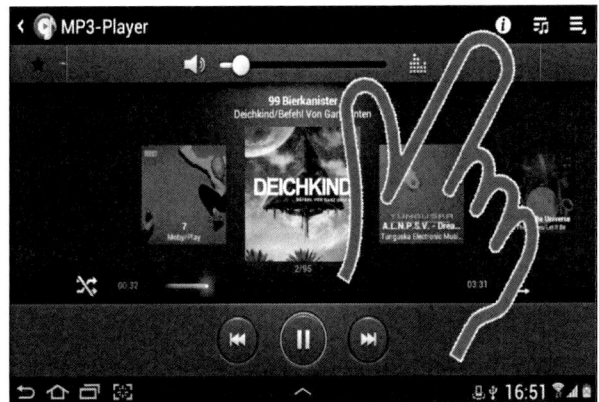 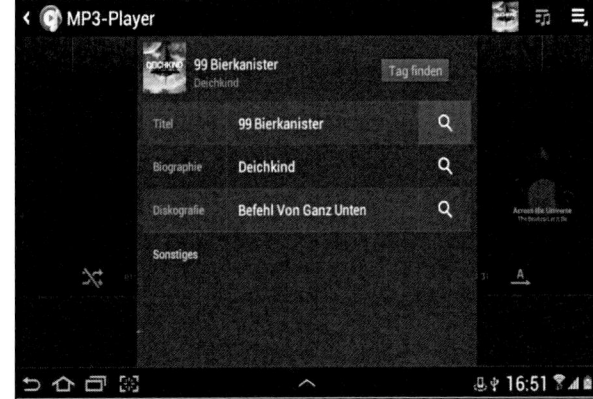

❶ Tippen Sie ❶ (Pfeil) für Detailinfos an.

❷ Auf die angezeigten Daten, die aus dem sogenannten MP3-ID-Tag in der Songdatei stammen, sollte man sich allerdings nicht verlassen, da jeder Interpret/Musikverlag dabei eine eigene Systematik verfolgt. Betätigen Sie nun eine der Q-Schaltleisten.

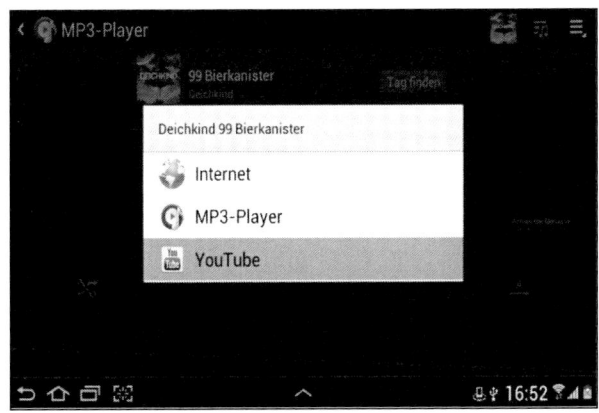 

❶ Anschließend entscheiden Sie sich zwischen *Internet* (Websuche über Google im Browser durchführen), *MP3-Player* (lokale Song-Suche auf dem Tablet) oder *YouTube* (Suche in der YouTube-Anwendung durchführen).

❷ Hier das Suchergebnis nach Auswahl von *YouTube*.

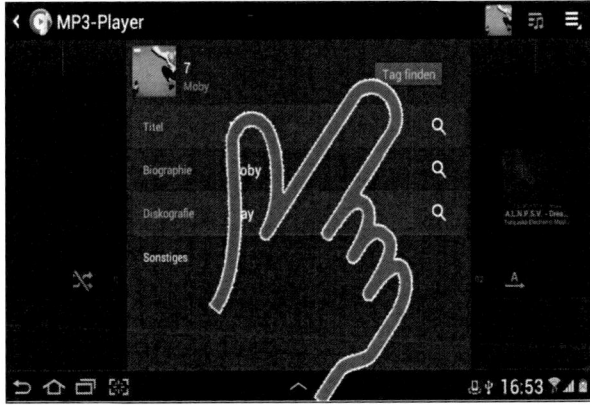 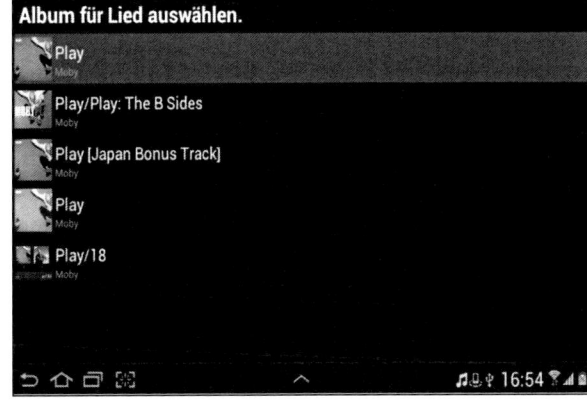

❶ *Tag finden* sucht dagegen nach der Audiosignatur des Songs (eine Art akustischer Fingerabdruck).

❷ Mancher Titel wurde auf verschiedenen Alben veröffentlicht, weshalb Sie eines der gefundenen Alben auswählen müssen. Anschließend kehrt das MP3-Player wieder zum Ausgangsbildschirm zurück.

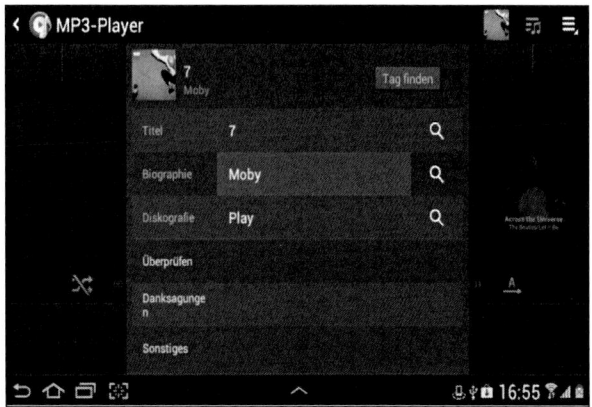 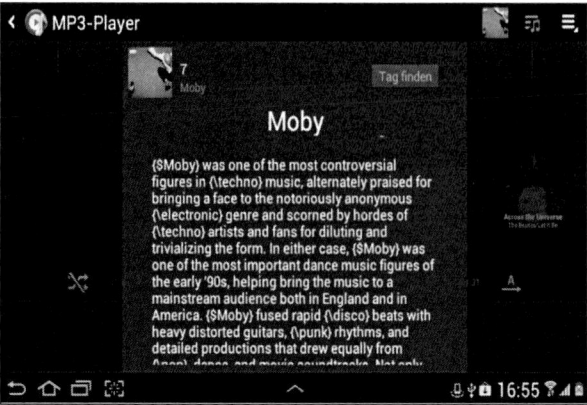

❶ Über die Menüs erhalten Sie weitere Infos:

- *Titel*: Listet die auf dem zugehörigen Album enthaltenen Songs auf.

- *Biographie*: Ausführliche Biografie der Band (in Englisch) (❷).

- *Diskografie*: Auflistung aller im Handel verkauften Alben der Band mit Kaufmöglichkeit.

- *Überprüfen*: Rezension des Albums, beziehungsweise Songs.

- *Danksagungen*: Listet die an der Produktion beteiligten Personen auf.

- *Sonstiges*: Infos zu Titel, Interpret, Genre, usw.

19.1.2 Menüfunktionen

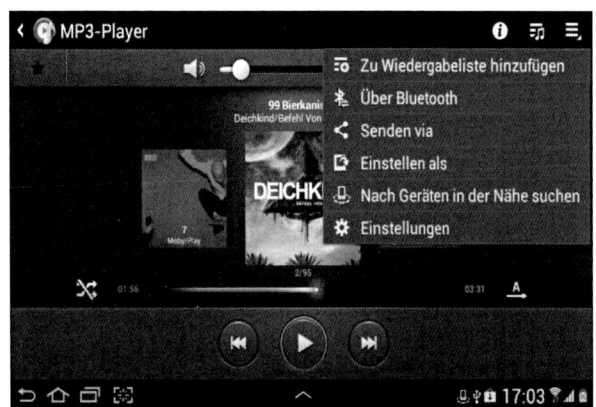 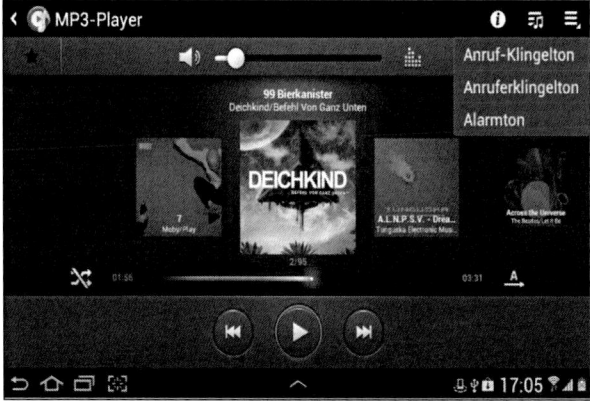

❶ Aktivieren Sie das ☰-Menü im Abspielbildschirm für folgende Funktionen:

- *Zu Wiedergabeliste hinzufügen*: Zur Wiedergabeliste siehe Kapitel *19.3 Wiedergabelisten*.

- *Über Bluetooth*: Wiedergabe über ein Bluetooth-Audiogerät, zum Beispiel Headset oder Bluetooth-Boxen (wie Sie Bluetooth-Geräte koppeln, erfahren Sie im Kapitel *22.10 Bluetooth-Audio*).

- *Senden via:* Song in einer E-Mail, über Wi-Fi Direct, Bluetooth senden, bei Dropbox hochladen, usw.

- *Einstellen als*: Legt den Song fest als (❷):
  - *Anrufer-Klingelton*: Der Song wird als Klingelton verwendet.
  - *Anruferklingelton*: Klingelton für einen Kontakt aus dem Telefonbuch festlegen.
  - *Alarmton*: Legt den Song als Alarmton für den Wecker fest.

- *Nach Geräten in der Nähe suchen*: Wiedergabe über ein DLNA-Gerät (siehe Kapitel *20.2 DLNA*).

- *Einstellungen*: Auf die Einstellungen geht das nächste Kapitel ein.

19.2 Einstellungen

 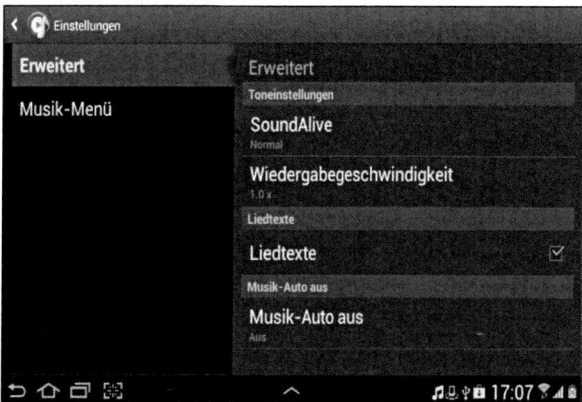

❶❷ ≡/*Einstellungen* konfiguriert:

Im *Erweitert*-Menü:

- *SoundAlive*: Equalizer einstellen. Sie starten diesen alternativ über die ▦-Schaltleiste im Abspielbildschirm.

- *Wiedergabegeschwindigkeit*: In den meisten Fällen macht es keinen Sinn, die Abspielgeschwindigkeit zu ändern.

- *Liedtexte*: In den Songs können Liedtexte enthalten sein, welche dann angezeigt werden.

- *Musik-Auto aus*: Schaltet den MP3-Player nach der eingestellten Zeitspanne automatisch ab.

 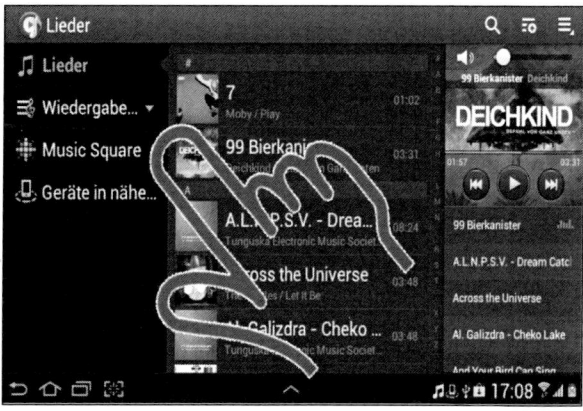

❶ Im Musik-Menü legen Sie die im Hauptmenü angezeigten Register fest.

❷ Beispiel, wenn Register im *Musik-Menü* deaktiviert wurden.

19.3 Wiedergabelisten

Wenn mehrere hundert Songs auf dem Galaxy vorhanden sind, wird es mühselig, sich die abzuspielenden Songs heraus zu suchen. Abhilfe schaffen die Wiedergabelisten (»Playlists«), denen man einfach einmalig die Songs zuordnet.

19.3.1 Wiedergabeliste erstellen

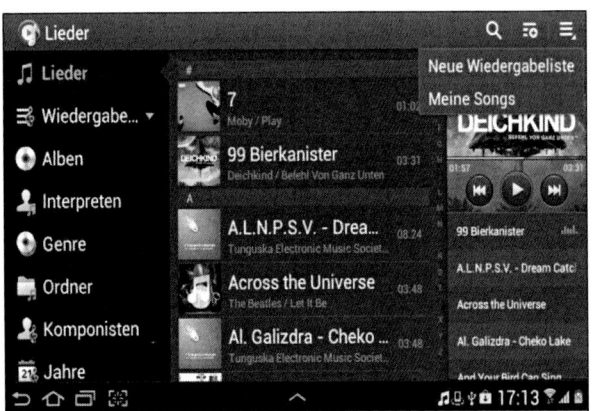
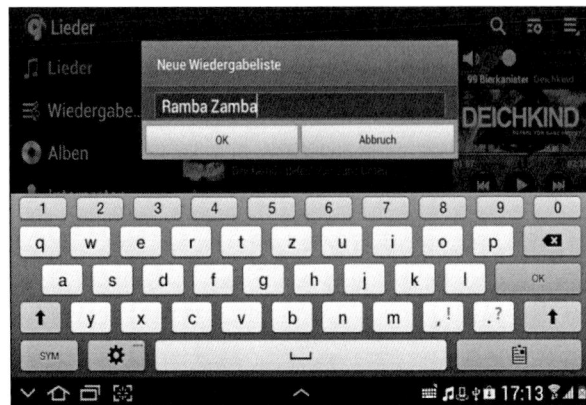

❶ Betätigen Sie ⚏ und gehen Sie auf *Neue Wiedergabeliste*.

❷ Geben Sie den Namen für die Playlist ein und schließen Sie mit *OK*.

Betätigen Sie jeweils ⊕, um einen Song in die Playlist zu übernehmen. Wenn Sie fertig sind, schließen Sie den Vorgang mit *Fertig* ab.

19.3.2 Wiedergabeliste nutzen

❶❷ Ihre neue Playlist finden Sie im *Wiedergabelisten*-Register wieder, wo Sie sie auch abspielen können. Tippen Sie dann einen beliebigen Song in der Liste zum Start der Wiedergabe an.

19.3.3 Wiedergabeliste bearbeiten

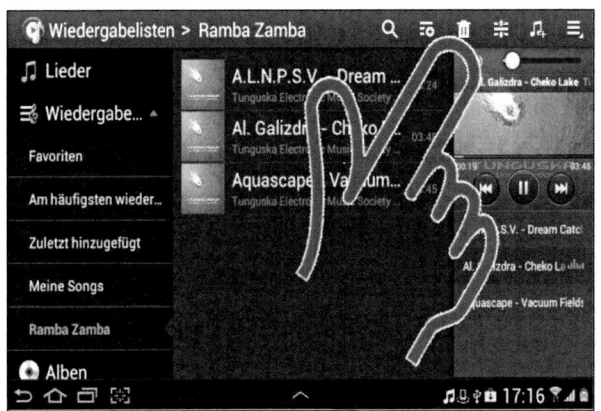 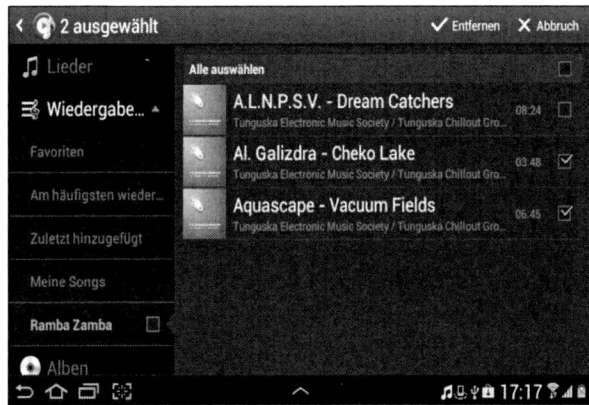

❶❷ Sie haben genug von einem Song in der Wiedergabeliste? Betätigen Sie 🗑 für den Lösch-modus, haken Sie die zu entfernenden Songs ab und betätigen Sie *Entfernen*. Der Song ver-schwindet nur aus der Wiedergabeliste, bleibt aber natürlich auf dem Tablet erhalten.

❶❷ Sie möchten einer Wiedergabeliste mehrere Songs hinzufügen? Dann gehen Sie auf 🎵, wor-auf Sie wiederum mit den ⊕-Schaltleisten die Songs hinzufügen, beziehungsweise mit ⊖ entfer-nen.

❶❷ Im Wiedergabebildschirm gehen Sie auf ☰/*Zu Wiedergabeliste hinzufügen*, um den gerade abgespielten Song einer Wiedergabeliste hinzuzufügen.

 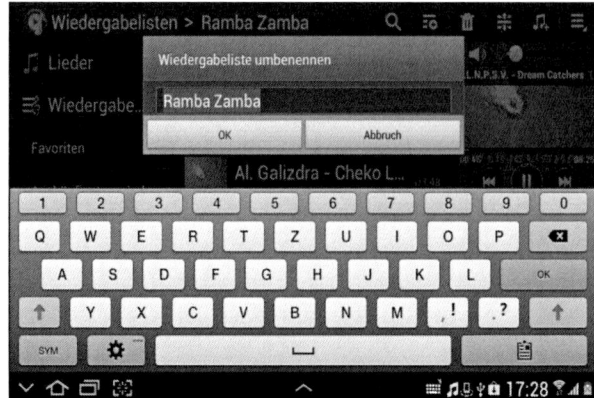

❶❷ Der gerade aktiven Wiedergabeliste geben Sie mit ☰/*Wiedergabeliste umbenennen* einen neuen Namen.

❶ Die Songreihenfolge in der aktiven Playlist ändern Sie mit ✛ (Pfeil).

❷ Ziehen Sie die einzelnen Songs jeweils mit dem angedrückten Finger an die gewünschte Position und schließen Sie den Vorgang mit *Fertig* ab.

19.4 Favoriten

Die Favoriten funktionieren ähnlich einer Wiedergabeliste.

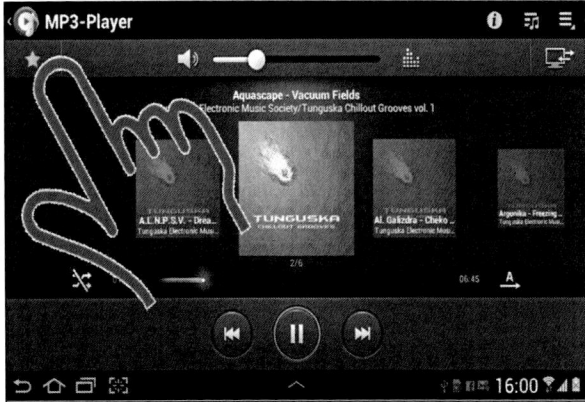 

❶ Aktivieren Sie bei den Songs im Wiedergabebildschirm, die zum Favoriten werden sollen, den »Stern«.

❷ Die *Favoriten* finden Sie anschließend im *Wdg.-Listen*-Register.

19.5 Wiedergabe außerhalb des MP3-Players

❶ Während der Wiedergabe muss der MP3-Player nicht unbedingt im Vordergrund laufen: Betätigen Sie die ⌂-Taste (unterhalb des Displays), so läuft die Wiedergabe weiter und in der Titelleiste weist ein ♪ auf die aktive Wiedergabe hin.

❷ Ein Steuerfeld erhalten Sie nach Öffnen des Benachrichtigungsfelds (siehe Kapitel *3.7.6 Titelleiste und Benachrichtigungsfeld*) angezeigt. Dort betätigen Sie die ♪-Schaltleiste für den Abspielbildschirm.

Den MP3-Player steuern Sie auch über das bereits im Startbildschirm vordefinierte *MP3-Player*-Widget.

19.6 Music Square

Music Square spielt Songs ab, die Ihrer »Laune« entsprechen. Wie schon »Square« (engl. Viereck) aussagt, markieren Sie in einem viereckigem Eingabefeld ein oder mehrere Felder, worauf der MP3-Player die passenden Songs heraussucht und abspielt. Die vier Seiten bezeichnen dabei die Musikstimmung »aufregend«, »fröhlich«, »ruhig« und »leidenschaftlich«. Je näher sich ein markiertes Kästchen zu einer Seite befindet, desto mehr geht dessen Musikstimmung in die Songauswahl ein.

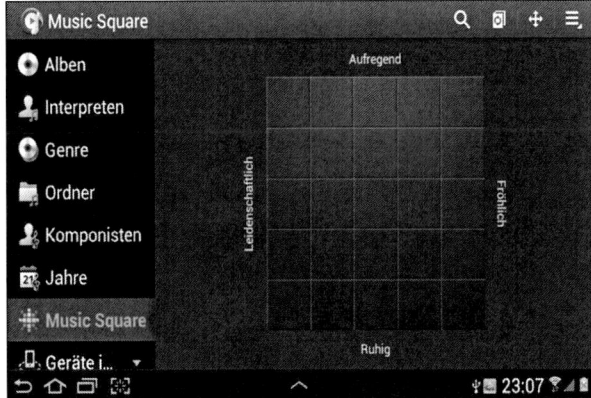 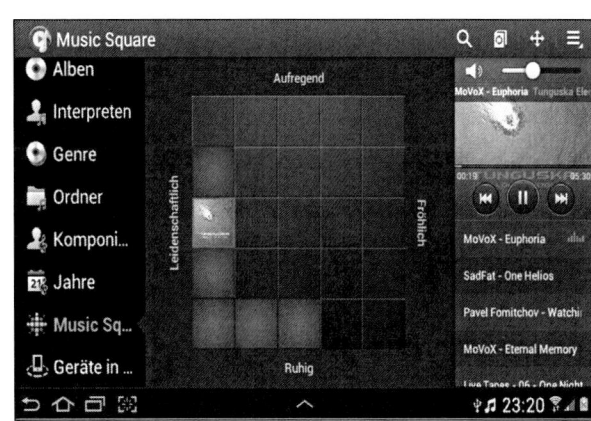

❶ Sie finden *Music Square* im gleichnamigen Register.

❷ Markieren Sie mit dem angedrückten Finger ein oder mehrere Felder, worauf sofort die Wiedergabe startet.

19.7 Albumcover anzeigen

Vielleicht ist Ihnen schon aufgefallen, dass bei einigen MP3-Songs während des Abspielens ein sogenanntes »Cover« anzeigt wird und bei anderen nur ein Bild, das mit dem Song überhaupt nichts zu tun haben. Die Coverbilder befinden sich jeweils direkt in der abgespielten MP3-Datei, wobei der MP3-Player bei nicht vorhandenen oder unbrauchbaren Coverbildern ein eigenes anzeigt.

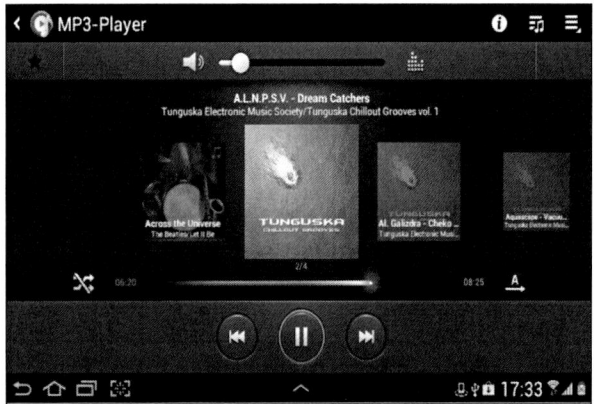 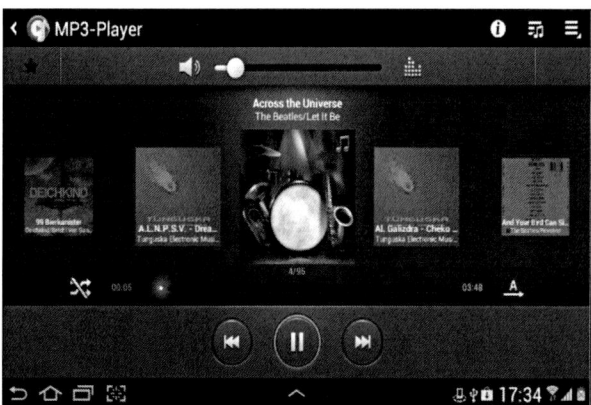

❶ Hier ein Song mit CD-Cover...

❸ ... und ein Song ohne CD-Cover, bei denen der MP3-Player jeweils selbst ein Bild anzeigt.

19.7.1 Albumcover auf dem PC erstellen

Das Cover befindet sich, wie bereits erwähnt, jeweils in den MP3-Song-Dateien. Wenn Sie selbst mal ein Cover hinzufügen möchten, ist dies recht einfach zum Beispiel mit dem kostenlosen Winamp möglich (der nebenbei angemerkt, auch ein fantastischer Ersatz für den Windows Media Player auf dem PC ist): Öffnen Sie die betreffende MP3-Datei in Winamp und aktivieren Sie über der MP3-Datei mit der rechten Maustaste das Popup-Menü, worin Sie auf *Titelinformationen anzeigen gehen*. Alternativ betätigen Sie die Tastenkombination *Alt + 3*.

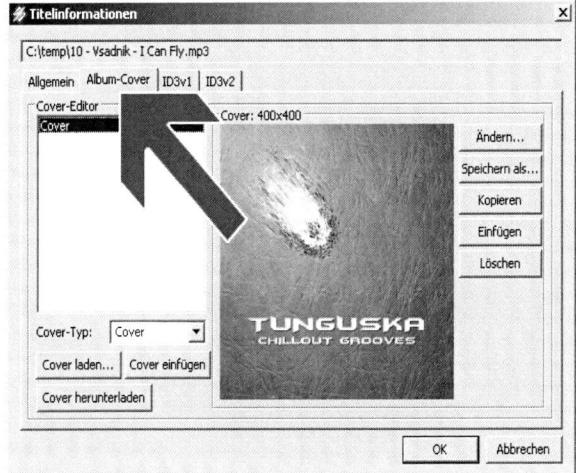

Aktivieren Sie nun das *Album-Cover*-Register (Pfeil). Die Funktionen:

- *Cover laden*: Fügt die Albumgrafik von der Festplatte hinzu.

- *Cover herunterladen*: Sucht ein Cover in einer Internetdatenbank und fügt es automatisch hinzu. Dies funktioniert aber nur bei Songs bekannter Interpreten.

- *Cover einfügen*: Fügt das Cover aus der Zwischenablage hinzu. Dazu ein Trick: Drücken Sie in Ihrem Webbrowser die rechte Maustaste über einem Bild und gehen Sie im folgenden Popup auf *Bild kopieren* (Internet Explorer), beziehungsweise *Grafik kopieren* (Firefox). Wechseln Sie wieder zu Winamp und betätigen Sie *Cover einfügen*.

Entwickler	Nullsoft
Produkt	Winamp
Preis	Kostenlos
Download	*www.winamp.com*

Mp3tag ist ein weiteres Programm, das im Gegensatz zu Winamp auf die Bearbeitung von MP3-ID-Tags und eingebettete Coverfotos spezialisiert ist. Sollten Sie mit Winamp nicht zurecht kommen, oder von Winamp eingebettete Coverfotos nicht auf dem Galaxy angezeigt werden, versuchen Sie es mit diesem Programm.

Entwickler	Mp3tag
Produkt	Mp3tag
Preis	Kostenlos
Download	*www.mp3tag.de*

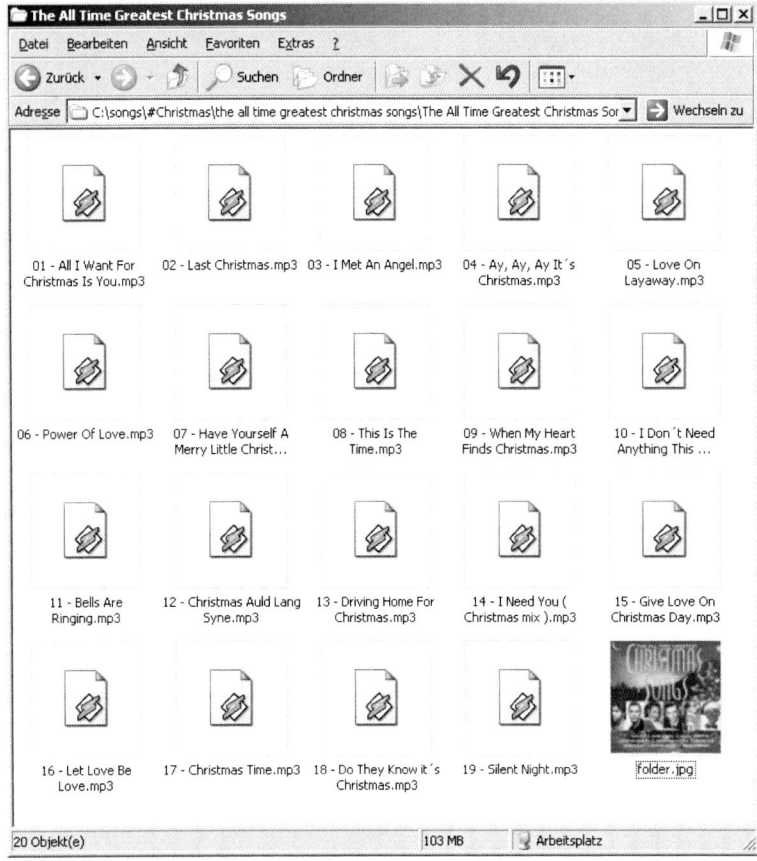

Noch einfacher geht es mit der sogenannten »Folder-Lösung«. Erstellen Sie auf dem PC ein Verzeichnis, in dem Sie alle MP3-Songs eines Albums hineinkopieren. Anschließend kopieren Sie das Coverfoto im JPG-Format hinein und benennen diese in *folder.jpg* um. Kopieren Sie dann das Verzeichnis mit dessen Inhalt auf die Speicherkarte des Galaxy. Der MP3-Player verwendet nun die *folder.jpg*-Datei als Coverfoto für alle Songs aus dem Verzeichnis.

19.7.2 Albumcover auf dem Galaxy Tab zuweisen

Auch direkt auf dem Galaxy ist es möglich, den Songs Albumcover zuzuweisen, wofür man allerdings eine Software aus dem Google Play Store (siehe Kapitel *27.1 Play Store*) installieren muss.

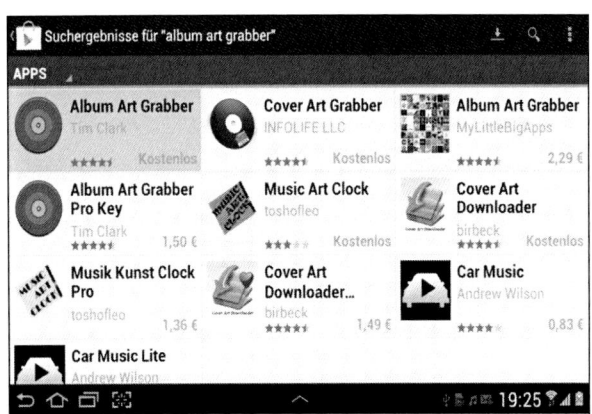
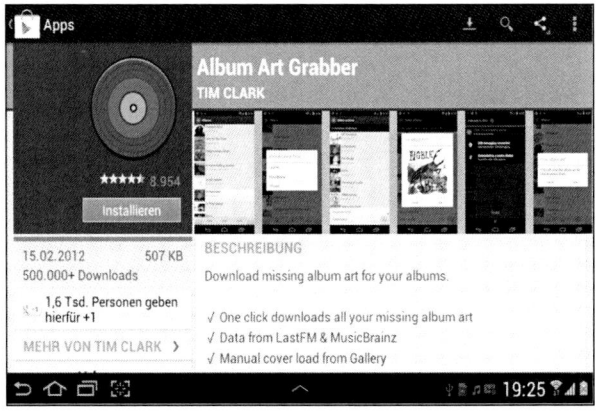

❶❷ Suchen Sie im Google Play Store nach dem *Album Art Graber* und installieren Sie es.

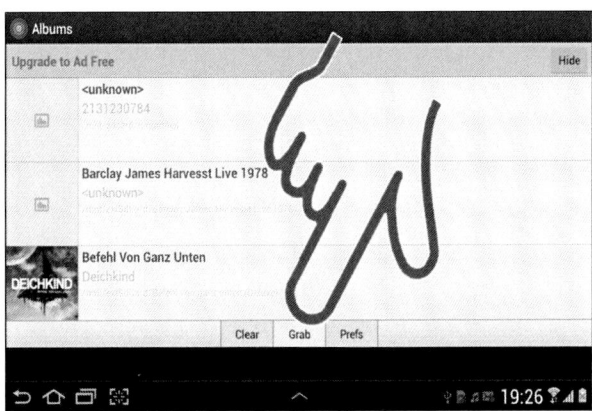 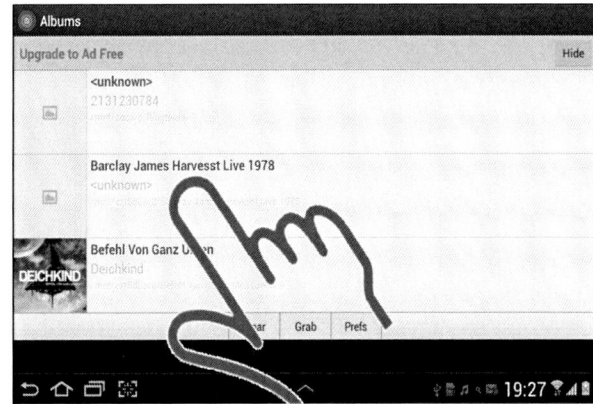

❶ Betätigen Sie beim ersten Aufruf *Grab*, um alle fehlenden Albencover automatisch herunterzuladen und in den Songs zu speichern.

❷ Sollte mal kein oder ein falsches Albumcover gefunden werden, tippen Sie den entsprechenden Song an.

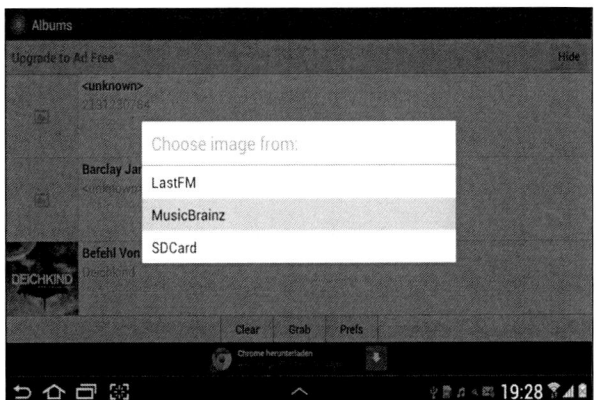 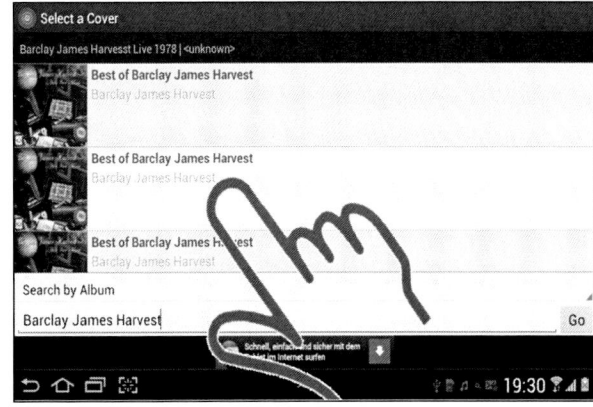

❶ Wählen als Quelle *LastFM* oder *MusicBrain* aus.

❷ In der Albenauflistung wählen Sie den passenden Eintrag aus.

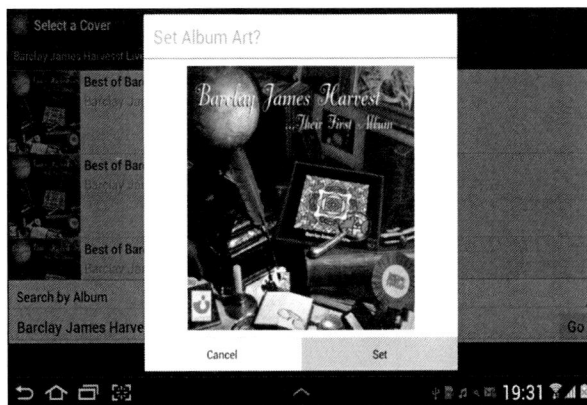 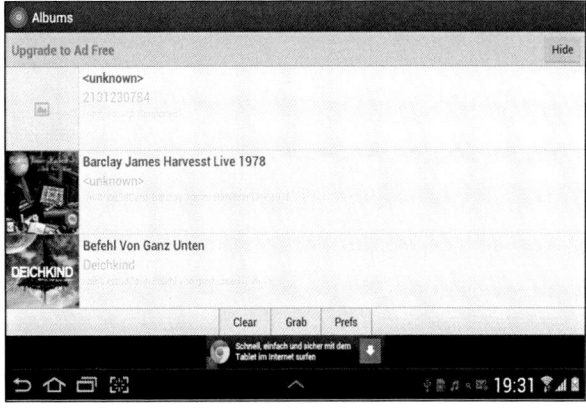

❶ Bestätigen Sie mit *Set*.

❷ Das Albumcover ist nun im Song gespeichert.

19.8 Besserer Klang durch externe Lautsprecher

Möchte man mit dem Galaxy Tab ein ganzes Zimmer oder gar eine kleine Party beschallen, so reicht der eingebaute Lautsprecher nicht aus, beziehungsweise lässt den Wunsch nach einer besseren Klangqualität aufkommen. Über den 3,5 mm-Klinkenanschluss können Sie dann problemlos Aktivboxen, wie sie eigentlich für PCs im Handel angeboten werden, anschließen.

Die Leistung von Lautsprechern wird in Watt angegeben, wobei höhere Werte meist auch einen besseren Klang sorgen, denn im Normalbetrieb wird der jeweilige Lautsprecher dann nicht bis zur Leistungsgrenze belastet. Greifen Sie am besten nur zu Lautsprecherboxen mit einer nachvollziehbaren Leistungsangabe. Die Watt »PMPO« ist leider nicht genormt und kann alles mögliche bedeuten, beispielsweise, dass die jeweiligen Boxen dann total übersteuern. Besser ist die RMS-Angabe, welche industrieweit genormt ist.

Bei den PC-Lautsprechern müssen Sie außerdem beachten, dass diese über einen 3,5 mm-Klinkenstecker verfügen. Manche PC-Lautsprecher besitzen nur einen USB-Anschluss, da sie – vereinfacht gesagt – über eine interne Soundkarte verfügen und vom PC über USB nur die Steuersignale erhalten.

Empfehlenswert sind sogenannte 2.1-Systeme, also Boxensets mit 2 Lautsprechern und einem Subwoofer. Von einem 5.1-System, das aus 5 Lautsprechern besteht, raten wir ab, weil diese viel Platz wegnehmen und sie das Galaxy Tab nicht unterstützt.

Unsere kleine Checkliste für die Anschaffung von PC-Lautsprecherboxen:

- Set-Preis (2 Stück): 30 bis 100 Euro

- Leistung: Mindestens 10 Watt RMS

- Klinkenanschluss (bei den meisten PC-Boxen ist ein Klinkenkabel im Lieferumfang)

19.8.1 Alternativen zu den PC-Lautsprecherboxen

Auch manche (Küchen-)Radios und alle Stereoanlagen haben heute einen Audioeingang, an den man das Tablet für stationären Musikgenuss anschließen kann. Die benötigten Kabel, welche man im Fachhandel oder in Online-Shops bekommt, sind entweder 3,5 mm Klinke auf 2 x Cinch-Stecker (für Stereoanlagen oder hochwertige Aktivlautsprecher), beziehungsweise 2 x 3,5 mm Klinke.

Wenn Sie hochwertige Lautsprecher am Tablet betreiben möchten, sollten Sie darauf achten, dass es sich um Modelle mit eingebautem Verstärker (Aktivlautsprecher) handelt. Passive Lautsprecher, wie sie als Zubehör für Stereoanlagen erhältlich sind, benötigen dagegen einen zwischengeschalteten Verstärker (im Fachdeutsch: »Endstufe«).

Lautsprecherdockingstationen für das Apple iPhone sind meistens zusätzlich mit einem Audioeingang versehen. Besitzen Sie bereits ein iPhone, kann sich dessen Anschaffung lohnen. Ansonsten gilt aber: Finger weg.

Unser Tipp: Wenn Sie hohe Qualitätsansprüche haben, dann holen Sie sich aktive Studiomonitore, wie sie in Tonstudios für die Hörkontrolle verwendet werden. Diese Lautsprecher sind meist sehr kompakt, haben häufig sehr viele Anschlüsse und sind im Gegensatz zu den Standardlautsprechern in der PA-Technik auch elektromagenetisch abgeschirmt. Beispiele für aktive Studiomonitore sind Alesis M1 Active MKII (2er-Set, ca. 300 Euro), M-Audio Studiophile DSM1 (einzeln, ca. 200 Euro) oder Yamaha HS50M (einzeln, ca. 160 Euro). Im Büro dieses Buchautors kommt ein Alesis M1 Active 520 (2er-Set, ca. 230 Euro) zum Einsatz.

19.8.2 Mobile Lautsprecher

Für unterwegs bieten zahlreiche Hersteller batteriebetriebene Minilautsprecher an. Unserer Ansicht nach lohnt sich aber die Anschaffung dieser billigen »Brüllwürfel« meistens nicht, da man für 20 Euro kaum eine adäquate Qualität erwarten kann. Soll es dennoch mal unterwegs etwas lauter sein, empfehlen wir, ein Kofferradio o.ä. mit Klinkenbuchse anzuschaffen, an dem Sie das Tablet dann anschließen. Der Autor dieser Zeilen nutzt dafür ein Pure Elan II (ca. 120 Euro), für das man einen Akku nachkaufen kann.

19.8.3 Drahtloser Musikgenuss

Das häufige Anschließen und Abziehen des Lautsprecherklinkensteckers, wenn man das Tablet mal wieder woanders oder unterwegs nutzen will, belastet die Klinkenbuchse des Galaxy Tab. Möchten Sie es bequemer, dann verwenden Sie einen Bluetooth-fähigen Lautsprecher, oder einen Audio-Bluetooth-Adapter, den Sie mit einem Lautsprecher verbinden. Beachten Sie dazu auch Kapitel *22.10 Bluetooth-Audio*.

Besitzen Sie ohnehin ein Heimkino mit hochwertigem TV, so ist auch die Nutzung von DLNA (siehe Kapitel *20.2 DLNA*) möglich.

Klein und praktisch: Der ca. 30 Euro teure Logitech Wireless Speaker Adapter verbindet zuhause die Stereoanlage oder Aktivboxen über Bluetooth mit dem Galaxy Tab.

20. Direkter Datentransfer

Das Galaxy bietet eine Vielzahl an Möglichkeiten, um Daten, beziehungsweise Dateien mit anderen Geräten auszutauschen. Jede Übertragungsmethode hat dabei seine Vor- und Nachteile:

- **PC-USB-Verbindung**: Ideal, um Dateien jeder Art zwischen PC und Galaxy zu kopieren. Dem Vorteil der sehr schnellen Übertragungsgeschwindigkeit steht der Nachteil gegenüber, dass man erst umständlich das USB-Kabel anschließen muss.

- **WLAN**: WLAN, das bereits Kapitel *8 Wireless LAN* beschreibt, ist ein Übertragungsprotokoll, das auf dem Galaxy hauptsächlich dem Internetzugang dient. Über die nachfolgend beschriebenen Protokolle DLNA, Wifi Direct und Kies über WLAN/Kies air, welche jeweils WLAN als Übertragungsweg nutzen, ist auch ein Dateitransfer möglich.

- **WLAN Direct**: Zwar ist es mit WLAN über Umwege möglich, Dateien zwischen zwei Geräten zu kopieren, dafür benötigt man aber immer einen WLAN-Router, der die Kommunikation zwischen beiden Kommunikationspartnern abwickelt. Deshalb wurde vor einiger Zeit WLAN Direct entwickelt, mit dem man eine »direkte« WLAN-Verbindung zwischen zwei Geräten aufbauen und dann Dateien übertragen kann.

- **DLNA**: Wiedergabe von Mediendateien (Fotos, Videos, Songs) auf anderen Geräten über WLAN. DLNA unterstützen fast alle aktuellen Smartphones, viele TVs, sowie alle Windows PCs (über den Windows Media Player). Meist gibt es an der ein- oder anderen Stelle die Möglichkeit, die übertragenen Mediendateien auf dem anderen Gerät zu speichern. DLNA beschreibt Kapitel *20.2 DLNA*.

- **Kies air/Kies über WLAN**: Das Galaxy lässt sich auf dem PC über eine Weboberfläche nutzen, wobei nicht nur Dateien, sondern auch Kontakte und Termine herunterladbar sind. Wie der Name schon sagt, läuft Kies über die WLAN-Verbindung. Siehe Kapitel *31.1 Kies über WLAN* und *31.2 Kies air*.

- **Bluetooth**: Bluetooth hat den Vorteil, dass es auf praktisch allen Handys, Tablets und einigen Notebooks vorhanden ist. Der Dateitransfer ist außerdem meist sehr einfach zu realisieren. Die Reichweite von Bluetooth beträgt in der Regel 5-10 Meter, ist also geringer als bei WLAN. Siehe auch Kapitel *22 Bluetooth*.

20.1 Wi-Fi Direct

Als WLAN (siehe Kapitel *8 Wireless LAN*) entwickelt wurde, stand die Vernetzung von unterschiedlichsten Geräten im Vordergrund. Auf dem Tablet nutzen Sie WLAN vornehmlich für den Internetzugang, bei dem die Verbindung über einen sogenannten WLAN-Router erfolgt.

Möchten Sie dagegen Dateien zwischen zwei WLAN-Geräten übertragen, beispielsweise vom PC zum Tablet, sind einige Verrenkungen nötig. Möglich wäre es beispielsweise, über eine zusätzliche Software aus dem Google Play Store (siehe Kapitel *27.1 Play Store*) auf die vom PC im Netzwerk freigegebenen »Shares« (Netzwerkordner) zuzugreifen. Oder Sie senden sich die Datei vom PC aus per E-Mail auf das Tablet.

Wi-Fi Direct (Wi-Fi steht für den Marketingbegriff »Wireless Fidelity«) erweitert WLAN um die Option, dass sich zwei WLAN-Geräte ohne zwischengeschalteten WLAN-Router miteinander verbinden und Dateien übertragen können. Somit ist Wi-Fi Direct eine schnelle Alternative zur Dateiübertragung mit Bluetooth (siehe Kapitel *22 Bluetooth*).

Wi-Fi Direct ist 2010 standardisiert worden und noch vergleichsweise wenig verbreitet; Android unterstützt es erst ab der im Oktober 2011 vorgestellten Version 4.0 und Intel-Chipsätze für Notebooks mit Wi-Fi Direct sind erst seit Ende 2011 auf dem Markt.

Damit Sie Wi-Fi Direct nutzen können, müssen **beide** Endgeräte diesen Standard unterstützen. Es

reicht also nicht aus, dass ein Gerät zwar WLAN-fähig ist, aber keine Wi-Fi Direct-Funktion besitzt. Einen Nachteil hat Wi-Fi Direct allerdings, denn während es aktiv ist, schaltet das Tablet die
WLAN-Verbindung aus, weshalb Sie nach der Dateiübertragung Wi-Fi Direct wieder deaktivieren
und WLAN erneut einschalten müssen.

20.1.1 Dateien über Wi-Fi Direct senden

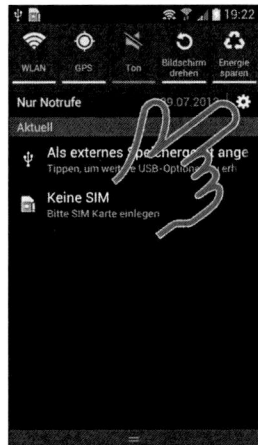 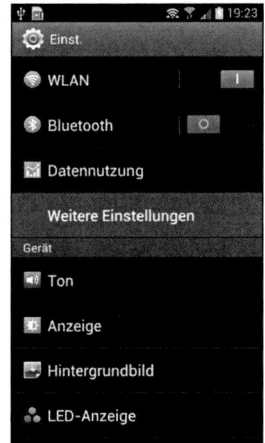 

Achten Sie darauf, dass beim Kommunikationspartner Wi-Fi Direct aktiviert ist:

❶ Beim Samsung Galaxy S3 aktivieren Sie dafür das Benachrichtigungsfeld und tippen auf ✿ für
die *Einstellungen*.

❷ Gehen Sie auf *Weitere Einstellungen* und aktivieren Sie *Wi-Fi Direct*.

 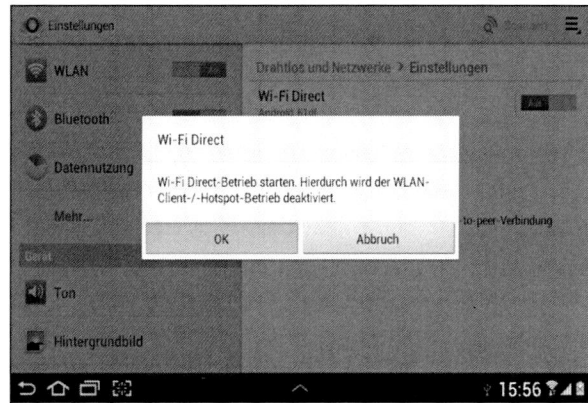

❶ Eine vorherige Wi-Fi Direct-Konfiguration ist beim Sender nicht nötig. Rufen Sie einfach in der
Anwendung, in der Sie eine Datei versenden möchten das ◀-Menü auf und wählen Sie *Wi-Fi
Direct* aus.

❷ Sofern WLAN aktiv ist, erfolgt ein Hinweis, den Sie mit *OK* schließen.

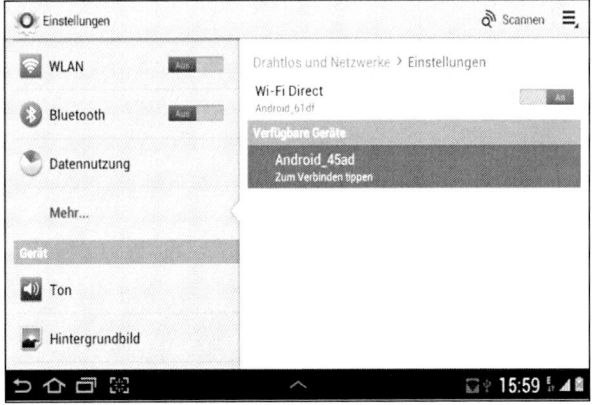 

❶ Falls jetzt kein Gerät gefunden wurde, betätigen Sie einfach *Scannen*. Tippen Sie das angezeigte Gerät zum Koppeln an.

❷ Das Empfängergerät fordert Sie auf, die Verbindung mit *Annehmen* zu bestätigen.

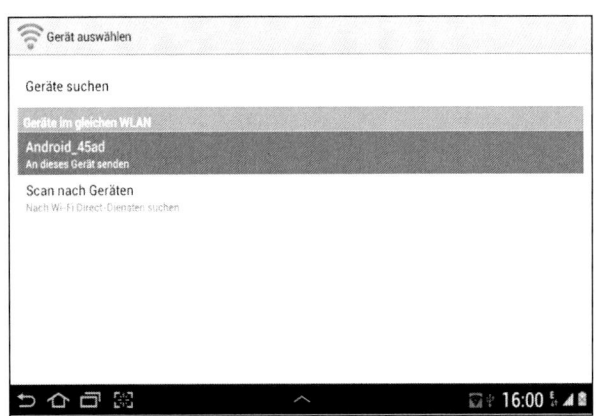 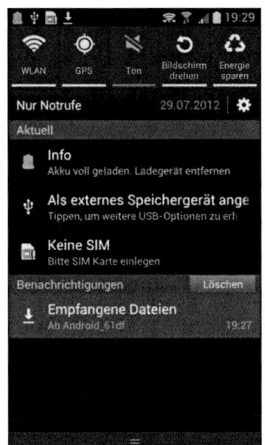

❶ Anschließend tippen Sie das Gerät erneut an, worauf der Übertragungsvorgang startet.

❷ Den Sendefortschritt erfahren Sie im Benachrichtigungsfeld des Empfängers.

Das Senden von Kontakten und Terminen ist über Wi-Fi Direct ebenfalls möglich.

Wi-Fi Direct bleibt aktiviert, sodass Sie auch von anderen Geräten Dateien empfangen können. Wegen des hohen Stromverbrauchs erhalten Sie nach einigen Minuten eine Warnmeldung. Betätigen Sie *OK*, um Wi-Fi Direct auszuschalten.

20.1.2 Dateien über Wi-Fi Direct empfangen

❶❷ Schalten Sie auf dem Galaxy Tab zuerst WLAN Direct ein: Gehen Sie im Benachrichtigungsfeld auf *Einstellungen/Weitere Einstellungen.*

 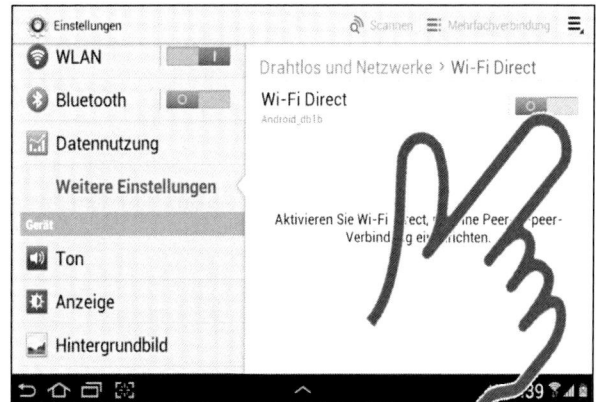

❶ Rufen Sie *Wi-Fi Direct* auf.

❷ Betätigen Sie den Schalter (Pfeil).

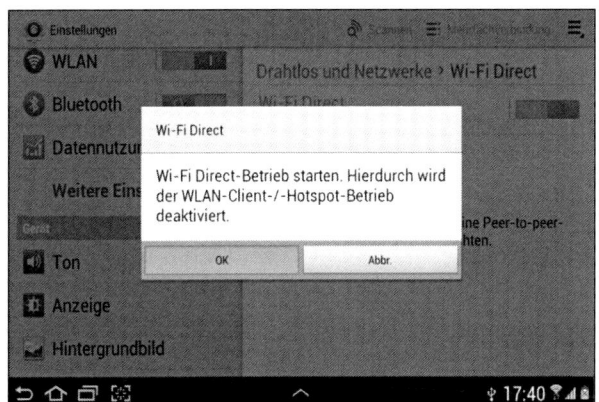 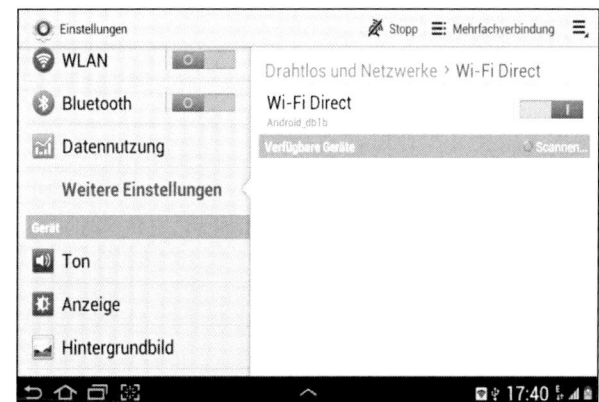

❶ Schließen Sie den Warnhinweis mit *OK*.

❷ Sofern bereits WLAN Direct-fähige Geräte in der Nähe sind, erscheinen diese unter *Verfügbare Geräte* und lassen sich durch Antippen miteinander koppeln, sodass Sie dies später nicht machen müssen. Schließen Sie gegebenenfalls den Bildschirm (zum Beispiel mit der ⌂-Taste).

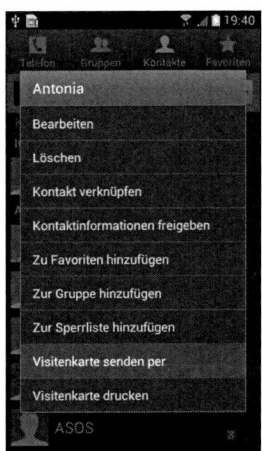 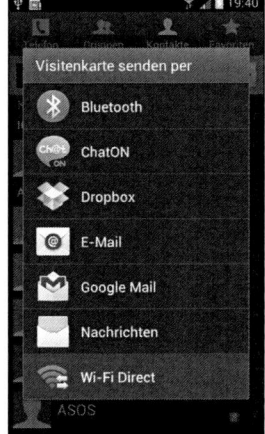 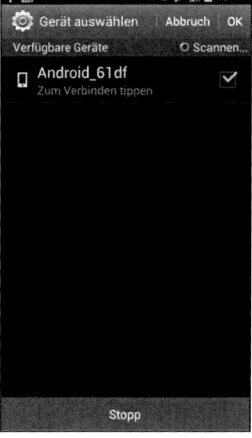

❶❷ Beim Kommunikationspartner führen Sie den Sendevorgang durch. Im Beispiel soll ein Kontakt vom Galaxy S3 versandt werden, wozu Sie über dem Kontakteintrag im Telefonbuch den Finger gedrückt halten, bis das Popup erscheint und dann auf *Visitenkarte senden per/Wi-Fi Direct* gehen.

❸ Aktivieren Sie das Abhakkästchen beim Galaxy Tab in der Geräteauflistung und betätigen Sie

OK.

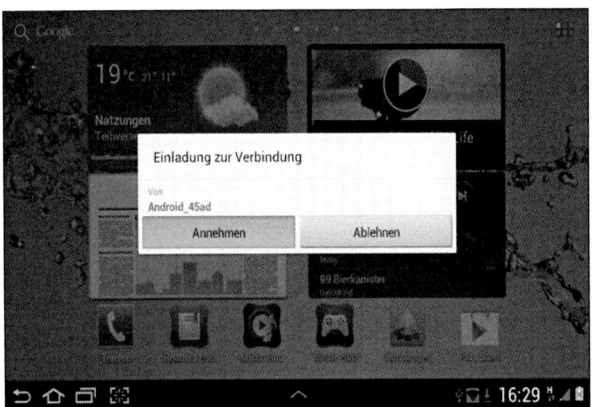

Bestätigen Sie die Verbindung auf dem Galaxy Tab. Damit ist die Koppelung hergestellt. Gesendet wurde aber noch nichts.

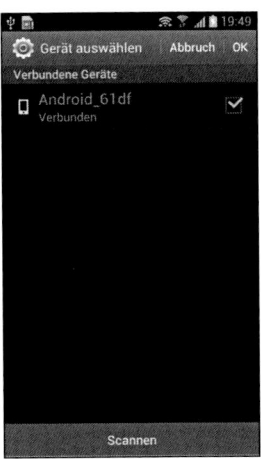 

❶ Wiederholen Sie den Sendevorgang erneut, indem Sie im Telefonbuch den Finger gedrückt halten, bis das Popup erscheint und dann auf *Wi-Fi Direct* gehen.

❷ Die Datei wird an das Tablet gesendet und dort zur Weiterverarbeitung angezeigt.

20.2 DLNA

Falls sie bereits Erfahrungen mit einem Handy oder Tablet von Samsung sammeln konnten, wird Ihnen Samsung AllShare vielleicht noch ein Begriff sein. Das Programm ermöglicht es Mediendateien, also Fotos, MP3-Songs oder Videos über DLNA auf anderen Geräten abzuspielen.

DLNA (Digital Living Network Alliance) ist ein Industriestandard, bei dem die Vernetzung über WLAN erfolgt. Es lassen sich hierüber Multimedia-Geräte der unterschiedlichsten Hersteller vernetzen, beispielsweise PCs, Handys oder TVs.

DLNA erlaubt eine Vielzahl von Wiedergabe-Wegen, zum Beispiel:

- Wiedergabe einer Mediendatei des Tablet auf einem TV.

- Wiedergabe einer Mediendatei, die sich auf einem PC befindet, durch das Tablet auf einem TV.

- Wiedergabe einer Mediendatei eines PCs auf dem Tablet.

In den meisten Fällen dürfte allerdings die Wiedergabe von Mediendateien des Tablets auf einem PC oder TV im Vordergrund stehen.

20.2.1 WLAN-Zugangspunkt auf DLNA-Unterstützung prüfen

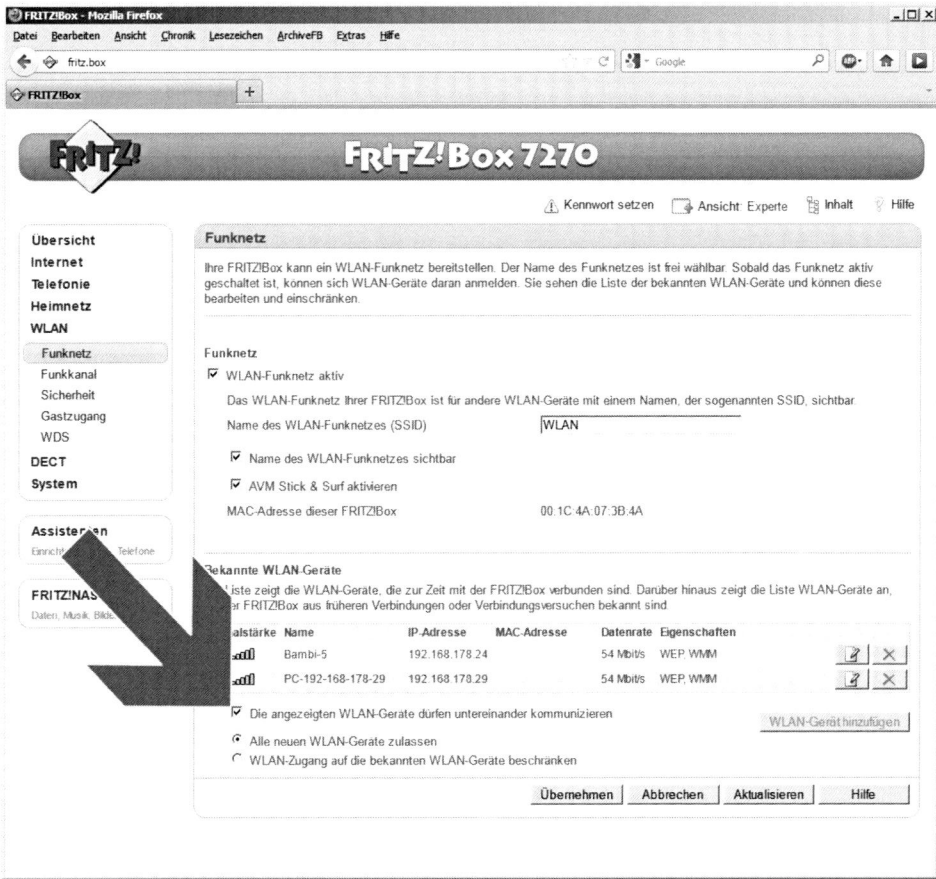

Damit eine Datenübertragung zwischen Galaxy Tab mit dem PC und anderen DLNA-fähigen Geräten möglich ist, müssen sich diese im gleichen WLAN-Netz befinden. Sofern Sie eine Fritz-Box als DSL-Router einsetzen, rufen Sie im Webbrowser auf dem PC mit *fritz.box* dessen Benutzeroberfläche auf und klicken dann links auf *WLAN* und dann auf *Funknetz*. Überprüfen Sie, dass die Option *Die angezeigten WLAN-Geräte dürfen* untereinander *kommunizieren* aktiv ist.

Der sogenannte WLAN-Gastzugang, den viele DSL-Router, darunter auch die Fritz-Box, anbieten, kann übrigens nicht für AllShare Play verwendet werden, weil hierüber nur Verbindungen ins Internet, nicht aber ins Heimnetz möglich sind. Prüfen Sie also auf Ihrem Tablet, ob Sie dort eventuell doch den Gastzugang nutzen, wenn keine Zugriff auf andere Mediengeräte möglich ist.

20.2.2 Samsung AllShare Play auf dem PC einrichten

Als Datenverbindung kann bei dem hier vorgestellten AllShare Play nicht nur WLAN, sondern auch eine Mobilfunk-Internetverbindung zum Einsatz kommen. Von letzterem raten wir allerdings wegen der langsamen Übertragungsgeschwindigkeiten ab. Im WLAN-Heimnetzwerk ist AllShare Play auch zur Wiedergabe von Medieninhalten auf TVs, PCs, Tablets, usw. über DLNA geeignet.

Die PC-Software für AllShare Play brauchen Sie nicht unbedingt installieren, sie bietet aber einige nützliche Funktionen, beispielsweise lassen sich beliebige Dateien zwischen dem PC und Tablet über WLAN kopieren. Möchten Sie dagegen nur Videos, Fotos und MP3-Songs auf dem PC wiedergeben, dürfte es praktischer sein, dafür wie im Kapitel *20.2.7 DLNA-Wiedergabe mit anderen Galaxy-Anwendungen* vorzugehen.

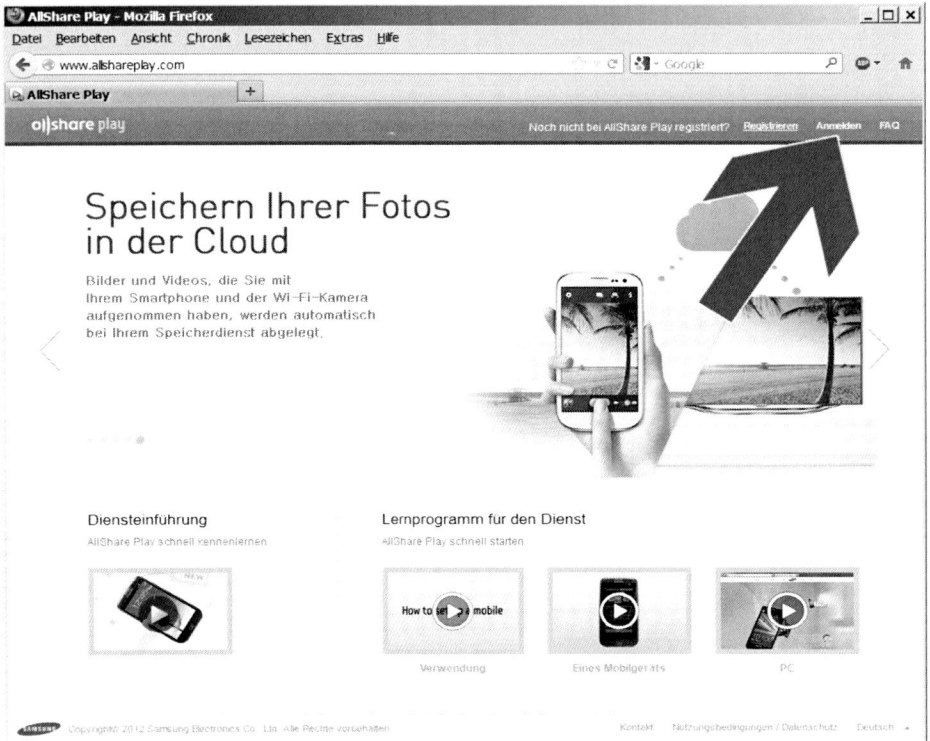

Besuchen Sie mit dem PC, den Sie für die AllShare-Medienwiedergabe nutzen möchten, die Website *www.allshareplay.com*, auf der Sie sich mit dem Login für Ihr Samsung-Konto (siehe Kapitel *15 Das Samsung-Konto*) anmelden. Alternativ können Sie sich hier auch neu für ein Samsung-Konto registrieren.

Sie werden dann aufgefordert, eine Software herunterzuladen. Klicken Sie auf *Installieren der Software* und installieren Sie anschließend die heruntergeladene AllShare Play-Software. Schließen Sie das Browser-Fenster aber nicht!

Klicken Sie auf *Registrieren eines PCs*.

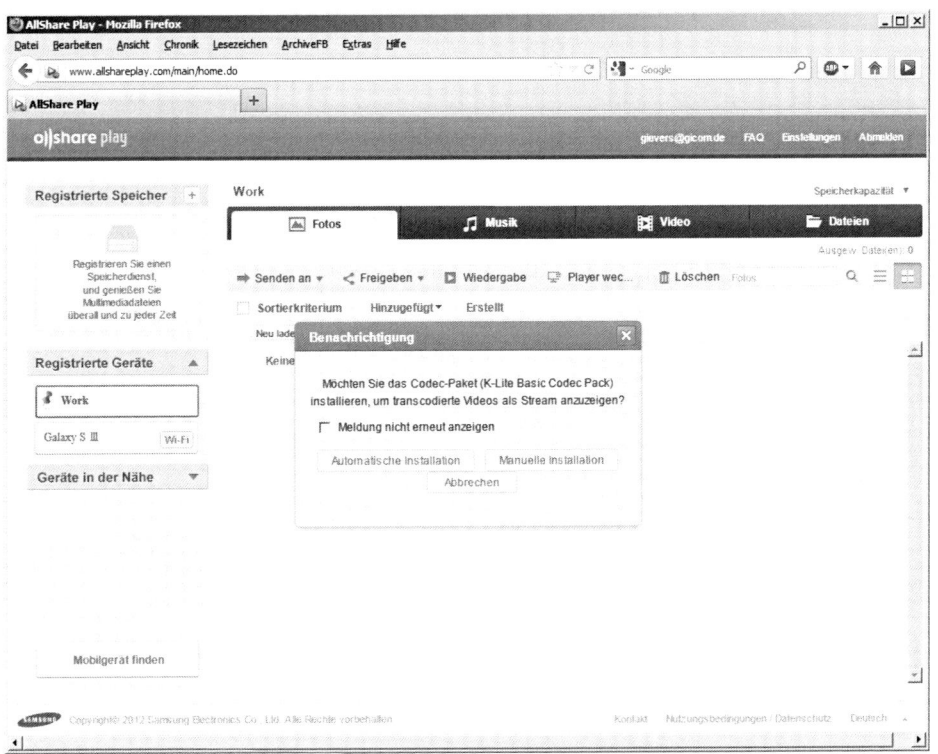

Betätigen Sie *Automatische Installation*, damit auch die Videowiedergabe möglich ist.

Damit Sie die Funktionen von AllShare Play nutzen können, muss die AllShare-Website im Browser geöffnet sein. Sie können natürlich, wenn Sie AllShare mal nicht benötigen, das AllShare-Browserfenster schließen. Rufen Sie *www.allshareplay.com* einfach erneut im Browser auf, wenn Sie wieder darauf zugreifen möchten, worauf Sie sich mit Ihrem Samsung-Konto anmelden.

20.2.3 AllShare auf dem Galaxy Tab einrichten

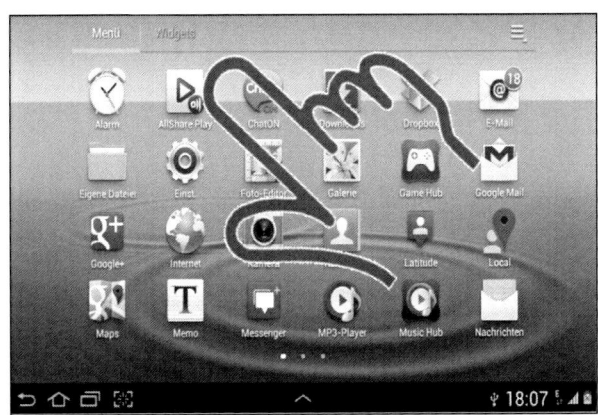 

❶ Starten Sie *AllShare Play* aus dem Hauptmenü (Pfeil). Den folgenden Warnhinweis *»Eine Verbindung mit einem mobilen Netzwerk kann zusätzliche Kosten verursachen«* schließen Sie mit *OK*.

❷ Betätigen Sie *Anmelden*.

❶ Sie müssen sich nun bei Ihrem Samsung-Konto anmelden. Auf das Samsung-Konto geht bereits Kapitel *15 Das Samsung-Konto* ein. In unserem Beispiel ist bereits ein Samsung-Konto vorhanden,weshalb wir *Anmelden* betätigen.

❷ Nach Eingabe von E-Mail und Kennwort tippen Sie auf *Anmeld*. Anschließend müssen Sie gegebenfalls noch die Geschäftsbedingungen akzeptieren, indem Sie das Abhakkästchen aktivieren und auf *Zustimmen* gehen.

20.2.4 AllShare auf dem PC in der Praxis

Bevor Sie mit AllShare Play auf die Mediendateien des Galaxy zugreifen können, müssen Sie dort die AllShare Play-Anwendung starten.

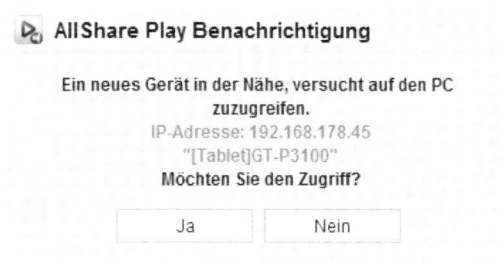

Wenn das Galaxy Tab für den Datenaustausch mit dem PC bereit ist, erscheint eine Hinweis. Klicken Sie darin auf *Ja*, um Datenverbindungen zum PC zu erlauben.

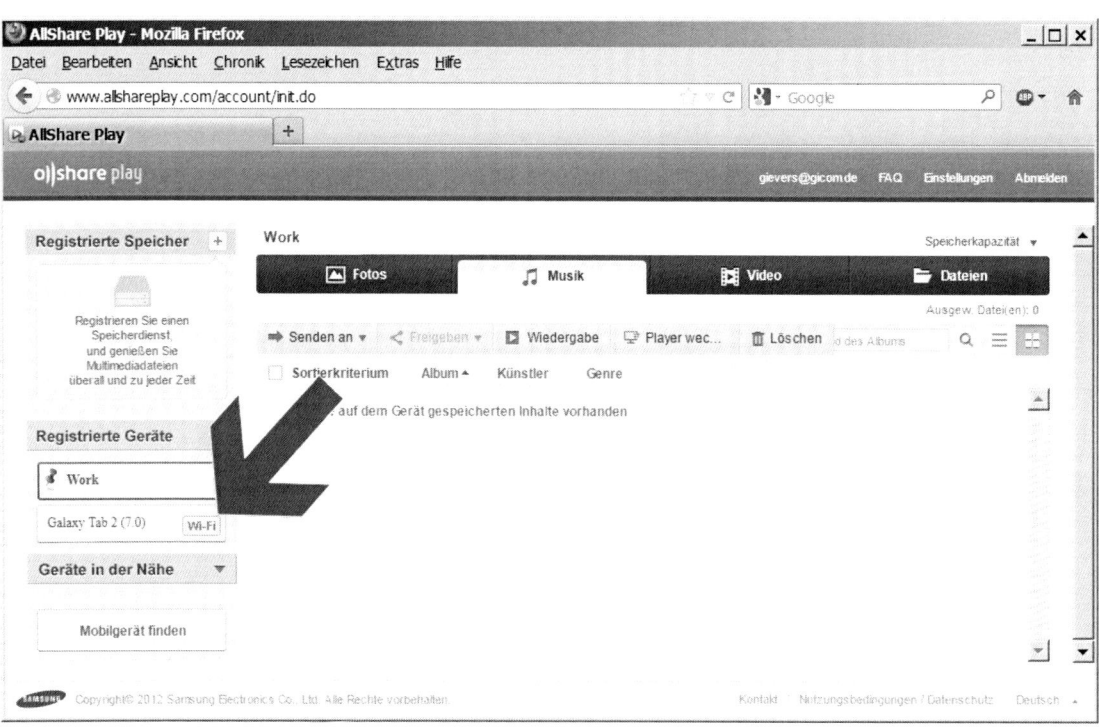

Der Zugriff auf die Dateien des Galaxy ist sehr einfach: Klicken Sie auf dem PC das Galaxy Tab (Pfeil) an, worauf der PC die auf dem Tablet vorhandenen Dateien auflistet.

Sollte das Galaxy Tab nicht in der Geräteliste auftauchen, dann prüfen Sie, ob auf dem Galaxy Tab WLAN aktiv ist und das WLAN eine Verbindung zwischen den darin verbundenen Geräten erlaubt (siehe auch Kapitel *20.2.1 WLAN-Zugangspunkt auf DLNA-Unterstützung prüfen*). Häufig hilft es auch, den Browser neu zu starten und sich erneut auf der *www.allshareplay.com*-Website anzumelden.

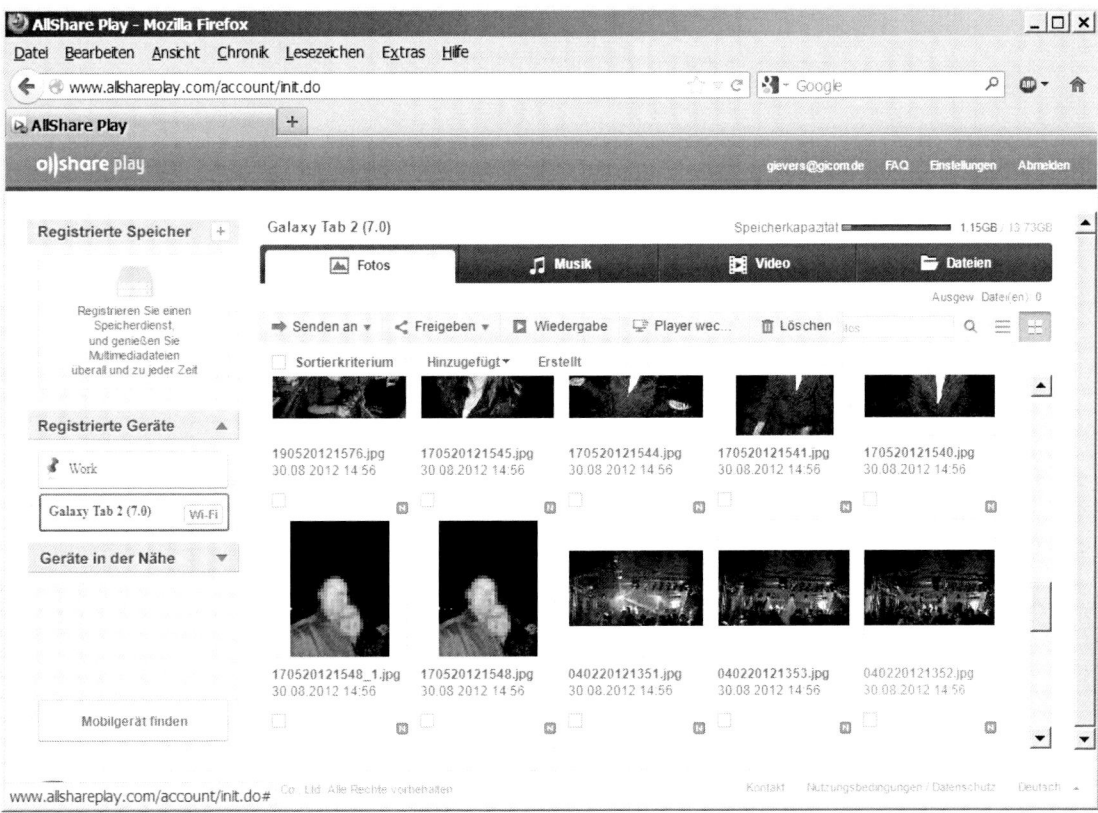

Über die Register *Fotos*, *Musik*, *Video* schalten Sie zwischen den verschiedenen Medientypen um. Klicken Sie dann eine Datei an, die Sie auf dem PC wiedergeben möchten.

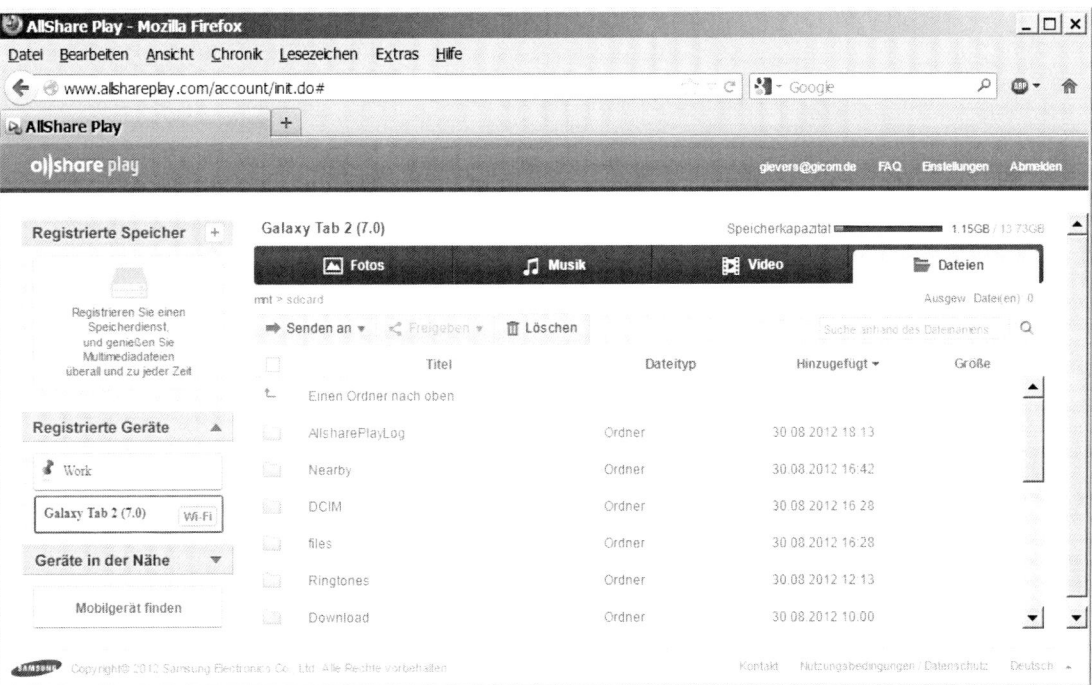

Eine Besonderheit ist das *Dateien*-Register, mit dem Sie auch auf Dateien zugreifen, die keine Mediendateien sind.

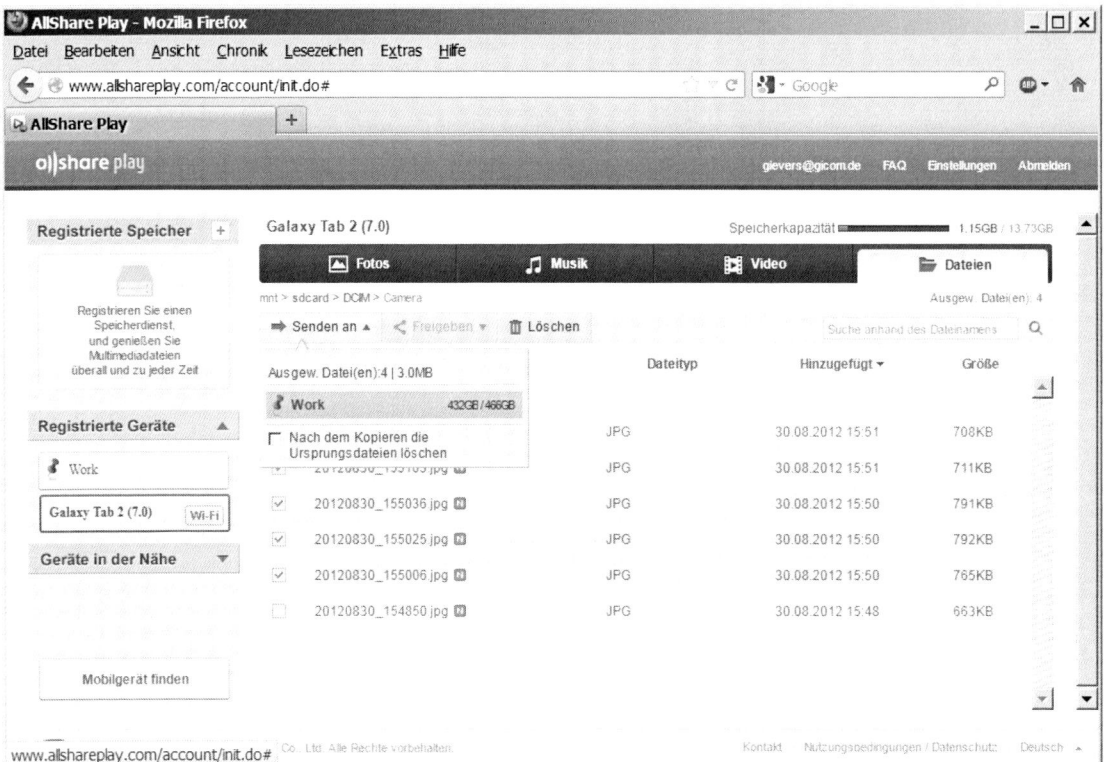

So kopieren Sie Dateien vom Galaxy auf den PC: Haken Sie die zu kopierenden Dateien ab und gehen Sie dann auf *Senden an*, worin Sie den PC auswählen. Der Kopiervorgang startet. Je nach Dateityp finden Sie die Dateien auf dem PC unter *Bibliothek* im entsprechenden Verzeichnis, beispielsweise Fotos in *Bilder* und MP3-Dateien in *Musik*.

20.2.5 AllShare auf dem Galaxy in der Praxis

20.2.5.a Wiedergabe von Dateien des PCs

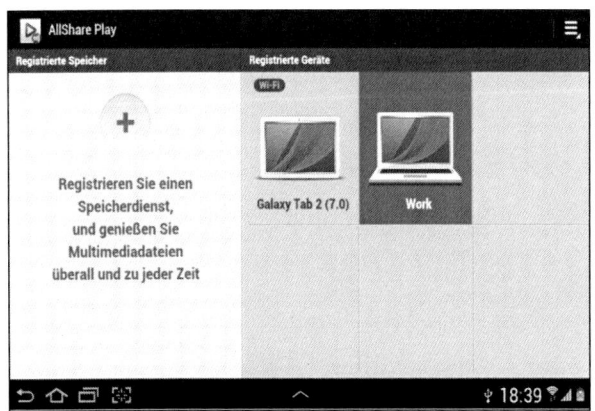
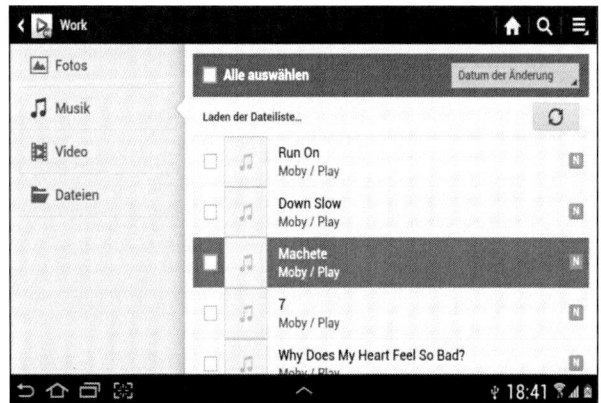

❶ So geben Sie Dateien des PCs (auf dem die AllShare Play-Anwendung laufen muss) auf dem Galaxy Tab wieder: Wählen Sie im Hauptbildschirm der AllShare Play-Anwendung den PC aus.

❷ Aktivieren Sie eines der Register am linken Bildschirmrand für die Auflistung des Medientyps, im Beispiel das *Musik*-Register für MP3-Songs. Tippen Sie dann einen Song an, den Sie wiedergeben möchten.

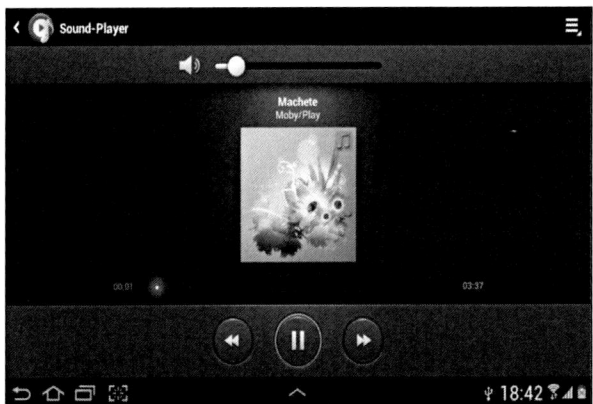

Die Wiedergabe erfolgt. Mit der ⤺-Taste gelangen Sie wieder in die Samsung AllShare Play-Anwendung zurück.

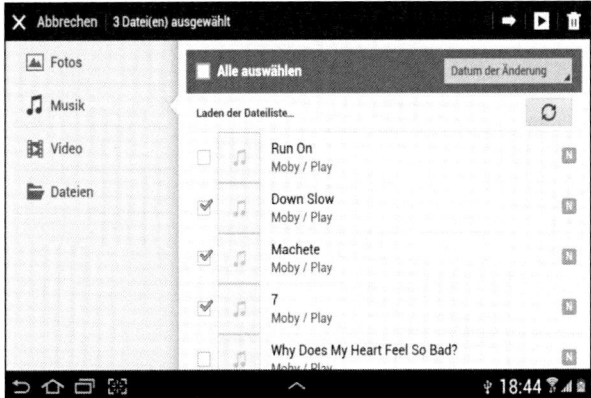 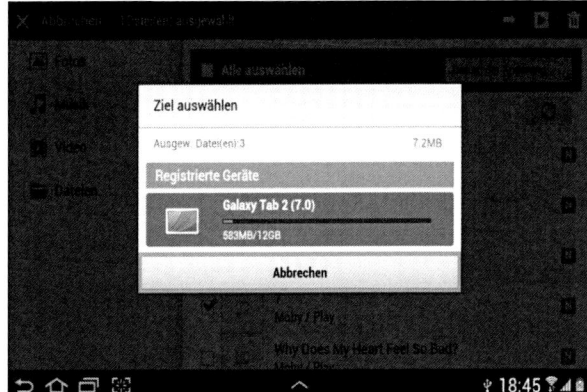

❶❷ Markieren Sie ein oder mehrere Dateien, indem Sie die Abhakkästchen aktivieren. Es erscheinen nun weitere Schaltleisten am oberen Bildschirmrand:

- ➡: Markierte Dateien auf das Galaxy Tab kopieren (❷).
- ▶: Markierte Dateien nacheinander abspielen/anzeigen.
- 🗑: Dateien löschen.

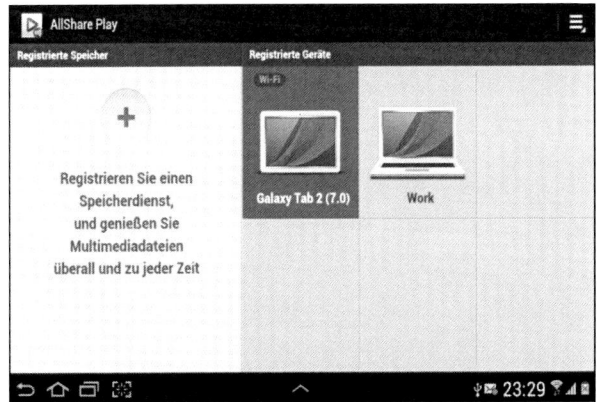 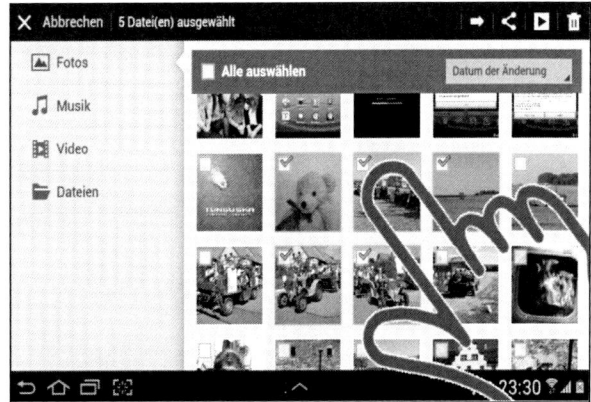

❶ Neben der Medienwiedergabe lassen sich auch Dateien vom Galaxy zum PC kopieren: Gehen Sie im Hauptbildschirm auf das *Galaxy Tab* 2 (also Ihr Tablet).

❷ Markieren Sie die zu kopierenden Dateien, indem Sie die Abhakkästchen aktivieren und betätigen Sie dann ➡ am oberen Bildschirmrand.

Wählen Sie den PC aus (Pfeil). Die Dateien werden auf den PC kopiert.

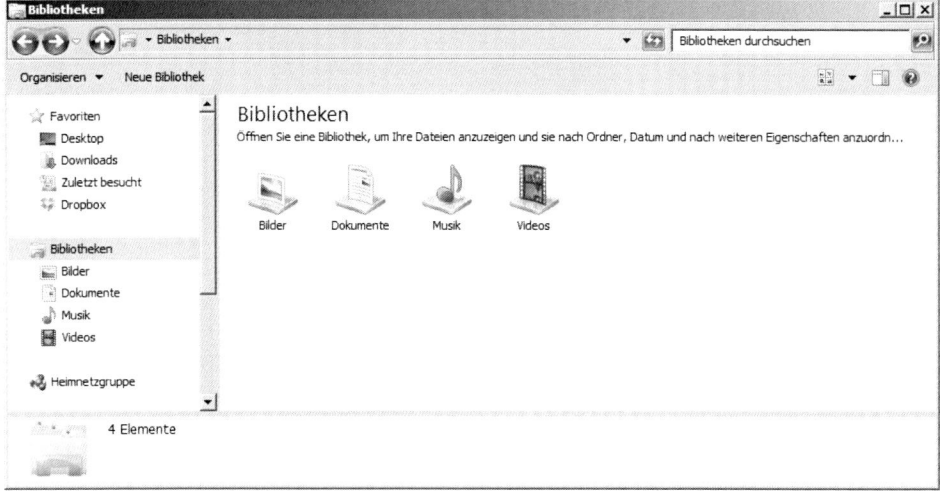

Je nach Dateityp finden Sie die Dateien auf dem PC unter *Bibliothek* im entsprechenden Verzeichnis, beispielsweise Fotos in *Bilder* und MP3-Dateien in *Musik*.

20.2.5.b Zugriff auf andere DLNA-Geräte

Mediendaten von DLNA-Geräten, zum Beispiel einem PC mit Windows Media Player (zur Einrichtung siehe Kapitel *20.2.6 Freigabe des Media Players unter Windows 7 für DLNA*) oder einem TV lassen sich natürlich ebenfalls wiedergeben. Das jeweilige DLNA-Gerät erscheint allerdings nicht automatisch im Hauptbildschirm, sondern muss erst von Hand gesucht werden.

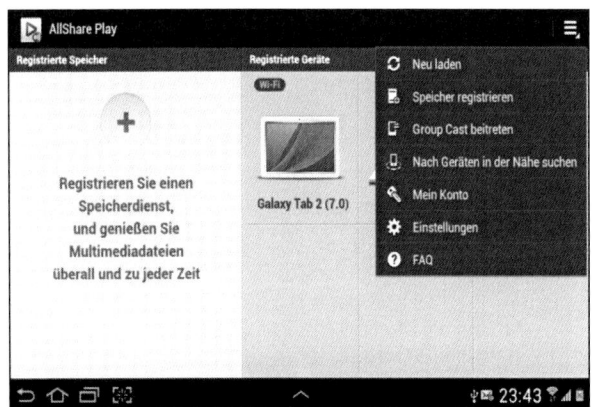 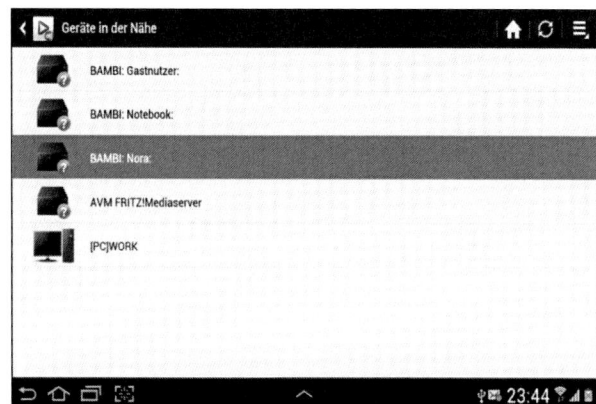

❶❷ Rufen Sie ☰/*Nach Geräten in der Nähe suchen* auf und wählen Sie das DLNA-Gerät aus.

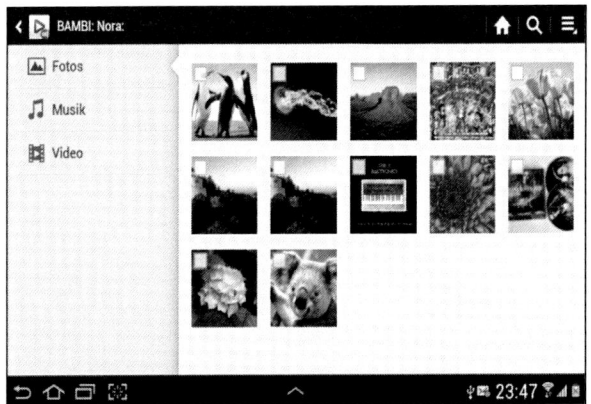

Gehen Sie, wie bereits in den vorherigen Kapiteln beschrieben vor, um Mediendateien abzuspielen.

20.2.6 Freigabe des Media Players unter Windows 7 für DLNA

Standardmäßig ist der Media Player auf einem PC mit Windows 7 gegen externe Zugriffe abgesichert. Schließlich soll ja niemand von außen unerlaubt auf Fotos, Videos oder Musikdateien zugreifen. Das müssen wir jetzt ändern.

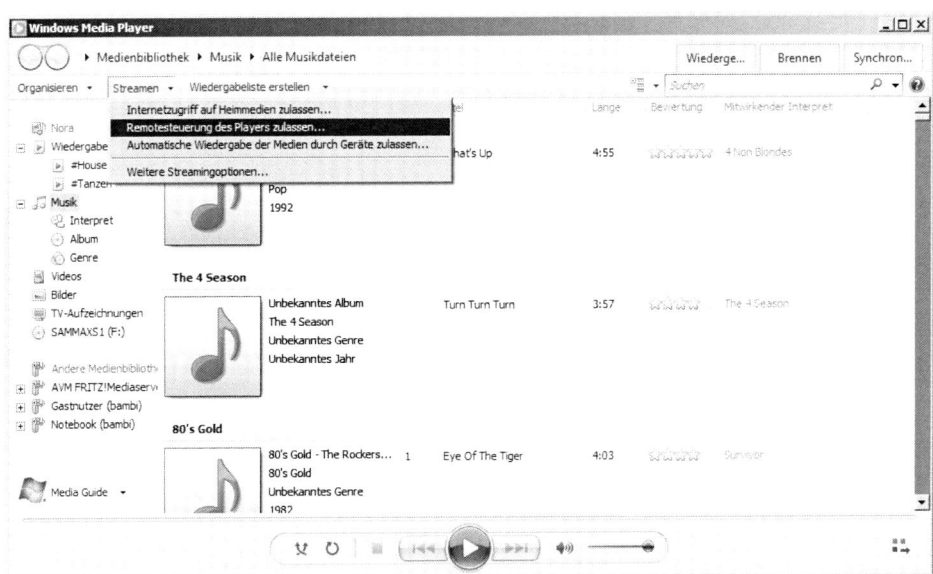

Starten Sie den Media Player auf dem PC und gehen Sie auf *Remotesteuerung des Players zulassen.*

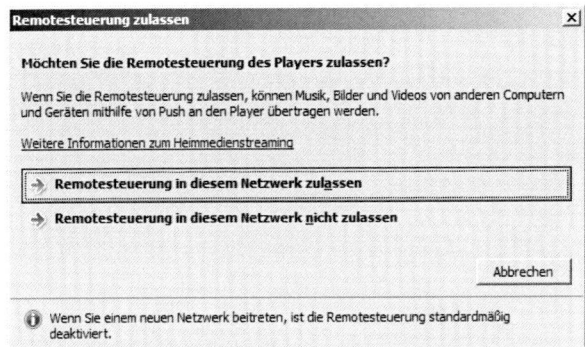

Gehen Sie auf *Remotesteuerung in diesem Netzwerk zulassen.*

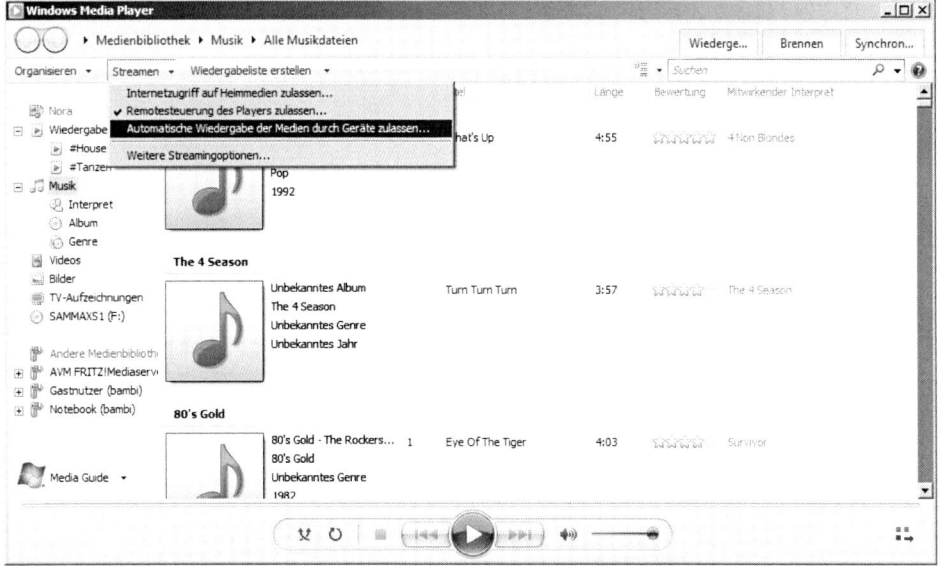

Rufen Sie *Streamen/Automatische Wiedergabe der Medien durch Geräte zulassen* auf.

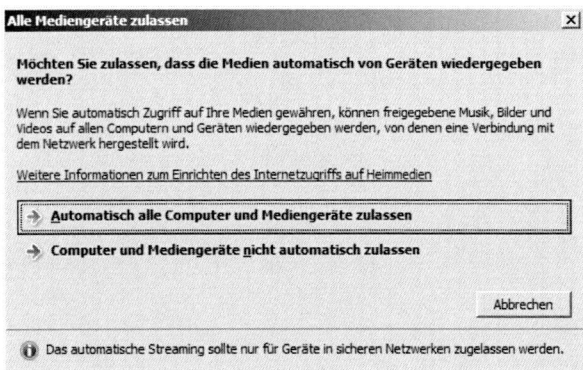

Wählen Sie *Automatisch alle Computer und Mediengeräte zulassen*.

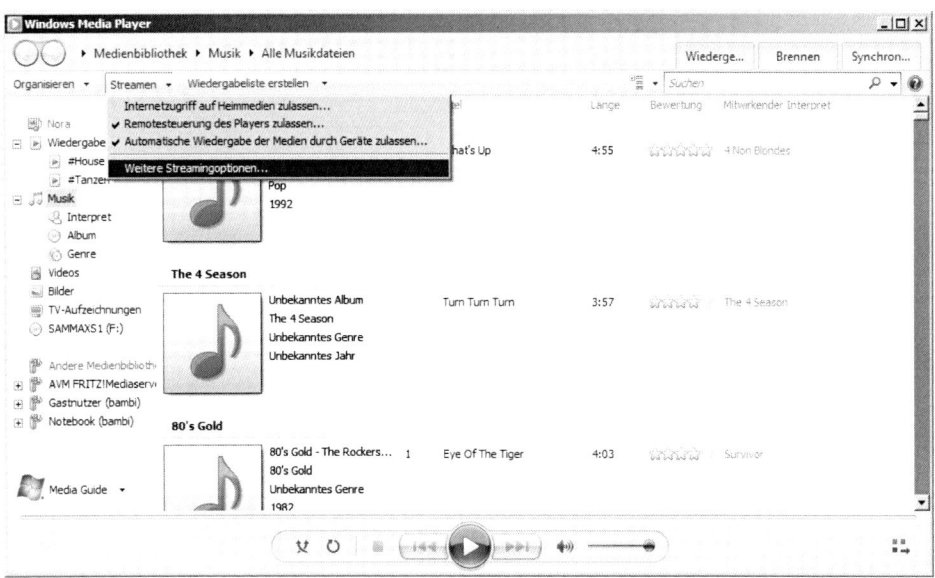

Als nächstes gehen Sie auf *Streamen/Weitere Streamingoptionen*.

Prüfen Sie, ob hinter jedem Geräteeintrag *Zugelassen* steht.

Wichtig: Damit Sie die DLNA-Funktionen des PCs von anderen Geräten aus nutzen können, muss der Media Player gestartet sein!

20.2.7 DLNA-Wiedergabe mit anderen Galaxy-Anwendungen

Auch Videoplayer, MP3-Player und Galerie-Anwendung unterstützten DLNA.

20.2.7.a MP3-Player

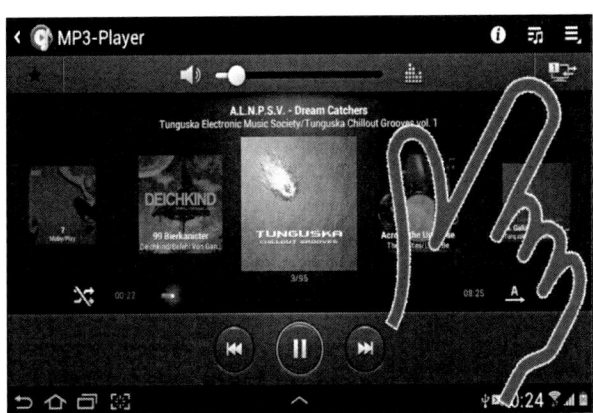
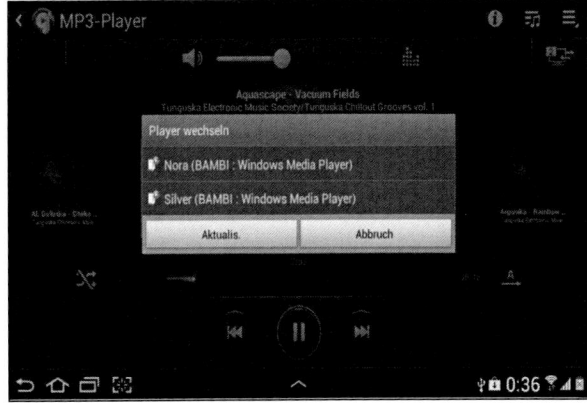

❶ Betätigen Sie im Abspielbildschirm die ⬜-Schaltleiste (Pfeil).

❷ Wählen Sie das DLNA-Abspielgerät aus (der Dialog erscheint nur, wenn mehrere DLNA-Geräte gefunden wurden).

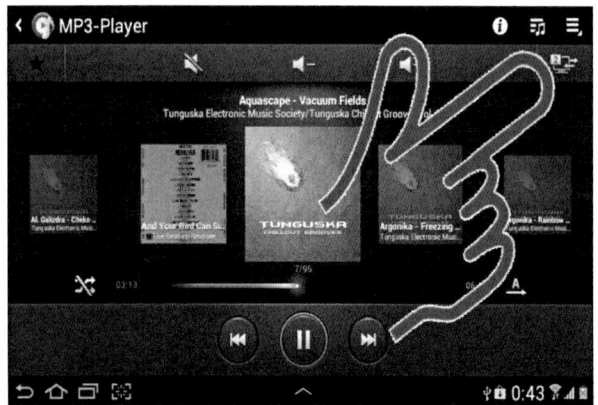 

❶❷ Die Wiedergabe auf dem anderen DLNA-Gerät beenden Sie mit erneutem Antippen der ⬛-Schaltleiste und Auswahl von *Mein Gerät*.

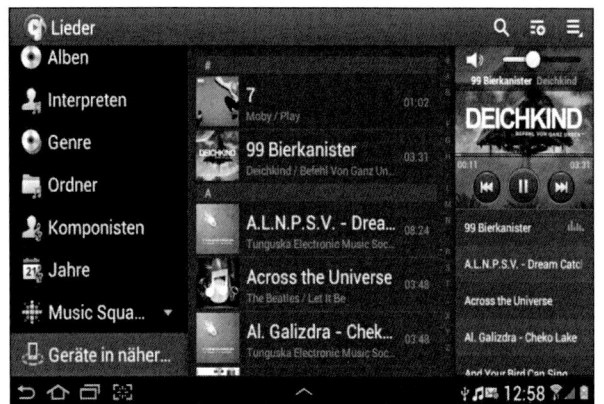 

❶❷ Auch die Wiedergabe von MP3-Songs, die sich auf anderen DLNA-Geräten befinden, ist mit dem MP3-Player möglich. Aktivieren Sie dazu das *Geräte in näherer Umgebung* und wählen Sie dann das DLNA-Gerät in der Liste aus.

 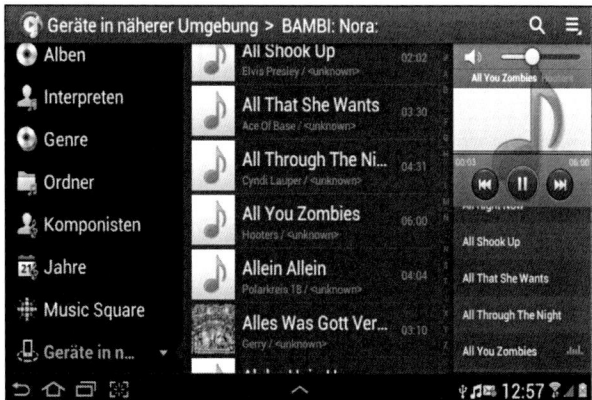

❶❷ Die Songs des DLNA-Geräts werden aufgelistet und der MP3-Player spielt sie nach Antippen ab.

20.2.7.b Galerie-Anwendung

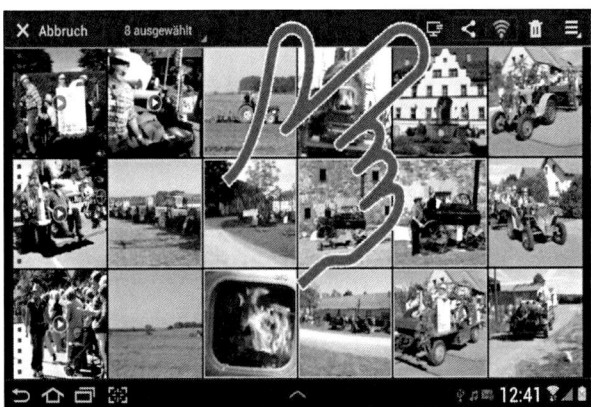 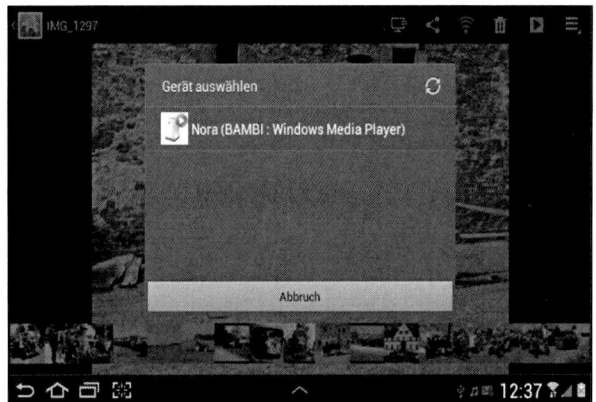

❶ Auch in der Galerie-Anwendung (siehe Kapitel *18 Galerie*) wird DLNA unterstützt. Markieren Sie zuerst in einem Album die anzuzeigenden Fotos (tippen und halten Sie den Finger auf dem ersten Foto, bis es markiert ist, danach tippen Sie die restlichen Fotos jeweils nur kurz zum Markieren an). Betätigen Sie dann ⊡⇨.

❷ Wählen Sie das DLNA-Gerät aus.

Verwenden Sie die Steuertasten ⏮/⏭ unterhalb des Vorschaufensters, um zum vorherigen/nächsten Foto umzuschalten. Alternativ können Sie aber auch die Fotos direkt links in der Auflistung antippen.

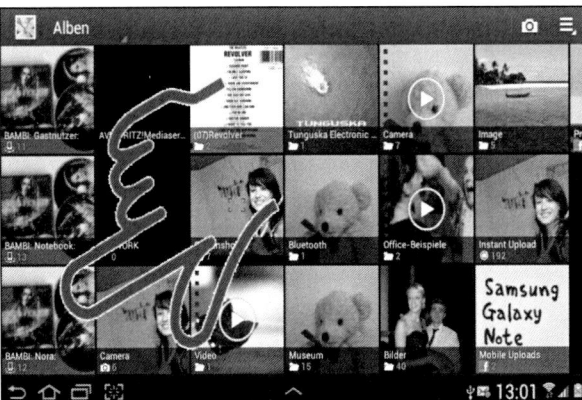 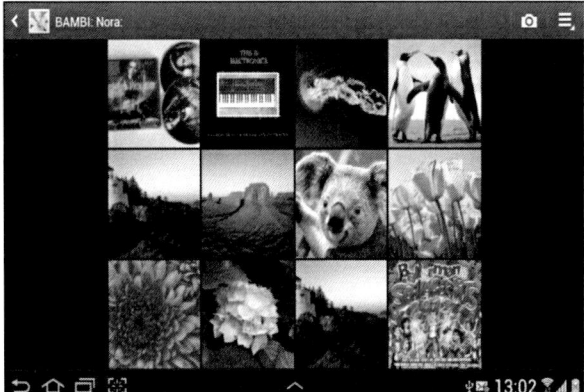

❶❷ Bilder, die sich auf anderen DLNA-Geräten befinden, zeigt die Galerie-Anwendung als eigene Alben an (die DLNA-Alben sind mit einem ⊡-Symbol markiert). Tippen Sie eines dieser Alben an, worauf Sie auf die Bilder und Videos Zugriff haben.

20.2.7.c Videoplayer

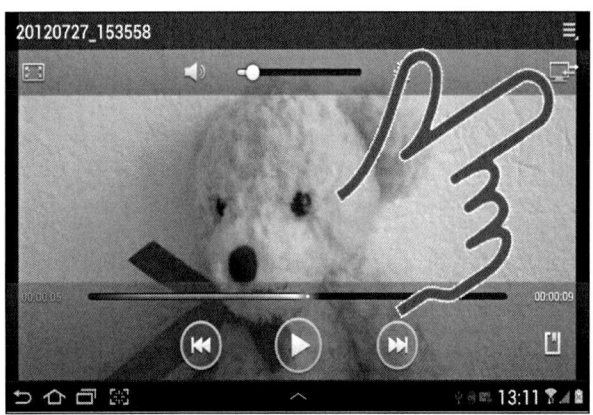 

❶ Im Videoplayer (siehe Kapitel *26.9 Videoplayer*) tippen Sie im Wiedergabebildschirm auf  und stellen das DLNA-Abspielgerät ein.

❸ Die Wiedergabe erfolgt.

20.2.8 DLNA-Zugriff für andere Geräte auf das Galaxy Tab

Bevor Sie die nachfolgend beschriebenen Schritte durchführen, sollten Sie erst bei denjenigen Mediengeräten, die Sie später nutzen, um auf das Galaxy zuzugreifen, DLNA einschalten. Bei einem PC müssten Sie also den Windows Media Player starten und wie im Kapitel *20.2.6 Freigabe des Media Players unter Windows 7 für DLNA* beschrieben, dort DLNA aktiviert haben. Das Galaxy erkennt die DLNA-Geräte dann und fügt sie der Freigabeliste hinzu.

❶ Rufen Sie das Benachrichtigungsfeld auf und gehen Sie auf *Einstellungen*.

❷ Nach Aktivieren des *Weitere Einstellungen*-Registers wählen Sie *Geräte in näherer Umgebung* aus.

 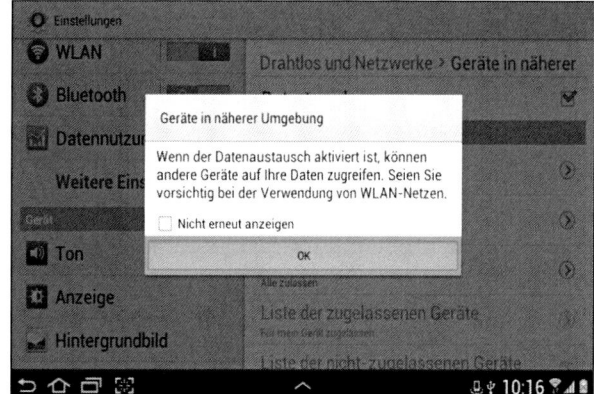

❶ Aktivieren Sie nun das Häkchen bei Datentausch, damit das Handy eingehende DLNA-Verbindungen akzeptiert.

❷ Sie müssen zuerst mit *OK* bestätigen, dass andere Mediengeräte Zugriff auf Ihre Dateien haben. Danach sucht das Galaxy nach anderen DLNA-Geräten und fragt nacheinander ab, ob diese auf das Galaxy zugreifen dürfen. Bestätigen Sie jeweils mit *OK*.

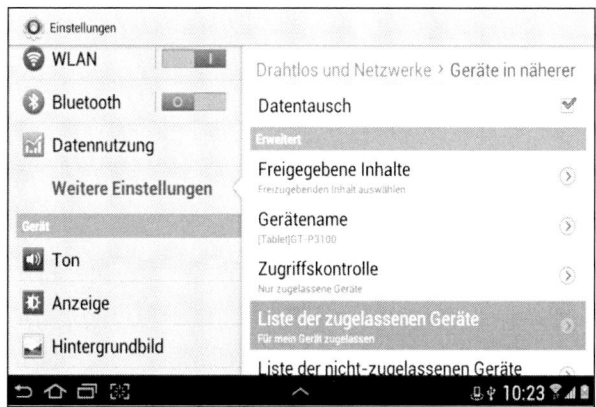 

❶❷ *Im Liste der zugelassenen Geräte*-Menü lassen sich jederzeit die DLNA-Mediengeräte entfernen, die nicht mehr auf Ihre Mediendateien zugreifen dürfen.

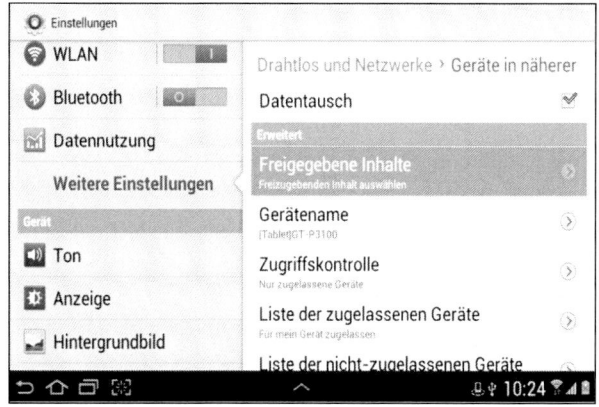 

❶❷ Unter *Freigegebene Inhalte* legen Sie fest, ob der Zugriff auf Videos, Fotos oder Musik erlaubt ist.

Weitere Menüs:

- *Gerätename:* Unter diesem Namen finden andere DLNA-Geräte Ihr Tablet.

- *Zugriffskontrolle*: Falls Sie keine Sicherheitsbedenken haben, können Sie hier von *Nur zugelassene Geräte* auf *Alle zulassen* umstellen. Es erfolgt dann keine separate Nachfrage, wenn andere DLNA-Geräte erstmals eine Verbindung zum Galaxy Tab aufbauen.

- *Liste der nicht zugelassenen Geräte*: Listet die Geräte auf, welche nicht per DLNA auf Ihr Tablet zugreifen dürfen. Falls mal der DLNA-Zugriff von anderen Geräten aus nicht funktioniert, sollten Sie auf jeden Fall mal hier kontrollieren.

- *Speichern unter*: Speicherort für gesendete Dateien, wahlweise *USB-Speicher* (Gerätespeicher) oder *SD-Karte*.

- *Von anderem Gerät hochladen*: Konfiguriert, ob Sie gesendete Dateien annehmen.

❶ Solange Sie den DLNA-Zugriff gestatten, zeigt die Titelleiste ein ⊕-Symbol (Pfeil).

❷ Antippen des Eintrags *Geräte in näherer Umgebung* im Benachrichtigungsfeld öffnet das DLNA-Menü. Deaktivieren Sie dort *Datentausch*, wenn Sie DLNA nicht mehr nutzen, beziehungsweise allen anderen DLNA-Geräten den Zugriff verweigern möchten.

Auf dem PC zeigt der Windows Media Player auf der linken Seite in der Verzeichnisauflistung das *[Tablet]GT-P3000* an. Der Zugriff funktioniert nur, wenn Sie auf dem Galaxy das AllShare-Programm laufen haben. Sollte mal das Tablet nicht in der Liste erscheinen, dann klicken Sie mit der rechten Maustaste links auf *Andere Medienbibliotheken* und wählen im Popup *Andere Medienbibliotheken aktualisieren*. Beachten Sie auch in Hinweis zum WLAN-Gastzugang im Kapitel *20.2.1 WLAN-Zugangspunkt auf DLNA-Unterstützung prüfen*, falls Ihr Tablet nicht im Media Player erscheint.

21. Galaxy Tab als Datenmodem am PC

Sie können das Galaxy auch als UMTS-Datenmodem für PC oder Notebook verwenden, was man auch als »Tethering« bezeichnet. Dabei existieren mehrere Verbindungsmöglichkeiten:

- Das Galaxy fungiert als WLAN-Hotspot, der seine eigene Mobilfunk-Internetverbindung bis zu drei anderen Geräten über WLAN zur Verfügung stellt. Dies ist die einfachste Variante, weil man nicht nur PCs und Notebooks, sondern auch Smartphones, usw. mit dem WLAN verbinden kann.

- Die Internetverbindung des Galaxy wird über das USB-Kabel an das angeschlossenen Notebook weitergereicht. Auf dem Notebook muss dafür ein entsprechender Treiber installiert werden.

- Bluetooth-Tethering ermöglicht die Freigabe der Internetverbindung über Bluetooth. Dabei kann aber immer nur ein anderes Gerät die Internetverbindung gleichzeitig nutzen.

❶ Rufen Sie das Benachrichtigungsfeld auf und gehen Sie auf *Einstellungen*.

❷❸ Gehen Sie auf *Weitere Einstellungen//Tethering und mobiler Hotspot*.

21.1 WLAN-Tethering

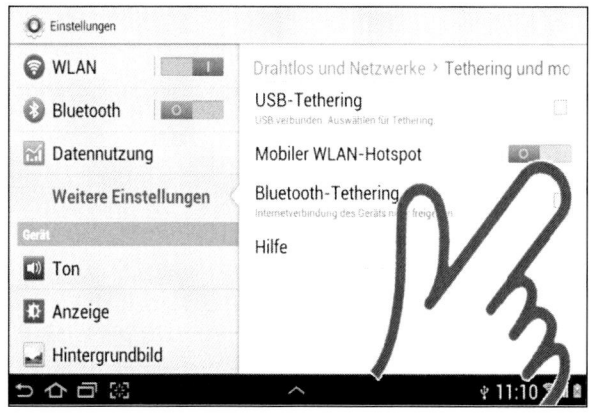 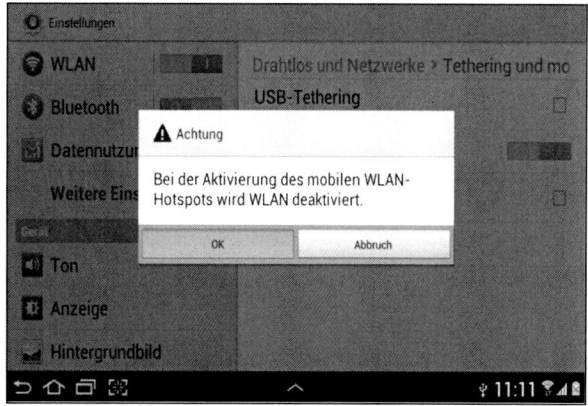

❶ Aktivieren Sie den Schalter bei *Mobiler WLAN-Hotspot*.

❷ Sofern auf Ihrem Tablet WLAN eingeschaltet ist, müssen Sie dessen Trennung bestätigen, denn es ist dem Gerät technisch nicht möglich, gleichzeitig ein anderes WLAN zu nutzen und als WLAN-Hotspot zu dienen.

Der WLAN-Hotspot ist damit aktiv. Ihr PC, Notebook, beziehungsweise anderes Internet-Gerät, sollte nun ein neues WLAN mit dem Namen *AndroidAP* vorfinden, mit dem Sie sich verbinden.

Denken Sie daran, den WLAN-Hotspot auszuschalten, wenn Sie ihn nicht mehr benötigen. Dazu deaktivieren Sie einfach den Schalter bei *Mobiler WLAN-Hotspot.*

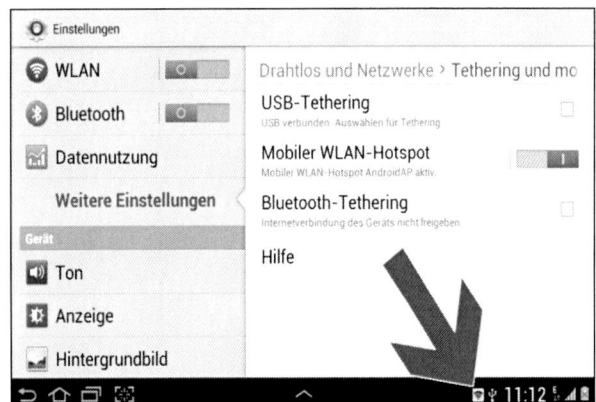 

❶ Sie können auf dem Galaxy jetzt normal weiterarbeiten, indem Sie die ⌂-Taste unterhalb des Displays betätigen. Ein 📶-Symbol in der Titelleiste weist auf den aktiven WLAN-Hotspot-Modus hin.

❷ Öffnen Sie das Benachrichtigungsfeld und gehen Sie auf *Tethering oder Hotspot aktiv*, um zu den Hotspot-Einstellungen zurückzukehren.

 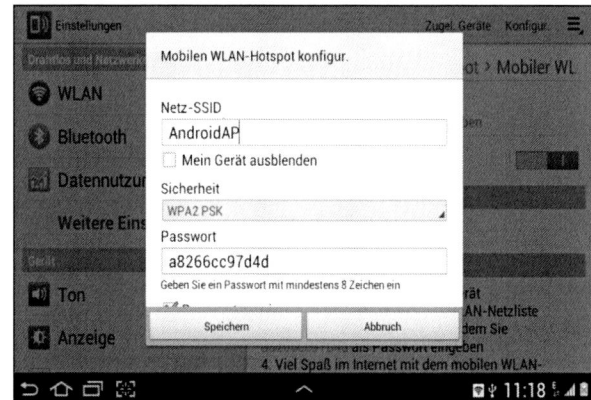

❶ Die Konfiguration nehmen Sie vor, indem Sie *Konfigur* antippen.

(2Die Parameter:

- *Netz-SSID*: Hier geben Sie den Namen – standardmäßig *AndroidAP* – ein, unter dem der WLAN-Hotspot von anderen Geräten gefunden wird.

- *Mein Gerät ausblenden*: Macht Ihr Tablet unsichtbar, sodass nur Geräte damit koppeln können, die Ihre SSID kennen. Wir raten allerdings davon ab, die Option *Mein Gerät ausblenden* zu aktivieren.

- *Sicherheit*: Damit nicht Unbefugte das WLAN nutzen können, ist es zudem möglich, unter *Sicherheit* die Verschlüsselung von *Offen* (keine Verschlüsselung) auf *WPA2 PSK* umzuschalten. Bevor der WLAN-Hotspot von einem anderen Gerät aus nutzbar ist, muss man dann erst ein Kennwort eingeben.

- *Passwort*: Das Passwort, das auf anderen Geräten eingegeben werden muss, damit diese den WLAN-Zugangspunkt des Galaxy Tab nutzen dürfen.

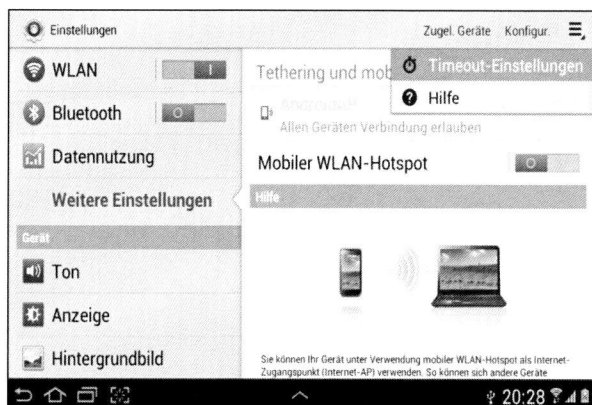
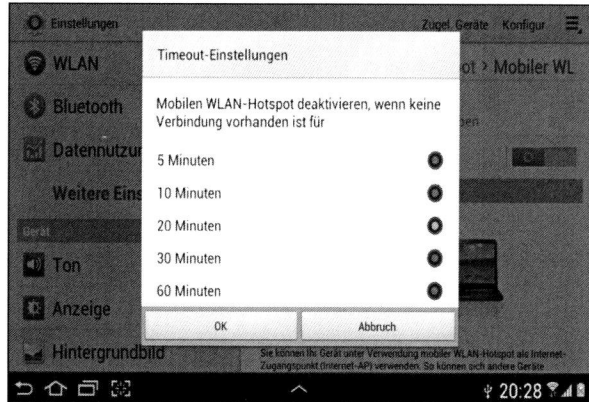

❶❷ Der WLAN-Hotspot verbraucht relativ viel Strom, weshalb er vom Galaxy Tab automatisch nach einer gewissen Zeitspanne ohne Nutzung wieder deaktiviert wird. Die Zeitspanne legen Sie unter ☰/*Timeout-Einstellungen* fest.

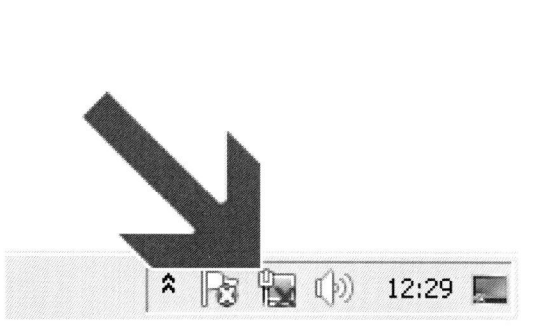

❶ Klicken Sie auf dem PC unten rechts in der Systemleiste auf das Netzwerksymbol (Pfeil).

❷ Windows zeigt Ihnen die verfügbaren WLAN-Hotspots an, wovon Sie den WLAN-Hotspot des Galaxy anklicken.

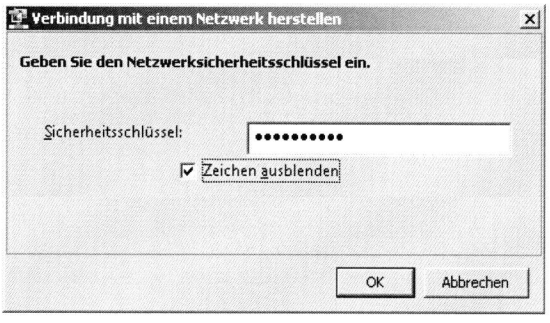

❶ Klicken Sie nun auf *Verbinden.*

❷ Sofern Sie die Verschlüsselung mit einem Kennwort auf dem Galaxy aktiviert haben, müssen Sie diesen hier eingeben und mit *OK* bestätigen. Sie können nun die Mobilfunkverbindung des Tablets von Ihrem PC aus über WLAN nutzen.

21.2 USB-Tethering

USB-Tethering ist eine elegante Möglichkeit, die Internetverbindung des Galaxy an ein PC oder Notebook weiterzuleiten. Der PC installiert bei der ersten Nutzung von USB-Tethering einmalig einen Treiber aus dem Internet. Sie sollten daher das Tethering erst zuhause ausprobieren, wo eine Internetverbindung (zum Beispiel über WLAN) besteht, **bevor** Sie es **unterwegs** nutzen.

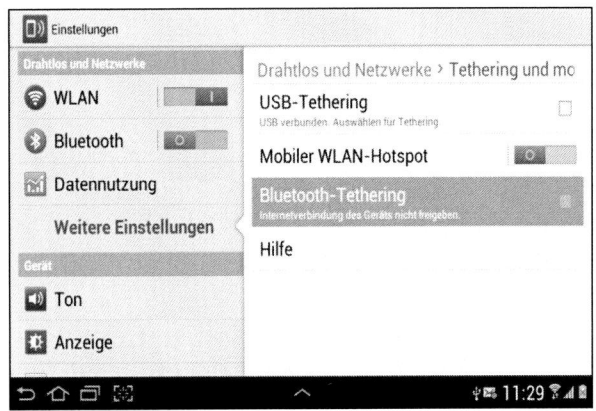

Aktivieren Sie einfach *USB-Tethering*. Danach dauert es einige Sekunden, bis alle Treiber auf dem angeschlossenen Notebook installiert sind.

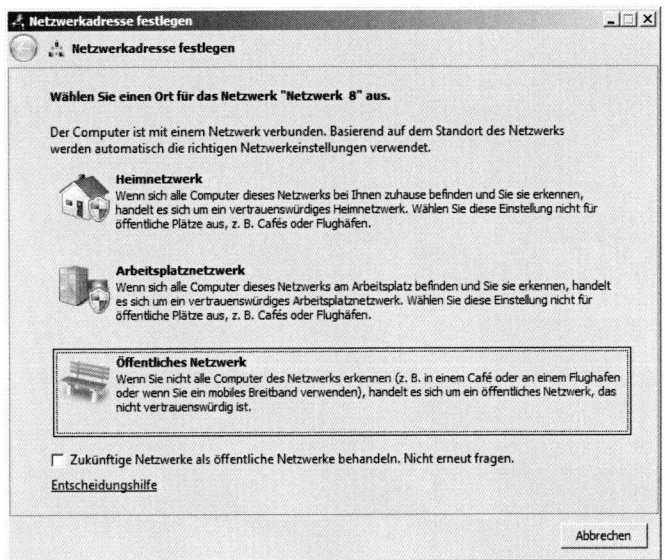

Zuletzt müssen Sie noch auf dem Notebook Ihren Standort auswählen. Wenn Sie unterwegs das Internet nutzen, sollten Sie *Öffentlicher Ort*, beziehungsweise *Öffentliches Netzwerk* einstellen. Die USB-Verbindung zum Galaxy verhält sich nun wie ein Netzwerkkabel und Sie können Ihre Internetanwendungen auf dem Notebook wie gewohnt nutzen.

Möchten Sie später die Verbindung wieder beenden, ziehen Sie einfach das USB-Kabel vom Tablet ab.

22. Bluetooth

Bluetooth ist ein Funkstandard zur schnurlosen Verbindung verschiedener Geräte wie PCs, Handys, Drucker und natürlich Mobilcomputer. Mit Bluetooth kann man in der Praxis Distanzen von etwa zwei bis zehn Metern überbrücken, wobei theoretisch Übertragungsgeschwindigkeiten bis 24 Mbit/s möglich sind. Es ist kein Sichtkontakt zwischen den Geräten nötig.

Jede Datenübertragung zwischen zwei Bluetooth-Geräten setzt eine vorherige Koppelung voraus. Dabei kann es sich um eine kurzzeitige Kopplung handeln oder eine permanente. Während der Koppelung muss einer der Teilnehmer ein Kennwort eingeben. Die permanente Kopppelung hat den Vorteil, dass man das Kennwort nur einmalig eingeben muss.

Damit es keine Verständigungsschwierigkeiten zwischen verschiedenen Bluetooth-Geräten gibt, wurden sogenannte »Profile« entwickelt, wobei nur Geräte, die über das gleiche Profil kommunizieren, untereinander Daten austauschen könne. Einige Profile setzen wiederum andere Profile voraus, beziehungsweise bauen darauf auf.

22.1 Bluetooth ein/ausschalten

❶❷ Aktivieren Sie Bluetooth, indem Sie das Benachrichtigungsfeld öffnen. Mit einer Wischgeste nach links zeigen Sie die weiteren Schaltleisten an. Tippen Sie auf *Bluetooth* (Pfeil). Erneutes Antippen beendet Bluetooth wieder. Sie können nun das Benachrichtigungsfeld schließen.

Ein ❽-Symbol in der Titelleiste (Pfeil) informiert über das aktive Bluetooth.

> Das Benachrichtigungsfeld beschreibt ausführlich das Kapitel *3.7.6 Titelleiste und Benachrichtigungsfeld*.

22.2 Bluetooth konfigurieren

Damit Sie Bluetooth sinnvoll nutzen können, müssen Sie es erst einrichten. In den Standardeinstellungen kann nämlich kein anderes Gerät mit Ihrem Gerät koppeln und Daten übertragen.

 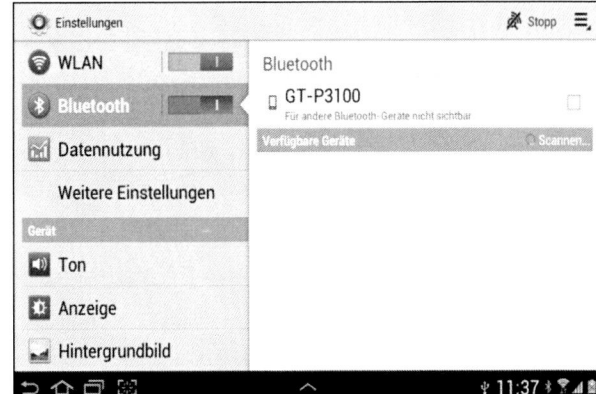

❶ Öffnen Sie das Benachrichtigungsfeld und rufen Sie die *Einstellungen* auf.

❷ Nun gehen Sie auf *Bluetooth*.

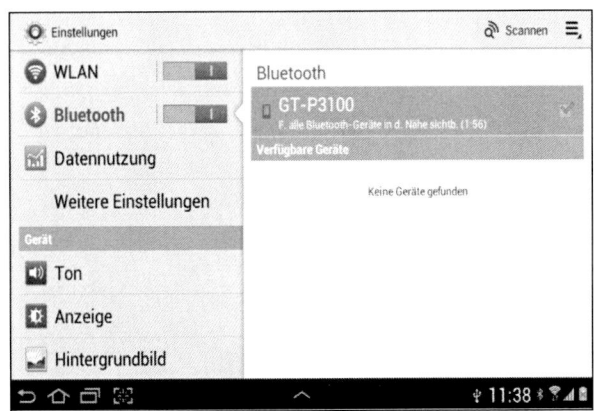

Durch Tippen auf den Gerätenamen *GT-P3100* schalten Sie das Tablet zwischen *Für andere Bluetooth-Geräte nicht sichtbar* und *F. alle Bluetooth-Geräte in d. Nähe sichtb.* um.

Sobald Bluetooth aktiv ist, können Sie standardmäßig das Galaxy mit einem anderen Gerät koppeln. Dabei muss allerdings die Koppelung von Ihrem Gerät ausgehen. In manchen Situation ist es dagegen sinnvoll, dass Ihr Galaxy für andere Geräte »sichtbar« ist, damit von diesen selbst eine Koppelung ausgehen kann. In diesem Fall müssen Sie *F. alle Bluetooth-Geräte in d. Nähe sichtb.* einschalten.

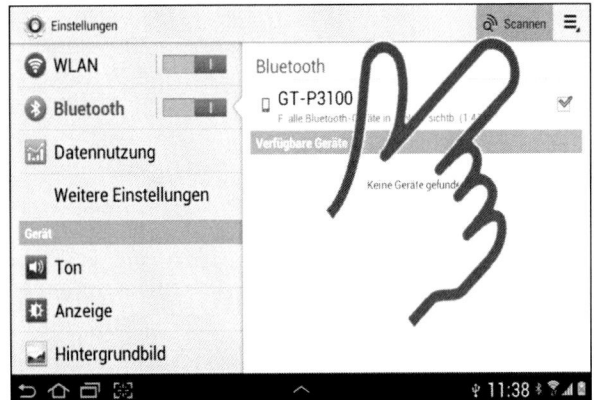 

❶ Verwenden Sie die *Scannen*-Schaltleiste, um nach zu koppelnden Bluetooth-Geräten zu suchen. Meist ist dies allerdings nicht nötig, weil das Bluetooth-Menü bereits beim Aufruf nach Bluetooth-

Geräten sucht und sie anzeigt.

❷ Das ☰-Menü:

- *Gerätename*: Der Gerätename, in der Vorgabe »*GT-I9300*«, wird bei anderen Bluetooth-Geräten, die mit Ihrem Tablet koppeln, angezeigt.

- *Timeout für Sichtbarkeit*: Konfiguriert, wie lange das Galaxy für andere Geräte sichtbar ist, wenn Sie *Sichtbar für andere Bluetooth-Geräte in der Nähe* aktivieren.

- *Empfangene Dateien anzeigen*: Anzeige der von anderen Geräten über Bluetooth empfangenen Dateien.

22.3 Bluetooth-Headset verwenden

Bluetooth eignet sich besonders gut für den Betrieb von drahtlosen Headsets. In unserem Beispiel verwenden wir ein Headset des Herstellers Avantalk.

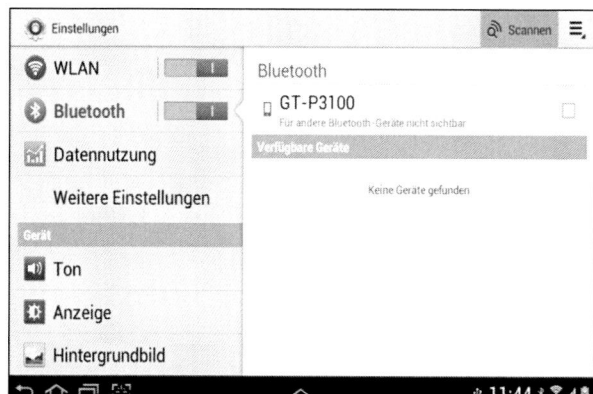
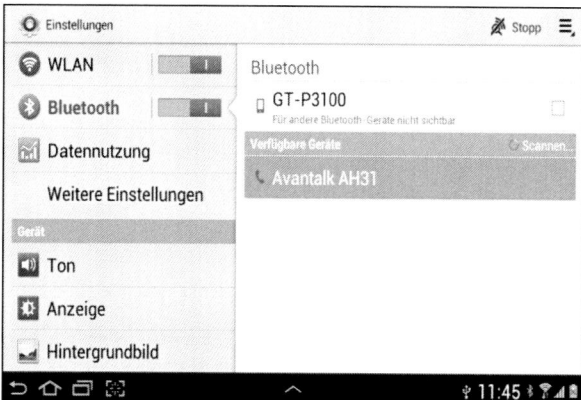

❶❷ Gehen Sie, wie im vorherigen Kapitel beschrieben, in den *Bluetooth*-Bildschirm. Rufen Sie gegebenenfalls *Scannen* auf, falls das Headset dort nicht bereits in der Liste der gefundenen Geräte angezeigt wird. Nach einigen Sekunden wird die Freisprecheinrichtung gefunden und angezeigt. Tippen Sie deren Namen an.

Das Galaxy meldet nun »*Verbindung mit* Telefonaudio« beim Headset.

> Auf dem Headset müssen Sie zuvor in den Koppelungs-Modus schalten, beim Advantalk beispielsweise, indem Sie die Sprechtaste ca. sechs Sekunden drücken. Eine LED blinkt dann abwechselnd rot und blau.
>
> Sollte mal ein Kennwort verlangt werden, so lautet es meist »0000«.

  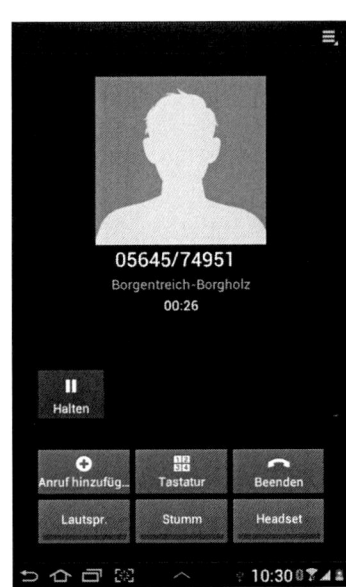

❶ Geht jetzt ein Anruf ein, können Sie ihn wie gewohnt, oder alternativ über die Sprechtaste des Bluetooth-Headsets entgegennehmen.

❷❸ Zwischen Telefon-Lautsprecher und Headset schalten Sie jederzeit mit der *Headset*-Schaltleiste um.

Wenn Sie das Headset ausschalten, wird natürlich auch automatisch die Bluetooth-Verbindung zum Galaxy Tab beendet. Umgekehrt baut das Headset beim Einschalten automatisch wieder die Bluetooth-Verbindung auf.

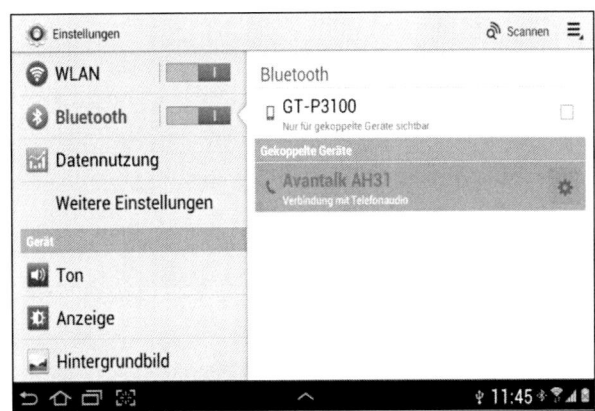 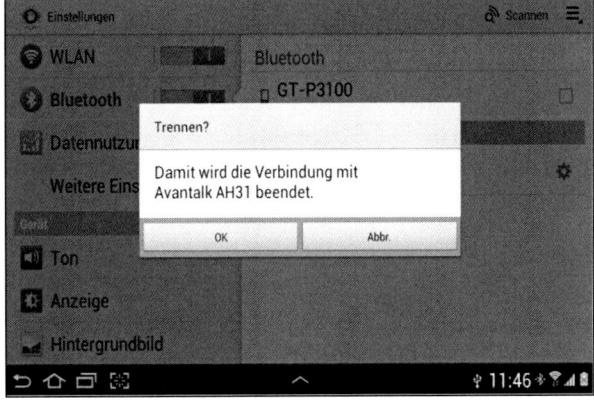

❶❷ So heben Sie die Verbindung mit dem Headset auf: Tippen und halten Sie den Finger auf das Bluetooth-Headset in der Geräteauflistung. Beantworten Sie dann die Sicherheitsabfrage mit *OK*. Alternativ können Sie natürlich auch einfach das Headset ausschalten.

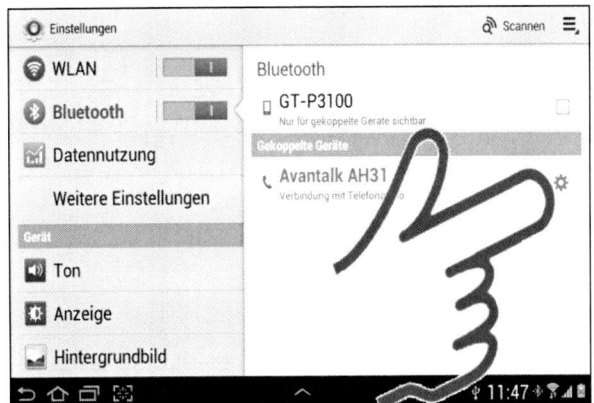 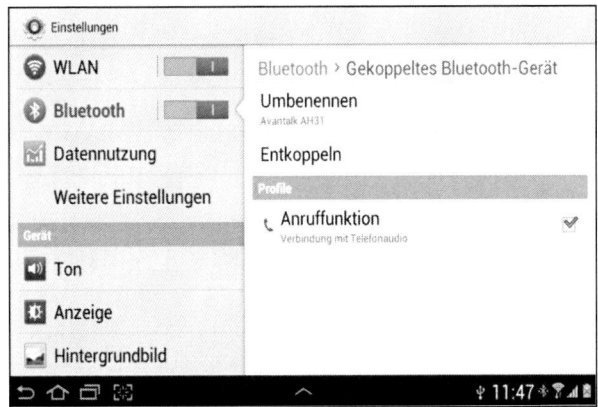

❶❷ Weitere Funktionen erhalten Sie nach Antippen der ✿-Schaltleiste:

- *Umbenennen*: Vergibt dem verbundenen Bluetooth-Gerät einen neuen Namen.

- *Entkoppeln*: Beendet die Bluetooth-Verbindung, sodass keine Daten mehr zwischen den beiden Geräten übertragen werden können. Für eine erneute Datenverbindung können Sie allerdings eine erneute Koppelung durchführen.

- *Anruffunktion*: Die vom gekoppelten Bluetooth-Gerät unterstützten Profile (über die Profile findet die Kommunikation zwischen den Geräten statt). Beim Headset ist dies »Telefonaudio«.

22.3.1 Mit dem Galaxy einen PC koppeln

Wahlweise führen Sie die Koppelung vom Galaxy oder vom PC aus durch, wie die beiden folgenden Kapitel zeigen. Vor- oder Nachteile für den späteren Datenaustausch hat übrigens keine der beiden vorgestellten Koppelungsmethoden.

Die folgenden Anweisungen beziehen sich auf einem PC mit Windows 7 (für das Buch verwendeten wir ein Fujitsu Lifebook Notebook mit Windows 7 Professional). Je nach Betriebssystemversion und Desktop-Einstellungen können bei Ihnen die Bildschirmanzeigen abweichen.

Bei vielen Notebooks ist auch schon Bluetooth eingebaut, das Sie nur noch aktivieren müssen, meist durch eine Tastenkombination. Beachten Sie dazu auch die Hinweise in der beim Notebook mitgelieferten Dokumentation.

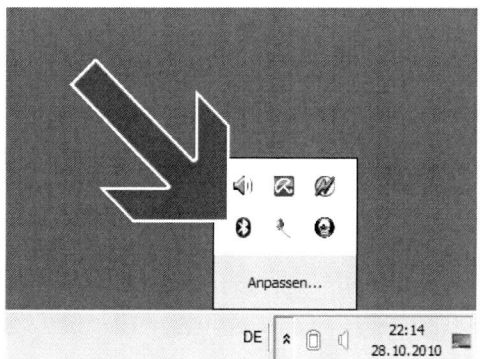 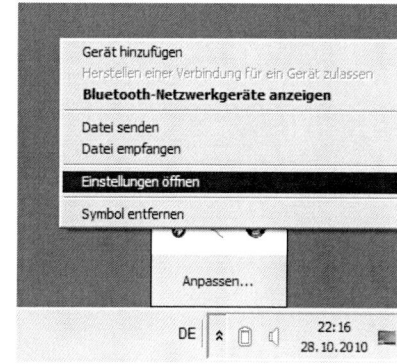

❶ Die Inbetriebnahme eines Bluetooth-Sticks auf dem PC ist sehr einfach: Stecken Sie den Stick ein und der nötige Treiber wird von Windows automatisch installiert. Nach einigen Sekunden sollte am unteren rechten Bildschirmrand ein Bluetooth-Symbol (Pfeil) erscheinen. Bei Windows 7 müssen Sie eventuell erst eine Symbolleiste aufrufen (⌃ anklicken). Klicken Sie nun mit der rechten Maustaste auf das Bluetooth-Symbol.

❷ Wählen Sie im Popup dann *Einstellungen öffnen*.

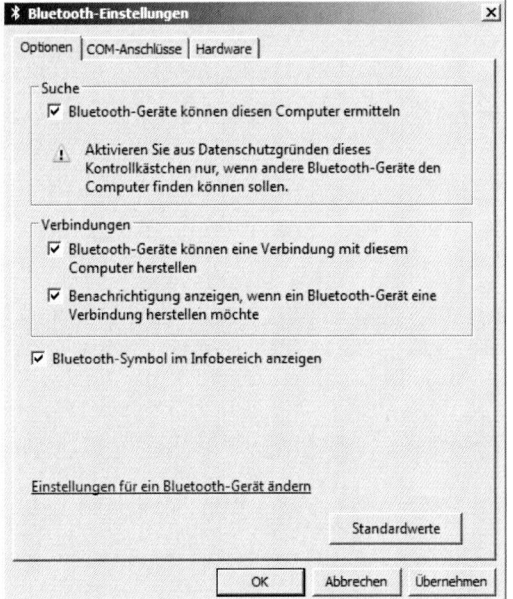

Damit das Galaxy Ihren PC später als Blue-tooth-Gerät findet, muss die *Bluetooth-Geräte können diesen Computer ermitteln*-Option akti-viert sein. Bestätigen Sie mit *OK*.

22.3.1.a Verbindungsaufbau

 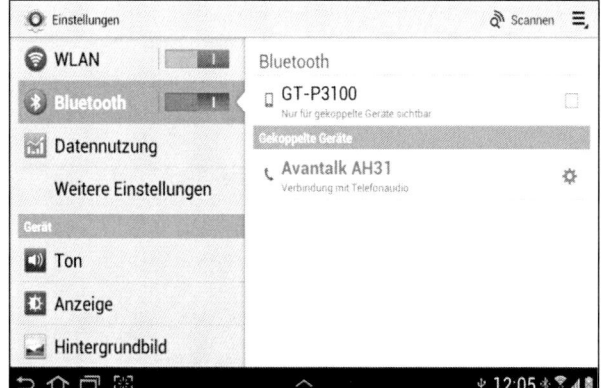

❶❷ Gehen Sie im Benachrichtigungsfeld auf *Einstellungen* und dort auf *Bluetooth*. Betätigen Sie *Scannen*, sofern nicht bereits das zu koppelnde Gerät angezeigt wird.

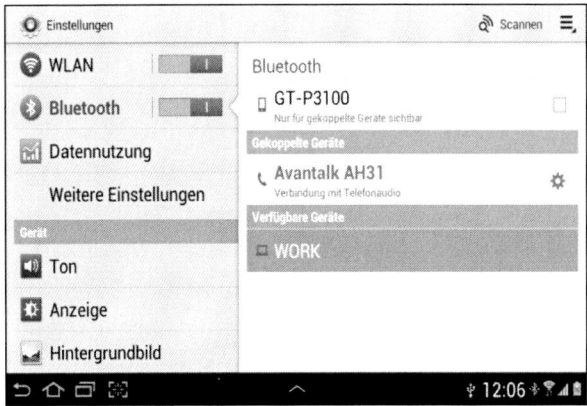

Nach einigen Sekunden listet das Galaxy Tab alle verbundenen, beziehungsweise neu gefun-denen Bluetooth-Geräte auf, wovon Sie den PC auswählen.

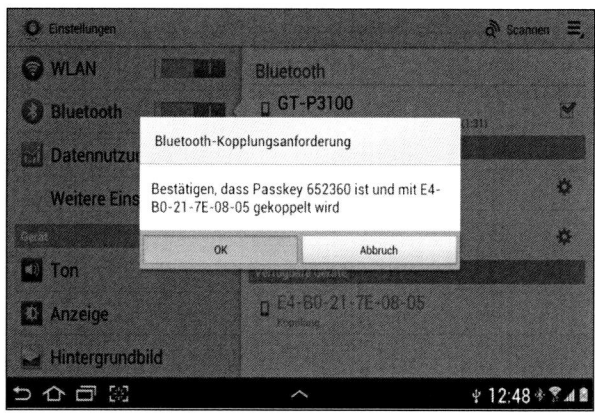 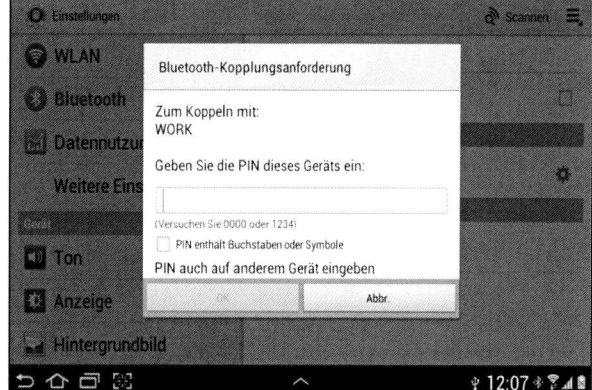

Es gibt nun zwei Möglichkeiten der Koppelung:

1. Bestätigen Sie die Koppelungsanfrage mit *OK* (❶)

2. Geben Sie eine beliebige PIN ein (es reicht eine einzelne Zahl) und betätigen Sie *OK* (❷).

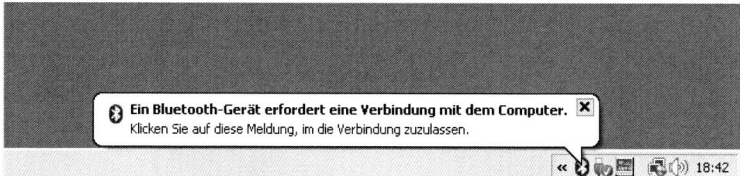

Der PC zeigt einen Sprechblasen-Dialog in der Systemleiste, den Sie anklicken.

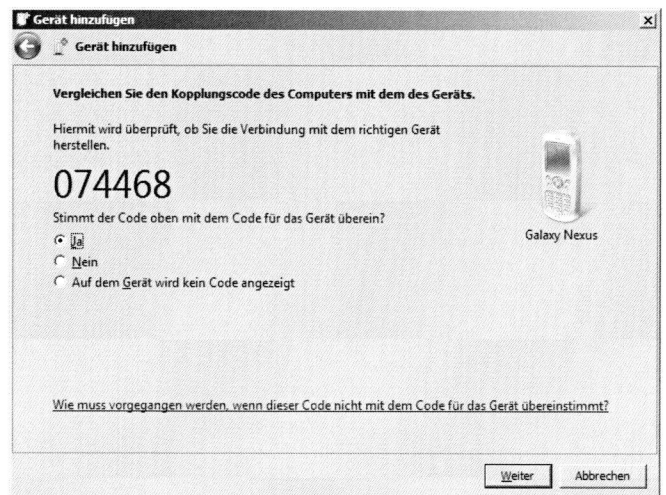

Sofern Sie zuvor eine PIN eingegeben hatten, müssen Sie die gleiche erneut eintippen und *Weiter* betätigen. Ist die PIN dagegen schon vorhanden, wie in diesem Beispiel, bestätigen Sie die Koppelung einfach mit *Weiter*.

 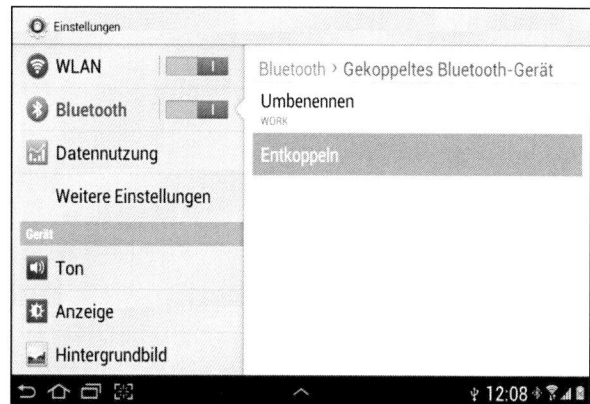

❶❷ Das gekoppelte Gerät erscheint in der Geräteliste. Zum Löschen einer Koppelung betätigen

Sie ✿ hinter dem Gerätenamen und gehen dann auf *Entkoppeln*.

22.4 PC mit dem Galaxy Tab koppeln

In diesem Kapitel läuft die Koppelung, im Gegensatz zum vorherigen Kapitel genau andersherum, also vom PC zum Galaxy.

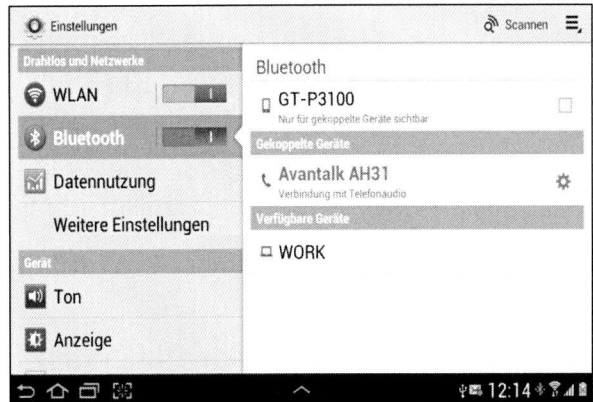 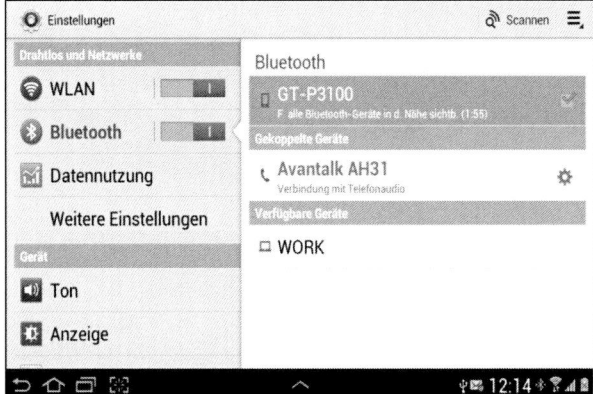

❶❷ Sorgen Sie dafür, dass der PC eine Koppelung mit Ihrem Tablet aufnehmen kann: Gehen Sie in den *Einstellungen* auf *Bluetooth*. Tippen Sie *GT-P3100* an. Sie haben nun 2 Minuten Zeit, vom PC aus die Koppelung anzustoßen.

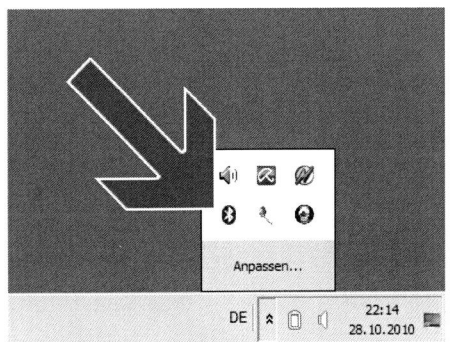

Wie bereits erwähnt, hängt es von Ihrem PC ab, wo Sie das Bluetooth-Symbol finden. Doppelklicken Sie darauf.

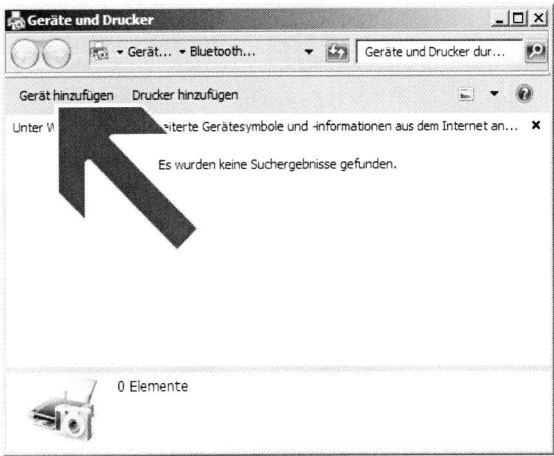

Gehen Sie auf *Gerät hinzufügen*.

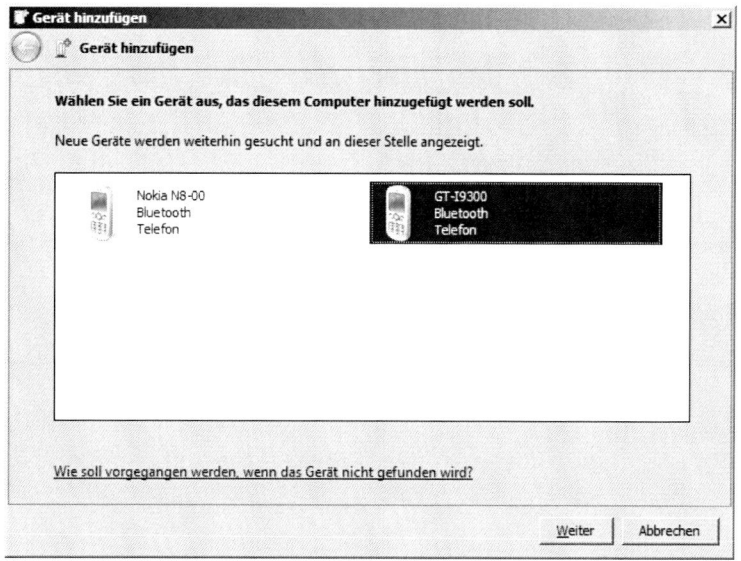

Markieren Sie mit einem Mausklick das gefundene Galaxy Tab. Eventuell tauchen hier auch noch andere Bluetooth-Geräte auf, die Sie aber nicht weiter zu beachten brauchen. Betätigen Sie dann *Weiter*.

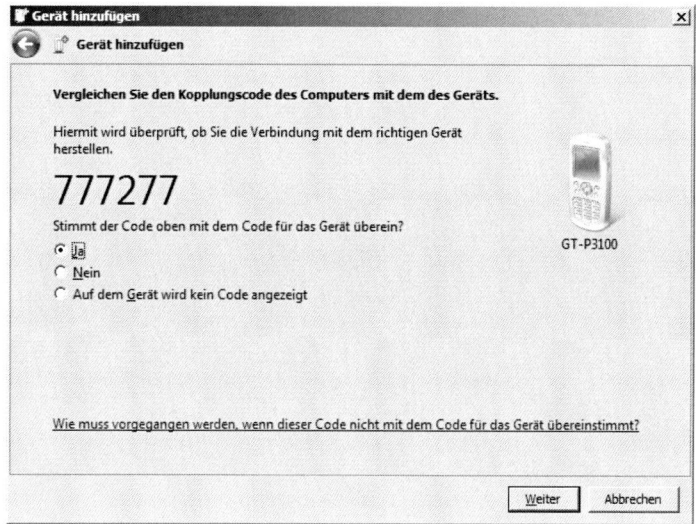

Der PC zeigt eine Zahlenkombination an...

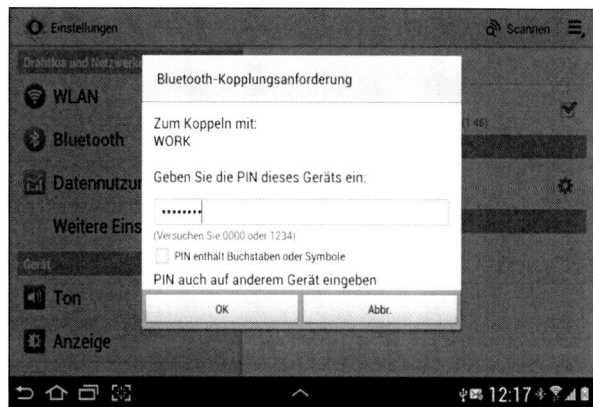
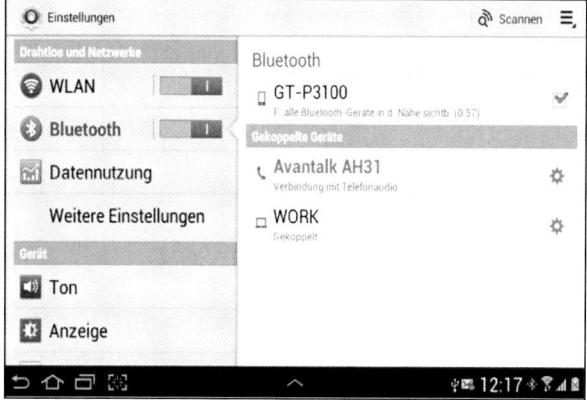

❶ ... die Sie nun auf dem Tablet mit OK, beziehungsweise durch Eingabe der Zahlenkombination bestätigen müssen.

❷ Der gekoppelte PC erscheint in der Geräteliste unter *Gekoppelte Geräte*.

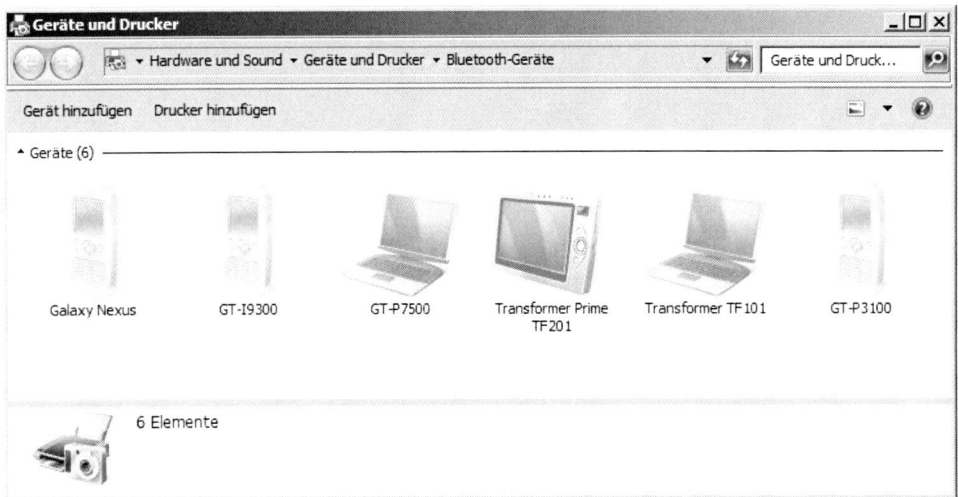

Auf dem PC erscheint eine Koppelungsbestätigung und das Galaxy Tab erscheint als *GT-P3100* in der Geräteliste.

22.5 Datei auf dem Galaxy empfangen

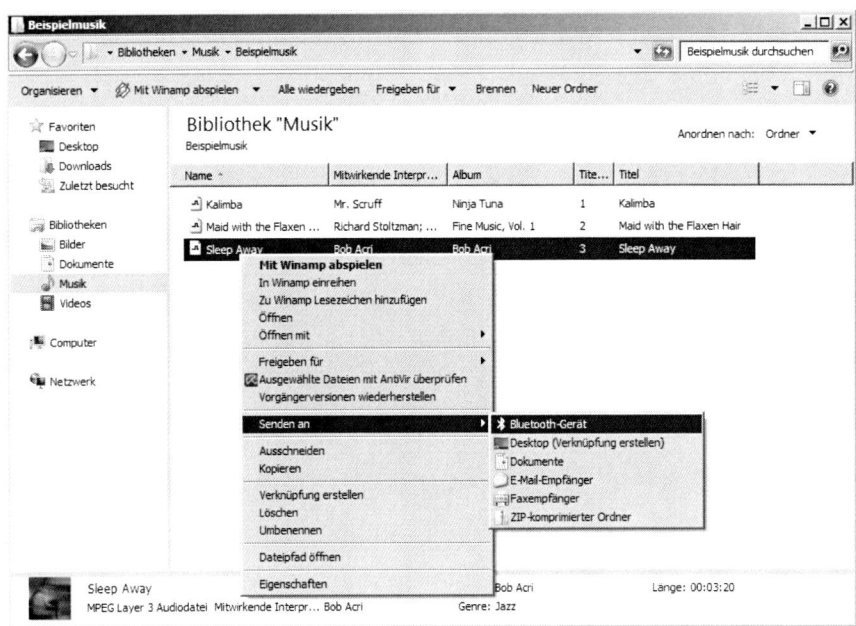

Das Dateisenden ist sehr einfach aus dem Windows-Explorer möglich: Markieren Sie dort eine oder mehrere Dateien und drücken Sie dann die rechte Maustaste. Im Popup wählen Sie *Senden an/Bluetooth-Gerät*.

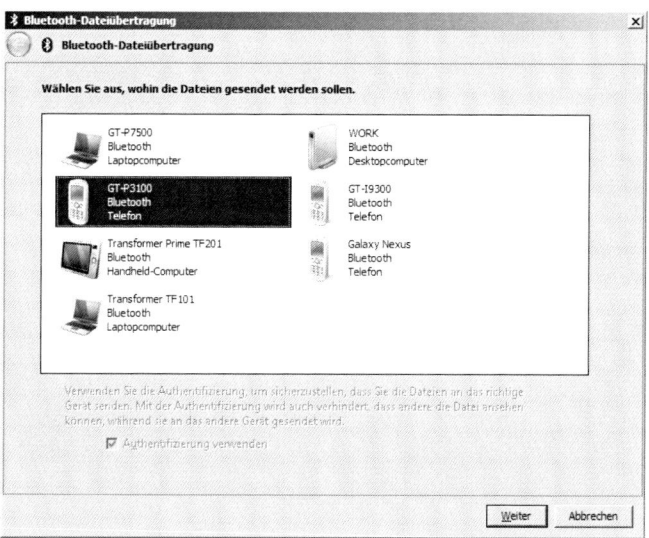

Selektieren Sie das Galaxy in der Geräteliste und betätigen Sie *Weiter*.

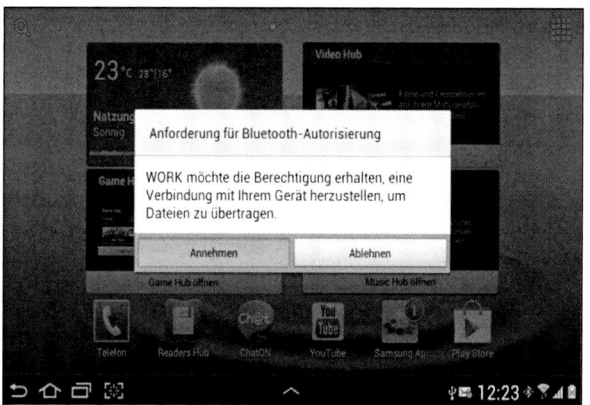

❶ Den Dateiempfang müssen Sie auf dem Galaxy Tab mit *Annehmen* erlauben

❷ Möchten Sie sich die empfangene Datei ansehen? Dann aktivieren Sie das Benachrichtigungsfeld und tippen *Bluetooth-Freigabe* an.

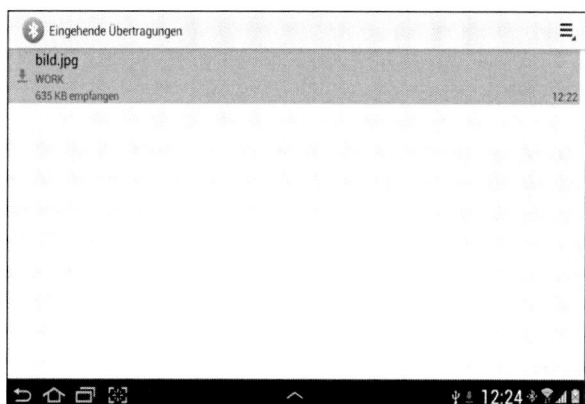

❶❷ Das Tablet listet die empfangenen Dateien auf, welche Sie sich nun anzeigen können.

Alle per Bluetooth empfangenen Dateien finden Sie im Verzeichnis *Bluetooth* auf der Speicherkarte.

22.6 Daten vom Galaxy senden

Auf dem Galaxy unterstützen unter anderem der Kalender, das Telefonbuch und die Galerie-Anwendung den Datenversand per Bluetooth.

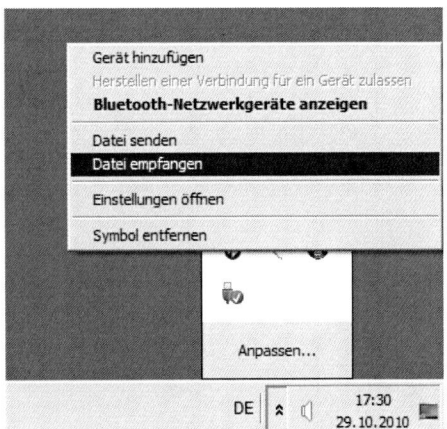

Zuerst müssen Sie auf dem PC den Datenempfang freischalten: Klicken Sie mit der rechten Maustaste auf das Bluetooth-Symbol in der Systemleiste und gehen Sie im Popup-Menü auf *Datei empfangen*.

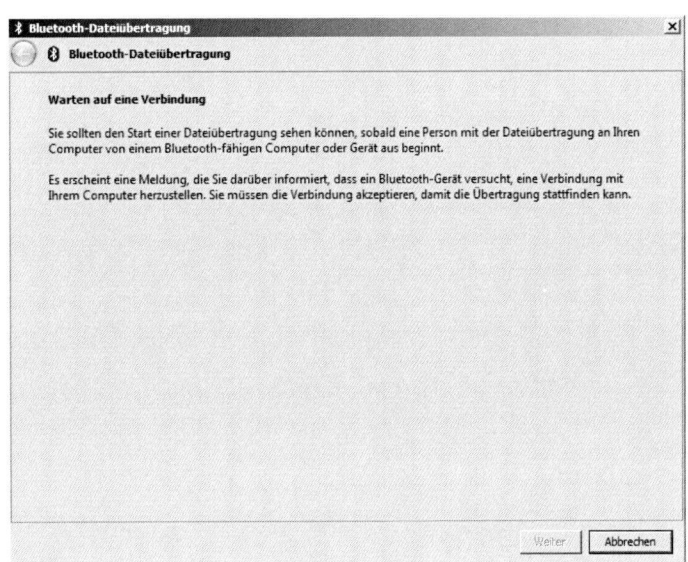

Der PC wartet jetzt darauf, dass die Gegenseite mit dem Dateisenden beginnt.

❶ In der Galerie-Anwendung aktivieren Sie zunächst den Markierungsmodus, indem Sie für ca. zwei Sekunden den Finger über einer Datei halten. Sie können die restlichen Dateien durch kurzes Antippen markieren.

❷ Danach betätigen Sie ❤.

❶ Im folgenden Menü ist *Bluetooth* auszuwählen (sofern Sie den *Bluetooth*-Eintrag im Menü nicht sehen, rufen Sie zuerst *Alle anzeigen* auf).

❷ Wählen Sie den PC aus.

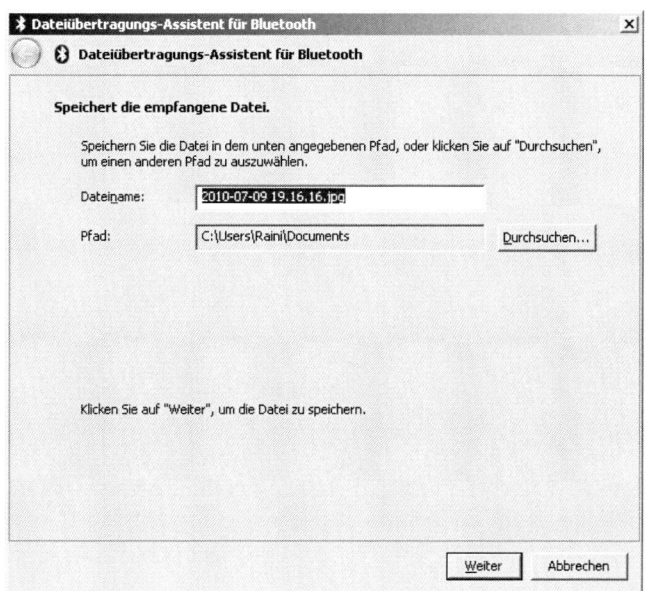

Anschließend können Sie im Dialog auf dem PC unter *Durchsuchen* den Speicherort für die empfangenen Dateien angeben und mit *Weiter* den Vorgang abschließen.

22.7 Kontakte von einem anderen Gerät empfangen

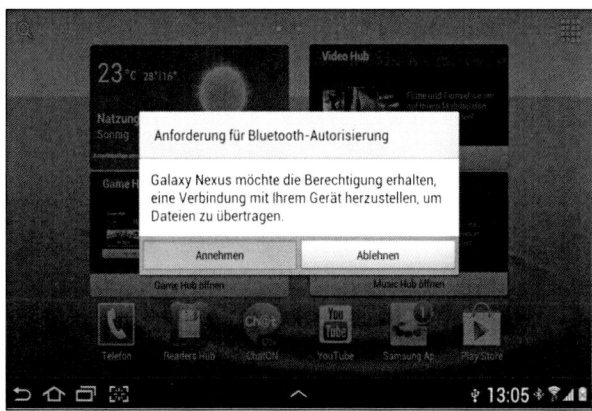 

❶ Wenn Ihnen jemand eine neue Visitenkarte sendet, zeigt das Tablet eine Sicherheitsabfrage an. Betätigen Sie *Annehmen*.

❷ Öffnen Sie nach dem Empfang das Benachrichtigungsfeld und gehen Sie auf *Bluetooth-Freiga-*

be.

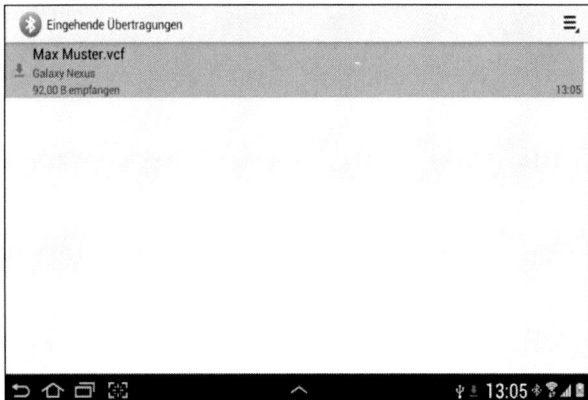 

❶❷ Tippen Sie die VCF-Datei an, welche nun ins Telefonbuch übernommen wird.

> Fast alle Mobilrechner erlauben heutzutage das Senden von Kontaktdaten per Bluetooth.

22.8 Daten über Bluetooth senden

Die hier beschriebene Datenübertragung aus dem Telefonbuch funktioniert in den Anwendungen Kalender, Galerie, Kontakte, Eigene Dateien, usw.

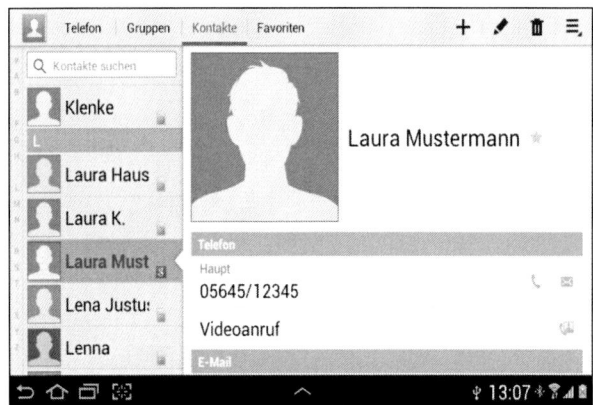 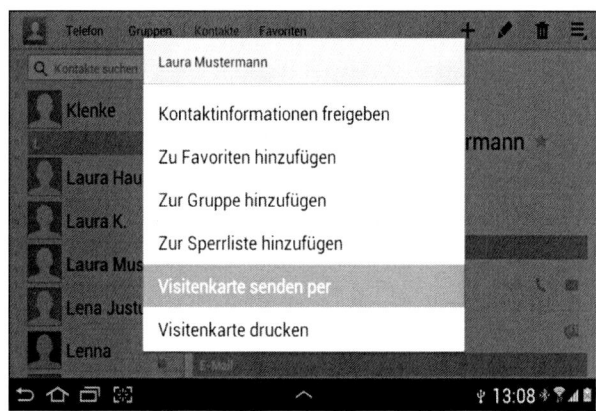

❶❷ So sendet man aus dem Telefonbuch einen Kontakt: Tippen und halten Sie den Finger in der Kontaktauflistung auf einem Eintrag, bis das Popup erscheint und wählen Sie dort *Visitenkarte senden per.*

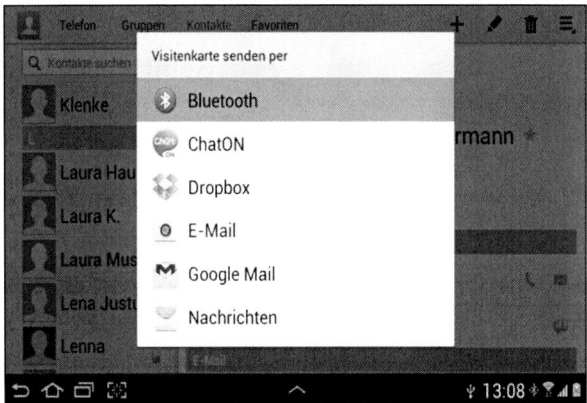 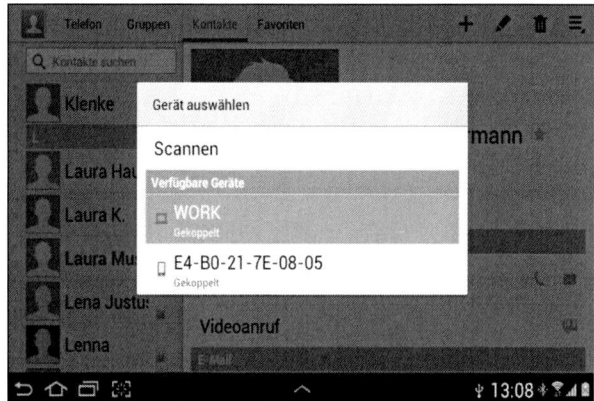

❶❷ Wählen Sie *Bluetooth* und anschließend den Empfänger aus der Liste der gekoppelten Geräte.

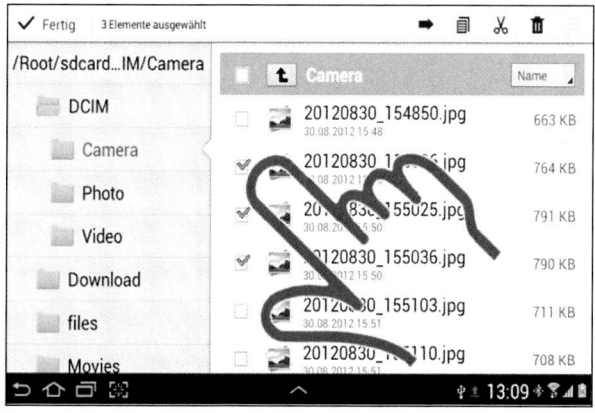 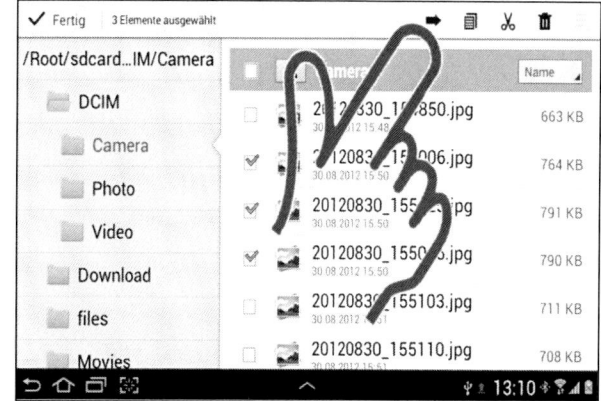

❶ In der *Eigene Dateien*-Anwendung (siehe Kapitel *26.6 Eigene Dateien*) aktivieren Sie die Abhakkästchen bei den zu sendenden Dateien.

❷ Betätigen Sie ➡ und wählen Sie dann *Bluetooth*.

22.9 Bluetooth-Maus am Galaxy

Auch wenn der Betrieb einer Bluetooth-Maus am Tablet eher experimentellen Charakter hat, möchten wir Ihnen diese ungewöhnliche Erweiterungsmöglichkeit nicht vorenthalten. In unserem Beispiel handelt es sich übrigens um eine V470 Cordless Laser Mouse von Logitech, die im Handel ab ca. 25 Euro zu haben ist.

Bevor Sie die Bluetooth-Verbindung aufbauen können, schalten Sie die Maus ein und betätigen daran den *Connect*-Knopf, worauf die blaue LED regelmäßig blinken sollte.

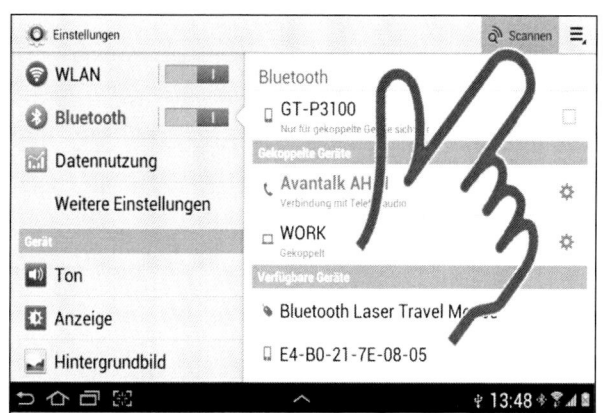 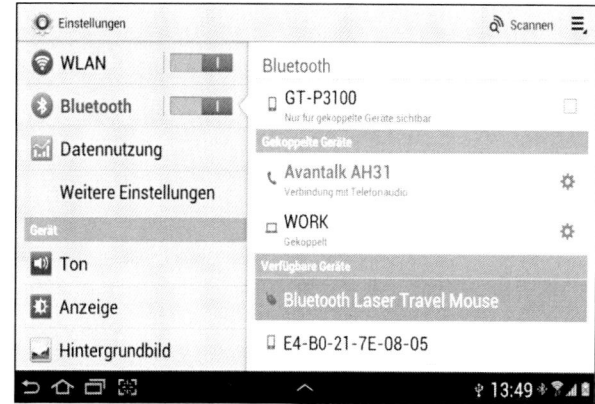

❶ Betätigen Sie im Bluetooth-Bildschirm *Scannen*.

❷ Es sollte nun der Eintrag *Bluetooth Laser Travel Mouse* erscheinen, den Sie auswählen.

 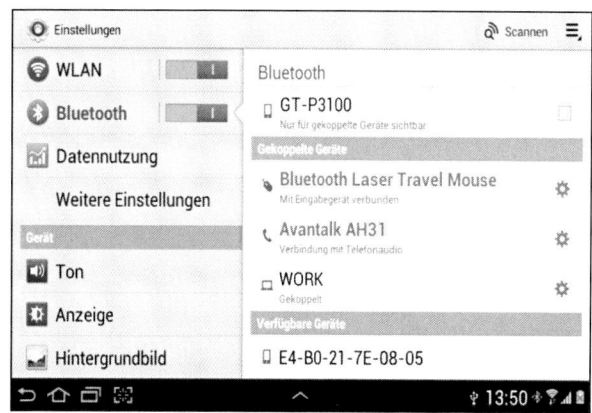

❶ Sofern nach einer PIN gefragt wird, geben Sie *0000* ein und betätigen *OK*.

❷ Die Maus ist jetzt verbunden und kann genutzt werden. Immer, wenn Sie die Maus bewegen, erscheint der blaue Mauszeiger; betätigen Sie die linke oder rechte Maustaste, um Menüs anzuwählen.

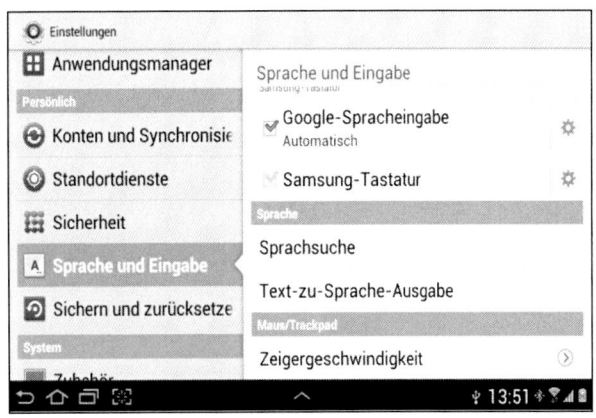 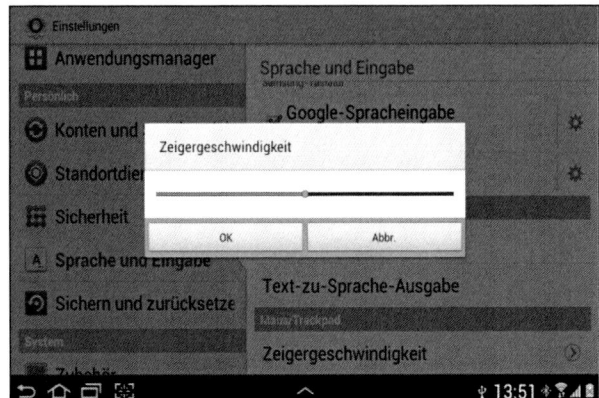

❷❸ Die Mausgeschwindigkeit stellen Sie unter *Einstellungen/Sprache & Tastatur/Zeiger-Geschwindigkeit* ein.

22.10 Bluetooth-Audio

Das Galaxy bietet sich als MP3-Abspielgerät für Stereoanlage oder Aktivboxen an. Lästig ist allerdings das permanente Ein- und Ausstecken den Verbindungskabels, wenn man sein Tablet nicht dauerhaft an die Lautsprecher anschließen kann. Das Kabel kann man sich aber durch die Anschaffung eines Bluetooth-Lautsprechers ersparen, wie er schon ab ca. 50 Euro von diversen Herstellern verkauft wird. Sind dagegen schon (Aktiv)-Lautsprecher vorhanden, empfiehlt sich ein Bluetooth-Audioempfänger, der die Audiosignale dann per Kabel an die Lautsprecher weitergibt. In unserem Beispiel verwenden wir den »Logitech Wireless Speaker Adapter«, der weniger als 30 Euro kostet.

Beachten Sie auch die Hinweise im Kapitel *19.8.3 Drahtloser Musikgenuss.*

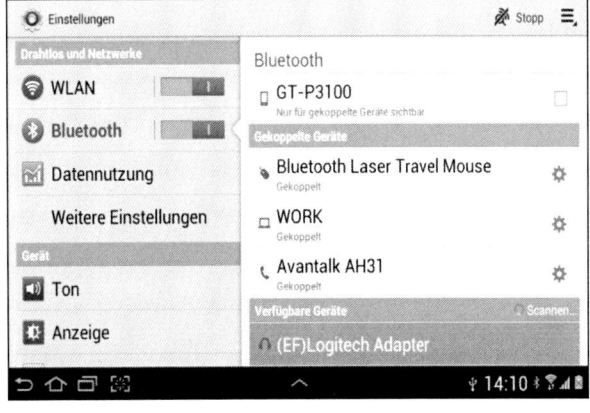 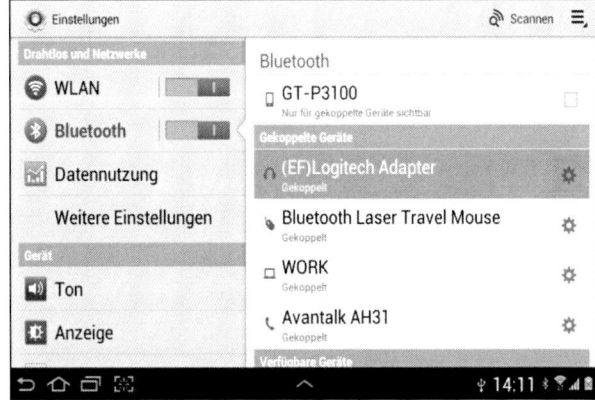

❶ Gehen Sie in den Bluetooth-Bildschirm und betätigen Sie dort *Scannen,* sofern der Logitech-Adapter nicht bereits gefunden wurde.

❷ Sofern nicht bereits *Verbunden mit Medienaudio* unter dem Logitech-Adapter steht, tippen Sie kurz den gefundenen Eintrag *(EF)Logitech Adapter* an, worauf die Verbindung hergestellt wird.

Alle Anwendungen auf dem Tablet nutzen jetzt den Bluetooth-Adapter für die Audioausgabe, nur die Telefoniefunktion nutzt weiterhin ganz normal den Gerätelautsprecher.

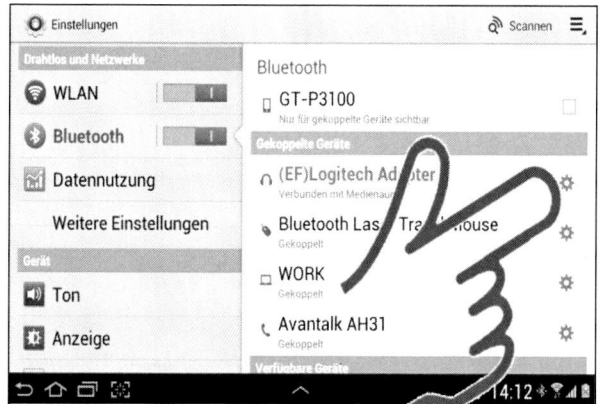 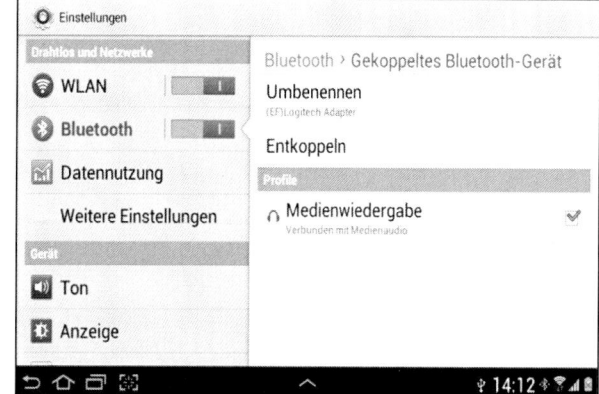

❶❷ Zum Deaktivieren der Audioausgabe über Bluetooth schalten Sie entweder den Logitech-Bluetooth-Empfänger aus, entfernen sich aus dessen Empfangsreichweite oder schalten Bluetooth am Tablet aus. Alternativ gehen Sie auf ✿ und deaktivieren dann das Abhakkästchen. Aktivieren Sie es später wieder, damit die Audioausgabe erneut über den Bluetooth-Empfänger läuft.

❶❷ Im MP3-Player (siehe Kapitel *19 MP3-Player*) lässt sich der Bluetooth-Empfänger ebenfalls jederzeit ein- und ausschalten: Gehen Sie auf ☰/*Über Bluetooth* zum Einschalten, während ☰ /*Über Gerät* die Bluetooth-Audioübertragung wieder deaktiviert.

23. Sprachsteuerung

Auf dem Galaxy sind mehrere Sprachsteuerungen vorhanden, die sich im Aufgabengebiet unterscheiden: Neben der standardmäßig bei allen Android-Geräten mitgelieferten Sprachsteuerung, die man hauptsächlich für die Websuche einsetzt, ist auch eine Sprachwahl enthalten, mit der man Telefonate durchführt und einige Tablet-Anwendungen aufruft.

> Die Sprachsteuerungen setzen eine funktionierende Internetverbindung über Mobilfunk oder WLAN voraus, weil die eigentliche Spracherkennung auf Internet-Servern erfolgt. Wenn nur eine sehr langsame Internetverbindung verfügbar ist, liefert die Spracherkennung eventuell eine Fehlermeldung.

23.1 Google-Suche

Verwenden Sie die Google-Suche mit Sprachsteuerung, um ohne Texteingabe einfach durch Sprechen nach Begriffen in Google zu suchen.

23.1.1 Einstellungen

Für die Google-Suche per Sprachsteuerung lassen sich einige Funktionen konfigurieren.

❶ Aktivieren Sie das Benachrichtigungsfeld und gehen Sie *Einstellungen*.

❷ Rufen Sie *Sprache und Eingabe* auf.

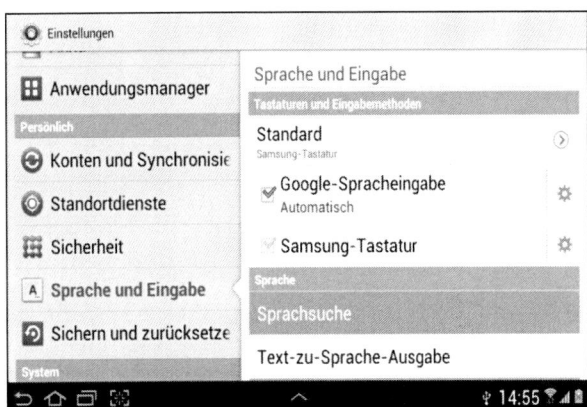

❶❷ Das *Sprachsuche*-Menü richtet ein:

- *Sprache*: Die erkannte Sprache.

- *SafeSearch*: In der Google-Suche werden standardmäßig anstößige Ergebnisse (Pornoseiten, usw.) herausgefiltert. Sie können diese Einstellung ändern.

- *Anstößiges blockieren*: Vulgäre Schimpfwörter verwirft die Spracherkennung und ersetzt sie durch »#«.

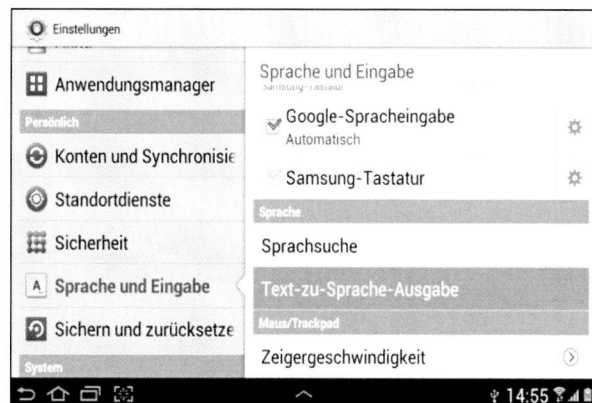 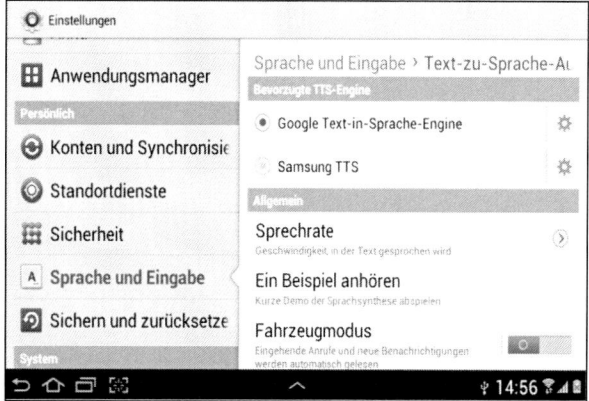

❶❷ In Menü *Text-zu-Sprache-Ausgabe* sind folgende Optionen vorhanden:

- *Google Text-in-Sprache-Engine; Samsung TTS:* Die vom Tablet verwendete Sprachausgabe. Unserer Meinung nach hört sich die Samsung TTS-Sprachausgabe besser an als die von Google.

- *Sprechrate*: Geschwindigkeit der Sprachausgabe.

- *Ein Beispiel anhören*: Demo der Sprachsynthese anhören. Interessant, wenn man den unter *Sprechrate* geänderten Parameter überprüfen möchte.

- *Fahrzeugmodus*: Im Fahrzeugmodus, den Sie zum Beispiel bei Verwendung einer Freisprecheinrichtung (siehe Kapitel *22.3 Bluetooth-Headset verwenden*) verwenden können, spricht Ihnen das Galaxy alle Anrufernamen, E-Mails, usw. vor, ohne dass Sie das Galaxy anfassen müssen.

23.1.2 Suche in der Praxis

 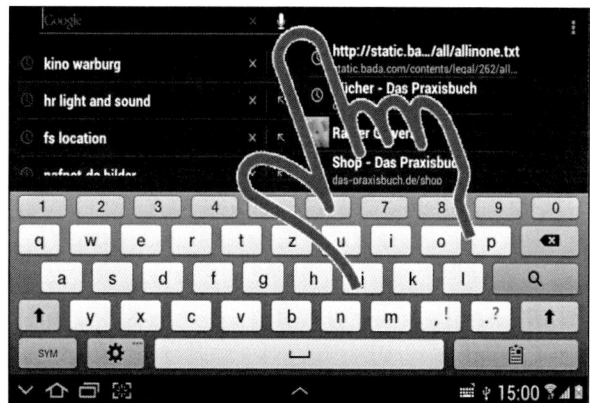

❶❷ Tippen Sie auf das Google-Widget (Pfeil) und dann auf 🎤 und sprechen Sie den oder die Suchbegriffe.

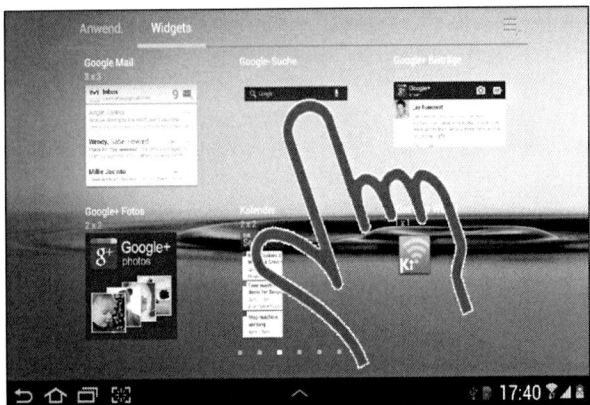 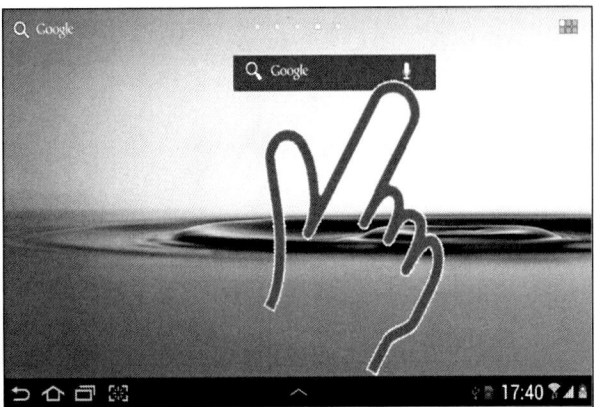

❶ Neben dem vorinstalliertem Google-Widget gibt es noch ein weiteres, das Sie aber erst auf dem Startbildschirm anlegen müssen. Dessen Vorteil ist die bereits im Startbildschirm angezeigte 🎤-Schaltleiste.

❷ Tippen Sie die 🎤-Schaltleiste im Google-Widget an.

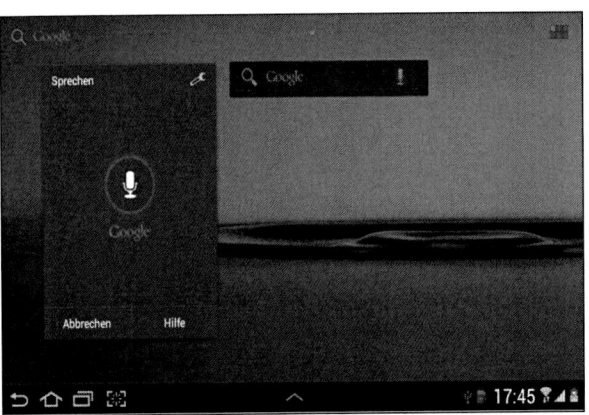 

❶ Sprechen Sie den oder die Suchbegriffe.

❷ Der Browser startet und sucht in Google nach den Begriffen.

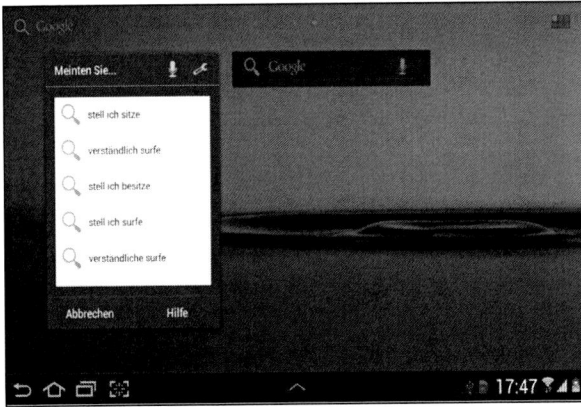

Die Sprachsteuerung macht gegebenenfalls Erkennungsvorschläge, von denen Sie einen auswählen. Daraufhin startet die Websuche im Browser.

23.1.3 Funktionen des Galaxy steuern

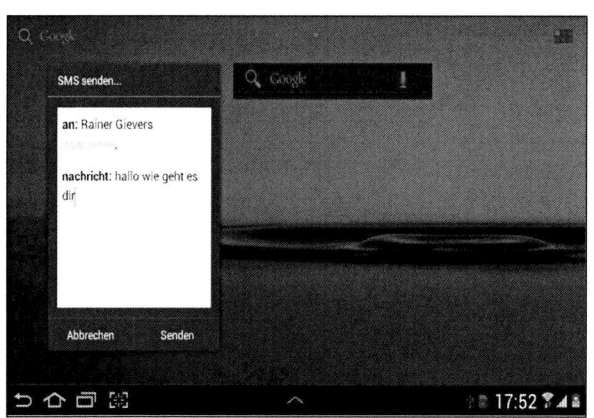 

❶ Über die Google-Sprachsteuerung lassen sich auch Dinge erledigen, für die Sie ansonsten erst umständlich auf dem Bildschirm eine Anwendung starten müssten. Einige Beispiele sollen die Möglichkeiten verdeutlichen. Tippen Sie, wie bereits gezeigt, die 🎤-Schaltleiste an und sprechen Sie einen Befehl (**fett** jeweils die Schlüsselwörter):

- »**SMS an** Rainer«: SMS-Editor starten, die Telefonnummer des Kontakts Rainer aus dem Telefonbuch als Empfänger übernehmen.

- »**SMS an** Rainer **Nachricht** Wie geht es dir«: Aktiviert einen SMS-Nachrichteneditor, sucht den Kontakt *Rainer* im Telefonbuch und übernimmt dessen Rufnummer ins Empfängerfeld. Der Text *Hallo wie geht es dir* wird in das Eingabefeld übernommen.

- »Hamburg **ansteuern**«, »**Weg zu** Hamburg«, »**Weg zu** Brandenburger Tor«: Startet die Navigation in Google Maps, berechnet die Route zum Zielort und startet die Routenführung (❷).

- »**Rufe** Rainer an«: Ruft den Kontakt *Rainer* aus dem Telefonbuch an

- »**Rufe** Rainer zu Hause **an**«: Ruft den Kontakt *Rainer* aus dem Telefonbuch an und verwendet dabei die hinterlegte Hausrufnummer.

- »**Karte von** Berlin«: Den genannten Ort in Google Maps anzeigen.

- »**Karte von** Flughäfen (Restaurants/Tankstellen/Museen/...) **in** Berlin«: Points auf Interest in der Karte anzeigen.

- »Wikipedia **anzeigen**«: Eine Website im Webbrowser aufrufen.

23.2 Sprachfunktionen in den Anwendungen

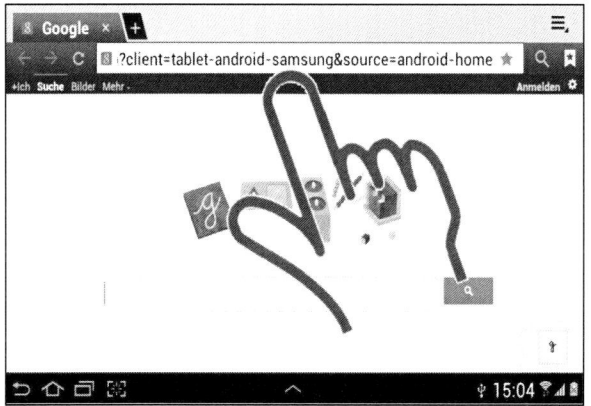 

❶❷ Tippen Sie im Webbrowser (siehe Kapitel *11 Webbrowser*) in die Adressleiste. Danach tippen Sie auf 🎤 und sprechen einen oder mehrere Begriffe, nach denen der Browser dann in Google sucht.

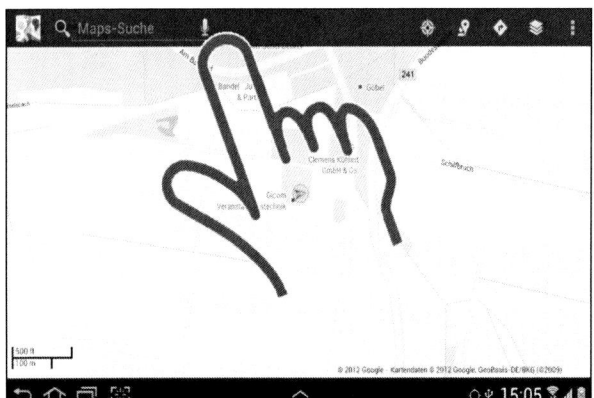 

❶ In Google Maps (siehe Kapitel *9 Google Maps*) ist bei der Suche ebenfalls eine Spracheingabe über die ♥-Schaltleiste möglich.

❷ In jeder Anwendung, in der Texteingaben vorzunehmen sind, ist auch die Spracheingabe verfügbar, die Sie über die ♥ (Pfeil) auf dem Tastenfeld aktivieren (siehe dazu Kapitel *28.3 Spracherkennung*).

24. Die Speicherkarte(n)

Schon vor Jahren hat sich die Erweiterbarkeit von Mobilrechnern und Handys durch Speicherkarten eingebürgert. Für den Hersteller hatte dies damals den Vorteil, dass sie ihre Geräte nur mit dem gerade notwendigsten Speicherausbau ausliefern konnten, was Produktionskosten sparte. Weil Fotos, Videos und MP3-Dateien viel Speicherplatz benötigen, musste dann der Kunde für eine nachträglich erworbene Speicherkarte tief in die Tasche greifen.

Heute sieht es glücklicherweise anders aus: Hersteller wie Samsung packen die inzwischen sehr günstigen Speicherchips gleich im Gigabyte-Pack in ihre Handys und Tablets. Eine Speicherkarte wird deshalb beispielsweise beim Galaxy Tab nicht unbedingt benötigt.

Der Speicher des Galaxy Tab ist in drei Bereiche unterteilt:

- *Telefonspeicher*: Hier speichert das Gerät beispielsweise Kontaktdaten, Termine, Programme und sonstige Verwaltungsinformationen.

- *Gerätespeicher (Interne SD-Karte)*: Freier Speicherbereich von ca. 11 Gigabyte für MP3-Dateien, Videos, Fotos, usw. Die interne Speicherkarte ist fest im Gerät enthalten und lässt sich nicht austauschen.

- *(Externe) SD-Karte*: Die SD-Karte lässt sich aus dem Tablet entnehmen und austauschen.

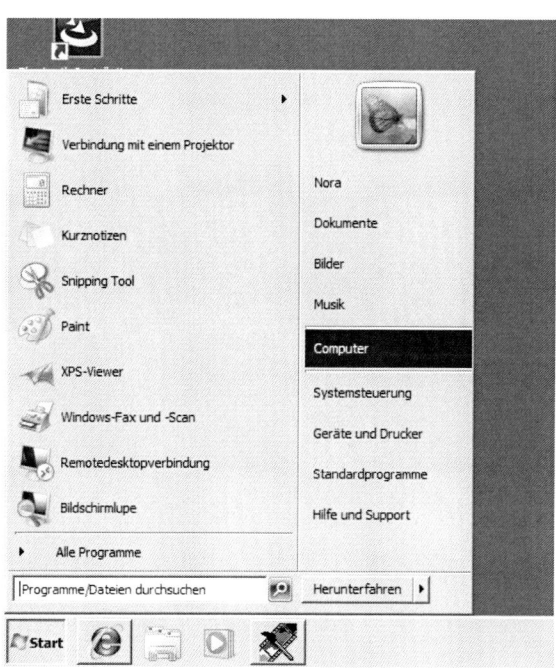

Sie finden das Galaxy Tab nach dem Anschluss mit dem mitgelieferten USB-Kabel am PC unter *Computer* im Startmenü...

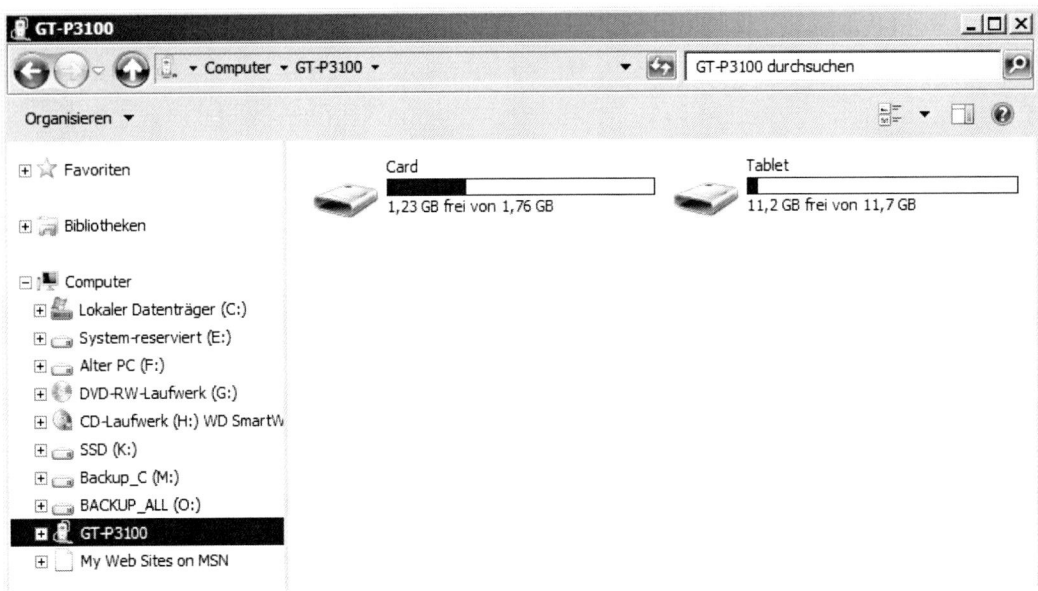

Gehen Sie dort links im Verzeichnisbaum auf *GT-P3100. D*ie externe (eingesteckte) SD-Karte heißt *Card*, der Gerätespeicher dagegen *Tablet*.

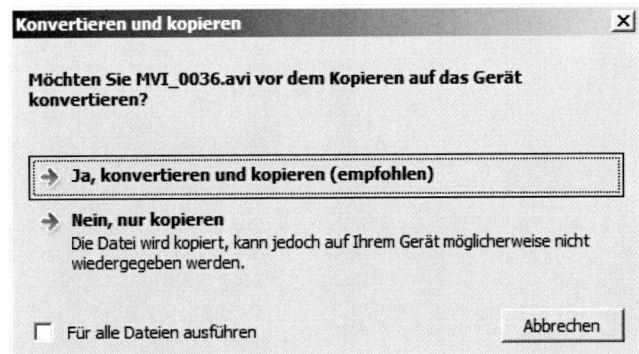

Wenn Sie Videos vom PC auf das Galaxy kopieren, die das Tablet möglicherweise nicht abspielen kann, erscheint ein Warnhinweis. Sie haben dann die Möglichkeit, mit *Ja, konvertieren und kopieren* die Videodatei in ein abspielbares Format zu konvertieren. Bitte beachten Sie, dass die konvertierten Videos meist eine schlechte Qualität haben. Deshalb ist es besser, Videos gegebenenfalls schon auf dem PC in ein auf dem Tablet abspielbares Format zu bringen. Siehe Kapitel *29.4 Videos für das Galaxy konvertieren*. Auch bei sehr großen Fotodateien kann eine Warnmeldung erscheinen, trotzdem lassen sich diese später meistens ohne Probleme auf dem Tablet anzeigen.

24.1 Standardverbindung

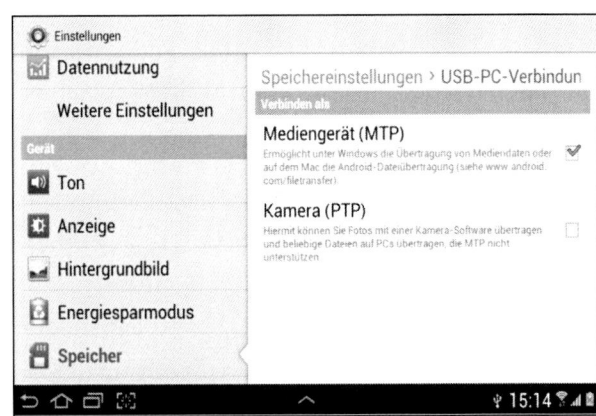

Das Galaxy ist zwischen den Verbindungsarten Mediengerät (MTP) oder Kamera (PTP) umschaltbar. Wenn Sie das Tablet am PC anschließen, macht es aber in der Praxis keinen Unterschied, ob MTP oder PTP aktiv ist. Anders könnte es aussehen, wenn Sie das Galaxy mit einem Mac oder Linux-PC nutzen.

❶❷ So schalten Sie zwischen MTP und PTP um: Aktivieren Sie das Benachrichtungsfeld und gehen Sie auf *Als externes Speichergerät angeschlossen.* Tippen Sie dann die gewünschte Verbindungsart an.

24.2 Speicherverwaltung

 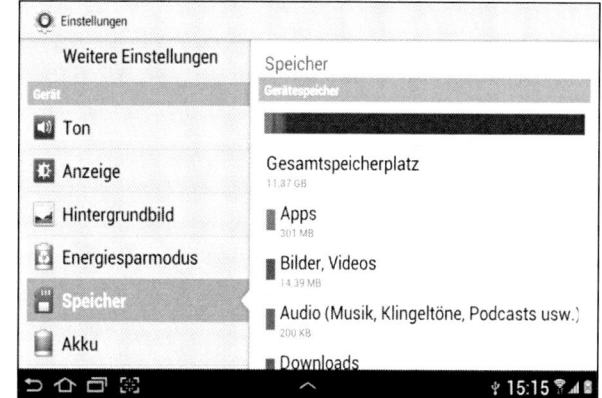

❶❷ Für die Speicherkartenverwaltung rufen Sie das Benachrichtungsfeld auf, gehen auf *Einstellungen* und wählen *Speicher.*

Der Bildschirm informiert Sie über:

Unter *Gerätespeicher:*

- *Gesamtspeicherplatz*: Der gesamte Speicher, der für Daten zur Verfügung steht.

- *Apps*: Von den installierten Programmen belegter Speicher.

- *Bilder, Videos*

- *Audio (Musik, Klingeltöne, Podcasts usw.)*

- *Downloads*: Von Ihnen aus dem Webbrowser oder aus E-Mails gespeicherte, beziehungsweise per Bluetooth oder Wi-fi Direct empfangene Dateien.

- *Sonstige Dateien*: Von Ihnen angelegte Verzeichnisse (es werden entgegen dem Menünamen keine einzelne Dateien aufgelistet).

- *Verfügbarer Speicherplatz*: Der noch freie Speicher für Daten.

Unter *SD-Karte*:

- *Gesamtspeicherplatz*: Der verfügbare (noch unbelegte) Speicher.

- *Verfügbarer Speicherplatz*: Der noch freie Speicher für Daten.

- *SD-Karte entfernen:* Meldet die SD-Karte beim Android-Betriebssystem ab, sodass Sie sie ohne eventuellen Datenverlust aus dem Tablet entnehmen können.

- *SD-Karte formatieren:* SD-Karte löschen.

> Wundern Sie sich bitte nicht, dass unter *Gesamtspeicherplatz* weniger Gigabyte (GB) anzeigt, als die Karte wirklich hat, denn die Verwaltungsinformationen (zum Beispiel für das Inhaltsverzeichnis) benötigen ebenfalls Platz.

24.2.1 Gerätespeicher und SD-Karte

Auf dem Galaxy bietet unter anderem *Kamera*-Anwendung (Kapitel *17 Kamera*) in den Einstellungen die Möglichkeit, den Speicher auszuwählen, worin neue Fotos/Videos, beziehungsweise Sprachaufnahmen, abzuspeichern sind. Zur Auswahl stehen dabei:

- *Gerät*: Der Gerätespeicher.
- *Speich.-Karte*: Die (externe) SD-Speicherkarte.

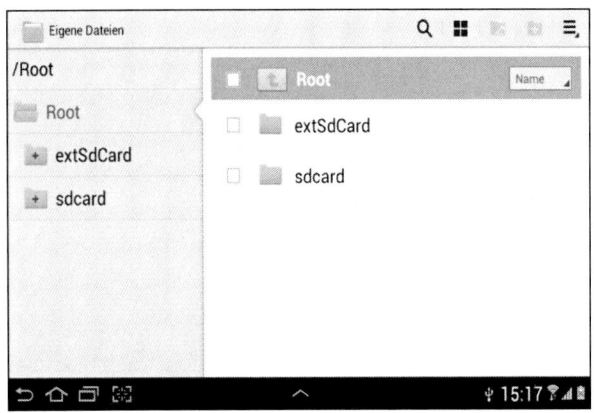

Das Android-Betriebssystem des Galaxy kennt keine Laufwerke, wie man sie unter Windows verwendet, sondern nur Verzeichnisse. Dies wird deutlich im Galaxy-eigenen Dateimanager (siehe Kapitel *26.6 Eigene Dateien*), wo die SD-Karte als */extSdCard* erscheint, während der Gerätespeicher den Namen */sdcard* hat.

24.3 Verzeichnisse

Die Anwendungen auf dem Galaxy Tab legen bei Bedarf die von ihnen benötigten Verzeichnisse selbst an. Wir weisen in diesem Buch in den jeweiligen Kapiteln darauf hin, falls Sie selbst mal ein Verzeichnis anlegen müssen. Beachten Sie bitte, dass Android bei Verzeichnis- und Dateinamen – im Gegensatz zu Windows auf dem PC – zwischen Groß- und Kleinschreibung unterscheidet.

Die wichtigsten Verzeichnisse:

- *Sounds*: Mit der Sprachmemo-Anwendung aufgenommene Sprachaufnahmen.
- *media*: Das Media-Verzeichnis enthält zusätzliche Klingel- und Benachrichtigungstöne (siehe Kapitel *29.1 Eigene Klingel- und Benachrichtigungstöne*).
- *DCIM*: Enthält die mit der Kamera (Kapitel *17 Kamera*) aufgenommenen Fotos und Videos.
- *Bluetooth*: Per Bluetooth (Kapitel *22 Bluetooth*) empfangene Dateien.
- *Download*: Aus E-Mails (Kapitel *10 Samsung E-Mail* gespeicherte Dateien; im Webbrowser (Kapitel *11 Webbrowser*) gespeicherte Webseiten.

24.4 USB-Connection Kit

Mit dem USB-Connection Kit schließen Sie ein weiteres Speichermedium am Galaxy Tab an.

Zum Lieferumfang des optionalen USB-Connection Kit gehören zwei Adapter, mit denen Sie eine SD-Speicherkarte oder einen USB-Stick am Galaxy Tab anschließen. Die angeschlossenen Speichermedien erkennt das Galaxy Tab jeweils als *UsbDriveA.*

24.5 Was man bei Speicherkarten beachten sollte

Beim Kauf einer Micro-SD-Speicherkarte für den Einsatz im Tablet oder Handy brauchen Sie nicht zu einer teuren Marke mit hohem Datendurchsatz (»Highspeed«, o.ä.) greifen. Achten Sie nur darauf, dass die Speicherkarte eine Übertragungsrate beim Lesen von mindestens 20 MByte/Sekunde und beim Schreiben von 5 Megabyte/Sekunde schafft, denn die meisten Handys und Tablets besitzen nur simple Controller-Chips die kaum schneller sind.

Die Micro-SD-Karten sind relativ empfindlich, weshalb Sie eine einmal im Tablet oder Handy eingesetzte Speicherkarte nicht mehr auswechseln sollten, wenn dies nicht unbedingt nötig ist. Bewahren Sie Micro-SD-Karten – sofern mitgeliefert – in der Plastikdose und nicht in der Geldbörse oder Jackentasche auf.

25. Zugriffssperren

Sie haben die Möglichkeit, Ihr Galaxy Tab auf Geräteebene (»Gerätesperre«) oder SIM-Ebene (»SIM-Sperre«) gegen unbefugten Zugriff zu sichern. Sobald Sie eine der beiden Sperren aktivieren, lässt sich das Tablet erst nach Eingabe des jeweiligen Codes nutzen.

Beachten Sie, dass auf Sie erhebliche Probleme zukommen, wenn Sie den Code vergessen: Im Fall der Gerätesperre können Sie Ihr Galaxy nur noch durch einen Hard-Reset wieder entsperren, wodurch aber alle Daten verloren gehen. Wenn Sie dagegen die PIN bei der SIM-Sperre dreimal falsch eingeben, erfolgt eine Sperre, die Sie immer noch über die »General-PIN«, die PUK, beenden können. Geben Sie die PUK allerdings zehnmal falsch ein, erfolgt eine Dauersperre und Ihnen bleibt nichts anderes übrig, als dies dem Netzbetreiber zu melden, der Ihnen eine neue SIM-Karte zuschickt.

Neben der Geräte- und SIM-Sperre gibt es noch die Displaysperrre, die einfach nur gegen ungewollte Tastenbetätigung schützt, wenn Sie das Gerät gerade nicht nutzen.

Damit ein Dieb nichts mit den Daten auf dem Tablet und der SIM-Karte anfangen kann, sollten SIM-Sperre und Gerätesperre mit Codeschutz gleichzeitig aktiv sein.

PIN und PUK senden die Netzbetreiber ihren Kunden automatisch beim Vertragsabschluss zu.

Wichtig: Dateien, die sich auf einer eingelegten Speicherkarte befinden, sind durch die Zugriffssperren nicht gesichert. Eine aus dem Galaxy entnommene Speicherkarte lässt sich sehr einfach mit einem handelsüblichen Speicherkartenleser auslesen.

25.1 Displaysperre

Die Displaysperre, welche bereits im Kapitel *3.4 Displaysperre* beschrieben wird, aktiviert sich automatisch nach einiger Zeit der Nichtnutzung.

 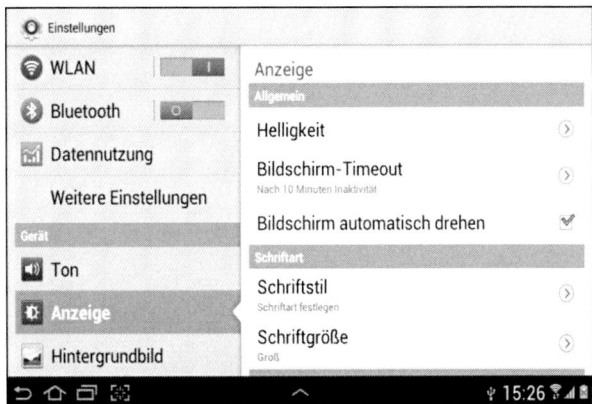

❶❷ So konfigurieren Sie den Zeitraum bis zum Einsetzen der Displaysperre: Im Benachrichtigungsfeld tippen Sie auf *Einstellungen*. Gehen Sie anschließend auf *Anzeige*.

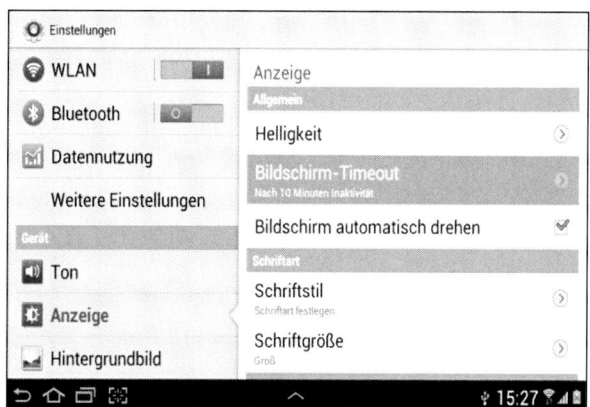 

❶❷ Im *Bildschirm-Timeout*-Menü wählen Sie die Verzögerung aus.

25.2 Gerätesperre

Einen Schutz vor unbefugtem Zugriff auf das Galaxy bietet der Kennwortschutz für die Displaysperre. Wenn das Display entsperrt oder das Gerät eingeschaltet wird, muss der Benutzer entweder erst ein Entsperrmuster mit dem Finger auf dem Gerät malen, oder ein Passwort eingeben, bevor er es nutzen kann.

 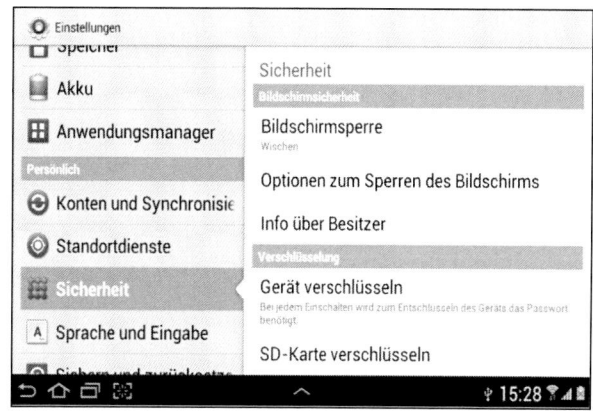

❶❷ Aktivieren Sie das Benachrichtigungsfeld, gehen Sie auf *Einstellungen/Sicherheit*.

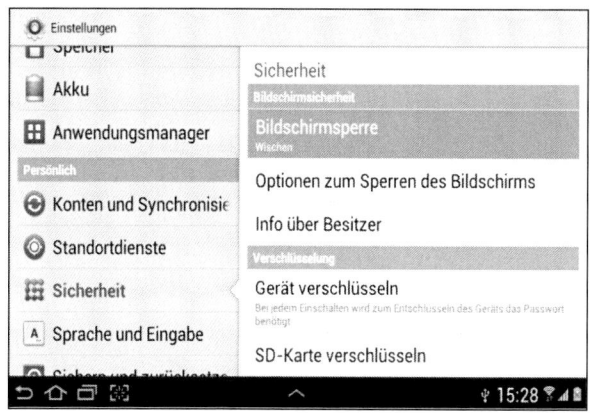 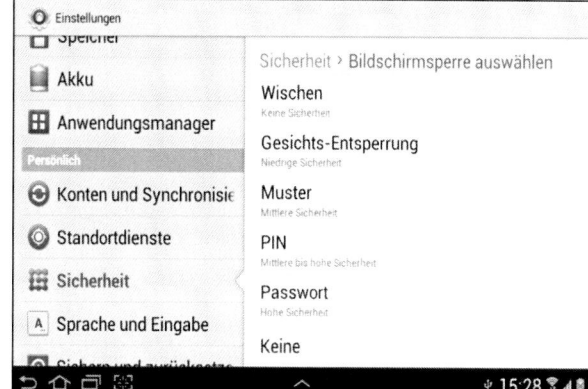

❶ Rufen Sie *Bildschirmsperre* auf.

❷ Sie haben nun die Wahl zwischen:

- *Wischen*: Zum Entsperren reicht es, mit dem Finger über das Display zu wischen (keine Gerätesperre).

- *Gesichts-Entsperrung*: Das Galaxy Tab nimmt Ihr Foto mit der Kamera auf und gibt den Bildschirm erst bei Übereinstimmung mit einem zuvor gespeicherten Foto frei.

- *Muster*: Sperre, die das Gerät nach Malen eines Musters frei schaltet.

- *PIN*: PIN-basierte Sperre (nummerisches Kennwort).

- *Passwort*: Gerät wird nach Eingabe des Passworts (alphanummerisches Kennwort) frei gegeben.

- *Keine*: Gerätesperre nie aktivieren. Ideal, wenn das Galaxy Tab nur zuhause genutzt wird.

25.2.1 Gesichtsentsperrung

Die Gesichtserkennung macht bei der Einrichtung ein Foto von Ihrem Kopf und gibt später das Gerät erst frei, wenn Ihr Gesicht erkannt wurde. Beachten Sie, dass die Gesichtserkennung eher ein Gimmick als ein richtiger Schutz ist, denn jeder, der ähnlich aussieht wie Sie, wird die Sperre überwinden. Häufig dürfte es auch genügen, einfach ein Foto von Ihnen in die Kamera zu halten.

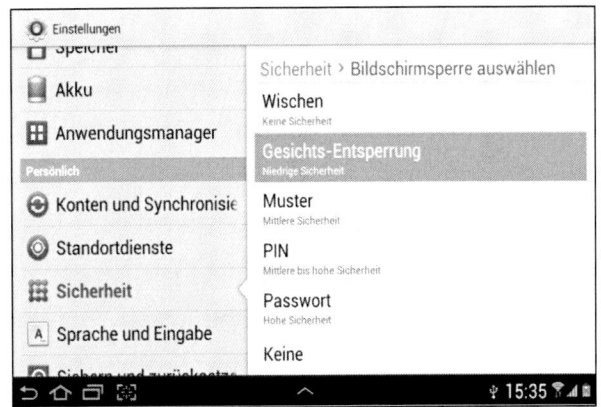 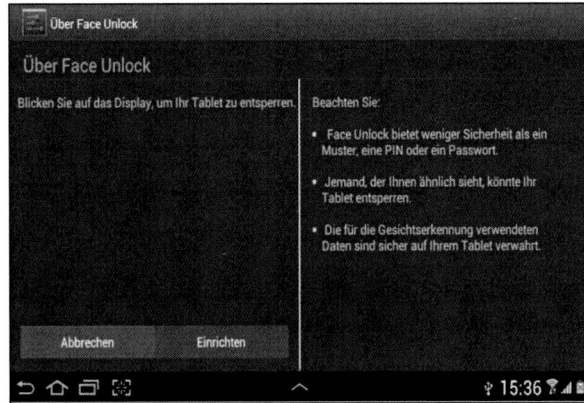

❶ Wählen Sie im *Bildschirmsperre auswählen*-Bildschirm *Gesichts-Entsperrung* aus.

❷ Betätigen Sie im folgenden Bildschirm *Einrichten.*

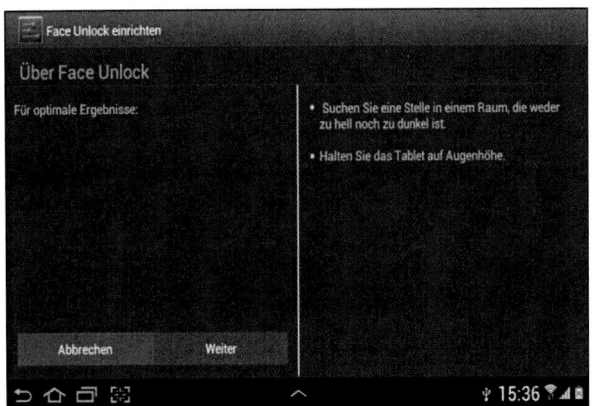 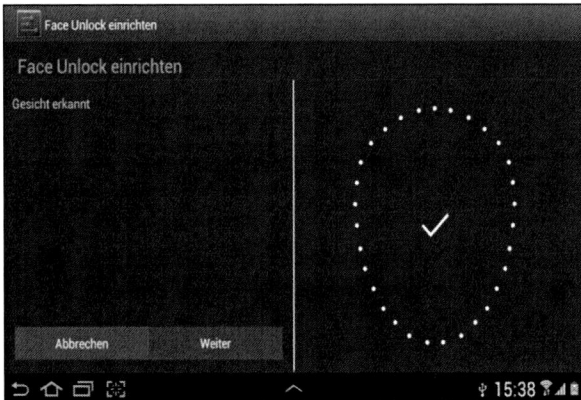

❶ Suchen Sie eine Position in einem Zimmer aus, wo Ihr Gesicht gleichmäßig und nicht zu hell ausgeleuchtet ist. Betätigen Sie *Weiter.*

❷ Halten Sie Ihren Kopf innerhalb der gepunkteten Umrandung, bis die Meldung *»Gesicht erkannt«* erscheint. Betätigen Sie *Weiter.*

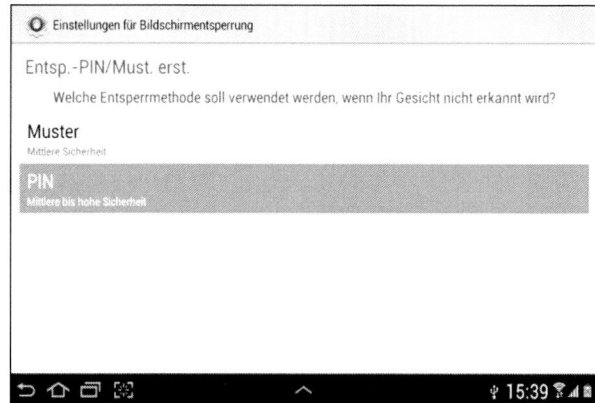 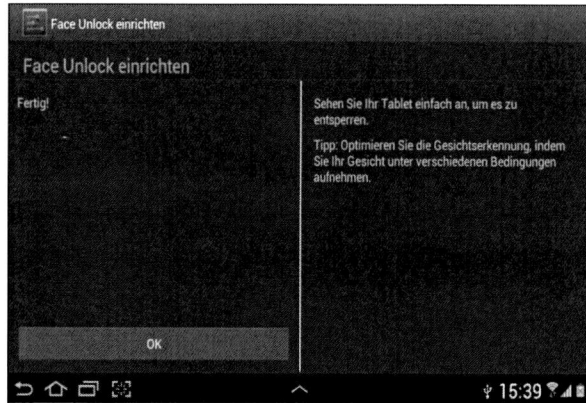

❶ Die Gesichtserkennung ist leider nicht sehr zuverlässig, weshalb Sie nun noch eine der in den nachfolgenden Kapiteln beschriebenen Entsperrmethoden *Muster* oder *PIN* anlegen müssen.

❷ Damit ist die Einrichtung durchgeführt. Schließen Sie die Meldung mit *OK*.

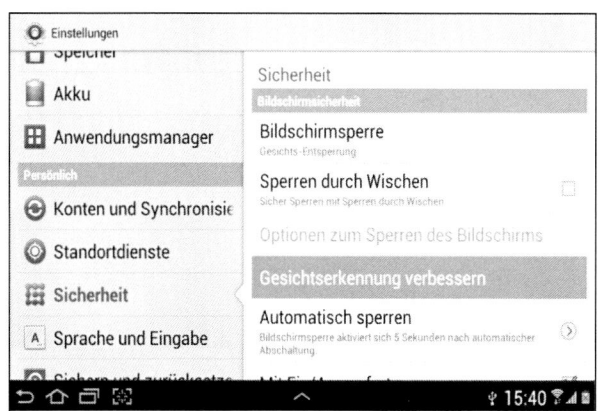 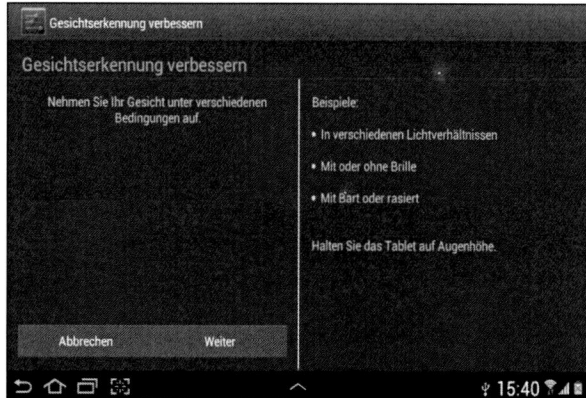

❶❷ Über den neuen Menüeintrag *Gesichtserkennung verbessern* können Sie die Gesichtserkennung optimieren, beispielsweise, indem Sie verschiedene Beleuchtungssituationen, rasiert/unrasiert, oder mit/ohne Brille trainieren.

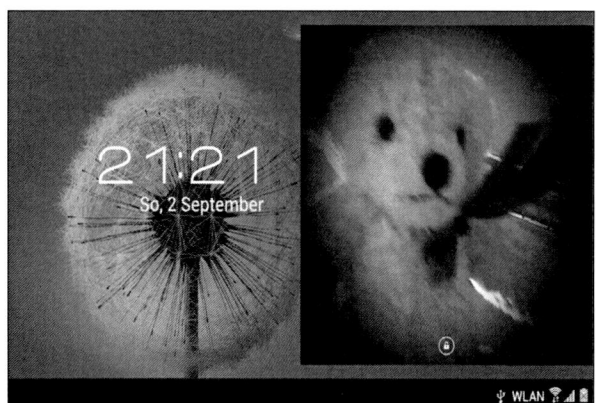 

❶ Zum Entsperren schalten Sie das Display über den Ein/Ausschalter ein und halten das Gerät in Kopfnähe.

❷ Falls die Erkennung misslingt, geben Sie das Muster, beziehungsweise die PIN ein.

25.2.2 Muster-Sperre

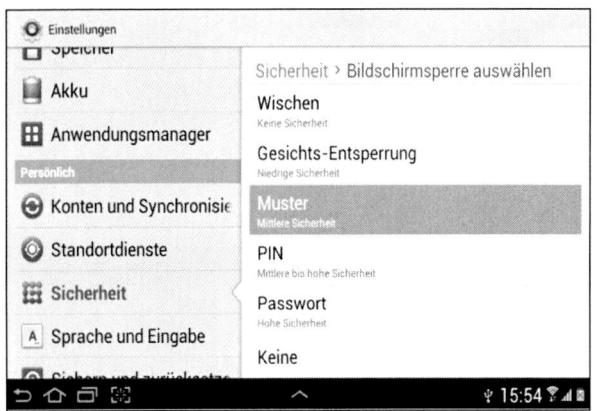 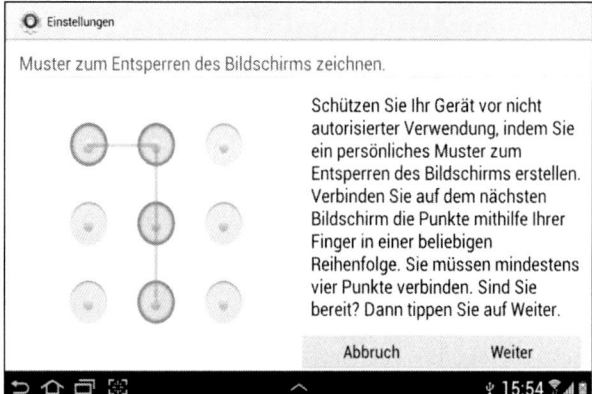

❶❷ Gehen Sie auf *Muster*. Es folgt zunächst ein Sicherheitshinweis mit Kurzanleitung, die Sie jeweils mit *Weiter* bestätigen.

 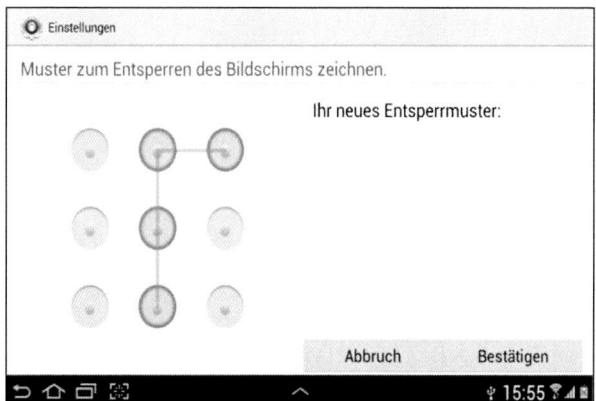

❶ Nun sind Sie an der Reihe: Verbinden Sie mindestens vier der Knöpfe auf dem Bildschirm, indem Sie mit angedrücktem Finger darüber fahren. Merken Sie sich das Muster und schließen Sie mit *Weiter* ab.

❷ Das Muster ist dann erneut zu zeichnen. Betätigen Sie dann *Bestätigen*.

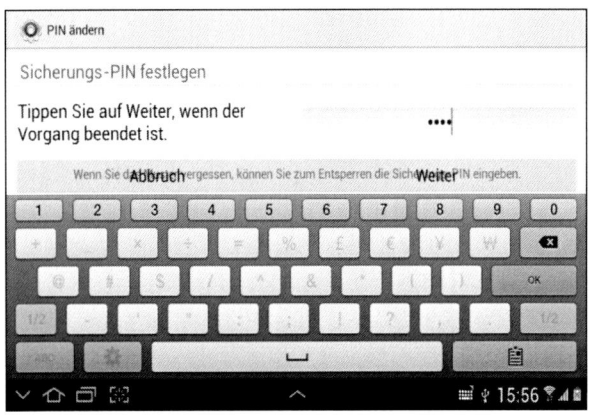 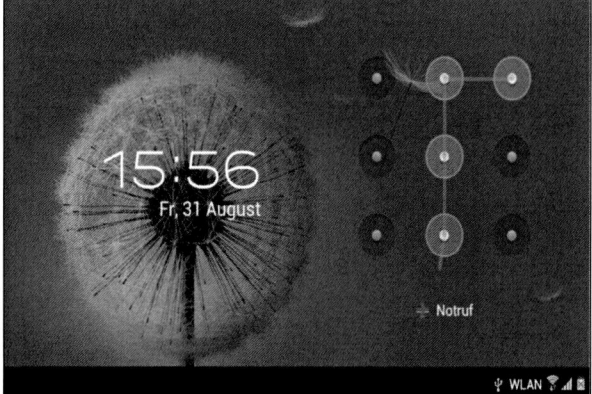

❶ Geben Sie anschließend zweimal hintereinander eine Pin ein, mit der sich der Bildschirm entsperren lässt, falls Sie mal das Entsperrmuster vergessen. Betätigen Sie danach jeweils *Weiter*, beziehungsweise *OK*.

❷ So sieht der Bildschirm bei aktiver Gerätesperre aus: Malen Sie nun das zuvor erstellte Muster, um das Gerät zu entsperren.

Sie haben fünf Versuche, das Muster korrekt einzugeben und müssen danach jeweils 30 Sekunden warten.

Beachten Sie, dass Sicherheitsexperten eine schwerwiegende Schwachstelle der Muster-Displaysperre herausgefunden haben: Hält man das Tablet etwas schräg gegen das Licht, sieht man anhand der Fingerspuren, an welcher Stelle auf dem Display das Muster »gezeichnet« wurde. Besseren Schutz bietet die im nachfolgenden Kapitel beschriebene PIN-, beziehungsweise Passwortsperre.

25.2.3 PIN- und Passwortsperre

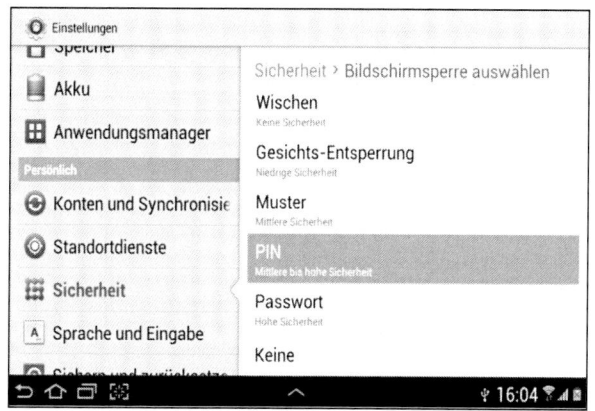 

❶ Gehen Sie im *Sicherheit*-Bildschirm auf *PIN* oder *Passwort.* Geben Sie dann das Kennwort ein, betätigen Sie *Weiter,* erfassen Sie das Kennwort erneut und schließen Sie den Bildschirm mit *OK.*

❷ Die Gerätesperre verlangt nun beim nächsten Mal das Kennwort.

25.3 Optionen während der Sperre

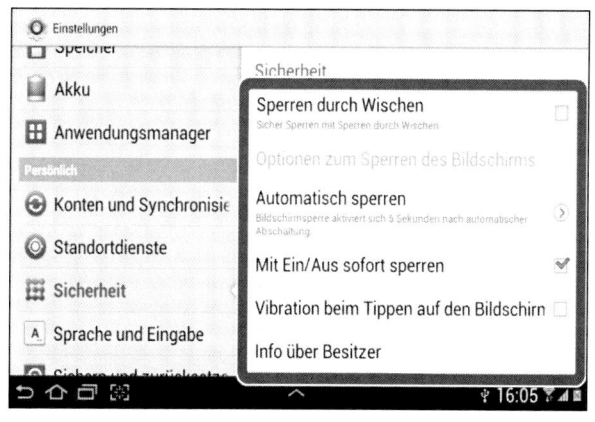

Das Galaxy Tab bietet folgende Möglichkeiten:

- *Sperren durch Wischen:* Es ist zunächst die Displaysperre aktiv, die Sie erst mit einer Wischgeste beenden müssen, bevor Sie den Code eingeben.

- *Muster sichtbar machen*: Das Tablet zeigt das von Ihnen gemalte Muster zur besseren Orientierung an.

- *Vibration beim Tippen auf den Bildschirm*: Jedesmal, wenn Sie beim Malen des Entsperrmusters einen Knopf verbunden haben, erhalten Sie ein haptisches Feedback durch Vibration.

- *Info über Besitzer*: Erfassen Sie hier Ihre Kontaktdaten, die dann während der Sperre angezeigt werden. Sie erhöhen damit die Wahrscheinlichkeit, Ihr Tablet wieder zu erhalten.

25.4 SIM-Sperre

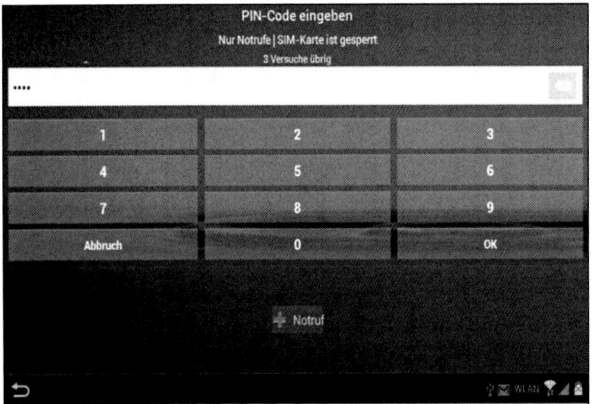

Das Gerät kann man bei der SIM-Sperre erst nach Eingabe der PIN Ihrer SIM-Karte nutzen, wenn man es einschaltet.

 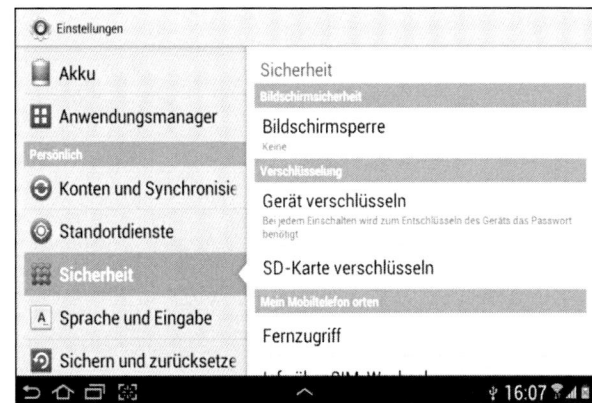

❶❷ So konfigurieren Sie die SIM-Sperre: Aktivieren Sie das Benachrichtigungsfeld, gehen Sie auf *Einstellungen* an und dann auf *Sicherheit*.

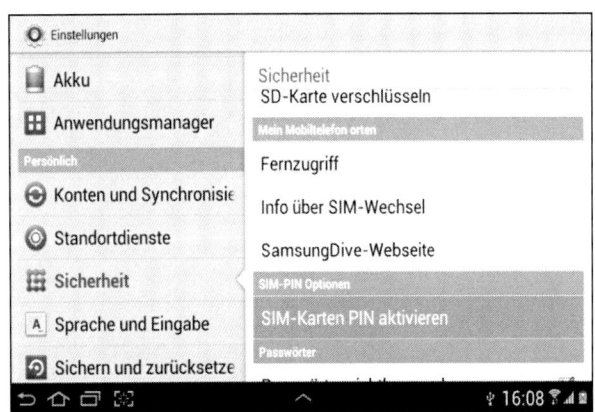 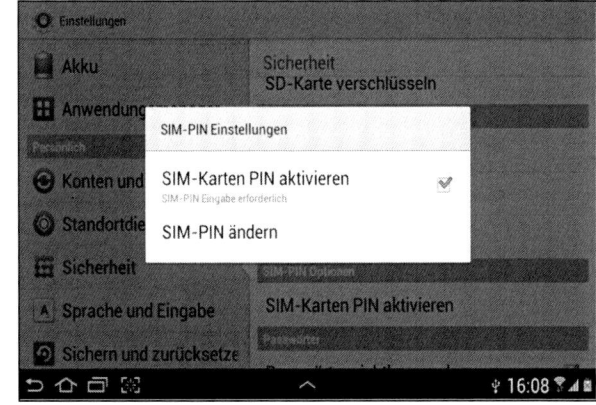

❶ Gehen Sie auf *SIM-Karten PIN aktivieren*.

❷ Aktivieren/Deaktivieren Sie das Abhhakkästchen vor *SIM-Karte sperren*. Über *SIM-PIN ändern* können Sie die vom Netzbetreiber vorgebene vierstellige PIN verändern.

25.5 Maßnahmen gegen Diebstahl

Ist das eigene Handy oder Tablet erst einmal gestohlen oder verloren, gab es bis vor einigen Jahren praktisch keine Möglichkeit, das Gerät wiederzuerlangen. Aktuelle Handy-Modelle können heute dagegen im Verlustfall dank des eingebauten GPS-Empfängers und raffinierter Software nicht nur ihre eigene Position bekannt geben, sondern auch ferngesteuert gesperrt und gelöscht werden.

 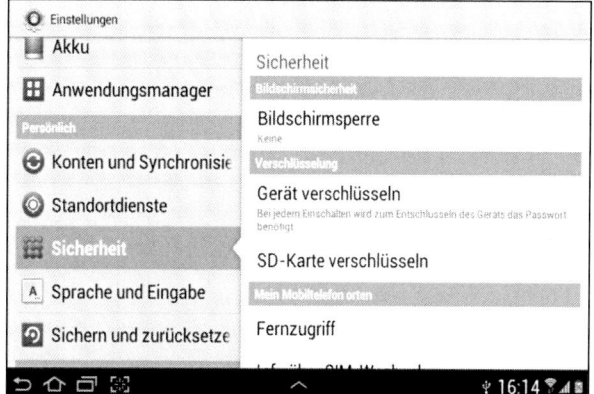

❶❷ Aktivieren Sie das Benachrichtigungsfeld, tippen Sie auf *Einstellungen* an und gehen Sie auf *Sicherheit*.

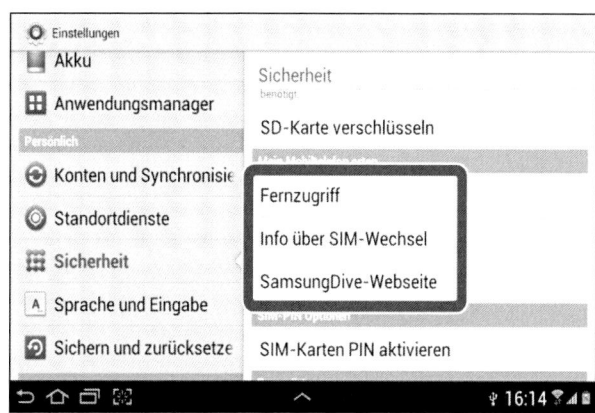

Hier finden Sie die nachfolgend beschriebenen Funktionen, um Ihr Tablet für den Fall eines Verlusts oder Diebstahl vorzubereiten.

25.5.1 SIM-Kartenwechsel

Haben Sie die im Nachfolgenden beschriebene Funktion aktiviert, sendet Ihr Galaxy Tab automatisch im Falle eines SIM-Kartenaustauschs eine SMS an eine andere Handynummer. Zwar haben Sie dann Ihr Tablet noch nicht wieder, wissen aber zumindest die Rufnummer des Diebes, was der Polizei dann die leichte Identifizierung des Diebs erlaubt.

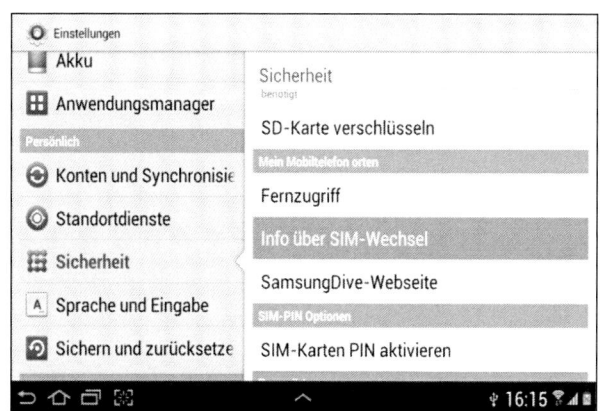 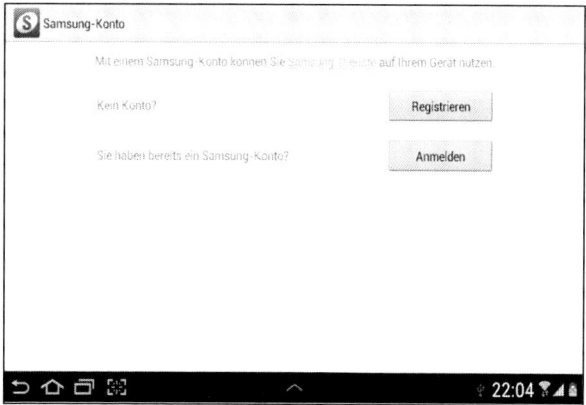

❶❷ Wählen Sie *Info über SIM-Wechsel*. Im folgenden Bildschirm gehen Sie auf *Anmelden* und geben das Login und Passwort für Ihr Samsung-Konto ein (zum Samsung-Konto siehe Kapitel *15 Das Samsung-Konto*).

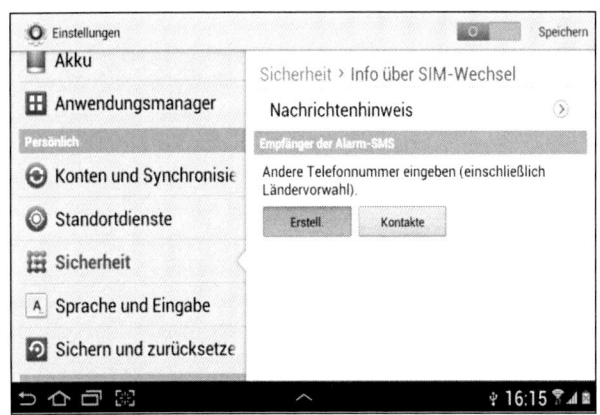 

❶❷ Betätigen Sie *Erstell.* und geben Sie die Handynummer, an die die Alarm-SMS geschickt werden soll im internationalen Format, sowie einen Hinweistext ein. Bestätigen Sie mit *OK*.

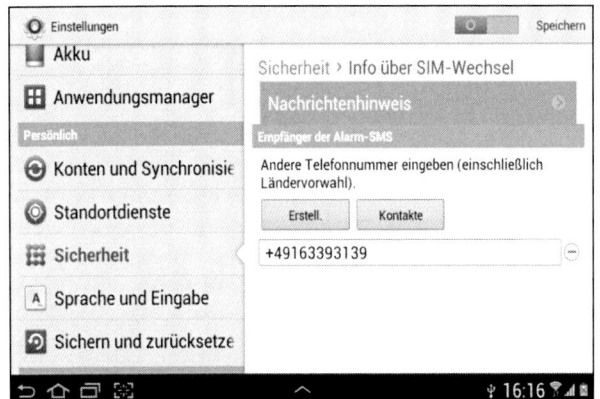 

❶❷ Falls Sie möchten, erfassen Sie noch unter *Nachrichtenhinweis* einen Alarmtext.

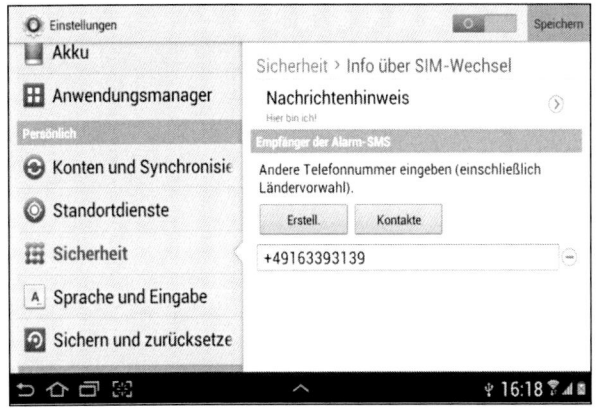 

❶ Schließen Sie den Bildschirm mit *Speichern*.

❷ Wenn jetzt jemand die SIM-Karte im Galaxy austauscht, erhalten Sie automatisch, ohne dass ein Hinweis auf dem Galaxy Tab erscheint, eine Benachrichtigungs-SMS auf das zweite Handy.

25.5.2 Fernzugriff

Damit Sie diese Funktion nutzen können, müssen Sie vorher erst ein Samsung-Konto anlegen. Siehe dazu Kapitel *15 Das Samsung-Konto*.

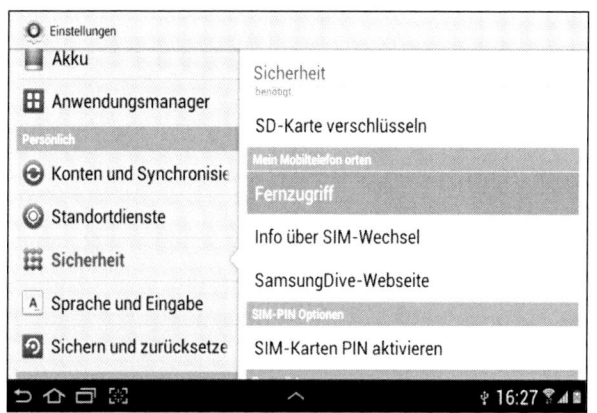 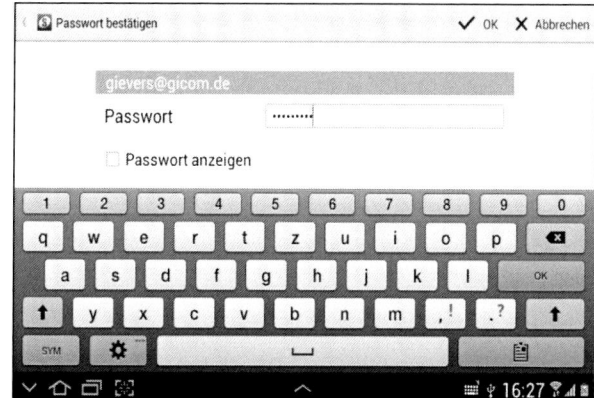

❶❷ Nach Aufruf von *Fernzugriff* geben Sie das Kennwort zu Ihrem Samsung-Konto ein und betätigen *OK*.

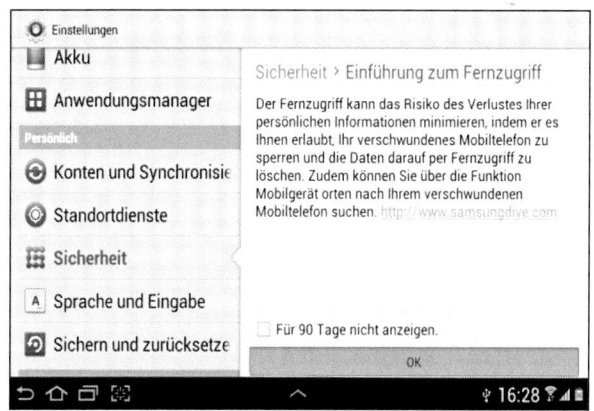 

❶ Schließen Sie den Hinweisbildschirm mit *OK*.

❷ Verlassen Sie den Übersichtsbildschirm mit der ⏎-Taste.

Ihr Galaxy (und andere Samsung-Geräte mit Fernzugriffsfunktion) verwalten Sie nun über den Webbrowser mit Samsung Dive (*www.samsungdive.com*). Loggen Sie sich auf der Website mit den Samsung-Konto-Logindaten ein.

Klicken Sie hier Ihr *Samsung Galaxy Tab 2* für die Fernzugriffsfunktionen an.

Beachten Sie: Damit Samsung Dive funktioniert, muss das Gerät Internetzugang über Mobilfunk oder WLAN haben. Schaltet ein Dieb das Galaxy einfach aus, beziehungsweise besteht kein Internetzugang, bringt Samsung Dive natürlich nichts. Auch wenn der Dieb es schafft, das Gerät zurückzusetzen, ist die Fernwartungsfunktion nutzlos.

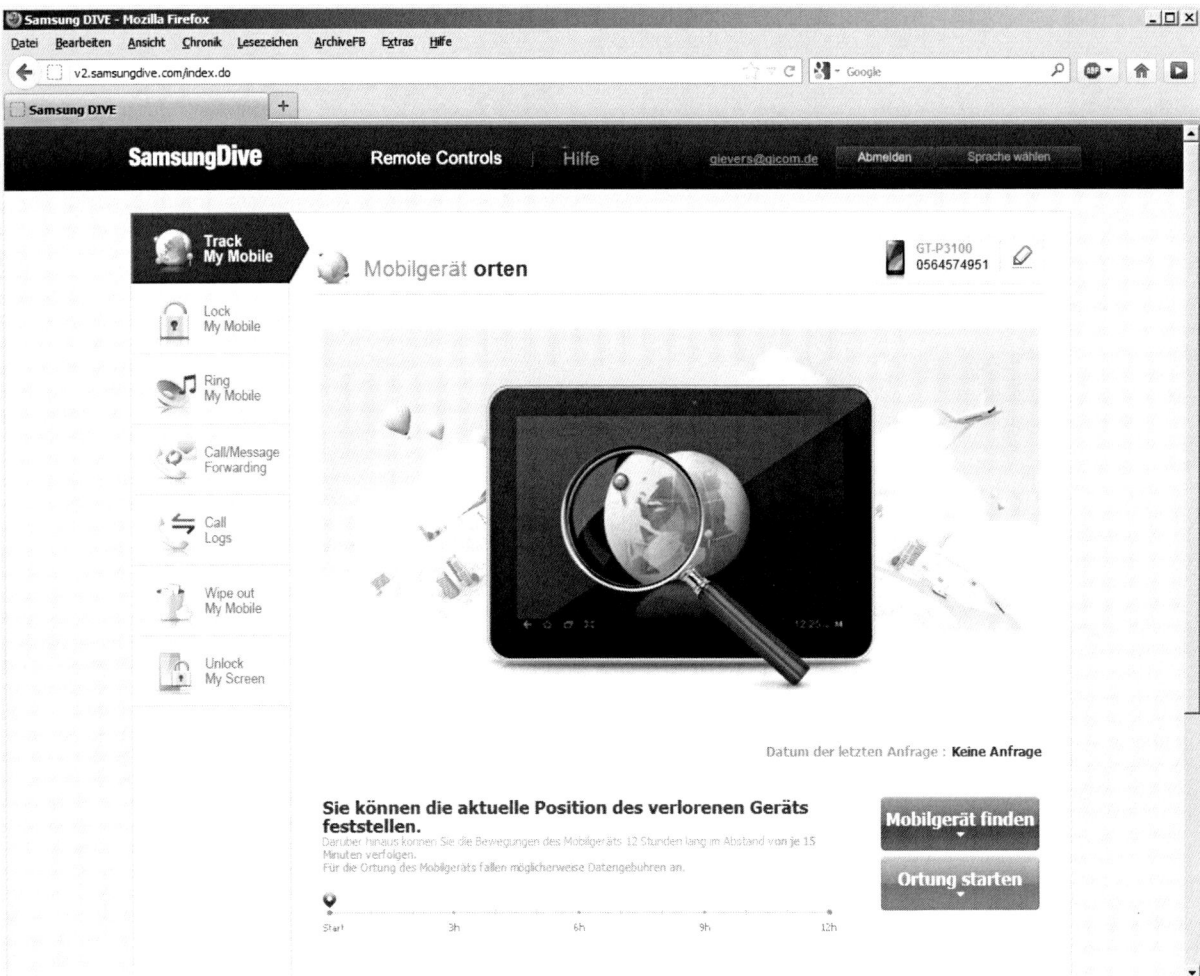

Folgende Funktionen stehen zur Verfügung:

- *Track My Mobile*: Das Gerät orten.
- *Lock My Mobile*: Gerät gegen fremden Zugriff sperren.
- *Ring my Mobile*: Signalton auf dem Tablet aktivieren.
- *Call/Message Forwarding:* SMS und Anrufe an das Gerät auf ein anderes Handy umleiten.
- *Call Logs:* Anrufprotokoll der letzten Woche anzeigen.
- *Wipe out My Mobile*: Löscht alle Daten auf dem Tablet.
- *Unlock My Screen*: Bildschirmsperre beenden.

26. Weitere Programme

26.1 Polaris Office

Polaris Office zeigt Excel-, Word-, PowerPoint und PDF-Dateien an, wobei auch – bis auf PDF – deren Bearbeitung möglich ist. Somit lassen sich Office-Dateien, die man per E-Mail erhalten oder mit dem Webbrowser heruntergeladen hat, auch auf dem Galaxy Tab anzeigen.

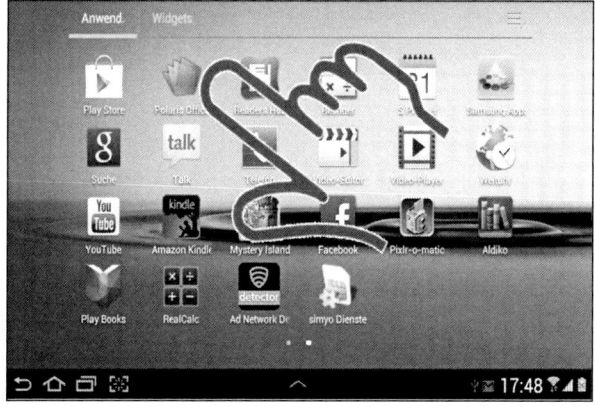 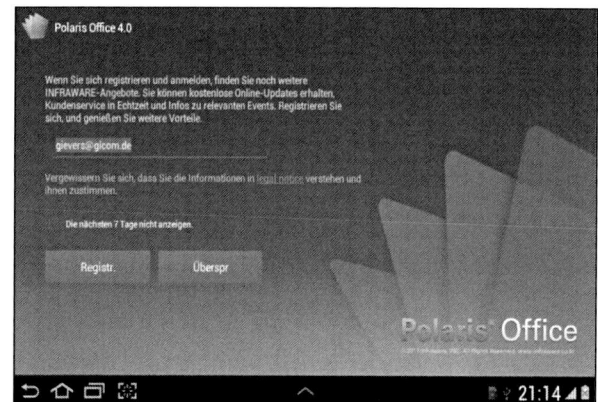

❶ Sie finden *Polaris Office* im Hauptmenü.

❷ Beim Start des Programms erhalten Sie die Möglichkeit, sich beim Softwarehersteller zu registrieren, um über Softwareupdates informiert zu werden. Sie können hier einfach *Überspr.* betätigen.

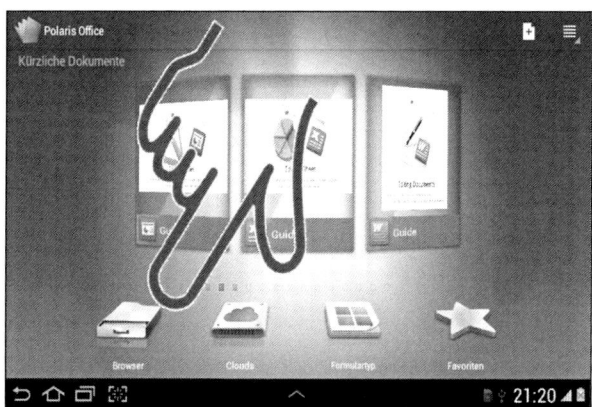 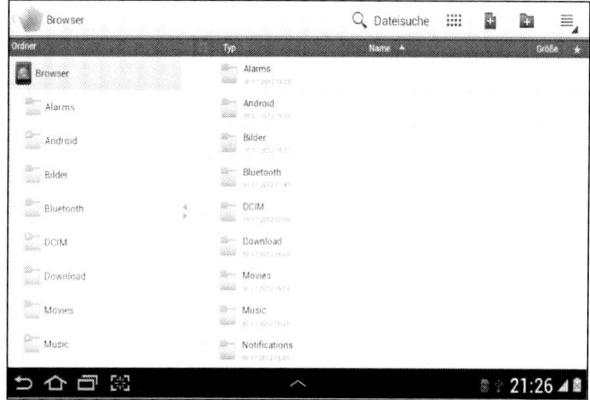

❶ Die Bedeutung der Schaltleisten am unteren Bildschirmrand:

- *Browser* (❷): Das Dateisystem des Galaxy Tab anzeigen, worin Sie Office-Dateien suchen und öffnen können. Wir empfehlen stattdessen auf *Formulartyp* zu gehen.

- *Clouds*: Zugriff auf Dateien bei den Datei-Hostern Box.net, Dropbox (siehe Kapitel *13 Dropbox*) oder Google Docs.

- *Formulartyp:* Listet Office-Dateien nach Dateiart auf und ermöglicht es, diese zu öffnen.

- *Favoriten*: Als Favoriten markierte Office-Dateien verwalten.

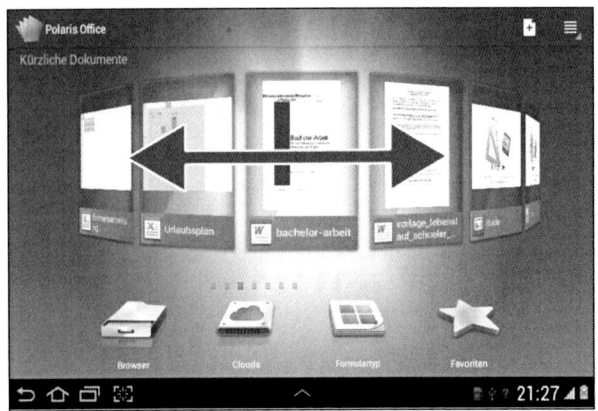

Den größten Teil des Bildschirms belegt ein »Karussel«, das Vorschaubilder der zuvor mal angezeigten Dateien zeigt. Blättern Sie mit einer Wischgeste durch die Dateien und tippen Sie eine zu öffnende Datei an.

26.1.1 Datei in Polaris Office öffnen

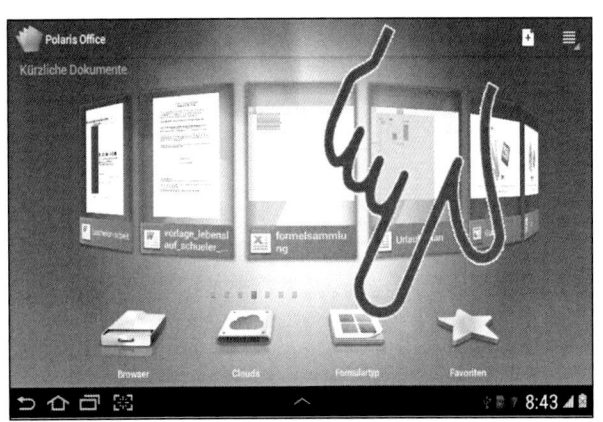
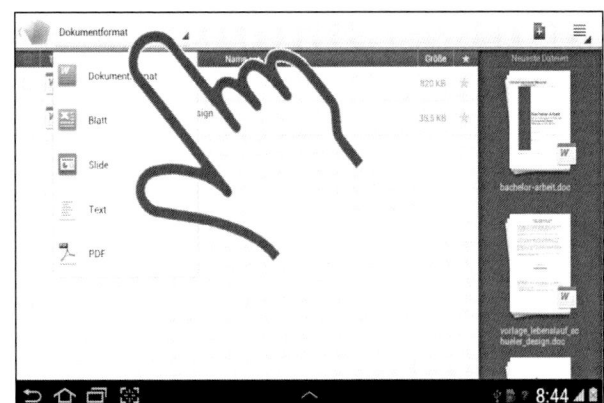

❶ Tippen Sie auf *Formulartyp*.

❷ Aktivieren Sie oben links das Auswahlmenü und gehen Sie dort auf einen Dateityp:

- *Dokumentenformat*: Word-Datei.
- *Blatt*: Excel-Datei
- *Slide*: PowerPoint-Präsentation
- *Text*: Textdatei ohne Formatierungen (.txt)
- *PDF*

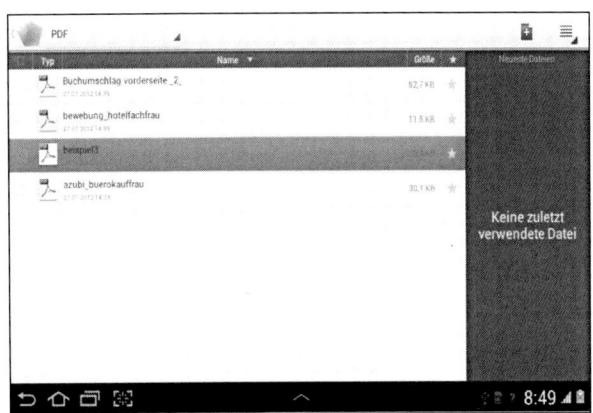
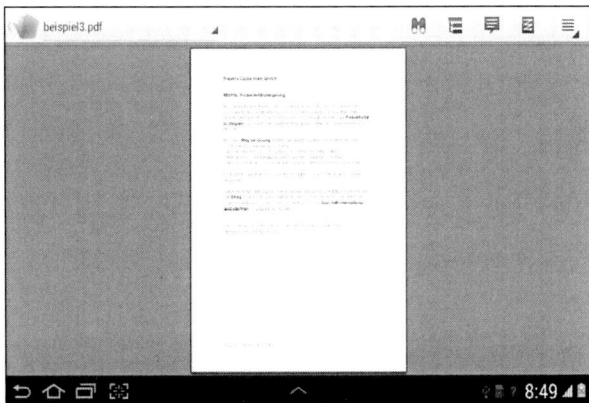

❶❷ Wählen Sie eine Datei aus, die Polaris Office dann anzeigt.

26.1.2 Neue Datei erstellen

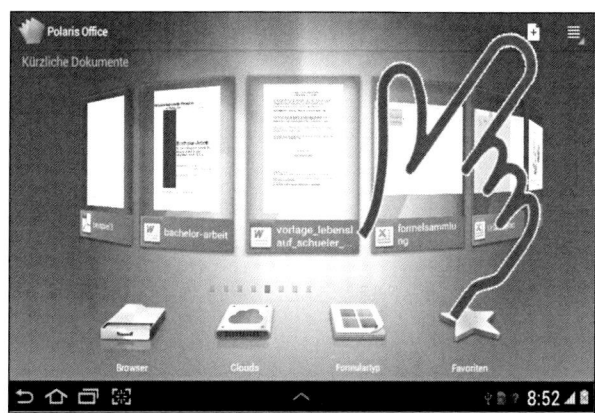 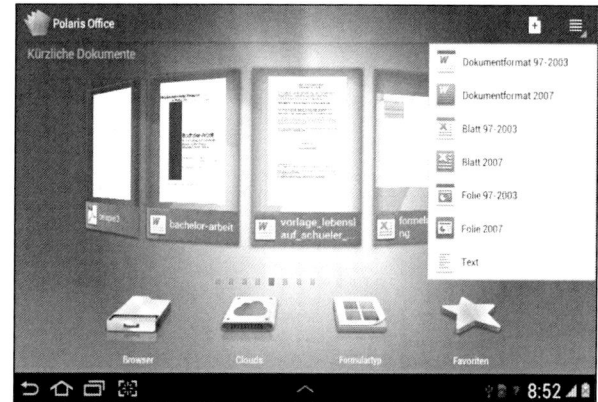

❶❷ Bei der Dateineuanlage, die Sie mit der +-Schaltleiste oben links durchführen, stehen unterschiedliche Dateiformate zur Auswahl:

- *Dokumentenformat 97-2003; Dokumentenformat 2007*: Word-Datei
- *Blatt 97-2003; Blatt 2007*: Excel-Datei
- *Folie 97-2003; Folie 2007*: PowerPoint-Datei.
- *Text*: Textdatei ohne Formatierungen (.txt)

Die Zahlen »97-2003«, beziehungsweise »2007« beziehen sich auf das Erscheinungsdatum der verschiedenen Office-Versionen von Microsoft. Die Dateiformate der Office-Versionen sind nicht miteinander kompatibel, für ältere Versionen ab Office 2000 gibt es aber Updates, die den Programmen das neue Dateiformat beibringen. Es muss hier aber erwähnt werden, dass heute die meisten Anwender mit aktuellen Office-Versionen arbeiten, weshalb Sie ruhig als Dateiformat »97-2003« verwenden können.

Falls Sie ohnehin nicht möchten, dass eine Datei vom Empfänger verändert wird, sollten Sie PDF verwenden. PDF hat zudem den Vorteil, dass es von fast allen Geräten, vom Handy bis zum PC angezeigt werden kann, was für Office-Dateien nicht gilt. Zur PDF-Erstellung öffnen Sie in Polaris Office die jeweilige Office-Datei und gehen auf ☰/*PDF-Export.* Geben Sie dann den Dateinamen ein und gehen Sie auf *Speichern.*

26.1.3 Office-Datei in anderen Anwendungen öffnen

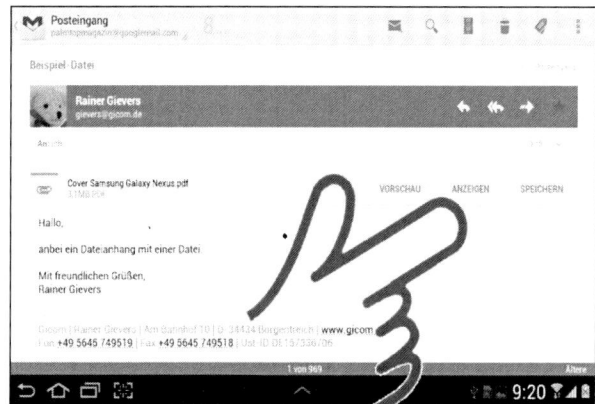 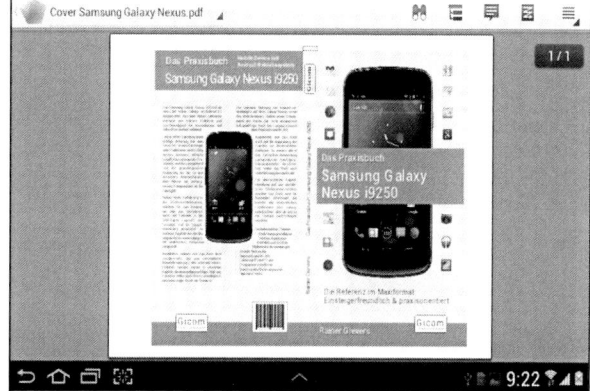

❶ Tippen Sie beispielsweise bei einem in Google Mail (siehe Kapitel *12 Google Mail*) empfangenen Dateianhang auf *ANZEIGEN.*

❷ Die Datei wird in Polaris Office angezeigt und lässt sich, falls es sich um eine Excel-, Word-, oder PowerPoint-Datei handelt, auch bearbeiten.

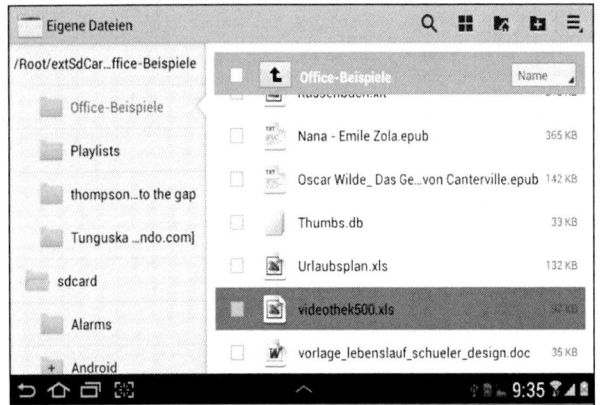 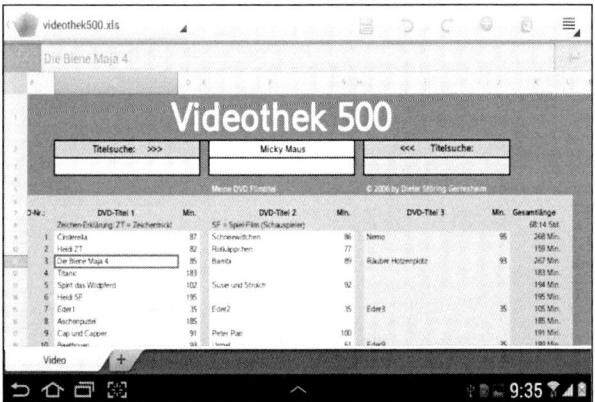

❶❷ Auch im Datei-Manager, den Kapitel *26.6 Eigene Dateien* vorstellt, steht der Polaris Viewer zur Verfügung. Im Beispiel öffnen wir eine PDF-Datei, wozu wir uns zuvor durch die Verzeichnisstruktur des Handys bis zur Datei gehangelt haben, die sich nach einem Antippen öffnet.

Die Verzeichnisstruktur des Tablets erläutert Kapitel *24.2.1 Gerätespeicher und SD-Karte*.

26.2 Rechner

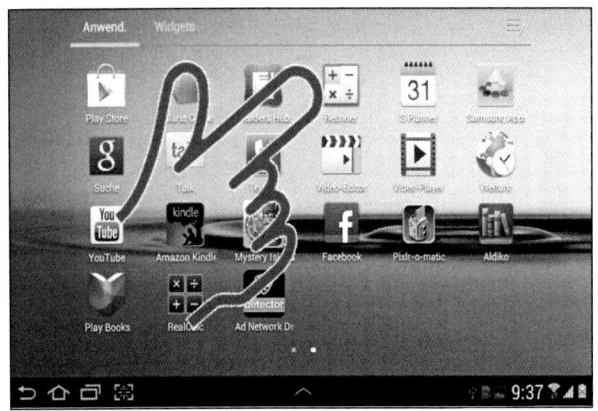 

❶ Sie finden den *Rechner* im Hauptmenü.

❷ Alle Eingaben erfolgen in natürlicher Schreibweise. Das Rechenergebnis erhalten Sie dann nach Betätigen der »=«-Taste auf dem Tastenfeld. Die ⌫-Taste löscht ein Rechenergebnis.

Tippen und halten Sie den Finger auf den Ausgabebereich, um Rechenoperationen, beziehungsweise Ergebnisse in die Zwischenablage zu kopieren und in andere Anwendungen wieder einzufügen.

26.3 Alarm

Die Alarm-Anwendung lässt normale Tischwecker funktionsmäßig weit hinter sich.

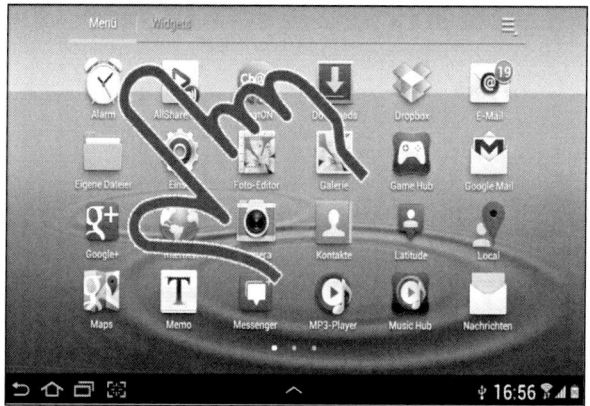 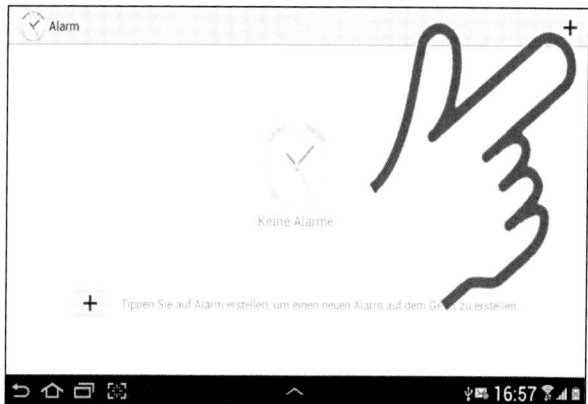

❶ Rufen Sie *Alarm* aus dem Hauptmenü auf.

❷ Mit ✚ legen Sie einen neuen Alarm an.

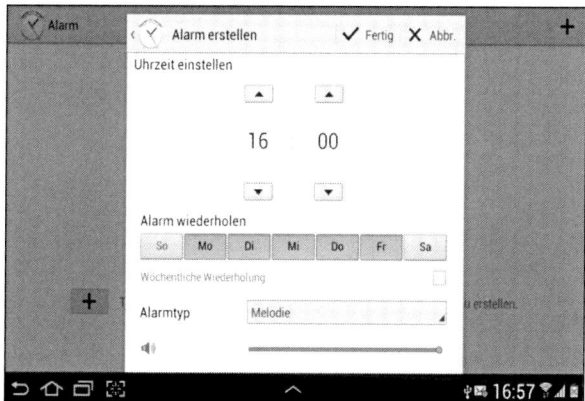

Stellen Sie die Uhrzeit ein. Betätigen Sie *Speichern*.

Weitere Funktionen:

- *Alarm wiederholen:* Wochentage festlegen, an denen der Alarm aktiv ist.

- *Alarmtyp*: Zur Auswahl stehen *Melodie, Vibration, Vibration und Melodie*, sowie *Informationen* (kein akustischer Alarm).

- *Erinnern*: Der Alarm ertönt nach der eingestellten Zeitspanne erneut, beziehungsweise wird x Mal wiederholt.

- *Intelligenter Alarm*: Der intelligente Alarm aktiviert sich eine einstellbare Zeit vor dem eigentlichen Alarm und ist vor allem für Leute interessant, die sanft geweckt werden möchten. Zur Auswahl stehen »sanfte« Melodien mit Naturgeräuschen.

- *Name*: Vergeben Sie dem Alarm bei Bedarf eine Bezeichnung.

Wie man eigene Alarmtöne auf dem Galaxy Tab einrichtet, erfahren Sie im Kapitel *29.1 Eigene Klingel- und Benachrichtigungstöne*.

❶ Der Alarm erscheint in der Auflistung. Wenn Sie ihn mal nicht benötigen, ihn aber nicht löschen möchten, betätigen Sie ☒ (Pfeil) zum Ein/Ausschalten des Alarms. Zum Bearbeiten tippen Sie dagegen den Alarmeintrag kurz an. Verwenden Sie die +-Schaltleiste, um weitere Alarmzeiten anzulegen.

❷ Dass mindestens ein Alarm aktiv ist, erkennen Sie am ☒-Symbol in der Titelleiste (Pfeil).

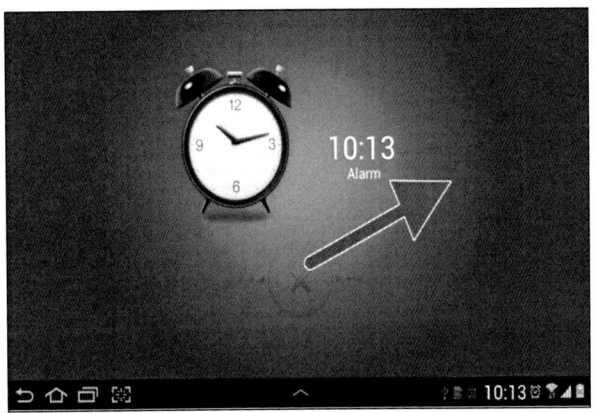

Zum eingestellten Zeitpunkt ertönt der Alarm. Ziehen Sie zum Beenden des Alarms den roten Schieber in eine beliebige Richtung.

26.4 Weltuhr

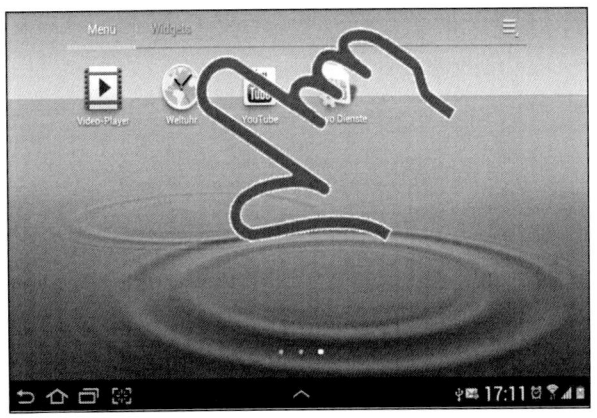 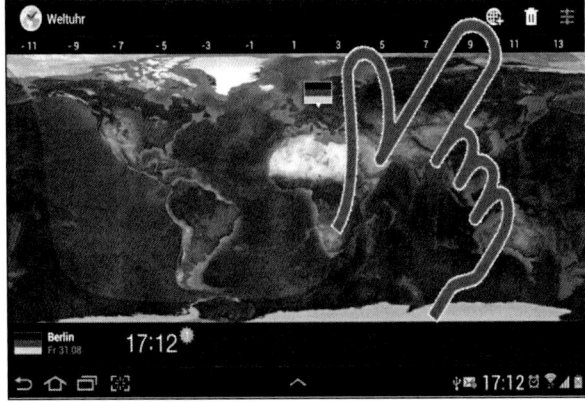

❶ Die im Hauptmenü zu findende *Weltuhr* stellt auf einer Weltkarte übersichtlich die eigene Zeitzone inklusive Tag- und Nachtdarstellung an. Nützlich ist so etwas vor allem für Anwender, die Kontakte in außereuropäische Länder pflegen, beispielsweise damit man nicht aus Versehen jemanden in Asien zur Nachtzeit anruft.

❷ Gehen Sie auf +, um eine weitere Stadt hinzufügen.

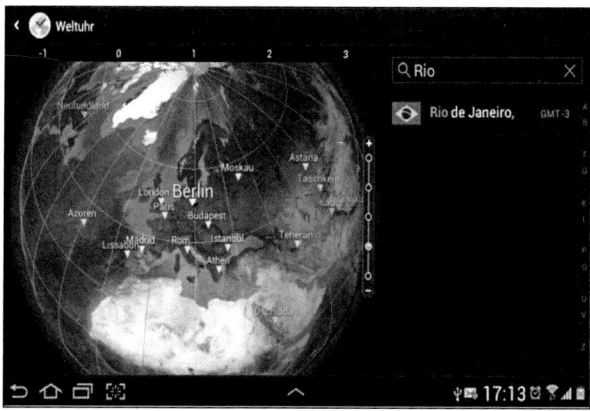 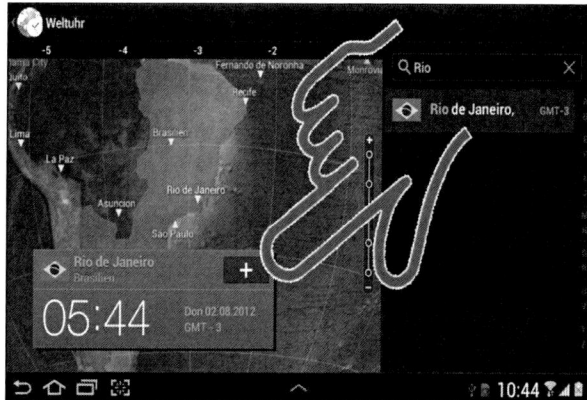

❶ Geben Sie den Stadt- oder Ländernamen ein. Wählen Sie einen Eintrag in der Auflistung unter dem Eingabefeld aus.

❷ Die ausgewählte Stadt wird in der Karte angezeigt und mit + (Pfeil) übernommen.

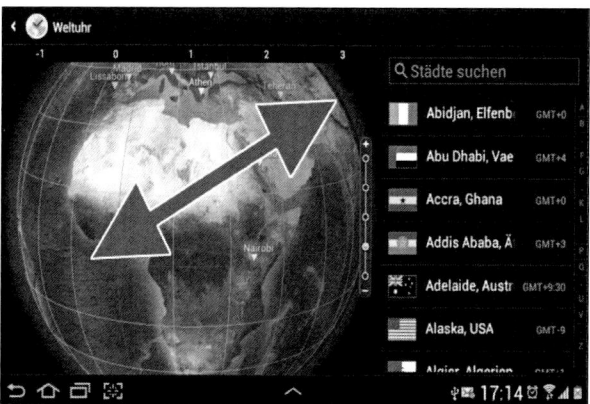 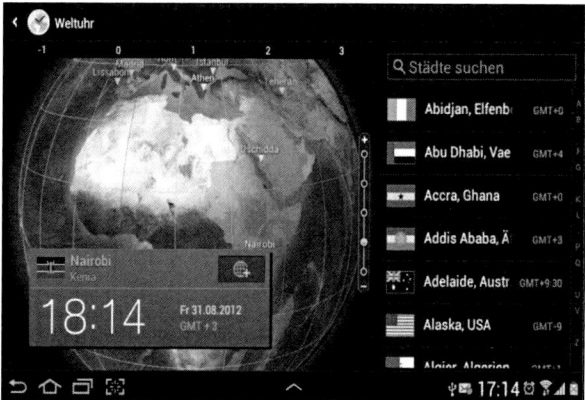

❶❷ Alternativ drehen Sie den Globus mit einer Wischgeste und tippen einen der Städtenamen an, worauf Sie diesen mit + übernehmen können.

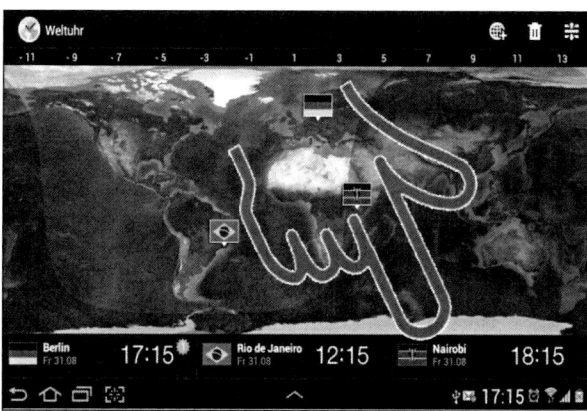 

❶ Die neue Stadt erscheint in der Auflistung. Tippen Sie sie für weitere Infos an.

❷ Der Kartenausschnitt mit dem Ort erscheint vergrößert. Nach Antippen der Schaltleiste unten links, blendet das Programm wieder die Übersichtskarte ein.

26.5 Memo

Über die Memo-Anwendung erstellen und verwalten Sie Notizen.

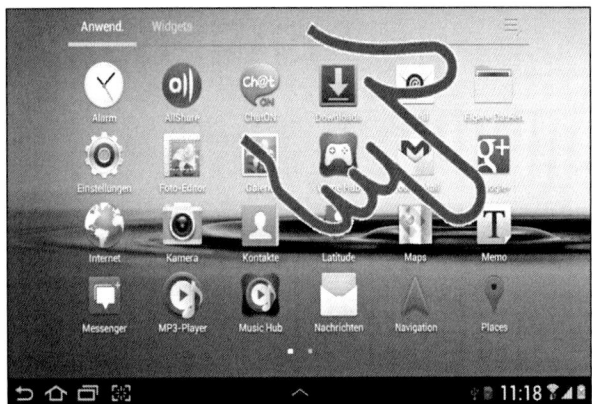 

❶❷ Nach dem Programmstart aus dem Hauptmenü zeigt die Memo-Anwendung zunächst nur einen leeren Bildschirm an. Gehen Sie auf ✚ (Pfeil), um Ihre erste Notiz anzulegen.

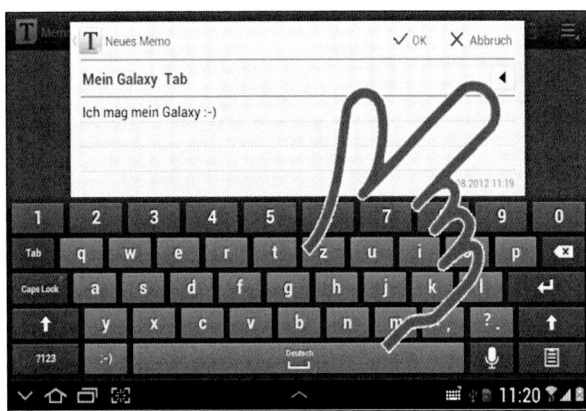 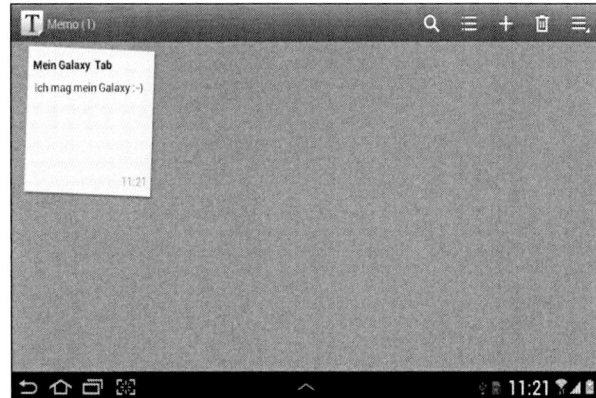

❶ Sie befinden Sie sich im Editor, wo Sie Ihre Betreff und Notiz erfassen, die Sie mit *OK* ablegen. Weitere Funktionen erhalten Sie übrigens über die ◀-Schaltleiste:

- 🗑 : Notiz löschen.

- 🎨 : Hintergrundfarbe ändern.

- 🔒 : Mit Passwort vor fremden Zugriff schützen.

- 🖨 : Auf einem (Samsung)-Drucker ausgeben.

- ❮ : Per Bluetooth, E-Mail oder als MMS versenden.

Die Funktionen 🗑 und 🔒 sind während der Memo-Erstellung deaktiviert und lassen sich erst später nutzen, wenn Sie eine bereits vorhandene Memo bearbeiten.

❷ Die Notiz erscheint auf dem virtuellen Korkbrett und lässt sich durch Antippen bearbeiten.

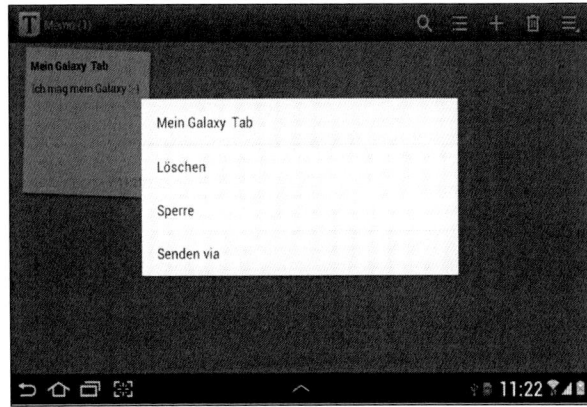 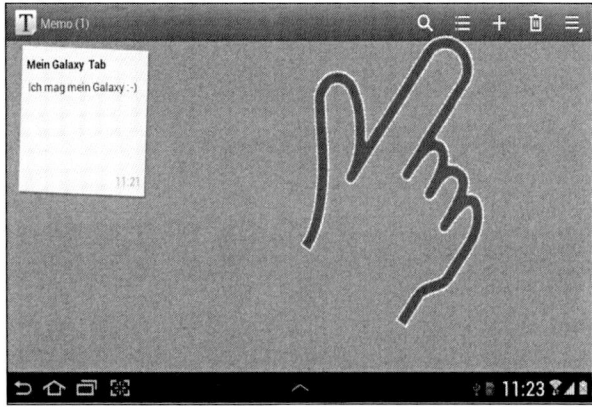

❶ Tippen und halten Sie den Finger auf einer Notiz für weitere Funktionen:

- *Löschen*: Notiz entfernen.

- *Sperre*: Schützt die Notiz mit einem Passwort vor fremden Zugriff.

- *Senden via*: Notiz per Bluetooth, E-Mail oder MMS versenden.

❷ Weitere Funktionen rufen Sie oben rechts in der Symbolleiste auf:

- Q : Notizen nach Begriff durchsuchen.

- ☰ : Ansicht zwischen Korkbrett- und Listenansicht umschalten. Letztere ist insbesondere, wenn viele Notizen vorhanden sind, wesentlich übersichtlicher.

- ✛: Neue Notiz anlegen.

- 🗑 : Ein- oder mehrere Notizen auf einmal löschen.

- ☰↲: Weitere Funktionen zum Senden, Änderung der Sortierung, usw.

26.5.1 Notiz sperren

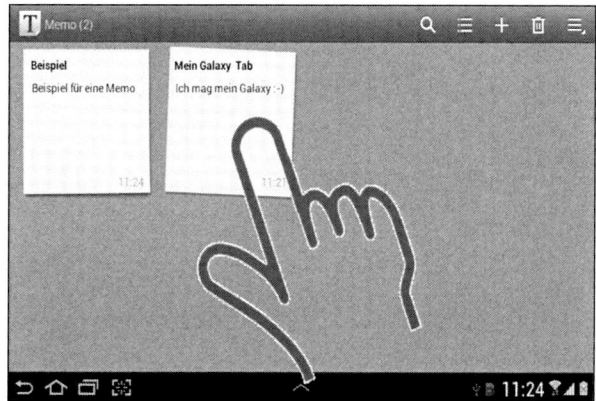 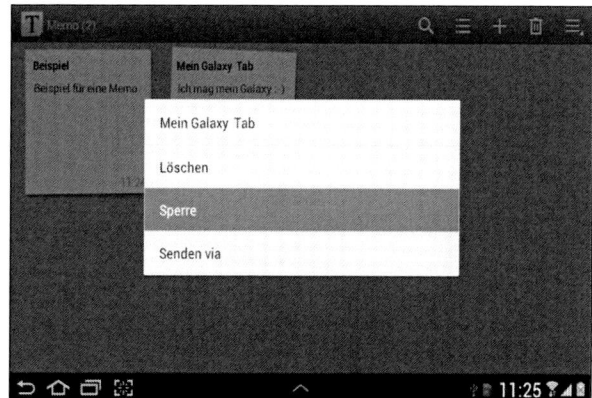

❶❷ Tippen und halten Sie den Finger über einer zu schützenden Notiz und wählen Sie *Sperre* im Popup.

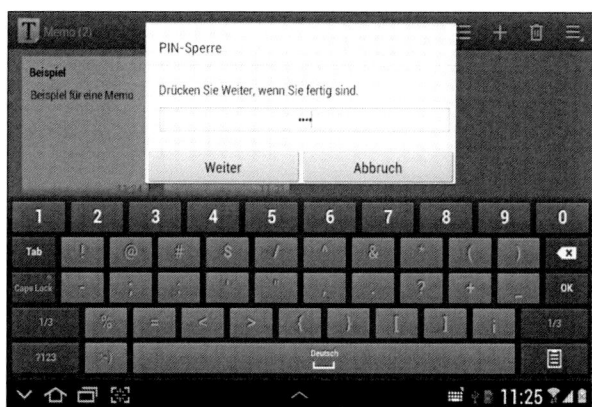 

❶❷ Geben Sie zweimal hintereinander eine beliebige vierstellige PIN ein und betätigen Sie *Weiter*, beziehungsweise *OK*.

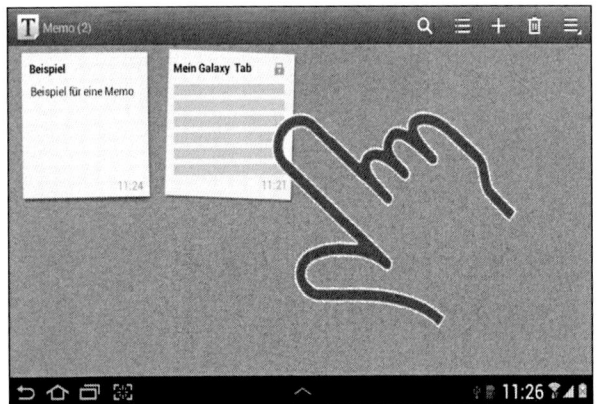 

❶❷ Von der geschützten Notiz ist nun nur noch der Betreff sichtbar. Tippen Sie die Notiz an, müssen Sie erst die zuvor vergebene PIN eingeben, bevor die Notiz sichtbar wird.

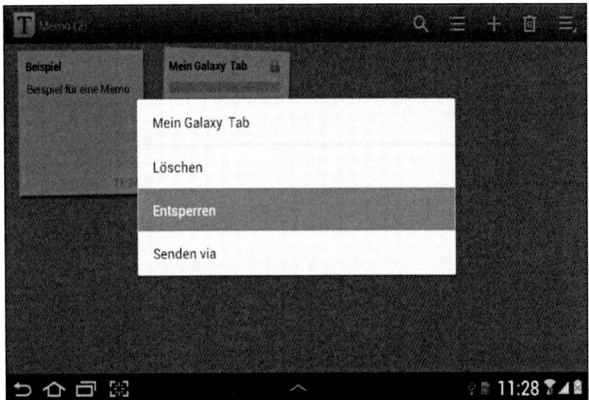 

❶❷ So deaktivieren Sie den Passwortschutz: Tippen und halten Sie den Finger auf einer Notiz und wählen Sie *Freigeben* im Popup. Anschließend geben Sie die PIN ein.

26.6 Eigene Dateien

»Eigene Dateien« ist ein Dateimanager, ähnlich dem Windows Explorer auf dem PC, den Sie allerdings nur selten benötigen werden.

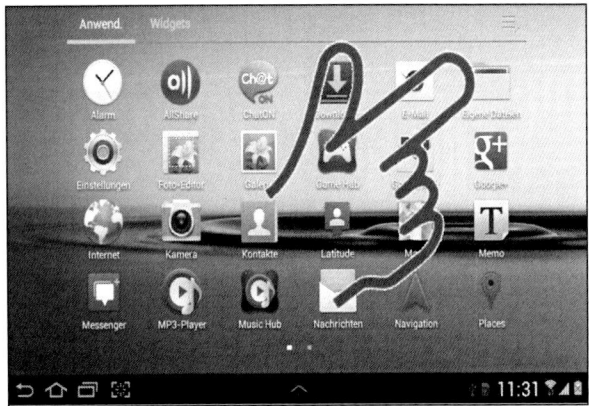 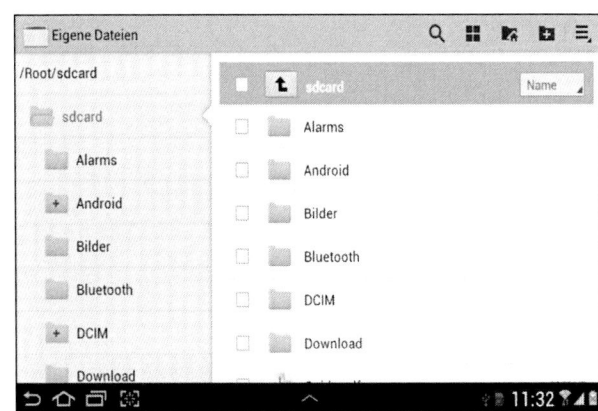

❶ Sie finden den Dateimanager unter *Eigene Dateien* im Hauptmenü.

❷ Durch die Verzeichnisse bewegen Sie sich durch Antippen.

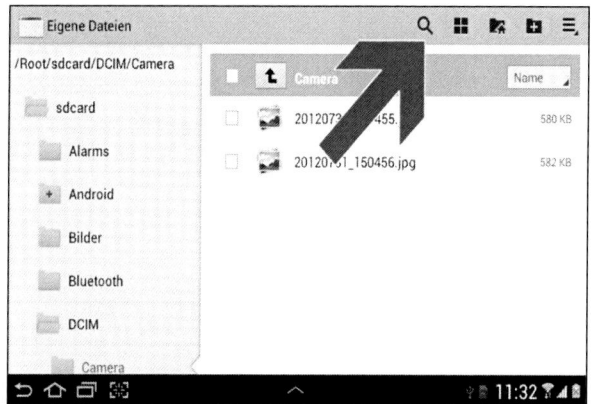 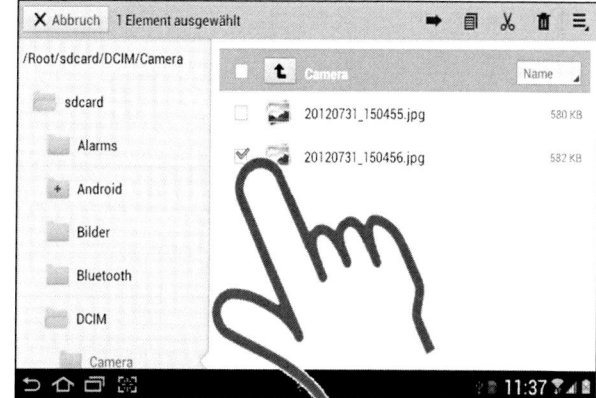

❶ In welchem Verzeichnis Sie sich gerade befinden, erfahren Sie am oberen linkeren Bildschirmrand. Die Bedeutung der Schaltleisten oberen rechts:

- Q: Nach Dateien suchen.

- ▦/☰ : Auflistung zwischen Details und Vorschaubild umschalten

- ▨: Zum Wurzelverzeichnis zurückkehren.

- ➕: Neues Verzeichnis erstellen.

- ☰: Weitere Dateifunktionen (siehe unten), die nur aktiv sind, wenn ein oder mehrere Dateien markiert sind.

❷ Sobald Sie eine oder mehrere Dateien »abhaken« (Pfeil), schaltet der Dateimanager auf andere Schaltleisten um:

- ➡: Datei(en) per E-Mail, MMS oder über Bluetooth versenden, beziehungsweise bei Google Picasa hochladen. Sofern nur ein einzelnes Foto markiert ist, kann man es bei Facebook hochladen. Außerdem ist der Upload von markierten Videos bei Youtube möglich.

- 🗐: Datei(en)/Verzeichniss(e) in ein anderes Verzeichnis kopieren.

- ✂: Datei(en)/Verzeichnisse(e) ausschneiden und in ein anderes Verzeichnis kopieren.

- 🗑: Datei(en)/Verzeichnisse(e) löschen.

- ☰: Datei umbenennen; Dateidetails anzeigen.

Die Dateistruktur auf dem Galaxy Tab beschreibt Kapitel *24.3 Verzeichnisse*.

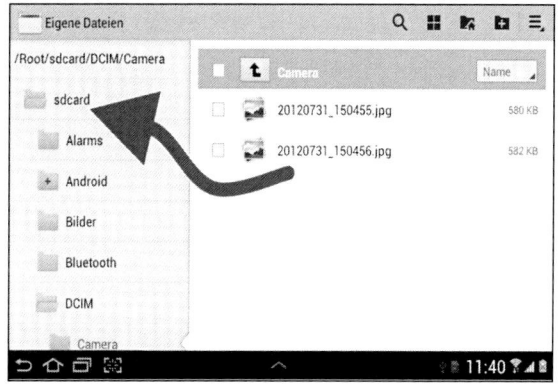

Dateien und Verzeichnisse lassen sich auch verschieben, indem Sie den Finger auf einer Datei/einem Verzeichniss gedrückt lassen, bis die Hervorhebung erscheint und dann in das Zielverzeichnis ziehen. Wenn Sie mehrere Dateien/Verzeichnisse verschieben möchten, aktivieren Sie einfach zuvor die Abhakkästchen vor den Elementen.

26.7 Wetter

Das *Wetter*-Widget (zu den Widgets siehe Kapitel *3.7.2 Widgets*) liefert aktuelle Wetter-Infos.

 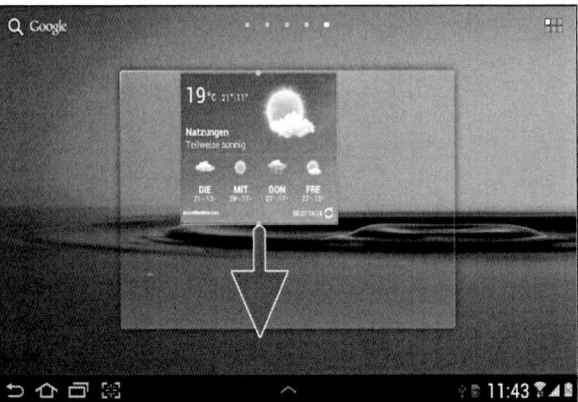

❶❷ Wenn Sie das Wetter-Widget, das Sie unter *AccuWeather.com* im Widget-Register des Hauptmenüs finden, anlegen, sollten Sie den gelben Rahmen nach unten ziehen. Sie erhalten dann neben dem aktuellen Wetter auch eine Wettervorhersage.

❶ Tippen Sie das Widget im Startbildschirm an.

❷ Sie können nun über die ✚-Schaltleiste weitere Orte hinzufügen.

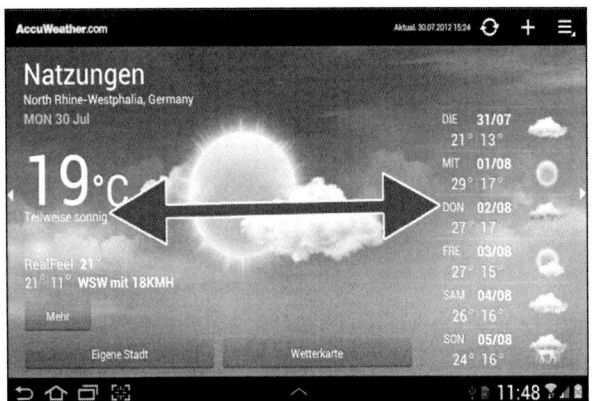 

❶❷ Mit einer Wischgeste schalten Sie dann zwischen den verschiedenen Orten um.

Falls Sie sich wundern, dass das Wetter für Ihr Heimatort angezeigt wird: Die Wetter-Anwendung ermittelt Ihre aktuelle Position, sobald Sie GPS (siehe Kapitel *29.5 GPS auf dem Galaxy Tab nutzen*) einschalten.

26.8 Youtube

Die YouTube-Anwendung bietet eine ähnliche Funktionalität wie das Videoportal, das Sie unter *www.youtube.com* im Web finden.

❶❷ Die Bedienelemente blenden Sie mit einer Wischgeste von links nach rechts, beziehungsweise umgekehrt, ein oder aus.

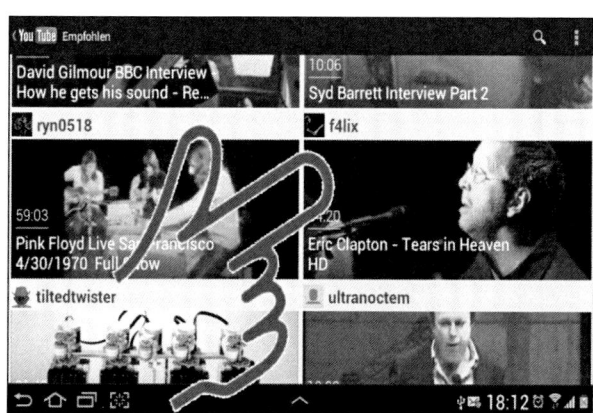 

❶ Der Youtube-Player startet mit einer Kachelansicht, in der Sie einfach ein Video zum Ansehen antippen.

❷ Die Wiedergabe erfolgt sofort im Vollbildmodus. Tippen Sie auf den Bildschirm, um Bedienelemente anzuzeigen. Die ⤺-Taste beendet dagegen die Wiedergabe und schaltet wieder auf das Hauptmenü um.

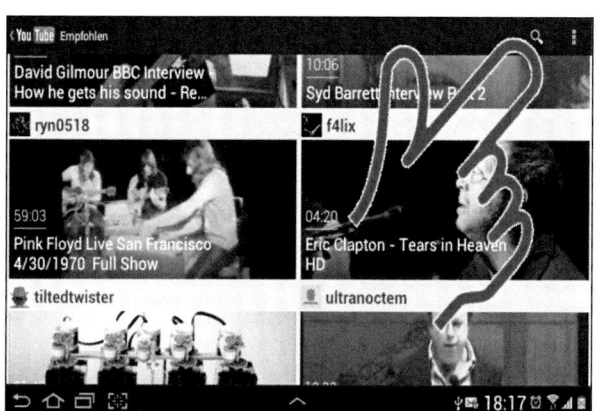 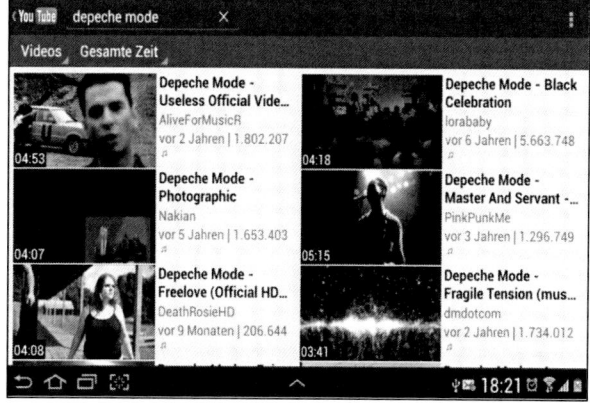

❶❷ Zum Auffinden von Videos tippen Sie oben auf ᵠ, geben den Suchbegriff ein und betätigen ᵠ auf dem Tastenfeld. Tippen Sie in den aufgelisteten Suchergebnissen das anzuzeigende Video an.

26.9 Videoplayer

Der Videoplayer verarbeitet unter anderem die Formate 3GP und MP4, Natürlich spielt das Programm auch mit der Kamera-Anwendung (siehe Kapitel *17.6 Video-Funktion*) aufgenommene Videos ab.

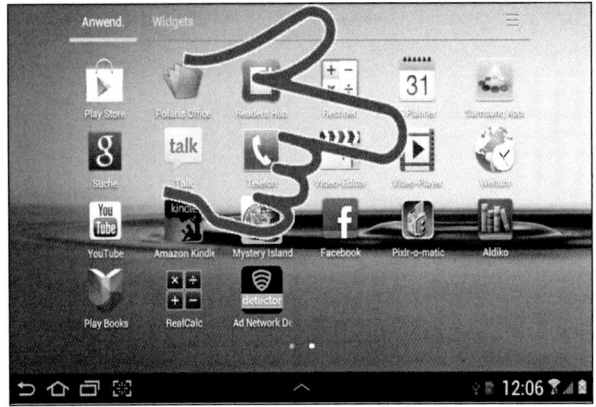 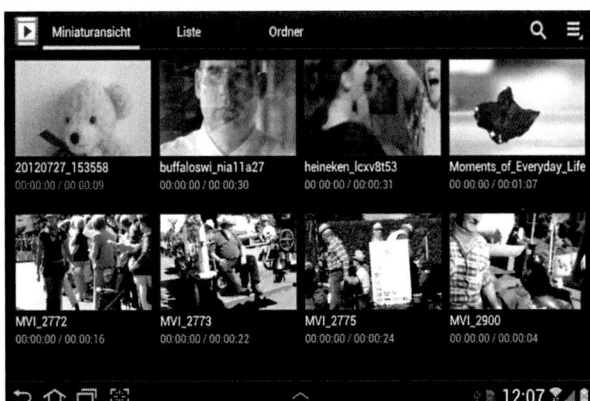

❶ Den *Videoplayer* finden Sie im Hauptmenü (Pfeil).

❷❸ Zu allen Videos erscheint eine Vorschau. Tippen Sie das anzuzeigende Video an, welches nun im Vollbild abgespielt wird.

❶❷ Bedienungselemente erscheinen dort nach Antippen des Bildschirms.

> Wenn Sie ein Video während der Wiedergabe verlassen, wird die aktuelle Abspielposition jeweils gespeichert und unterhalb des Videos angezeigt. Beim nächsten Aufruf des Videos aus der Vorschauliste setzt die Wiedergabe dann an der Position fort.

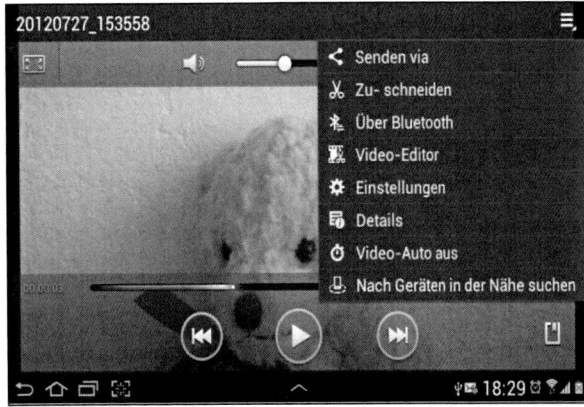 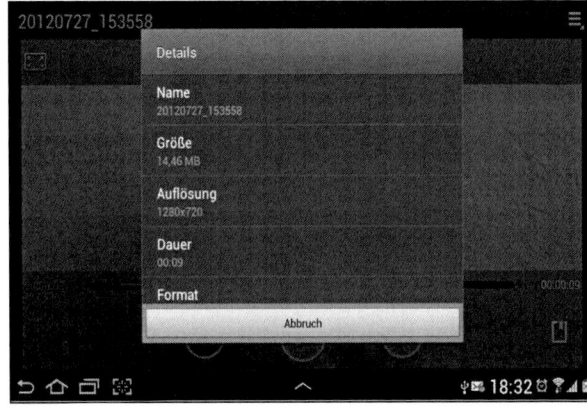

❶ Das mit ☰ aktivierte Menü liefert die Funktionen:

- *Senden via*: Video bei *YouTube, Dropbox, Google+,* usw. hochladen, als Dateianhang bei Google Mail versenden oder per Bluetooth senden.

- *Zu- schneiden*: Das Video auf einen Ausschnitt beschneiden, beispielsweise, um das fertige Video dann bei Youtube hochzuladen.

- *Video-Editor*: Videodatei bearbeiten.

- *Einstellungen*: Konfiguriert die Wiedergabegeschwindigkeit, die Anzeige von Untertiteln und die kontinuierliche Wiedergabe aller Videos.

- *Details* (❷): Infos zur Videodatei.

- *Video-Auto aus*: Automatisches Abschalten der Videowiedergabe nach der eingestellten Zeitspanne.

26.10 Music Hub

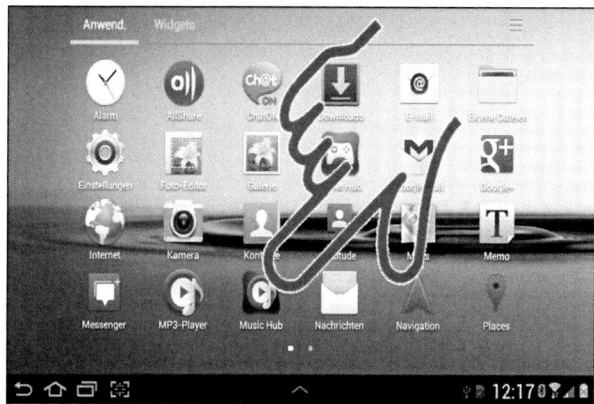 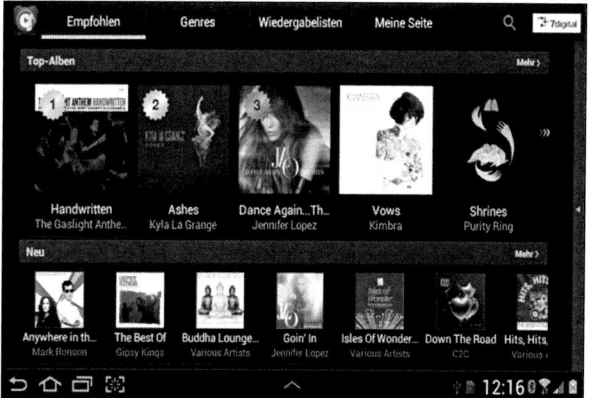

❶❷ *Music Hub* ist ist ein vom britischen Unternehmen 7digital betriebener Verkaufsshop. Verfügbar sind ca. 18 Millionen Songs im MP3-Format, für deren Kauf allerdings eine Kreditkarte nötig ist. Sie können Songs aber auch über die 7digital-Website unter *de.7digital.com* mit anderen Zahlungsmethoden erwerben.

Für den digitalen Kauf von Songs und Alben sollten sie immer die verschiedenen Anbieter Amazon, 7digital, Musicload, usw. miteinander vergleichen, da einige Online-Shops ab und zu Sonderaktionen fahren. Achten sie auch darauf, dass Sie die Songs ohne DRM (digitales Rechtemanagement) kaufen, damit sie auch auf Ihrem Gerät problemlos funktionieren.

27. Programmverwaltung

Die mitgelieferten Anwendungen beim Galaxy decken bereits ein großes Spektrum an Einsatzmöglichkeiten ab. Sie können aber auf dem Gerät jederzeit weitere Anwendungen und Spiele installieren.

Es gibt mehrere Möglichkeiten, Programme zu installieren:

- **PC**: Kopieren Sie das Programm vom PC aus auf das Galaxy und installieren Sie es dann.

- **Webbrowser des Galaxy**: Auch der Download über den Webbrowser des Tablets mit anschließender Installation ist möglich.

- **Google Play Store**: Über die Play Store-Anwendung haben Sie Zugriff auf tausende von Anwendungen und Spielen, die sich »on the fly« über eine drahtlose Verbindung (WLAN oder Mobilfunk-Internet) installieren lassen. Auch der Kauf von Programmen im Play Store ist möglich. Die meisten Anwender nutzen ausschließlich den Play Store und nicht die anderen hier aufgelisteten Installationsmöglichkeiten.

- **Google Play Store im Internet**: Der Play Store ist auch im Internet unter der Webadresse *play.google.com* verfügbar. Sie können so in Ihrem Webbrowser auf dem Desktop-PC Programme auswählen, die dann Google automatisch auf Ihrem Galaxy installiert.

- **Samsung Apps**: Samsung Apps wird von Samsung betrieben und bietet, ähnlich wie der Google Play Store, zahlreiche Programme zum Download an.

- **Weitere Downloadseiten**: Neben dem Google Play Store gibt es noch dutzende weitere, mehr oder wenige große Download-Anbieter. Teilweise muss man bei diesen erst eine Anwendung installieren, über die man seine Downloads verwaltet. Die Bekanntesten sind PDAssi für Android (*android.pdassi.de*), AndroidPit (*www.androidpit.de*) und GetJar (*www.getjar.com*). Einige der genannten Websites veröffentlichen auch Testberichte, die aber von zweifelhaften Nutzen sind, da der jeweilige Entwickler dafür bezahlen muss.

> Bis März 2012 hieß der Play Store noch **Android Market**. Im Zuge eines automatischen Updates wurden inzwischen alle Handys und Tablets auf den Play Store umgestellt. Der neue Name ist wohl dem Umstand geschuldet, dass im Android Market neben Programmen auch Videos und Ebooks angeboten werden.

27.1 Play Store

❶ Starten Sie den *Play Store* aus dem Startbildschirm oder dem Hauptmenü.

❷ Alternativ gehen Sie im Hauptmenü auf ☰/*Google Play Store*.

Weil im Play Store inzwischen auch Ebooks verkauft werden (mehr dazu im Kapitel *29.6.2 Google Ebooks*), müssen Sie erst die *Apps*-Schaltleiste (Pfeil) für die Softwareübersicht betätigen.

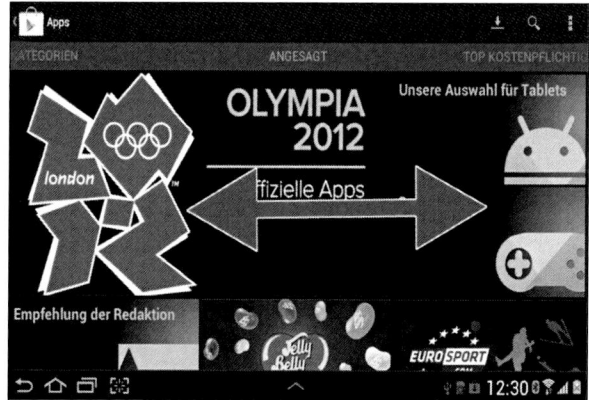 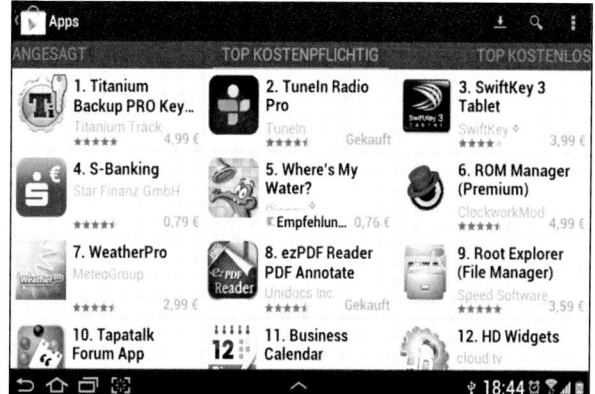

❶ Die Benutzeroberfläche besitzt mehrere Register, zwischen denen Sie mit einer Wischgeste umschalten:

- *KATEGORIEN*: Alle Programme sind im Play Store nach Kategorien sortiert, die Sie einfach nach interessanten Anwendungen oder Spielen durchblättern können. Bitte beachten Sie, dass in den Kategorien auch viele Programme zu finden sind, welche keinerlei Nutzwert haben.

- *ANGESAGT*: Von Google empfohlene Software. Mit einer vertikalen Wischgeste rollen sie durch die Auflistung.

- Bitte beachten Sie, dass in den Kategorien auch viele Programme zu finden sind, die keinerlei Nutzwert haben. Empfehlenswerter ist es,

- Derzeit häufig heruntergeladene Software, beispielsweise weil darüber in den Medien berichtet wurde.

- *TOP KOSTENPFLICHTIG; TOP KOSTENLOS; ERFOLGREICHSTE*: Auflistung der jeweils am häufigsten heruntergeladenen Programme (❷).

- *NEUE KOSTENPFLICHTIGE*: Neu von Entwicklern im Play Store eingestellte Software.

- TRENDS: Programme, die aktuell häufig heruntergeladen werden, beispielsweise, weil die Medien darüber berichtet haben.

- *Suche*: Wenn Ihnen der Name eines Programms bekannt ist, oder Sie nach einer bestimmten Programm-Funktion suchen, können Sie auch die Suche (Q) verwenden.

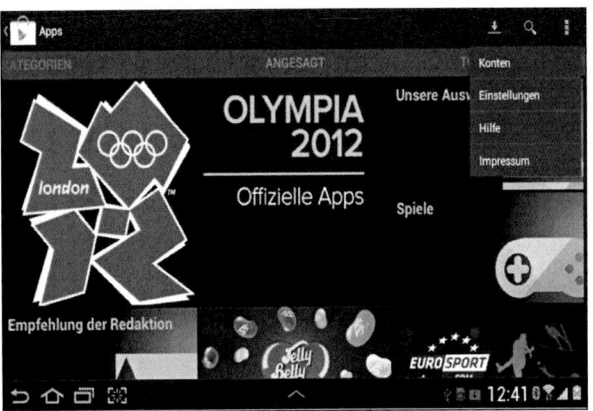
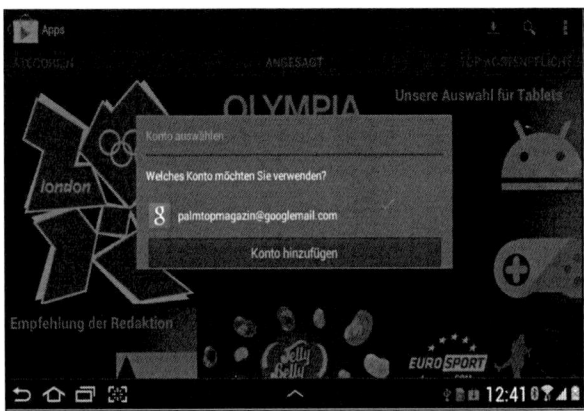

❶ Das ⦙-*Menü*:

- *Konten*: Sofern Sie mehrere Google-Konten besitzen, können Sie das für Downloads und Käufe verwendete einstellen (❷).

- *Einstellungen*: Konfiguriert unter anderem automatische Updates, Benachrichtigungen und die Nutzung von WLAN für Downloads. Siehe Kapitel *27.1.3 Einstellungen*.

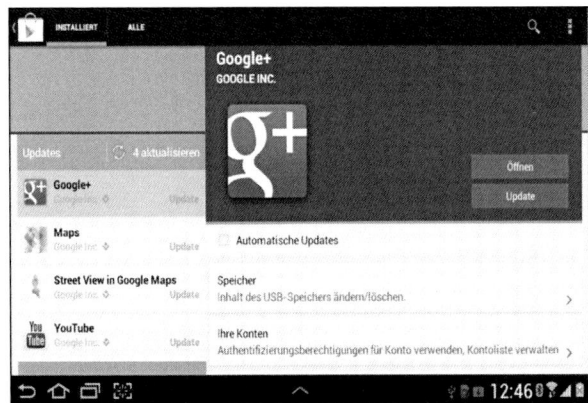

❶❷ ⤓ (Pfeil) zeigt die von Ihnen installierten Programme an und ermöglicht diese wieder zu deinstallieren. Außerdem sehen Sie hier, ob Updates zu installierten Programmen im Play Store vorliegen.

27.1.1 Programme installieren/deinstallieren

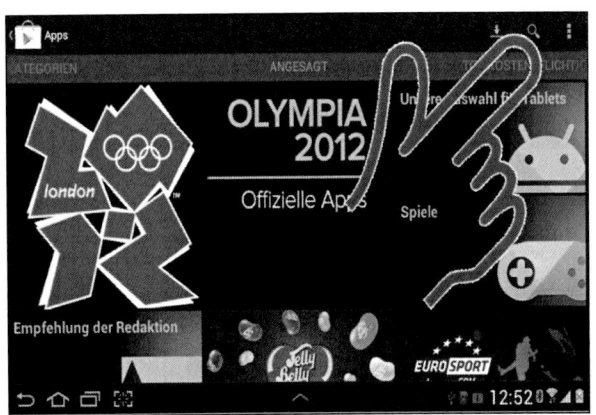
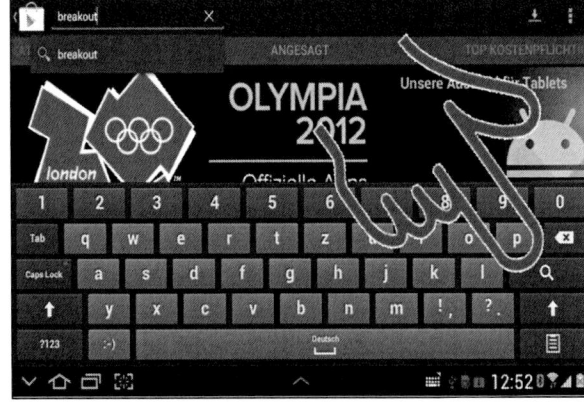

❶❷ Gehen Sie auf 🔍 im Hauptbildschirm und geben Sie den Suchbegriff ein. Bestätigen Sie mit 🔍 auf dem Tastenfeld.

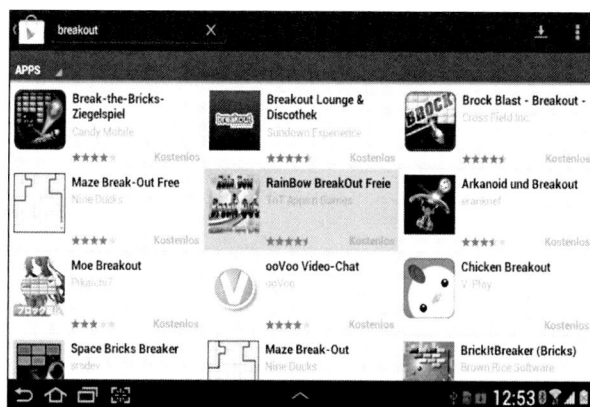 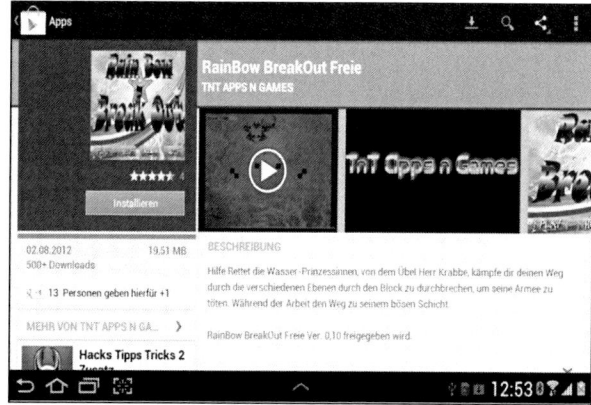

❶ Es werden der Name und die Beschreibung aller Programme durchsucht. Die Fundstellen werden mit Namen, Bewertung und Preis aufgelistet. Tippen Sie eines der angebotenen Programme an.

❷ Neben einer ausführlichen Beschreibung finden Sie hier die Bewertungen von anderen Benutzern, Infos zum Entwickler mit der Möglichkeit, seine weiteren Programme bei Play Store anzuzeigen, sowie Kontaktmöglichkeiten zum Entwickler. Betätigen Sie *Download* dann *Akzeptieren & herunterl.*, um das Programm auf den Tablet zu installieren. Der Download erfolgt dann im Hintergrund.

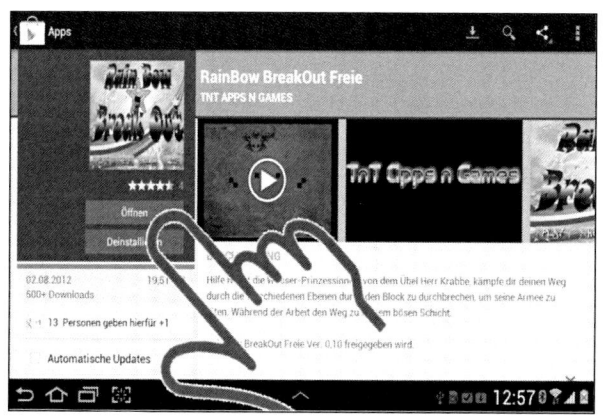 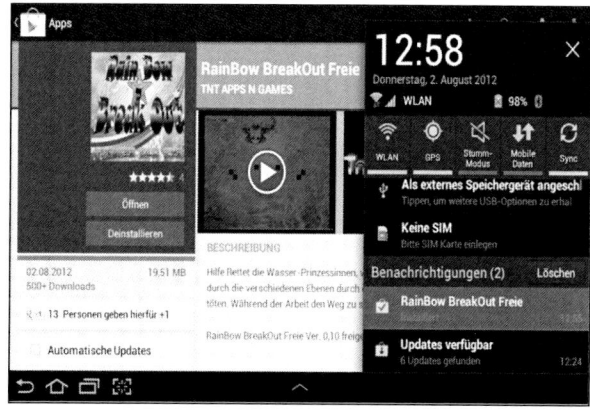

❶ Betätigen Sie nach der Installation in der Programmanzeige die *Öffnen*-Schaltleiste.

❷ Alternativ öffnen Sie das Benachrichtigungsfeld, wo ein Erfolgshinweis zu sehen ist. Von dort lässt sich das Programm dann auch starten.

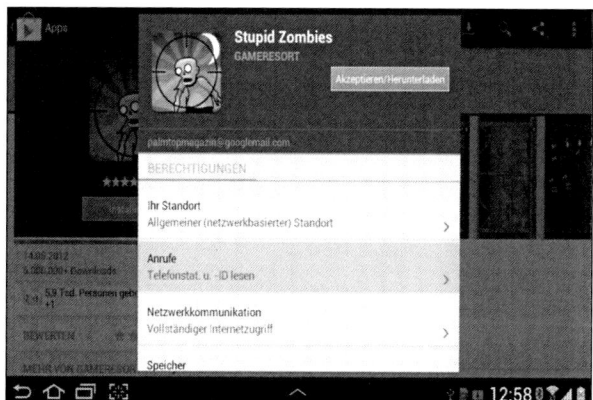 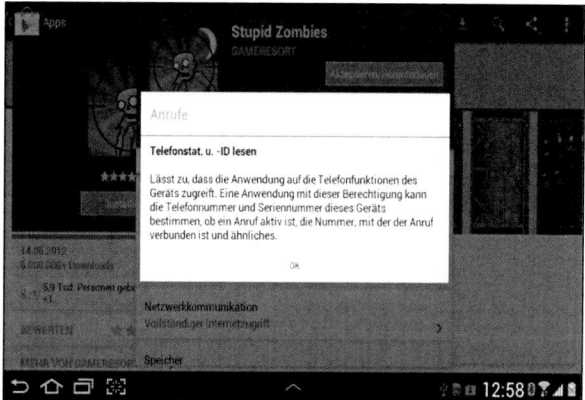

❶❷ Viele Programme nutzen potenziell »gefährliche« Funktionen, die beispielsweise Daten über das Internet übertragen, GPS-Daten auslesen, das Mikrofon aktivieren, usw. In solchen Fällen erscheint **vor** dem Herunterladen eine Auflistung der benötigten Berechtigungen. Gehen Sie auf eine Berechtigung für weitere Infos.

❶❷ Über den Installationsfortschritt und bereits installierte Programme informiert Sie der *Meine Apps*-Bildschirm, den Sie mit ↧ (Pfeil) aufrufen.

❶ Ein neu installiertes Programm finden Sie im *Hauptmenü* wieder, wo Sie es auch starten können.

❷ Im Startmenü legt der Play Store ebenfalls eine Verknüpfung auf das neue Programm an (Sie müssen zwischen den Seiten des Startbildschirms umschalten).

 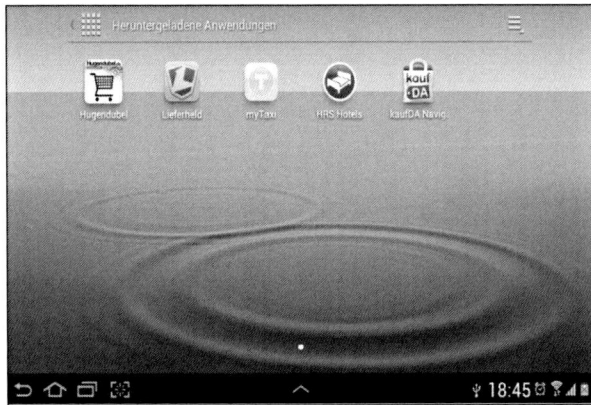

❶❷ Alternativ zeigt Ihnen im Hauptmenü ☰/*Heruntergeladene Anwendungen* die aus dem Play Store installierten Programme an. Die ⟲-Taste bringt Sie von dort wieder in das »normale« Hauptmenü zurück.

 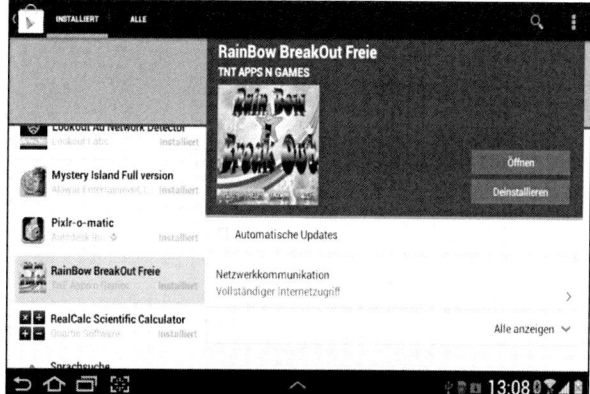

➊➋ Wenn Sie das Programm später nicht mehr benötigen, deinstallieren Sie es ebenfalls im *Meine Apps*-Bildschirm. Wählen Sie dort das Programm links in der Liste aus und betätigen *Deinstallieren*. Die Sicherheitsabfrage beantworten Sie mit *OK*.

27.1.2 Gute von schlechter Software unterscheiden

Der Play Store umfasst mehr als 300.000 Programme, sodass häufig gleich hunderte Programme ein einzelnes Anwendungsgebiet abdecken. Erfreulicherweise hat Google gleich mehrere Features im Play Store eingebaut, welche die Softwareauswahl erleichtern:

- Häufig geladene (und damit meist gute) Software findet in den Kategorien *TOP ANGE-SAGT, TOP KOSTENPFLICHTIG*, usw. Eingang.

- Auch wenn Sie die Suchfunktion nutzen, erscheinen in der Auflistung zuerst die am häufigsten heruntergeladenen Programme.

- Zusätzlich finden Sie bei jedem Programm eine Sterne-Bewertung, sowie Kommentare der Nutzer. Insbesondere bei Kaufprogrammen (die Sie ja nicht vorab testen können) sollten Sie sich die Nutzerbewertungen durchlesen.

- Manche Kaufprogramme sind auch in funktionsbeschränkter Form kostenlos (als sogenannte »Freeware«) im Play Store erhältlich, sodass man zumindest einen groben Überblick über deren Tauglichkeit erhält. Es gibt übrigens häufig auch Programme, die sowohl kostenlos, als auch als Kaufversion erhältlich sind. Die kostenlose Version finanziert sich dann meistens durch Werbebanner. Werbebanner haben allerdings den Nachteil, häufig aus dem Internet Daten nachzuladen (irgendwoher müssen die Bannergrafiken ja kommen) und teilweise den GPS-Empfänger zu aktivieren. Letzteres dient dazu, dem Nutzer für sein Land optimierte Werbung anzuzeigen. Leider reduziert sich dadurch die Tablet-Akkulaufzeit...

- Die Softwareentwickler bestimmen selbst, ob ihr Programm für bestimmte Handys und Tablets geeignet sind. Programme, die nicht auf Ihrem Tablet funktionieren, werden erst garnicht im Play Store anzeigt. Trotzdem werden Sie ab und zu auf Programme, insbesondere Spiele stoßen, die nicht gut angepasst sind, was sich u.a. in pixeliger Darstellung, verschobenen Schaltleisten, überstehenden Texten, usw. bemerkbar macht. Falls Ihnen ein Programm trotzdem gefällt, sollten Sie einfach das Programm installiert lassen. Der Play Store meldet zu jeder installierten Software automatisch im Benachrichtigungsfeld, wenn ein Update vorliegt, das vielleicht die Probleme beseitigt.

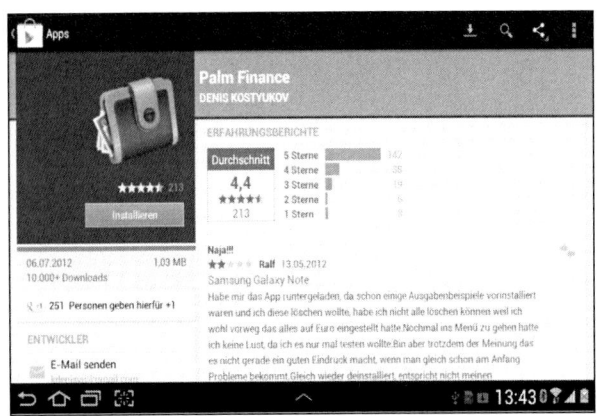

Hohe Stern-Bewertungen und große Down-loadzahlen führen manchmal auch in die Irre: Der Play Store fasst die weltweit auflaufenden Nutzerbewertungen zusammen. Beispielsweise wird ein Buchhaltungsprogramm, das in den USA entwickelt wurde, dort von den Anwendern hoch gelobt und entsprechend bewertet werden, während es für deutsche Anwender nicht geeignet ist.

Der Play Store zeigt nur deutsche Bewertungstexte an. Es kann deshalb vorkommen, dass Sie bei einem international angebotenen Programm zwar viele Bewertungen, aber kaum Bewertungstexte sehen.

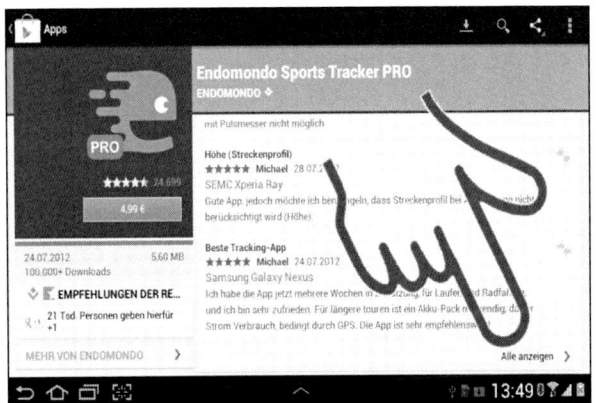
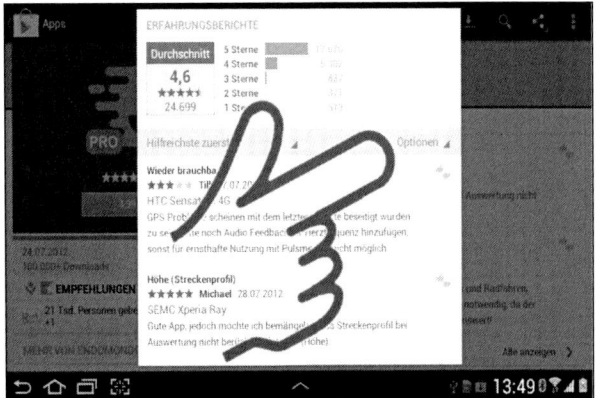

❶ Während man Freeware einfach installiert und bei Nichtgefallen wieder vom Gerät wirft, ist es bei Kaufprogrammen besser, vorher die Nutzerbewertungen anzuschauen. Rollen Sie in der Programmbeschreibung durch, bis zum Ende der Bewertungen und tippen Sie auf *Alle anzeigen*.

❷ Danach tippen Sie auf *Optionen.*

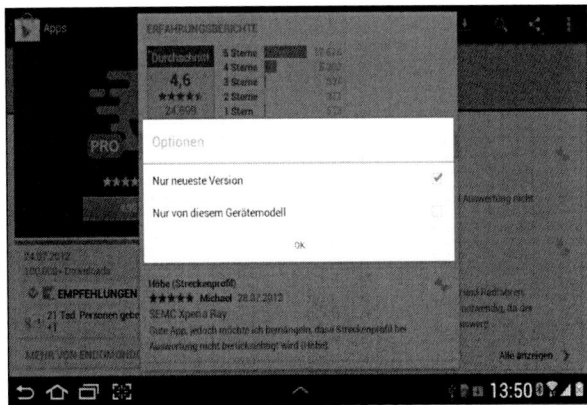
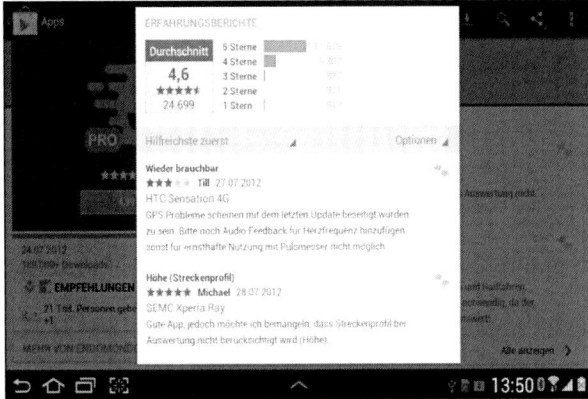

❶❷ Sie können nun mit *Nur neueste Version*, beziehungsweise *Nur von diesem Gerätemodell* die Bewertungstexte einschränken (*Nur von diesem Gerätemodell* führt allerdings meistens dazu, dass der Play Store keine Bewertungen mehr anzeigt, weil es nicht besonders viele Galaxy Tab-Nutzer gibt).

27.1.3 Einstellungen

 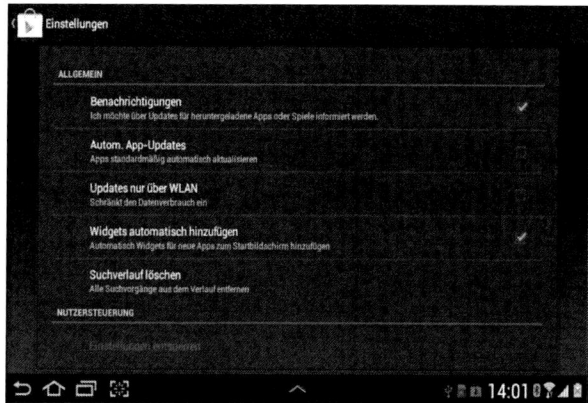

❶❷ ⋮/*Einstellungen* konfiguriert:

Unter *ALLGEMEIN*:

- *Benachrichtigungen*: Wenn zu einem aus dem Play Store installiertem Programm Updates vorliegen, erhalten Sie eine Benachrichtigung.

- *Autom. App-Updates*: Installierte Programme werden automatisch im Hintergrund aktualisiert, wenn eine neue Version im Play Store vorhanden ist.

- *Updates nur über WLAN*: Da die Updates mehrere dutzend Megabyte groß sind, empfiehlt es sich, diese nur über WLAN, nicht über eine Mobilfunkverbindung durchzuführen.

- *Widgets automatisch hinzufügen*: Automatisch eine Programmverknüpfung neu installierter Programme auf dem Tablet anlegen.

- *Suchverlauf löschen*: Die Suchfunktion speichert alle eingegebenen Begriffe und schlägt sie beim nächsten Mal vor.

Unter *NUTZERSTEUERUNG*:

- *Einstellungen entsperren; Filter für Inhalte; PIN für Käufe verwenden; PIN einrichten oder ändern*: Sie können Software, die anzügliche Inhalte/Gewalt propagiert, im Play Store blockieren und die Programminstallation von einer PIN abhängig machen.

Unter *WEITERE*:

- *Google AdMob-Anzeigen*: Die Funktion AdMob von Google blendet Werbebanner in einigen Programmen ein. Aktivieren Sie *Google AdMob-Anzeigen*, damit Sie an Ihren Interessen ausgerichtete Werbebanner erhalten.

27.1.4 Softwarekauf im Google Play Store

Viele Programme im Play Store (ca. 65 Prozent) sind kostenpflichtig, wobei als Zahlungsmethode aktuell **nur Kreditkarten** akzeptiert werden. Damit Sie nicht die »Katze im Sack« kaufen, lassen sich Käufe innerhalb von 15 Minuten rückgängig machen. Eine Rückgabe ist beim erneuten Kauf dann aber nicht mehr möglich. Die erworbenen Programme werden mit Ihrem Benutzerkonto verknüpft und lassen sich beim Gerätewechsel ohne erneuten Kauf herunterladen und installieren.

Hinweis: Es ist für Kunden mit Vodafone-, O2 oder T-Mobile-Mobilfunkvertrag möglich, die Käufe über ihren Handyvertrag abzuwickeln.

Gekaufte Software lässt sich immer nur auf einem Gerät gleichzeitig nutzen.

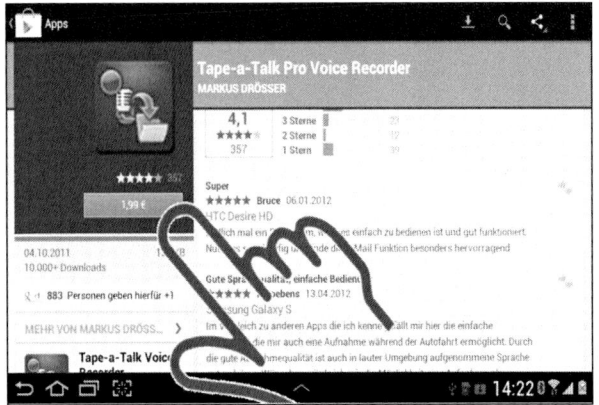
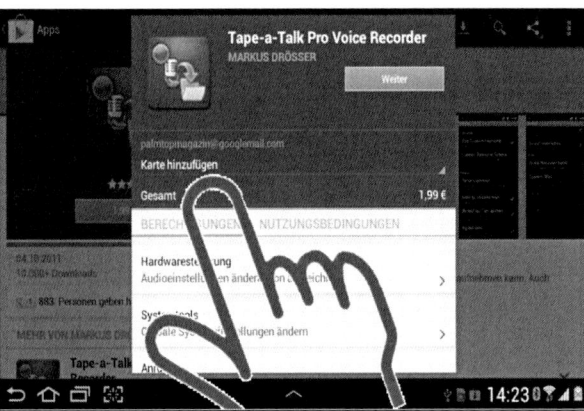

❶ Betätigen Sie bei einem Kaufprogramm die Preisschaltleiste (Pfeil).

❷ Sofern Sie bereits mal ein Programm im Play Store erworben haben, können Sie jetzt die Kreditkarte über das Auswahlmenü (Pfeil) einstellen. Betätigen Sie *Weiter.*

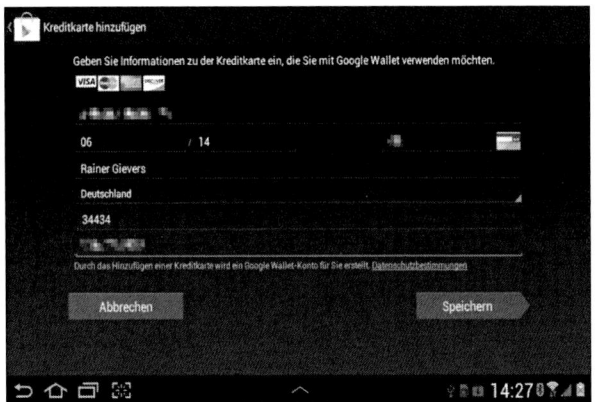
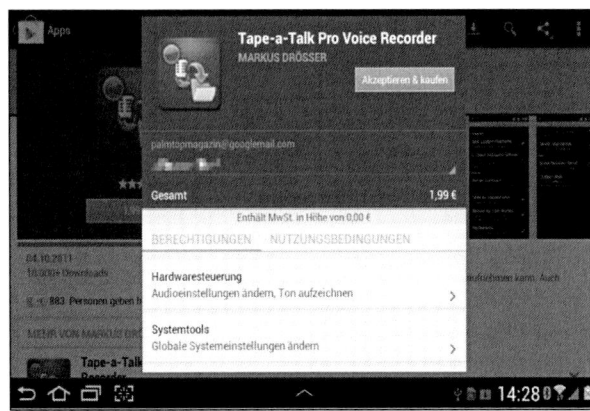

❶ Anschließend erfassen Sie – sofern Sie nicht nicht zuvor eine Kreditkarte ausgewählt hatten – Ihre Kreditkartendaten, die dann in Ihrem Google-Konto hinterlegt werden und dann auch bei weiteren Käufen zur Verfügung stehen. Betätigen Sie *Speichern.*

❷ Betätigen Sie dann gegebenenfalls erneut *Akzeptieren & kaufen.*

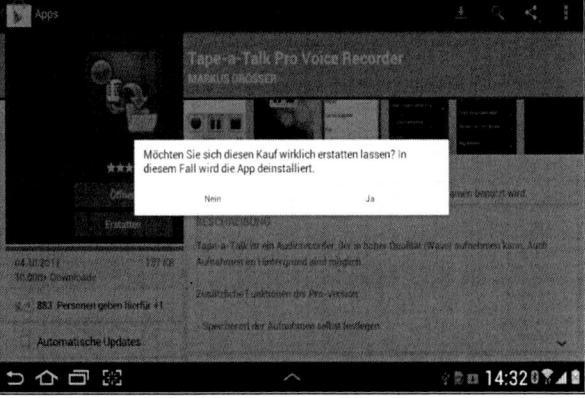

❶❷ Wenn Sie das Programm nicht so funktioniert wie es soll, betätigen Sie *Erstatten* in den Programmdetails (beachten Sie, dass Sie dazu nur 15 Minuten Zeit haben!).

27.2 Samsung Apps

Samsung Apps ist ein Online-Angebot des Herstellers, über den sich weitere Anwendungen, aber auch Spiele, für das Galaxy herunterladen lassen. Auch kommerzielle Programme sind dort vorhanden, welche man über Kreditkarte oder Telefonrechnung kaufen kann.

Samsung Apps bietet nur relativ wenige Programme zum Download an, hat aber den Vorteil, dass im Vergleich zum Google Play Store manche Programme kostenlos sind, für die man im Google Play Store bezahlen müsste. Es lohnt sich also ab und zu mal einen Blick in Samsung Apps zu werfen.

Damit Sie Samsung Apps nutzen können, richten Sie bitte zuerst Ihr Samsung-Konto, wie im Kapitel *15 Das Samsung-Konto* beschrieben, ein.

27.2.1 Samsung Apps in der Praxis

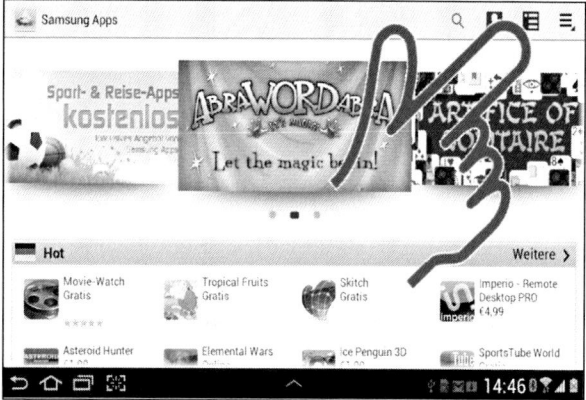

❶❷ Nach dem Start von *Samsung Apps*, Auswahl des Landes *Deutschland* und Annahme der Geschäftsbedingungen werden bereits eine Reihe von Programmen vorgeschlagen. Wir empfehlen allerdings, die Schaltleiste oben rechts für die Kategorieauflistung zu betätigen.

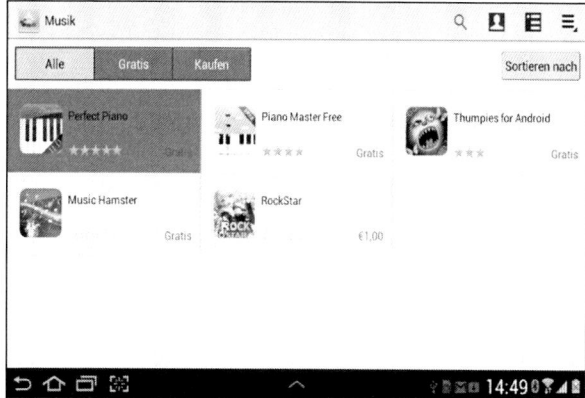

❶ Wählen Sie eine Kategorie (Pfeil) aus, die Sie interessiert.

❷ Gehen Sie auf einen Programmeintrag.

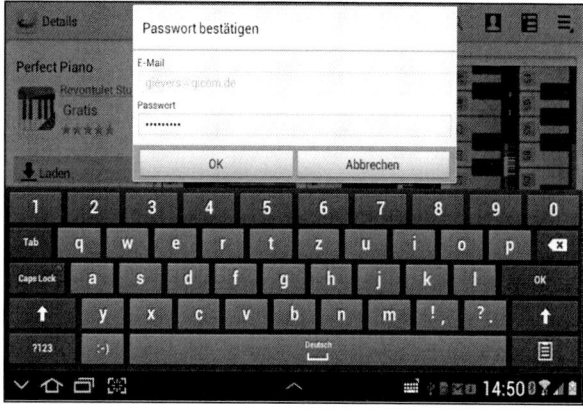

❶ Es erscheint eine kurze Programmbeschreibung. Betätigen Sie *Laden.*

❷ Sofern Sie noch nicht mit Ihrem Samsung-Konto (siehe Kapitel *15 Das Samsung-Konto*) angemeldet sind, müssen Sie dies nachholen.

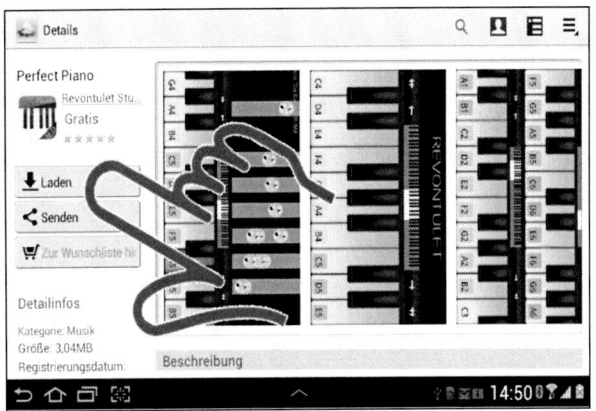 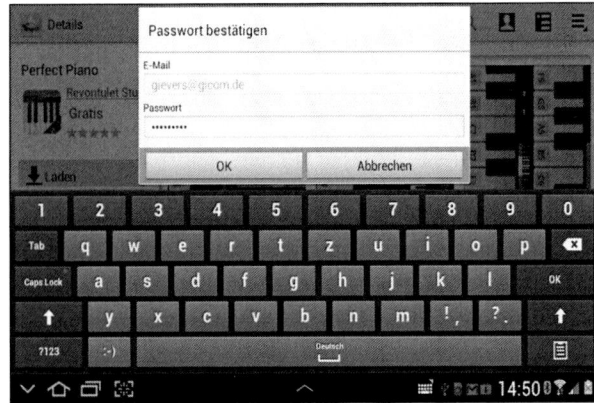

❶❷ Das Programm wird nun im Hintergrund heruntergeladen und installiert. Sie können währenddessen mit dem Galaxy ganz normal weiterarbeiten. Anschließend finden Sie das installierte Programm im Hauptmenü wieder, wo Sie es auch starten.

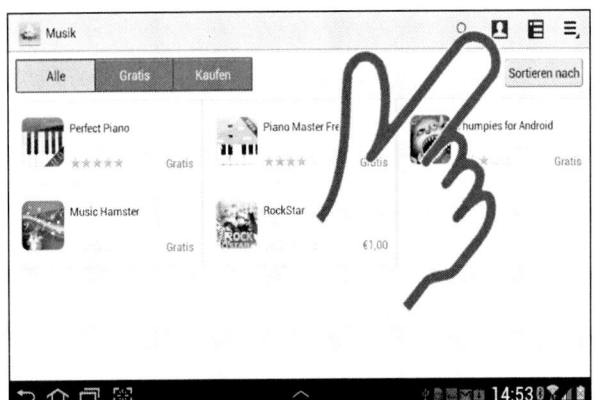 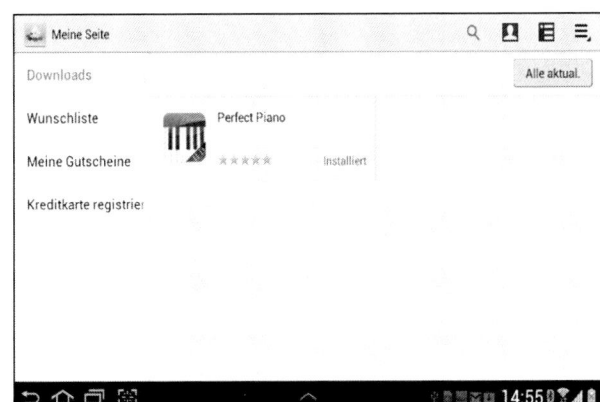

❶ Alternativ betätigen Sie in Samsung Apps die 🔲-Schaltleiste.

❷ *Downloads* listet dann die in Samsung Apps installierten Programme auf, welche Sie dort auch starten können (tippen Sie den jeweiligen Programmeintrag an und betätigen Sie in den Programmdetails *Starten*).

27.3 Programme über den Webbrowser installieren

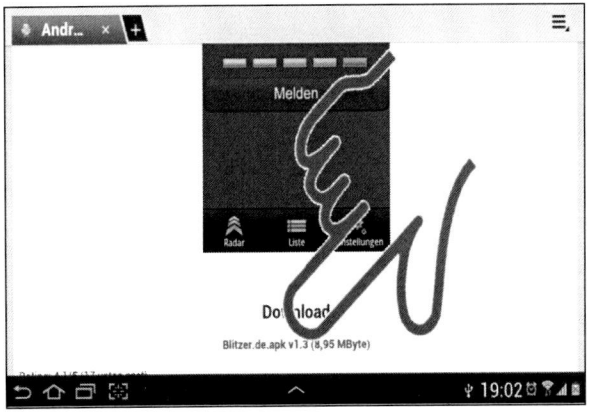 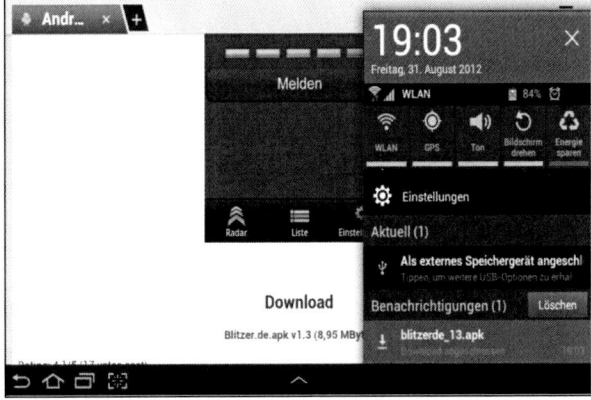

❶ Auch über den Webbrowser des Galaxy (siehe Kapitel *11 Webbrowser*) lassen sich Programme herunterladen und installieren. Direkt auf Handy und Tablet ausführbare Programme haben die

Dateiendung »APK«.

❷ Nach dem Download aktivieren das Benachrichtigungsfeld (siehe Kapitel *3.7.6 Titelleiste und Benachrichtigungsfeld*) und tippen das Programm an, worauf die Installation startet.

 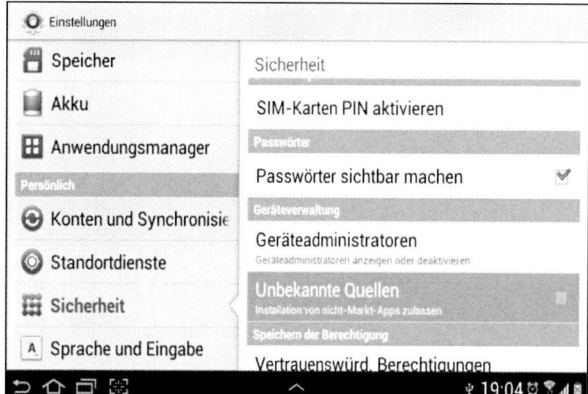

❶ Falls die Meldung »*Installation gesperrt*« erscheint, betätigen Sie *Einstellungen*.

❷❸ Im folgenden Bildschirm müssen Sie *Unbekannte Quelle* aktivieren, worauf eine Warnmeldung erscheint, die Sie mit *OK* schließen. Verlassen Sie den Bildschirm mit der ⬑-Taste. Anschließend tippen Sie im Webbrowser erneut den Link auf die Programmdatei an und können dann das Programm problemlos installieren.

> Beachten Sie, dass Programmdownload und Installation von fremden Websites immer mit dem Risiko verbunden ist, sich einen Virus oder Trojaner einzufangen. Sie sollten daher vor der Installation prüfen, ob der Anbieter seriös ist (Impressum, Kontaktdaten auf Website, eventuell vorherige Google-Suche nach dem Anbieter).

27.4 Programme verwalten

Auf dem Galaxy gibt es mehrere Möglichkeiten, den Speicherverbrauch installierter Programme anzuzeigen, beziehungsweise Programme zu deinstallieren.

27.4.1 Anwendungsmanager

❶ Aktivieren Sie das Benachrichtigungsfeld und gehen Sie auf *Einstellungen*.

❷ Unter *Anwendungsmanager* informiert das Galaxy Tab über die installierten Programme und deren Speicherverbrauch.

 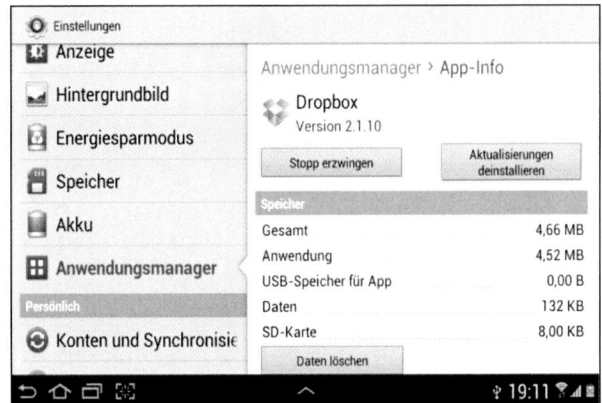

❶ Wählen ein Programm aus für weitere Infos.

❷ Neben dem Programm selbst lassen sich auch die Dateien, welche das Programm bisher angelegt hat, über *Daten löschen*, beziehungsweise *Cache leeren* entfernen. Beachten Sie dabei, dass das Programm dann eventuell nicht mehr funktioniert.

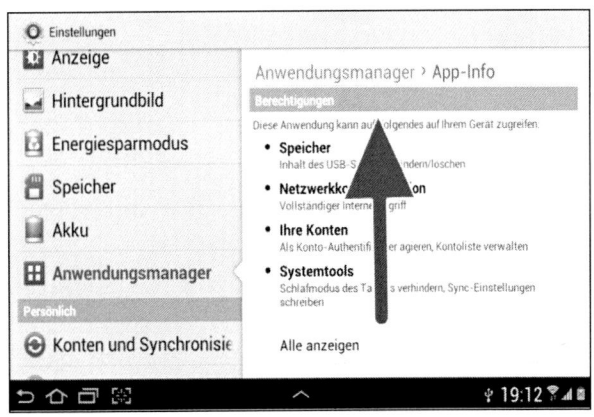

Rollen Sie den Bildschirm für Infos zu den vom jeweiligen Programm benötigten Berechtigungen (siehe Kapitel *27.7 App-Sicherheit*) durch.

27.4.2 Programm deinstallieren aus dem Hauptmenü

 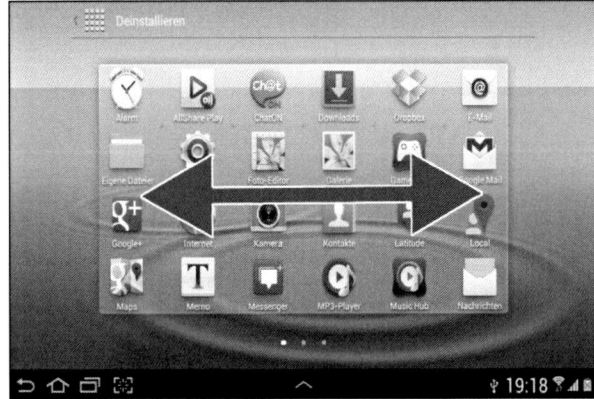

❶ Auch im Hauptmenü können Sie über ☰/*Deinstallieren* die heruntergeladene Software wieder entfernen.

❷ Schalten Sie mit einer Wischgeste zwischen den Bildschirmseiten um und tippen Sie auf die zu deinstallierenden Programme.

27.4.3 Downloads-Verwaltung im Hauptmenü

 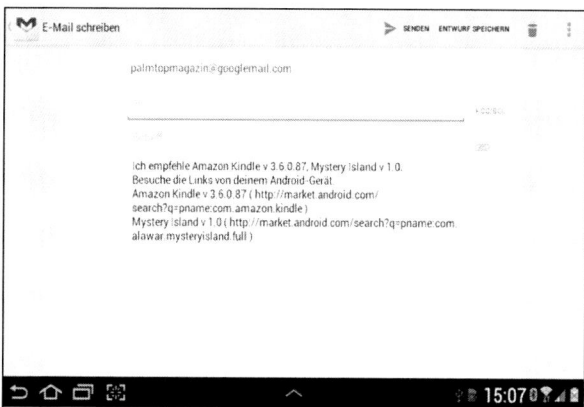

❶ Über das ☰-Menü können Sie:

- *Deinstallieren*: Installierte Programme wieder vom Galaxy Tab entfernen (siehe Kapitel *27.4.2 Programm deinstallieren aus dem Hauptmenü*).

- *Heruntergeladene Anwendungen*: Installierte Programme anzeigen.

- *Apps senden*: Eine Programmempfehlung mit Link auf den Play Store per E-Mail oder SMS an jemand anders senden.

27.5 Google Play Store über den PC-Webbrowser

Mit dem Online-Play Store verwalten Sie bequem Ihre Programme auf dem Tablet. Dazu loggen Sie sich einfach mit dem PC-Webbrowser beim Google Play Store ein. Alle Aktionen, sei es, dass Sie ein Programm zur Installation markieren oder eine Deinstallation anstoßen, werden automatisch auf Ihrem Galaxy Tab – wie von Geisterhand – nach einigen Minuten durchgeführt. Wichtig ist dabei nur, dass das Galaxy Tab eine Internetverbindung per WLAN oder Mobilfunknetz hat.

27.5.1 Programme installieren

Rufen Sie *play.google.com* in Ihrem Webbrowser auf. Klicken Sie dort oben rechts auf *Anmelden* und loggen Sie sich über Ihre Google-Mail-Adresse ein.

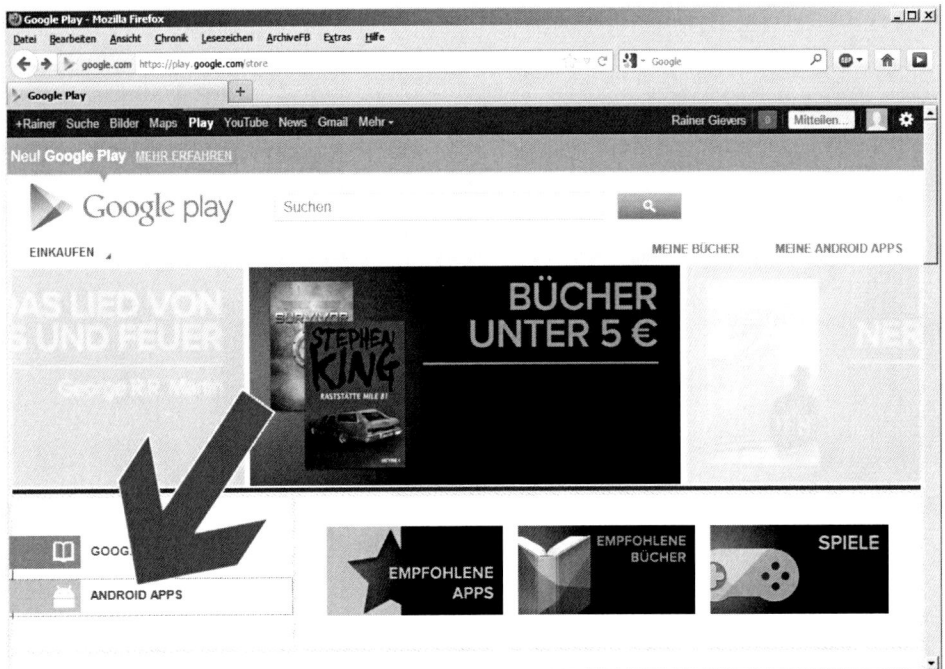

Klicken Sie auf *ANDROID APPS*.

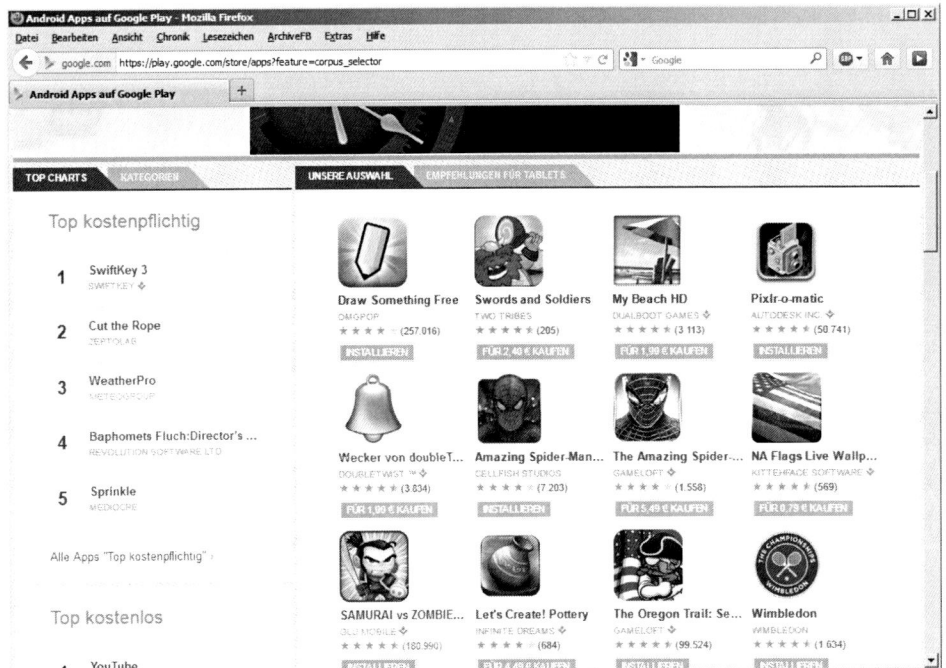

Klicken Sie auf ein Programm-Symbol für weitere Informationen, beziehungsweise auf *INSTAL-LIEREN* oder *KAUFEN*, um ein Programm zu installieren.

Sie erhalten Informationen zu den vom Programm genutzten Gerätefunktionen, im Beispiel eine Netzwerk- beziehungsweise Internetverbindung. Falls als Gerät nicht das *Samsung GT-P3100* erscheint, klicken Sie die Auswahl-Schaltleiste an (Pfeil) und wählen das gewünschte Gerät aus.

Klicken Sie nun auf *Installieren*. Es erscheint die Meldung »*Diese App wird in Kürze auf Ihr Gerät heruntergeladen*«.

Die Installation des Programms erfolgt automatisch innerhalb der nächsten Minuten auf Ihrem Galaxy. Über die erfolgreiche Installation informiert dann das Benachrichtigungsfeld.

27.5.2 Programme verwalten

Die Möglichkeit, Programme nicht nur zu installieren, sondern später auch zu deinstallieren, existiert erst seit Anfang Juli 2012.

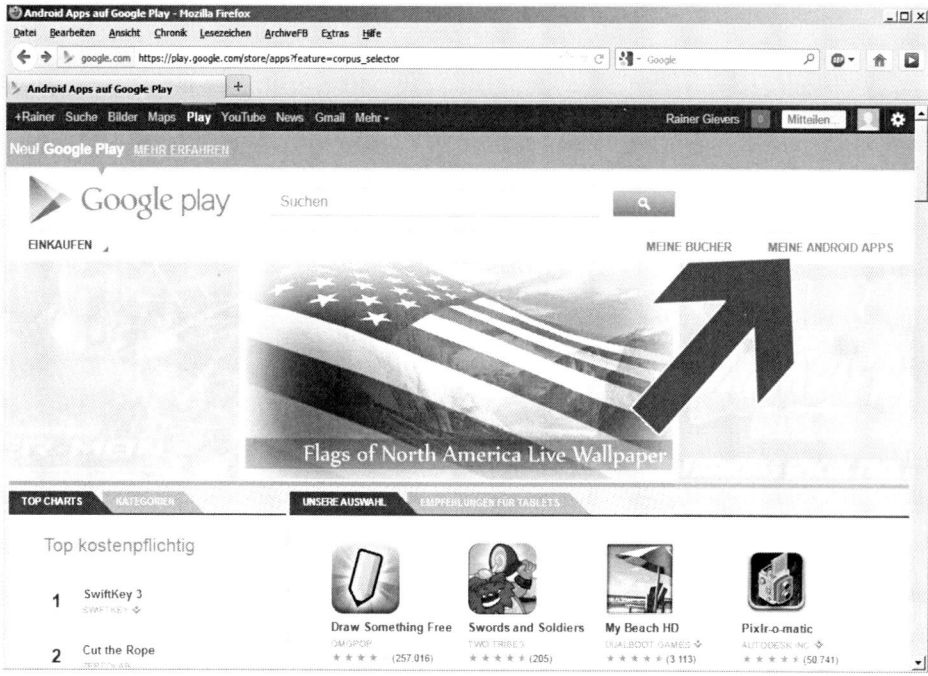

Klicken Sie auf *MEINE ANDROID APPS.*

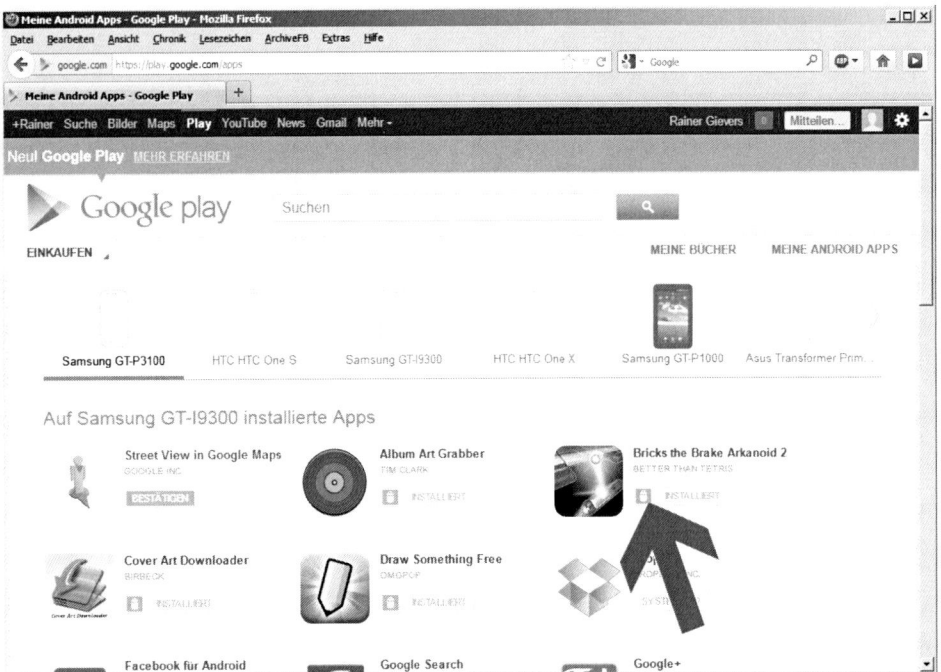

Die installierten Programme werden aufgelistet. Unter dem Programm-Namen zeigt der Google Play Store folgende Schaltleisten an:

- *BESTÄTIGEN*: Es liegt ein Update vor, das Sie installieren können.

- *INSTALLIERT*: Auf dem Tablet installiert.

- *SYSTEMAPP*: Nicht löschbare Anwendung.

Klicken Sie auf 🗑 (Pfeil), um ein Programm wieder zu deinstallieren.

27.6 Programme im Hintergrund

Genauso wie unter Windows auf dem PC dürfen auch auf Android mehrere Programme gleichzeitig aktiv sein. Bedingt durch die geringe Displaygröße gibt es allerdings keine Fenster, in denen jeweils Programme ablaufen und zwischen denen man mit einem Mausklick wechselt.

Zum Beenden eines Programms unter Android betätigen Sie einfach die ⅁-Taste. Soll dagegen das gerade aktive Programm im Hintergrund weiterlaufen, drücken Sie die ⌂-Taste. In das Hintergrund-Programm kehren Sie entweder durch erneuten Programmaufruf aus dem Hauptmenü zurück, oder Sie verwenden dazu die nachfolgend beschriebene Vorgehensweise.

❶ Wenn Sie die ▭-Taste unterhalb des Displays zwei Sekunden drücken, listet das Galaxy die zuletzt aufgerufenen Programme auf – was übrigens nicht heißt, dass diese noch im Hintergrund laufen. Ziehen Sie mit angedrücktem Finger ein Vorschaubild nach links oder rechts, um es aus der Liste zu entfernen, beziehungsweise zu beenden.

❷ Möchten Sie dagegen wissen, welche (System-)Programme gerade im Hintergrund aktiv sind, dann gehen Sie auf *Task-Manager*.

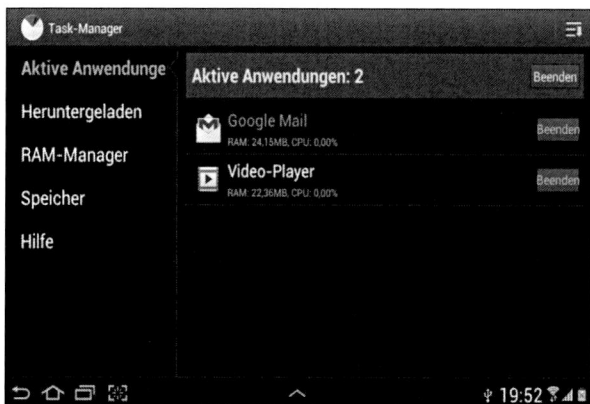

Im *Aktive Anwendungen*-Register stoppen Sie mit der *Beenden*-Schaltleiste ein Programm.

> Grundsätzlich dürfte es nur äußerst selten nötig sein, im Hintergrund laufende Programme zu beenden.

27.7 App-Sicherheit

Waren früher Handys ziemlich dumm und konnten neben dem Telefonieren gerade mal ein Telefonbuch verwalten und SMS verschicken, so sind moderne Handys und Tablets Alleskönner. Die Möglichkeit, weitere Programme von Drittentwicklern nachinstallieren zu können, machen das Android- und auch andere Mobil-Betriebssysteme allerdings angreifbar für Hacker. So wäre es zum Beispiel durchaus denkbar, dass ein bösartiges Programm SMS an teure Premium-Nummern schickt, die vorher vom Hacker eingerichtet wurden. Oder ein Notizenprogramm speichert alle Eingaben, die vielleicht Passwörter oder Kreditkartendaten enthalten, im Internet auf einem chinesischen Server.

Gegen Hacker gibt es zum Glück einen Schutz: **Vor** jeder Installation werden Sie über die von der jeweiligen Anwendung benötigten Dienste informiert. Benötigt dann eine Notizen-Anwendung, um im oben genannten Fall zu bleiben, eine Internetverbindung oder soll auch der SMS-Versand genutzt werden, sollten die Alarmglocken klingeln.

Es gibt aber allerdings Gründe, warum ein bestimmter Dienst von einer Anwendung benötigt wird: So nutzen viele Spiele eine Internetverbindung, um Ihren Highscore an den Entwickler zu senden. Viele Entwickler möchten auch gerne wissen, wer ihre Programme nutzt und lassen sich deshalb über das Internet Informationen zum Nutzer schicken. Häufig finanzieren sich auch kostenlose Programme über Werbebanner innerhalb der Benutzeroberfläche, deren Daten aus dem Internet nachgeladen werden.

Fazit: Es ist durchaus möglich, sich vor bösartiger Software (sogenannte »Malware«) zu schützen, indem man während der Installation auf die freizugebenen Berechtigungen schaut. Im Zweifel brechen Sie die Installation einfach ab, denn meistens gibt es Alternativprogramme, die weniger Berechtigungen benötigen. Auf der sicheren Seiten ist man zudem mit Software von bekannten Unternehmen wie beispielsweise Google.

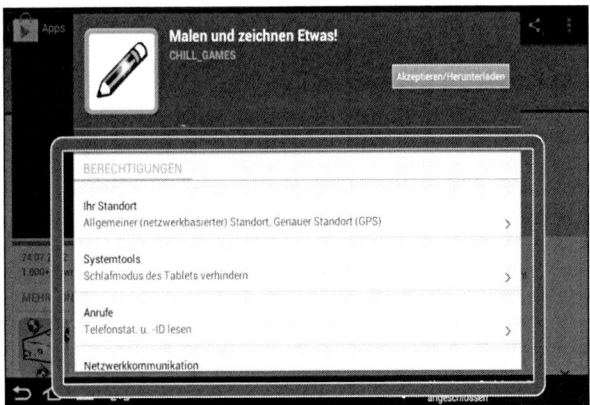

So erfahren Sie, welche Berechtigungen ein Programm benötigt: Vor der Installation werden diese unter *BERECHTIGUNGEN* aufgelistet.

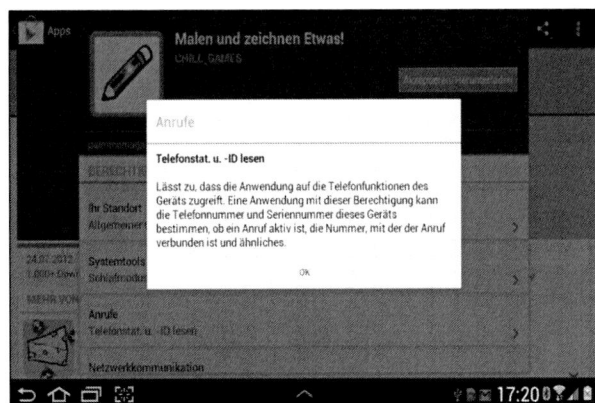

❷❸ Tippen Sie eine der Berechtigungen für genauere Informationen an.

27.7.1 Virenscanner

Es gibt inzwischen für die Android-Plattform dutzende verschiedene Virenscanner, die bis zu 30 Euro kosten. Dazu, ob und welchen Scanner Sie verwenden, können wir leider keinen Tipp geben, zumal Sie, wie bereits erwähnt, auf der sicheren Seite sind, wenn Sie nur Software bekannter Anbieter vom Play Store installieren. Es dürfte zudem sinnlos sein, präventiv einen Virenscanner zu nutzen, wenn Sie ohnehin nur sehr selten neue Programme installieren.

Hinzu kommt, dass Google selbst jedes im Play Store neu eingestellte Programm in einer sogenannten »Sandbox« (engl. »Sandkasten«), also einem simuliertem Android-Gerät, installiert und dort auf Schadfunktionen überprüft.

Vor den im Play Store angebotenen **kostenlosen** Virenscannern für Android möchten wir übrigens abraten. Im Bericht des unabhängigen und weltweit anerkannten Testlabors AV-Test vom November 2011 (Download des vollständigen Berichts ist möglich unter *www.av-test.org/fileadmin/pdf/avtest_2011-11_free_android_virus_scanner_german.pdf*) heißt es:

- »Den besten Schutz erreichten die als Referenz mitgetesteten kommerziellen Produkte von Kaspersky und F-Secure.«

- »Erschreckend war das Ergebnis der Wächter-Funktion, die den Benutzer bei der Installation einer bösartigen App warnen soll.«

- »Die Anzahl der Installationen, die im Market [Play Store] angegeben wird, zeigt, dass viele Nutzer den kostenlosen Programmen vertrauen, obwohl sie keinen zuverlässigen Schutz bieten. Die Verbreitung von offensichtlich schlechten Schutz-Programmen gefährdet diejenigen, die sich darauf verlassen und möglicherweise ohne die nötige Vorsicht Software von inoffiziellen App-Märkten installieren.«

Auffällig ist, dass die Virenscanner-Anbieter vor Schadprogrammen auf der Android-Plattform warnen, nach kurzer Zeit aber wieder zurückrudern müssen, weil sich die Warnungen als haltlos herausgestellt haben. So musste Symantec im Januar 2012 Kritik einstecken, weil sich deren Virenwarnung als simple Werbeeinblendungsfunktion ohne Schadroutinen herausgestellt hat (*www.heise.de/mobil/meldung/Kritik-an-Symantecs-Trojaner-Alarm-fuer-Android-1424613.html*). Da kommt der Eindruck auf, dass die Virenscanner-Anbieter den Markt für ihre Produkte selbst schaffen möchten...

27.7.2 Abofallen in Android-Apps

Viele Android-Programme finanzieren sich durch die Einblendung von Werbebannern, was an sich ja nichts Schlechtes ist. Gefährlich wird es, wenn die Banner für Abofallen genutzt werden, wobei der Trick dabei so einfach wie genial ist: Die Banner sind in den Programmen so geschickt platziert, dass man schnell aus Versehen darauf tippt. Im Hintergrund wird dann – sehr vereinfacht gesagt – der genutzte Mobilfunkvertrag identifiziert. Ein spezialisierter Dienstleister rechnet nun über Ihren Mobilnetzbetreiber ein monatliches Abo, beispielsweise für Klingeltöne ab. Wenn Sie eine Prepaid-Karte nutzen, dürften Sie sich dann wundern, warum sie so schnell leer ist. Erst mit einem Blick in die Mobilfunkrechnung ist das Abo feststellbar, weshalb Sie Ihre Mobilfunkrechnungen auf jeden Fall immer kontrollieren sollten.

Wie können Sie sich gegen die Abofallen wehren? Die Netzbetreiber Telekom und Vodafone bieten offiziell über ihre Hotlines eine Sperrung des »Inkassos von Drittanbietern« an. O2 hat ebenfalls die technische Möglichkeit, eventuell müssen Sie aber erst einen Brief an die Geschäftsleitung schreiben, wenn die Hotline nicht weiterhelfen will.

Nutzen Sie ohnehin nur WLAN für den Internetzugang (siehe Kapitel *7.2 Umschaltung WLAN und Mobilfunk-Internet*), sind Sie ebenfalls sicher vor Abofallen, da dann keine Identifizierung Ihres Mobilfunkvertrags möglich ist.

Einen ausführlichen Artikel, der sich mit dem Thema Inkasso-Fallen auseinandersetzt, finden Sie unter *www.heise.de/ct/artikel/Inkasso-auf-Fingertipp-1102753.html*.

Beispiel für (harmlose) Werbebanner in einem Android-Programm.

Werbebanner haben noch einen weiteren Nachteil, der nicht unerwähnt bleiben soll: Durch das ständige Nachladen von neuen Bannern, sowie Einschalten des GPS-Empfängers zum Ermitteln des Stadorts (um zielgerichtetere Werbung einzublenden) wird der Akku schneller leer.

Unser Tipp: Von vielen kostenlosen Programmen existieren kostenpflichtige Vollversionen, die teilweise mehr Funktionsumfang bieten und natürlich auf die lästigen Werbebanner verzichten. Außerdem unterstützen Sie mit Ihrem Kauf die Entwicklung guter Software!

27.7.3 Ad Network Detector

Wie erwähnt, finanzieren sich viele kostenlose Programme durch Werbebanner, die meist unter- oder oberhalb der eigentlichen Programmausgaben angezeigt werden. Viele der dafür genutzten Werbenetzwerke lesen darüber hinaus Ihre GPS-Position aus, um für Ihren aktuellen Standort optimierte Werbung zu platzieren, fügen Schnellverknüpfungen im Startbildschirm (zum Beispiel mit Links auf die Webseiten von Werbepartnern) hinzu oder ändern die Browserstartseite, damit Sie beim Browserstart direkt auf eine Werbepartner-Webseite gelangen.

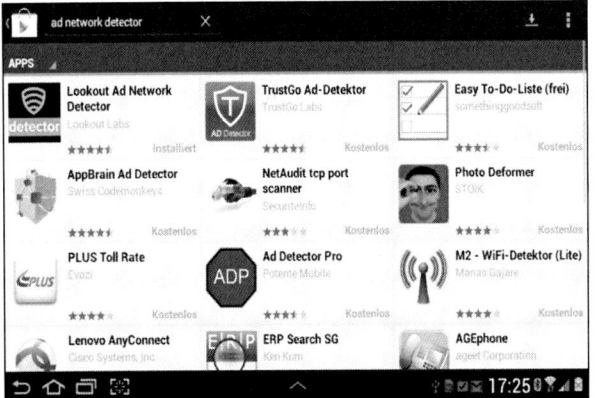 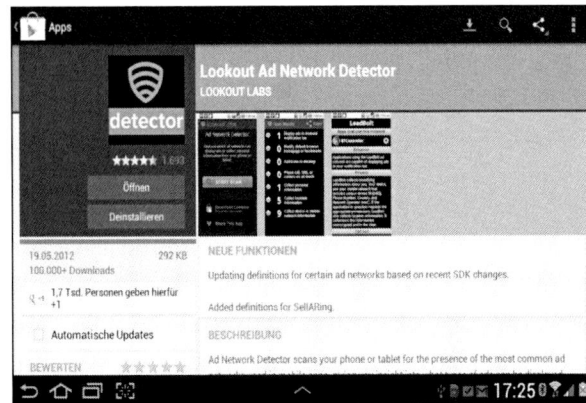

❶❷ Sie finden den kostenlosen Werbescanner unter *Lookout Ad Network Detector* im Play Store.

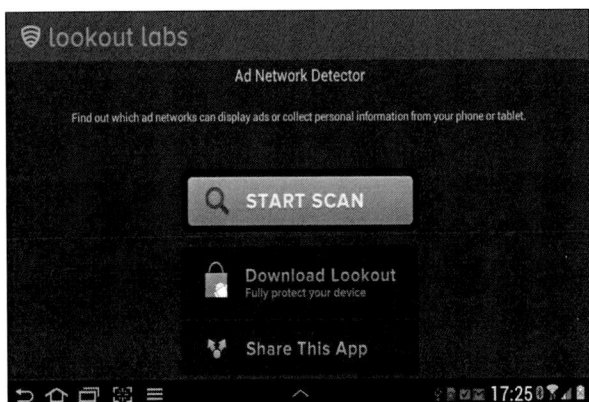 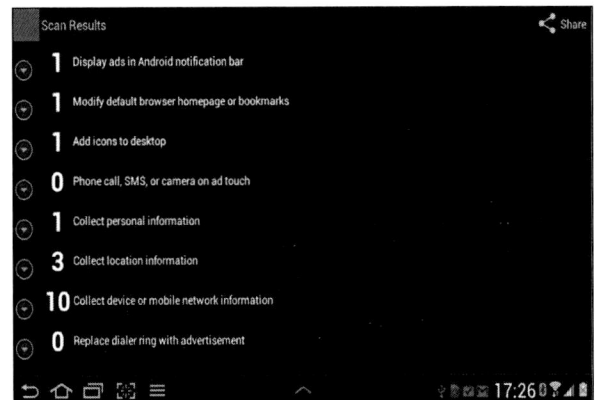

❶❷ Betätigen Sie *START SCAN*, worauf der Werbescanner die installierten Programme untersucht und das Ergebnis anzeigt.

Die Bedeutung der englischsprachigen Meldungen:

- *Display ads in Android notification bar*: Anzeigen im Benachrichtigungsfeld einblenden.

- *Modify default browser homepage or bookmarks*: Startseite im Webbrowser ändern oder weitere Lesezeichen in der Lesezeichenverwaltung hinzufügen.

- *Add icons to desktop*: Schnellverknüpfungen auf dem Startbildschirm hinzufügen.

- *Phone call, SMS, or camera on ad touch*: Bei Antippen einer Anzeige: Anruf durchführen, SMS senden oder Kamera aktivieren.

- *Collect personal information*: Persönliche Daten sammeln (nicht dokumentiert, worum es sich genau handelt).

- *Collect location information*: Aktiviert GPS, um Ihre Position zu ermitteln, für die dann optimierte Banner angezeigt werden.

- *Collect device or mobile network information*: Daten wie IMEI, Android-Version, Displayauflösung, Android-ID (Identifikationsnummer Ihres Geräts) auslesen.

- *Replace dialer ring with advertisement*: Klingelton gegen Werbe-Jingle (!) austauschen.

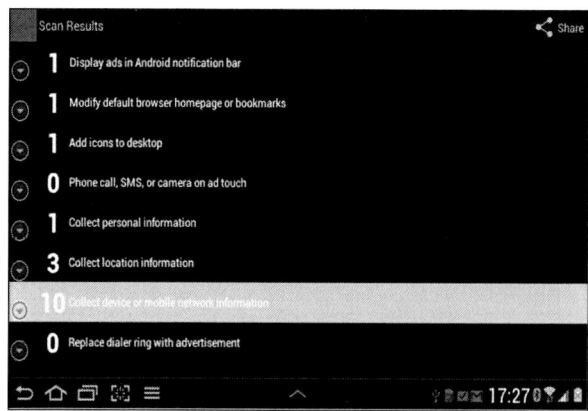 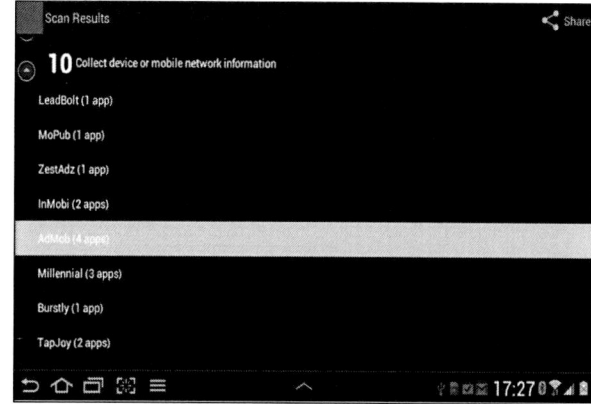

❶ Wählen Sie einen Eintrag aus, zu dem der Ad Network Detector etwas gefunden hat.

❷ Im Beispiel wurde das Werbenetzwerk *AdMob* (wird von Google selbst betrieben) gefunden. Tippen Sie den Eintrag an.

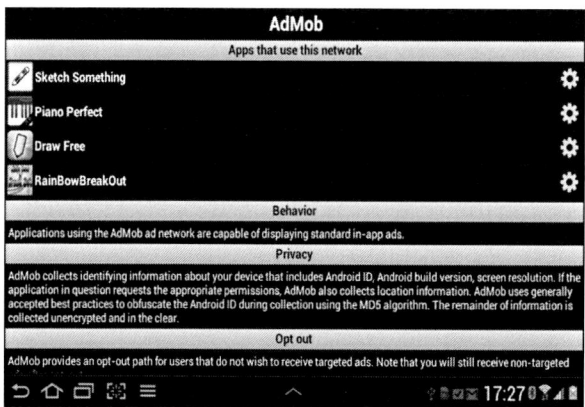

Sie sehen nun genauere Informationen zu den Programmen, die das Werbenetzwerk nutzen. Im Fall von Googles AdMob ist es zudem möglich, über *Opt-out* die Sammlung persönlicher Daten im eigenen Google-Konto zu deaktivieren. Die Werbebanner werden dann allerdings weiterhin in den jeweiligen Programmen angezeigt, sind aber nicht mehr so zielgerichtet.

Sollten Sie mal unsicher sein, ob ein Werbenetzwerk schädlich ist, dann »googlen« Sie einfach mal danach mit dem Webbrowser.

Beispiel für besonders agressive Werbung: Werbung im Benachrichtigungsfeld (!). Wenn Sie mehrere Freeware-Programme von verschiedenen Anbietern installiert haben, versammeln sich unter Umständen im Benachrichtigungsfeld sogar mehrere Werbehinweise auf einmal.

27.8 Programm-Empfehlungen

Im Play Store werden hunderttausende mehr oder weniger praktische Anwendungen angeboten. Wir stellen hier einige Sinnvolle vor. Zur Installation suchen Sie einfach im Play Store nach dem jeweiligen Programmnamen. Bitte beachten sie, dass der Play Store immer »im Fluss« ist, das heißt, Anwendungen können dort so schnell wieder verschwinden, wie sie auftauchen.

27.8.1 Preisvergleicher

Fast alle Preisvergleicher-Websites bieten inzwischen eine eigene kostenlose Anwendung an, um Preise auch unterwegs zu vergleichen. Meist ist eine Funktion vorhanden, mit der man den Barcode auf den Produktverpackungen einscannt und sofort die passenden Vergleichsangebote aufgelistet erhält.

Fast alle Preisvergleicher-Websites bieten inzwischen eine eigene kostenlose Anwendung an, um Preise auch unterwegs zu vergleichen. Meist ist eine Funktion vorhanden, mit der man den Barcode auf den Produktverpackungen einscannt und sofort die passenden Vergleichsangebote aufgelistet erhält.

Beispiele für Anwendungen (geben Sie die Namen jeweils in der Play Store-Suchfunktion ein, um die Programme zu finden):

- Idealo Preisvergleich
- Billiger.de
- Geizdroid
- eVendi Preisvergleich
- guenstiger.de

27.8.2 GPS Test

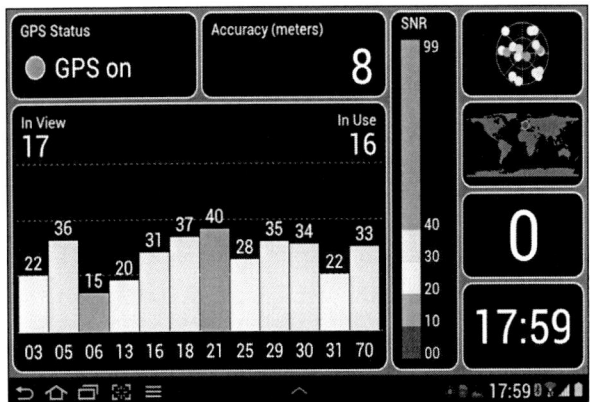 

Leider hat das Galaxy Tab keine Software an Bord, die Infos zu den gerade empfangenen GPS-Daten anzeigt. Diesem Umstand hilft der GPS Test ab. Das Programm zeigt die gerade empfangenen Satelliten, deren Position am Himmel, die GPS-Genauigkeit, sowie aktuelle Geschwindigkeit, Richtung und Höhe an. Beachten Sie, dass Sie die voreingestellten Maße in *Menü/Settings/Display*

Units auf *Metric* umstellen müssen. Sie finden das kostenlose Programm unter dem Namen GPS Test im Google Play Store.

27.8.3 TV Spielfilm

 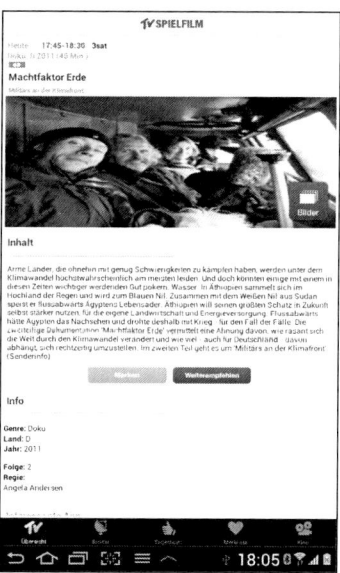 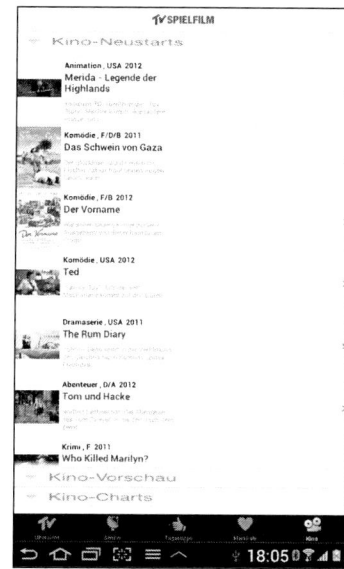

Sie sind TV- oder Kino-Freak? Dann liefert Ihnen die TV Spielfilm-App Infos zum aktuellen Fernsehprogramm, gibt Tagestipps und Bewertungen. Auch das Kinoprogramm mit Neustarts, Inhaltsangaben und den Kinocharts zeigt die Software an. Zur Installation suchen Sie das Programm unter dem Namen *TV Spielfilm* im Google Play Store.

27.8.4 RealCalc

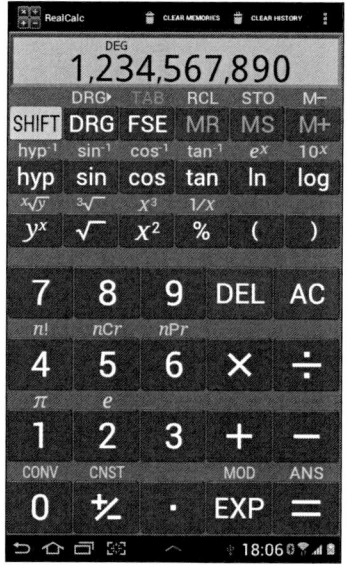  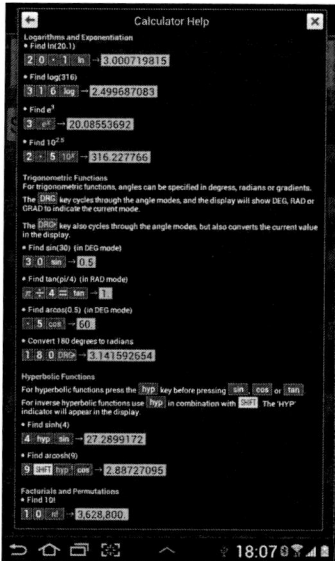

RealCalc ist ein umfangreicher technisch-wissenschaftlicher Rechner mit zahlreichen Einstellmöglichkeiten und einer ausführlichen (englischen) Hilfe. Sie finden das Programm unter dem Namen *Realcalc* im Google Play Store.

28. Eingabemethoden

Die Eingabemethode aktiviert sich automatisch, wenn Sie sich in einem Eingabefeld befinden. Das Galaxy besitzt kein separates Tastenfeld wie Notebooks, weshalb der Hersteller diverse Tricks anwendet, damit Sie mit Ihren Fingern trotzdem fehlerfrei Eingaben vornehmen können.

Im Gegensatz zu den Samsung-Handys, welche bis zu vier verschiedene Tastenfelder, beziehungsweise Eingabemethoden mitbringen, besitzt das Galaxy Tab neben dem Samsung-Tastenfeld nur eine Handschriftenerkennung und die Spracheingabe. Im Google Play Store (siehe Kapitel *27.1 Play Store*) können Sie aber jederzeit weitere Eingabemethoden erwerben.

❶ Die Standardeingabemethode »Samsung-Tastatur«.

❷ Das Tastenfeld passt sich automatisch an die Bildschirmorientierung an.

❶ Häufig kommt es vor, dass das Tastenfeld wichtige Eingabefelder oder Informationen überdeckt. In diesem Fall tippen und halten Sie den Finger auf dem Bildschirm (nicht auf das Tastenfeld) und ziehen nach unten, beziehungsweise oben.

❸ Alternativ betätigen Sie ∨, worauf das Tastenfeld verschwindet. Sobald Sie ein Eingabefeld antippen, zeigt das Galaxy das Tastenfeld wieder an.

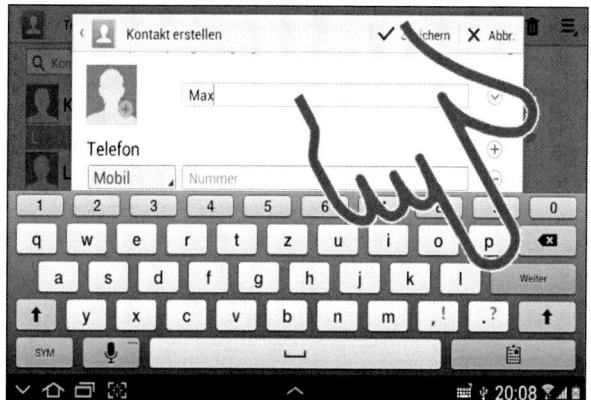 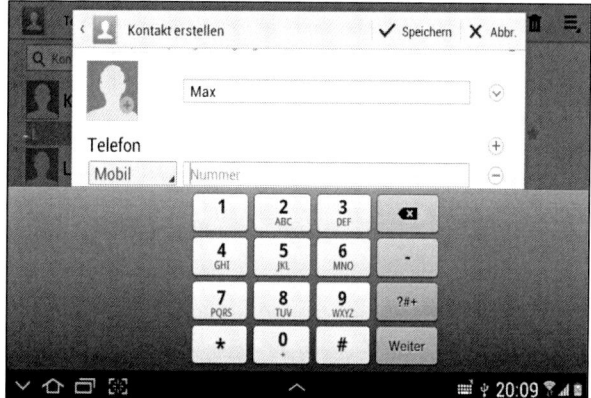

❶❷ Alternativ betätigen Sie die *Weiter*-Taste im Tastenfeld, worauf das nächste Eingabefeld angesprungen wird.

28.1 Samsung-Tastenfeld

Das Samsung-Tastenfeld ist standardmäßig aktiv und bietet einen guten Kompromiss zwischen Bedienbarkeit und Tastengröße.

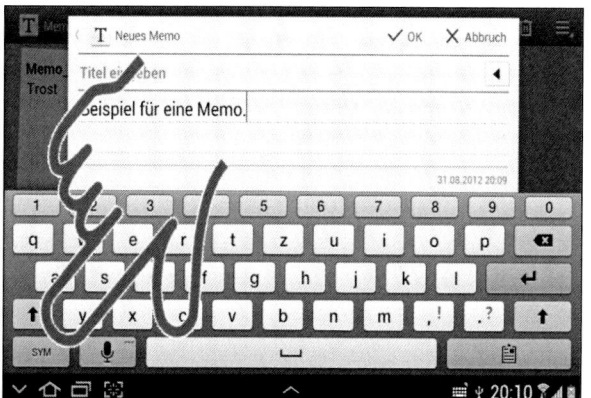 

❶ Für viele Satz- und Sonderzeichen ist auf der Displaytastatur kein Platz. Betätigen Sie dafür einfach die »*?123*«-Taste (Pfeil).

❷ Über die »*ABC*«-Taste schalten dann wieder auf das normale Tastenfeld zurück.

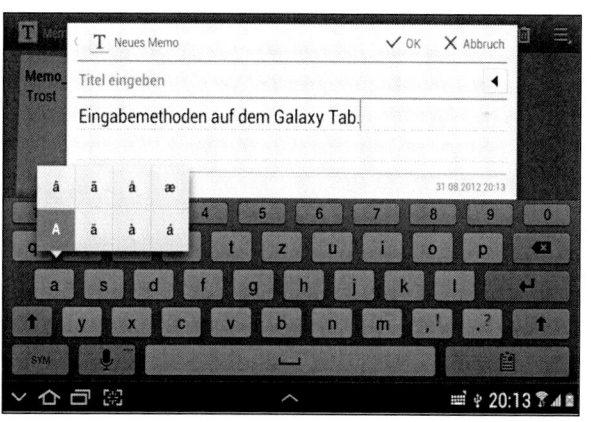 

❶ Umlaute geben Sie ein, indem Sie die jeweilige Taste, im Beispiel »a« etwas länger gedrückt halten. Das Tastenfeld zeigt nun ein Popup an, worin Sie auf den Umlaut tippen.

❷ In E-Mail-Eingabefeldern ändert sich die Tastenbelegung etwas: Sie haben dann unter anderem das »@«-Zeichen und das häufig benötigte ».com« zur Verfügung.

❶ Die Tasten »,« und ».« verhalten sich etwas anders als gewohnt: Wenn Sie den Finger darauf gedrückt halten, erscheint ein Popup mit weiteren Zeichen, das erst verschwindet, wenn Sie an eine beliebige Stelle auf das Tastenfeld tippen.

❷ Die Hochstelltaste (Pfeil) funktioniert genauso wie von einer PC-Tastatur gewohnt, das heißt, zweimaliges Betätigen sorgt dafür, dass alle Buchstaben in Großbuchstaben erscheinen. Betätigen Sie die Taste erneut, werden die Großbuchstaben wieder abgeschaltet.

28.1.1 Wortvorschläge

Damit Sie nicht soviel tippen müssen, macht die voreingestellte XT9-Funktion während der Eingabe Wortvorschläge.

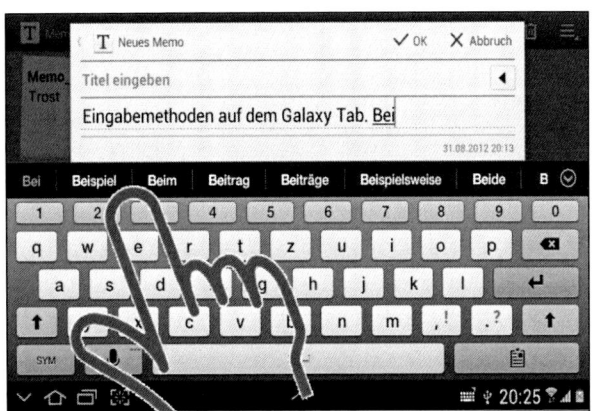 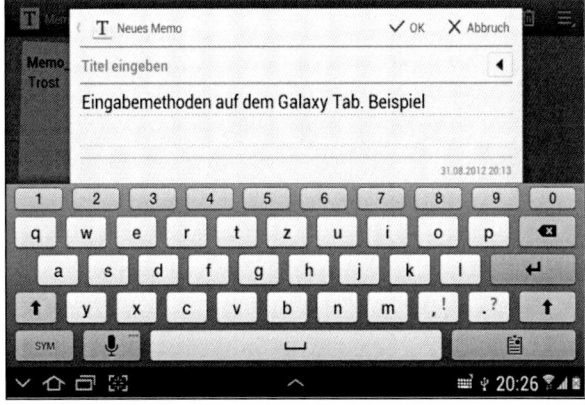

❶❷ Während Sie tippen, blendet das Galaxy oberhalb des Tastenfelds automatisch Wortvorschläge ein. Betätigen Sie die Leertaste, so wird der blaue Vorschlagstext übernommen. Ansonsten tippen Sie einfach mit dem Finger einen der anderen Vorschläge an.

28.1.1.a Wörterbuchsprache einstellen

❶❷ XT9 nutzt ein Wörterbuch, um die eingegebenen Wörter zu erkennen. Wenn Sie Texte in einer anderen Sprache schreiben, müssen Sie die Wörterbuchsprache ändern. Dazu betätigen Sie die ⌨-Taste (Pfeil) und gehen auf ⚏ hinter *Samsung-Tastatur*.

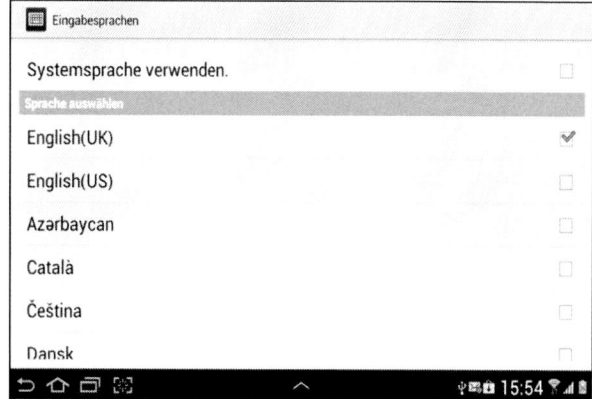

❶ Gehen Sie auf *Eingabesprache*.

❷ Deaktivieren Sie *Systemsprache verwenden* und Aktivieren Sie die verwendeten Sprachen, also zum Beispiel neben *English (UK)* auch *Deutsch*. Schließen Sie den Bildschirm mit der ⟲-Taste.

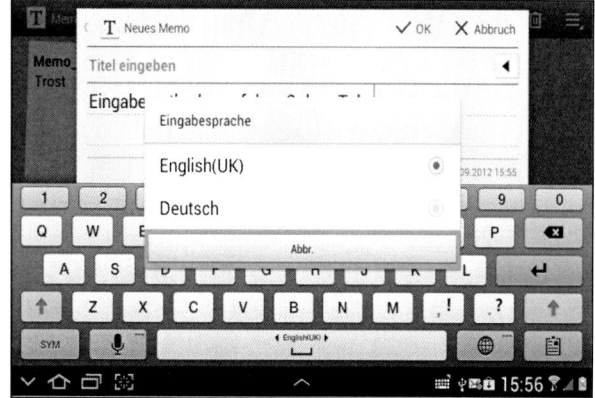

❶ Das Tastenfeld zeigt mit ⊕ eine weitere Taste an, über die Sie durch die zuvor aktivierten Sprachen »rotieren«. Tippen und halten Sie die ⊕-Taste, wenn Sie die Sprache über ein Popup-Menü (❷) auswählen möchten. Die gerade aktive Sprache zeigt die Leertastenbeschriftung an.

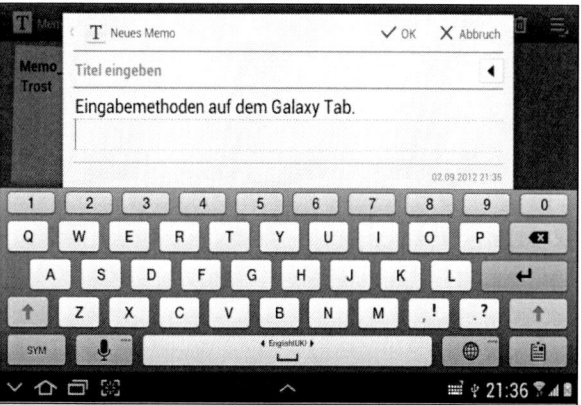

Alternativ ziehen Sie über der Leertaste mit dem Finger nach links oder rechts, um die Sprache zu ändern.

28.1.1.b Das Benutzer-Wörterbuch

XT9 ist aufgrund seiner Funktionsweise, die mit Wahrscheinlichkeiten von eingegebenen Buchstaben arbeitet, auf Wörterbücher angewiesen. Neben dem fest eingebautem Wörterbuch lassen sich in einem weiteren »persönlichem« Wörterbuch vom Anwender häufig benötigte Begriffe ablegen.

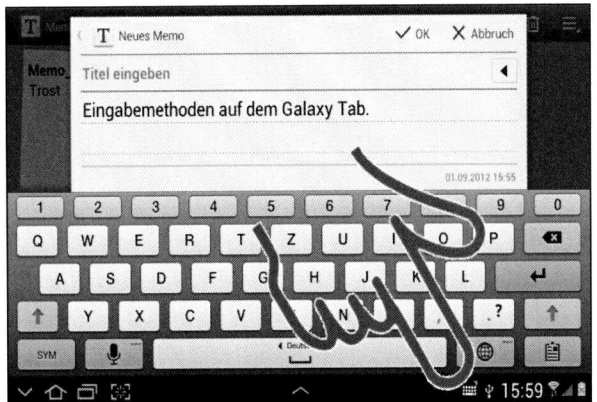 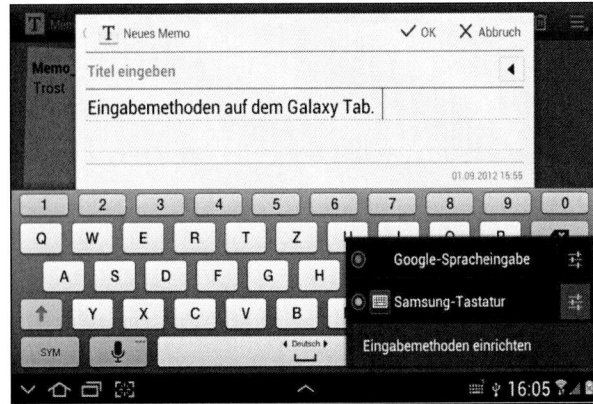

❶❷ Betätigen Sie die ▦-Taste (Pfeil) und gehen Sie auf 𝄞 hinter *Samsung-Tastatur*.

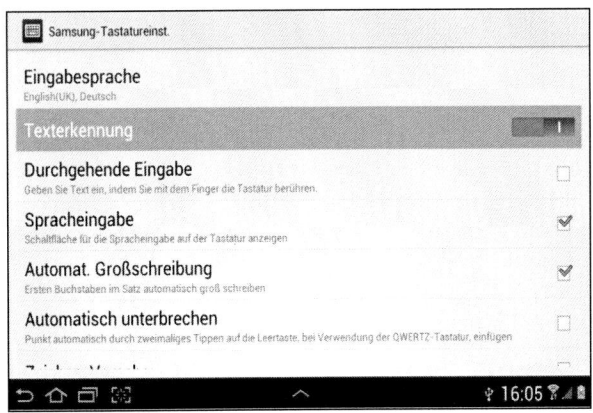 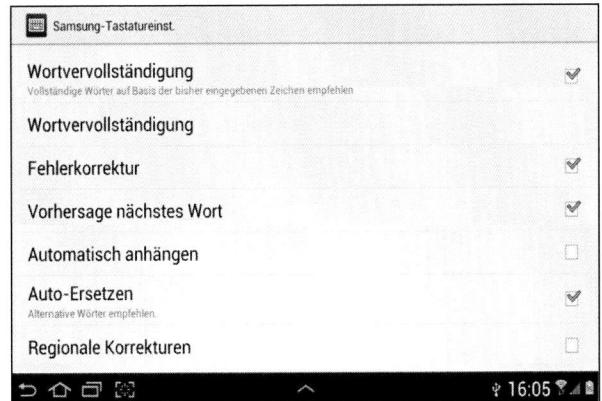

❶ Wählen Sie *Texterkennung*.

❷ Die Menüfunktionen:

- *Wortvervollständigung*: Wortvorschläge anzeigen.

- *Wortvervollständigung*: Anzahl der eingebenen Buchstaben, ab der Wortvorschläge erscheinen (einstellbar von 2 bis 5 Buchstaben).

- *Fehlerkorrektur*: Versucht anhand von Wahrscheinlichkeiten auch bei Fehleingabe von einigen Buchstaben das korrekte Wort zu erraten.

- *Vorhersage nächstes Wort*: Schlägt bereits eingegebene Wörter als erstes vor.

- *Automatisch anhängen; Auto-Ersetzen; Regionale Korrekturen; Erneut aufnehmen*: Nicht von Samsung dokumentiert.

- *Meine Wortliste*: Ihr persönliches Wörterbuch.

- *Liste für Auto-Ersetzen*: Abkürzungen, die von XT9 automatisch in Volltext umgesetzt werden. Sie können selbst die Abkürzungen nach Ihren Bedürfnissen anlegen.

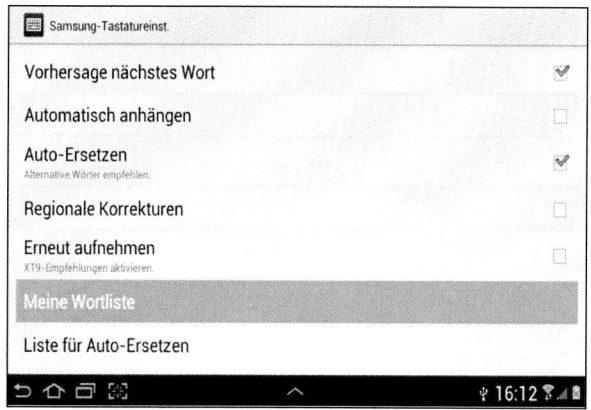 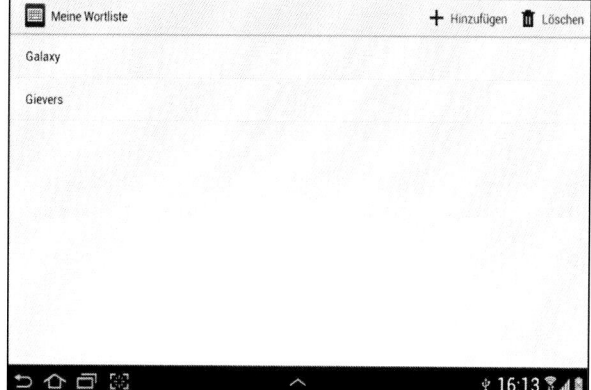

❶❷ In *Meine Wortliste* verwalten Sie Wörter, die nicht im XT9-Standardwörterbuch vorhanden sind. Betätigen Sie **+**, um ein weiteres Wort anzulegen, beziehungsweise tippen Sie ein Wort, das Sie editieren möchten, an.

28.1.2 Einstellungen

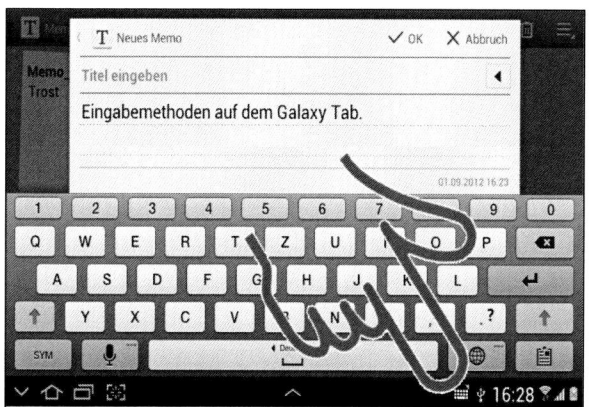 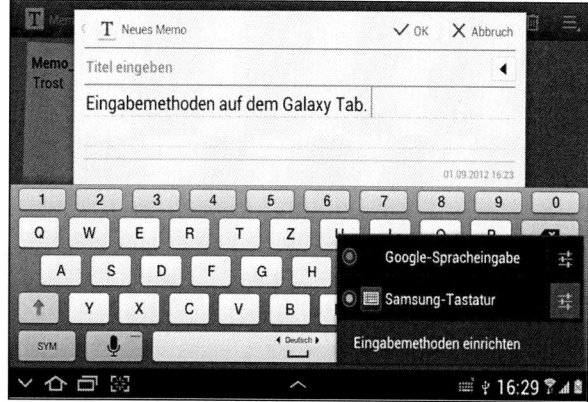

❶❷ Betätigen Sie die ▦-Taste (Pfeil) und gehen Sie auf ⯐ hinter *Samsung-Tastatur*.

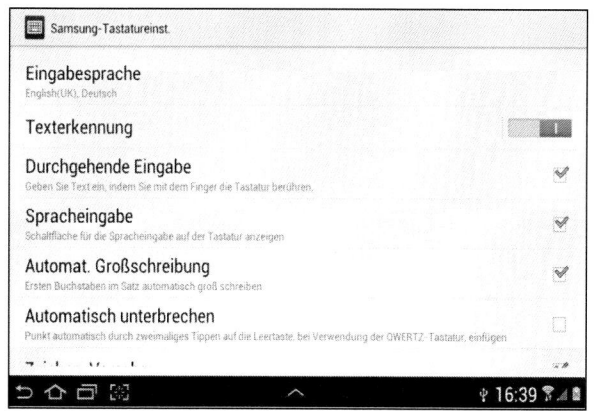 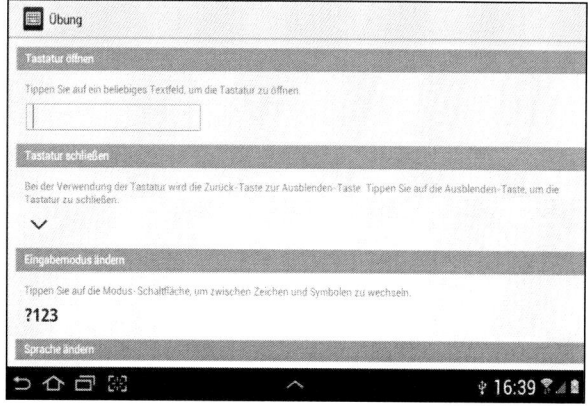

❶ Die Einstellungen:

- *Eingabesprache*: Die verschiedenen Eingabemethoden auf dem Galaxy greifen für Wortvorschläge jeweils auf das Wörterbuch zurück. Falls Sie häufig Texte in einer anderen Sprache schreiben, sollten Sie diese hier einstellen. Weitere Informationen dazu finden Sie im Kapitel *28.1.1.a Wörterbuchsprache einstellen*.

- *Texterkennung*: Konfiguriert die XT9-Wortvorschläge. Siehe Kapitel *28.1.1 Wortvorschläge*.

- *Durchgehende Eingabe:* Eine Erweiterung der Samsung-Tastatur, die ähnlich funktioniert wie das von vielen Handys bekannte »Swype«. Eingaben nehmen Sie vor, indem Sie mit dem angedrückten Finger auf dem Tastenfeld von Buchstabe zu Buchstabe ziehen. Die Tastenfunktionen der Samsung-Tastatur stehen, während diese Eingabeart aktiv ist, weiterhin zur Verfügung. Siehe Kapitel *28.2 Durchgehende Eingabe*.

- *Spracheingabe*: Wie im Kapitel *28.3 Spracherkennung* beschrieben, steht auch eine Spracheingabe zur Verfügung, die Sie hierüber aktivieren/deaktivieren.

- *Autom. Großschreibung*: Bei Satzanfängen beginnen Wörter automatisch mit Großbuchstaben.

- *Automatisch unterbrechen:* Betätigen Sie zweimal hintereinander die Leertaste, um ein Punktsatzzeichen einzugeben.

- *Zeichen-Vorschau*: Die gerade auf dem Tastenfeld gedrückte Taste wird in einem kleinen Popup oberhalb der Taste angezeigt.

- *Tastenton*: Akustisches Feedback, wenn Sie eine Taste auf der Tastatur betätigen.

- *Übung* (❷): Öffnet einen Bildschirm mit Erläuterungen zu den Tastenfunktionen und der Möglichkeit, Texteingaben zu üben.

- *Einstell. zurücksetzen*: Setzt alle Einstellungen auf die Standardeinstellungen zurück.

28.2 Durchgehende Eingabe

 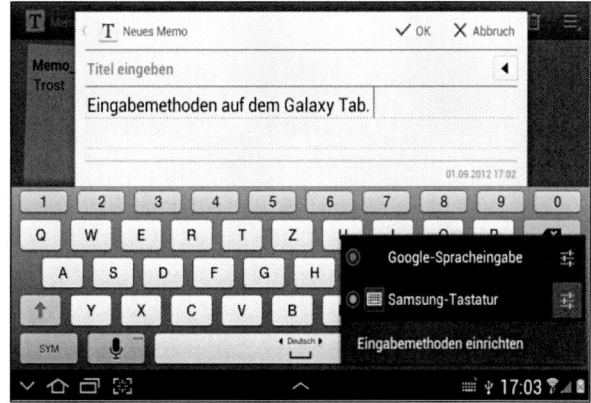

❶❷ Betätigen Sie die ⌨-Taste (Pfeil) und gehen Sie auf ⚏ hinter *Samsung-Tastatur*.

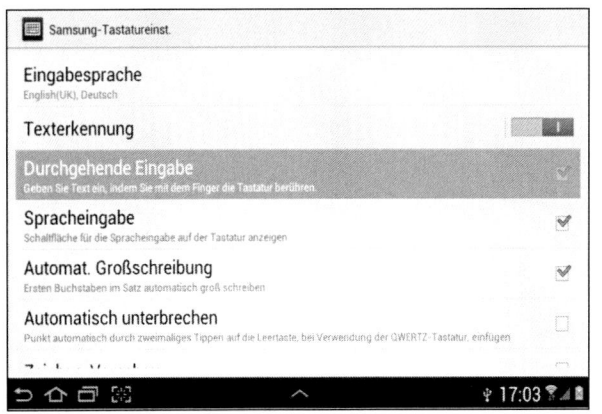

Aktivieren Sie *Durchgehende Eingabe*.

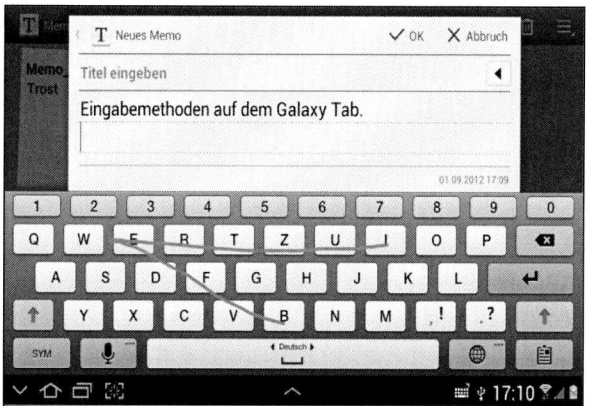 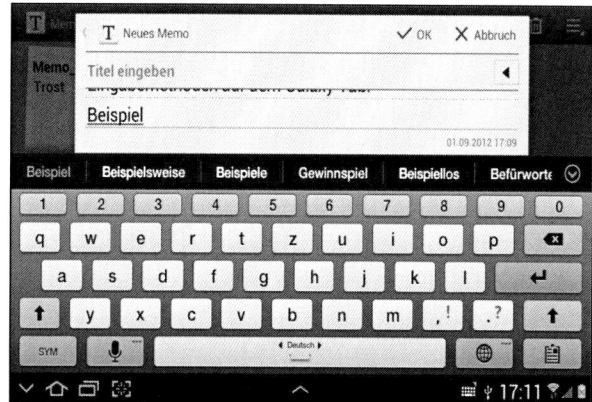

❶❷ »Durchgehende Eingabe« ist recht einfach zu verstehen: Halten Sie den Finger auf den ersten Buchstaben des einzugebenen Worts angedrückt und ziehen Sie nun mit angedrücktem Finger auf die weiteren Buchstaben des Worts. Setzen Sie dann den Finger ab. In unserem Beispiel soll »Beispiel« eingegeben werden. Für die Eingabe von doppelten Buchstaben bewegen Sie den Finger über der entsprechenden Taste einfach hin und her.

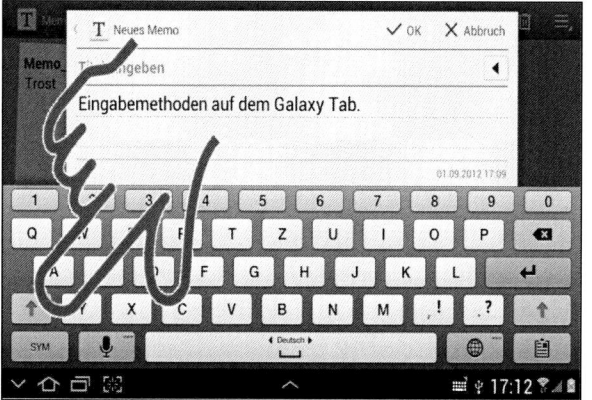 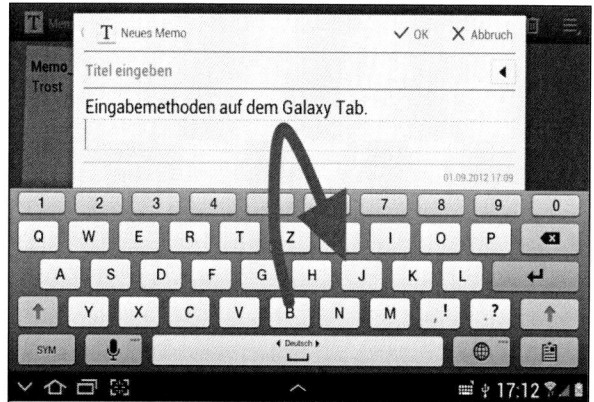

❶ Normalerweise schalten Sie mit der Hochstelltaste (Pfeil) zwischen Groß- und Kleinbuchstaben um.

❷ Bei der durchgehenden Eingabe ist es aber auch möglich, während der Eingabe die Großbuchstaben zu aktivieren: Ziehen Sie dazu vom ersten Buchstaben den Finger aus den Eingabebereich heraus und bewegen Sie dann den Finger wie bereits beschrieben auf die restlichen Buchstaben.

28.3 Spracherkennung

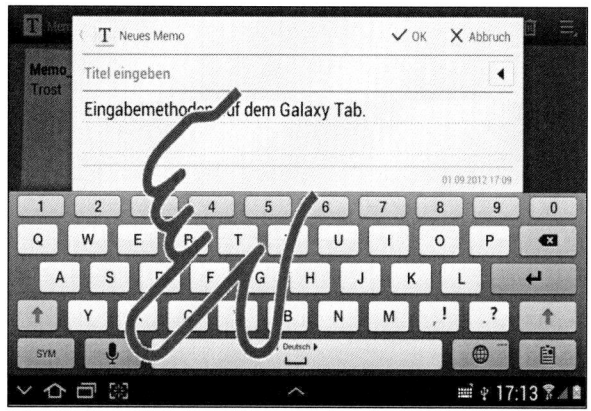 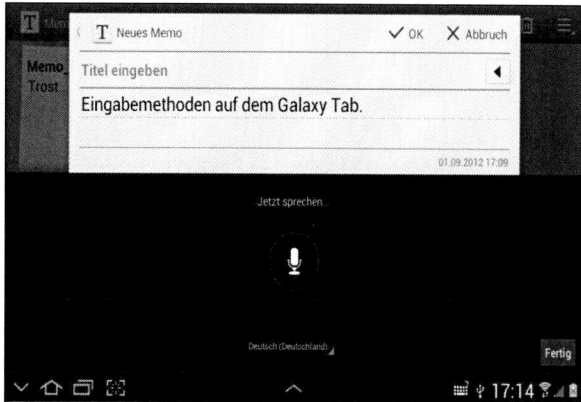

❶ Die Spracherkennung aktivieren Sie über die ♥-Taste (Pfeil) auf der Samsung-Tastatur (falls Sie dort kein ♥ sehen, tippen und halten Sie diese Taste, bis das Popup erscheint, worin Sie das ♥-Symbol auswählen).

❷ Sprechen Sie dann in ruhigem Tonfall und gleichmäßig die Wörter, beziehungsweise Sätze, die dann in Text umgesetzt werden. Die Satzzeichen ».« und »,« sprechen Sie als »Punkt« und »Komma«.

> Die Spracherkennung erfolgt nicht direkt auf dem Galaxy, sondern auf einem Google-Server. Es muss daher eine Internetverbindung aktiv sein (siehe Kapitel *7Internet einrichten und nutzen*), damit die Spracherkennung funktioniert.
>
> Beachten Sie auch Kapitel *23 Sprachsteuerung*.

28.4 Texte kopieren, ausschneiden und einfügen

Es kommt häufiger mal vor, dass man einen Text, beispielsweise aus einer SMS oder E-Mail, in einer anderen Anwendung weiterverwenden will.

❶ Tippen und halten Sie den Finger auf eine Position in der Nähe des zu kopierenden Textes. Alternativ können Sie auch auf ein Wort doppeltippen. Anschließend ändern Sie den markierten Bereich, indem Sie die blauen Schieber an die gewünschte Position bewegen.

❸ Tippen Sie die Schaltleisten *Ausschneiden* oder ☰/*Kopieren* an.

 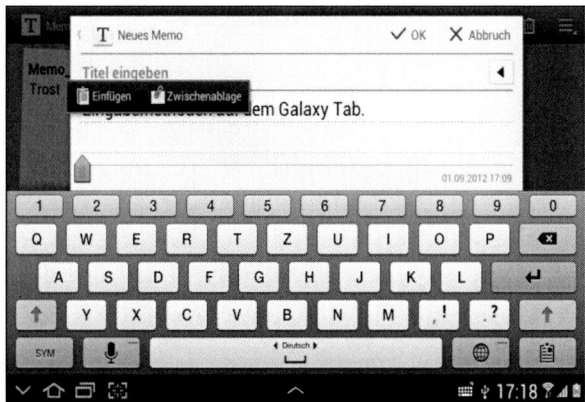

❶ Tippen und halten Sie den Finger an die Zielposition.

❷ Im Popup wählen Sie *Einfügen*.

28.4.0.a Mehrere Zwischenablagen verwenden

Im Gegensatz zum Windows-Betriebssystem auf PC oder Notebook unterstützt das Galaxy Tab mehrere Zwischenablagen.

 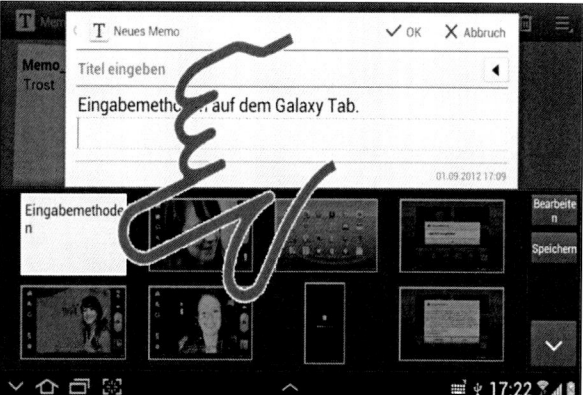

❶❷ Tippen Sie im Tastenfeld auf ▤. Die in der Zwischenablage vorhandenen Elemente werden aufgelistet. Tippen Sie eines an, das Sie einfügen möchten.

Über die *Bearbeiten*-Schaltleiste editieren Sie die Texte in der Zwischenablage, mit *Speichern* lassen sie sich als Textdatei ablegen.

29. Tipps & Tricks

29.1 Eigene Klingel- und Benachrichtigungstöne

Standardmäßig bietet das Galaxy nur eine kleine Auswahl an Klingel- und Benachrichtungssignalen. Sie dürfen aber weitere Audiodateien (idealerweise im Format MP3 oder WAV) installieren.

29.1.1 Einrichtung über den PC

Schließen Sie das Galaxy am PC an (siehe auch Kapitel *24 Die Speicherkarte(n)*). Wählen Sie als Gerät *Tablet* aus.

Sie finden folgende Verzeichnisse vor:

- *\media*: Für MP3-Songs, die der MP3-Player wiedergeben soll (siehe Kapitel *19 MP3-Player*). Der MP3-Player findet MP3-Songs aber auch in allen anderen Verzeichnissen.

- *\Ringtones*: Für Klingeltöne (siehe Kapitel *3.14 Medienlautstärke und Signaltöne*)

- *\Notifications*: Für Benachrichtigungen (Kalender, neue Nachrichten)

- *\Alarms*: Für den Alarm (siehe Kapitel *26.3 Alarm*)

Kopieren Sie nun Audiodateien in die entsprechenden Verzeichnisse.

 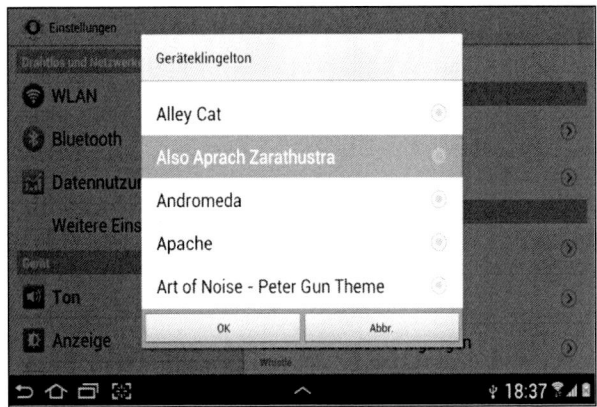

Die neuen Klingel- und Benachrichtigungstöne lassen sich nun verwenden (siehe Kapitel *3.14 Medienlautstärke und Signaltöne*).

29.2 Kostenfalle Mailbox im Ausland

Die bei allen Mobilnetzbetreibern verfügbare Mailbox kann eine tolle Sache sein, wenn man immer erreichbar sein muss. Sind Sie auch mal im Ausland unterwegs, wird die Mailbox aber schnell zur Kostenfalle, denn sobald Sie Ihr Tablet im Ausland einschalten, laufen ja alle Gesprächsverbindungen und damit auch die Mailbox über den Roaming-Partner Ihres Netzbetreibers. Ruft Sie nun jemand an und nur Ihre Mailbox ist erreichbar, dann muss Ihr Anrufer trotzdem nur die Gesprächsgebühren für ein inländisches Gespräch zahlen, während Sie die Kosten für die Telefonverbindung von Deutschland ins Ausland übernehmen müssen. Vodafone-Kunden haben es hier etwas besser als andere, da dieser Netzbetreiber in Europa keine zusätzlichen Roaming-Kosten für Mailbox-Weiterleitungen kassiert (als Vodafone-Kunde sollten Sie sich aber vor Reiseantritt informieren, ob das europäische Reiseland auch wirklich keine Mailboxkosten verursacht.

Mit einigen kleinen Tricks können Sie Kosten mit der Mailbox im Ausland sparen:

- Wenn Sie nicht unbedingt über die Mailbox erreichbar sein müssen, deaktivieren Sie einfach alle Mailboxweiterleitungen (siehe Kapitel *4.10.7 Rufumleitung*).

- Sind Sie auf die Mailbox auch im Ausland angewiesen, dann schalten Sie unbedingt Ihr Tablet sofort nach dem Grenzübertritt in Deutschland wieder ein, weil ansonsten ihr Tablet im ausländischen Roaming-Netz mit den entsprechenden Kosten registriert bleibt.

- Sind Sie nur kurz im Ausland, so können Sie auch eine unbedingte Rufumleitung aktivieren (siehe Kapitel *4.10.7 Rufumleitung, Immer weiterleiten* aktivieren). Dies muss aber noch in Deutschland geschehen. Nach Ihrer Rückkehr in Deutschland deaktivieren Sie die unbedingte Rufumleitung und rufen Ihre Mailbox ab.

29.3 Verzeichnisse ausblenden

Die Multimedia-Anwendungen MP3-Player, Videoplayer und Galerie auf dem Galaxy durchsuchen immer alle Verzeichnisse im Speicher. Manchmal möchte man aber bestimmte Verzeichnisse von der Suche ausschließen, beispielsweise, damit private Fotos nicht in der Galerie-Anwendung erscheinen. Dies ist recht einfach zu erledigen, indem Sie eine Datei ».nomedia« im zu verbergenen Verzeichnis anlegen. Bitte beachten Sie den vorangestellten Punkt! Die Datei selbst kann ruhig leer sein, denn es kommt nur auf den Dateinamen an.

Speichern Sie auf dem PC dort aus einer Anwendung eine beliebige Datei und benennen Sie sie über den Windows-Explorer in ».nomedia« um. Weil Windows den Punkt als Dateiendung interpretiert, die standardmäßig ausgeblendet wird, müssen Sie vorher in das Menü *Organisieren/Ordner- und Suchoptionen* (bei Windows 7), beziehungsweise *Extras/Optionen* (Windows XP/Vista) im Explorer-Fenster gehen und dort das *Ansicht*-Register aktivieren. Deaktivieren Sie dort *Erweiterungen bei bekannten Dateitypen ausblenden*.

Schließen Sie nun das Galaxy Tab am PC an (siehe Kapitel *24 Die Speicherkarte(n)*). Kopieren Sie dann die ».nomedia«-Datei ins zu verbergende Verzeichnis auf dem Galaxy.

Tipp: Da der MP3-Player (siehe Kapitel *19 MP3-Player*) des Galaxy alle Verzeichnisse nach abzuspielenden Dateien durchsucht, werden dort auch die Benachrichtigungs- und Klingeltöne aus den Verzeichnissen *Ringtones, Notifications* und *Alarms* (siehe Kapitel *29.1 Eigene Klingel- und Benachrichtigungstöne*) abgespielt, was nervig sein kann. Um dies zu verhindern, kopieren Sie einfach jeweils *.nomedia* dort hinein.

29.4 Videos für das Galaxy konvertieren

Das Galaxy bietet sich mit seinem brillianten Display geradezu als mobiler Videoplayer an. Der mitgelieferte Videoplayer in der Alben-Anwendung (Kapitel *18.3 Videos*) unterstützt unter anderem die Formate 3GP, MP4 und AVI. Da Spielfilme häufig in sehr hoher Auflösung vorliegen und viel Speicherplatz benötigen, sollte man sie vorher in ein schlankeres Format, beispielsweise mit 320x240 Pixeln Auflösung, konvertieren. Hier ist sicher ausprobieren angesagt, welche Auflösung auf dem Tablet-Display am besten rüberkommt.

29.4.1 SUPER-Videokonverter

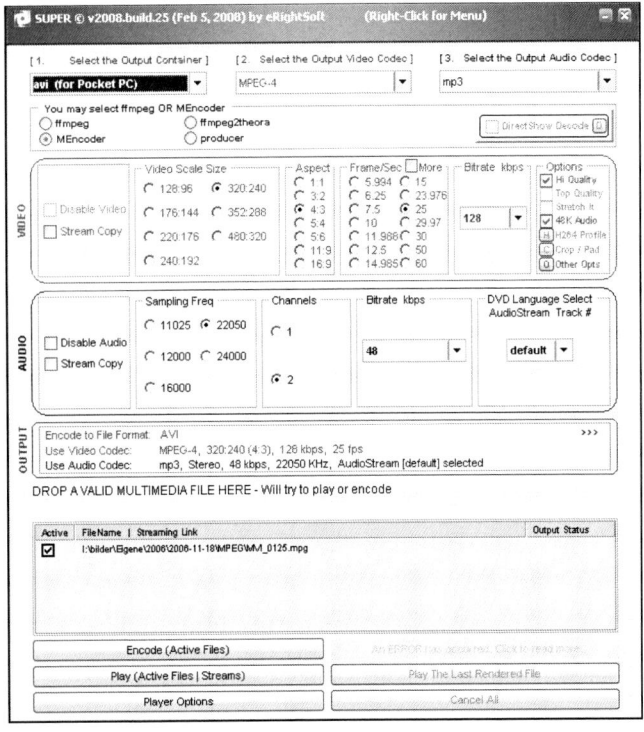

SUPER ist ein sehr leistungsstarker Videokonverter. Standardmäßig verwendet SUPER das eigene Programm-Verzeichnis als Ausgabeort. Drücken Sie deshalb nach dem ersten Programmstart gleichzeitig *CTRL* und die *T*-Taste und wählen Sie als Verzeichnis *Desktop* aus.

Stellen Sie im ersten Auswahlmenü das gewünschte Videoformat ein, dies darf zum Beispiel *3GP (Sony Ericsson) oder MP4* sein. Anschließend ziehen Sie per Drag and Drop die zu konvertierenden Videos in SUPER-Fenster und betätigen die *Encode*-Schaltleiste. Kopieren Sie anschließend das Tablet. Falls Ihnen die Videoqualität nicht gefällt, sollten Sie mit den Parametern *Video Scale Size* (Bildschirmgröße) und *Bitrate* experimentieren.

Entwickler	Erightsoft
Produkt	SUPER
Preis	Kostenlos
Download	*www.erightsoft.com/SUPER.html*

29.5 GPS auf dem Galaxy Tab nutzen

»Location Based Services« (zu deutsch: Standortbezogene Dienste) sind seit etwa 3 Jahren ein großes Thema im Mobilbereich, da inzwischen fast alle Handys und Tablets über 200 Euro mit GPS-Empfänger ausgerüstet sind. Im Gegenzug dafür, dass der Handy-Besitzer seinen Standort an einen Diensteanbieter wie Google verrät, erhält er Zugriff auf nützliche Dienste, zum Beispiel Infos zu den nächstgelegenen Unterhaltungsangeboten, Tankstellen, Freizeitparks, usw.

Eine typische Anwendung, die von den Location Based Services Gebrauch macht, ist Google Maps (siehe Kapitel *9 Google Maps*). Suchen Sie in diesem Programm beispielsweise nach einem »Restaurant«, so zeigt Google Maps nur die nächstgelegenen und nicht deutschlandweit alle Restaurants an.

Wenn wir von der »GPS-Position« sprechen, sind natürlich zunächst nur die von den mehreren dutzend GPS-Satelliten empfangenen Signale gemeint, aus denen ein Chip im Handy/Tablet bis auf wenige Meter genau die Position berechnet. Die GPS-Signale sind allerdings recht schwach und innerhalb von massiven Gebäuden wie Häusern, Tunneln, usw. nicht zu empfangen.

Ein sinnvoller Einsatz der Location Based Services ist deshalb alleine über GPS nicht möglich. Hier kommen die Standorte der Mobilfunkmasten ins Spiel. Da jeder Mobilfunkmast dem Handy/Tablet seine Kennung mitteilt, kann dieses aus einer Datenbank mit den Mobilfunkmast-Positionen die eigene Position auf ca. 100-500 Meter genau feststellen.

Auch WLAN-Hotspots nutzen Handys/Tablets zur Lokalisierung. Da jeder WLAN-Router eine weltweit einmalig vergebene Netzwerkkennung (MAC) besitzt, die er beim Verbindungsaufbau mit Endgeräten mitteilt, muss man nur die Position aller WLAN-Router in der Umgebung wissen, um die eigene Position zu ermitteln.

Die Google-Mitarbeiter fahren natürlich nicht selbst durch die Gegend, um Mobilfunkmasten und WLAN-Hotspots aufzuspüren, sondern überlassen diese Aufgabe dem Nutzer der Android-basierten Handys/Tablets. Jedes Android-Gerät übermittelt dazu in annonymer Form die vorgefundenen WLAN-Hotspots und Mobilfunkmasten an die Google-Internet-Server. Andere Android-Geräte profitieren dann ebenfalls von einer genaueren Standortermittlung.

> Für die von den Android-Geräten übermittelten Positionsdaten hat Google noch eine weitere An-
> wendungsmöglichkeit gefunden: Anhand der (anonymisierten) Bewegungsprofile ermittelt
> Google die Fahrtgeschwindigkeit auf den Straßen, welche dann in der Google Maps Navigation
> bei der Fahrtroutenberechnung berücksichtigt wird. Siehe dazu Kapitel *9.11 Google Maps
> Navigation*.

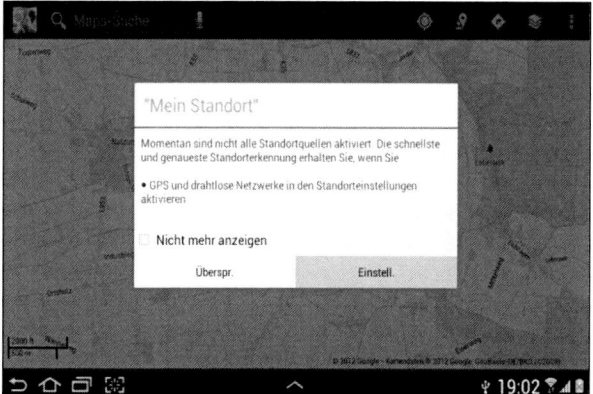
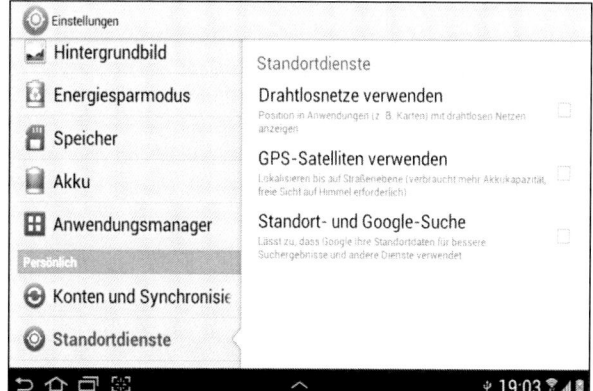

❶❷ Starten Sie ein Programm wie Google Maps, so werden Sie aufgefordert, die Positionsermittlung zu erlauben. Betätigen Sie *Einstell.* für den Konfigurationsbildschirm, den wir unten erläutern.

Andere Programme, beispielsweise aus dem Google Play Store (Kapitel *27.1 Play Store*) schalten dagegen die Positionsermittlung meist ohne Rückfrage ein.

❶ So konfigurieren Sie die Standortermittlung: Aktivieren Sie das Benachrichtigungsfeld, worin Sie ✿ für die *Einstellungen* antippen.

❷ Rufen Sie *Standortdienste* auf. Aktivieren Sie die folgenden Felder:

- *Drahtlosnetze verwenden*: Erhöht die Genauigkeit der Positionsermittlung, indem, wie oben erwähnt, die bekannte Position von WLAN-Routern und Mobilfunkmasten einbezogen wird. Dazu sendet das Tablet auch Daten an die Google-Server.

- *GPS-Satelliten verwenden*: Verwendet die GPS-Satelliten zur Positionsermittlung.

- *Standort- und Google-Suche*: Gibt Ihren Standort für die Google-Websuche frei, sodass bevorzugt Suchergebnisse angezeigt werden, die in der Nähe Ihres Standorts liegen.

> Wenn Sie kein GPS benötigen, sollten Sie sowohl *Standortdienste verwenden*, als auch *GPS-Satelliten verwenden* deaktivieren, um die Akkubetriebszeit zu erhöhen.

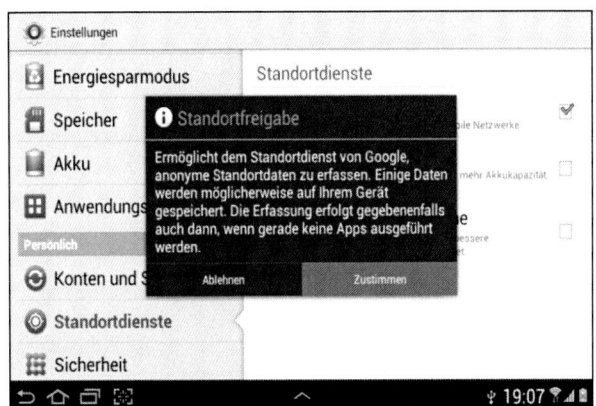 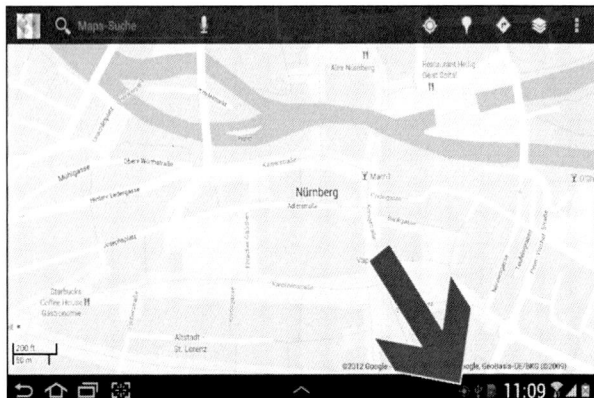

❶❷ Wenn Sie *Drahtlosnetze verwenden* oder *Standort- und Google-Suche* aktivieren, macht Sie das Galaxy auf die Übermittlung der Standortdaten von gefundenen WLAN-Routern und Mobilfunkmasten, beziehungsweise der Übertragung Ihrer aktuellen Position an Google aufmerksam. Sie müssen dem explizit zustimmen.

❸ Wenn der GPS-Empfänger von einer Anwendung genutzt wird, erscheint eine Animation in der Titelleiste.

> Tipp: Ungewöhnlicherweise kommt es vor, dass in der Titelleiste eine GPS-Aktivität angezeigt wird, obwohl Sie GPS und die Standortdienste deaktiviert haben. In diesem Fall haben Sie eine Software am Laufen, die GPS von sich aus aktiviert. Sehr häufig aktivieren Freeware-Programme, die Sie aus dem Google Play Store installiert haben, GPS, um Ihnen passende Werbebanner in der Programmoberfläche anzuzeigen. Irgendwie muss sich die Freeware ja finanzieren, wozu auch standortbezogene Werbebanner zählen. Siehe zu dieser Problematik auch Kapitel *27.7 App-Sicherheit*.

29.6 Ebooks auf dem Galaxy lesen

Viele Verlage bieten ihre Bücher und Zeitschriften inzwischen auch in elektronischer Form als sogenanntes »Ebook« an. Gebräuchlich sind dabei vor allem die Dateiformate EPUB und PDF, die sich mit den entsprechenden Anzeigeprogrammen auf jedem PC, Handy oder Tablet anzeigen lassen. Eine Besonderheit stellt Amazon dar, für dessen Lesegerät ein spezielles Dateiformat zum Einsatz kommt.

Ärgerlicherweise hat der Börsenverein des deutschen Buchhandels, der über die Buchpreisbindung wacht, inzwischen auch für Ebooks die Preisbindung durchgesetzt, das heißt, Sie werden die Ebooks bekannter Autoren bei jedem Anbieter zum gleichen Preis finden. Anders sieht es nur für Buchklassikern mit abgelaufenem Copyright aus (Autor bereits seit 70 Jahren tot), die von mehreren Anbietern zu unterschiedlichsten Preisen verkauft werden – sofern man sie nicht ohnehin als kostenlosen Download angeboten bekommt.

Leider sind viele Ebooks mit DRM (Digital Rights Management) geschützt, sodass man sie nur mit bestimmten Anzeigeprogrammen, beziehungsweise nur auf dem Gerät lesen kann, für das man sie erworben hat.

Leider entwickelt sich im Ebook-Bereich – ähnlich wie im Buchhandel – ein Oligopol, das im Eigenverlag publizierende Buchautoren und kleine Verlage unter Druck setzt. Diese erhalten häufig weniger als 50 Prozent des Ebook-Verkaufspreises ausgezahlt, obwohl sich die Ebook-Vertriebskosten im unteren einstelligen Prozentbereich bewegen. Für ein im Google Play Store für 9,95 Euro verkauftes Ebook gilt beispielsweise folgende Rechnung: Abgezogen werden 23% irische Mehrwertsteuer (die europäische Google-Niederlassung hat ihren Sitz in Irland) und ausgezahlt werden 52 Prozent davon, also 3,98 Euro. Fair erscheint dagegen Amazon Kindle mit 70 Prozent Auszahlung, man muss aber bedenken, dass Amazon dem Autor/Verlag bei Ebooks mit Bildern hohe Datentransferkosten in Rechnung stellt. Thalia & Co, die ebenfalls Ebooks vertreiben, zahlen unseres Wissens ebenfalls nur 50 Prozent an (kleine) Autoren/Verlage aus. Übrigens erhalten Sachbuchautoren, die bei Verlagen veröffentlichen vom Nettoerlös nur maximal 10 Prozent des Buchpreises abzüglich Verkaufsrabatten ausgezahlt...

Wenn Sie einen im Eigenverlag publizierenden Autor fördern möchten, sollten Sie Bücher, beziehungsweise Ebooks direkt über seine Website kaufen, sofern dort eine direkte Bestellmöglichkeit besteht. Andernfalls finden Sie dort häufig zumindest einen Hinweis, wo man seine Ebooks am besten käuft.

29.6.1 Ebooks von unabhängigen Anbietern

Im Internet gibt es hunderte von Anbietern kostenloser und kostenpflichtiger Ebooks. Während man PDF-Ebooks aufgrund des integrierten PDF-Anzeigers sofort auf dem Galaxy lesen kann, muss man für EPUB erst ein Anzeigeprogramm installieren.

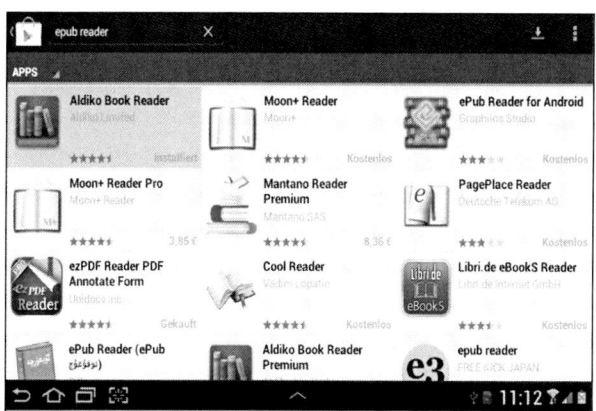 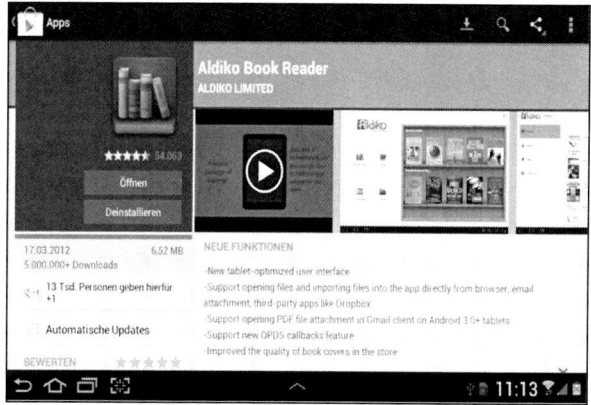

❶❷ Suchen Sie im Google Play Store (siehe Kapitel *27.1 Play Store*) nach »epub reader« und installieren Sie eines der gefundenen Programme.

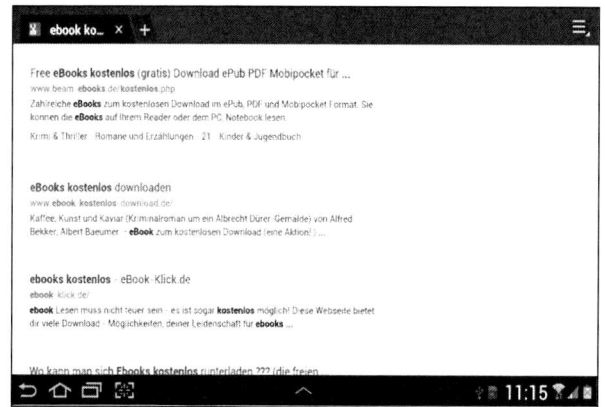 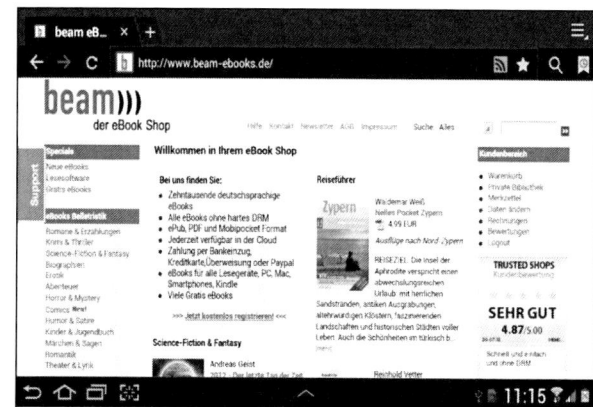

❶❷ Suchen Sie im Internet nach »epub kostenlos«, »ebook kostenlos« oder ähnliche Begriffe. Sie werden viele Websites finden, wo Sie kostenlose Klassiker als Ebook herunterladen dürfen. Natürlich ist es auch möglich, mit dem Webbrowser auf dem PC nach Ebooks zu suchen und die heruntergeladenen Ebooks dann auf das Galaxy zu kopieren.

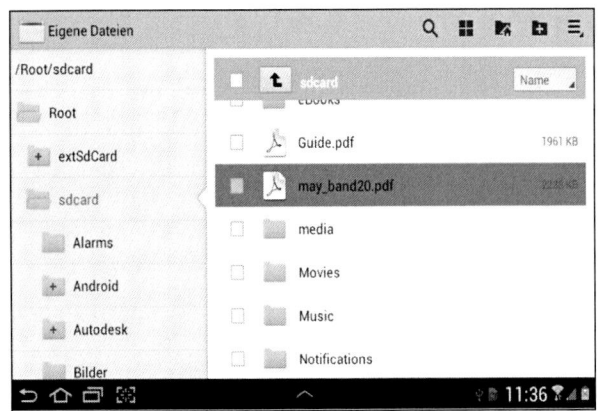 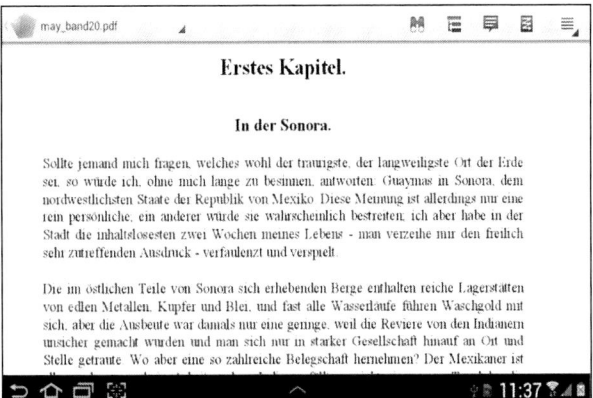

❶❷ Die vom PC auf das Gerät kopierten Ebooks können Sie beispielsweise über den Datei-Manager (siehe Kapitel *26.6 Eigene Dateien*) anzeigen, beziehungsweise direkt in den entsprechenden Ebook-Anzeigern öffnen. Bei vielen Ebooks lohnt es sich, das Galaxy Tab waagerecht zu halten, um die Bildschirmfläche besser auszunutzen.

Hinweis: Manchmal liegen Ebooks auch als ZIP-komprimierte Datei vor, die sich mit den Android-Bordmitteln nicht öffnen lässt. Sie benötigen dann ein Entkomprimierungsprogramm, wie es Kapitel *29.7 Zip-Dateien* vorstellt.

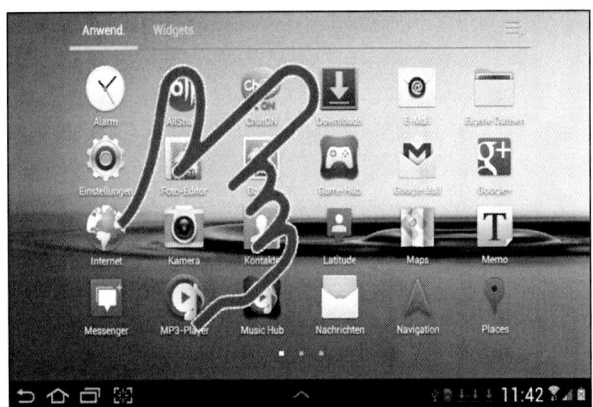 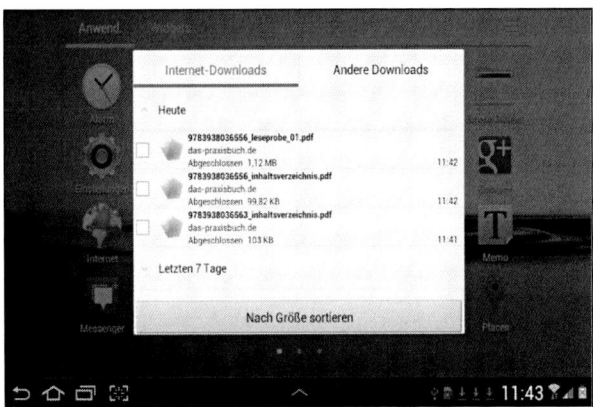

Ebooks, die Sie mit dem Galaxy-Webbrowser heruntergeladen haben, finden Sie in der Eigene Dateien-Anwendung im Verzeichnis \Download.

❶❷ Alternativ starten Sie im Hauptmenü die *Downloads*-Anwendung und tippen dort das Ebook an, welches dann angezeigt wird.

29.6.2 Google Ebooks

Google mischt seit Anfang Juli 2012 im deutschen Ebook-Markt mit. Sie finden das Ebook-Angebot im Google Play Store (siehe Kapitel *27.1 Play Store*), aus dem Sie auch Ihre Software laden. Alternativ nutzen Sie für das Stöbern im Ebook-Shop den Play Store im Browser dem PC (siehe Kapitel *27.3 Programme über den Webbrowser installieren*). Dort ausgewählte/gekaufte Ebooks landen dann nach wenigen Minuten auf Ihrem Tablet.

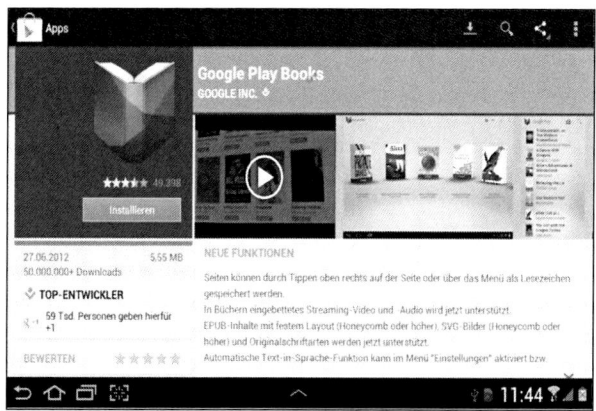 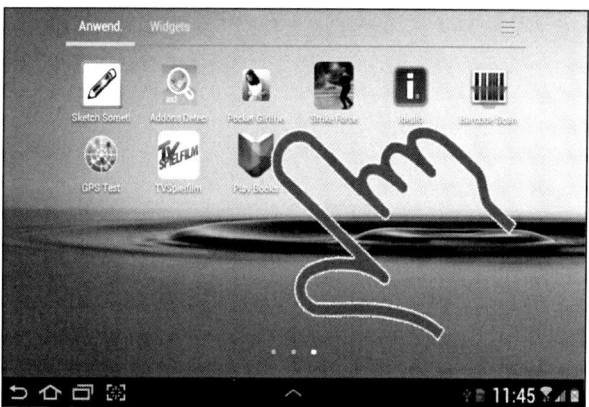

❶ Bevor Sie die Ebooks aus dem Play Store laden und anzeigen können, müssen Sie erst *Google Play Books* aus dem Play Store installieren.

❷ Starten Sie *Play Books* aus dem Hauptmenü.

> Sofern Sie bereits das Betriebssystemupdate (siehe Kapitel *3.15 Betriebssystemupdate*) einge-spielt haben, ist Google Play Books bereits auf Ihrem Gerät installiert.

 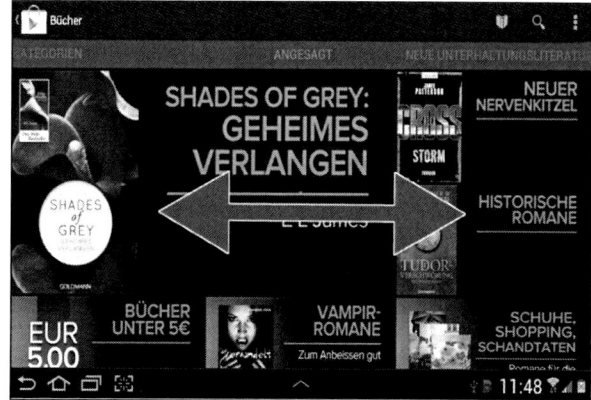

❶ Weitere Ebooks laden Sie dann über den Play Store, den Sie über die Schaltleiste oben rechts im Bildschirm aufrufen. Alternativ rufen Sie den Google Play Store im Startbildschirm auf und ge-hen dort auf *Bücher*.

❷ Tippen Sie nach dem Start des Google Play Store auf *Bücher*. Blättern Sie mit einer Wischgeste zwischen den verschiedenen Kategorien. Sinnvollerweise gibt es dort auch *TOP KOSTENLOS*, wo Sie zahlreiche kostenlose Ebooks finden.

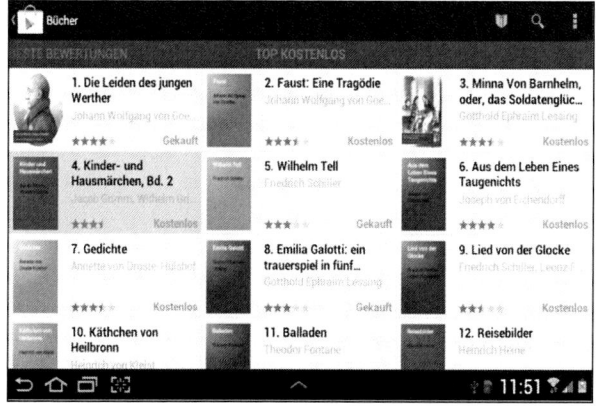 

❶ Tippen Sie einen Ebook-Eintrag an.

❷ Betätigen Sie *ÖFFNEN*, lädt das Galaxy ein Ebook sofort herunter und zeigt es an.

29.6.3 Amazon Kindle

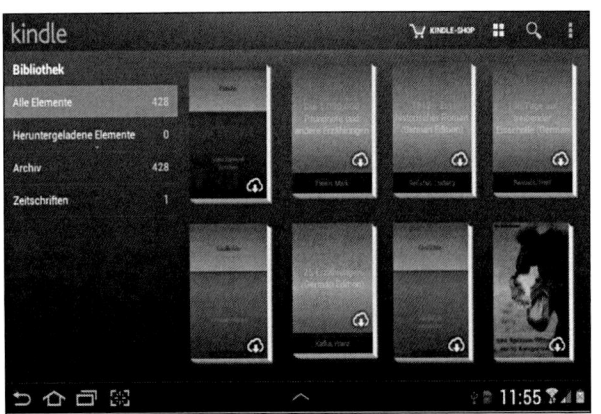 

Amazon bietet neben verschiedenen Kindle-Ebook-Lesegeräten auch Anzeigesoftware für den PC und Android an. Sie finden den Kindle-Reader unter *Amazon Kindle* im Google Play Store. Ebooks kaufen Sie über den PC-Webbrowser auf der Amazon.de-Website.

29.7 Zip-Dateien

Auf dem PC sind Zip-Archive, die mehrere Dateien und Verzeichnisse komprimiert speichern, Standard. ZIP-Archive, die Sie an der Dateiendung ».zip« erkennen, werden häufig für im Internet angebotene Downloads verwendet, das heißt, wenn Sie häufig Dateien mit Ihrem Webbrowser herunterladen, dürften Sie also früher oder später auch auf Zip-Dateien stoßen. Um die enthaltenen Dateien aus einem Zip-Archiv zu entkomprimieren, benötigen Sie eine entsprechende Software.

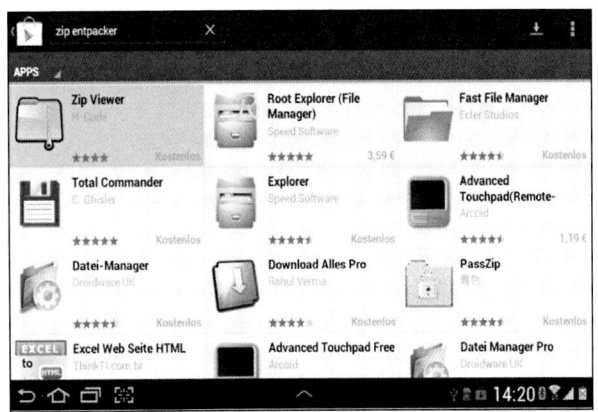 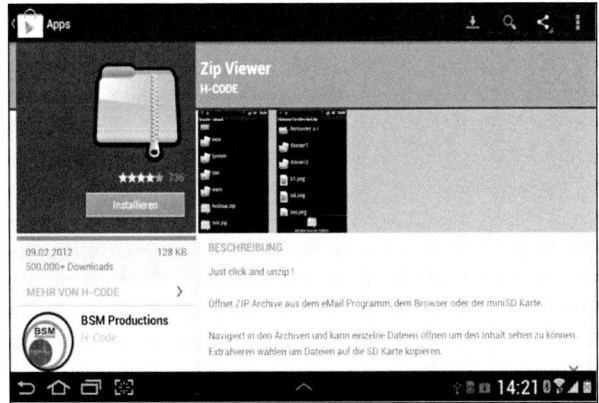

❶❷ Suchen Sie im Google Play Store (siehe Kapitel *27.1 Play Store*) nach »Zip«, »Zip entpacken« oder ähnlich und installieren Sie eine der angebotenen Zip-Programme. Meistens handelt es sich um Dateimanager, die zusätzlich auch Zip unterstützen.

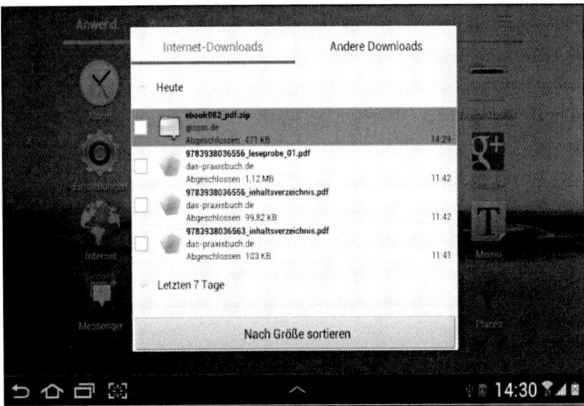 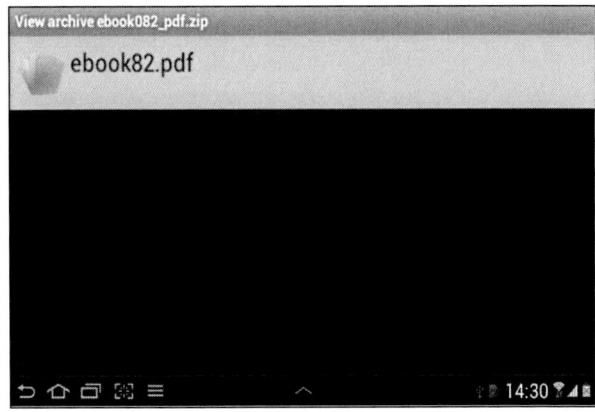

❶❷ Beispiel für ein Ebook, das als Zip-Datei mit dem Browser heruntergeladen wurde: Nach Antippen der Datei in der *Downloads*-Anwendung, beziehungsweise im Benachrichtigungsfeld, startet das Zip-Programm und zeigt den Archivinhalt an. Antippen der Datei öffnet sie in der zugehörigen Anwendung, im Beispiel dem PDF-Anzeiger von Polaris Office.

29.8 Anwendungen als Standard

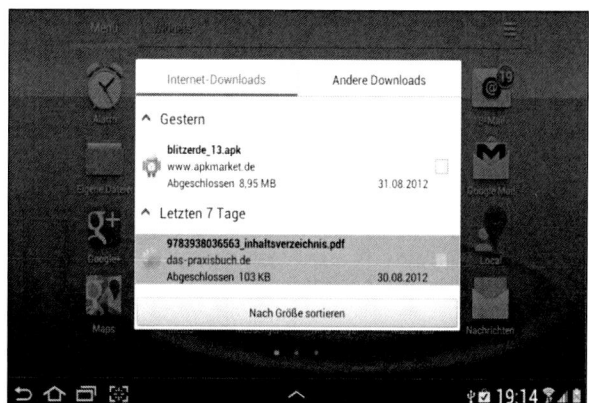

Sie haben wahrscheinlich zu diesem Zeitpunkt schon einige dutzend Programme aus dem Google Play Store (siehe Kapitel *27.1 Play Store*) installiert. Häufig überlappen sich dabei die Programmfunktionen, beispielsweise unterstützen fast alle Ebook-Leseprogramme (siehe Kapitel *29.6 Ebooks auf dem Galaxy lesen*) das PDF-Format. Wenn Sie auf dem Galaxy Tab eine Funktion auslösen, für die mehrere Anwendungen in Frage kämen, fragt das Gerät nach. Im Fall einer PDF-Datei, die Sie in der Downloads-Anwendung oder im Dateimanager (siehe Kapitel *26.6 Eigene Dateien*) antippen (**❶**), erscheint eine Rückfrage (**❷**). Wählen Sie dann das gewünschte Programm aus. Aktivieren Sie *Für diesen Vorgang als Standard verwenden*, um die Rückfrage zu vermeiden und immer das gleiche Programm zu verwenden.

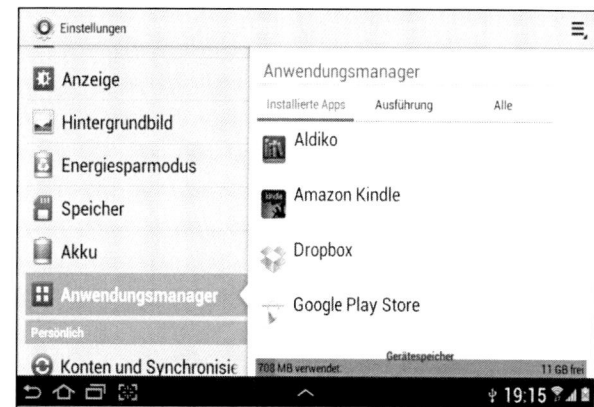

❶ So setzen Sie die Voreinstellung wieder zurück: Gehen Sie auf *Einstellungen* im Benachrichtigungsfeld.

❷ Aktivieren Sie *Anwendungsmanager*.

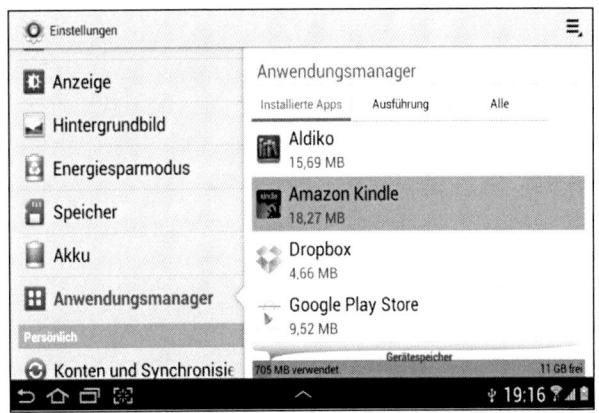 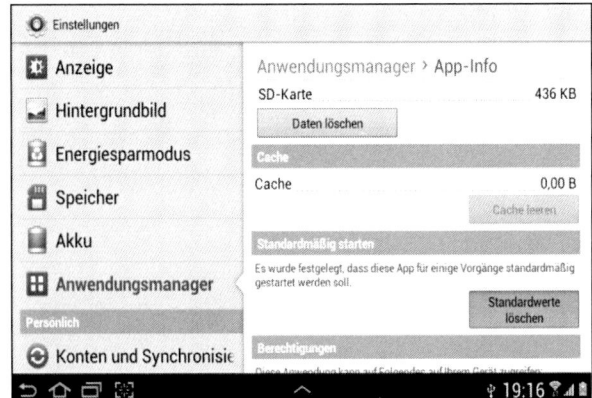

❶❷ Nach Auswahl des Programms betätigen Sie *Standardwerte löschen*.

29.9 VPN-Verbindungen auf dem Galaxy Tab

Ein VPN (Virtuelle privates Netzwerk) dient in der Regel dazu, Daten über das Internet verschlüsselt zu übertragen. Dazu muss man wissen, dass das »normale« Internet, bis auf wenige Ausnahmen, unverschlüsselt abläuft. Wenn Sie eine Webseite aufrufen oder Ihre E-Mails abrufen/senden, können also Dritte gegebenenfalls mitlesen. Für den Normalanwender, der zuhause Internet nutzt, spielt das Risiko von unverschlüsselten Internetverbindungen keine große Rolle. Problematisch wird es dagegen, wenn Sie unterwegs WLAN-Zugangspunkte nutzen, da diese von Hackern betrieben werden können.

Verschlüsselte VPN sind deshalb in vielen Unternehmen mit reisenden Mitarbeitern Pflicht und haben auch für Privatanwender einige Vorteile, beispielsweise, dass man beim Aufenthalt in Ländern mit Zensur (islamische Staaten, Großbritannien, China, usw.) auch gesperrte Webseiten abrufen kann (man nutzt ja schließlich das lokale Internet nur für das VPN, während der eigentliche Internetzugang über einen Server beim VPN-Anbieter erfolgt).

Je nachdem, in welchem Land der Server eines VPN-Anbieters sitzt, sind die dortigen Internetdienste verfügbar, zum Beispiel dürfen Sie bei einem VPN-Server in den USA dann bestimmte Websites, beispielsweise aus dem Medienbereich abrufen, die für Nutzer aus Europa ansonsten gesperrt sind.

Die VPN-Anbieter haben sich an die gesetzlichen Vorgaben des jeweiligen Landes zu halten, in dem der VPN-Server steht, das heißt, in aller Regel haben staatliche Behörden Zugriff auf Ihre Verbindungsdaten. Sie machen es also nur den Behörden und Hackern im jeweiligen aktuellen Aufenthaltsland schwer, Ihre übertragenen Internetdaten abzugreifen.

Im Folgenden beschreiben wir, wie Sie ein VPN auf dem Galaxy Tab einrichten und betreiben. Für unsere Beispiele nutzen wir SwissVPN (*www.swissvpn.net*).

Auf die Sicherheitsproblematik bei WLAN-Nutzung gehen wir im Kapitel *8.1.3 WLAN unterwegs sicher einsetzen* genauer ein.

Webseiten, die SSL-Verschlüsselung nutzen, wie alle Online-Banking-Seiten, sowie Google, sind natürlich auch ohne VPN-Nutzung sicher.

 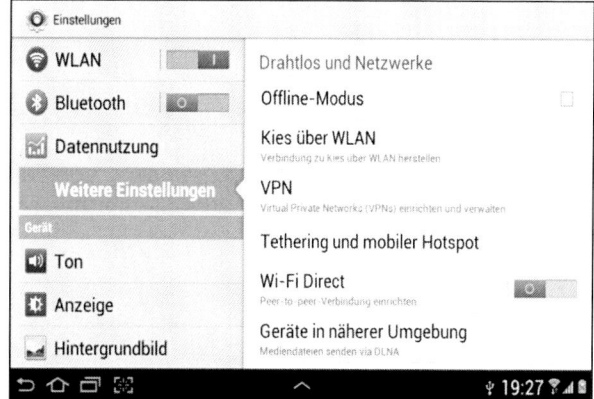

❶ Aktivieren Sie das Benachrichtigungsfeld und gehen Sie auf *Einstellungen.*

❷ Rufen Sie *Mehr* auf und wählen das *VPN*-Menü.

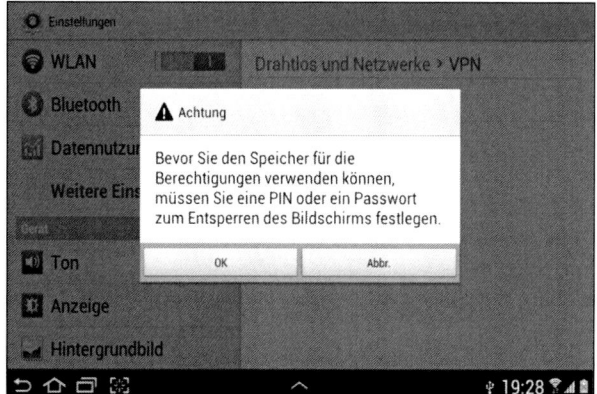 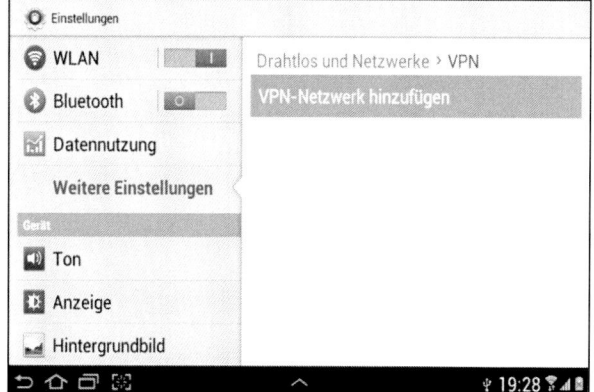

❶ Die Nutzung eines VPN ist natürlich nur sinnvoll, wenn Sie den Zugriff auf Ihr Gerät selbst beschränken – andernfalls könnte jemand anders in Ihrer Abwesenheit vielleicht einen Trojaner auf dem Tablet installieren, der Ihre Daten anderweitig an Dritte im Internet überträgt. Deshalb fordert Sie das Gerät jetzt auf, eine Gerätesperre anzulegen (siehe auch Kapitel *25 Zugriffssperren*), was Sie durchführen sollten.

❷ Danach gelangen Sie ins eigentliche VPN-Menü, wo Sie *VPN-Netzwerk hinzufügen* wählen.

 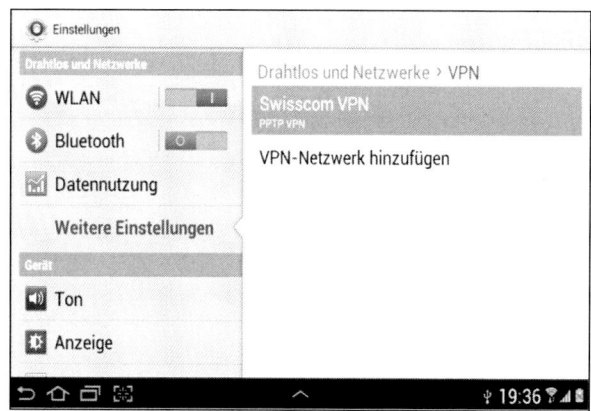

❶ Geben Sie ein:

- *Name*: Beliebiger Name.

- *Typ*: Es gibt VPNs mit unterschiedlichsten Verbindungsprotokollen, wovon PPTP und OpenVPN die üblichsten sind. Ihr VPN-Betreiber wird Ihnen mit den Zugangsdaten auch mitgeteilt haben, welches Protokoll Sie einstellen müssen. Swiss VPN unterstützt zum Beispiel beide Protokolle, wovon wir *PPTP* einstellen.

- • *Server-Adresse*: Die Adresse des VPN-Servers.

Betätigen Sie dann *Speichern.*

❷ Tippen Sie auf den zuvor angelegten VPN-Eintrag.

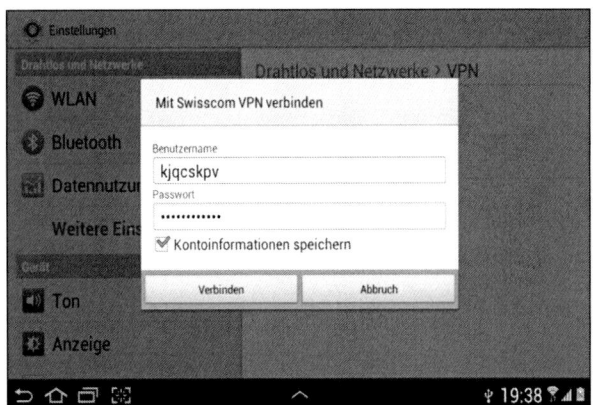 

❶ Geben Sie die Zugangsdaten ein, die Sie von Ihrem VPN-Betreiber erhalten haben und betätigen Sie *Verbinden.*

❷ Sollte alles geklappt haben, erscheint beim VPN-Eintrag der Hinweis »*Verbunden*«.

 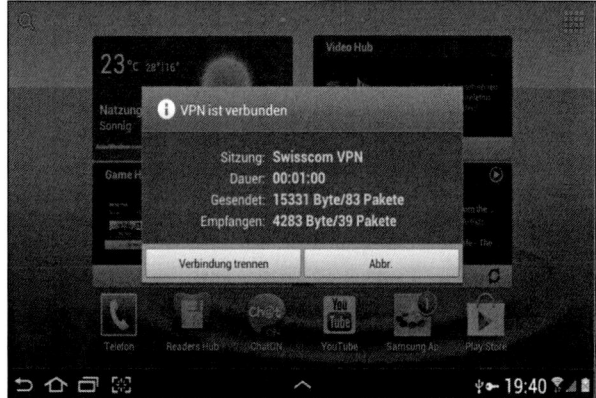

❶❷ Im Benachrichtigungsfeld informiert der *VPN aktiviert*-Eintrag über die aktive VPN-Verbindung. Gehen Sie darauf, wenn Sie die VPN-Verbindung wieder beenden möchten und gehen Sie auf *Verbindung trennen.*

Durch die Nutzung eines VPN entstehen keine Nachteile, das heißt, wenn schon Sie oder Ihre Firma dafür bezahlen, können Sie permanent VPN aktiv lassen. Anders sieht es nur aus, wenn die Übertragungsgeschwindigkeit im VPN zu wünschen lässt, beziehungsweise Ihre Firma eine private Nutzung des VPNs nicht erlaubt.

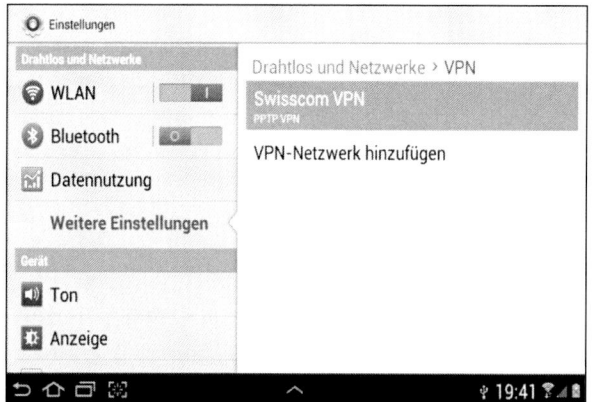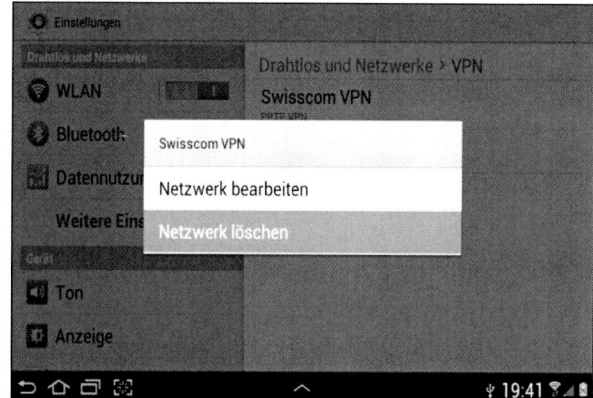

❶❷ Wie bereits erwähnt, setzt die VPN-Nutzung voraus, dass Sie eine Gerätesperre mit Muster, PIN oder Passwort anlegen. Erst wenn Sie den VPN-Eintrag wieder löschen, können Sie die diese Gerätesperre wieder deaktivieren. Dazu tippen und halten Sie den Finger auf dem VPN-Eintrag und wählen dann *Netzwerk löschen*.

29.10 Tablet verloren oder geklaut – was nun?

Vorsorge ist immer die beste Versicherung, um das eigene Handy oder Tablet wiederzubekommen, wenn Sie es irgendwo mal liegen lassen oder es gestohlen wird. Wichtig ist erst einmal, dass ein ehrlicher Finder, beziehungsweise die Polizei die Möglichkeit hat, Sie zu kontaktieren. Zwar lassen sich auf dem Galaxy Tab, wie weiter unten beschrieben, die Kontaktdaten so einstellen, dass sie beim Einschalten angezeigt werden, ist der Akku aber leer, bringt dies dem Finder auch nichts. Wir bringen deshalb auf unseren elektronischen Geräten, die wir unterwegs dabei haben, Adressaufkleber mit unseren Kontaktdaten an. Beim Galaxy Tab ist dies leider mit einem Risiko verbunden, da der Kleber eventuell mit dem Plastikgehäuse reagiert. Entfernt man den Aufkleber später, beispielsweise weil man das Tablet weiterverkaufen will, bleibt ein verfärbter Bereich sichtbar. Die meisten Anwender dürften sich aber für unterwegs ohnehin eine Schutzhülle anschaffen, sodass dort ohne Probleme ein Adressaufkleber angebracht werden kann.

29.10.1 Kontaktdaten beim Einschalten anzeigen

Im Folgenden beschreiben wir, wie man auf dem Tablet seine Kontaktdaten eingibt, die dann beim Einschalten angezeigt werden.

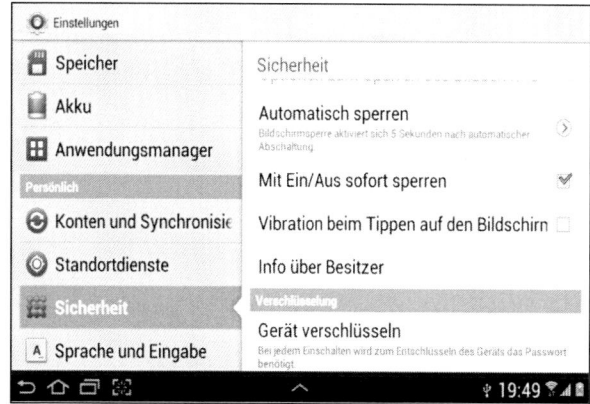

❶❷ So geben Sie Ihre Kontaktdaten ein, die dann dem Finger angezeigt werden: Gehen Sie im Benachrichtigungsfeld auf *Einstellungen* und dann im *Sicherheit*-Register auf *Info über Besitzer*.

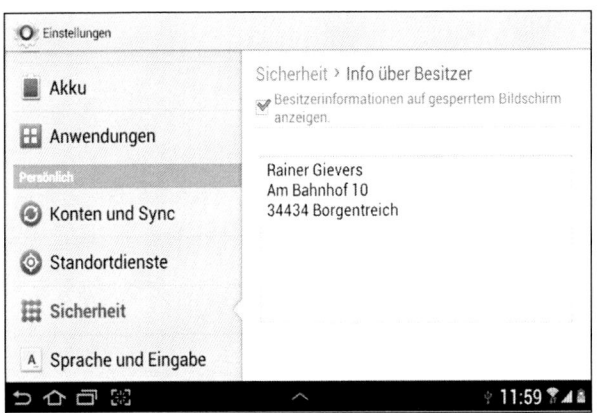 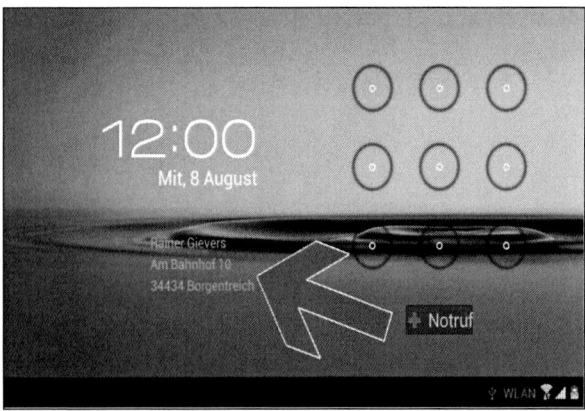

❶ Geben Sie Ihre Kontaktdaten ein und verlassen Sie den Bildschirm mit der ⬑-Taste.

❷ Auch wenn eine Gerätesperre aktiv ist, werden nun Ihre Kontaktdaten beim Einschalten des Tablets angezeigt.

29.10.2 Datenschutz

Ein weiteres wichtiges Thema ist der Schutz Ihrer persönlichen Daten auf dem Tablet. Ein Finder/Dieb könnte nämlich zum Beispiel folgendes:

- Kontakte und Termine ändern oder löschen.

- Die im Webbrowser gespeicherte Formulardaten, zum Beispiel das Login von Ebay oder einer Shopping-Website ausnutzen, um Käufe in Ihrem Namen durchzuführen.

- Diffamierende E-Mails oder SMS in Ihrem Namen über die E-Mail/Nachrichten-Anwendung verschicken.

- Nach peinlichen SMS, E-Mails, Fotos oder Videos suchen und diese im Web oder anderswo veröffentlichen.

- Sex-Hotlines oder sonstige teure 0900er-Premiumnummern über Ihre SIM-Karte anrufen.

- Im Google Play Store über Ihre dort gespeicherte Kreditkarte fröhlich Ihr Geld für teure Software ausgeben.

An dieser Stelle wollen wir erst garnicht über den Einsatz Ihres Android-Tablets in einem sensiblen Firmenbereich reden. Das Galaxy Tab speichert viele Daten wie Kontakte, Termine, Browser-Lesezeichen, usw. auf Google-Server, auf die amerikanische Behörden problemlos Zugriff haben. Es soll auch Firmen geben, die Software anbieten, um abgesicherte Geräte auszulesen, wozu nur der physische Zugriff auf das Gerät nötig ist (zum Beispiel auf Flughäfen bei der Zollkontrolle). Natürlich lässt sich das Galaxy-Tab auch ohne Google-Konto (und damit ohne Google-Server) nutzen, dann könnte man sich aber auch genausogut ein Notizblock zulegen.

Damit es Diebe nicht zu einfach haben, hier einige Tipps:

- Aktivieren Sie in *Einstellungen/Sicherheit* unter *Bildschirmsperre* die Gerätesperre (Muster, PIN oder Passwort). An die Daten in Ihrem Gerätespeicher kommt dann der Dieb nicht heran (siehe Kapitel *25.2 Gerätesperre*).

- Den Google Play-Store können Sie mit einer PIN in dessen Einstellungen absichern. Käufe sind dann erst nach PIN-Eingabe möglich.

- Nutzen Sie keine SD-Karte in Ihrem Gerät. Eine eingesteckte SD-Karte lässt sich entnehmen und in einem anderen Gerät auslesen, auch wenn Sie beim Galaxy Tab eine Gerätesperre eingestellt haben. Alternativ können Sie auch unter *Einstellungen/Sicherheit* die Option *SD-Karte verschlüsseln* nutzen.

- Falls Sie dennoch eine SD-Speicherkarte verwenden (müssen), stellen Sie in Optionen der

Kamera-Anwendung (siehe Kapitel *17.1 Einstellungen*) den verwendeten Speicher auf Gerätespeicher und nicht auf SD-Karte.

- Die unter *Einstellungen/Sicherheit* einrichtbare *SIM-Kartensperre* sorgt dafür, dass ein Dieb Ihre SIM-Karte nicht einfach entnehmen und in seinem Handy für teure Anrufe nutzen kann. Stattdessen wird der Dieb an der Abfrage der SIM-PIN scheitern.*

- Aktivieren Sie in *Einstellungen/Sicherheit* die Optionen *Fernzugriff* und *Info über SIM-Wechsel* (siehe Kapitel *25.5 Maßnahmen gegen Diebstahl*). Probieren Sie auch unbedingt die Samsung-Dive-Website aus, damit Sie im Schadensfall schnell reagieren können.*

- Notieren Sie sich die IMEI Ihres Tablets (in der Telefonoberfläche des Tablets *#06# eingeben) und schreiben Sie diese am besten auf Ihre Rechnung für das Gerät, sofern sie dort nicht bereits aufgeführt ist. Bei einer Diebstahlsmeldung können Sie die IMEI dann mit angeben.*

Der Diebstahl/Verlust ist eingetreten:

Abhängig von der Situation, also wenn Sie nicht sicher sind, ob die zuvor aufgeführten Sicherheitsmaßnahmen greifen, gehen Sie wie folgt vor:

- Rufen Sie sich selbst an. Sind Sie mit mehreren Personen vor Ort, sollten diese zuvor ausschwärmen lassen, damit das Tablet schnell lokalisiert wird. Ein markanter Klingelton ist da natürlich hilfreich. Der Selbstanruf ist auch von der SamsungDive-Website (siehe Kapitel *25.5.2 Fernzugriff*) möglich, wobei auch ein auf lautlos gestelltes Gerät mit voller Lautstärke klingelt.*

- Loggen Sie sich auf der Google-Website in Ihr Google-Konto ein und ändern Sie Ihr Passwort.

- Erstatten Sie Anzeige bei der Polizei (den Polizei-Beleg benötigen Sie eventuell, damit Ihre Versicherung den Verlust erstattet). Eeventuell hat sich dort auch schon der ehrliche Finder gemeldet.

- In Hotels, Bahnhöfen, Flughäfen gibt es extra Fundbüros, vielleicht hat dort jemand zwischenzeitlich das Gerät abgegeben.

- Lassen Sie beim Mobilnetzbetreiber Ihre SIM-Karte sperren.*

- Falls Sie sich nach einiger Zeit sicher sind, dass Sie das Gerät nicht wieder erhalten, beziehungsweise wenn wichtige Daten drauf sind, die nicht in falsche Hände geraten sollen, führen Sie über die SamsungDive-Website die Fernlöschung durch.

> Die mit * gekennzeichneten Punkte gelten nur für die 3G-Version des Tablets.

29.11 Google Play Video

Der Ende August 2012 gestartete Online Dienst Google Play Video holt für Sie das Kino sozusagen auf das Tablet. Zu Preisen zwischen 3 bis 5 Euro können Sie Videos mieten, die Sie wahlweise auf dem Tablet oder im Webbrowser auf dem PC ansehen. Einmal angefangene Filme sind leider nur 48 Stunden verfügbar, lassen sich aber erfreulicherweise nicht nur online ansehen (als sogenanntes »Streaming« in verschiedenen Qualitätsstufen), sondern auch herunterladen. Unerlaubtes Vervielfältigen verhindert übrigens ein Kopierschutz.

Google Play Video ist leider recht teuer und hat diverse Nachteile wie die ausschließliche Zahlung per Kreditkarte und die Nichtverfügbarkeit von Originaltonspuren, was Filmpuristen verzweifeln lassen dürfte.

Alternativen zu Googles Videothek sind unter anderem Telekoms Videoload-Portal (*www.videoload.de*) und Amazons Lovefilm (*www.lovefilm.de*), die aber ihr Angebot an PC-Nutzer ausrichten. Außerdem existieren viele Online-Videotheken, welche Filme als physische Datenträger (DVD/Bluray) recht kostengünstig per Post verleihen. Ein Preis-/Leistungsvergleich lohnt sich also für Cineasten allemal.

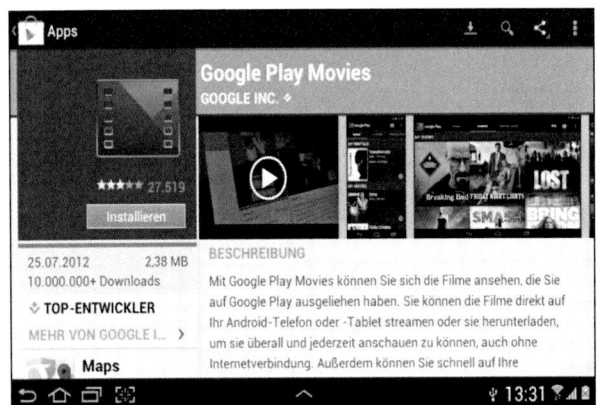 

❶ Suchen und installieren Sie zuerst *Google Play Movies* im Play Store, damit Sie die Filme auch abspielen können.

❷ Anschließend rufen Sie *Filme* (Pfeil) im Play Store auf, wo Sie Spielfilme kaufen und herunterladen. Die Ausleihe ist übrigens auch auf dem Webbrowser auf dem PC über die Webadresse *play.google.com/store/movies* möglich.

30. Benutzerkonfiguration

Ähnlich wie bei Windows auf dem Desktop-PC kann auch das Galaxy an die Vorlieben (und Schwächen!) des Nutzers angepasst werden.

> Hinweis: Bevor Sie dieses Kapitel durcharbeiten, sollten Sie sich bereits ausführlich mit dem Tablet auseinandergesetzt haben.

 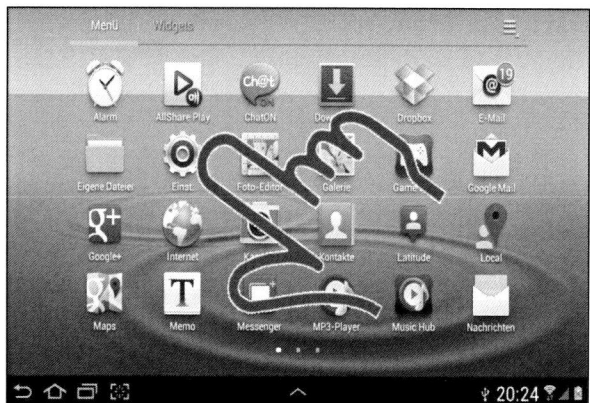

❶ Für die *Einstellungen* aktivieren Sie das Benachrichtigungsfeld und tippen *Einstellungen* an.

❷ Alternativ gehen Sie im Hauptmenü auf *Einst.*

30.1 Drahtlos und Netzwerke

◆ *Einstellungen/WLAN*
◆ *Einstellungen/Bluetooth*
◆ *Einstellungen/Datennutzung*

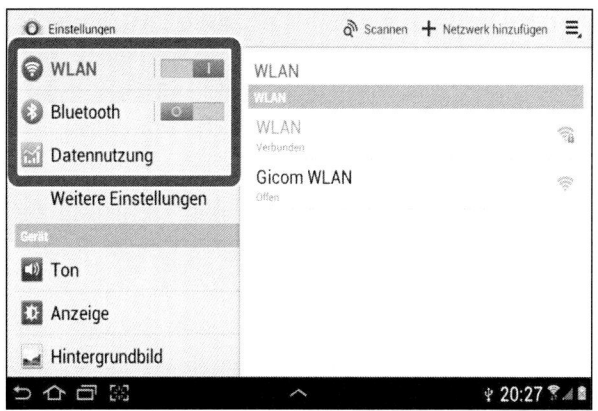

Die wohl wichtigsten Steuerungsfunktionen für drahtlose Kommunikation sind direkt auf der Einstellungen-Hauptseite zu finden:

- *WLAN; Bluetooth*: Auf WLAN geht bereits Kapitel *8 Wireless LAN*, auf Bluetooth Kapitel *22 Bluetooth* ein.

- *Datennutzung*: Führt eine Statistik der übertragenen Datenmenge über Mobilfunk-Internet und WLAN. Siehe dazu Kapitel *7.3 Datenverbrauch ermitteln*.

30.2 Datenübertragung

◆ *Einstellungen/Weitere Einstellungen*

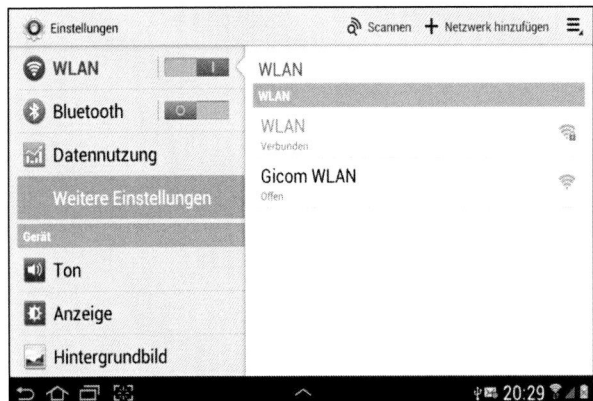 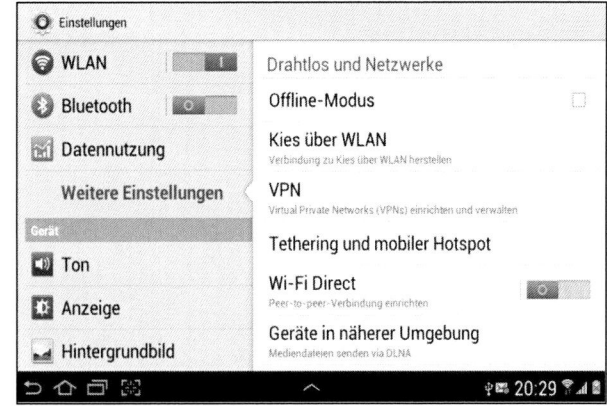

❶❷ In diesem Bildschirm stellen Sie ein:

- *Offline-Modus*: Schaltet das Mobilfunkmodul, sowie Bluetooth und WLAN aus (sogenannter »Flugmodus«). Siehe auch Kapitel *4.7 Flugmodus (Offline-Modus)*.

- *Kies über WLAN*: Das Menü konfiguriert die Datensynchronisation zwischen einem PC und dem Galaxy über WLAN. Im Kapitel *31.1 Kies über WLAN* wird Kies über WLAN genauer beschrieben.

- *VPN*: Konfiguriert Virtual Private Networks (VPNs), die eine verschlüsselte und sichere Kommunikation über das Internet, beispielsweise mit Firmennetzwerken, ermöglichen. Dieses Buch geht nicht darauf ein.

- *Tethering und mobiler Hotspot*: Hierüber stellen Sie eine Mobilfunk-Internetverbindung anderen Geräten über WLAN oder USB zur Verfügung. Siehe Kapitel *21 Galaxy Tab als Datenmodem am PC*.

- *Wi-Fi Direct*: »Wi-Fi Direct« (siehe Kapitel *20.1 Wi-Fi Direct*) ist eine neuartige Methode, um zwei Geräte über WLAN zu koppeln und darüber Dateien auszutauschen. Es gibt allerdings erst sehr wenige Geräte, die diesen Übertragungsstandard unterstützen und mit Bluetooth (siehe Kapitel *22 Bluetooth*) ist eine adequate Alternative verfügbar.

- *Geräte in näherer Umgebung*: DLNA-Zugriff erlauben (siehe Kapitel 20.2 DLNA)

- *Mobile Netzwerke*: Das Menü verwaltet alles rund um die Mobilfunk-Internet-Funktionen. Siehe Kapitel *7.1.5 Manuelle Einrichtung*.

30.3 Ton

◆ *Einstellungen/Ton*

Auf die Funktionen in diesem Menü geht Kapitel *3.14 Medienlautstärke und Signaltöne* ein.

30.4 Display

◆ *Einstellungen/Anzeige*

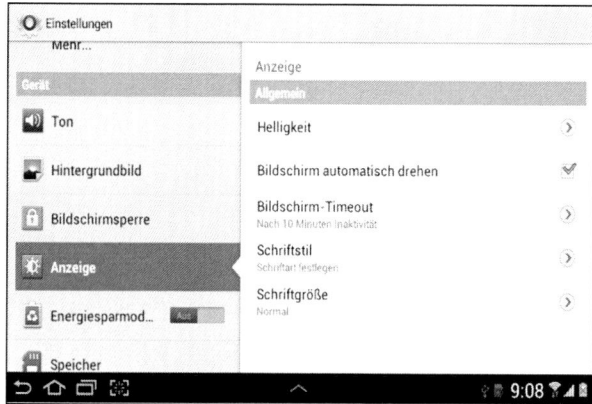

Im *Anzeige*-Menü konfigurieren Sie unter Helligkeit, Schriftart und die Displaysperre.

30.4.1 Displaybeleuchtung

◆ *Einstellungen/Anzeige/Helligkeit*

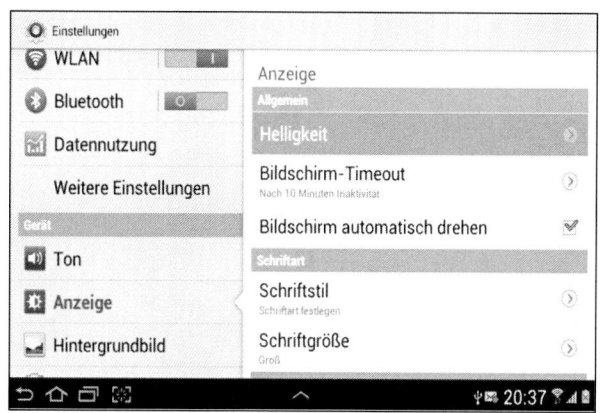 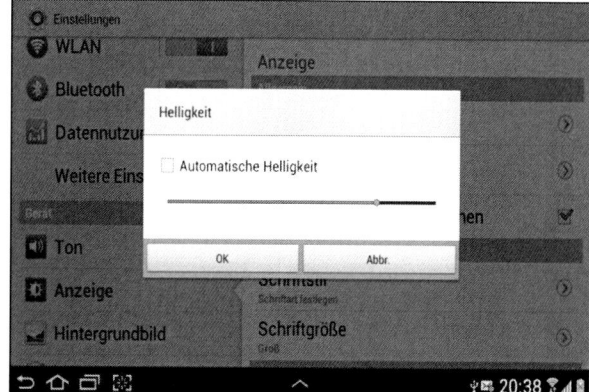

❶❷ Die Displayhelligkeit ist frei regelbar. Aktivieren Sie *Automatische Helligkeit*, damit das Galaxy Tab die Displayhelligkeit über einen Sensor neben dem Display an die aktuelle Umgebungshelligkeit anpasst.

> Beachten Sie, dass eine hohe Displayhelligkeit die Akkulaufzeit erheblich reduziert.

Die gleiche Funktion erhalten Sie sehr viel einfacher auch im Benachrichtigungsfeld.

30.4.2 Display-Timeout

◆ *Einstellungen/Anzeige/Bildschirm-Timeout*

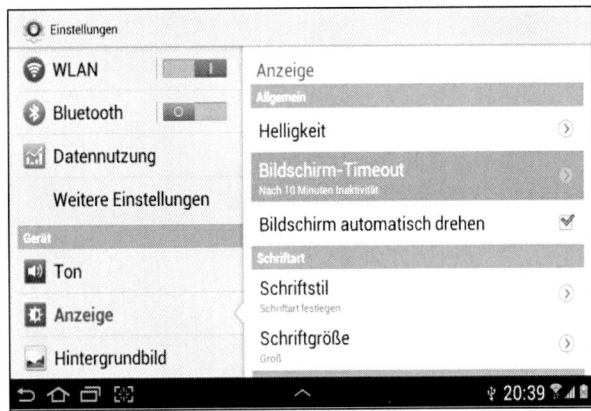

❶❷ Über *Bildschirm-Timeout* regeln Sie, nach welcher Zeitspanne der Nichtnutzung sich die Displaybeleuchtung abschaltet und sich die Displaysperre aktiviert.

> Die Displaysperre hat auch Einfluss auf die Akkulaufzeit, weil das Display die Komponente mit dem höchsten Stromverbrauch ist.

30.4.3 Bildschirm automatisch drehen

◆ *Einstellungen/Anzeige/Bildschirm automatisch drehen*

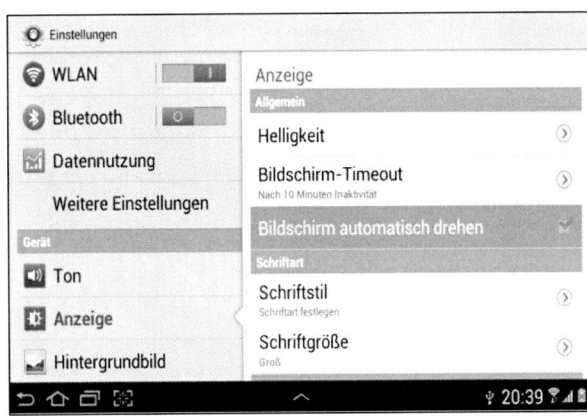

❶ Wenn Sie das Tablet um 90 Grad drehen, ändert sich die Displayausrichtung vom Portrait- zum Querformat. Deaktivieren Sie *Bildschirm automatisch drehen*, wenn Sie das stört.

❷ Alternativ steuern Sie die automatische Displayausrichtung über eine Schaltleiste (Pfeil) im Benachrichtigungsfeld.

30.4.4 Schriftart

◆ *Einstellungen/Anzeige/Schriftstil*
◆ *Einstellungen/Anzeige/Schriftgröße*

❶❷ Wenn Ihnen die standardmäßig voreingestellte Schriftart auf Ihrem Galaxy Tab zu »sachlich« erscheint, können Sie eine andere auswählen.

30.4.5 Schnellstart

◆ *Einstellungen/Anzeige/Schnellstart*

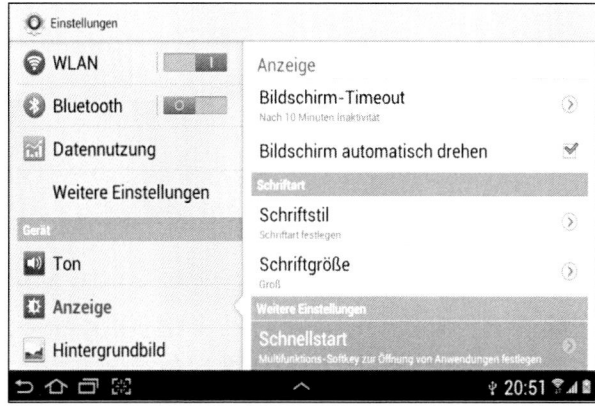 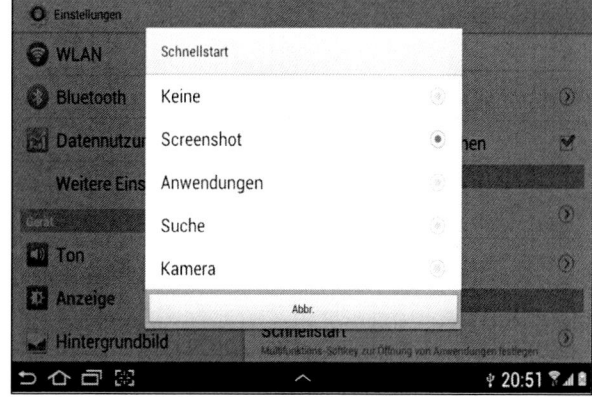

❶❷ Die ⛶-Taste unterhalb des Displays erstellt standardmäßig einen Screenshot, Sie können sie aber auch mit einer anderen Funktion belegen.

30.5 Hintergrundbild

◆ *Einstellungen/Hintergrundbild*

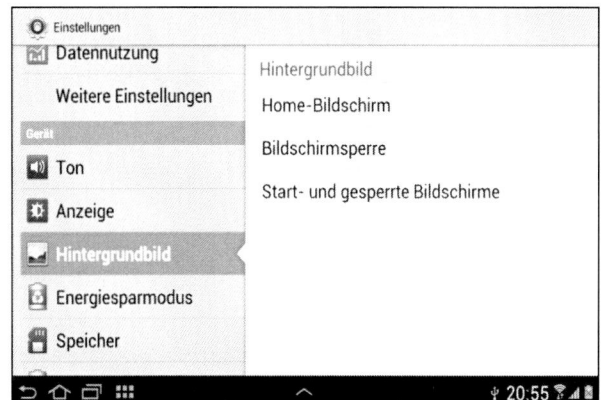

In diesem Menü stellen Sie das Hintergrundbild für die Displaysperre, sowie den Startbildschirm ein. Siehe dazu auch Kapitel *3.7.5 Hintergrundbild*.

30.6 Energiesparmodus

◆ *Einstellungen/Energiesparmodus*

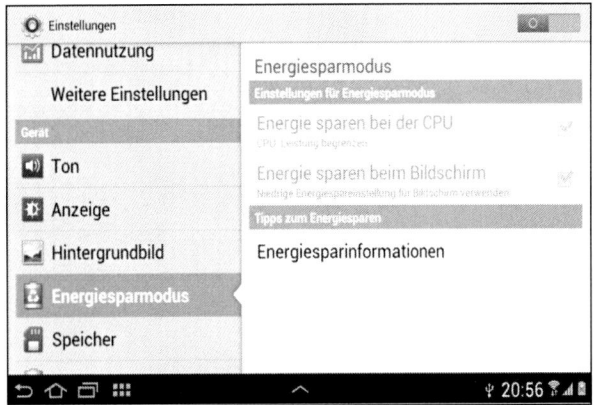

Aktivieren sie den *Energiesparmodus*, so schaltet das Galaxy automatisch bestimmte Funktionen aus, um die Akkubetriebsdauer zu erhöhen. Wir raten aber eher davon ab, den Energiesparmodus zu nutzen, weil es sehr irritierend sein kann, wenn plötzlich zum Beispiel das Internet oder Bluetooth nicht mehr funktionieren. Deshalb ist der Energiesparmodus auch standardmäßig deaktiviert.

30.7 Speicherverwendung

◆ *Einstellungen/Speicher*

Speicher informiert über den von den verschiedenen Anwendungen belegten Speicherplatz. Siehe auch Kapitel *24.2 Speicherverwaltung.*

30.8 Akkubetriebsdauer

◆ *Einstellungen/Akku*

Akku informiert über den Stromverbrauch der verschiedenen Hardwarekomponenten des Galaxy Tab, sowie der gerade aktiven Systemfunktionen und Anwendungsprogramme. Anhand der blauen Balken sehen Sie dann bei jedem Eintrag in der Auflistung, welche Hardwarekomponente, beziehungsweise Software, der größte Stromfresser ist. In der Regel ist der *Bildschirm* mit mehr als 30 Prozent des Gesamtenergieverbrauchs der größte Verbraucher.

Betätigen Sie ↻ am oberen rechten Bildschirmrand, um die Datenanzeige zu aktualisieren.

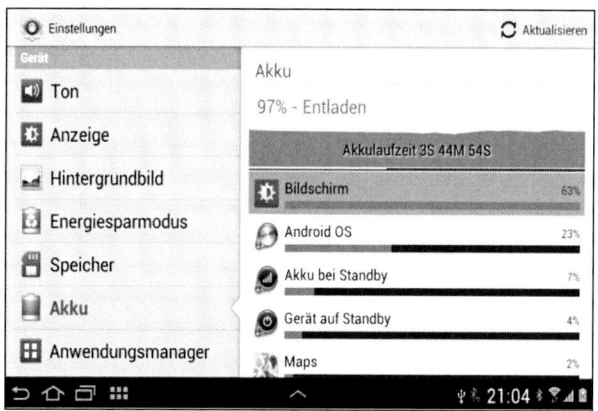 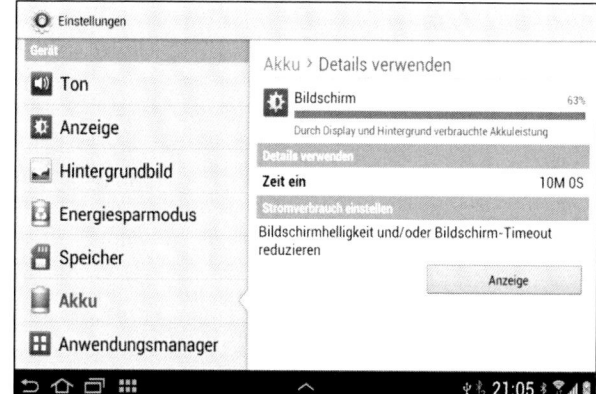

❶❷ Bei einigen Einträgen macht das Galaxy Tab nach dem Antippen Vorschläge, wie Sie die Akkubetriebszeit erhöhen.

30.9 Anwendungsmanager

◆ *Einstellungen/Anwendungen*

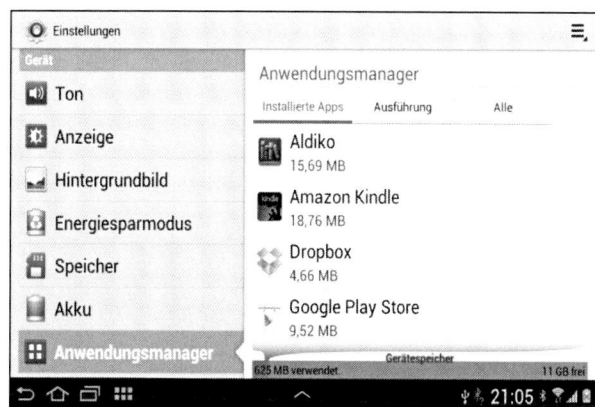

Die Deinstallation von Programmen, welche im *Anwendungsmanager* durchgeführt wird, beschreibt Kapitel *27.4.1 Anwendungsmanager*.

30.10 Konten und Synchronisierung

◆ *Einstellungen/Konten und Synchronisierung*

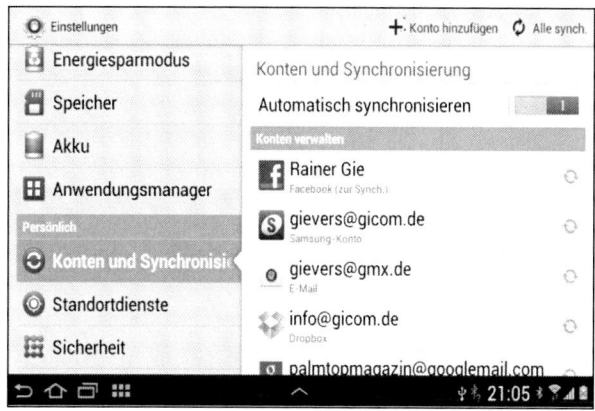

Das *Konten und Synchronisierung*-Menü verwaltet alle sogenannten »Konten« auf dem Galaxy, dazu zählen unter anderem Ihr Google-Konto, Facebook-,Twitter-, E-Mail-Konten, usw. Wir gehen in den entsprechenden Kapiteln darauf ein, welche Einstellungen Sie hier vornehmen können.

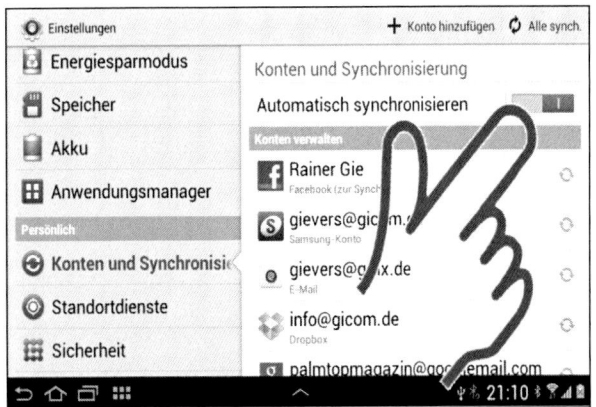 

❶ Die einzelnen Konten führen normalweise – je nachdem, was Sie dort eingestellt haben – einen automatischen Datenabgleich durch. Über den Schalter am oberen Bildschirmrand (Pfeil) können Sie den Datenabgleich aus- und einschalten, wobei wir aber wegen möglicher Nebenwirkungen dringend dazu raten, in den Datenabgleich nicht einzugreifen.

❷ Alternativ steuern Sie mit der *Synchronisierung*-Schaltleiste im Benachrichtigungsfeld den automatischen Datenabgleich.

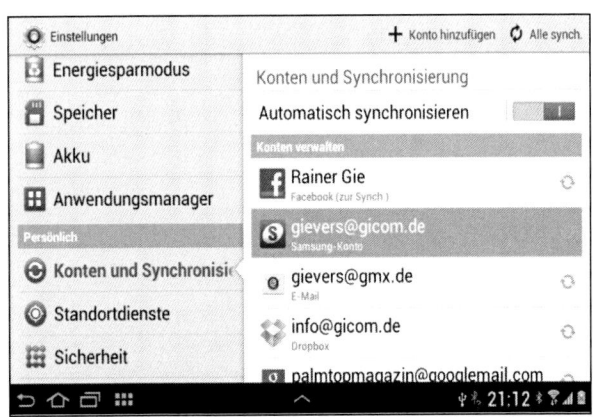 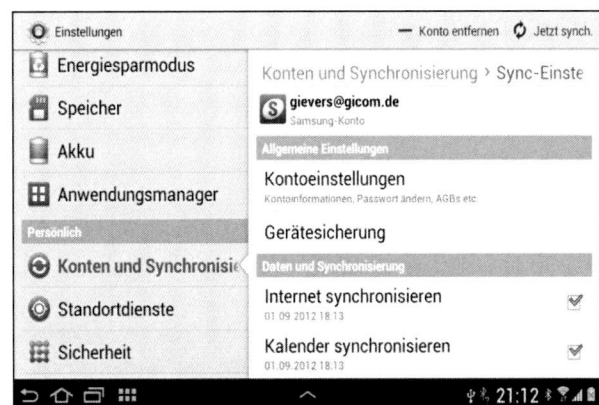

❶❷ Wählen Sie ein Konto aus, das Sie bearbeiten, beziehungsweise löschen möchten.

30.11 Standortdienste

◆ *Einstellungen/Standortdienste*

In diesem Bildschirm geben Sie die standortbezogenen Dienste frei, das heißt, Anwendungen wie Google Maps oder die Google-Websuche dürfen über den eingebauten GPS-Empfänger Ihre aktuelle Position ermitteln und auswerten. Die Standortermittlung, beschreibt bereits Kapitel *29.5 GPS auf dem Galaxy Tab nutzen.*

30.12 Sicherheit

◆ *Einstellungen/Sicherheit*

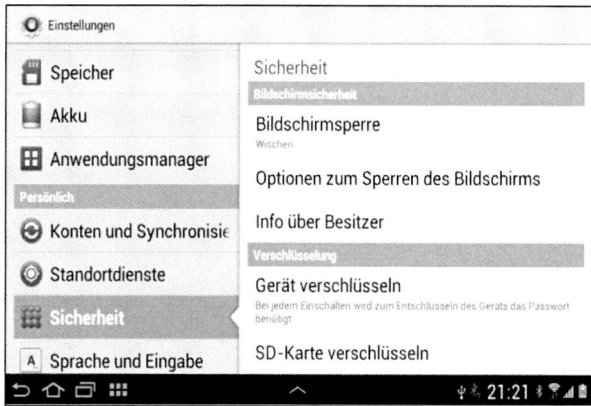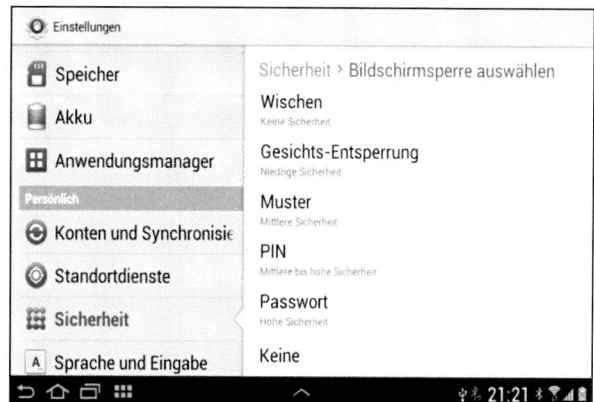

❶ Das *Sicherheit*-Menü konfiguriert einige Funktionen, mit denen Sie Ihr Gerät vor fremdem Zugriff schützen:

- *Bildschirmsperre* (❷): Diese Gerätesperre gibt das Tablet erst frei, wenn Sie ein Kennwort oder eine Entsperrgeste mit dem Finger machen, beziehungsweise Ihr Gesicht erkannt wurde. Siehe Kapitel *25.2 Gerätesperre*.

- *Optionen zum Sperren des Bildschirms:* Konfigurieren Sie hier, welche Informationen, beziehungsweise Schaltleisten auf dem Bildschirm während der Gerätesperre erscheinen.

- *Info über Besitzer:* Geben Sie Ihre Kontaktdaten ein, welche dann in der Gerätesperre angezeigt werden. Sie erhöhen damit die Chance, dass Sie das Tablet zurück erhalten, falls Sie es mal verlieren.

- *Gerät verschlüsseln; SD-Karte verschlüsseln*: Verschlüsselt den Speicher, beziehungsweise die eingesteckte SD-Karte. Der Gerätezugriff ist dann nur nach Eingabe eines Kennworts möglich. Bitte beachten Sie, dass nicht auszuschließen ist, dass Sicherheitsbehörden trotzdem die Möglichkeit haben, auf Ihre Daten zuzugreifen.

- *Fernzugriff; SamsungDive-Website*: Samsung gibt Ihnen die Möglichkeit, den Standort Ihres Tablets über die Samsung-Dive-Website zu ermitteln. Dort können Sie zudem verschiedene Sicherheitsfunktionen auslösen, beispielsweise den Tabletspeicher von Ferne löschen. Siehe Kapitel *25.5.2 Fernzugriff*.

- *Info über SIM-Wechsel:* Sie erhalten automatisch eine SMS, wenn jemand eine andere SIM-Karte in das Galaxy einlegt. Siehe auch Kapitel *25.5.1 SIM-Kartenwechsel*.

- *SIM-Karten PIN aktivieren*: Verhindert die Nutzung von Mobilfunkverbindung und Telefonie, solange nicht die PIN Ihrer SIM-Karte eingegeben wird.

- *Passwörter sichtbar machen*: Kennwörter in Eingabefeldern anzeigen.

- *Geräteadministratoren*: In Firmennetzwerken, die mit entsprechender Software ausgestattet sind, können die Systembetreuer auf Ihr Tablet zugreifen. In diesem Buch gehen wir nicht weiter darauf ein.

- *Unbekannte Quellen*: Standardmäßig erlaubt das Galaxy nur die Installation von Programmen aus dem Google Play Store. Wenn Sie Programme auch von anderen Anbietern installieren wollen, müssen Sie zuvor *Unbekannte Quellen* aktivieren. Sie erhalten einen entsprechenden Hinweis vom System, wenn Sie dennoch versuchen, ein Programm zu installieren.

- *Vertrauenswürd. Berechtigungen; Von USB-Speicher installieren; Berechtigungen löschen*: Für manche Spezialanwendungen lassen sich sogenannte Zertifikate einrichten, mit denen Internetverbindungen verschlüsselt werden.

30.12.1 Optionen zum Sperren des Bildschirms

◆ *Einstellungen/Sicherheit/Optionen zum Sperren des Bildschirms*

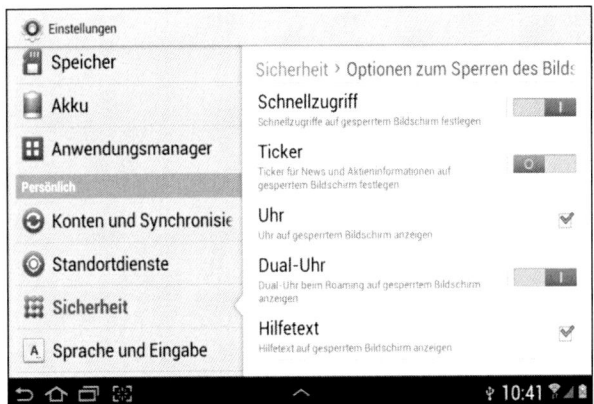 

❶ Einige nützliche Funktionen, beziehungsweise Anzeigen sind auch bei aktiver Displaysperre verfügbar:

- *Schnellzugriff*: Konfiguriert die Schnellzugriffe während der Displaysperre.

- *Ticker*: Aktuelle Nachrichten.

- *Uhr*

- *Dual-Uhr*: Eine zweite Uhr erscheint, sobald Roaming aktiv ist, das heißt, wenn Sie sich im Ausland befinden. Sie haben somit sowohl Heimatzeit, als auch Ortszeit immer im Blick.

- *Hilfetext*: Der Hilfetext informiert darüber, dass Sie den Bildschirm mit einer Wischgeste entsperren können.

❷ So sieht der Bildschirm während der Displaysperre normalerweise aus: Angezeigt werden die *Uhr* (mit Datum), ein *Hilfetext* (»*Zum Entsperren über den Bildschirm streichen*«) und vier *Schnellzugriffe*. Halten Sie den Finger auf einem Schnellzugriff und ziehen Sie ihn in eine beliebige Richtung, um die entsprechende Anwendung zu starten.

30.12.1.a Schnellzugriffe während Displaysperre einrichten

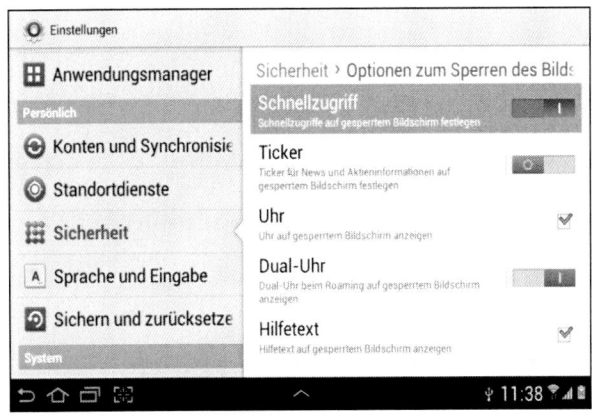 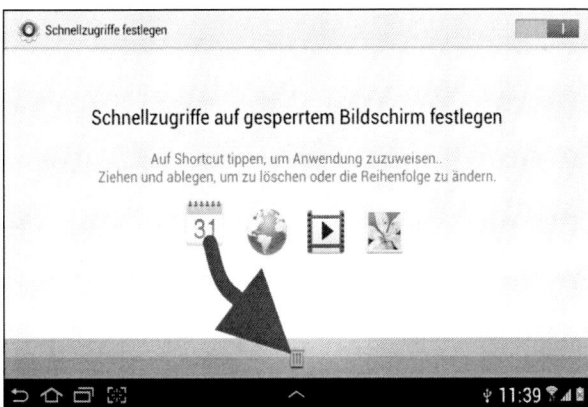

❶ Rufen Sie *Schnellzugriff* auf.

❷ Löschen Sie ein Programmsymbol, indem Sie es mit dem Finger halten und dann auf 🗑 ziehen.

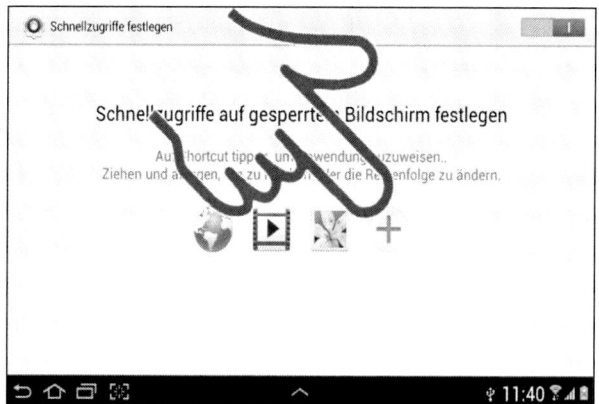 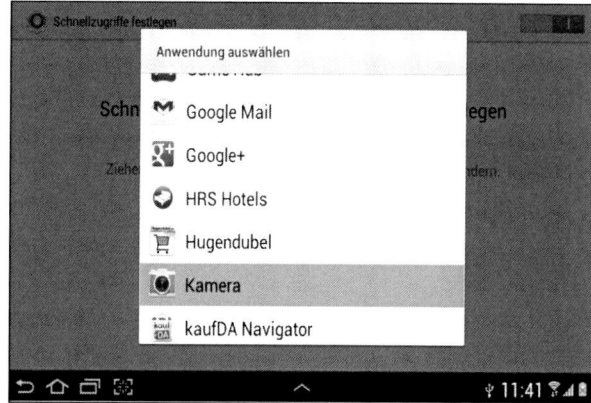

❶ Anschließend fügen Sie mit der ✚-Schaltleiste ein anderes Programm hinzu.

❷ Wählen Sie eine Anwendung in der Auflistung aus.

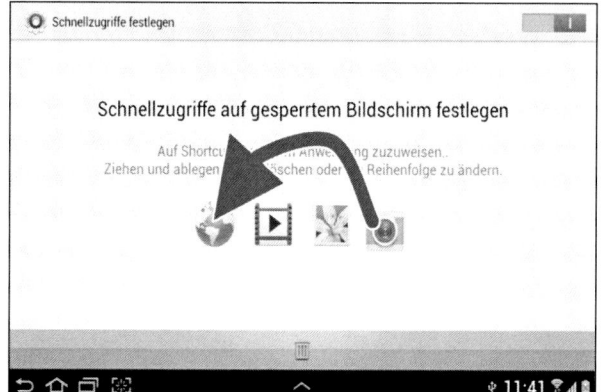 

❶ So ändern Sie die Symbolreihenfolge: Halten Sie den Finger auf einem Symbol gedrückt und ziehen Sie es an die gewünschte Position. Lassen Sie dann den Finger los. Die Einrichtung beenden Sie mit der ⟲-Taste.

❷ Die Displaysperre mit den geänderten Symbolen.

30.13 Eingabeeinstellungen

◆ *Einstellungen/Sprache & Eingabe*

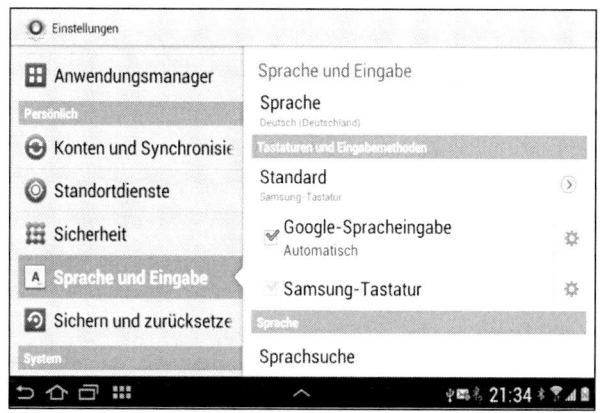

Hier konfigurieren Sie die Eingabesprache und die Eingabemethoden. Siehe dazu auch Kapitel *28 Eingabemethoden*.

30.14 Sichern und zurücksetzen

◆ *Einstellungen/Sichern und zurücksetzen*

Android-Geräte wie das Galaxy Tab sind nicht als »Standalone«-Geräte konzipiert, sondern sind auf die Kommunikation mit den Internetservern von Google angewiesen. Dies hat den Vorteil, dass Ihre Daten, darunter Kontakte, Kalendertermine, Browser-Lesezeichen, usw. automatisch bei Google unter Ihrem Google-Konto gespiegelt werden.

Beachten Sie, dass Programme von Drittanbietern, die Sie aus dem Google Market installiert haben, häufig nicht die Datensicherung im Google-Konto nutzen. In den Programmen vorgenommene Einstellungen und angelegte Daten gehen deshalb meist bei einem Zurücksetzen des Geräts verloren. Die zuvor von Ihnen installierten Programme werden Ihnen dagegen im Google Play Store nach dem Zurücksetzen zur erneuten Installation angeboten.

Haben Sie keinen Zugriff auf Ihr Tablet, beispielsweise weil Sie es verloren haben, oder es defekt ist, dann können Sie jederzeit dessen Daten auf einem anderen Android-Tablet (es muss noch nicht mal das gleiche Modell sein) oder Handy wiederherstellen.

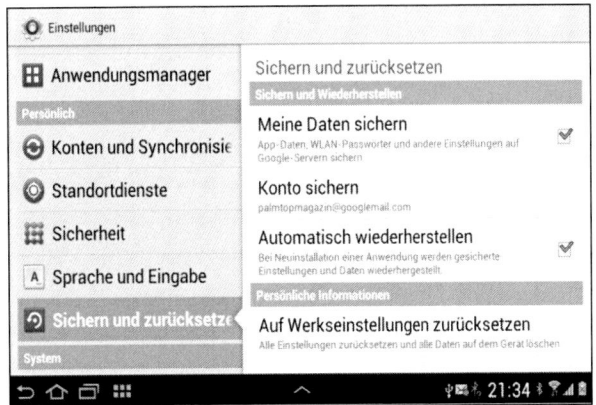 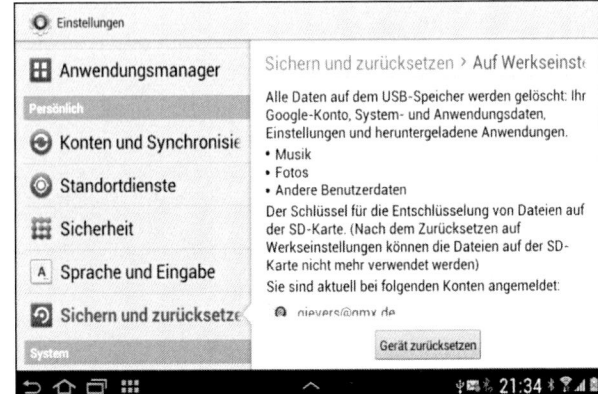

❶ Standardmäßig sind *Meine Daten sichern* und *Automatisch wiederherstellen* aktiviert. Ersteres sorgt dafür, dass Ihre Benutzerdaten automatisch im Hintergrund auf einem Google-Server gesichert werden. Dagegen sorgt *Automatisch wiederherstellen* dafür, dass bei einer eventuell notwendigen Neuinstallation einer Anwendung aus dem Google Play Store die bereits von Ihnen darin erfassten Daten erhalten bleiben.

❷ Verwenden Sie *Auf Werkszustand zurücksetzen* für das Zurücksetzen auf den Zustand, in dem Sie das Galaxy erworben haben. Beachten Sie, dass dabei Daten auf der eingelegten SD-Karte nicht gelöscht werden. Sichern Sie **vor** dem Zurücksetzen bitte Ihre Telefon-Kontakte und Termine über Samsung Kies auf dem PC. Google-, Twitter-, und Facebook-Kontakte und Termine, sowie die Nachrichten in Google Mail, stehen Ihnen ohnehin nach Neueinrichtung der Google/Facebook/Twitter-Konten in den entsprechenden Anwendungen wieder zur Verfügung.

30.15 Dock-Einstellungen

◆ *Einstellungen/Zubehör*

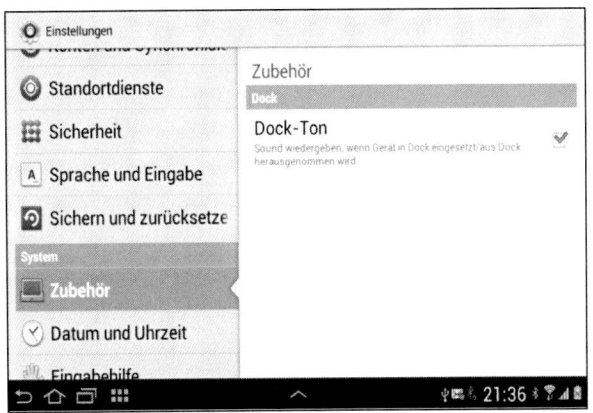

Die *Zubehör*-Einstellungen betreffen die Audio-Ausgabe, wenn man die optionale Dockingstation mit dem Galaxy Tab einsetzt.

30.16 Datum und Uhrzeit

◆ *Einstellungen/Datum und Uhrzeit*

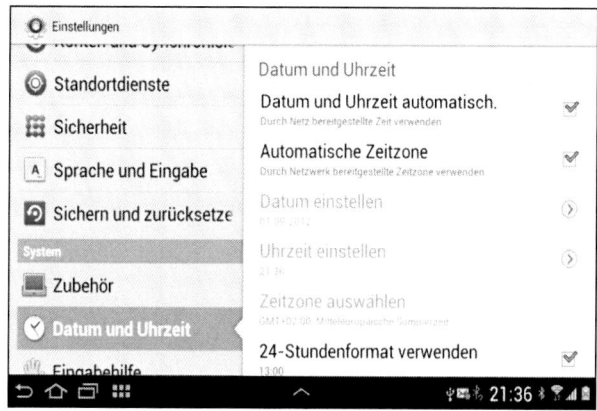

Hier stellen Sie Datum, Uhrzeit und Anzeige ein. Wenn Sie *Datum und Uhrzeit automatisch* aktiviert haben, ruft das Galaxy die aktuelle Uhrzeit von einem Zeit-Server aus dem Internet ab und setzt sie korrekt.

30.17 Eingabehilfen

◆ *Einstellungen/Eingabehilfe*

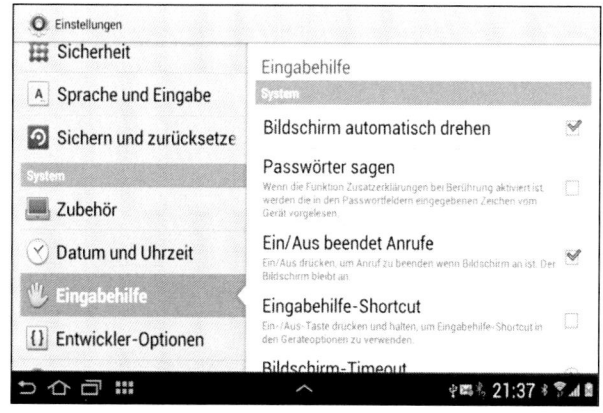

Die *Eingabehilfe* richten sich teilweise an Menschen mit einer Sehbinderung, können aber auch mitunter für den Normalanwender nützlich sein:

- *Bildschirm automatisch drehen*: Je nachdem, wie man das Galaxy Tab hält, erfolgt die Bildschirmdarstellung im Hoch- oder Querformat. Für den Fall, dass Sie die automatische Umschaltung stört, deaktivieren Sie diese.

- *Passwörter sagen*: Nicht von Samsung dokumentiert.

- *Ein/Aus beendet Anrufe*: Anstatt über eine Schaltleiste auf dem Bildschirm lassen sich Telefonate auch über den Ein/Ausschalter auf der rechten Geräteseite beenden.

- *Eingabehilfe-Shortcut*: Aktivieren Sie diesen Eintrag, damit im Menü, das nach längerem Drücken des Ein/Ausschalters erscheint, ein weiterer Menüeintrag *Eingabehilfe* erscheint. Darüber gelangen Sie dann in den *Eingabehilfe*-Bildschirm.

- *Bildschirm-Timeout*: Schaltet nach der vorgegebenen Zeitspanne der Nichtnutzung das Display aus und aktiviert die Displaysperre. Sie finden diesen Parameter auch unter *Einstellungen/Anzeige/Bildschirm-Timeout*.

Unter *Dienste*:

- *Talkback*: Konfiguriert eine Sprachausgabe, die Informationen zu angetippen Bildschirmelementen und Systemmeldungen gibt.

Unter *Sehhilfe*:

- *Web-Skripte installieren*: Nicht von Samsung dokumentiert.

- *Schriftgröße*: Die Schriftgröße können Sie alternativ auch unter *Einstellungen/Display/Schriftgröße* festlegen.

Unter *Hörbehinderung:*

- *Mono-Audio*: Von Stereoausgabe auf Mono umschalten. Für Nutzer eines einseitigem Kopfhörers, beziehungsweise Hörgeräts.

- *Alle Töne ausschalten*: Auf Stumm schalten.

Unter *Mobilität:*

- *Verzögerung bei Tippen und Halten*: Einige Funktionen lösen Sie durch Tippen und Halten auf Bildschirmelementen aus. Stellen Sie hier die dafür benötigte Zeitspanne ein.

30.18 Entwickler-Optionen

◆ *Einstellungen/Entwickler-Optionen*

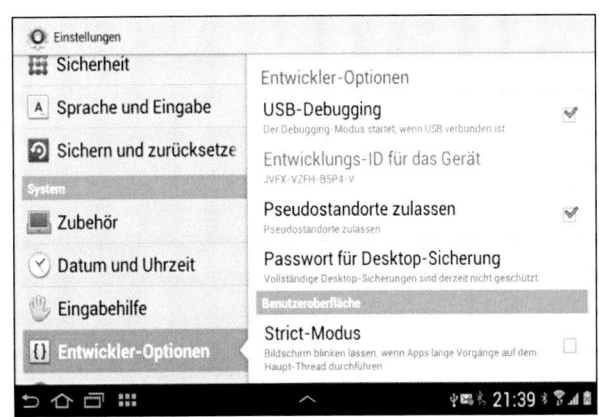

Die *Entwickleroptionen* sind nur für Programmierer interessant, weshalb wir in diesem Buch nicht weiter darauf eingehen.

30.19 Geräteinformationen

◆ *Einstellungen/Info zu Gerät*

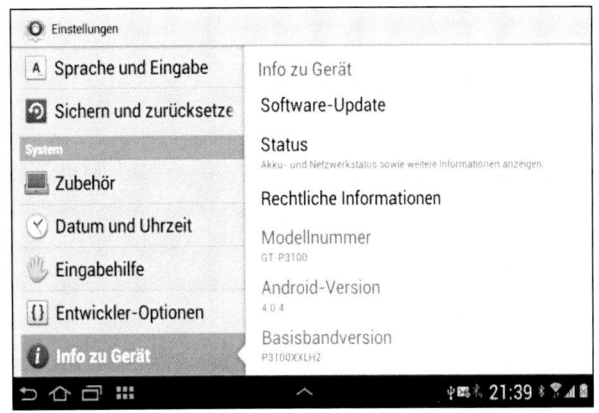

Der *Info zu Gerät*-Bildschirm zeigt die aktuelle Firmware-Version an. Das *Software-Update*-Menü spielt beim Einspielen neuer Betriebssystemupdates eine wichtige Rolle, wie Kapitel *3.15 Betriebssystemupdate* zeigt.

31. Samsung Kies

Nicht mitgeliefert, sondern nur über die Samsung-Website *www.samsung.com/kies* herunterladbar, ist Samsung Kies, das umfangreiche Funktionen zum Verwalten Ihrer Kontakte, Termine, Fotos, Videos, usw. bietet. Zudem lassen sich Backups Ihrer Kontakte und Termine auf dem PC anlegen und mit MS Outlook synchronisieren.

Wir empfehlen während der Installation von Samsung Kies das USB-Kabel vom Galaxy abzuziehen. Schließen Sie erst dann das Galaxy wieder an. Samsung Kies sollte nun automatisch starten. Da Samsung Kies weitgehend selbsterklärend ist und eine umfangreiche Hilfsfunktion hat, stellen wir hier nur beispielhaft einige Funktionen der Benutzeroberfläche vor.

> In seltenen Fällen kann es passieren, dass das Galaxy vom PC, beziehungsweise Samsung Kies, nicht erkannt wird. In diesem Fall starten Sie Samsung Kies und gehen in der Menüleiste auf *Werkzeuge/Treiber installieren.*

Der Verbindungsaufbau zwischen Tablet und PC ist sehr einfach: Starten Sie, sofern noch nicht geschehen, Samsung Kies, schließen Sie das Tablet am PC an und warten Sie bis zu eine Minute, während der PC die nötigen Treiber installiert.

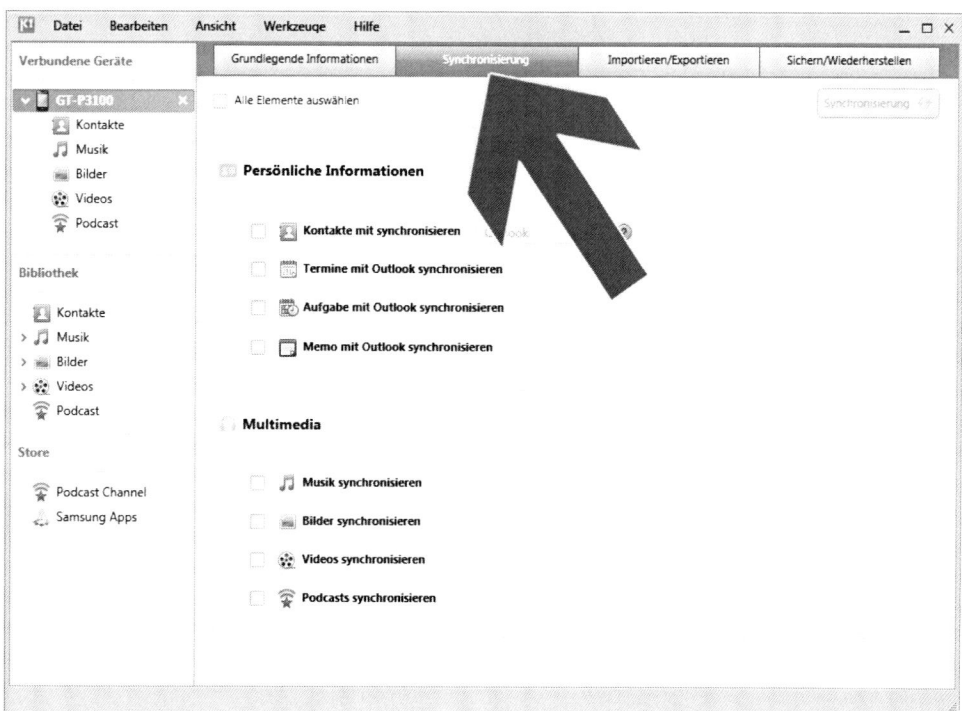

Für die Synchronisation Kontakten, Terminen und Memos mit MS Outlook, beziehungsweise dem Google-Konto, klicken Sie links auf *GT-P3100* und aktivieren danach das *Synchronisierung*-Register. Aktivieren Sie dort die entsprechenden Abhakkästchen.

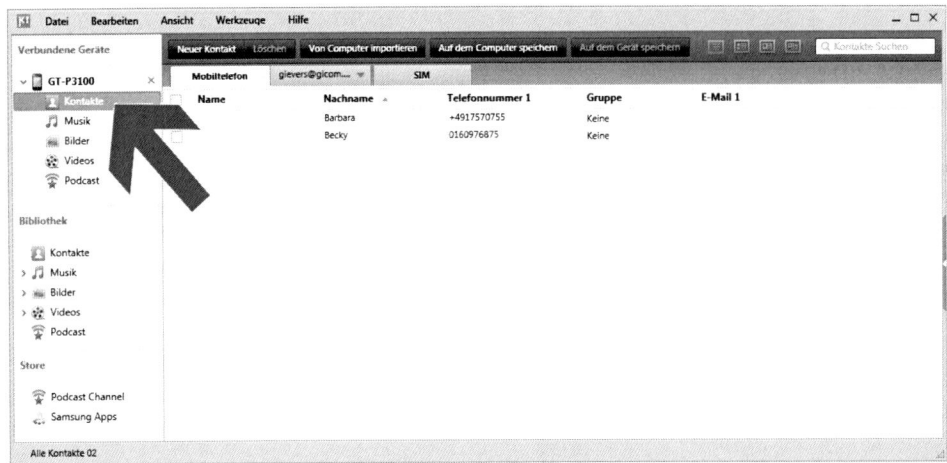

Über die Schaltleisten in der Funktionsleiste auf der linken Seite verwalten Sie die verschiedenen Datentypen und Dateien auf dem Galaxy. Klicken Sie beispielsweise *Kontakte* an. Samsung Kies lädt die Kontakte vom Tablet, was einige Sekunden dauern kann, und listet sie auf. Klicken Sie einen Kontakt an, um ihn anzuzeigen. Verschiedene Bearbeitungsfunktionen stehen auch über das Popup-Menü zur Verfügung, das über die rechte Maustaste aktiviert wird.

Klicken Sie einen Medientyp an (Pfeil), dessen Dateien Sie bearbeiten möchten. Dateien vom PC lassen sich einfach hinzufügen, indem Sie sie in das Fenster ziehen.

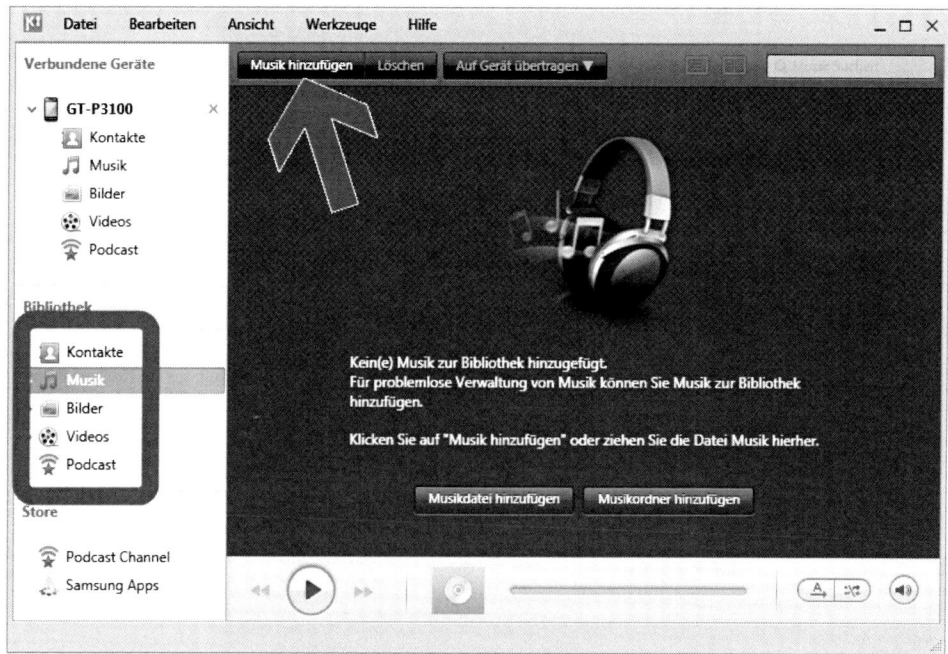

In den Einträgen unter *Bibliothek* (hier durch einen Rahmen hervorgehoben) verwalten Sie auf dem PC Ihre MP3-Songs, Bilder, Videos und Podcasts. Vor der ersten Nutzung müssen Sie erst mit der *xxx hinzufügen*-Schaltleiste jeweils ein Verzeichnis, worin sich Ihre Mediendateien befinden, hinzufügen. Später können Sie die Mediendateien dann per Mausklick auf das Galaxy übertragen.

31.1 Kies über WLAN

Mit Kies über WLAN nutzen Sie alle Kies-Funktionen auch ohne dass das Galaxy am PC angeschlossen ist. PC und Tablet müssen im gleichen WLAN eingebucht sein (also kein Gast-WLAN, wie er beispielsweise von der Fritzbox unterstützt wird). Stellen Sie zudem sicher, dass Kies auf Ihrem PC korrekt installiert ist, indem Sie vorher mal eine Verbindung über das USB-Kabel mit dem Tablet herstellen, wie Kapitel *24.1 Standardverbindung*) beschreibt.

Im Gegensatz zum vom Galaxy S2 oder Galaxy Note vorinstalliertem »Kies air« verhält sich das Galaxy S3 bei Kies über WLAN nicht wie ein Webserver, auf den man dann über den Webbrowser des PCs zugreift. Falls Sie dennoch Kies air nutzen möchten, lässt es sich aber nachinstallieren. Siehe dazu nachfolgendes Kapitel *31.2 Kies air*.

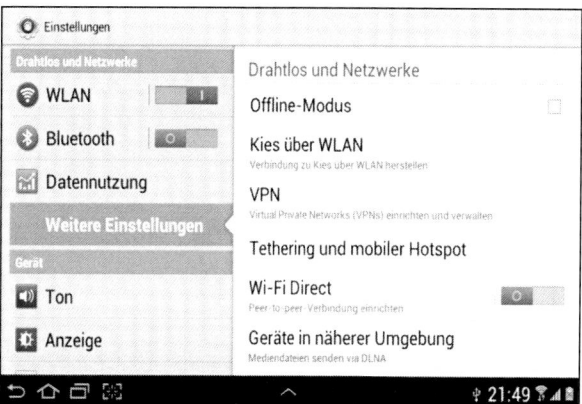

❶ Betätigen Sie im Benachrichtigungsfeld *Einstellungen*.

❷ Gehen Sie auf *Weitere Einstellungen/Kies über WLAN*.

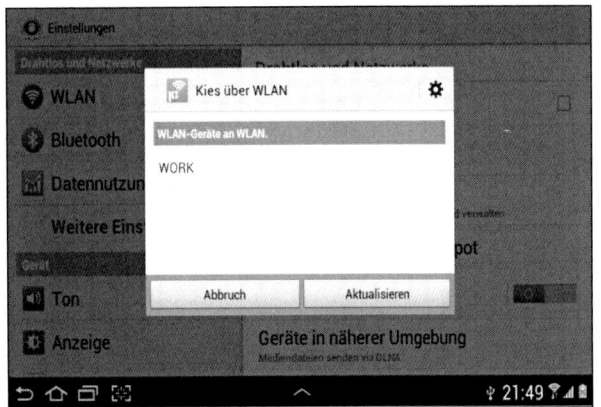 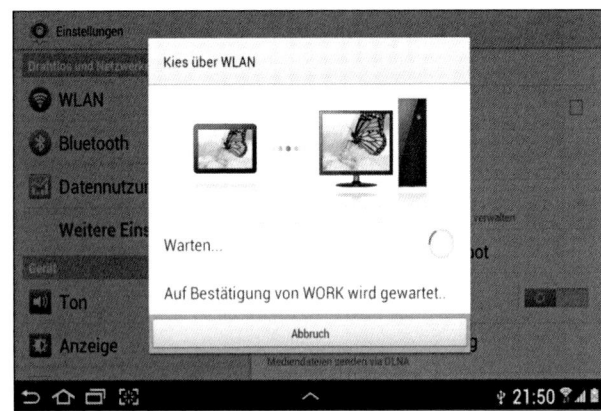

❶ Das Galaxy sucht automatisch nach dem PC im WLAN. Falls die Suche nichts anzeigt, kontrollieren Sie die Einstellungen Ihres WLAN-Routers und betätigen ↻. Tippen Sie den gefundenen PC an.

❷ Die Verbindung wird aufgebaut.

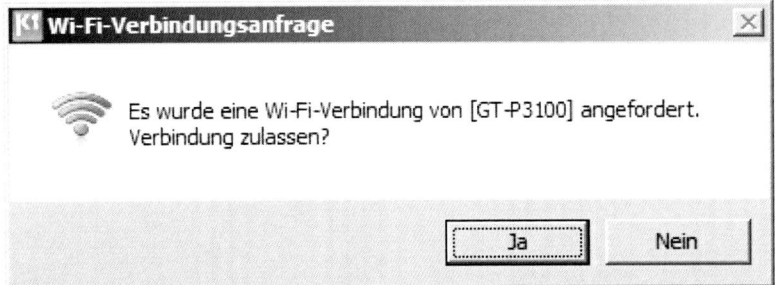

Klicken Sie auf dem PC im Dialog auf *Ja*, damit die Verbindung aufgebaut wird.

31.2 Kies air

Mit Kies air haben Sie auf viele Funktionen des Samsung Galaxy auf einem PC Zugriff, ohne dass dort ein Treiber installiert werden muss. PC und Handy müssen nur im gleichen WLAN eingebucht sein (kein WLAN-Gastmodus beim WLAN-Router).

 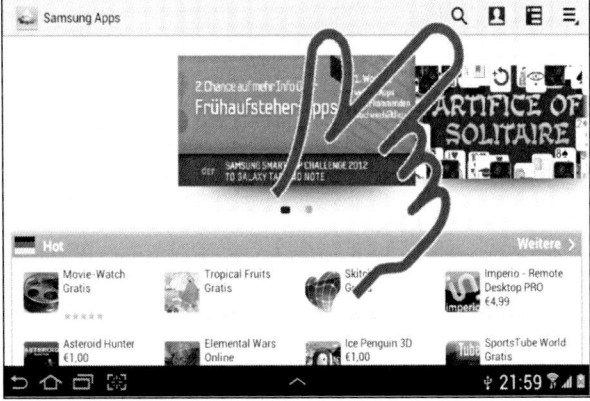

❶ Rufen Sie aus dem Startmenü oder Hauptmenü aus die Samsung Apps-Anwendung auf.

❷ Aktivieren Sie mit 🔍 die Suche und geben Sie als Suchbegriff »*kies air*« ein.

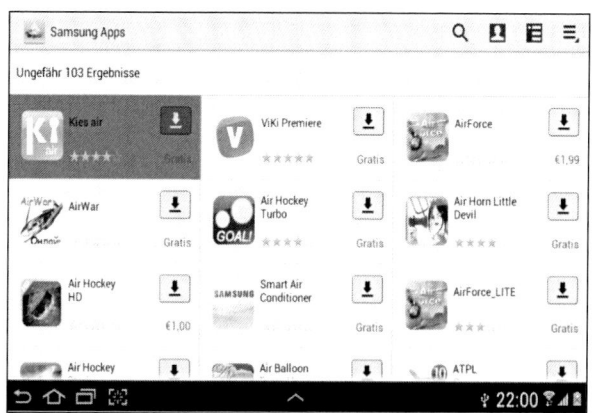 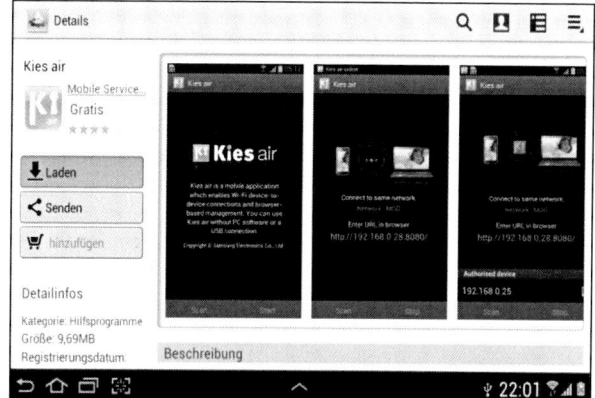

❶❷ Tippen Sie *Kies air* in der Ergebnisliste aus und betätigen Sie *Laden*.

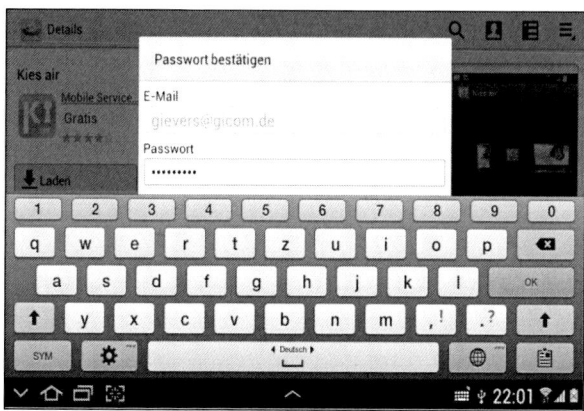 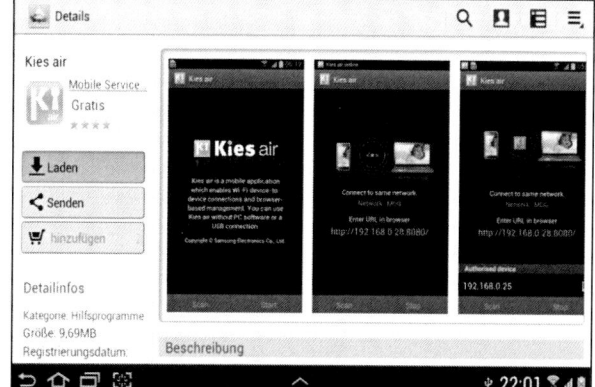

❶ Geben Sie das Kennwort zu Ihrem Samsung-Konto ein (zum Samsung-Konto siehe auch Kapitel *15 Das Samsung-Konto*) und betätigen Sie *OK*.

❷ Das Programm wird geladen und installiert. Sie können Samsung Apps nun verlassen.

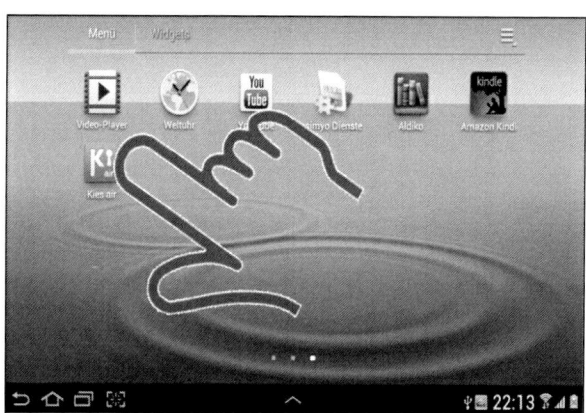 

❶ Sie finden *Kies air* im Hauptmenü.

❷ Betätigen Sie die *Start*-Schaltleiste.

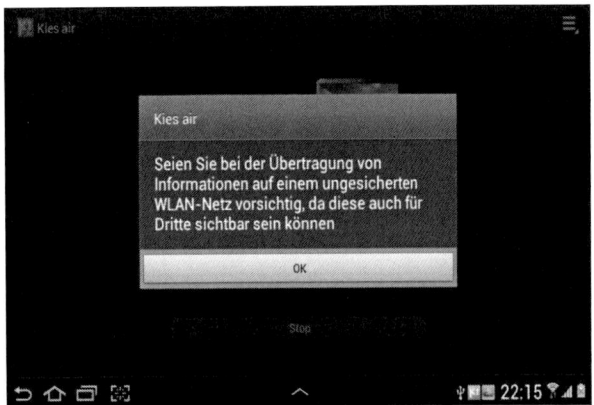 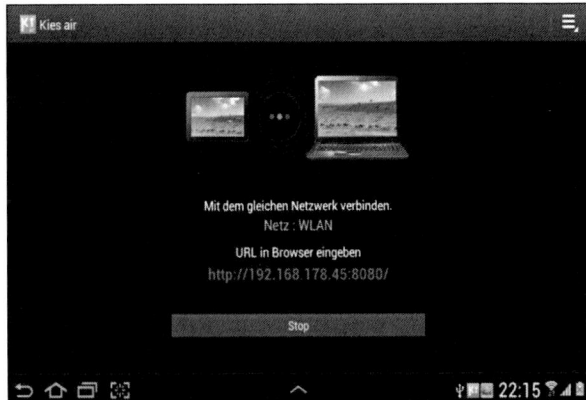

❶❷ Schließen Sie den Sicherheitshinweis mit *OK*, worauf das Galaxy Tab eine Internetadresse anzeigt, die Sie im Browser auf Ihrem PC eingeben müssen.

Sie müssen dem PC dann noch mit *Zulassen* den Zugriff erlauben.

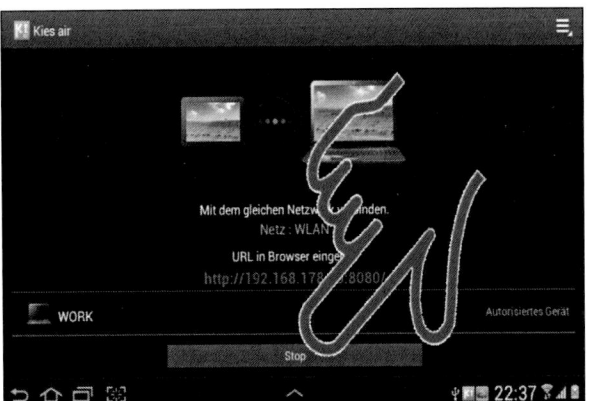 

❶ Betätigen Sie *Stopp* zum Beenden des Zugriffs.

❷ Wenn Sie die ⌂-Taste unterhalb des Displays betätigen können Sie das Galaxy weiter nutzen, während die PC-Verbindung besteht. Währenddessen erscheint ein Hinweis in der Titelleiste. Öffnen Sie das Benachrichtigungsfeld und betätigen Sie dort *Kies air*, um die Kies air-Oberfläche wieder anzuzeigen.

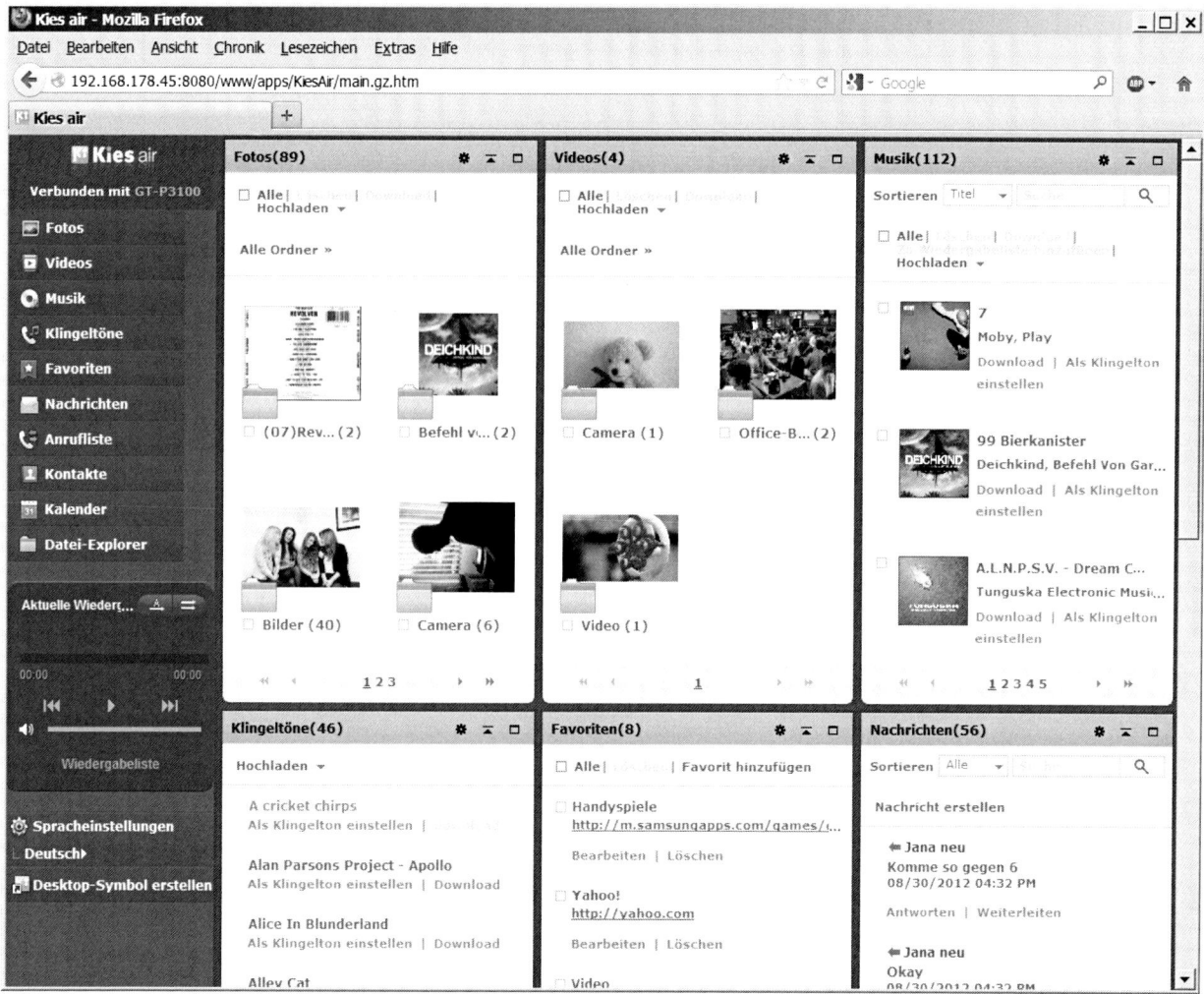

So sieht die Anzeige im Webbrowser aus. Sie haben darin Zugriff auf alle Dateien, Anruflisten, Kontakte, Nachrichten und Browser-Lesezeichen des Galaxy Tab. Dateien lassen sich zudem auf dem PC herunterladen, beziehungsweise auf dem Galaxy Tab hochladen.

32. Stichwortverzeichnis

33. Weitere Bücher des Autors

Vom Technik-Journalisten Rainer Gievers sind zahlreiche Bücher zum Thema Mobile Computing erschienen. Eine Inhaltsübersicht und Bestellmöglichkeiten finden Sie auf unserer Website *www.das-praxisbuch.de*. Sie können die Bücher über die jeweilige ISBN auch direkt bei Ihrem lokalen Buchhändler bestellen.

- Das Praxisbuch Samsung Galaxy S3
  ISBN 978-3-938036-56-3

- Das Praxisbuch HTC One S
  ISBN 978-3-938036-55-6

- Das Praxisbuch HTC One X
  ISBN 978-3-938036-54-9

- Das Praxisbuch Samsung Galaxy Note
  ISBN 978-3-938036-51-8

- Das Praxisbuch Asus Eee Pad Transformer Prime TF201
  ISBN 978-3-938036-53-2

- Das Praxisbuch Asus Eee Pad Transformer TF101
  ISBN 978-3-938036-48-8

- Das Praxisbuch Samsung Galaxy Nexus i9250
  ISBN 978-3-938036-52-5

- Das Praxisbuch Samsung Galaxy Note (Android 2.3)
  ISBN 978-3-938036-51-8

- Das Praxisbuch Samsung Galaxy Tab 10.1 (Android 3.1)
  ISBN 978-3-938036-50-8

- Das Praxisbuch Samsung Galaxy S2
  ISBN 978-3-938036-47-1

- Das Praxisbuch LG P990 Optimus Speed
  ISBN 978-3-938036-46-4

- Das Praxisbuch Samsung Galaxy S I9000
  ISBN 978-3-938036-41-9

- Das Praxisbuch Samsung Galaxy Tab (Android 2.2)
  ISBN 978-3-938036-44-0